U0336802

营销的原则

原书第5版

［美］菲利普·科特勒（Philip Kotler） 加里·阿姆斯特朗（Gary Armstrong）
［新加坡］洪瑞云（Swee Hoon Ang） 梁绍明（Siew Meng Leong） 陈振忠（Chin Tiong Tan） 著
王永贵
赵占波 张璇 译

Kotler

Principles *of* Marketing

An Asian Perspective, 5th Edition

机械工业出版社
CHINA MACHINE PRESS

本书是市场营销大师科特勒等人专门针对亚洲营销专业人员编写的一本经典读物。本书强调营销是管理可盈利顾客关系的极具创造性的科学与艺术，营销人员必须高度重视顾客关系。针对这一主题，全书展开了详细的讨论。本书还强调，企业要建立有生命力的品牌和品牌资产；要重视企业社会责任营销；在互联网时代，要重视在线营销。本书有丰富的关于亚洲企业的案例，特别是中国公司的营销实践与故事，分析视角独特、新颖。本书逻辑清晰，简单易懂，能够帮助读者全方位地理解市场营销。

图书在版编目（CIP）数据

营销的原则：原书第 5 版／（美）菲利普·科特勒（Philip Kotler）等著；赵占波，张璇译. --北京：机械工业出版社，2024. 12. -- ISBN 978－7－111－76769－5

Ⅰ. F713.50

中国国家版本馆 CIP 数据核字第 2024PM9405 号

机械工业出版社（北京市百万庄大街 22 号　邮政编码 100037）
策划编辑：李新妞　　　　　　责任编辑：李新妞　戴思杨
责任校对：韩佳欣　李　杉　　责任印制：张　博
北京联兴盛业印刷股份有限公司印刷
2025 年 2 月第 1 版第 1 次印刷
180mm×250mm · 37 印张 · 2 插页 · 803 千字
标准书号：ISBN 978－7－111－76769－5
定价：188. 00 元

电话服务　　　　　　　　　　网络服务
客服电话：010－88361066　　机　工　官　网：www. cmpbook. com
　　　　　010－88379833　　机　工　官　博：weibo. com/cmp1952
　　　　　010－68326294　　金　书　网：www. golden-book. com
封底无防伪标均为盗版　　机工教育服务网：www. cmpedu. com

献给 Kathy, Betty, Mandy, Matt, KC, Keri, Delaney, Molly, Macy, Ben 以及 Nancy, Amy, Melissa 和 Jessica。

作者简介

菲利普·科特勒（Philip Kotler）是美国西北大学凯洛格管理学院国际市场营销学杰出教授，曾获得芝加哥大学经济学硕士学位和麻省理工大学经济学博士学位。科特勒教授著有《营销管理》（*Marketing Management*），现已出版至第16版，被全球各高等院校商学院广泛使用。他著作众多，并在主流期刊上发表百余篇论文。他是迄今唯一三次获得备受瞩目的阿尔法·卡帕·普西（Alpha Kappa Psi）奖——《市场营销杂志》（*Journal of Marketing*）年度最佳论文奖的学者。

科特勒教授是第一位包揽四项大奖的人：由美国市场营销学会颁发的年度杰出营销教育家奖和威廉·L.威尔基（William L. Wilkie）"为更好的世界而营销"奖，由医疗保健服务营销学会颁发的菲利普·科特勒医疗保健营销卓越奖，以及颁发给为营销学术和实践做出卓越贡献的学者的谢思（Sheth）基金会奖章。他是营销名人堂的创始成员，曾被美国市场营销学会会员评选为营销思想引领者，《管理思维手册》一书称他为现代营销管理奠基人。科特勒教授所获荣誉无数，其中包括销售与营销主管国际营销教育家年度大奖，欧洲营销咨询顾问和培训师协会颁发的营销卓越奖，查尔斯·库利奇·帕林（Charles Coolidge Parlin）市场研究奖，美国市场营销学会颁发的保罗·D.康弗斯（Paul D. Converse）奖，以表彰他对"营销科学做出的突出贡献"。科特勒教授入选《福布斯》世界最具影响力的十大商业思想家，在《金融时报》对全球1000位高级管理人员的调查中，科特勒教授位列21世纪"最具影响力的商业作家/领袖"第四名。

科特勒教授曾担任管理科学学会营销学院院长、美国市场营销学会会长、营销科学学会理事。他在营销战略和规划、市场营销组织和国际营销领域为许多美国和国际大公司提供咨询。他多次访问欧洲、亚洲和南美洲，在全球营销实践和机遇方面为企业和政府机构提供建议。

加里·阿姆斯特朗（Gary Armstrong）是美国北卡罗来纳大学教堂山分校凯南－弗拉格勒商学院本科教育Crist W. Blackwell杰出教授。他拥有底特律韦恩州立大学商学学士和硕士学位，以及西北大学市场营销博士学位。阿姆斯特朗教授曾在主流商业期刊上发表大量文章。作为一名咨询顾问和研究者，他曾在营销研究、销售管理和营销战略等方面与多家公司合作。

阿姆斯特朗教授最爱的是教学，他长期拥有的Blackwell杰出教授称号是北卡罗来纳大学教堂山分校本科教育授予的唯一永久性杰出教授席位。他积极参与凯南－弗拉格勒商学院的本科生教学与管理工作，他的行政职务包括市场营销系主任、商学院本科项目副主任、商业荣誉项目主任等。多年来，他与商学院学生团体密切合作，多次获得全校和商学院教学奖项，他是唯一一位三次获得学院高度重视的本科教学卓越奖的教师。阿姆斯特朗教授还荣获北卡罗来纳大学理事会颁发的教学卓越奖，这一奖项是北卡罗来纳大学系统16个校区授予的最高教学奖项。

洪瑞云（Swee Hoon Ang）是新加坡国立大学商学院副教授，拥有英属哥伦比亚大学博士学位。她曾是加利福尼亚大学伯克利分校、阿尔托大学（原赫尔辛基经济与工商管理学院）、中欧国际工商学院的访问教授。她曾连续三次获得所在大学的教学卓越奖，是一名优秀的教育工作者。她热衷于分享知识，曾参与多个咨询项目和高管教育研讨会，包括服务质量评估、客户分析和可行性研究。她的客户包括卡特彼勒（Caterpillar）、花旗银行（Citibank）、葛兰素史克（Glaxo-Wellcome Pharmaceuticals）、强生（Johnson & Johnson）、新加坡卫生部（Singapore's Ministry of Health）、新加坡艺术中心（Singapore Arts Center）、新加坡博彩（Singapore Pools）和维布络安舍（Wipro-Unza）。洪教授也是《营销管理（亚洲版）》的合著者。她曾在《广告学刊》（*Journal of Advertising*）、《跨文化心理学杂志》（*Journal of Cross-Cultural Psychology*）、《国际商业研究》（*Journal of International Business Studies*）、《管理科学》（*Management Science*）、《市场营销快报》（*Marketing Letters*）和《社会指标研究》（*Social Indicators*）等期刊上发表多篇论文。

梁绍明（Siew Meng Leong, 1956—2013）曾是新加坡国立大学商学院教授，拥有威斯康星大学麦迪逊分校工商管理硕士和博士学位。作为一名高产的研究人员，他曾在《消费者研究》（*Journal of Consumer Research*）、《市场营销杂志》（*Journal of Marketing*）、《市场营销研究》（*Journal of Marketing Research*）、《国际商业研究》（*Journal of International Business Studies*）、《市场营销快报》（*Marketing Letters*）等国际期刊发表多篇文章。作为一直以来兢兢业业的教育工作者，他在与癌症抗争时，仍一如既往用他惯常的幽默方式教书育人，向学生们展现出了他的顽强和奉献精神。Pearson钦佩梁教授的专业素养、高尚品德和合作精神。我们将永远怀念他。

陈振忠（Chin Tiong Tan）是新加坡管理大学市场营销学教授、校长资深顾问。他曾是新加坡管理大学创始教务长、新加坡理工学院创始校长。陈教授在美国宾夕法尼亚州立大学获得商业博士学位，多年来在全球多个项目中任教，曾是斯坦福商学院的访问学者。他曾在《消费者研究》（*Journal of Consumer Research*）、《国际商业研究》（*Journal of International Business Studies*）、《商业与工业营销杂志》（*Journal of Business and Industrial Marketing*）、《国际营销评论》（*International Marketing Review*）、《欧洲营销杂志》（*European Journal of Marketing*）及其他国际期刊和会议上发表多篇论文。陈教授也是《营销管理（亚洲版）》、*New Asian Emperors：The Business Strategies Of the Overseas Chinese*、*The Chinese Tao of Business：The Logic of Successful Business Strategy* 和 *Strategic Marketing Cases for 21st Century Asia* 的合著者。他是花旗银行新加坡有限公司等新加坡上市公司的董事会成员。

撰稿人简介

　　王永贵（Yonggui Wang）是首都经济贸易大学营销与战略长江学者特聘教授、副校长，曾在香港城市大学获得服务管理博士学位。他目前的研究领域包括服务营销、价值共创、电子商务、用户创新和国际商务，已在《市场营销杂志》（*Journal of Marketing*）、《营销科学学会杂志》（*Journal of the Academy of Marketing Science*）、《运营管理杂志》（*Journal of Operations Management*）、《管理杂志》（*Journal of Management*）、《商业道德期刊》（*Journal of Business Ethics*）、《产品创新管理杂志》（*Journal of Product Innovation Management*）、《国际营销学报》（*Journal of International Marketing*）、《信息与管理》（*Information & Management*）以及《决策科学》（*Decision Sciences*）等期刊发表百余篇学术论文，还出版了《营销管理》《市场营销学》《服务营销》《客户关系管理》《消费者行为学》等多部专著和教材。

译者序

当今世界正处在飞速发展与变化之中，互联网、信息技术、人工智能等前沿技术正在深刻重塑着商业世界，也必将给市场营销学科的发展带来无尽的可能性。营销学相关理论与实践不断丰富，营销的重要性不仅没有丝毫减弱，反而愈发凸显。值此背景下，我们有幸将市场营销领域大师的四部经典著作翻译成中文，呈现给广大专业读者。这些书均经过多次修订，其内容经久不衰，在国际上广受赞誉，由于其富含的深刻见解以及对实践的有益指导，多年来始终是市场营销学者与专业人士的必读之选。

《营销的原则》（原书第 5 版）是由被誉为"现代营销学之父"的菲利普·科特勒教授与合作者共同编写的经典教材。这本书以其独特的亚洲视角，强调了营销的创造性、顾客关系和品牌的重要性，以及企业社会责任和在线营销的新兴趋势。书中丰富的亚洲企业案例，尤其是中国公司的营销实践，能够帮助读者全方位地理解市场营销的精髓。

《营销的真相》（原书第 11 版）由营销学界世界级权威迈克尔·R.所罗门教授等所著，以真实案例和从业者视角，向读者展示了市场营销决策的真实面貌。书中不仅提供了营销人员需要了解的核心问题，还通过真实新鲜的例子，帮助读者把握市场营销的最新动态。

《实用市场调研》（原书第 7 版）是"营销界传奇人物"纳雷希·K.马尔霍特拉教授的经典代表作，系统地介绍了营销调研的各个步骤，反映了国际上营销调研的最新趋势。书中大量的真实案例能够帮助读者理解营销调研，并将其运用到真实的营销场景中。

《全球营销》（原书第 10 版）是国际营销学者马克·C.格林和沃伦·J.基根教授的代表作。这本书不仅概览了全球商务环境，还详细阐述了企业的全球营销策略和方式，能够帮助读者形成全局观和系统思维，在全球营销中更好地把握发展机会。

若干年前，作为译者的我们在专业学习的过程中深受大师们的影响，对大师著作的拜读使我们受益匪浅。曾经，这些书籍被更多地作为高等学校专业教材使用，只有学习相关专业的本科生和研究生能够深入了解营销大师们的思想与理论。如今，我们希望让更广泛的从业者阅读并理解这些市场营销的相关理论，并将这些知识付诸于实践，促进个人与企业的共同成长。

在翻译这一系列大师著作的过程中，我们深感肩负重任，在力保准确性的基础上，尽可能增强译文的可读性。我们希望这些翻译作品能够帮助中文读者更好地理解大师们在原著中所倾注的深层含义，同时又能略微感知大师们在表达上的精妙。

在此，我们要感谢机械工业出版社，感谢杜晓梦博士，张语涵博士，张璇博士，李世豪博士，谢毅博士，操群博士，赵捷博士，以及北京林业大学的王奕菲女士等，是他们的辛勤工作才使营销大师系列丛书得以顺利出版。当然我们也深知自己的翻译工作仍有许多不足之处，对于大师们独到而深刻的见解尚未完美呈现，请读者海涵，也欢迎读者们通过各种方式与我们进行交流、批评指正。

赵占波

甲辰秋月　燕园

前　言

仍在为你创造更多价值！

每个营销人员的目标都是为顾客创造更多价值。因此，《营销的原则》（原书第5版）的目标是继续为你——我们的顾客创造更多价值。具体而言，我们希望通过一种创新但又实用和愉悦的方式，带领市场营销专业的新学生进入现代市场营销的迷人世界。我们仔细研究了每一页、每一个表格、每一张图表、每一个事实和例子，努力使本书成为迄今为止教授和学习市场营销的最佳书籍。本书介绍了基本原则，并将其置于亚洲企业和当代跨国公司的情境下，特别考虑了数字化（新冠疫情加速了数字化）对消费者行为和营销实践的影响。

市场营销远不只是一个孤立的业务功能——它是一种指导整个组织的哲学。营销部门不能单独创造顾客价值和建立可盈利的顾客关系。这是一项企业层面的工作，涉及广泛的决策，包括企业想要什么样的顾客、满足哪些需求、提供什么产品和服务、设定怎样的价格、发送什么传播信息以及发展哪些合作伙伴关系。营销部门必须在整个价值传递系统中与企业的其他部门以及其他组织紧密合作，通过创造卓越的顾客价值来取悦顾客。

市场营销：创造顾客价值与顾客参与

优秀企业的顶级营销人员都有一个共同的目标：把顾客放在营销的核心位置。今天的市场营销就是创造顾客价值和建立可盈利的顾客关系。市场营销始于了解顾客的需求和欲望，确定组织可以提供最好服务的目标市场，并制定一个令人信服的价值主张，使组织可以吸引和发展有价值的顾客。如果组织做好这些事情，它将在市场份额、利润和顾客资产方面获得回报。

六大价值主题

《营销的原则》（原书第5版）全书构建了一个顾客价值和顾客参与的创新框架，抓住了当今市场营销的精髓。它建立在六大价值主题上：

■ 为顾客创造价值，并从顾客处获得价值回报。亚洲的营销人员必须善于创造顾客价值和管理顾客关系。他们必须以强大的价值主张来吸引目标顾客。然后，他们必须通过提供卓越的顾客价值和有效管理企业与顾客之间的连接来保持和发展顾客。优秀的亚洲营销企业了解市场和顾客需求，设计创造价值的营销战略，制定整合营销方案，为顾客提供价值和愉悦，并建立牢固的顾客关系。作为回报，它们以销售、利润和顾客忠诚度的形式从顾客那里获得价值。本书在

第 1 章的开头介绍了这种顾客价值和顾客参与的创新框架，通过一个五步营销过程模型，详细阐述了营销如何创造顾客价值并获得价值回报。前两章对该框架进行了详细解释，本书的其余部分对该框架进行了整合。

- 建立和管理强大的、创造价值的品牌。拥有强大品牌资产、定位良好的品牌为建立顾客价值和可盈利的顾客关系提供了基础。营销人员必须有力地定位自己的品牌，并对其进行良好的管理。

- 顾客参与和当今的数字和社交媒体。数字和社交媒体席卷了市场营销领域，极大地改变了企业和品牌与消费者互动的方式，以及消费者之间相互联系和影响彼此品牌行为的方式。这一版深入探讨了激动人心的新的数字、移动和社交媒体技术，这些技术可以帮助品牌以更深入、更具互动的方式吸引顾客。此外，本书还涵盖了更多关于大量使用数字和社交营销工具的内容。

- 衡量和管理营销回报。营销经理必须善于衡量和管理营销投资回报，以确保其营销资金得到合理利用。在过去，许多营销人员在大型、昂贵的营销方案上随意花钱，往往没有仔细考虑其支出所产生的财务回报和顾客反应。但这一切正在迅速改变。衡量和管理营销投资回报已经成为战略营销决策的重要组成部分。本书强调营销责任的重要性。

- 利用新的营销科技。新的数字和其他高科技营销发展正在戏剧性地改变消费者和营销人员之间的关系。在这个数字时代，营销人员必须知道如何利用信息、传播和分销技术，更有效地与顾客和营销合作伙伴建立联系。

- 全球可持续营销。随着技术的发展，世界变得越来越小，亚洲的营销人员必须善于在全球范围内营销自己的品牌，并以对社会负责的方式，为个人顾客创造短期价值，同时还要为整个社会创造长期价值。本版中的新内容强调了可持续营销的观念。

第 5 版更新内容

《营销的原则》（原书第 5 版）反映了在这个以顾客价值和顾客参与为核心的时代影响营销的主要趋势和力量。我们对本书内容进行了仔细修改，第 5 版在第 4 版的基础上建立并扩展了顾客价值和顾客参与的创新框架。本书内容中贯穿新冠疫情对消费者行为和营销实践的影响，举例说明了 Ninja Van、京东、星巴克、美团等公司如何应对疫情并转向在线购买行为。

《营销的原则》（原书第 5 版）还包括一系列其他主题的扩展资料，包括顾客关系管理（CRM）、品牌战略和定位、SWOT 分析、数据挖掘和数据网络、消费者研究、营销和多样性、代际营销、口碑营销、供应商满意度和伙伴关系、环境可持续性、善因营销、社会责任营销、全球营销战略等。

本书中加入了大量新案例。书中的表格、案例进行了更新，反映了最新的情况和数字。《营销的原则》（原书第 5 版）中包含的图片和广告大多是新增的，旨在阐述要点并使内容更吸引人。

发展就业技能

真实营销实践案例。每一章都包含一两个深度开发的营销实践案例，深入探讨真实的品牌营销战略和当代营销问题。例如，学生可以了解优衣库如何努力实现其"为所有人制造"的理念，奈飞如何利用大数据和先进的营销分析来为每位顾客提供个性化体验，为什么苹果的产品价格高昂却仍然畅销，阿里巴巴如何在盒马鲜生超市无缝整合线上和线下服务，Instagram 如何发展成为企业、广告商和 Instagram 用户的三赢平台，完美日记如何利用数字、移动和社交媒体营销成为中国化妆品行业的领跑者等。结合贯穿每一章的大量新案例和插图，营销实践案例强化了关键概念，使营销更生动。

学生还将学习人工智能在市场营销中的作用，企业如何越来越多地使用增强现实和虚拟现实来提升消费者的购物体验，以及移动营销如何在重要时刻吸引消费者。

更多信息和资源，请访问 www.pearsonglobaleditions.com.

致　谢

　　没有一本书只来源于其作者的努力。我们非常感谢一些人的宝贵贡献，在他们的帮助下，才有了这个新版本。感谢西北大学、北卡罗来纳大学教堂山分校、新加坡国立大学和新加坡管理大学的同事们给予我们的支持和鼓励。

　　特别感谢培生出版集团的工作人员在本书出版过程中做出的贡献。

　　最后但同样重要的是，感谢我们的家人，他们始终支持和激励着我们。我们将本书献给他们。

菲利普·科特勒　　　加里·阿姆斯特朗

洪瑞云　　　　　　　梁绍明

陈振忠　　　　　　　王永贵

目　录

第二部分：理解市场和消费者

PRINCIPLES OF MARKETING 营销的原则（原书第5版）

第三部分： 设计顾客驱动战略和营销组合

第四部分：营销扩展：营销和营销过程

营销的原则
（原书第5版）

PRINCIPLES OF MARKETING

第一部分
定义营销和营销过程

PRINCIPLES OF MARKETING

营销的原则（原书第5版）

第1章 市场营销：管理可盈利的顾客关系

目标概览

目标 1 定义市场营销，逐步勾勒市场营销过程。

目标 2 理解顾客和市场的重要性，讨论有关顾客和市场的五个核心概念。

目标 3 识别顾客价值导向的营销战略的关键要素，讨论指引营销战略的市场管理定位。

目标 4 讨论顾客关系管理，识别能为顾客创造价值并从顾客处获得价值回报的战略。

目标 5 描述在顾客关系至上的时代改变市场前景的主要趋势和力量。

内容导览

第 1 章将介绍市场营销的基本概念，我们将从"什么是市场营销"开始。简而言之，市场营销就是获得顾客并管理可盈利的顾客关系。市场营销的目的是为顾客创造价值，并因此从顾客处获取价值回报。接下来我们将讨论营销过程的 5 个步骤，从理解顾客需要到设计顾客驱动的市场营销战略和整合营销方案，再到建立顾客关系、获取公司价值。最后，我们将讨论在数字化、移动网络和社交媒体盛行的当今时代，影响市场营销的主要趋势和力量。理解这些基本概念将为后续内容的学习打下坚实的基础。

让我们从盒马鲜生的故事开启本章的学习，作为阿里巴巴旗下的变革力量，盒马鲜生重新定义了传统超市，将线上经营融入线下零售。

盒马鲜生会员店/Alamy Stock Photo

盒马鲜生：一种新零售模式

2017 年，盒马鲜生在北京和上海新开三家店，时任阿里巴巴集团董事会主席、首席执行官张勇表示："我们相信新零售的未来将是线上线下的和谐融合。"这重申了阿里巴巴创始人马云提出的"新零售"概念，即线上线下相结合的营销战略。作为阿里巴巴旗下的连锁超市，盒马鲜生正是对这一概念的实践。

盒马鲜生创立于 2015 年，旨在重塑传统超市零售模式，将目标对准仍在线下购物的大量中国消费者，从根本上改变了游戏规则。通常来说，在连锁超市里，一些员工的素质有待提高，很多蔬菜不是很新鲜，灯光比较刺眼。相反，盒马鲜生以客户为中心。它的布局简单清晰，从它的店名就可以看出来："盒马鲜生"这一名称的含义是"河马"（盒马）与"包装新鲜和有活力"（鲜生），使痴迷于新鲜农产品的消费者产生了共鸣。

盒马鲜生不只是一家超市。例如，它设有内部餐厅，消费者可以在入口附近挑选龙虾等鲜活海鲜并送至加工处，然后一边购物一边等待菜品制作，结账后在餐厅享用美食。这一理念引起了中国消费者的共鸣，因为新鲜食品对他们而言非常重要。

如果消费者不想在餐厅用餐，可以让盒马鲜生的厨师准备食物，并在 30 分钟内送货到家。他们也可以选择将烹饪好的食物带走或送至办公室（前提是位于附近）。

"盒马鲜生结合客户个人信息，通过智能供应链管理系统来规划配送路线。消费者还可以追踪每件产品的来源和配送情况。"

秉承新鲜的理念，盒马鲜生销售小包装产品以减少食物腐烂，例如 5 根一把的香蕉（而不是 10 根），大多数生鲜产品的保质期也很短。这种模式与好市多（Costco）形成鲜明对比，后者鼓励顾客批量购买并减少到店的频率。对于盒马鲜生而言，线下店是其线上产品的展示场所。

在盒马鲜生，线下与线上的融合无处不在。顾客可以使用智能手机扫描每一件商品的条形码，来获取商品价格以及产地、质量保证等产品信息。顾客离开门店之前，可以在收银机使用阿里巴巴的电子支付应用程序支付宝来完成购买，也可以通过面部识别链接至支付宝账户进行结账。这两种方式的目标都会推动线下顾客进行在线购物。

这似乎确实奏效了。截至 2017 年，第一家盒马鲜生超市在开业两年后，其线上配送订单已占订单总数的 50%；对于一些更成熟的门店而言，线上订单已占其总销售额的 70%。相比之下，在线转化率（将网站访问者转化为付费顾客）最高的餐厅麦当劳，其 30% 的订单是线上完成的，而使用过盒马鲜生应用程序的顾客，购买转化率则高达 35%。由于拥有更多线上销售，盒马鲜生每平方米的收入比传统超市高 3~5 倍。

可扫描的条形码除了方便顾客下单，还令中国消费者变成了产品"鉴赏家"。有关产品来源或产地的即时信息帮助扭转了"毒奶粉"事件所引发的食品信任危机，诸如创意海鲜食谱等内容不仅促使消费者在微信或微博上分享自己的美食之旅，还鼓励他们探索新的烹饪方式甚至是新的生活方式。在社交媒体上，人们想要掌握信息、领先他人、成为意见领袖，因此有动力进行分享，盒马鲜生充分利用了这一点。对于顾客而言，新鲜的产品和购物——餐饮体验可能是线上线下相融合所带来的最明显的好处，但对盒马鲜生而言，这种融合还能发挥更多作用，大数据分析就是其中之一。由于顾客通过盒马鲜生手机应用程序进行购物，所以他们的每一次购买和所有偏好都会被记录下来。通过大数据分析，盒马鲜生利用顾客的购买偏好在应用程序上提供个性化推荐，它还根据顾客所在的位置向他们展示可选择的新鲜食物。盒马鲜生专注于提供基于需求的购物体验，因此其产品与顾客息息相关。

盒马鲜生的配送模式使其能够实现门店半径 3 公里范围内手机订单 30 分钟送达。它的门店也是仓库，店员手持扫描仪在超市货架上找到顾客订购的商品，扫描、包装，再将其装于袋中，放在传送带上，运至门店附近的配送中心。

1.1

什么是市场营销

现如今成功的公司都有一个共同点：都以客户为中心，并高度重视市场营销。它们热衷于满足客户的需求。它们激励组织中的每一个人帮助公司建立持久的、能够创造价值的客户关系。

然而，伴随着技术的巨大进步以及经济、社会和环境变化带来的挑战，现如今的顾客正在重新评估他们与品牌的关系。数字化、移动网络和社交媒体的发展彻底改变了消费者的购物和互动方式，市场营销战略和策略也需随之调整。在有意义且持久的顾客价值基础上，建立强大的顾客参与、顾客关系和顾客支持是至关重要的。

我们首先介绍市场营销的基本概念。

市场营销是与顾客打交道，是"管理可盈利的顾客关系"。营销的双重目标是通过承诺卓越价值来吸引新顾客，同时依靠提供令人满意的服务来维持和发展现有的顾客。

市场营销无处不在——在中国的菜市场里，市场营销也在发挥作用。商家使用微信支付和支付宝等电子支付应用程序，消费者通过扫码即可完成支付，不再需要现金。

例如，盒马鲜生超市之所以能超越其他本土超市，是因为它整合了线下与线上两种模式，从而满足了中国消费者对产品新鲜度和电子商务便利性的需求。网约车应用 Grab 在东南亚许多地区获得成功，正是因为它明白，乘客想要安全回家，而司机则希望在自己不需要用车时能通过共享汽车赚钱。

良好的市场营销对任何企业而言都至关重要。联合利华、谷歌、丰田、香格里拉酒店等大型营利企业都在使用市场营销功能，大学、医院、博物馆甚至教堂等非营利组织也是如此。

市场营销无处不在。在附近购物中心销售的产品中，你能看到它；当你在 YouTube、TikTok 上搜索或观看视频时，它出现在你的电脑或手机的广告里。市场营销人员试图融入你的生活，让品牌成为你的生活的一部分。

然而，市场营销远比消费者看到的更复杂。本书将向你介绍当今市场营销的基本概念和实践。本章我们首先定义市场营销和市场营销过程。

定义市场营销

什么是市场营销？市场营销不只是销售和广告，它还包括满足顾客需要。营销人员需要理解顾客需要，开发能提供卓越顾客价值的产品和服务，并对其进行有效的定价、分销和促销。因此，市场营销是企业吸引顾客，建立牢固的顾客关系以及为顾客创造价值，并因此从顾客处获取价值回报的过程。

市场营销过程

图1-1展示了市场营销过程的简单五步模型。在前四个步骤中，企业致力于理解顾客，创造顾客价值，并建立牢固的顾客关系。在最后一步，企业因创造卓越的顾客价值而获取回报。通过为顾客创造价值，企业也以销售额、利润和长期顾客资产等形式从顾客处获取价值。

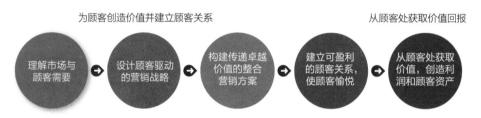

图1-1 市场营销过程：创造与获取顾客价值

在本章和下一章中，我们将审视市场营销过程的每一步骤。在本章中，我们将重点关注与顾客关系相关的步骤，即理解顾客、建立顾客关系以及从顾客处获取价值。在第2章中，我们将讨论第二步和第三步，即设计营销战略和构建营销方案。

理解市场与顾客需要

作为市场营销过程的第一步，营销人员需要理解顾客的需要和欲望，以及他们进行经营活动的市场。我们将讨论关于顾客和市场的五个核心概念：

■ 顾客需要、欲望和需求。
■ 市场提供物（产品、服务和体验）。
■ 顾客价值和满意度。
■ 交换和关系。
■ 市场。

顾客需要、欲望和需求

"人类需要"是市场营销最基本的概念。人类需要（**needs**）是一种感到缺乏的状态，包括对食物、衣服、温暖和安全的基本生理需要，对归属和情感的社会需要，以及对知识和自我表现的个人需要。例如，随着中国人越来越富裕，时间越来越少，他们需要能够在不损害健康的前提下提供便利的产品。在新冠疫情期间，为了安全和健康，人们对于外科口罩和保持社交距离存在生理需要。

欲望（wants）是由文化与个性塑造的人类需要形式。一个美国人需要食物时，他的欲望是得到巨无霸汉堡、炸薯条和软饮料；而一个日本人需要食物时，他的欲望则是得到米饭、寿司和绿茶。欲望是由一个人所处的社会塑造的，并表现为能够满足需要的物体。当有购买力支撑时，欲望就变成了**需求**（demands）。在欲望和所拥有资源的限定下，人们的需求是能够带来最大价值和满意度的产品。以下案例介绍了共享经济与电子商务如何满足亚洲消费者的需要和欲望。

共享经济与电子商务——对于亚洲国家的消费者而言，交通拥堵是享受许多服务的常见障碍，而电子商务正在改变这一切，摩托车网约车平台和送货服务满足了消费者越来越多的需要和欲望。例如，总部位于印度尼西亚的 Go-Jek 就是一个将客户和服务供应商连接起来的网约车平台，除了其核心的交通服务外，它还提供房屋清洁、衣物熨烫、上门按摩等服务。比如它的 Go-Glam 平台提供理发、化妆、美甲等美容服务，客户在网上预约美容师并支付少量订金，然后作为 Go-Jek 合伙人的美容师就会上门为客户提供化妆服务。因此，该平台帮助小企业发展并建立客户基础。Go-Jek 的创始人纳迪姆·马卡里姆（Nadiem Makarim）表示："专注于本地业务使我们能够很好地了解客户，而了解市场是非常重要的。"在中国，百度外卖的骑手从餐厅取餐，再把外卖送到那些忙得没时间离开办公室吃午饭的上班族手里；他们还运送生猪肉等生鲜产品。中国的线上食品业务在两年内增长了 85%，销售收入是美国线上食品配送市场的两倍多。印度的电子商务也在增长，网民人数超过 4 亿，并以每年 2500 万人的速度增长。印度电子商务网站 Flipkart 雇快递员或"心愿官"，他们骑着摩托在车流中穿梭，每人每天完成约 150 次配送。

企业通过消费者调研、分析客户数据以及观察顾客在线上线下的购物和互动行为来了解顾客需要、欲望和需求。例如，联想在过去是先推出一款产品，再销售给顾客，但现在它改变了运作方式：在推出产品之前先倾听顾客的意见，从而为顾客提供价值，令顾客满意。在智能助手（Smart Assistant）开发过程中的一个关键反馈是，86% 的顾客认为"语音增加了价值"，他们只想在无须打字的情况下与设备交谈。在推出军团（Legion）系列游戏笔记本电脑前，联想的游戏社区中的游戏玩家会告诉联想他们想要什么，就连"军团"（Legion）这个名字都是来自这一游戏社区的建议。

市场提供物（产品、服务和体验）

顾客的需要和欲望通过**市场提供物**（market offering）来满足，即提供给市场以满足顾客某种需要或欲望的产品、服务、信息或体验的结合体。市场提供物不仅包括实体产品，还包括用于出售的服务、活动或利益，它们本质上是无形的，不产生任何所有权，例如银行、酒店、报税和家庭维修服务。市场提供物还包括人员、地点、组织、信息和创意等。

很多销售者错误地将更多注意力放在具体产品上，而不是这些产品带给顾客的利益和体验。这些销售者犯有**营销近视症（marketing myopia）**。他们过于关注实体产品和现有的顾客欲望，从而忽视了潜在的客户需要。他们忘记了产品只是解决顾客问题的工具。钻头制造商可能认为顾客需要一个钻头，但顾客真正需要的是一个钻孔。如果出现一种新产品能够更好或更便宜地满足顾客需要，这些销售者就会陷入困境，因为顾客的需要虽然没变，但他们却想要那个新产品。图1-2总结了如何避免营销近视症。

图1-2 避免营销近视症

聪明的营销人员不会只关注其所售产品和服务的属性，通过协调多种服务和产品，他们为消费者创造品牌体验。例如，上海迪士尼提供的是一种体验，悦榕庄度假村提供的也是一种体验。你不只是在观看《跑男》（*Running Man*，韩国热门综艺节目），你沉浸在跑男的体验中，与主持人一起欢呼、欢笑。

《跑男》——韩国综艺节目《跑男》在韩国和国际上都很受欢迎。节目中，九位主持人在全新的创意游戏中竞技，令观众紧张不已。主持人们扮演的角色之间默契十足，友谊亲密，每个人都个性独特又具亲和力。一些主持人似乎总是运气不好，经常在游戏中输掉，但他们脾气很好，这使他们更受节目观众喜爱。其他明星也会被邀请与主持人一起参与游戏。《碟中谍6：全面瓦解》上映时，主演汤姆·克鲁斯（Tom Cruise）、亨利·卡维尔（Henry Cavill）和西蒙·佩格（Simon Pegg）受邀作为嘉宾参与了节目游戏。抛开游戏本身，是主持人之间的友情使节目取得了成功，给观众带来了愉悦的观看体验。

顾客价值和满意度

顾客通常会面对能满足特定需要的多种产品和服务，那么他们如何从中选择呢？顾客对各种市场提供物所能提供的价值和满意度形成期望，并据此购买。满意的顾客会重复购买，并将自己愉快的体验告诉他人；而不满意的顾客则会转而购买竞争者的产品，并向他人抱怨该产品。以下例子讨论了一部拥有全亚裔演员阵容的电影的火爆。

《摘金奇缘》（*Crazy Rich Asians*）——《摘金奇缘》改编自凯文·关（Kevin Kwan）的同名畅销书，制作预算为 3000 万美元，是继《喜福会》（*The Joy Luck Club*）后，25 年来首部全亚裔演员阵容的电影。在美国传统媒体上，亚裔角色常被塑造成温顺且寡言的形象，他们经常被描绘成欺凌的受害者、感情木讷或是酷爱数学的书呆子。然而这部浪漫喜剧电影里的演员们却饰演了各种各样的角色类型，彻底打破了"安静的亚洲人"的刻板印象。这部电影以狮城一个富有的新加坡家庭为背景，向观众展示了亚洲超级富豪的生活，以及祖母、母亲和阿姨们如何不遗余力地保护自己的家庭。电影深受观众喜欢，口碑迅速传播，连续三周荣登票房榜第一。上映前，专家曾预测该电影充其量只能成为小热门，预计首映五天内票房约为 1800 万美元。然而这部浪漫喜剧电影的实际票房几乎翻了一番，首映周末票房达到 3520 万美元，并在接下来的一周持续表现强劲，上映第九天票房就突破了 5000 万美元大关。换句话说，好的口碑使其大获成功，尤其是考虑到来自家庭流媒体端的竞争。

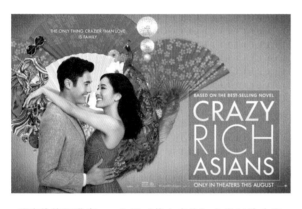

顾客价值和满意——电影《摘金奇缘》之所以受欢迎，是因为它打破了亚洲人安静、书呆子的刻板印象。在忠于细微的亚洲人特征的同时，展现了不同亚洲人的个性，这部电影满足了电影观众的需求，为他们的观影体验增加了价值。

交换和关系

当人们决定通过交换来满足需要和欲望时，市场营销就产生了。**交换**（exchange）是指通过提供某物作为回报，从他人处获得所需之物的行为。广义而言，营销人员试图让人们对市场提供物产生反应。例如，政治候选人需要选票，一个网站需要访问量，一支交响乐队需要观众，一个社会组织需要其观念被人接受。

市场营销包括为与目标受众建立和维持良好的交换关系而采取的行动。除了吸引新客户和创造交易之外，营销人员还希望通过持续提供卓越的顾客价值来维系客户并发展业务。

市场

交换和关系的概念引出了市场的概念。**市场**（market）是产品或服务现有和潜在购买者的集合，这些购买者共同的特定需要或欲望可以通过交换关系得到满足。

市场营销意味着管理市场，从而获得可盈利的顾客关系。销售者寻找购买者，识别他们的需求，设计好的市场提供物，为产品定价、促销、存储并运输。核心的市场营销活动包括产品开发、研究、沟通、分销、定价和服务。

当消费者搜索产品、与商家交流以获取信息并进行购买时，他们也在参与市场营销活动。网站、在线社交网络和移动电话，都赋予了消费者更多权利，使市场营销成了真正的互动活动。因此，如今的营销人员必须处理好顾客所管理的关系，他们不再只是问"如何找到顾客"，还要问"如何让顾客找到我们"，甚至是"如何让顾客找到彼此"。

图1-3展示了现代营销体系的主要构成要素。市场营销包括在竞争环境下服务最终顾客，企业和竞争者将各自的产品和信息传递给消费者，这会受到主要环境因素（人口、经济、自然、技术、政治/法律和社会/文化）的影响。

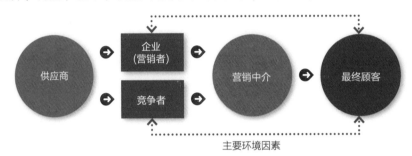

图1-3　现代营销体系的主要构成要素

这一体系中的每一部分都为下一部分增加价值，箭头代表必须发展和管理的关系。因此，一家企业能否建立可盈利的顾客关系，不仅取决于其自身的行动，还取决于整个体系满足最终顾客需求的程度。如果没有经销商提供出色的销售和服务，丰田不可能向汽车购买者提供高质量的产品。

营销的原则

1.3

设计顾客价值驱动的营销战略

顾客价值驱动的营销战略

充分了解了顾客和市场之后，营销管理者就可以设计顾客价值驱动的营销战略了。**营销管理（marketing management）**是选择目标市场并与之建立可盈利关系的艺术和科学。营销者的目标是通过创造、传递和传播卓越的顾客价值来找到、吸引、维持和发展目标顾客。

为了设计成功的营销战略，营销管理者必须回答两个重要问题：

■ 我们将服务于哪些顾客？（我们的目标市场是什么）
■ 我们如何更好地服务这些顾客？（我们的价值主张是什么）

选择服务的顾客

企业必须首先决定为谁服务，可以通过将市场划分为不同的客户群（市场细分）并选择要进入的细分市场（目标市场）来实现这一点。营销人员清楚自己无法为所有顾客服务，如果试图这样做，他们将无法为任何顾客提供好的服务。相反，企业倾向于只服务于它能服务好且能为自己带来盈利的顾客。例如，文华东方酒店的目标顾客是富裕的专业人士，而假日酒店则将目标顾客确定为中等收入家庭。

最终，营销管理者必须确定目标顾客，并了解他们的具体需求。简单来说，营销管理就是顾客管理和需求管理。

选择价值主张

企业还必须决定如何为目标顾客服务，即如何在市场中做到差异化并进行定位。企业的价值主张是它承诺提供给顾客以满足其需要的利益或价值集合（见图1-4）。例如，斯巴鲁的价值主张是安全："安全气囊挽救生命，全轮驱动可减少安全气囊的使用率，这就是斯巴鲁之所以成为斯巴鲁的原因。"能量饮料红牛凭借"给你力量"、对抗精神和身体疲劳的价值主张占据了能量饮料市场70%的份额。

图1-4　什么是价值主张

这些价值主张将一个品牌与其他品牌区分开来，它们回答了顾客的问题："我为什么要购买你的产品而不是竞争者的产品?"企业必须设计强有力的价值主张，以便在目标市场上获得最大优势。营销实践1.1探讨了精灵宝可梦Go（Pokémon Go）成功背后的价值主张。

营销管理理念

营销管理部门希望设计出能够与目标顾客建立可盈利关系的战略，但应该用何种理念来指导这些营销战略呢？如何权衡顾客利益、组织利益和社会利益？以下为组织可以用来设计和实施营销战略的五种观念：生产观念、产品观念、推销观念、市场营销观念和社会营销观念。

生产观念。生产观念（production concept）认为消费者偏好容易买到且价格低廉的产品。因此，组织应该致力于提升生产和分销效率。在某些情况下，生产观念是很有用的。例如，个人电脑生产商联想和家电制造商海尔都利用低劳动力成本、高生产效率和大规模分销占领了竞争激烈、价格敏感的中国市场。然而，尽管生产观念在某些情况下很有用，它却可能导致营销近视症。采用这种观念的企业可能过于狭隘地关注自身的生产运作，而忽视了其真正的目标——满足顾客需要并建立顾客关系。

产品观念。产品观念（**product concept**）认为消费者偏好质量、性能和创新功能最佳的产品。在产品观念的指导下，营销战略致力于持续不断地改进产品，但只关注产品本身会导致营销近视症。例如，一些厂商相信，如果他们能"制造出更好的捕鼠器，顾客就会自动上门"。然而消费者不一定想要更好的捕鼠器，更好的解决方案或许是灭鼠服务或者其他比捕鼠器更有效的东西。此外，即便是更好的捕鼠器也不一定卖得出去，除非它在设计、包装和价格方面很吸引人，在交通便利的零售店销售，并且通过广告等方式引起人们的注意。

推销观念。很多公司奉行推销观念（**selling concept**），认为除非企业进行大力推销和促销，否则消费者不会购买足量的产品。这种观念一般适用于保险等非渴求品，即消费者通常不会想到要购买的产品。然而，这种激进的推销观念风险很大，它专注于达成买卖交易，而非建立长期可盈利的顾客关系。在这种观念下，企业的目标往往是将生产出来的产品销售出去，而不是去生产市场想要的产品。它错误地假定消费者在被说服购买后会喜欢上产品，或者即使不喜欢，他们也可能忘记此前的失望，并再次购买。

营销实践 1.1

精灵宝可梦 Go：各就位，预备，出发

增强现实手机游戏精灵宝可梦 Go 一经推出就获得了巨大成功。仅仅两周，精灵宝可梦就迅速走红，日活跃玩家数超过 2000 万，每日收益高达 1600 万美元。这款基于位置的游戏日活跃用户数超过了 Twitter，甚至比交友应用 Tinder 更受欢迎，玩家在精灵宝可梦 Go 上所花的时间也超过了 Facebook。

在精灵宝可梦 Go 游戏中，玩家在现实世界游走以寻找和收集不同的精灵，获取补给、训练，并与其他玩家战斗。这款游戏让玩家感到身临其境，一名中国台湾男子称自己在孙子的介绍下接触到该游戏，然后一发不可收拾，同时使用 11 部手机来玩，每月在游戏上的花费超过 330 美元，常常连续玩 20 个小时追逐精灵直到手机电量耗尽。有报道称，曾有玩家为了玩这款游戏而辞职，甚至将私人财产全部投入游戏中。

精灵宝可梦 Go 为何如此风靡呢？它的价值主张是什么？这款游戏发生在一个虚拟世界中，里面住着看上去像鸟、鱼、龙和老鼠的生物，玩家的目标是收集所有这些生物。现在请站在游戏粉丝的立场上，想象一下他们最疯狂的梦想变为现实：如果精灵不只存在于虚拟世界呢？如果它们真实生活在我们的世界里，而我们都能成为像 Ash 这样的游戏明星教练呢？

PRINCIPLES OF MARKETING 营销的原则（原书第5版）

通过使用虚拟现实技术将现实世界的行为转化为虚拟世界的收益，精灵宝可梦 Go 满足了消费者最强烈且最基本的想要实现梦想的欲望。作为首款 AR 游戏之一，它的新颖性进一步增加了其吸引力。

玩家遇到的精灵类型因地点（公园或海洋）和时间（白天或夜晚）而异。有些地点被设计为补给站，玩家可以在此处收集精灵球等奖励；有些地点则被定义为道馆，玩家可以在此进行对战。这些功能极大增加了游戏的丰富度，让玩家能够充分沉浸在虚拟现实所创造出的幻想世界中。

成功的价值主张——精灵宝可梦 Go 一经推出便迅速走红，因为它的价值主张令人兴奋不已，即通过增强现实捕捉精灵，不仅在虚拟世界，还在真实世界。

为了其强化价值主张，该游戏还加入了竞争元素，让玩家竞相收集全部 151 个精灵。但与竞争相比，游戏中更多的是玩家之间的互动。精灵宝可梦 Go 的用户界面不太直观，但这却意外地鼓励了玩家相互学习如何更好地玩游戏，无意中培育了一个游戏社区。玩家还会在真实世界聚会，一起捕捉精灵。

精灵宝可梦 Go 定期开展社区日活动，旨在鼓励世界各地的玩家在同一时间加入游戏。每次活动都会推出一个特别款专属精灵，玩家只有 3 小时来捕捉该精灵，这种限时玩法使线下聚会更加刺激。

小企业也会利用这一游戏来吸引顾客。例如，很多小企业购买游戏中的诱饵，吸引精灵前往某个现实中的地点，以此来增加客流量。其他例子还包括宣传企业附近能找到精灵，或是企业附近有补给站或道馆。作为盈利手段，精灵宝可梦 Go 也推出了一些可以用现实货币购买的物品。

来源：German Lopez, "Pokémon Go, Explained," www. vox. com/2016/7/11/12129162/pokemon-go-android-ios-game; www. fortune. com/2016/07/23/pokemon-go-augmented-reality/, 23 July 2016; Elizabeth Ballou, "Why Is 'Pokemon Go' So Popular? Here's Why Everyone Is Obsessed, According to a Lifelong Pokemon Fan," www. bustle. com/articles/171956-why-is-pokemon-go-so-popular-heres-why-everyone-is-obsessed-according-to-a-lifelong-pokemon, 15 July 2016; Darrell Etherington, "Pokemon Go Has an Estimated 7.5M U.S. Downloads, $1.6M in Daily Revenue," www. techcrunch. com/2016/07/11/pokemon-go-daily-revenue-downloads/, 12 July 2016; Kaitlyn Ulrich, "Grandpa Tricks Out Bike with 11 Phones to Play Pokemon Go," https://www. altpress. com/news/grandpa-rigs-bike-for-pokemon-go/, 12 August 2018.

市场营销观念。市场营销观念（marketing concept）认为，组织目标能否实现取决于其对目标市场需要和欲望的了解，以及能否比竞争对手更令顾客满意。在市场营销观念指导下，顾客导向和顾客价值是实现销售和利润的途径。市场营销观念不是以产品为中心的"制造和销售"哲学，而是以顾客为中心的"感知和反应"哲学。企业的任务不是为产品找到合适的顾客，而是为顾客找到合适的产品。例如，麦当劳针对不同地区顾客的口味定制了菜单，在中国推出红豆派和米饭汉堡，在印度则推出非牛肉素食汉堡。

图 1-5 对比了推销观念和市场营销观念。推销观念采用从内到外的视角，从工厂出发，以企业现有产品为中心，利用大量的推销和促销活动来赚取利润。它致力于获得短期销售，很少关心谁会购买或为什么购买。

图 1-5　推销观念和市场营销观念的对比

实施市场营销观念通常并不只是简单地响应顾客的愿望和明显的需要。顾客导向型公司对顾客进行深入调研以了解他们的需求，收集新产品和服务创意，并测试产品改进方案。当存在明确的需求并且顾客清楚自己想要什么时，这种顾客导向型营销通常效果显著。

然而很多时候，顾客并不知道自己想要什么，甚至不知道可能想要什么。例如，20 年前有多少消费者想过会拥有手机、笔记本电脑、车载卫星导航系统这些如今司空见惯的产品和服务？这种情况就需要顾客驱动型营销了，即比顾客本人更了解其需求，从而创造出能够满足现有和未来潜在需求的产品和服务。图 1-6 对比了顾客导向型营销和顾客驱动型营销。

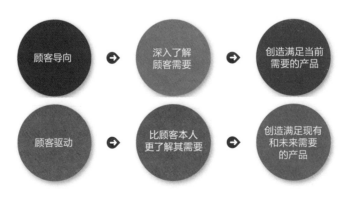

图 1-6　顾客导向型营销和顾客驱动型营销

社会营销观念。社会营销观念（societal marketing concept）对市场营销观念提出了质疑，认为单纯的市场营销观念忽略了消费者短期需求与长期福利之间可能存在的冲突。一家企业如果满足了目标市场的即时需求，从长期来看这是否也有利于消费者呢？社会营销观念认为，市场营销战略应该以同时维持或改善消费者与社会福利的方式为顾客提供价值。这需要对社会和环境负责的营销，不仅能满足消费者和企业当前的需要，同时还要维护和提高后代在未来满足其需要的能力。

定义市场的不仅仅是经济需要，还有社会需要，这种理念使共享价值的概念变得流行，它强调在创造经济价值的同时创造社会价值。联合利华（Unilever）和雀巢（Nestlé）等公司越发关注社会与企业绩效之间的相互影响，他们不仅关心短期的经济收益，还关心客户的福祉、对其业务至关重要的自然资源的消耗、主要供应商的生存能力及其所在社区的经济福祉。以下例子介绍了联合利华旗下品牌卫宝（Lifebuoy）的相关情况。

卫宝（Lifebuoy）——联合利华的健康抗菌品牌 Lifebuoy 在产品创新和与消费者互动的过程中秉承社会使命。目前全球仍有超过 25 亿人缺乏有效的卫生设施、良好的卫生条件和安全的饮用水，每 15 秒就有一名儿童死于腹泻或肺炎，相当于每年有 210万儿童死亡。

社会营销——卫宝（Lifebuoy）将社会事业融入其使命中：利用有效的卫生设施教育大众并拯救生命。

为了消除这些疾病造成的可预防死亡，拯救儿童生命，卫宝发起了名为"帮助儿童活过 5岁"的公益项目，帮助人们养成良好的洗手习惯。该项目在孟加拉国、印度、印度尼西亚、马来西亚、巴基斯坦、越南等国家开展，其中印度的塞斯戈拉（Thesgora）是腹泻发生率最高的村庄之一。专家研究表明，每天在关键时刻使用香皂洗手能够显著降低疾病的发病率。因此，卫宝在印度发布了一系列广告，鼓励人们每天洗手五次——饭前、如厕后和洗澡时，并解释说，用香皂洗手 10 秒钟就可以杀死 99.9%的细菌。卫宝采用了双管齐下的方法：首先与学校合作，使用漫画、歌曲、游戏、奖励等适合儿童的宣传方式，鼓励儿童开始并保持洗手习惯。其次是针对新手妈妈，因为他们发现，在 5 岁以下儿童的死亡事件中，42% 发生在新生儿出生后的前 28 天。此外，卫宝还发行了一部名为 *Gondappa* 的电影，该电影很受欢迎，点击量超过 1900 万。YouTube 用户很快就惊讶地发现，这是一部"无广告"电影，因为在视频开始播放前并未出现其他普通广告。卫宝的公益项目惠及了 4500 多万印度人，更是在全球范围影响了超过 1.83 亿人。

如图 1 - 7 所示，企业在制定营销战略时应平衡企业、消费者和社会这三方面因素。

图 1-7　社会营销战略的三方面考虑因素

制订整合营销计划和方案

企业的营销战略描述了企业将服务于哪些顾客，以及如何为这些顾客创造价值。接下来，营销人员就要制订整合营销计划，向目标顾客传递预期价值。营销计划通过将营销战略落地实施来建立顾客关系，包括营销组合以及用来实施营销战略的营销工具。

主要的营销组合工具可以分为四大类（4P）：产品、价格、渠道和促销。为了实现价值主张，企业必须做到以下四点：

- 创造能够满足需求的市场提供物（产品）。
- 决定如何对产品收费（价格）。
- 确定如何使目标顾客获得产品（渠道）。
- 与目标顾客沟通，使其了解产品优点（促销）。

企业必须综合使用这些营销组合工具，制订一项全面的整合营销计划，向顾客传达并传递预期价值。

管理顾客关系与获取顾客价值

吸引顾客与管理顾客关系

市场营销过程的前三步，即理解市场与顾客需要、设计顾客驱动的营销战略及构建营销方案，都引导企业走向最重要的第四步：吸引顾客并管理可盈利的顾客关系。

顾客关系管理

顾客关系管理（CRM）也许是现代市场营销中最重要的概念。除了管理个体消费者的具体信息和客户"接触点"，以最大化顾客忠诚度之外，顾客关系管理还包括通过创造卓越的顾客价值和满意度来建立和维持可盈利的顾客关系。它涉及获取顾客、维系顾客和发展顾客。

关系建立的基础：顾客价值和满意度。建立长期顾客关系的关键是创造卓越的顾客价值和满意度。满意的顾客更有可能成为忠诚的顾客，从而为企业带来更大的市场份额。

顾客常常面对众多产品和服务，并最终选择从带给其最高**顾客感知价值（customer-perceived value）**的公司进行购买。顾客感知价值是与竞争者相比，顾客对某市场提供物的总收益与总成本之差所做的评估。图1-8展示了顾客感知价值。以下是关于顾客感知价值的一个例子。

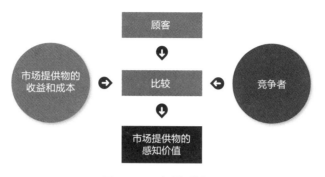

图1-8　顾客感知价值

丰田普锐斯（Toyota Prius）——购买混合动力汽车有很多好处，最显而易见的是提升燃油效率。但购买普锐斯汽车的消费者还可能获得地位和形象价值，驾驶普锐斯汽车确实会让车主看起来更具环保意识。在决定是否要购买普锐斯汽车时，消费者会将拥有此车带来的感知价值，与购买该汽车所付出的金钱、努力和心理成本进行比较。此外，他们还会将拥有普锐斯汽车的价值与拥有其他混合动力或非混合动力品牌汽车的价值进行比较，然后选择带给他们最大感知价值的品牌。为了提高感知价值，丰田重新设计了混合动力汽车网站，车主在上面可以像使用社交网站一样创建个人档案。用户可以查看其他车主的个人资料，分享他们选择混合动力汽车的原因，并提供与自己和所驾驶车辆相关的统计数据。网站上还有省油计算器和交互式地图，可以对比丰田混合动力汽车与普通汽车的行驶数据。

顾客感知价值——一辆丰田普锐斯价格不菲，但对于消费者而言，相比于拥有一辆普锐斯所带来的的价值，这一价格并不贵。

丰田发现，混合动力汽车的车主对自己的汽车及驾驶原因充满分享的热情，产品社区网站正是利用了这种兴奋感，让用户通过图片和视频来展示自己。

顾客通常无法精确或客观地判断产品价值和成本，而是依靠感知价值进行判断。比如，普锐斯真的是最经济的选择吗？其实，可能需要经过很多年的使用，车主在燃油上节省下来的成本才能抵消为购买该汽车而多支付的价格费用。然而，普锐斯车主却认为他们得到了真正的实惠。一项调查显示，普锐斯在燃油经济性方面被评为是最"令人愉悦的"，而且相比其他混合动力汽车的车主，普锐斯车主认为自己的钱花得更物有所值。

顾客满意度（customer satisfaction）是指产品的感知性能与购买者预期的对比。如果产品性能低于预期，顾客就会失望；如果产品性能符合预期，顾客就会满意；如果产品性能超过预期，顾客就会非常满意或感到愉悦。

例如，日本的一些连锁百货商店由于无法达到消费者的预期而失去了青睐，顾客转而光顾物美价廉的专卖店。以前，百货商店以销售奢侈品和提供优质服务而闻名，日本人习惯送礼，因此都会到知名百货商场购买礼物。然而，长期经济衰退和新冠疫情使现金流吃紧的消费者改为去专卖店购买更物有所值的商品。

营销方面杰出的企业会费尽心思地满足重要顾客。大多数研究都表明，顾客满意度越高，顾客忠诚度就越高，进而使企业业绩更好。聪明的企业实际提供给消费者的要比他们所承诺的更多，愉悦的消费者不仅会重复购买，还会成为"产品传播者"，向人们宣传使用该产品的美好体验。

鉴于了解顾客十分重要，本田专门设有一位负责了解顾客的经理。本田的在线顾客关系管理平台"本田之友"，针对注册用户使用本田产品的体验进行调研，然后将顾客看重的关键事项即时反馈给该经理。调查问卷至少每年发放一次，但每次间隔不会低于一个月。

用卓越的价值和服务取悦顾客不仅仅是一套策略或行动指南，更是一种企业态度，是整个企业文化的重要组成部分。

尽管以顾客为中心的企业追求比竞争对手更高的顾客满意度，但它并不想要最大化顾客满意度。企业能通过降低价格或增加服务来提高顾客满意度，但这会导致利润下降。因此，营销的目标是可盈利地创造顾客价值。这需要精妙的平衡。

顾客关系层级和工具。企业可以与顾客建立多种层级的关系。在一种极端情况下，一家拥有众多低利润顾客的企业可能只需要与顾客建立基本的关系。例如，宝洁通过品牌广告、促销活动和网站来建立顾客关系。在另一种极端情况下，在只有少量且高利润顾客的市场上，企业就会试图与关键顾客建立全面的伙伴关系，其顾客团队将与大型零售商紧密合作。在这两种极端情况之间，还存在其他层级的顾客关系。

除了持续不断地提供高价值与满意度之外，营销人员还可以使用特定的营销工具来与顾客建立更紧密的联系。例如，许多企业推出高频营销计划（frequency marketing programs），以奖励频繁或大量购买的顾客。航空公司提供常旅客计划，酒店为常客升级客房。以下介绍了国泰航空的客户忠诚计划。

国泰航空——香港国泰航空公司对其客户忠诚计划进行了调整，将里程累积的标准从飞机距离变为机票价格。面对来自中国内地航空公司和中东竞争对手的激烈竞争，国泰航空试图通过增加收入和削减成本来提高竞争力。根据顾客反馈和对其他航空公司、酒店和零售业客户忠诚计划的分析，国泰航空推出亚洲万里通（Asia Miles）常旅客计划，该计划是一项综合考虑机票类型、客舱等级和飞行距离的奖励计划，它提供的奖励机票也比以往多20%。

顾客参与以及如今的数字和社交媒体

数字时代涌现了建立顾客关系的新工具，包括在线广告和视频、移动广告和应用程序以及社交媒体。

现如今的企业使用在线、移动和社交媒体来筛选目标顾客，并与他们建立更深入、更活跃的关系。例如，星巴克在中国市场野心勃勃，但却面临来自雀巢和其他外国食品连锁店的竞争。为了更好地迎合中国消费者，星巴克在中国推出了移动支付、手机点餐和配送服务。此后，其中国门店的大部分交易都是通过移动支付完成的。

以前，市场营销是基于品牌的。如今，市场营销还涉及顾客参与，即促进顾客直接、持续地参与到品牌对话、品牌体验和品牌社区的建设中。顾客参与营销不仅仅是向消费者销售品牌，它的目标是让品牌成为消费者社交和生活中具有意义的一部分。

肯德基（KFC）——在非现金支付盛行的中国，肯德基正在利用它来发挥自己的优势。在中国拥有肯德基门店的百胜中国想要吸引年轻一代消费者，同时也希望电子支付对其顾客而言是安全的。在杭州的肯德基门店，顾客可以使用"微笑支付"面部识别系统进行支付。通过阿里巴巴集团子公司蚂蚁金服开发的面部识别软件，顾客可以在点餐机上刷脸付款，为防止盗刷，顾客还需要输入自己的电话号码。然后机器将顾客的面部与其支付宝账户上经过验证的照片进行比对后完成付款。蚂蚁金服生物识别技术总监陈继东表示："通过将 3D 摄像头和活体检测算法相结合，微笑支付能够有效阻止使用他人照片或视频进行诈骗的行为，从而确保账户安全。"

互联网和社交媒体极大地推动了顾客参与营销的发展。消费者现在信息更灵通、联系更紧密、权力更大。新获得权力的消费者掌握更多品牌信息，还可以在丰富的数字平台上向他人传播和分享自己的品牌观点。因此，营销人员不仅要做好顾客关系管理，还要处理好顾客所管理的关系，即顾客在建立和分享品牌体验的过程中所形成的与企业，以及与其他顾客的关系。

更大的消费者赋权意味着企业不能再依赖侵入式营销。相反，企业必须以吸引消费者的方式进行营销，即创造能吸引消费者的产品和信息，而不是去打扰消费者。因此，大多数营销人员将大众媒体营销与在线、移动、社交媒体等丰富的营销方式相结合，以促进顾客参与、品牌对话和顾客之间的品牌宣传。他们在社交媒体网站发布广告，希望广告能像病毒一样迅速传播；他们开发微型网站和顾客点评系统，使顾客参与更加个性化、互动化。熟练运用社交媒体可以让顾客与品牌的关系更密切，谈论品牌，并向他人宣传品牌。

顾客参与营销的关键是让具有吸引力且重要的品牌信息出现在目标顾客的对话中，这意味着发布的帖子要与消费者的生活和互动相关。

消费者生成营销

顾客参与营销的其中一种是**消费者生成营销**（consumer-generated marketing）。在这种方式下，顾客在自己及他人的品牌体验形成过程中扮演着更重要的角色。消费者自发地在博客、视频分享网站及其他数字论坛上进行交流，当然企业也越来越多地邀请消费者积极创造产品和品牌信息。

有些企业向消费者征集新产品创意。例如，可口可乐旗下的维他命水在 Facebook 上创建了一个应用程序，用来征集消费者对新口味的建议，并承诺生产和销售最受欢迎的那一款。脱颖而出的新口味 Connect（黑樱桃、青柠、维生素及咖啡因的混合）大受欢迎，维他命水在 Facebook 上的粉丝量也翻了一倍，超过了 100 万。

还有些公司向消费者征集广告创意。耐克在日本举办了消费者广告创意大赛，并将参赛广告组合投放。

然而，对消费者生成内容加以利用可能是一个耗时且高成本的过程。例如，亨氏邀请消费者为其番茄酱产品自制广告并上传至 YouTube，最终要从 8000 多个质量参差不齐的参赛作品中进行筛选。

随着消费者之间的联系越来越紧密，权力越来越大，以及数字和社交媒体技术在一起持续发展繁荣，消费者品牌参与将成为越来越重要的营销力量。让我们来看看中国最大的搜索引擎公司的做法：

百度——事件起源于一个愚人节创意。在食品行业丑闻频发的背景下，中国最大的搜索引擎百度发布了一条虚假广告，广告中的筷子能判断出食物烹制过程中是否使用了地沟油（来自油炸锅和下水道的废油，通常只有在人们因食用它而生病后才会意识到它是有毒的）。这则广告引起了人们的共鸣，并迅速在中国的社交媒体上疯传。看到广告所引发的强烈反响，百度决定把这种产品创造出来。通过内置的特殊传感器，这种筷子不仅能检测地沟油，还能显示酸碱度和温度，甚至还能识别蔬菜品种、产地和所含热量。

随着消费者生成的视频、博客和网站渐趋丰富，消费者在自身品牌体验的形成过程中扮演着日益重要的角色。从产品的设计、使用和包装，到品牌信息传播、定价和分销等各个方面，参与其中的消费者都拥有话语权。品牌必须适应消费者赋权的新趋势，并使用好数字和社交媒体关系管理工具。

伙伴关系管理

为创造顾客价值，建立牢固的顾客关系，营销人员必须与各种营销伙伴密切合作。营销人员不仅要善于管理顾客关系，还必须做好**伙伴关系管理**（partner relationship management）。

传统意义上，营销人员的职责是了解顾客并向企业各部门传达顾客需求。然而，

PRINCIPLES OF MARKETING 营销的原则（原书第 5 版）

在如今这个联系更加紧密的世界，每个职能部门都会与顾客产生互动。即便你不在营销部门，你也必须理解市场营销，并以顾客为中心，为顾客创造价值。

营销人员还必须与供应商、渠道合作伙伴以及企业外部的其他人合作。营销渠道包括分销商、零售商及其他连接企业与顾客的方式。供应链描述的则是一个更长的渠道，从原材料到零部件再到最终产品。通过供应链管理，企业可以加强与供应链上合作伙伴的联系。企业明白，能否成功建立顾客关系，同样取决于其整个供应链与竞争对手相比是否具有优势。

获取顾客价值

市场营销过程的前四步包括通过创造和传递卓越的顾客价值来建立顾客关系，最后一步则是企业以现在或未来的销售、市场份额和利润等形式获取价值作为回报。通过创造卓越的顾客价值，企业获得了高度满意的顾客，他们对企业忠诚并不断购买产品，进而为企业带来了更高的长期回报。这部分我们讨论创造顾客价值的结果：顾客忠诚度和留存率、顾客份额、顾客资产。

提升顾客忠诚度和留存率

良好的顾客关系管理使顾客愉悦，而愉悦的顾客会保持忠诚并对他人夸赞企业及其产品。顾客愉悦能够使顾客与产品或服务建立情感关系，而不仅仅是理性选择。例如，为提高顾客忠诚度和留存率，新加坡航空公司（SIA）与网约车公司 Grab 合作，在航班起飞前实现从家到机场的"无缝旅行"。使用新加坡航空公司的移动应用程序，乘客最多可以在其航班起飞前七天预定 Grab 的送机服务，在 Grab 上获得的奖励积分可以转换为新加坡航空公司的常旅客计划里程。目前，印度尼西亚、马来西亚、菲律宾、新加坡、泰国、越南等东南亚国家已经开通这项增值服务。整合两家公司的客户忠诚计划，使新加坡航空公司获益匪浅，不仅令乘客愉悦，还让它能够触达 Grab 更广泛的客户群。

保持顾客忠诚能创造良好的经济价值。忠诚的顾客会消费更多，并长期购买产品。研究还发现，获得一个新顾客的成本是留住一个老顾客的 6 倍。相反，顾客流失则代价高昂，失去一个顾客不仅意味着失去一笔交易，还意味着失去**顾客终身价值**（**customer lifetime value**），即顾客在一生中的全部消费价值。比如，雷克萨斯估计，一个满意且忠诚的顾客一生的消费价值为 60 万美元。因此，努力留住并发展顾客，具有良好的经济意义。

事实上，企业可能会在一笔特定的交易中赔钱，但从长期的关系中获利。这意味着企业在建立顾客关系时必须目光长远。

增加顾客份额

良好的顾客关系管理也能帮助营销人员增加**顾客份额**（**share of customer**），即企业产品在顾客此类消费中所占的比重。于是，银行想增加"钱包份额"，超市和餐厅想要更多"胃口份额"，航空公司想增加"旅行份额"。为增加顾客份额，企业可以为当前顾客提供更多不同种类的产品，也可以培训员工进行交叉销售和追加销售，让现有顾客购买更多产品和服务。

建立顾客资产

现在我们已经知道，获得新顾客重要，留住和发展顾客同样重要。企业价值来源于其当前和未来客户的价值，因此在进行顾客关系管理时应该目光长远。企业不仅想要创造可盈利的顾客，还希望一直"拥有"他们，从他们的购买中赢得更多份额，并获取顾客终身价值。

什么是顾客资产? 顾客关系管理的最终目标是产生高顾客资产。**顾客资产**（customer equity）是企业全部现有和潜在顾客折现后的终身价值总和。因此，它是衡量企业顾客群未来价值的一项指标。企业的可盈利顾客越忠诚，顾客资产就越高。与当前销售量或市场份额等指标相比，顾客资产能够更好地衡量企业业绩，因为销售量和市场份额代表过去，顾客资产则预示着未来。

与正确的顾客建立正确的关系。企业应该认真管理顾客资产，将顾客视为需要经营和扩大的资产，但并非所有顾客（包括一些忠诚顾客）都是优质资产。令人意外的是，一些忠诚的顾客不能给企业带来利润，而一些不忠诚的顾客反而能让企业盈利。

企业可以根据顾客潜在的盈利性对其进行分类，并据此管理与他们的关系。图1-9根据潜在盈利性和预期忠诚度将顾客划分为四类，其中每类顾客所需的顾客关系管理战略各不相同。

图1-9　顾客关系分类

- "陌生人"是代表低盈利性、低忠诚度的顾客，其需求与企业产品之间的契合度很低。针对此类顾客的顾客关系管理战略很简单：不对其进行任何投资。
- "蝴蝶"代表高盈利性、低忠诚度的顾客，其需求与企业产品之间的契合度较高。然而，就像真正的蝴蝶一样，此类顾客只会享受一会儿，很快就会离开。试图将"蝴蝶"转变为忠诚顾客很少获得成功，所以企业应该抓住"蝴蝶"短暂停留的机会，利用宣传攻势吸引他们，与他们进行有利可图的交易，然后停止对他们的投资，直到下次他们再飞回来。
- "真朋友"代表既有盈利性又很忠诚的顾客，其需求与企业产品之间的契合度很

PRINCIPLES OF MARKETING

营销的原则（原书第5版）

高。这对此类顾客，企业应进行持续的关系投资以使其满意，并培育、维持和扩大这类顾客群体。企业应努力将"真朋友"发展为"真信徒"，即会向他人宣传企业的回头客。

- "藤壶"代表忠诚度高但盈利性低的顾客，其需求与企业产品之间的契合度有限。例如，小额存款客户经常到银行办理业务，但他们无法为银行带来足以弥补其账户维护成本的利润，他们如同船上的藤壶一样产生阻力。藤壶是最难处理的顾客，企业应该通过向他们销售更多、收取更高费用或减少服务来提高这类顾客的盈利性。如果仍然无法盈利，企业就应该放弃他们。

这里的观点很重要：针对不同类型的顾客需要使用不同的顾客关系管理战略，企业的目标是与正确的顾客建立正确的关系。

营销的原则

1.5

不断变化的营销环境

在本节，我们将探讨改变营销格局并对营销战略提出挑战的四种主要趋势和力量：数字时代、迅速全球化、可持续营销和非营利组织营销的增长。

数字时代：社交媒体营销与移动营销

数字技术的爆炸性增长从根本上改变了人们的生活方式，包括如何沟通、分享信息、娱乐和购物。在物联网时代，所有事物和所有人都以数字形式互相连接。目前全世界的网民人数超过 46 亿（世界总人口的 59%），随着数字技术的发展，这一数字还会继续增长。营销实践 1.2 讨论了一款韩国的滤镜应用是如何在数字时代通过顾客定制击败 Snapchat 的。

营销实践 1.2

Snow Snaps Snapchat

韩国最大门户网站 Naver 旗下的热门应用 Snow 令 Snapchat 在亚洲遇冷。对于以视频、自拍、动画和娱乐为核心的智能手机社交网络而言，东亚国家是现成的市场。日本和泰国有同为 Naver 旗下的 Line，而中国有微信，几乎所有中国人的智能手机上都装有这款即时通信和社交媒体应用。

与 Snapchat 类似，Snow 提供各种滤镜，用户可以在自己的自拍照中添加狗耳朵、闪闪发光的眼睛、突出的额头等特效。两个应用都有换脸功能，贴纸和滤镜设计也比较相似。但是 Snow 是如何超越 Snapchat 的呢？答案是巧妙的定制化产品。Snow 中有超过 1500 个不同的贴纸和镜头、50 个背景滤镜，每天还会推出新版本。

在韩国，用户可以在照片上添加韩国烧酒或韩国流行歌手的图像，还有一个在韩国特别流行的滤镜是炸鸡雨。在日本，用户可以选用相扑和寿司滤镜，或者使用让人变成蓝色恶魔的镜头，就像恐怖游戏"青鬼"（Ao Oni）中的反派角色一样。

用户还可以将自己使用 Snow 制作的图片直接上传到 Facebook、Instagram、微信、Line、KakaoTalk 等主要的社交网站上。与 Snapchat 不同，照片发布后，用户仍然有几天的时间可以在 Snow 上对其进行查看。

在 Snapchat 被禁止的中国，用户使用 Snow 来进行娱乐和交流，其定位尤其吸引年轻人。中国用户很喜欢使用 Snow 提供的照片滤镜，分享用其制作的视频和动态 GIF 图片，用户还可以修改他们在照片

定制——使用 Snow，用户可以在照片中添加狗耳朵、狗鼻子甚至是流行歌手的图像，并把照片分享给朋友们。

中的肤色。凭借丰富的功能，Snow 毫无意外地成为日本和韩国最受欢迎的照片和视频应用程序，也是中国受欢迎的多媒体应用程序之一。

Snow 还推出了一个可以在微信（中国最大的社交媒体平台）上使用的版本。这一仅限中国使用的应用程序名为"Snow 相机"，用户只能用其拍摄和编辑照片与视频。如果要将 Snow 相机中的图片分享至社交网站，用户必须将此应用程序与微信进行绑定。此举使 Snow 得以在中国开展业务。

Snow 的上市也很及时，在其发布的 2015 年，Snapchat 刚刚成立 4 年，在亚洲受到的关注还很有限。Snow 发布的时机使其迅速在中国、日本和韩国吸引了大量粉丝，这三个国家至今仍是其主要市场。Snow 目前的用户遍布美国等 140 个国家。

Snow 受益于其母公司 Naver 所拥有的大量资源，如今它也已经成长为一种社交媒体资源，耐克、汉堡王、雀巢咖啡等大众市场品牌都在使用它。

来源："South Korean Copy of Snapchat Takes Off in Asia," Business Times, 7 July 2016, p. 16; Savannah Dowling, "Snow, a Korea – based Selfie App with Sights Set on China, Raises a ＄50 million Series A," www. news. crunchbase. com, 23 January 2018; Bhavan Jaipragas, "A Cold Snap: Snow, the South Korean Snapchat Clone That's Got China Covered," South China Morning Post, 21 November 2016; Jon Russell, "Selfie App Snow, Once a Clone, Raises ＄50 M from Sequoia China," www. techcrunch. com, 22 January 2018; Elizabeth Woyke and Yoochul Kim, "Messaging App Sweeping Asia Could Blunt Snapchat's Global Ambitions," www. technologyreview. com, 1 March 2017.

就连音乐团体都在使用数字营销来接触他们的粉丝（主要为千禧一代）。

数字和移动技术为营销人员吸引顾客提供了肥沃的土壤。**数字和社交媒体营销（digital and social media marketing）**是指使用数字营销工具，如网站、社交媒体、移动广告和应用程序、在线视频及其他数字平台，通过电脑、智能手机、平板电脑、互联网电视和其他数字设备，随时随地吸引消费者。

阿里巴巴——阿里巴巴集团拥有一套营销工具，可以利用其庞大的数据存储来帮助在其数字平台上销售产品的商家进行更有针对性的营销。它收集超过 4.5 亿活跃用户的数据，包括这些用户在淘宝、天猫、优酷等娱乐网站和本地服务网站上的购物模式、品牌互动和内容消费等。使用这些数据，阿里巴巴不仅可以为个人用户进行个性化产品推荐，还能根据用户的浏览和购买习惯对他们访问的店面进行个性化定制。凭借来自整个阿里巴巴生态系统的数据优势，品牌可以识别、定位、接触、吸引和留住顾客，从而使阿里巴巴成为一个更具战略性和可持续性的品牌建设平台。

社交媒体营销

社交媒体为企业提高顾客参与和品牌讨论度提供了极佳的机会。Facebook 的月活跃用户超过 29 亿，Instagram 和微信的月活跃用户也都超过 10 亿。企业可以利用社交媒体进行简单的宣传，比如通过比赛或促销获得 Facebook 点赞、微信留言、微博发帖或 YouTube 视频分享，也可以进行整合的社交媒体活动。

在线社交媒体提供了一个数字家园，使人们可以相互联系，并分享生活中的重要信息和时刻。因此，它们为实时营销提供了一个理想的平台，使营销人员可以通过将品牌与热门话题、现实事件、消费者的事业、生活中的重要场合或其重要事件联系在一起，来吸引消费者。以下例子描述了香港的肯德基如何通过技术使其品牌与消费者联系在一起。

肯德基（KFC）——你还记得自己 5 年前或者 10 年前的梦想吗？现在的你离实现它们更近了吗？香港的肯德基希望这些问题能够拨动消费者的心弦。在一个病毒式传播的在线视频活动中，肯德基偷偷拍下顾客点餐时的照片，给照片中的顾客换上更年轻的发型，将照片印在食物包装上并送给这些顾客。包装上有这样一句话："两天前，我们的黑胡椒鸡肉回来了，我们认为是时候重新点燃你的激情了。"顾客们惊讶地发现包装纸上竟然有自己年轻时的照片，很多人确实回想起了自己的梦想。一位顾客说，她已经放弃了想要成为设计师的梦想；还有位顾客说，他还在定期参加音乐剧表演，以追求自己的歌手梦。这一视频活动像病毒般迅速传播开来，收效比预期要好 40%～50%。它之所以成功，原因之一就在于它将自己与顾客生活中曾怀抱的热情连接在了一起，使顾客产生了认同感并愿意在网上进行分享。

移动营销

由于智能手机无处不在、始终在线且高度个性化，因此它们成了在顾客购买过程中随时随地吸引顾客的理想选择。例如，星巴克的顾客可以使用自己的移动设备完成各种操作，从寻找最近的门店，到了解新产品，再到下单和支付。在新冠疫情期间，星巴克对移动设备技术的使用发挥了巨大作用，因为顾客为了保持安全距离，即使是到店取货也会在线下单。让我们来看看手机淘宝是如何提升顾客购物体验的：

手机淘宝——手机淘宝是阿里巴巴推出的移动购物应用程序。每月约有 5 亿用户登录手机淘宝，每天有 2 亿用户启动该应用，每个用户每 24 小时平均打开 8 次手机淘宝。用户不只在上面购物，还会与其他用户以及消费者内容进行互动。直播和短视频等内容更受欢迎，品牌通过这些方式讲述品牌故事，这是仅将产品放到虚拟货架上所无法做到的。而这些故事也似乎起到了作用，因为用户平均每天要花近 20 分钟的时间在手机淘宝上观看直播视频，大约 50% 的观众会在直播期间点击进入品牌旗舰店。此外，直播还推动了 KOL（关键意见领袖）的崛起，他们与消费者进行实时互动并推荐产品。这些 KOL 非常受欢迎，也极具影响力，因此手机淘宝还推出了与之相关的三种推荐功能：疯狂购物、发现好物和心愿单。短视频则为品牌提供了讲述其背后故事的机会。

数字营销——社交媒体使在线品牌社区得以建立。例如，Fitbit 有一个社交中心，供品牌爱好者互相分享灵感、最新信息和重要事件。

社交媒体也使在线社区的建立成为可能。尽管网络营销、社交媒体营销和移动营销潜力巨大，大多数营销人员仍在学习如何有效地运用这些工具。成功的关键就在于将新的数字工具与传统营销相结合，并创建运行流畅的整合营销战略和策略。

迅速全球化

很多营销人员正在全球范围内与其顾客和营销伙伴建立联系，几乎每家企业都在一定程度上受到全球竞争的影响。美国企业在本土受到了来自营销能力出色的亚洲和欧洲跨国企业的挑战，丰田、索尼、三星、西门子和雀巢等企业在美国市场上的表现常常优于美国本土的竞争对手。同样，美国企业也在全球运营，在世界各地生产和销售产品。可口可乐在 200 多个国家有 400 个不同品牌。

如今，企业不仅要在国际市场上销售更多本土制造的产品，还要在国外购买更多原材料和零部件。亚洲企业从这种外包大潮中受益颇多，中国成为世界工厂，印度则为众多企业提供 IT 服务。

因此，管理者越来越以全球化视角来看待行业、竞争者和机遇。他们在思考：全球化营销是什么？它与国内营销有何区别？国际竞争者和国际力量如何影响我们的业务？我们应该"走出去"多远？

然而，新冠疫情抑制了全球化的发展。一些国家变得更加民族主义；大量企业裁员使消费者对价格更加敏感，而供应中断则导致了价格上涨。

可持续营销：承担更多环境和社会责任

随着消费主义和环保主义运动渐趋成熟，营销人员正在为其行为所产生的社会和环境影响承担更多责任。很少有企业会忽视再次兴起的、要求严苛的环保主义运动。

社会责任和环保主义运动对企业提出了更严格的要求。有些企业抵制这些运动，只有在法律强制或消费者组织抗议时才会让步。然而，目光长远的企业乐于接受它们对周围世界的责任，将履行社会责任视为通过做好事来提升自己的机会，并寻求通过为顾客和社会提供长期利益而获取利润。添柏岚（Timberland）和本杰瑞（Ben & Jerry's）等企业践行"关怀资本主义"，热心公益事业和履行社会责任使它们与众不同，这些企业将社会和环境责任纳入企业价值观和使命宣言中。

本杰瑞（Ben & Jerry's）——联合利华旗下的本杰瑞以自己是一家"以价值为导向的企业"而自豪，它为与品牌相关的每个人（从供应商到员工，再到顾客和社区）创造"相互连接的繁荣"。本杰瑞的使命包括三部分：生产美味的冰淇淋（产品使命）、管理公司以实现持续的财务增长（经济使命）、"以创新方式令世界更美好"（社会使命）。本杰瑞以实际行动支持其使命。例如，承诺从当地农场购买并使用健康、天然、非转基因、有公平贸易认证的原料；商业上践行"尊重地球和环境"的做法，在风能、太阳能、旅行碳排放补偿、碳中和等方面进行投资；推出关爱乳制品项目帮助农民实现可持续发展。本杰瑞基金会每年向社区服务组织和社区项目提供近 200 万美元的基层捐款。本杰瑞还管理着由社区非营利组织所有和运营的冰淇淋店，公司免除了这些冰淇淋店的标准加盟费。

非营利组织营销的增长

过去，市场营销大多应用于营利性企业。如今，市场经销也已成为众多非营利组织战略的重要组成部分，如学校、医院、博物馆、动物园、交响乐团甚至是宗教机构。许多表演艺术团体面临巨大的运营赤字，必须通过更积极有效的捐赠营销来弥补。很多历史悠久的非营利组织流失了一些会员，现在正通过对其使命和"产品"进行现代化改造来吸引更多会员和捐赠者。

政府机构也对市场营销表现出愈发浓厚的兴趣。例如，新加坡政府设计了社会营销活动，以鼓励家庭成长、关注环境或劝阻吸烟等行为。

综上所述，什么是市场营销

在本章开头，图1-1展示了市场营销过程的一个简化模型，现在我们已经讨论了这个过程中的所有步骤，图1-10展示了一个可以将这些步骤整合起来的扩展模型。什么是市场营销？

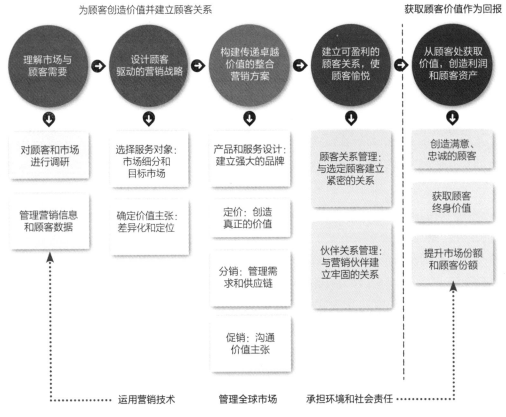

图1-10　市场营销过程的扩展模型

简单而言，市场营销是通过为顾客创造价值并获取价值回报，来建立可盈利的顾客关系。

市场营销过程中前四步主要关注为顾客创造价值。企业首先通过调研顾客需求和管理营销信息来全面了解市场，然后基于以下两个简单问题的答案来设计顾客价值导向的营销战略。第一个问题是，"我们服务哪些顾客"（市场细分和目标市场）。营销方面杰出的企业明白自己不可能为所有顾客提供服务，它们只需要集中资源服务于能为之提供最好服务且能为自己带来最多盈利的顾客。第二个问题是，"我们如何能为目标顾客提供最佳服务"（差异化和定位）。这里，营销人员勾勒了一个价值主张，阐明了企业为赢得目标顾客所需提供的价值。

营销战略确定后，企业需要构建一个整合营销方案，综合四个营销组合要素（4P），从而将营销战略转化为真正的顾客价值。企业首先开发产品并为其创建强大的品牌形象，然后为产品定价以创造真正的顾客价值，再分销产品使其到达目标顾客手中。最后，企业制订促销计划，与目标顾客沟通价值主张并说服他们购买产品。

也许市场营销过程中最重要的一步是与目标顾客建立有价值的、可盈利的关系。在整个过程中，营销人员都要进行顾客关系管理，以使顾客感到满意和愉悦。为了创造顾客价值、建立顾客关系，企业必须与企业内部和营销体系中的营销伙伴紧密合作。因此，企业不仅要做好顾客关系管理，还必须做好伙伴关系管理。

市场营销过程的前四步为顾客创造了价值。在最后一步，企业从其强大的顾客关系中获得回报，即获取顾客价值。传递卓越的顾客价值为企业带来了高度满意的顾客，他们购买更多且会重复购买。这有利于企业获取顾客终身价值和更多的顾客份额，最终使企业的长期顾客资产得以提升。

面对如今不断变化的营销环境，企业还必须考虑三个额外因素：在与顾客建立伙伴关系时必须运用营销技术、抓住全球机会、确保自身行为符合道德和社会责任规范。

图 1-10 为接下来的章节提供了一张思路图。第 1 章和第 2 章介绍市场营销过程，聚焦于建立顾客关系和获取顾客价值。第 3~6 章探讨市场营销过程的第一步——理解市场环境、管理营销信息、理解消费者和企业购买者的行为。第 7 章深入讨论两个主要的营销战略决策：选择要服务的顾客（市场细分和目标市场）、确定价值主张（差异化和定位）。第 8~17 章将逐一讨论营销组合变量。第 18 章对顾客驱动的营销战略和创造市场竞争优势进行总结。最后两章探讨特殊的营销问题：全球营销以及营销伦理和社会责任。

目标回顾

如今成功的企业，无论大小、营利或非营利、本土或国际，都高度重视顾客和市场营销。市场营销的目标是吸引顾客并管理可盈利的顾客关系。

目标 1：定义市场营销，逐步勾勒市场营销过程。

市场营销是为顾客创造价值，建立牢固的顾客关系，并因此从顾客处获取价值回报的过程。市场营销过程包括五个步骤。第一步，营销人员需要理解市场和顾客需要。第二步，营销人员设计顾客驱动的营销战略，目标是获得、吸引和发展目标顾客。第三步，营销人员构建能真正传递卓越价值的营销方案。以上三步为第四步建立基础：吸引顾客，建立可盈利的顾客关系，使顾客愉悦。第五步，企业从其强大的顾客关系中获得回报，即获取顾客价值。

目标 2：理解顾客和市场的重要性，讨论有关顾客和市场的五个核心概念。

营销杰出的企业不遗余力地理解顾客的需要、欲望和需求。这种理解帮助它们设计出满足顾客需求的产品并建立有价值的顾客关系，通过这种关系，企业可以获取顾客终身价值和更多的顾客份额，最终使企业的长期顾客资产得以提升。

核心市场概念包括：需要、欲望和需求；市场提供物（产品、服务和体验）；价值和满意度；交换和关系；市场。为满足需要，企业提出价值主张，即其承诺提供给顾客以满足其需要的利益集合。价值主张通过创造顾客价值和满意度的市场提供物来实现，从而建立与顾客的长期交易关系。

目标 3：识别顾客价值导向的营销战略的关键要素，讨论指引营销战略的市场管理定位。

要构建一个成功的营销战略，企业必须首先决定为谁服务，可以通过将市场划分为不同的客户群（市场细分）并选择要进入的细分市场（目标市场）来实现这一点。接下来，企业必须决定如何为目标顾客服务（如何在市场中做到差异化并进行定位）。

营销管理可以采用五种不同的营销理念。生产观念认为管理的任务就是提高生产效率和降低价格。产品观念认为消费者偏好质量、性能和创新功能最佳的产品，因此企业无须在促销方面下功夫。推销观念认为除非企业进行大力推销和促销，否则消费者不会购买足量的产品。市场营销观念认为，组织目标能否实现取决于其对目标市场需要和欲望的了解，以及能否比竞争对手更有效地满足顾客。社会营销观念认为，使顾客满意与产生长期社会福利对实现企业目标和履行企业责任而言都至关重要。

目标 4：讨论顾客关系管理，识别能为顾客创造价值并从顾客处获得价值回报的战略。

顾客参与营销的目标是通过让顾客直接、持续地参与品牌对话、品牌体验和品牌社区的建设，使品牌成为消费者社交和生活中具有意义的一部分。顾客关系管理的目标是提升顾客资产，即企业所有顾客终身价值的总和。建立持久顾客关系的关键是创造卓越的顾客价值和满意度。作为为目标顾客创造价值的回报，企业以利润和顾客资产的形式从顾客处获取价值。

目标 5：描述在顾客关系至上的时代改变市场前景的主要趋势和力量。

市场营销领域正发生着戏剧性的变化。数字时代创造了很多令人振奋的新方式，可供企业用于了解个人客户并与之建立联系。因此，数字和社交媒体的进步给市场营销领域带来了巨大影响。网络、移动和社交媒体营销使企业可以更精准地选择目标顾

PRINCIPLES OF MARKETING 营销的原则（原书第5版）

客，并加深顾客参与。成功的关键就在于将新的数字工具与传统营销相结合，并创建运行流畅的整合营销战略和策略。

席卷全球的新冠疫情使消费者重新思考他们的消费重点，并试图让自己的消费支出与收入保持一致。如今的消费者正表现出几十年来未曾有过的节俭。品牌所面临的挑战在于如何在实现当前价值主张的同时，提升长期资产。

近年来，市场经销已成为众多非盈利组织战略的重要组成部分，如学校、医院、博物馆、动物园、交响乐团、基金会甚至是宗教机构。此外，世界正变得越来越"小"，很多营销人员正在全球范围内与其顾客、营销伙伴和竞争对手建立联系。最后，如今的营销人员也在重新审视自己的道德和社会责任。人们要求营销人员为其行为所产生的社会和环境影响承担更多责任。

综上所述，正如本章所探讨的，市场营销领域主要的新发展可以概括为一个概念：吸引顾客以及创造并获取顾客价值。如今，所有营销人员都在利用新的机会与顾客、营销伙伴以及周围的世界建立有价值的关系。

PRINCIPLES OF MARKETING

营销的原则（原书第5版）

第2章　企业战略与营销战略：合作建立顾客参与、价值与关系

目标概览

目标 1　阐述企业战略规划及其四个步骤。

目标 2　讨论如何设计业务组合及开发增长战略。

目标 3　解释营销在战略规划中的作用以及营销如何与其他伙伴合作创造和传递顾客价值。

目标 4　描述顾客价值导向的营销战略和营销组合的构成要素及其影响因素。

目标 5　列举营销管理的功能，包括营销规划等，讨论衡量和管理营销投资回报的重要性。

内容导览

在第 1 章中，我们探讨了企业为顾客创造价值以获取价值回报的市场营销过程。本章我们将讨论市场营销过程的第二步和第三步——设计顾客驱动的营销战略和构建营销方案。我们将首先介绍组织的整体战略规划，然后讨论营销人员如何在战略规划的指导下与企业内外部的伙伴合作为顾客创造价值。接下来，我们探讨营销战略和规划——营销人员如何选择目标市场、定位市场产品、构建营销组合以及管理营销方案。最后，我们将讨论衡量和管理营销投资回报这一重要步骤。

让我们先来看看优衣库的例子，这家日本零售商销售高品质、创新、实用且价格实惠的服装。它风格简单，与同样以简单为愿景的各方合作，为顾客提供有价值的产品。

PawanKumar/Alamy Stock Photo

优衣库（UNIQLO）：完美合作

众所周知，日本消费者是世界上要求最高的。对他们来说，品质非常重要，奢侈品是必备品。然而在经济急剧放缓的情况下，性价比已经成为很多担心失业的消费者在购物时要优先考虑的因素。随着越来越多的日本人开始在时尚消费上走节俭路线，奢侈品失去了原有的光彩。

2009 年初，服装零售商优衣库推出了一款售价 990 日元的牛仔裤，上市后大获成功。不拘一格的平价时装风格使优衣库在节俭的日本消费者中迅速走红。然而这种平价可不仅仅只是时尚，日本消费者真正喜欢的是物有所值的产品。

"优衣库已经开展了多项高级时装与大众零售之间的合作。"

优衣库的惊人增长表明，节俭的时代正在来临。

作为一个著名品牌，优衣库以其低价羊毛衫和 T 恤而闻名。1949 年，名为小郡商事（Ogori Shoji）的企业在日本山口县创立，最初一直销售男装。1984 年，该企业在广岛开设了一家男女皆宜的休闲服装店，名为 "Unique Clothing Warehouse"，即优衣库（UNIQLO，unique clothing 缩写）。

优衣库在东京的时尚核心原宿地区开设的首家城市店大获成功，于是很快又在日本主要城市开设了更多门店。2001 年，优衣库扩展至海外，首先在英国伦敦，然后在中国上海开设了专卖店，此后还在美国及中国香港开设了更多门店。2010 年，优衣库在马来西亚吉隆坡和中国台北的门店开业。在全球市场上，消费者越来越注重性价比，优衣库已经成为备受青睐的服装零售商。

然而，竞争依然激烈，优衣库必须与 Zara、Mango、H&M 等发展迅速的品牌竞争。这些品牌能否激励顾客更频繁地购买时尚单品？节俭新时代的到来意味着这些品牌必须阐明其价值主张，才能让消费者甘愿掏出自己辛苦赚来的钱。

优衣库创始人柳井正（Tadashi Yanai）自豪地说，他的品牌以相对较低的价格向顾客提供卓越品质的产品。他的梦想是让优衣库成为世界上最大的时装生产商和零售商，他也相信顾客可以通过穿着优衣库的衣服来表达自己的个性。

事实上，优衣库之所以大获成功（尤其是在日本），除了受消费节俭趋势的推动，还得益于自信的新一代时尚达人的涌现，他们乐于混搭和穿着非奢侈品服装，以此来进行自我表达。

优衣库已经开展了多项高级时装与大众零售的合作。其他零售商寻求的可能是当月热门的设计师，而优衣库则想要与风格简单的设计师合作。这种合作始于优衣库与时装设计师吉尔·桑德（Jil Sander）共同开发的"＋J"系列，该系列在上市的第一周就在大多数国家销售一空。这一系列的发布为优衣库吸引了一批全新的顾客，他们想以较低的价格购买吉尔·桑德设计的服装。

优衣库的另一个合作伙伴是芬兰设计公司玛莉美歌（Marimekko）。玛莉美歌以纺织品设计而闻名，优衣库为人熟知的则是功能性服装和面料，但它们有一个共同目标：让"简单"变得更美好。二者间的伙伴关系使双方均获益，玛莉美歌的总裁兼首席执行官 Tiina Alahuhta – Kasko 表示："优衣库在全球拥有巨大影响力，擅长生产高质低价的纺织品，因此与优衣库合作使我们有机会将自己的印花图案大规模生产出来，同时以不稀释自己品牌的方式触达更多消费者。"

此后，优衣库开始有选择地与其他设计师合作，包括爱尔兰设计师、知名品牌罗意威（Loewe）的创意总监乔纳森·安德森（Jonathan Anderson），以及宝缇嘉（Bottega Veneta）的创意总监托马斯·迈尔（Tomas Maier）。和优衣库一样，宝缇嘉也追求简约风格，它的产品上同样看不到巨大的商标或是浮华的街头风。

除了与设计师合作，优衣库还将触角伸向了舞台。它推出的第一个项目是新加坡女演员陈琼华主演的戏剧 Modest Travels，陈琼华曾在电影《摘金奇缘》中饰演吴恬敏（Constance Wu）的母亲。该剧也是优衣库冬季宣传活动的一部分，每次演出结束后，优衣库都会展示演员所穿的服装，以及剧中旅行目的地的时尚搭配指南。观众可以使用演出门票来兑换优衣库的产品。

在当前的金融环境中，很多消费者自豪地改变了过去的购买行为，转而为满足需要和欲望进行购买。还有些消费者不断寻找价格更加低廉的产品以应对一直上涨的生活成本。企业和品牌通过向消费者表明其产品完全符合消费者需求并且物有所值的方式来刺激购买。

目前的消费者一直保持谨慎，这些挑剔的消费者更偏好低价职业装，因此优衣库在亚洲（该品牌的重点市场）依旧销售火爆。然而，新冠疫情为其扩张计划按下了暂停键。尽管如此，优衣库还是通过重新设计产品迅速适应了新常态。它利用自己的 AIRism 技术制造吸湿散热的面料，为公众生产口罩，为医护人员生产穿在防护服里的内衣。

企业战略规划：定义营销的作用

每个企业都必须根据其面临的具体情况、机会、目标和资源为自己的长期生存和发展做出规划，这就是**战略规划（strategic planning）**的核心。战略规划是在组织目标和能力与不断变化的市场机会之间建立与保持战略契合的过程。

在企业层面，战略规划过程始于定义企业的整体目标和使命（见图 2-1），然后将这一使命转化为指导整个公司的具体目标。接着，企业总部决定哪些业务和产品组合最适合企业，以及应该分别给予多少支持。然后，每项业务与产品都会制订详细的营销计划和其他部门计划来支持企业规划。因此，营销计划发生在业务单元、产品和市场层面，它针对特定的市场机会制订更详细的计划，以此来支持企业战略规划。

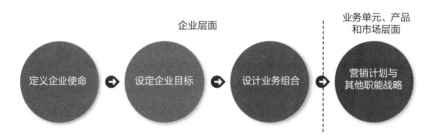

图 2-1 战略规划步骤

定义市场导向的使命

组织的存在是为了完成某件事，这一目的需要被清楚地陈述出来。要提出一个好的使命，应该首先回答以下问题：我们的业务是什么？顾客是谁？顾客重视什么？我们的业务应该如何发展？这些看上去简单的问题却是企业最难回答的，成功的企业不断提出这些问题并认真、完整地回答它们。

使命陈述（mission statement）是关于组织目标的陈述——它想在更大的环境中实现什么。清晰的使命陈述就像一只"看不见的手"，指导着组织中的人员。

图 2-2 好的使命陈述的特征

一些企业目光短浅地使用产品或技术相关的术语来定义其使命（"我们生产和销售家具"或"我们是一家化学加工企业"），但使命陈述应该以市场为导向并根据顾客需求来定义（见图 2-2）。产品和技术最终会过时，而基本的市场需求会永远存在。

市场导向的使命陈述根据顾客的基本需求来定义企业业务。例如，耐克不仅仅是一家鞋类和服装产品生产商，它还承诺为所有顾客提供灵感和创新。表2-1列举了其他一些例子，对比了产品导向与市场导向的业务定义。

表2-1　产品导向与市场导向的业务定义对比

企业	产品导向的定义	市场导向的定义
亚马逊	我们销售图书、视频、CD、玩具、电子产品、五金产品、家居用品及其他产品。	我们使互联网购物体验变得快速、简单、令人愉悦，在我们这里，你可以找到任何你想在网上购买的东西。
百度	我们提供中国最好的在线搜索引擎。	我们整理全世界的信息，使中国人能够获取和使用这些信息。
Grab	我们提供网约车和共享服务。	我们为个人、家庭和企业提供安全的物流设施。
丝芙兰	我们是美妆产品零售商。	我们通过帮顾客释放其美丽潜力的方式销售生活方式和自我表达。
香格里拉酒店	我们出租房间。	我们创造香格里拉体验，可以激活感官、灌输幸福，甚至满足客人未表达的愿望和需求。
沃尔玛	我们经营折扣店。	我们实行天天低价，让普通人有机会与富人购买到同样的东西。

使命陈述应该有意义、具体且具有激励性。很多时候，使命陈述都是为了公共关系目的而编写的，缺乏具体、可行的指导方针，但其实使命陈述应该强调企业的优势，并有说服力地介绍企业打算如何赢得市场。

最后，一家企业的使命陈述不应该被表述为获取更多销售额或利润，利润仅仅是开展某项有价值活动所得到的回报。企业员工需要感到自己的工作是有意义的，对人们的生活是有贡献的。三星的使命陈述就融入了帮助社会进步的理念。

使命——三星的目标是通过提供优质产品为社会做出贡献。

日本服装零售商优衣库的使命不是提供全世界最便宜的衣服，而是成为顾客最喜爱的、物有所值的品质服装零售店。只要优衣库能够达成这一顾客导向的使命，利润就会随之而来。

设定企业目标

企业需要将其使命分解为各个管理层面上的具体支持目标。每个管理者都应该设定目标并负责实现它们。例如，孟山都公司经营农业生物技术业务，它将其使命定义

PRINCIPLES OF MARKETING

营销的原则（原书第5版）

为"改进农业的未来……改进食品的未来……丰富而安全"。它力图帮助养活不断增长的世界人口，同时保护环境。孟山都的广告让我们"想象一下创造了今天这些不可思议的事物的创新农业"。

企业目标——中国的在线搜索引擎百度，致力于整理信息并使中国人能够获取和使用这些信息。

使命可以分解为一系列目标，包括业务目标和营销目标。孟山都的总体目标是通过开发更好的农业产品并以更低的成本将它们更快地推向市场来建立可盈利的顾客关系，它通过研发能在不使用化学农药的情况下使农作物更有营养、产量更高来实现这一目标。但研发费用是高昂的，企业需要将更多利润投入研发项目中，因此提高利润成了孟山都的另一个主要目标。增加销售收入或降低成本可以提高利润，而提高企业在美国的市场份额、进入海外市场或两者兼而有之可以增加销售收入。于是这些目标便成了企业目前的营销目标。

企业必须制定营销战略和计划来支持这些营销目标。为了提高在美国的市场份额，孟山都可能会增加产品供应和产品促销。为了进入海外市场，该企业可能会降低价格，并瞄准国外的大型农场。这些营销战略比较宽泛，可以更详细地界定。例如，增加产品促销可能需要更多销售人员和更多广告，如果是这样，那么这两个要求都需要明确说明。通过这种方式，企业使命就转化成了现阶段的一系列目标。

营销的原则

2.2 设计业务组合

在企业使命陈述和目标的指导下，管理层必须规划**业务组合**（business portfolio），即企业业务和产品的集合。最佳的业务组合应该使企业的优势和劣势与环境中的机会形成最佳匹配。业务组合规划包括两个步骤：

■ 分析现有的业务组合，决定哪些业务应该获得更多投资、更少投资或零投资。
■ 制定增长战略或精简战略，形成未来的业务组合。

分析现有的业务组合

战略规划中最主要的活动是**业务组合分析**（portfolio analysis），即管理层对企业的各项产品和业务进行评估的过程。企业希望将更多资源投入最赚钱的业务中，并对较弱势的业务缩减或放弃投资。

业务组合分析的第一步是识别企业的关键业务，即战略业务单元。战略业务单元

（strategic business unit，SBU）是指拥有单独的使命和目标，规划时可以独立于企业其他业务的企业单元。一个战略业务单元可以是一个企业部门、部门中的一条产品线，也可以是某个产品或品牌。

业务组合分析的第二步要求管理层评估企业各个战略业务单元的吸引力，并决定给予每个战略业务单元多少支持。通常来说，企业应致力于增加与企业核心理念和竞争力相匹配的产品和业务。

战略规划的目的是找到企业可以更好地发挥其优势来利用环境中有吸引力的机会的方式。大多数标准的业务组合分析方法都是在两个重要维度上评估战略业务单元：①战略业务单元所在的市场或行业的吸引力；②战略业务单元在该市场或行业中的地位。最著名的业务组合分析方法是由波士顿咨询公司所开发的。

波士顿咨询公司模型

使用波士顿咨询公司（BCG）所开发的模型，企业可以根据图2-3中的**增长—份额矩阵（growth-share matrix）** 对其所有战略业务单元进行分类。纵轴上的市场增长率衡量的是市场吸引力，横轴上的相对市场份额则用来衡量企业在市场中的地位。增长—份额矩阵定义了战略业务单元的四种类型。

- *明星*（stars）：市场增长率高、相对市场份额也高的业务或产品，通常需要大量投资来维持其快速增长。最终，它们的增长将放缓，并转变为现金牛。
- *现金牛*（cash cows）：市场增长率低、相对市场份额高的业务或产品，这些成熟且成功的战略业务单元只需要较少的投资来维持其市场份额，因此会给企业带来大量现金，以支持企业开支和其他需要投资的战略业务单元。
- *问号*（question marks）：市场增长率高但相对市场份额低的业务单元，仅维持其市场份额就需要投入大量现金，更不用说提高市场份额了。管理层需要认真考虑的是，应该努力将哪些问号业务发展成明星业务，哪些问号业务则应该被淘汰。
- *瘦狗*（dogs）：市场增长率低、相对市场份额也低的业务和产品，它们或许能产生足够的现金来维持自身发展，但无法为企业带来更多的现金流。

图2-3　波士顿增长—份额矩阵

（此处左侧竖排文字）PRINCIPLES OF MARKETING　营销的原则（原书第5版）

增长—份额矩阵中的圆圈代表企业目前的战略业务单元，图 2 - 3 中的这家企业有两个明星、两个现金牛、三个问号和三个瘦狗。这些圆圈的大小与战略业务单元的销售额成正比，这家企业的状况尚可，但不是很好。它想要投资于更有前途的问号业务，使之成为明星；保持明星业务，使其在市场成熟时转变为现金牛。幸运的是，该企业有两个规模可观的现金牛业务，这些现金牛产生的收入可被用于投资问号、明星和瘦狗业务。对于瘦狗和问号业务，企业应当采取果断行动。如果该企业没有明星，或是有更多瘦狗，又或者只有一个较弱的现金牛，那么图片所展示的情况就会更加糟糕。

一旦完成对战略业务单元的分类，企业就必须确定每个战略业务单元在未来应该如何发展。每个战略业务单元可以采取以下四种战略：企业可以对战略业务单元进行更多投资以增加其市场份额；也可以选择刚好能使战略业务单元保持当前市场份额的投资额；也可以对战略业务单元进行收割，榨取短期现金流而不考虑长期影响；还可以剥离战略业务单元，将其出售或逐步淘汰，并把资源用于其他地方。

随着时间的推移，战略业务单元在增长—份额矩阵中所处的位置会发生改变。每个战略业务单元都有自己的生命周期，很多战略业务单元最开始是问号，如果发展成功就会转变为明星，并随着市场增长放缓而成为现金牛，最终在生命周期的尾声消亡或成为瘦狗。企业需要不断增加新产品和新业务，使其中一些发展为明星并最终成为现金牛，为其他战略业务单元提供资金。

矩阵方法的局限性

波士顿矩阵和其他理论模型使战略规划发生了彻底变革，但这些方法也有局限性，它们实施起来可能会很困难，而且耗时、耗资。管理层可能很难定义战略业务单元，也难以衡量市场份额与增长率。此外，这些方法聚焦于企业当前的业务，无法对未来规划提供建议。

这些理论模型过于强调市场份额的增长，或是因进入有吸引力的新市场而带来的增长，因此使用这些模型会让很多公司一头扎进与自己不相关但高速增长的新业务中，却不知如何管理。同时，这些企业往往过于迅速地放弃、出售或压榨自己正健康发展的成熟业务。因此，很多过去过度多元化的企业最终都会重新聚焦于它们最了解的一个或几个行业。

由于这些局限性，很多企业已经放弃了这些矩阵模型，转而采用更适合自身情况的定制化模型。此外，战略规划以往主要由企业总部的高级管理人员制定，而如今制定战略规划的权力已经下放，越来越多企业将战略规划的责任交给由接近市场的部门经理所组成的跨职能团队。

以迪士尼公司为例，大多数人认为迪士尼是适合全家游玩的主题公园，但在 20 世纪 80 年代，迪士尼成立了一个强大、统一的战略规划小组。接下来的 20 年里，在这一战略规划小组的指导下，迪士尼公司转变为一个庞大的、包括媒体和娱乐业务的多元化企业。事实证明，转型后的公司很难管理，业绩很不稳定。随后迪士尼便解散了这个统一的战略规划小组，并将其职能下放给部门经理。

制定增长战略和精简战略

除了评估现有业务，设计业务组合还包括找到企业应该考虑在未来发展的业务和产品。如果企业想要更高效地竞争、满足利益相关者的要求并吸引顶尖人才，就必须实现盈利性增长。

市场营销承担着使企业实现盈利性增长的主要责任。营销人员必须识别、评估和选择市场机会，并制定战略抓住机会。图2-4展示的是一个能有效识别增长机会的工具——**产品/市场扩张方格（product/market expansion grid）**，我们将它用于对星巴克的分析中。

图2-4　产品/市场扩张方格

星巴克——40多年前，霍华德·舒尔茨（Howard Schultz）萌生了将欧式咖啡馆引入美国的想法。他认为，人们需要放慢脚步，"闻一闻咖啡的味道"，多享受一点生活，于是便创办了星巴克。这家咖啡馆卖的不仅仅是咖啡，它卖的是"星巴克体验"。一位分析师指出："这里有星巴克的氛围、音乐、舒适的天鹅绒椅子、味道、嘶嘶响的蒸汽。"舒尔茨说："我们从事的不是咖啡生意，我们做的是人的生意。"如今，星巴克已经成为一个强大的高端品牌，全球各地的人们纷纷涌向星巴克。每周约有9400万顾客光顾全球28000多家星巴克门店，星巴克为顾客提供了家和工作以外的"第三空间"。

星巴克的成功引来了一大批模仿者，从香啡缤（Coffee Bean and Tea）等直接竞争者到麦咖啡（麦当劳）等快餐商家。为了在竞争越发激烈的咖啡市场保持增长，星巴克必须采取雄心勃勃、多管齐下的增长战略。

第一，星巴克的管理层可以考虑是否要采取**市场渗透（market penetration）**战略，即在不改变产品的情况下，向现有顾客销售更多产品。它可以在现有市场区域增设新门店，让更多顾客光顾门店更加便利。它还可以对广告、价格、服务、菜单选项或店面设计等进行改进，鼓励顾客增加光顾门店的次数、停留的时间或每次购买的数量。例如，星巴克在美国的很多门店都增设了免下车取餐窗口；它还与雀巢合作，在全球所有家庭消费和家庭以外消费渠道分销袋装咖啡和茶，这一全球性咖啡联盟将星

PRINCIPLES OF MARKETING　营销的原则（原书第5版）

巴克的体验带到了世界各地数百万的家庭中。

第二，星巴克的管理层可以考虑进行**市场开发（market development）**，即为其现有产品识别和开发新市场。例如，管理人员可以对新的人口统计细分市场进行评估，鼓励老年人或少数族群的消费者光顾星巴克或是从星巴克购买更多产品。管理人员还可以对新的地理细分市场进行评估，星巴克在日本开设了首家北美地区以外的门店。1996 年，星巴克在北美地区以外只有 11 家门店，现在则在全球拥有 28000多家门店。自 20 多年前开始在中国运营以来，星巴克在 140 多个中国城市每周服务的顾客数量超过 640 万。中国已经成为星巴克增长最快的市场，每 15 小时就有一家新店开业，星巴克当年的目标是到 2022 年在 230 个城市开设 6000 家门店。此外，星巴克还与阿里巴巴集团旗下的配送平台饿了么、连锁超市盒马鲜生、在线零售平台天猫和淘宝、移动和在线支付平台支付宝等多家公司合作，将在阿里巴巴的平台上开设虚拟门店。

第三，星巴克的管理层可以考虑采取**产品开发（product development）**战略，即向现有市场提供改进产品或新产品。除了抹茶味星冰乐，星巴克还在亚洲推出了多款新口味饮品：日本的樱花系列、韩国的甘菊苹果茶以及亚洲各地的抹茶拿铁和椰子水冰镇浓缩咖啡。

多元化——星巴克扩展了其产品组合，开设了提供现煮优质咖啡的烘焙工坊，最大的一家烘焙工坊在上海。

第四，星巴克还可以考虑**多元化（diversification）**战略，即在现有产品和市场之外创建或购买新业务。星巴克采取了相关多元化策略，以咖啡爱好者为目标顾客，开设高端烘焙工坊；通过子品牌 Evolution Fresh 提供新鲜果汁产品；进军红酒和啤酒业务，在其香港的精品店里销售精酿啤酒和红酒。

针对业务组合，企业不仅需要制定增长战略，也需要制定**精简（downsizing）**战略。市场环境的变化可能会使企业某些产品或市场的利润下降。企业可能发展过快，或是进入了自己缺乏经验的领域。例如，一个企业在没有进行适当调研的情况下就进入了过多海外市场，或是推出的新产品无法提供卓越的顾客价值。

一些产品和业务单元会老化并消亡。当一家企业发现自己的品牌或业务无法盈利或不再适合整体战略时，必须谨慎地对其进行精简、收割或停止投资。薄弱的业务通常需要管理层给予更多的关注，管理人员应该专注于有前景的增长机会，而不是花费精力去挽救正在消失的机会。

规划营销：合作建立顾客关系

战略规划确定了企业经营的业务和每项业务的目标，然后每个业务单元再进行更详细的规划。市场营销、财务、会计、采购、运营、信息系统、人力资源等各业务单元的主要职能部门必须相互协作，共同实现战略目标。

市场营销在企业战略规划中起着关键作用。首先，市场营销提供了市场营销观念这一指导性准则，指出企业战略应聚焦于与重要顾客建立可盈利的关系。其次，市场营销帮助战略规划者识别有吸引力的市场机会，并评估企业利用这些机会的潜力。最后，在每个业务单元内部，市场营销为实现其目标制定战略，并在达成目标的过程中实现盈利。

营销人员想要获得成功，顾客价值和满意度至关重要。然而正如第 1 章所提及的，尽管市场营销扮演着重要角色，其本身并不能为顾客创造卓越价值，它只能协助吸引、保持和发展顾客。因此，除了顾客关系管理，营销人员还要进行伙伴关系管理。他们必须与企业的其他部门紧密合作，形成有效的价值链，为顾客服务。此外，营销人员还必须与营销体系中的其他企业合作，形成具有竞争力的卓越价值传递网络。下面我们来详细介绍企业价值链和价值传递网络的概念。

与企业的其他部门合作

企业的每个部门都是**价值链**（value chain）的环节之一，即每个部门都参与价值创造活动，设计、生产、营销、传递和支持企业产品。企业的成功不仅取决于每个部门自身的运行情况，还取决于不同部门之间的协作情况。

例如，沃尔玛的目标是通过为顾客提供尽可能低价的产品来创造顾客价值和满意度。沃尔玛的营销人员至关重要，他们要了解顾客需求，并以无与伦比的低价提供顾客所需的商品；他们还要策划广告和促销活动，并为顾客提供服务。通过这些活动，沃尔玛的营销人员向顾客传递价值。

然而，营销部门也需要企业其他部门的帮助。沃尔玛能否以低价提供合适的商品，取决于采购部门能否找到供应商并以低成本进行采购，信息技术部门能否迅速提供每家商店正在出售商品的准确信息，以及运营部门能否高效、低成本地处理商品。

企业价值链的强弱取决于其最薄弱的环节，成功与否取决于每个部门为顾客增加价值的表现，以及不同部门之间能否很好地相互协作。以沃尔玛为例，如果采购部门无法从供应商处争取到最低的价格，或者运营部门无法以最低的成本分销商品，那么营销部门就无法实现最低价格的承诺。营销经理需要与其他职能部门的经理紧密合作，共同努力实现企业的整体战略目标。

与营销体系中的其他伙伴合作

为了创造顾客价值，企业不仅要关注自己的价值链，还应该考虑供应商、分销商以及最终顾客的价值链。例如，人们光顾麦当劳不仅仅是因为他们喜欢麦当劳的汉堡或是其他食品，而是因为麦当劳在全球范围内提供 QSCV（质量、服务、整洁、价值）的高标准服务。麦当劳的高效运转正是因为它成功地与加盟商、供应商等各方合作，共同为顾客提供超高的价值。

如今，越来越多的企业与供应链上的其他成员合作，以改进顾客价值传递网络（value delivery network）。例如，化妆品生产商欧莱雅深知与供应商建立紧密关系的重要性，这些供应商提供欧莱雅所需的一切原料，从聚合物和油脂到喷雾罐和包装，再到生产设备和办公用品。

欧莱雅（L'Oréal）——欧莱雅是全球最大的化妆品生产商，旗下拥有科颜氏、兰蔻、衰败城市（Urban Decay）、Nyx 等 40 多个品牌。供应商网络对其成功至关重要，因此欧莱雅将供应商视为合作伙伴。一方面，它在设计创新、质量和社会责任方面对供应商寄予厚望，对新供应商认真筛选，对现有供应商定期评估。另一方面，欧莱雅与供应商紧密合作，帮助他们达到欧莱雅设定的严格标准。有些企业会向供应商提出不合理的要求，为了短期利益"压榨"供应商，而欧莱雅则是在互惠互利和共同发展的基础上与供应商建立长期关系。根据欧莱雅的供应商网站所示，它"尊重供应商的业务、文化、发展及每一位员工。每一种关系都建立在共同努力的基础上，旨在促进发展、共同获利，使供应商有能力进行投资、创新和竞争"。因此，与欧莱雅合作的供应商中，合作 10 年以上的超过 75%，其中大多数已经与欧莱雅合作了几十年。欧莱雅的采购主管表示："我们的首席执行官希望把欧莱雅打造成全球业绩最好、最受尊敬的企业之一。受人尊敬也意味着受到供应商的尊敬。"

如今，竞争已不再是单个竞争者的事情，而是这些竞争者所创造的价值传递网络之间的竞争。营销实践 2.1 诠释了新加坡航空公司如何与阿里巴巴集团合作，为其服务增加更多价值。

营销实践 2.1

新加坡航空：携手开拓中国市场

新加坡航空公司（Singapore Airlines，简称 SIA）在东南亚面临充满挑战的经营环境，东亚和中东廉价航空公司的激烈竞争挤压了西方航空公司的利润空间。为了比竞争对手做得更好，新加坡航空利用技术来获得优势。

2018 年 8 月，新加坡航空宣布与阿里巴巴集团开展战略合作，通过技术提升顾客体验，包括在票务、忠诚计划、云服务和物流、营销活动等方面进行改进。

这样的合作关系还将帮助新加坡航空在快速增长的中国旅游市场获取更大份额。就旅行支出和游客数量而言，中国是新加坡旅游业最大的市场之一。

此次合作涉及阿里巴巴集团的多家子公司，包括阿里云、支付宝、菜鸟网络和飞猪，使新加坡航空能够通过阿里巴巴的电子商务平台接触到超过 6 亿的活跃移动用户。

阿里云的全球网络将有助于改善新加坡航空的信息技术生态系统，阿里巴巴的专属人工智能程序 ET 工业大脑将被用于管理航空相关的资源需求，支持新加坡航空应用程序和会员系统的运行。

新加坡航空已经允许顾客在购买机票时使用支付宝进行支付，还计划在机舱产品和服务、机场服务、零售商品的支付方式中引入支付宝。这将使新加坡航空的零售业务实现线上与线下的融合，为顾客提供数字优先的体验。

菜鸟网络作为阿里巴巴的物流部门，将电子商务公司与供应链上的参与者连接起来。新加坡航空希望利用菜鸟的专业性来提升自身的国际航空货运服务。

与阿里巴巴等伙伴合作，通过技术提升顾客体验，使新加坡航空在竞争中脱颖而出。

新加坡航空此前曾在阿里巴巴的旅行服务平台飞猪上开店，中国游客可以直接在店里购买新加坡航空的机票，如今这一合作已经进一步深化。新加坡航空的常旅客计划 KrisFlyer 与飞猪之间有一个双向积分互换计划：KrisFlyer 会员可以使用 KrisFlyer 里程兑换飞猪积分，飞猪会员可以使用飞猪积分兑换 KrisFlyer 里程，会员可以同时享受两个忠诚计划的福利。

飞猪两个最高会员级别 F2 和 F3 的顾客，如果在加入会员计划后 6 个月内完成一次飞行，将自动成为 KrisFlyer 的银卡和金卡会员。金卡会员享有优先登机、贵宾休息室服务、额外行李限额和优选座位等福利。任何级别的 KrisFlyer 会员都可以使用其里程在飞猪上预定行程和酒店。

来源："Singapore Airlines and Alibaba Group Unveil Strategic Partnership to Collaborate on Multiple Fronts," press release, www. singaporeair. com, 21 August 2018; Chong Koh Ping, "SIA Deepens Tie-Up with Alibaba to Penetrate China's Fast – Growing Travel Market," www. straitstimes. com, 21 August 2018; "The Wrap: Singapore Airlines Teams Up with Alibaba's Fliggy for Mileage Points Sharing," www. witevents. com, 22 August 2018.

2.4

营销战略和营销组合

战略规划定义了企业总体的使命和目标，市场营销的角色和活动如图2-5所示，其中总结了顾客驱动的营销战略和营销组合所涉及的主要活动。

顾客处于中心地位，企业的目标是为顾客创造价值并建立强大、可盈利的顾客关系。接下来是营销战略，即企业希望通过怎样的营销逻辑来创造顾客价值并获得可盈利的关系。企业决定为哪些顾客服务（市场细分和目标市场），以及如何提供服务（差异化和市场定位）。它识别整个市场，然后将其划分为小的细分市场，选择最有前途的细分市场，并专注于服务和满足这些细分市场上的顾客。

在营销战略的指导下，企业设计出其可控制的整合营销组合，包括产品、价格、渠道和促销（4P）。为了找到最佳的营销战略和营销组合，

图2-5　管理营销战略和营销组合

企业需要进行营销分析、营销计划、营销执行和营销控制。通过这些活动，企业观察和适应营销环境。现在我们简要地介绍一下每一项营销活动。

顾客价值导向的营销战略

企业必须以顾客为中心。它们必须与竞争对手争夺顾客，然后通过传递更大价值来维持和发展顾客。但是在满足顾客之前，企业首先要了解顾客的需要和欲望。因此，好的营销需要仔细分析顾客。

企业不可能为某一特定市场中的所有消费者服务，至少不能以同样的方式为所有消费者服务。消费者类型多样，需求各不相同。因此，每个企业必须对整个市场进行划分，选择最佳的细分市场，并设计战略获得盈利。这个过程包括市场细分、目标市场选择、市场定位与差异化。

市场细分

市场是由多种类型的消费者、产品和需求组成的，营销人员必须确定哪些细分市场为企业提供了最佳机会。根据地理因素、人口统计因素、心理因素和行为因素等多种方式，消费者可以被划分为不同群体。**市场细分（market segmentation）**是指将一个市场划分为不同的购买者群体，这些群体具有不同的需求、特征或行为，因而可能

需要不同的产品或营销计划。

　　每个市场都有市场细分，但并非所有细分市场的方式都同样有效。例如，如果低收入和高收入的止痛药消费者对营销活动的反馈相同，那么必理痛（Panadol）将这两类消费者划分为不同的细分市场就会收益甚微。一个**细分市场（market segment）** 中的消费者对特定营销活动会产生相似的反应。以汽车市场为例，不在乎价格，只想要最大、最舒适汽车的消费者组成了一个细分市场，主要关心价格和使用性价比的消费者组成了另一个细分市场。企业很难制造出一款车型，同时成为两个细分市场消费者的首选。

目标市场选择

　　企业确定了细分市场之后，可以进入一个或多个细分市场。**目标市场选择（market targeting）** 包括评估每个细分市场的吸引力和选择进入一个或多个细分市场。企业应该选择那些能够产生最大顾客价值并能长期维持盈利的细分市场。

市场细分与目标市场选择——耐克提供的产品范围广泛，包括适合不同运动类型的服装和装备。

　　资源有限的企业可能决定只服务一个或几个特殊的细分市场或者"利基市场"，这些"市场补缺者"专门为那些被主要竞争对手忽略的顾客群服务。例如，兰博基尼每年在全球仅销售约3800辆汽车，但价格高昂，售价从20万美元（Huracan）到46万美元（Aventador）不等。在亚洲，有一些本土美妆品牌是小众品牌，比如纯天然植物护肤品牌Handmade Heroes，它将亚洲传统美容方法融入产品中，主要服务于那些在美容方法上想要将传统方法与现代方法相结合的当地市场消费者。

　　此外，企业也可以选择为几个相关的细分市场服务，这些细分市场的消费者类型可能不同，但基本需求相同。日本健康饮品养乐多（Yakult）为其目标顾客（儿童、青少年和成人）提供以健康生活为主题的相同产品——普通养乐多和低糖养乐多。大企业还可能决定提供一系列不同的产品，为所有细分市场服务。

　　大多数企业在进入一个新市场时，只选择为一个细分市场服务，如果获得成功，再进入更多细分市场。大企业最终会寻求全面的市场覆盖，以满足每个"个人、钱包、个性化"的需求。耐克最初只销售运动鞋，现在则为每一个人和每一种运动类型生产和销售运动服装和装备。耐克设计不同的产品来满足每个细分市场的特殊需求。

市场定位与差异化

在企业决定进入哪些细分市场之后，必须确定如何对产品进行差异化及采取怎样的市场定位。产品定位是指相对于竞争对手而言，企业的产品在消费者心目中所占据的位置。营销人员希望为自己的产品建立独特的市场地位。如果一种产品被认为与市场上的其他产品完全一样，消费者就没有理由购买该产品。

市场定位（positioning） 是使一种产品相对于竞争产品在目标消费者心目中占据清晰、独特和吸引人的位置。正如市场定位专家所说，市场定位是"你如何使自己的产品或企业与众不同，即消费者为什么愿意为你的品牌支付更多的钱"。因此，营销人员对市场定位进行规划，以使自己的产品与竞争品牌区分开来，并在目标市场获得最大优势。宝马生产"终极驾驶机器"，起亚则承诺"带来惊喜的力量"。这些看似简单的陈述构成了产品营销战略的支柱。

在对产品进行定位时，企业首先要识别自己所能提供、可能带来竞争优势的差异化顾客价值。企业可以通过提供比竞争对手收取更低价格或者提供更多利益来实现更大的顾客价值。但如果企业承诺提供更大价值，它就必须传递更大价值。因此，有效的市场定位始于能给予顾客更多价值的差异化。一旦企业选择了一个理想的定位，它就必须将该定位传达给目标消费者。企业的所有营销方案都应该支持其所选择的定位战略。营销实践 2.2 讨论了 TWG Tea 所采取的高级定制市场定位，将其与其他茶叶品牌区别开来。

设计整合营销组合

确定整体营销战略后，企业就要开始规划具体的营销组合（现代市场营销的重要概念之一）了。**营销组合（marketing mix）** 是一套可控的策略性营销工具，企业在目标市场使用这些营销工具来获得其想得到的反馈。营销组合也被称为"4P"：产品、价格、渠道、促销。图 2-6 展示了每个"P"的具体营销工具。

产品是指企业向目标市场提供的

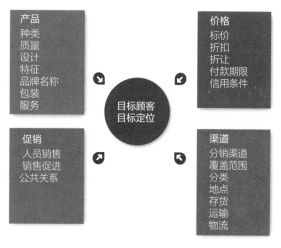

图 2-6　营销组合 4P

产品和服务组合。一辆现代品牌索纳塔汽车由螺母和螺栓、火花塞、活塞、大灯以及数千个其他零部件组成。现代提供多款索纳塔车型和数十种可选性能，并提供保修服务。

TWG Tea：高级时尚茶叶

TWG Tea 作为一家总部位于新加坡的茶叶公司，将狮城乃至全世界消费者对茶叶的喜爱程度提升到了一个新的高度。TWG 的精美茶叶包装采用亚洲风格的淡黄色茶叶罐，产品选用"银色月亮""永恒樱花"等富有神秘色彩的名称，诉说着茶叶爱好者对茶的热情。TWG Tea 从全球超过一千种单一茶园茶和调和茶中进行精心挑选。

早在 2007 年于新加坡创立时，TWG Tea 就已经有了国际化的根基：它的创始人之一塔哈·布格迪布（Taha Bouqdib）是摩洛哥裔法国人，23 岁起就从事茶叶行业，经验丰富。他之所以选择新加坡，有两个非常实际的原因。第一，新加坡靠近亚洲五大茶叶产地，茶叶可以快速送达、保持新鲜。第二，由于新加坡不产茶，因此出口茶叶的国家不能对其茶叶征收出口税。

高级时尚茶

TWG Tea 的定位是全球奢侈品牌，在 42 个国家拥有分销网络，在曼谷、迪拜、纽约等 19 个城市设有门店。TWG 从高级时尚中获取灵感，希望顾客为其精品茶支付相对更高的价格，它甚至为自己的门店和餐厅分别贴上了"精品店"和"沙龙"的标签。

与时尚行业相似，TWG 每年都会推出一系列新口味。它们散发着神秘感和异域情调，比如蝴蝶夫人是一种混合了南方水果的绿茶，魔笛是一种混合了浓茶和红莓果的红茶。

这些不同的调和茶和异域情调名称背后的想法是为走进 TWG 精品店的顾客提供一种类似于航海的体验：啜饮每一种茶都会把他们带到一个地方，并为这些不同体验创造独特的记忆。

因此，TWG 与新加坡航空（SIA）达成合作，为其头等舱和商务舱乘客提供TWG 茶饮就再合适不过了。TWG Tea 所选择的经销商进一步加强了其奢华的定位，由美国高档连锁食品店和伦敦哈罗德百货公司进行销售。在新加坡，其茶室位于高

TWG 将自己定位为高级时尚品牌，拥有异域情调的调和口味和名称，能够使人们对丰富的饮茶体验充满想象。

端购物中心 ION 和滨海湾金沙，周围遍布海瑞温斯顿（Harry Winston）、路易威登（Louis Vuitton）、卡地亚（Cartier）、乔治阿玛尼（Giorgio Armani）等设计师精品店。奢华茶叶的价值主张是成功的，使 TWG 在创办两年内便实现了盈利。

就像高级时装一样，TWG Tea 在为其多种调和茶挑选原料茶叶时非常挑剔。布格迪布不断去新的地方寻找茶叶，并亲自监督每一种茶的选择和混合。TWG 从40 多个国家采购茶叶，包括津巴布韦、莫桑比克和缅甸等。

除了将茶叶进行混合，TWG 还对产品中的其他成分进行了考量。为了充分提取茶叶的味道，早期的饮茶者会用小方块棉花浸润茶叶。为了复制这一做法，TWG 采取 100% 纯棉手工缝制的茶包，使茶叶能够得到完美冲泡，散发出独特的香气。

补充资料

为了创造出更纯粹的鉴赏体验，TWG 希望顾客不只在茶歇时饮用其饮品，而是像对待葡萄酒一样，将其作为食物的补充。因此，TWG 的一些沙龙提供与茶相得益彰的食物，或者创造性地将茶融入烹饪中。例如，它在烤杏鳕鱼中加入了撒有抹茶的土豆泥和杏茶酱汁。此外，他们还为沙拉搭配茶醋汁。

TWG Tea 还销售茶香蜡烛、茶果冻、茶巧克力和饼干，以及一系列精美的茶具。由 18K 黄金制成的保温茶壶和茶杯确保饮茶者可以品尝到丰富的味道，同时不会有苦味。

TWG Tea 的成功很大程度上依赖于其在茶叶领域的广泛关系，及其创始人在茶饮中注入浪漫色彩的创造性和富有诗意的想象力。例如，在成立十周年之际，TWG Tea 在伦敦开设了两家旗舰店，以此作为进入欧洲其他地区市场的跳板，将业务标志性地从东方拓展到西方，就如同历史上茶叶从亚洲走向欧洲一样。

它的扩张战略很明确，布格迪布曾说过，他的目标是首先在著名的时尚之都推广自己的理念，然后再进入其他具有前景的市场。对于 TWG Tea 来说，每个城市中最理想的是知名度高、人流量大的地点，而且周围一定要遍布奢侈品牌。

来源：Jessica Tan, "TWG's Ritzy Tea," www. forbes. com, 14 December 2009; "Tea for Two and Me and You," *The Straits Times*, 20 October 2009; Grace Millimaci, "Tea Salon Is a Sensory Invitation," www. au. news. yahoo. com, 14 September 2011; "Ron Sim's Tea Break," *The Business Times*, 18 April 2011; "Interview with Taha Bouqdib," *CNBC Managing Asia*, 25 February 2012; "The Heavenly Art of Tea," *The Business Times Weekend*, 3 – 5 August 2018, pp. 14 – 15; Joe Escobedo, "TWG Tea's CEO on His 10 Biggest Marketing Lessons from the Past 10 Years," www. forbes. com, 26 March 2018; "How Fine Teas Purveyor TWG Tea Expanded across the Globe," www. msn. com, 20 May 2018; Joe Escobedo, "How the CEO of TWG Tea Built a $90M Brand out of Singapore," www. forbes. com, 27 April 2017; materials from www. twgtea. com.

价格是消费者为获得产品而支付的货币数额。现代为经销商计算每款索纳塔汽车的建议零售价，经销商与每位消费者协商价格，并提供折扣、以旧换新补贴和信贷条款。

渠道包括企业为使目标消费者获得产品而开展的活动。现代汽车与销售该公司多种不同车型的经销商合作，经销商持有现代汽车的库存，将其展示给潜在消费者，并与消费者协商价格，完成销售，并提供售后服务。

促销是指企业为传播产品优点并说服目标消费者购买而开展的活动。现代汽车公司每年花费20亿美元做广告，向消费者介绍公司及其众多产品。经销商的销售人员协助潜在消费者选购，并说服他们：现代汽车是他们的最佳选择。

一个有效的营销方案应协调所有营销组合要素，形成整合营销方案，旨在通过向消费者传递价值来实现企业的营销目标，营销组合是企业在目标市场建立强势定位的策略工具。

4P概念的一个问题是，它是从卖方而非买方的角度来考虑问题的。从买方的角度来看，4P最好转化为4A的形式。

4P	4A
产品（Product）	可接受性（Acceptability）
价格（Price）	可负担性（Affordability）
渠道（Place）	可及性（Accessibility）
促销（Promotion）	知晓度（Awareness）

在这种更以消费者为中心的框架下，可接受性是指产品超出消费者期望的程度；可负担性是指消费者愿意和能够支付产品价格的程度；可及性是指消费者能够轻易获得产品的程度；知晓度是指消费者在多大程度上被告知产品特征，被说服试用产品，以及被提醒重复购买。4A与传统的4P密切相关，产品设计影响可接受性，价格影响可负担性，渠道影响可及性，促销影响知晓度。营销人员应当首先考虑4A，然后在此基础上建立4P。

营销的原则

2.5

管理营销活动

在营销管理的过程中，企业除了要善于营销外，还要注重管理。管理营销过程需要4种营销管理功能：分析、计划、执行和控制，如图2-7所示。

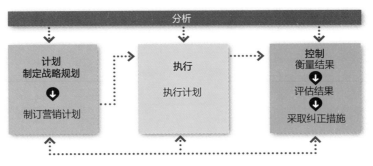

图2-7 管理营销活动：分析、计划、执行和控制

PRINCIPLES OF MARKETING 营销的原则（原书第5版）

营销分析

管理营销职能始于对企业现状的全面分析，营销人员应进行 **SWOT 分析（SWOT analysis）**，即评估企业整体的优势（S）、劣势（W）、机会（O）和威胁（T）（见图 2−8）。优势包括企业的内部能力、资源和积极的环境因素，它们是能够帮助企业服务顾客和实现目标的积极因素；劣势包括企业内部的局限性和消极的环境因素，它们可能阻碍企业实现业绩；机会是指企业可以利用的外部环境中的有利因素或趋势；威胁是可能对业绩构成挑战的不利的外部因素或趋势。

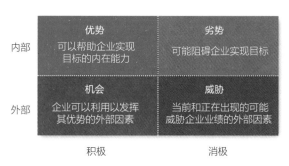

内部

外部

积极　　　　消极

图 2−8 SWOT 分析

企业必须分析市场和营销环境，找到有吸引力的机会并识别环境中的威胁。企业必须分析自身的优势和劣势，以及现有和可能的营销活动，从而判断自己能够利用哪些机会。分析的目标是将企业优势与环境中有吸引力的机会相匹配，同时消除或克服劣势并最大限度减少威胁。营销分析为其他营销管理职能提供信息，我们将在第 3 章对营销分析进行更充分的讨论。

营销计划

通过战略规划，企业针对每个业务单元的具体做法进行决策，营销计划则要确定有助于企业实现总体战略目标的营销战略。每个业务、产品或品牌都需要一份具体的营销计划。营销计划是什么样的？下面我们主要讨论产品或品牌的营销计划。

表 2−2 列举了一个典型的产品或品牌营销计划的主要内容。该计划的第一部分为执行概述，简要概括了主要的评估、目标和建议。该计划的主要部分针对当前的营销状况以及潜在威胁和机会进行详细的 SWOT 分析，然后阐述了品牌的主要目标，并概述了实现这些目标的具体营销战略。

表 2−2 营销计划的内容

部分	目标
执行概述	对计划的主要目标和建议做出的简要总结，以使高级管理层迅速了解该计划的要点。 执行概述后面应该有一个目录。
当前的营销状况	描述目标市场和企业在目标市场上的定位，包括市场信息、产品性能、竞争和分销情况。 该部分包括以下内容： ■ 市场状况：描述市场和主要细分市场，评价顾客需求和市场环境中可能影响顾客购买的因素。 ■ 产品状况：列出产品线中主要产品的销量、价格和毛利。 ■ 竞争状况：识别主要竞争对手，并评估他们的市场定位及其在产品质量、定价、分销和促销方面的策略。 ■ 分销状况：评估主要分销渠道最近的销售趋势和其他发展。

部分	目标
威胁和机会分析	评估产品可能面临的主要威胁和机会，帮助管理层预测可能对企业及其战略产生影响的重大积极或消极因素。
目标和问题	阐述企业在计划期限内想要实现的营销目标，并讨论影响目标实现的关键问题。 例如，如果目标是获得15%的市场份额，该部分就将讨论如何实现这一目标。
营销战略	概述业务单位希望实现营销目标的大体营销逻辑，以及目标市场、定位和营销支出的具体方案。 企业将如何为顾客创造价值，从而从顾客处获取价值回报？ 该部分还概述每个营销组合要素的具体策略，并解释每个要素如何应对计划中所提到的威胁、机会和关键问题。
行动方案	阐明如何将营销战略转化为具体的行动方案，回答以下问题：要做什么？ 什么时候完成？谁来做？ 需要花费多少钱？
预算	详细说明支持营销的预算，列出预期的利润表，它显示出预期的收入（预计的销量和平均净价）和预期的成本（生产、分销和营销成本），二者之间的差额为预期利润。 一旦得到上级管理层的审批，预算就将成为材料采购、生产计划、人事计划和市场运营的基础。
控制	概述用于监控进程的控制活动，使上级管理层可以评估实施结果，并发现未满足目标的产品。 它包括使用衡量营销投资回报的指标。

营销战略包括关于目标市场、定位、营销组合和营销费用的具体战略，它概述了企业打算如何为目标顾客创造价值并获取价值回报。在这一部分，制定者解释了每个战略如何应对前面所提到的威胁、机会和关键问题。营销计划的其余部分阐述了实施营销战略的行动方案，以及支持营销预算的细节。最后一部分概述了用于监控进度、衡量营销投资回报和采取纠正措施的控制活动。

营销执行

如果企业不能正确地执行，再高明的营销战略也没有价值。**营销执行（marketing implementation）**是将营销计划转化为营销行动以实现战略营销目标的过程。营销计划涉及营销活动要做什么、为什么要这样做，营销执行则解决谁去做、在哪里做、何时做以及如何做的问题。

很多管理者认为，与"做正确的事"（战略）相比，"正确地做事"（执行）同样重要，甚至更加重要。对于成功而言，两者都很关键。通过有效的执行，企业能够获得竞争优势。即使一家企业的战略与另一家企业的战略基本相同，也可以通过更快或更好的执行来赢得市场。然而，执行是困难的，构想出好的营销战略比执行更加容易。

在一个联系日益紧密的世界，营销系统各个层级的人员必须共同努力，实施营销战略和计划。市场经理针对目标市场、品牌、产品开发、定价、渠道和分销等做出决策，与工程部门讨论产品设计，与制造部门讨论生产和库存水平，与财务部门讨论资金和现金流。他们还与企业外部人员合作，例如与广告机构一起策划广告活动，与新闻媒体联系以获得宣传支持。

为了在营销执行上取得成功，企业的营销战略必须适应其企业文化，即组织中员

工共有的价值和信念体系。针对亚洲的研究发现，中国企业和印度企业的创业型文化
使其能够在国际竞争中处于有利地位。相反，日本企业的认同文化则可能阻碍其未来
发展。由于中国香港地区的企业在发展过程中融合了亚洲和欧洲的价值观，因此没有
展现出清晰的企业文化。

营销部门组织

企业必须有一个能够执行营销战略和计划的营销组织。如果企业很小，或许一个
人就可以做所有的研究、销售、广告、顾客服务及其他营销工作。随着企业逐渐扩张，
就需要有一个市场营销部门来计划和执行营销活动。在大企业里，这个部门会有很多
专家。因此，宝洁和联合利华等公司拥有产品和市场经理、销售经理和销售人员、市
场研究人员、广告专家以及许多其他专家。为了领导如此庞大的营销组织，很多企业
设有首席营销官（CMO）的职位。鉴于社交媒体的重要性，企业还可能设有首席数字
营销官（chief digital marketing officer）。近年来，营销组织越来越重要。由于企业的关
注点从产品、品牌和地域转向了顾客，因此他们也正在从品牌管理转向顾客管理。管
理者更重视的是管理顾客组合，而非管理品牌组合。

现代营销部门有以下几种组织形式。营销组织最常见的形式是职能型组织，在这
种组织形式下，不同的营销活动由一个职能专家领导，比如销售经理、广告经理、市
场研究经理、顾客服务经理或新产品经理。在全国或全球范围进行销售的企业通常采
用地理型组织，其销售和营销人员被分配到特定的国家、区域和地区。地理型组织将
销售人员安置在一个区域内，方便他们了解顾客，同时节省了差旅时间和成本。

拥有差异较大的产品或品牌的企业通常采用产品管理型组织，而对于向许多不同
类型的市场和具有不同需求及偏好的顾客销售同一种产品的企业而言，市场或顾客管
理型组织则可能是最佳选择。在不同地理市场和顾客市场销售不同产品的大企业，通
常将职能型、地理型、产品管理型和市场管理型组织进行某种组合。

营销组织已经成为一个越来越重要的问题。如今的营销环境需要企业将关注的重
点从产品、品牌和地域转向顾客关系。越来越多的企业将其品牌管理重点转为顾客管
理，即从单纯的产品或品牌收益管理转变为盈利能力和顾客资产管理。他们认为自己
不再是对品牌组合进行管理，而是对顾客组合进行管理。

营销控制

由于在营销计划的实施过程中会发生很多意外，因此营销部门必须实施持续的营
销控制。**营销控制（marketing control）**是指对营销战略和计划的结果进行评估，并采
取纠正措施以确保目标的实现。营销控制包括 4 个步骤：管理层首先设定具体的营销
目标，然后衡量市场业绩，接着评价预期业绩与实际业绩之间存在差异的原因，最后
采取纠正措施来消除目标与业绩之间的差异，这可能需要改变行动方案甚至是调整
目标。

运营控制是指根据年度计划检查目前的业绩表现，并在必要时采取纠正措施，目的是确保企业实现其在年度计划中所设定的销售、利润及其他目标。运营控制还包括确定不同产品、地域、市场和渠道的盈利能力。

战略控制可以检查企业的基本战略是否与市场上的机会相匹配。营销战略和方案可能会很快过时，因此每个企业都应该定期对其整体市场战略进行重新评估。

衡量和管理营销投资回报

营销经理必须确保营销资金被合理使用，因此开发了衡量营销投资回报的方法。**营销投资回报率（marketing return on investment，或营销 ROI）**是用营销投资的净收益除以营销投资的成本，它用来衡量在营销活动中的投资所产生的利润。

营销投资回报很难衡量。在衡量财务 ROI 时，R 和 I 都是统一使用货币进行衡量的。例如，在购买一件设备时，由购买该设备所带来的产能收益能够直接获得。然而，营销投资回报率并没有统一的定义。例如，顾客参与、广告和品牌建设影响等回报并不容易计算成货币形式。

企业可以使用品牌知晓度、销售额或市场份额等标准的营销业绩指标来评估营销投资回报率，许多企业正在将这些指标整合为"营销仪表盘"，即将内容丰富的一系列营销业绩衡量指标放在一起，用以监测战略营销的业绩。就像汽车仪表盘向驾驶员展示汽车性能的详细信息一样，营销仪表盘为营销人员提供用于评估和调整营销战略的详细指标。

然而，营销人员正在越来越多地使用以顾客为中心的营销业绩衡量指标，例如顾客获取、顾客保留以及顾客终身价值。图 2-9 将营销支出视作一种投资，它所产生的回报是更有利可图的顾客关系。营销投资可以提升顾客价值和满意度，进而增加顾客吸引力和留存率，而这些又使个人客户的终身价值和企业整体的顾客资产得以提升。增加的顾客资产与营销投资的成本相关，决定了营销投资的回报。

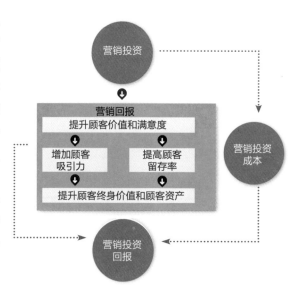

图 2-9　营销回报

来源：改编自 Roland T. Rust, Katherine N. Lemon, and Valerie A. Zeithamal, "Return on Marketing: Using Consumer Equity to Focus Marketing Strategy," *Journal of Marketing*, January 2004, p. 112.

目标回顾

在第一章，我们定义了市场营销，并对市场营销过程的步骤进行了概述。在本章中，我们探讨了企业战略规划和市场营销在组织中的作用，对营销战略和营销组合进行了更深入的讨论，并回顾了主要的营销管理功能。

目标1：阐述企业战略规划及其四个步骤。

战略规划为企业规划的其他部分奠定了基础。市场营销有助于战略规划，而总体规划也确定了市场营销在企业中的作用。虽然正式的战略规划为企业带来了各种各样的好处，但并不是所有企业都使用战略规划或者能比较好地使用战略规划。

战略规划涉及为企业的长期生存和发展制定战略，它包括四个步骤：①定义企业使命；②设定企业目标；③设计业务组合；④制定职能战略。企业使命应该以市场为导向、现实、具体、具有激励性且与市场环境相适应。然后使命被转化为具体的支持性目标，指导整个企业发展，进一步指导业务组合决策，确定哪些业务和产品应该获得更多或更少的资源。接着，每个业务和产品单元都必须制订与企业战略相符的具体的营销计划。

目标2：讨论如何设计业务组合及开发增长战略。

在企业使命和目标的指导下，管理层设计其业务组合，即企业业务和产品的集合。企业希望拥有最适合自身优势和劣势的业务组合，以利用环境中的机会。要做到这一点，企业必须分析和调整其现有业务组合，并制定增长战略和精简战略，以调整未来的业务组合。企业可能会使用正式的业务组合规划模型，但现在很多企业都采用更加定制化的业务组合规划模型，以更好地匹配自身的独特情况。产品/市场扩张方格提出了四种可能的增长路径：市场渗透、市场开发、产品开发和多元化。

目标3：解释营销在战略规划中的作用以及营销如何与其他伙伴合作创造和传递顾客价值。

根据战略规划，主要职能部门——市场营销、财务、会计、采购、运营、信息系统、人力资源及其他部门必须共同努力，以实现战略目标。市场营销在企业战略规划中起着关键作用，它提供了市场营销观念，并帮助识别有吸引力的市场机会。在每个业务单元内部，市场营销为实现其目标制定战略，并在达成目标的过程中实现盈利。

仅靠市场营销本身并不能为顾客创造卓越价值，一家企业成功与否取决于每个部门如何开展顾客增值活动，以及这些部门如何合作为顾客服务。因此，营销人员必须践行伙伴关系管理。他们必须与企业的其他部门紧密合作，形成有效的价值链，为顾客服务。此外，营销人员还必须与营销体系中的其他企业有效合作，形成具有竞争力的卓越价值传递网络。

目标4：描述顾客价值导向的营销战略和营销组合的构成要素及其影响因素。

顾客参与、价值和关系是营销战略和计划的核心。通过市场细分、差异化和市场定位，企业将总体市场划分为更小的细分市场，选择能最好地为之服务的细分市场，并决定如何向目标消费者传递价值。然后企业设计整合营销组合，以在目标市场获得其所期望的反馈。营销组合包括产品、价格、渠道和促销（4P）决策。

目标5：列举营销管理的功能，包括营销规划等，讨论衡量和管理营销投资回报的重要性。

为了找到最佳的战略和营销组合，并将其付诸实践，企业要进行营销分析、营销计划、营销执行和营销控制。营销计划的主要组成部分包括执行概述、当前的营销状况、威胁和机会分析、目标和问题、营销战略、行动方案、预算以及控制。制定好的战略通常比执行更容易。想要获得成功，企业还必须有效地执行，即将营销战略转化为营销行动。

市场营销部门的组织形式可以采取以下方式中的一种或多种组合：职能型组织、地理型组织、产品管理型组织、市场管理型组织。在如今这个以顾客关系为核心的时代，越来越多的企业将关注的重点从产品或地域管理转向顾客关系管理。营销组织实施营销控制，其中包括运营控制和战略控制。

营销投资回报已成为最受关注的营销问题。营销经理必须确保营销资金得到了有效运用。如今，营销人员面临着越来越大的压力，他们需要证明自己带来的价值增加与成本相符。为此，营销人员开发了能更好衡量营销投资回报的指标。他们越来越多地使用以顾客为中心的指标衡量营销业绩，并将其作为战略决策制定的关键参考因素。

营销的原则
（原书第5版）

PRINCIPLES OF MARKETING

第二部分
理解市场和消费者

PRINCIPLES OF MARKETING

营销的原则（原书第5版）

第3章 分析营销环境

目标概览

目标 1 描述影响企业顾客服务能力的环境因素。

目标 2 解释人口和经济环境的变化如何影响营销决策。

目标 3 识别企业所处的自然和技术环境的主要趋势。

目标 4 解释政治和文化环境的关键变化。

目标 5 讨论企业如何应对营销环境的变化。

内容导览

截至目前，你已经学习了市场营销的基本概念，以及与目标顾客建立可盈利关系的营销过程。

歌帝梵巧克力（Helen Sessions/Alamy Stock Photo）

接下来，我们将深入探讨营销过程的第一步——理解市场和顾客需要。在本章中，你会发现市场营销是在一个复杂多变的环境中运行的。环境中的其他参与者（供应商、营销中介、顾客、竞争者、公众等）可能与企业合作，也可能与企业竞争。主要的环境力量（人口、经济、自然、技术、政治和文化）塑造营销机会，产生威胁，并影响企业服务顾客和发展长期顾客关系的能力。要理解市场，并制定有效的营销战略，首先必须要了解营销运作的环境。

让我们来看看歌帝梵（Godiva）是如何在日本取得成功的。日本营销环境中的送礼文化为优质巧克力礼品创造了一个利基市场。

歌帝梵：日本的天后

1926年，优质巧克力品牌歌帝梵巧克力（Godiva Chocolatier）创立于比利时。1972年，该品牌进入日本市场，当时的日本人对高端巧克力还不熟悉，市面上巧克力的价格通常为1美元，而歌帝梵的产品售价则在20~30美元。

了解市场非常重要。在日本，送礼是其文化不可分割的一部分，日本人交换礼物以表示对善举的感激。全世界都知道情人节是男人为自己的爱人购买鲜花和巧克力的日子，但日本的2月14日却很独特，因为这一天是女人给男人（包括男性朋友和同事）送礼物（通常是巧克力）的日子。这种"义理巧克力"或"义务巧克力"并不浪漫，它与"本命巧克力"不同，后者是专为男朋友准备的。还有一个不同之处在于，日本的情人节礼物95%为巧克力，而欧洲的情人节礼物还包括鲜花和珠宝。

3月14日的白色情人节也是日本独有的节日，男人们会在这一天对情人节收到的礼物进行回赠。此外，日本人还在很多其他场合送礼物，包括节日、拜访他人家庭、生日、纪念日和毕业典礼等。

包装与送礼密切相关。日本人十分看重外观，对于他们来说，礼物包装是一门艺术。企业对于礼物包装和礼物内容的重视程度是一样的。随着日本的四季更替，包装的颜色也随之变化。日本歌帝梵的巧克力也使用金色盒子包装，用金线系好，再放入金色袋中，打造一种高级的外观和感觉。

在美国，歌帝梵的巧克力装在大碗里，就像它们是被随意扔进去的一样，但日本歌帝梵发现日本人喜欢被整齐摆放的巧克力，因此它选择了不同的视觉陈列方式，将巧克力逐个摆放，而非一起放进碗里。

"日本歌帝梵推出了'渴望又可及'战略，将自己打造成一个日本人能感受到情感连接且认为与自己日常生活相关的品牌。"

日本人喜欢购物，对产品也很了解。对欧洲人而言，新产品不一定是好的，甚至可能是不安全的。日本人则不同，他们热衷于新产品。他们的产品开发文化具有工程师特征和创造力，因而创新是关键。

基于这些了解，日本歌帝梵推出了"渴望又可及"战略，将自己打造成一个日本人能感受到情感连接且认为与自己日常生活相关的品牌。

尽管歌帝梵巧克力价格昂贵，但在很多地方都能买到。日本歌帝梵总经理 Jerome Chouchan 表示："歌帝梵是一个令人梦寐以求又触手可及的品牌，这种平衡是歌帝梵独有的。它是最贵的巧克力，但确很容易买到……人们将歌帝梵与卡地亚或劳力士归为一类，但如果你买了一块手表，你就不会在下个星期购买另一块了，而如果你买了巧克力并且喜欢它，你可能会在下周再次购买。"

这种提升可及性的战略顺应了歌帝梵观察到的自我馈赠的趋势。歌帝梵注意到，越来越多的日本人为自己购买巧克力，在情人节购买礼物的顾客中大约 40% 会同时"犒劳自己"。此外，在情人节期间，女性在决定选择什么礼物之前，会先购买小件产品自己试用。

然而，可及性可能会损害品牌的高端形象。因此，歌帝梵在与日本最大的连锁便利店 7 – Eleven 结成联盟销售其冰淇淋时非常谨慎。它坚持零促销，冰淇淋限时供应，情人节和白色情人节期间在 7 – Eleven 便利店仅销售小包装的巧克力礼盒，而从不售卖金盒包装巧克力。

日本歌帝梵还开展了一系列创新活动来刺激销售。其中，"爱与拥抱"活动设有一个特制人体模型，用来测量一个人拥抱的质量，并根据拥抱的强度颁发"爱的力量"证书。另一项名为"眨眼与微笑"的活动则使用了面部识别技术：通过对着界面眨眼与微笑，顾客就创建了一条数字信息，该信息可以被上传并发送给朋友或爱人。

虽然这些活动可能会被视为噱头，但日本歌帝梵发起的颇具争议的鼓励女性停止向男同事赠送义理巧克力的活动却绝非如此。日本歌帝梵宣称这种做法已经过时，并鼓励女性不要因为压力而去承担这种职业义务。它还敦促管理者们告诉自己的女性员工，如果她们不愿意在情人节送巧克力，就不必这么做。虽然一些人称赞歌帝梵的举动是进步的，改变了文化环境，但也有人称之为"多余的善意"。歌帝梵的巧克力价格昂贵，所以不太可能受影响，而义理巧克力通常价格低廉。因此，有人认为该活动只不过是一种营销策略。

季节性和对创新的热衷促使日本歌帝梵提升自己的适应能力。日本人只在二月、三月和圣诞节吃巧克力，他们在夏天不吃巧克力。因此，日本歌帝梵推出了巧克力饮品、冰淇淋和饼干，以填充夏季的销售低谷。此外，日本歌帝梵还推出了新口味——黑巧克力、牛奶巧克力、抹茶（绿茶）和焦糖口味巧克力，以及适合夏季的水果系列巧克力。日本歌帝梵推出的软冰淇淋迅速受到了年轻顾客的欢迎，因而并引入到美国、欧洲、中国、新加坡和韩国等市场。

企业的**营销环境（marketing environment）**由影响营销管理者与目标顾客建立和维持牢固关系的能力的外部参与者和力量构成。

营销人员必须要比企业中的其他人员更加注重追踪环境趋势并抓住机遇，他们用严谨的方法（市场调查和市场情报）来收集有关营销环境的信息，也花费更多时间研究顾客和竞争者环境。通过仔细研究环境，营销人员可以调整其战略，以应对新的市场挑战和机会。

営销的原则

3.1

微观环境与宏观环境

营销环境包括微观环境和宏观环境。**微观环境（microenvironment）**包括与企业关系密切、能够影响其服务顾客能力的参与者：企业、供应商、营销中介、竞争者、公众和顾客。**宏观环境（macroenvironment）**包括影响微观环境的更大的社会力量：人口、经济、自然、技术、政治和文化力量。我们首先来看企业的微观环境。

微观环境

图 3-1 展示了微观环境中的主要参与者。市场营销要获得成功，就需要与企业、供应商、营销中介、竞争者、公众及顾客建立关系，这些参与者共同构成了企业的价值传递网络。

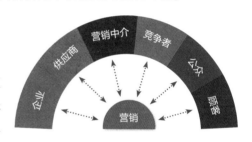

图 3-1　微观环境中的主要参与者

企业

在制订营销计划时，营销管理人员需要考虑企业的其他群体，例如高层管理人员、财务部门、研发部门、采购部门、运营部门和会计部门。这些群体构成了企业的内部环境。高层管理人员制定企业的使命、目标、总体战略和政策，营销经理根据高层管理人员制定的战略和规划做出决策。正如第 2 章所讨论的，营销经理必须与企业的其他部门密切合作，以提供卓越的顾客价值和满意度。

供应商

供应商是企业整体顾客价值传递系统的重要环节，他们提供企业生产产品和提供服务所需的资源。营销经理必须关注供应情况，因为供应短缺或延迟、罢工以及其他事件可能在短期内影响销售，在长期内损害顾客满意度。营销经理还要追踪关键生产要素的价格趋势，因为供应成本上升可能迫使价格上涨，从而对企业销量产生不利影响。

多数营销人员将供应商视为其创造和传递顾客价值的合作伙伴。

第 3 章　分析营销环境

061

本田（Honda）——在美国，本田每年从 34 个州的 550 多家战略供应商处购买价值超过 230 亿美元的汽车零部件和原材料，另外还要向其他 16800 家供应商支付数十亿美元用于保养、维修与运营。外部采购约占本田汽车制造成本的 75%，因此本田将战略供应商视为其成功的关键因素，并与他们建立了深厚的关系，共同合作。本田将这些供应商视为自己的延伸。例如，本田要求战略供应商向其提供全面的财务信息，因为这有助于本田的采购人员和工程师与供应商的工程师进行团队合作，以实现目标成本和质量标准，在执行过程中通常能够提升供应商的绩效和利润率。供应商的员工也会参加本田组织的关于领导力、财务、质量及其他主题的培训项目。本田每年还会举行与战略供应商的正式会谈，回顾上一年的业绩，并制定下一年的目标。这种团队合作使本田建立了健康、长期的供应商关系，几乎所有本田在 20 世纪 80 年代末使用的供应商现在仍然是它的供应商。本田一直被汽车供应商评价为"最受欢迎"的世界顶级汽车制造商客户之一。

企业必须注意，供应商可能成为未来的竞争者。中国台湾的富士康科技集团是包括苹果公司在内的很多企业的合同制造商，该集团分别于 2016 年和 2018 年收购了日本夏普公司和东芝的个人电脑业务，正在转型成为科技巨头。

营销中介

营销中介（marketing intermediaries） 帮助企业促销、销售以及向最终购买者分销产品，包括经销商、实体分销商、营销服务机构和金融中介机构。

- 经销商作为分销渠道，帮助企业找到顾客或向顾客进行销售。经销商包括批发商和零售商，他们购买并转售商品。有些经销商规模较小，有些则很大，比如沃尔玛、家乐福和巨人（Giant）。这些组织有足够强大的能力制定规则，甚至可以将小制造商赶出大超市。
- 实体分销商帮助企业储存商品，并将商品运输至目的地。
- 营销服务机构包括市场调研公司、广告机构、媒体公司和市场咨询公司，它们帮助企业确定目标市场并进行产品推广。
- 金融中介机构包括银行、信贷公司、保险公司及其他帮助企业进行财务交易或抵御买卖商品风险的机构。

营销人员意识到了将营销中介视为合作伙伴而不仅仅是销售渠道的重要性。以下是可口可乐的做法：

可口可乐（Coca-Cola）——当可口可乐签约成为麦当劳或赛百味等快餐连锁店的独家饮料供应商时，它提供的不仅仅是软饮料，它还承诺提供强大的营销支持。可口可乐设立了跨职能团队，致力于了解每个零售合作伙伴的业务细节。可口可乐对饮料消费者进行了研究，并与合作伙伴分享这些见解。它分析了不同地区的人口统计数据，帮助合作伙伴确定其所在地区更受欢迎的可乐品牌。可口可乐甚至还研究了

"免下车取餐"的菜单设计，以便更好地了解哪种布局、字体、字号、颜色和视觉效果能促使消费者订购更多食物和饮料。基于这些见解，可口可乐食品服务解决方案小组制定了相应的营销方案和销售工具，帮助其零售合作伙伴提高饮料销量和利润。它的网站（www. CokeSolutions. com）为零售商提供了丰富的信息、商业解决方案、销售技巧、数字和社交媒体营销建议，以及绿色运营的技术。这种紧密的合作伙伴关系使可口可乐在很多餐厅软饮市场成了领导者。

竞争者

市场营销观念指出，要想获得成功，企业必须比竞争对手提供更高的顾客价值和满意度。因此，营销人员需要做的不仅仅是适应目标消费者的需求，还必须让自己的产品在消费者心中建立起比竞争对手的产品更强有力的定位，从而获得战略优势。

没有任何一种竞争营销战略是适合所有企业的。每个企业都应该考虑自身规模和行业地位。在行业中占据主导地位的大企业可以使用某些小企业无法承担的战略，小企业则可以制定出比大企业回报率更高的战略。

公众

企业的营销环境还包括各类公众。**公众（public）**是指任何对组织实现其目标的能力有现实或潜在的兴趣或影响的群体。我们可以识别出七种类型的公众。

- 财务公众：影响企业获得资金的能力，银行、投资公司和股东是主要的财务公众。
- 媒体公众：传播新闻、专题和社论，包括报纸、杂志、广播和电视台。
- 政府公众：管理者必须考虑政府公众及其发展，营销人员必须经常就产品安全、广告真实性及其他问题咨询企业的律师。
- 公民团体公众：例如消费者组织、环保组织、少数民族群体及其他可能质疑企业营销决策的公众。企业的公共关系部门可以帮助企业与消费者和公民团体保持联系。
- 当地公众：包括邻里居民和社区组织。大企业通常会任命一位社区关系专员来处理社区事务、参加会议、回答问题，并为有价值的事业做出贡献。
- 一般公众：企业需要关注一般公众对企业产品和活动的态度，他们对企业的印象会影响其购买行为。
- 内部公众：包括员工、管理人员、志愿者和董事会。大企业使用简报和其他方式来告知和激励内部公众。当员工对企业感觉良好时，这种积极的态度会蔓延至外部公众。

公众也可以通过媒体节目的形式保护消费者，正如下面的例子中提到的：

中国的消费者权益日——中国每年举办一次"消费者权益日"电视节目，点名批评那些对消费者做出不道德行为的企业。该节目名为"315"，源于3月15日的国际消费者权益日。它采用卧底报道的形式揭露错误的商业行为。这一保护消费者权益的电视节目反映了中国14亿消费者日益增长的影响力。由于观看节目的人数众多，因

公众——政府是一个保护消费者利益的公共实体。图为世界消费者权益日前，中国有关机构的工作人员在一家超市检查产品质量。

不良行为而被曝光的品牌，其声誉将会受损，其销量也会因消费者抵制而大幅下跌。像大众、苹果、麦当劳和无印良品这样的大公司都曾经被点过名。在苹果公司的售后服务被该节目批评后，蒂姆·库克不得不公开道歉。麦当劳因食品安全问题而遭到抨击后，对部分员工重新进行了培训。耐克曾因虚假宣传而被点名，其声称 Hyperdunk 2008 FTB 款鞋带有"Zoom Air"气垫（实际上没有）。耐克不得不承认，在中国销售的篮球鞋产品描述不准确，公司随后道歉并提供退款。日本无印良品被指在中国销售危险产品。大众汽车因其不专业的做法两次被点名批评：其中一次，大众被指控过度销售零部件，还销售不合格的直接换挡变速箱系统，该系统可能导致加速故障和事故；另一次，则是丰田因为其途锐 SUV 的发动机缺陷而蒙羞。就连本土企业阿里巴巴集团也曾因无法清除其网站上售卖的假货而受到抨击。

顾客

企业可能面临以下五种顾客市场：

- 消费者市场：包括个人和家庭，购买商品和服务用于个人消费。
- 企业市场：购买商品和服务用于进一步加工或企业的生产过程。
- 中间商市场：购买商品和服务用于再次销售以获取利润。
- 政府市场：由政府机构组成，购买商品和服务用于提供公共服务或提供给有需要的人。
- 国际市场：由其他国家的购买者组成，包括消费者、生产者、中间商和政府。每一类市场都有其特点，企业需要仔细研究。

宏观环境

企业及其他参与者都在一个更大的宏观环境中运行，宏观环境中的力量为企业带来机会和威胁。图 3-2 展示了企业宏观环境中的六种主要力量。

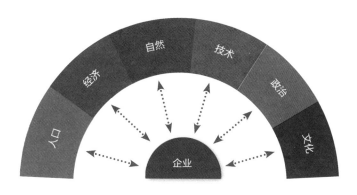

图3-2　企业宏观环境中的六种主要力量

营销的原则

3.2

人口与经济环境

人口环境

人口统计学（demography）是研究人口规模、密度、地理位置、年龄、性别、种族、职业及其他统计变量的学科。人口环境是营销人员关注的重点，因为它涉及人，而市场是由人构成的。世界人口总量呈爆炸性增长，目前已超过 78 亿，预计在 2030 年将突破 81 亿。庞大且高度多样化的世界人口既带来了机遇，也带来了挑战。图 3 - 3 展示了影响企业的人口环境因素。

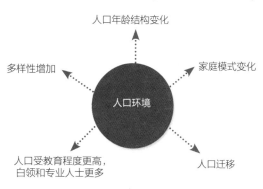

图3-3　人口环境

世界人口环境的变化对企业具有重要影响。比如在中国，大约 40 年前，为了控制人口激增，中国政府规定，每个家庭仅限生一个孩子。因此，1980 年之后出生的中国年轻人（被其长辈称为"80 后"）获得了大量的关注，产生了所谓的"小皇帝"或"小公主"综合征。

中国的"80 后"，年龄从新生儿到 30 出头，正在影响着从儿童产品到金融服务、从手机服务到奢侈品等各个领域的市场。例如，星巴克将中国的"80 后"作为目标消费者，将自己定位为非正式的放松聚会场所。

星巴克中国——中国的独生子女政策造就了被父母和祖父母溺爱的一代人，他们有能力大肆购物。这些年轻人不再遵循传统，而是崇尚个性。星巴克大中华区的一位高管表示："这代人对世界的看法非常不同，他们从未经历过我们这代人的艰辛。"他说，基于这一特点，星巴克为他们提供定制饮料、个性化服务和原创音乐专辑。一位分析师表示："在美国，星巴克的大部分业务是外卖，而在中国则恰恰相反。年轻人去星巴克并在那里待上几个小时。他们想成为时尚和国际化的人。"

人口统计特征——中国年轻的"80后"认为星巴克很有吸引力，因为它有时尚的氛围和个性化的服务。

人口年龄结构变化

下面我们讨论五个主要群体以及他们对当今营销战略的影响：婴儿潮一代、X一代、千禧一代、Z世代和阿尔法（α）世代。

婴儿潮一代（baby boomers）。他们出生于第二次世界大战后的1946～1964年。婴儿潮一代遍布各行各业，但营销人员通常最关注婴儿潮一代中人数较少的上层，他们受教育程度更高、流动性更强、更富有。随着他们的收入和支出达到顶峰，婴儿潮一代构成了一个利润丰厚的市场，涉及新房建设、房屋改造、金融服务、旅游和娱乐、外出就餐、健康和健身产品，以及其他领域。婴儿潮一代也可能延迟退休，他们认为自己没有落伍，只是进入了新的生活阶段。以下是一个企业从人口老龄化中发掘商机的例子：

遗体旅馆（Corpse Hotel）——日本人口老龄化催生了一种新型旅馆——遗体旅馆。按照惯例，日本家庭会把亲人的遗体从医院带回家，守灵一晚，第二天早上再接待邻居、同事和朋友，社区里会有一个集会，让人们向死者表示最后的敬意。下午晚些时候，进行遗体火化。但随着邻里关系紧张，社区精神越来越少。在人口迅速老龄化的情况下，死亡人数上升，家人可能需要等待多日才能进行遗体火化。这就是"遗体旅馆"的由来。这里一半是停尸房，一半是客房。它们的房间设有小祭坛和用于放置棺材的狭窄平台。这些酒店服务于日益增长的老年客户市场，其中很多人孤独终老或在几个朋友的陪伴下死去。与大型殡仪馆相比，这些旅馆更便宜，其葬礼套餐包括鲜花、供家人陪伴遗体过夜的房间、为死者准备的传统长袍、简单装饰的棺材、将遗体从医院运至旅馆再送往火葬场的运输工具，以及存放骨灰的骨灰盒。

X一代（Generation X）。出生于1965～1976年的一代人，被称为X一代，因为他们生活在婴儿潮一代的阴影下。

X一代的定义根据不仅是年龄，还包括他们的共同经历。母亲的高就业率使他们成为第一代"挂钥匙的孩子"。他们关心环境，对具有社会责任感的企业充满好感。他们虽然追求成功，但却不那么物质，重视经验而非收获。他们是谨慎的浪漫主义者，想拥有更高品质的生活，更看重工作带来的满足感，不会为了升职而牺牲个人幸福和成长。对很多已经为人父母的X一代而言，家庭第一，事业第二。

X一代更具怀疑精神。一位营销人员表示："向X一代进行营销很困难，他们只看重口碑。你不能告诉他们你的产品很好，他们对这种宣传毫无兴趣，他们会自行过滤掉这些东西。"另一位营销人员赞同这一观点："这个群体中63%的人会在购买前进行产品调研，他们还创建了社区来交换信息。即使这些人连手都没握过，他们也相信彼此交换的信息，这比任何营销宣传都更加有效。"

千禧一代（millennials）。千禧一代（或Y世代）出生于1977～2000年，是婴儿潮一代的孩子。处于20～30岁的千禧一代人数众多，拥有强大的购买力，无论在现在还是未来，都是一个巨大且有吸引力的市场。

千禧一代的显著特征之一是他们能够熟练运用计算机、数字和互联网技术。亚洲的千禧一代精通科技，手机是最常见的科技产品，年轻人通过手机获取信息、收发电子邮件、社交、玩游戏、查找旅行攻略、购物等。

千禧一代想要的不是营销人员的推销，而是真实、价值，以及获得品牌体验并与他人进行分享的机会。与其他代际群体相比，他们更加节俭、务实、喜爱社交、流动性强、缺乏耐心。一位分析师指出："千禧一代愿意与品牌建立联系，会被简单的内容（无论是否付费）吸引，对产品的新信息感兴趣。然而需要注意的是，这一切都需要以高效、简洁和流畅的方式完成。"

对于营销人员来说，千禧一代是具有吸引力的目标人群。但是，有效触达这一信息饱和的细分人群，需要具有创造力的营销手段。例如，千禧一代对极限运动的喜爱，为服装、视频游戏、电影、饮料等产品提供了创造性的营销机会。

Z世代（Generation Z）。紧跟千禧一代之后的是Z世代，即1997～2012年出生的年轻人。在世界上的很多地方，这群20多岁的年轻人都是人数最多的一代，他们也是种族和文化多样性最丰富的一代。在美国，Z世代每年大约花费430亿到1430亿美元自有资金，影响着高达3330亿美元的家庭支出。这些年轻消费者也代表着未来的市场，他们正在形成品牌关系，这将影响他们未来的购买行为。

Z世代的典型特征是，比千禧一代更加熟练地运用数字技术。Z世代将Wi-Fi、智能手机、平板电脑、互联网游戏机、数字和社交媒体视为理所当然的，他们一直拥有这些东西，这使得该群体具有高度的移动性、互联性和社交性。"只要他们醒着，他们就会上网。"一位分析师打趣道。另一位分析师则表示，他们拥有"数字化的基因"。

在新加坡，13～18岁的青少年中，75%的人每周上网一次以上，44%的人每天使用互联网。在印度，44%的互联网用户年龄在19～24岁之间。在日本，98%的东京青少年使用手机上网。Z 世代通过社交和购物将线上和线下世界无缝地融合在一起。最近的研究表明，尽管 Z 世代的青少年还很年轻，但他们中已经有超过一半的人会在购买产品前或让父母为其购买产品前进行产品研究。Z 世代女孩中约有 39% 从社交媒体上找到购物灵感，35% 阅读品牌简报，33% 不介意品牌与她们喜欢的网红合作。在进行网购的 Z 世代中，超过一半的人更喜欢在线上购物，品类从电子产品、书籍、音乐、运动器材、美容产品到衣服、鞋子、时尚配饰等。

几乎所有行业的企业都在营销针对 Z 世代的产品和服务。然而，向 Z 世代及其父母进行营销极具挑战。对于这一群体而言，传统媒体和实体店仍然很重要，但营销人员知道，他们必须触达 Z 世代逛街和购物的地方，而这些地方越来越多地出现在网络上。

如今的年轻人是出了名的善变和难以捉摸，营销的关键是要让这些年轻消费者参与并帮助定义自己的品牌体验。例如，为了使年轻消费者更深入地参与品牌互动，休闲服装零售商美鹰傲飞（American Eagle，简称 AE）甚至邀请 Z 世代来设计最新的营销活动。通过社交媒体选出的 10 名 Z 世代"演员"用手机和一次性相机在自己的环境中进行自拍。这一活动在 AE 自己的社交媒体和其他社交媒体上进行，演员们还在上面分享自己的故事和经历。一位零售分析师表示，"对于数字原住民 Z 世代消费者而言，社交媒体是一个有价值的自我表达平台，将创意交给（Z 世代）演员，（让 AE）展示其风格的个性并促进多样性、赋权和包容性"，能够帮助 AE"与其 Z 世代消费者群体建立真实的情感联系"。

阿尔法世代（Generation Alpha）。最新一代群体是阿尔法世代，即 2012 年之后出生的孩子。尽管这仍然是一个相对较小的市场，但到 2025 年，这一群体的规模将超过千禧一代。阿尔法世代为营销人员带来了巨大的希望，为这一群体命名的社会研究学者称："阿尔法世代将是有史以来受教育程度最高、技术供应最多、全球最富有的一代人。"

新兴的阿尔法世代已经在家庭购买决策上对其主要为千禧一代的父母产生了重大影响。今天的孩子们几乎与苹果 iPad 同时诞生，他们将科技视为理所当然。一位分析师说，"忘掉'想要小狗'的恳求吧，如今的孩子们想要的是电子产品。"他还引用了一位小朋友在最近一段视频中所说的话，"我宁愿要一个 iPad，也不想养狗。"

阿尔法世代是企业影响其父母的重要途径。他们影响父母对科技产品的购买，包括智能手机、平板电脑和电视。但阿尔法世代的影响远远超出了科技领域，研究表明，孩子对家庭决策的影响涉及娱乐选择、外出就餐、汽车购买和家庭度假等。

阿尔法世代不仅仅对他人产生影响，他们还是刚刚开始建立品牌偏好的重要的未来消费者。营销人员希望能够尽早赢得他们的支持，从而建立能延续至其日后生活的品牌忠诚。例如，Fitbit 目前正在销售 Fitbit Ace，作为一款简单易用的儿童活动监测设备，该产品是最近很受欢迎的节日礼品。Fitbit 的首席执行官表示，Ace 通过帮助"在家庭内部建立长期关系"来扩大品牌的用户群体。

PRINCIPLES OF MARKETING 营销的原则（原书第 5 版）

作为千禧一代的子女，阿尔法世代比前几代人看电视的时间更少，但他们非常适应数字媒体和物联网技术。因此，营销人员正在尝试使用创新的方法来吸引他们。例如，宝洁旗下的佳洁士儿童品牌为亚马逊 Echo 智能音箱赞助了名为"牙齿"的 Alexa 技能，帮助和鼓励孩子们正确刷牙。在孩子们根据建议刷牙满 2 分钟后，Alexa 就会为他们讲笑话、唱歌和分享有趣的事。

针对阿尔法世代进行营销的一个重要问题涉及儿童隐私以及他们过于容易受营销宣传的影响。面向这一群体进行营销的企业必须进行负责任的营销，否则可能激怒家长和公共政策制定者。

代际营销

营销人员是否需要为每一代人单独创建产品和营销方案？一些专家警告称，营销人员必须要小心，不要在每次精心设计产品或信息去吸引一代人的同时，让另一代人失望。另一些专家则提醒说，每一代人都跨越了数十年的时间和各个社会经济阶层。例如，Z 世代中包括从十几岁到二十岁出头的人，每个小群体都有自己的信仰和行为。因此，营销人员需要在每个群体中进行更精确的年龄细分。更重要的是，

千禧一代和 Z 世代——在中国、日本、韩国以及很多亚洲地区，手机是最常见的科技产品，它是人们在生活中进行日常沟通的工具。

根据出生日期对人群进行界定可能不如按照生活方式或生活阶段进行细分更有效。

人口迁移

全球住在城镇的人口比住在农村的人口更多。在亚洲，尽管大部分人口迁移是迁移至大城市的边缘地带和中等城镇而非主要城市，但整体趋势是从农村迁移至城市。在中国和越南、印度尼西亚等亚洲国家，劳动力的迁移和收入水平的上升，导致城市家庭的数量激增。这种城市迁移的一个主要趋势是单身一族数量的增加，因为很多家庭为了利用外地的工作机会而分离，而年轻人也选择更早地离开家庭。

人口受教育程度更高，白领和专业人士更多

世界人口的受教育程度越来越高。受教育人口数量的上升将增加对优质产品、书籍、杂志、旅游、个人电脑和互联网服务的需求。劳动力中白领的比例也在上升。在日本，99% 的人口受过教育，而在亚洲的一些欠发达国家和农村地区，这一比例要低得多。

多样性增加

各个国家的民族和种族构成不同。一个极端的例子是日本，几乎所有日本人都是大和民族；另一个极端的例子是美国，人们来自世界各地。随着业务经营越来越国际化，营销人员无论在国内还是国外都面临着日益多样化的市场。例如，在亚洲，一些

图3-4 经济环境

银行已经引入了伊斯兰银行业务，以迎合穆斯林市场。对于穆斯林而言，利息的概念与他们的信仰不符。

经济环境

市场既需要人，也需要购买力。**经济环境**（economic environment）包括影响消费者收入和支出模式的因素（见图3-4）。营销人员必须密切关注本地市场和国际市场的主要趋势以及消费者的支出模式。（参见营销实践3.1，了解如何在亚洲取得成功。）

营销实践3.1

在亚洲发展中国家寻求成功

亚洲新兴市场的本土品牌正利用其低成本优势和对当地细微特征的深入了解，在整个地区迅速发展。他们正在成为当地的领军企业，慢慢地削弱西方跨国公司的领先优势。以下几个因素可以解释它们的成长：

亚洲消费者更加挑剔

面对更广泛的选择，亚洲消费者变得更加挑剔和苛刻。新产品类别和子类别的出现改变了现有产品类别的市场格局，消费者的日益成熟使许多产品的高端细分市场得以扩大。亚洲发展中国家的消费者尤其愿意为使人健康或提高生活质量的产品支付更高的价格。由于有了更多的选择，品牌忠诚度受到了冲击，这意味着领先品牌更难守住自己的市场份额，但这也为新进入者提供了机会。

地理市场的发展不同

亚洲市场越来越分裂，也就是说，不同国家或地区市场之间的差异比相似之处更多。例如，尽管中国食品零售额大部分来自于现代化销售渠道，但印度却并非如此。同时，在印度尼西亚，人们更喜欢小型超市和便利店。

电子商务增长不均

在电子商务方面，不同的市场对平台有不同的偏好，中国有阿里巴巴，马来西亚和新加坡有Lazada，印度则有Flipkart。虽然电子商务都在增长，但马来西亚和菲律宾的增长不如中国显著。电子商务的增长程度也因产品类别差异而有所不同。例如，纸尿裤的在线市场渗透率就比冲动购买型产品和生鲜产品要高。

如何获得成功

面对这些新挑战，本土或跨国公司如何获取市场份额？

PRINCIPLES OF MARKETING 营销的原则（原书第5版）

专注，专注，再专注

想要建立领导地位，品牌必须立场坚定，专注于核心市场上的几个品牌。聚焦战略的好处是可以扩展业务。越南的 Masan 是一家食品和饮料公司，它瞄准欠发达但高增长的品牌鱼酱市场。Masan 高度聚焦，先向市场推出高端产品，建立在该行业的领先地位，最终扩展到大众市场，产品覆盖从经济型到超高端的全系列，从而将竞争对手挤出了市场。

定制

企业应根据市场定位，对相关战略进行定制和优化。市场领导者应发展核心产品，然后扩大品类。以中国的维达为例，作为纸制品的市场领导者，它利用自己的市场地位进军婴儿纸尿裤市场，进一步巩固了其纸制品核心业务的地位。

这种市场领导者战略不同于追随者战略。在印度尼西亚，方便面市场的领导者是 Indofoods，Wings 则是一个追随者。它拥有市场渠道，知道如何销售和计划销售，凭借这一能力，Wings 及其旗下品牌 Mi Sedaap 在印度尼西亚和马来西亚成为强大的市场追随者。

亚洲消费者变得更加精明和挑剔，但不同国家和地区零售商店的类型各不相同，这可能会影响他们的购物方式。

新进入者需要寻找利基市场来崭露头角。后来者可以通过合作或并购的方式快速进入市场。例如，亿滋国际（Mondelez International）在进入越南市场时收购了 Kinh Do 的零食业务。

整合线下与线上

在亚洲新兴市场，产品在销售点出现对于触达消费者至关重要。为了实现这一目标，企业需要进行品类管理、与零售商合作、管理大客户，尤其是在快速增长的便利店渠道中。

要建立品牌的知名度，并产生销售，企业必须获得在线曝光。线上和线下广告可以最大限度地增加顾客数量，同时避免因竞争而导致的顾客流失。

降低成本

在亚洲新兴市场运营的企业需要将成本控制在竞争对手之下。低成本模式有助于公司降低价格，保持利润，促进增长，还能保护具有竞争力的企业不受投机的新进入者的影响。例如，印度斯坦联合利华公司（Hindustan Unilever）在一次削减成本的实践中，将商品成本、一般管理费用和人工成本削减了7%，节省下来的资金一半被用于广告和促销以更好地应对竞争挑战。

来源：Mike Booker, Sebastien Lamy, Bruno Lannes, and Nikhil Ojha, "A New Era for Brands in Developing Asia," Bain & Company, 23 November 2015; Mike Booker, Sebastien Lamy, Bruno Lannes, and Nikhil Ojha, "The New Rules for Consumer Brands in Developing Asia," Bain & Company, 28 March 2016.

各国在收入水平和分配上差别很大。一些亚洲国家拥有工业经济，为许多不同种类的商品提供了丰富的市场。相比之下，其他国家则是自给自足式的经济，主要消费自己生产的农业和工业产品，提供的市场机会很少。介于两者之间的是发展中经济体，某些特定群体对于高端产品具有一定的需求。

以拥有13亿人口的印度为例。过去，只有印度的精英阶层才能买得起汽车。然而，印度经济的变化使中产阶层不断壮大，人们的收入快速增长，因而外国汽车制造商现在正在向印度市场推出更小、更实惠的汽车。

营销人员不仅要关注平均收入水平，还要关注收入分配情况。最上层是高薪阶层，他们的消费模式不受当前经济事件的影响，是奢侈品的主要消费群体。生活舒适的中产阶层对自己的支出有些谨慎，但有时仍会购买昂贵产品。工薪阶层必须时刻关注基本的衣食住行，并且努力存钱。最后，底层的人们（依靠福利的人以及许多退休人员）即使购买最基本的生活品也必须精打细算。

这种收入分配创造了一个分层的市场。高岛屋百货等众多公司积极地定位于富裕阶层，"1.99美元店"这类企业则针对中等收入人群，还有一些企业针对不同市场定制营销策略，从富裕到不富裕的人群都是其目标消费者。

收入分配——不同的企业吸引不同的收入群体。日本大创百货（Daiso）提供1.99美元的产品，针对追求物有所值的大众市场；李维斯（Levi's）的产品则涵盖了多个细分市场。

收入、生活成本、利率、存贷方式等主要经济变量的变化对市场有很大影响。企业通过经济预测来观察这些变量，这样它们就不会在经济衰退时被淘汰，也不会在经济繁荣时陷入短缺。做好充足的准备，就能利用好经济环境的变化。

新冠疫情加剧了全球危机，许多日本消费者在过去会购买100美元的西瓜和1000美元的手袋，现在则更加节俭了。长期以来深受日本人喜爱的路易威登等奢侈品商店的销售额大幅下滑，便当（一种包含米饭和烤三文鱼的外卖餐）等餐饮替代产品的销量有所上升。为了满足日本人对快速、美味、廉价午餐的需求，日本还出现了一股快餐车热潮。

而中国出现了一个新兴的富裕消费者阶层，新贵们开着镀金的豪车，甚至拥有英式管家，以此来炫耀自己的财富。

自然与技术环境

自然环境

自然环境（natural environment）包括营销人员使用的或受营销活动影响的自然资源。环境问题日益严重，世界很多城市的空气污染和水污染已经达到了危险水平，世界各国对全球变暖的关注度也在持续上升。

营销人员应该认识到自然环境中的几个趋势（见图3-5）。第一个趋势是原材料短缺。空气污染使世界上许多大城市的居民呼吸困难，水资源短缺也已经成为部分地区面临的大问题。森林和粮食等可再生资源必须得到合理利用，石油、煤炭和各种矿物等不可再生资源的消耗也是一个严重的问题。即使仍然有原材料可用，使用稀缺资源生产产品的企业也面临着成本的大幅增加。

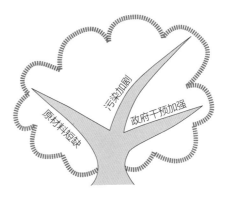

图3-5 自然环境

第二个趋势是污染加剧。工业总是会损害自然环境的质量。想想化学和核废料的处理、土壤和食品供应中化学污染物的数量，以及丢弃在环境中的不可生物降解的瓶子、塑料和其他包装材料。

第三个趋势是政府干预加强。不同国家的政府在促进清洁环境方面的关注和努力各不相同。一些国家和地区大力追求环境质量，而另一些尤其是比较贫困的国家和地区则在污染问题上没什么作为，这在很大程度上是因为它们没有足够的资金或政治意愿。

对自然环境的关注催生了"绿色运动"。如今，开明的企业会制定支持**环境可持续性**（environmental sustainability）的战略并进行实践，它们正在以更环保的产品来回应消费者的需求。

其他企业正在开发可回收或可生物降解的包装、可回收材料和部件、更好的污染控制手段和更节能的运营方式。例如，耐克在加入世界自然基金会气候拯救者计划时就设定了减少二氧化碳排放的目标。麦当劳称其餐厅为"绿色实验室"，因为该企业在

环境可持续性——耐克设定了减少二氧化碳排放的目标，作为其对世界自然基金会气候拯救者计划的支持。

全球不同的地方市场推出了不同的环保举措。麦当劳监测并管理餐厅的电能使用情况，并分享各分店的最佳做法。在美国，丰田在 Facebook 上推出了一款名为"植树者"的应用程序，任何将其添加到个人主页中的用户，都可以在曾遭遇火灾的森林中种一棵树。新加坡樟宜机场在很多地方设置回收点，以鼓励废物回收。

从根本上来说，企业索取的东西不应该超过其为世界资源和环境所做的贡献，企业也认识到了健康的生态和健康的经济之间的联系——对环境负责的做法对企业也是有利的。事实上，消费者用来评价企业的一个新标准正是企业对环境可持续性所做出的承诺。

影响整个企业界的一个环境因素是 2020 年的全球性新冠疫情。新冠疫情导致工厂关闭、航空运输停摆，进而影响了商品供应链。一些国家为遏制病毒传播实施了官方的封锁措施，消费者也因此而受到限制。服装、家具等非必需品的需求被冻结，食品、家居和个人护理产品等必需品的销量则飙升。消费者的购物方式也受到了影响：人们在线上购买生活和家居用品的支出开始增加，而商店、物流系统、分销设施和供应商网络不得不重组从采购到客户服务的整个供应链。即使经济体认为病毒的传染率已经趋于平缓，消费者的信心仍然很低，对许多产品的需求大幅降低。

技术环境

技术环境（technological environment）可能是塑造人类命运的最具戏剧性的力量。技术创造了大量奇迹，比如抗生素、机器人手术、微型电子产品、笔记本电脑、互联网等。技术也制造出许多让人感到恐怖的事物，比如核导弹、化学武器、突击步枪等。技术还带来了令人喜忧参半的发明，比如汽车、电视、信用卡等。

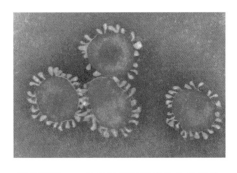

自然环境——全球性新冠疫情导致供应链大规模中断，商业市场低迷。许多企业倒闭，其余企业则不得不进行重组，以适应变化的时代。

我们对待技术的态度取决于我们更看重其创造的奇迹还是犯下的错误。例如，如果在你购买的产品中置入微型传感器，以追踪产品从生产到使用和废弃的过程，你会怎么想？一方面，射频识别（RFID）、GPS 和蓝牙等技术能给买卖双方带来很多好处；另一方面，它们可能会侵犯隐私和危害安全。

许多企业已经在使用 RFID 技术在分销渠道的各个环节对产品和客户进行追踪。以下是迪士尼使用 RFID 腕带和智能手机等技术的例子。

PRINCIPLES OF MARKETING 营销的原则（原书第 5 版）

迪士尼（Disney）——在迪士尼世界度假区戴上魔法手环，你将体验到迪士尼魔法的全新层次。在基于云的"MyMagic＋"服务进行注册后，轻轻一挥手腕，你就可以进入乐园或景点，购买美食或纪念品，甚至解锁酒店房间。但迪士尼刚刚才开始挖掘魔法手环在为游客提供个性化体验方面的潜力，未来的应用可能真的很神奇。比如，想象一下，一个孩子得到了米老鼠的温暖拥抱或白马王子的鞠躬，然后他们叫出孩子的名字并祝他/她生日快乐，这多神奇啊！再想象一下，卡通人物根据事先获得的个人信息与周围的游客互动。你和家人或朋友走散了吗？没问题，在附近的机器上快速扫描一下你的魔法手环，就能确定所有人的位置。将魔法手环与你的迪士尼手机应用相连，它就能提供关于乐园特色、游乐设施等待时间、快速通道提醒和你的预约日程等方面的详细信息。魔法手环还为迪士尼提供了一个潜在的数字信息宝库，详细记录了游客的活动和运动轨迹，能够帮助迪士尼改善顾客保障、服务和销售。为了保护隐私，父母可以选择不让卡通人物知道孩子名字等功能。不过，这些数字技术有望使游客的迪士尼体验更丰富。在上海迪士尼乐园，游客可以在智能手机上下载一个应用程序，以获得关于乐园的信息，并通过智能手机上的电子钱包（比如微信支付和支付宝）进行购物。

图3-6强调了可能影响营销的技术环境趋势。新技术创造了新的市场和机会，并取代了旧的技术。阿里巴巴整合线上线下的"新零售"理念使中国甚至整个亚洲的零售格局都发生了改变。跟不上时代发展的企业很快

图 3-6　技术环境

就会发现其产品或营销方式已经过时，并将错失新产品和市场机会。因此，营销人员应该密切关注技术环境。

随着产品和技术变得越来越复杂，公众需要知道这些高新产品和技术是否安全。因此，政府部门需要进行调查，并禁止潜在的危险产品。这种规定导致了更高的研究费用，并使新产品从创意到推出的时间跨度变得更长。营销人员在应用新技术和开发新产品时，应该了解这些规定。

营销的原则

3.4

政治与文化环境

政治环境

营销决策受政治环境的影响强烈。而影响**政治环境（political environment）**的因素有立法增加、政府部门的执法力度改变、承担社会责任的行为增加和更多公益营销（见图3-7）。

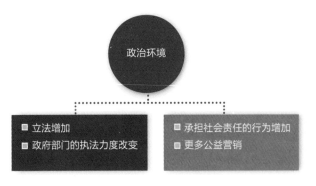

图3-7　影响政治环境的因素

商业立法

商业立法有三个主要目的：保护企业免受不公平竞争的影响，保护消费者免受不正当商业行为的侵害，保护社会利益免遭肆无忌惮的商业行为的侵害。

在企业保护方面，反假冒伪劣法规对亚洲企业而言尤为重要。亚洲出口商通常面临更严格的欧盟海关审查。常见的被仿冒的品牌包括迪奥、路易威登、添柏岚（Timberland）和劳力士。在广州的商店、台北的夜市、曼谷的白金广场都能轻易买到仿冒产品。虽然生产和销售假冒伪劣产品是违法的，但禁止购买仿冒品的规定却很模糊。尽管从严格意义而言，购买仿冒品是违法的，但如果买家不知道或声称不知道这些产品是仿冒的，或者购买仿冒品并非出于贸易或商业目的，就不算犯罪。亚洲监管者也希望根除网上的山寨产品。

网络假货——阿里巴巴及其他公司正面临着规范其平台上电子商务行为的压力。中国商务部希望遏制"刷单"行为，即通过伪造交易和客户评论来夸大商家信誉度的行为。阿里巴巴已经为此采取了一些措施。它对企业在天猫上开店设置了门槛，并

仿冒品——在网上很容易找到假冒品牌产品。阿里巴巴试图在天猫和淘宝等各个在线平台上遏制仿冒品的销售。

要求销售家居用品的商家证明其已经获得了相关品牌的授权。它还会对在天猫上销售假货的卖家进行惩罚，包括将其店铺下架、没收保证金或向有关部门举报。阿里巴巴还推出了一项遏制假货的计划。像耐克和阿迪达斯这样的假冒名牌鞋很常见，而莆田是这些运动鞋的非法生产中心。因此，阿里巴巴与莆田的17家制鞋商合作，帮助其寻找其他收入来源，使他们学习在网上发展本地品牌、实施质量控制、发展营销技能。

商业立法的第二个目的是保护消费者免受不正当商业行为的侵害。若放任自流，一些企业会制造劣质产品、侵犯消费者隐私、做虚假广告、通过包装和定价欺骗消费

PRINCIPLES OF MARKETING　营销的原则（原书第5版）

者等。为了应对拼车服务的日益普及，各国政府制定了保护乘客的相关规定。中国、印度尼西亚和泰国等国的相关部门都制定了法律，将拼车服务合法化，同时制定了相关规定，比如拼车服务可以雇佣的司机数量等。泰国要求食品加工商在销售全国性品牌的同时也要销售低价品牌，这样低收入的消费者就可以买到更实惠的品牌。在马来西亚，曾有过几起涉及刮刮乐比赛的骗局，导致此类比赛被禁止。

商业立法的第三个目的是保护社会利益免遭肆无忌惮的商业行为的侵害。盈利的商业活动并不总能创造更高的生活质量。实施监管是为了确保企业对其生产过程或产品的社会成本负责。虽然可能存在保护当地产业的法规，但这些法规可能是不稳定的，而且在亚洲并没有得到统一的执行。以下是印度尼西亚的一个例子：

关于"印度尼西亚制造"的法规——印度尼西亚有一项法规，要求在其国内销售的第四代智能手机必须使用至少 30% 的本地材料；否则，品牌的进口许可证将被吊销。为此，三星电子和其他外国制造商在印尼投资了组装工厂，以更好地开发这个不断增长的市场。为了遵守"本地材料"的规定，尽管生产成本更高，当地企业宝创（Polytron）仍将工厂从中国迁至印尼。然而，苹果公司决定不在当地设厂，这意味着它将无法在这个全球最大的增长市场之一销售最新款 iPhone 手机。美国向印尼施压，要求其放宽这一规定，以便苹果在印尼扩张业务。印尼政府决定将在本国开发的智能手机应用程序算作智能手机"本地生产"的内容。随后苹果公司便在印尼设立了一个应用程序开发机构，使其能够销售其最新款手机。这令其他投入大量资金建设生产设施的制造商感到烦闷。

更加重视道德和对社会负责的行为

书面规定不可能涵盖所有可能出现的不正当营销行为，而且现有法律往往难以执行。但在成文的法律法规之外，商业还受社会规范和职业道德准则的约束。

对社会负责的行为。 明智的企业鼓励其管理者跳出监管体系所允许的范围，只是简单地"做正确的事"。这些有社会责任感的公司积极寻求保护消费者和环境长期利益的方法。

中国奶制品三聚氰胺危机等一系列商业丑闻的出现，以及人们对环境的担忧加剧（尤其是在日本发生海啸和核灾难之后），使人们对道德和社会责任产生了新的兴趣。几乎营销的每个方面都涉及这些问题。不幸的是，由于这些问题通常涉及利益冲突，善意的人在特定情况下可能会对正确的行动方案产生分歧。因此，许多产业和专业贸易协会都提出了道德准则，越来越多的企业正在制定政策、指导方针和其他对策以应对复杂的社会责任问题。

互联网市场的繁荣引发了一系列新的社会和道德问题。批评者最担心的是网络隐私问题。个人数字信息的数量激增，其中有些是用户提供的，他们自愿将高度隐私的信息发布在 Facebook 和 Instagram 等社交网站上，只要有互联网连接，任何人都可以轻易搜索到这些信息。

然而，许多信息是由企业系统地开发出来的，以便更加了解其顾客，而消费者往往意识不到自己已被监控。合法企业追踪消费者的在线浏览和购买行为，通过消费者的联网设备收集、分析和共享其产生的数字信息。批评人士担心，企业现在可能知道的太多了，一些企业可能会利用数字信息占消费者的便宜。尽管大多数企业都充分披露了它们的互联网隐私政策，而且大多数企业确实在努力利用数据为顾客谋利，但滥用隐私数据的情况却时有发生。因此，消费者维权人士和政策制定者正在采取行动保护消费者隐私。

公益营销。为了履行社会责任，树立更积极的形象，许多企业投身慈善事业。在全球新冠疫情期间，阿里巴巴向意大利和美国等疫情严重的国家捐赠了数百万个外科口罩和呼吸机等医疗设备。在日本海啸和核灾难发生后，麦当劳、可口可乐等跨国公司以及许多日本企业承诺向灾民提供救援。

市场营销已经成为企业捐赠的主要形式。它通过将购买企业产品或服务与为有价值的事业或慈善组织筹款联系起来，让企业"通过做好事来做得更好"。三星将向非洲提供医疗援助作为一项事业。在撒哈拉以南的非洲地区，60%以上的人口生活在农村地区，没有时间和金钱长途跋涉到外地接受医疗服务。为此，三星部署了移动医疗车，这些车由太阳能供电，并由训练有素的医疗专业人员操纵。

公益营销也引发了一些争议。批评人士担心，公益营销更像一种销售策略，而非捐赠战略，即"公益"营销实际上是"利用公益"的营销。因此，使用公益营销的企业可能会发现自己很难平衡好增加销售和改善形象之间的关系，并面临外界批评。

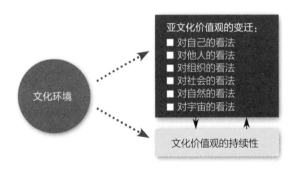

图3-8 影响文化环境的因素

文化环境

文化环境（cultural environment）是由影响社会基本价值观、认知、偏好和行为的制度及力量组成的，影响文化环境的因素包括文化价值观的持续性和亚文化价值观的变迁（见图3-8）。人们在特定的社会中成长，社会塑造了他们的基本信仰和价值观。他们从中吸收了如何界定人际关系的世界观。营销人员应该了解其目标市场的文化环境，并相应地调整其战略，如营销实践3.2所示。

文化价值观的持续性

在一个特定的社会里，人们有许多信仰和价值观，其核心信念和价值观具有高度的持续性。例如，大多数人认为工作、结婚、慈善活动和诚实是有意义的事情，这些信念塑造了其在日常生活中更具体的态度和行为。核心信仰和价值观由父母传递给孩子，并通过学校、教会、企业和政府得到强化。

PRINCIPLES OF MARKETING 营销的原则（原书第5版）

亚信仰和价值观更容易改变。认为人应该结婚是一个核心信念，认为人们应该早结婚则是亚信仰。营销人员有机会改变亚价值观，但几乎不可能改变核心价值观。例如，与宣称人们不应该结婚相比，宣传计划生育的人员如果试图说服人们晚婚，则会更加有效。

营销实践3.2

奥利奥：重塑中国和印度市场

奥利奥是美国最受欢迎的饼干，它是圆形的，由两片苦的巧克力饼干和中间甜的白色奶油夹心组成。作为一种标志性产品，在进入中国之前，它的原始口味和设计几乎没有变过。

中国

21世纪初，中国在经济上变得更加强大，烘焙食品的销量也有所上升。但奥利奥在中国的销售仍然低迷，每卖出一块饼干都在赔钱。

奥利奥之所以销售平平，有以下几个原因。首先，它在中国完全照搬了美国的营销战略，包括包装、定价和饼干本身。例如，产品使用标准的美国包装，分为三排，每排12块饼干，标准化的好处是生产效率更高。广告信息和店内展示也是如此，这些内容是将在美国产品的信息直接进行了翻译。甚至促销活动都是相似的，在标准包装中放入更多奥利奥的奖励包促销在美国非常成功，它在中国也复制了这种做法，因为它相信这样可以提高饼干的感知价值。

了解文化习惯——奥利奥调整了它的馅料以适应中国消费者的味蕾，并通过宣传来吸引印度消费者。

它没有考虑中国消费者的偏好。奥利奥曾做过市场调研，发现中国消费者虽然喜欢这种甜与苦的对比，但觉得有点太甜，也有点太苦。然而，这项研究只能在90%的置信区间内预测消费者对所测试的轻甜奥利奥的偏好，低于公司政策要求的95%。因此，奥利奥在进入中国时没有做任何改变。

在经历了销售停滞的困境后，卡夫食品公司决定做出调整。为了迎合中国人的口味，奥利奥在90多年的发展历史中首次推出了甜度更低的奥利奥版本。

此外，尽管有前文所描述的促销活动，重视价值的中国消费者认为一包奥利奥的价格（14块饼干72美分）还是太高了，因此一包饼干的分量必须要减少。推出售价29美分的小包装意味着生产工厂要改变。与此同时，奖励包促销被更经济的店内样品所取代。在家乐福（Carrefour）等零售店，奥利奥是称重计价的，这样顾客就能更好地控制自己想买的数量。

除了甜度更低的三明治饼干，奥利奥还推出了威化版本，由四层脆脆的香草和巧克力奶油威化饼干组成，外面包裹着巧克力。这一产品很快就占据了威化市场30%的销售份额，巨大的成功使奥利奥在海外市场也推出了该产品。

其他创新也随之而来。有些饼干做成了吸管的样子，还推出了各种馅料口味，包括绿茶冰淇淋以及双果口味，比如芒果橙、葡萄桃、覆盆子草莓等。

除了杂货店和大卖场，奥利奥还将销售拓展到了消费品零售快增长的便利店。

高层管理人员的思维模式从僵化转变为愿意利用当地团队对消费者喜好的了解，这促使奥利奥的销量和市场份额得以增加，因为生产、包装、分销和营销活动都能与顾客的需求和偏好相匹配。

印度

奥利奥在印度上市时吸取了这些教训。与中国人不同，印度人喜欢奥利奥饼干，无论是便宜的还是贵的。

为了挑战Britannia、Parlé、ITC等现有的市场领导者，奥利奥制定了一项产品推出战略。它使用当地更便宜的原料，为产品贴上了"印度制造"的标签，对配方进行调整以适应印度人喜欢吃甜食的习惯，还设计了更小的包装以提高价格竞争力。

除了更甜的口感，奥利奥还保留了传统的苦巧克力和甜奶油夹心饼干，进而在市场上的同类产品中脱颖而出，满足顾客对正宗奥利奥的期待。

为了促进冲动购买和产品试用，奥利奥推出了每包3块饼干的产品，售价为7美分。此外还有一包7块饼干的产品，价格为15美分；而一包14块饼干的大包装，其价格是29美分。

在宣传方面，奥利奥强调家庭团聚的理念。除了利用Facebook等社交媒体外，奥利奥还通过巴士广告在大城市宣传这一理念。在小城镇，奥利奥则通过小型车辆广告来触达农村消费者。

与许多品牌一样，奥利奥也有自己的形象大使。印度演员Ranbir Kapoor和Karthi是其"尽情玩乐"（Connect Playfully）活动的品牌大使，该活动宣扬兄弟姐妹之间的独特关系。总之，这些本土化的做法使奥利奥在印度市场获得了成功。

PRINCIPLES OF MARKETING 营销的原则（原书第5版）

来源：Julie Jargon，"Kraft Reformulates Oreo, Scores in China," www. wsj. com, 1 May 2008；Robert Smith，"Rethinking the Oreo for Chinese Consumers," www. npr. org, 27 January 2012；Srinivas Reddy and Kevin Sproule，"Kraft Changed Its Biscuits for China," www. ft. com, 4 June 2013；Srinivas Reddy，"An Oreo with Chinese Characteristics," Lee Kong Chian School of Business at Institutional Knowledge，Singapore Management University（2014）；Benjamin Koellmann，"Smart Cookie," www. businesstoday. in, 31 March 2013；materials from in. mondelezinternational. com.

亚文化价值观的变迁

尽管核心价值观具有高度的持续性，但文化变迁确实会发生。想想流行音乐团体、电影人物及其他名人对年轻人发型和着装的影响吧。营销人员想要预测文化变迁，从而发现新的机会或威胁。例如，在中国，虽然圣诞节不是公共假日，也很少有人知道圣诞节的故事，但越来越多的中国人，尤其是年轻人，喜欢过圣诞节。因此，零售商和购物中心会在节日期间进行圣诞促销，并使用圣诞装饰。

社会的主要文化价值观表现为人们对自己和他人的看法，以及对组织、社会、自然和宇宙的看法。

人们对自己的看法 人们对待自己和对待他人时的侧重点不相同。有些人追求个人快乐，渴望乐趣、改变和逃避。还有一些人通过宗教、娱乐、对事业或其他生活目标的狂热追求来寻求自我实现。人们使用产品、品牌和服务作为自我表达的手段，他们购买的产品和服务符合他们对自己的看法。营销人员可以根据这些观点来定位产品和服务。想想都市型男数量的增长：

注重形象的男性——在中国、日本和韩国，甚至是整个东南亚，男性对自己的外表和自我评价都越来越在意。他们很有条理，有干净整洁的习惯，这是他们整体生活态度的一部分。他们认为外表很重要，会花更多的钱用于打扮。例如，中国男性不再羞于前往美容或美发沙龙，他们愿意花时间和金钱打扮自己。鉴于这种趋势，各大化妆品品牌都在做出调整，以迎合蓬勃发展的男性市场。拜尔斯道夫中国公司表示，他们看到了妮维雅男士产品在中国互联网上销售的巨大潜力。伴随着移动互联网和电子商务的迅猛发展，他们预计还会有更多男性在网上购买化妆品和护肤品。

人们对他人的看法 人们如何看待他人以及别人怎么看待自己也会影响消费态度。处在集体主义文化下的亚洲消费者往往对外部影响特别敏感。在韩国，紧跟"金氏家族"是一件重要的事情。

爱面子——在首尔，小孩的第一个生日十分重要，不能在家里庆祝，要在一家五星级餐厅举办派对，每位客人都能得到一份昂贵的伴手礼。生日派对可能要花掉家长半年的收入。对于很多想要紧跟"金氏家族"的韩国人来说，缺钱并不能阻止他们。"金氏家族"是指韩国人喜欢打扮，展示自己良好的一面，并给人一种富裕的印象。人们非常"爱面子"，商家利用这种观念，开设商店出售二手奢侈品、出租昂贵礼服和奢侈品包。对于那些担心参加社交活动的人数太少的人来说，有一些公司可以出租"朋友"，这些"朋友"就和大家坐在一起。在一个婚礼晚宴上，新郎的父亲雇了20名"客人"，以避免因出席人数少而产生的尴尬。

人们对组织的看法　人们对企业、政府机构、工会、大学和其他组织的态度各不相同。一般而言，人们愿意为大型组织工作，并期望他们履行社会义务。今天，许多人不再将工作视为满足感的来源，而是一种赚钱的手段。这一趋势意味着组织需要寻找新办法来获得消费者和员工的信心。

人们对社会的看法　人们对社会的态度各不相同：爱国者捍卫它，改革者想改变它，不满者想离开它。人们对社会的定位影响着其消费模式和对市场的态度。

例如，中国人为自己的国家感到自豪，并希望向世界展示中国。在每一个重要行业，中国领导人都希望自己的企业跻身世界最大、最成功的行列。这种民族自豪感使中国人对国家发展非常乐观，对未来充满信心。

人们对自然的看法　人们对自然世界的态度各不相同。一些人觉得受自然所支配，一些人觉得与自然相处和谐，还有一些人试图征服自然。一个长期的趋势是人们通过技术对自然的掌控程度日益提高，并相信自然资源取之不尽。然而，最近人们开始认识到自然资源是有限且脆弱的，它可能被人类活动破坏或损害。企业因而提供了更多迎合这些趋势的产品和服务。例如，食品生产商发现了天然和有机食品的市场正在快速增长。在亚洲，从受污染的婴儿食品到苹果中含有的杀虫剂，食品恐慌事件频频发生，使一些人转而购买有机食品。

人们对宇宙的看法　最后，人们对宇宙起源及其在宇宙中的位置有不同的看法。虽然大多数亚洲人信仰宗教，但宗教信仰和行为在逐年下降。然而，人们却再次对精神主义产生了兴趣，这也许是对内心进行更广泛探索的一种形式。人们已经远离物质主义和好胜心，转而寻求更永恒的价值（家庭、社区、信仰）和对是非更确切的把握。

对营销环境做出反应

有人曾经指出："有三种类型的企业：使事情发生的企业、观察事情发生的企业、猜测发生了什么事情的企业。"许多企业将营销环境视为不可控因素，它们只能对其做出反应和适应。这些企业只是消极地接受营销环境，而不去尝试改变它。它们分析环境力量，制定有助于企业避免环境威胁和利用环境机会的战略。

另外一些企业对营销环境采取积极主动的态度。这些企业不是简单地观察和反应，而是采取更积极的行动来影响营销环境中的公众和其他力量。这些企业雇说客来影响行业立法，策划媒体活动以获得有利的新闻报道，通过软文来塑造公共舆论，向监管机构提起诉讼和发起投诉以约束竞争对手，还签订合同协议以更好地控制分销渠道。

通过采取行动，企业通常可以克服那些看似无法控制的环境约束。然而，营销管理并不总是能控制环境力量。在许多情况下，它只能简单地观察环境并做出反应。例如，一个企业不太可能成功地影响人口的地理迁移、经济环境或主要的文化价值观，但只要有可能，聪明的营销经理就会对营销环境采取主动而非被动的行动。

目标回顾

在本章和接下来的两章中，我们将研究营销环境以及企业如何分析这些环境，以更好地了解市场和消费者。企业必须不断观察和管理营销环境，以寻求机会并抵御风险。营销环境包括所有影响企业与目标市场进行有效交易能力的参与者和力量。

目标1：描述影响企业顾客服务能力的环境因素。

企业的微观环境由与企业关系密切、共同构成企业的价值传递网络或影响企业服务顾客能力的其他参与者组成，包括企业的内部环境，即各部门和管理层，它影响营销决策的制定；营销渠道企业，即供应商和营销中介，包括经销商、实体分销公司、营销服务机构、金融中介等，它们与企业合作创造顾客价值。五类顾客市场包括消费者市场、企业市场、经销商市场、政府市场和国际市场。企业通过向顾客提供更好的服务展开竞争。最后，不同的公众群体对企业实现目标的能力有着实际或潜在的兴趣或影响。

宏观环境由影响整个微环境的更大的社会力量组成。构成企业宏观环境的六种力量包括人口、经济、自然、技术、政治和文化。这些力量为企业带来了机会，也产生了威胁。

目标2：解释人口和经济环境的变化如何影响营销决策。

人口统计学是研究人口特征的学科。如今的人口环境特征为年龄结构的变化、家庭结构的变化、人口的地理变迁、受教育程度的提高和白领人口的增加以及多样性的增加。经济环境由影响购买力和消费模式的因素组成。当前经济环境的特点是消费者更加关注价值以及消费者支出模式转变。如今，消费者寻求更大的价值，力图购买到物美价廉的产品和服务。收入分配也在发生变化，富人更富，中产阶层人口数量减少，穷人仍然很穷，这使市场变得两极分化。现在，许多企业为两个不同的市场，即富裕人群和不富裕人群，量身定制营销方案。

目标3：识别企业所处的自然和技术环境的主要趋势。

自然环境呈现出三大趋势：原材料短缺、污染严重、政府干预加强。环境问题为有洞察力的企业创造了营销机会。技术环境既带来机遇，也带来挑战。跟不上技术变变革步伐的企业将错失新产品和市场机会。

目标4：解释政治和文化环境的关键变化。

政治环境由影响或限制营销行为的法律、机构和团体组成。影响政治环境的因素有：立法增加、政府部门的执行力度改变、承担社会责任的行为增加和更多公益营销。文化环境由影响社会价值观、认知、偏好和行为的制度及力量组成。环境发展的趋势包括更欣赏自然、新精神主义，以及追求更有意义和更长久的价值。

目标5：讨论企业如何应对营销环境的变化。

企业可以把营销环境当作一个必须去适应的不可控因素而被动地接受，避免威胁，在机会来临时抓住机会；也可以采取积极的态度，努力改变环境，而不是简单地对环境做出反应。只要有可能，企业就应该主动出击，而不是被动应对。

PRINCIPLES OF MARKETING 营销的原则（原书第5版）

第4章 管理营销信息以获得顾客洞察

目标概览

目标1 解释信息在了解市场和顾客方面的重要性。

目标2 定义营销信息系统并讨论其组成部分。

目标3 概述营销调研过程的步骤。

目标4 解释企业如何分析和使用营销信息。

目标5 讨论营销调研人员面临的特殊问题，包括公共政策和道德问题。

内容导览

本章我们将探讨营销人员如何洞察消费者和市场。我们将关注企业如何开发和管理重要市场要素的相关信息，包括顾客、竞争对手、产品和营销计划。要在当今的市场中取得成功，企业必须知道如何有效管理海量的营销信息。

让我们从一个关于营销调研和顾客洞察的故事开始。乐高集团通过创新的营销调研来深入了解儿童真正的游戏方式，并利用这些见解为全世界的儿童创造引人入胜的游戏体验。

乐高（LEGO）集团：获得最新的顾客洞察

经典的乐高塑料积木已经在世界各地的家庭中存在了大约 70 年。乐高集团每年在 140 多个国家大约售出 750 亿块积木，成为世界上最大的玩具公司，领先于竞争对手美泰（Mattel）和孩之宝（Hasbro）。

六块相同颜色的 2 乘 4 乐高积木就可以有 9 亿种组合方式，而乐高的 130 家品牌零售店销售 3700 种不同类型的乐高积木，包括每年生产 7 亿块的标志性乐高轮胎。

Moviestore Collection Ltd. ／Alamy Stock Photo 乐高积木

乐高集团目前在 15 个国家拥有 1.8 万名员工，但在十多年前却曾濒临破产，每天亏损 100 万美元，其问题在于这家传统的玩具公司已经与顾客失去了联系。在互联网、视频游戏、移动设备和高科技玩具盛行的时代，像乐高积木这样的传统玩具已经被丢进了壁橱。因此，在 2004 年，该公司开始逐步重塑其老化的产品和战略。

然而，乐高的改变并非始于设计实验室中的工程师；它成立了一个全球洞察团队，由一组营销研究人员组成，负责寻找获得最新顾客洞察的创新方法。

除了传统的研究方法和数据分析，乐高集团还使用了创新的、沉浸式的研究方法去了解顾客购买乐高和玩乐高的更深层次的动机。例如，乐高集团的研究团队进行了近距离的人类学研究。研究人员走进家庭，观察玩耍的孩子，采访他们的父母，与家人一起购物，并研究玩具店的内部运作。这种沉浸式的研究获得了许多让人感叹"啊哈"的顾客洞察。

"乐高集团必须首先与顾客重新建立联系。它从大量的市场调研开始，倾听顾客的声音，仔细研究世界各地的孩子们是如何玩耍的。"

乐高集团始终坚持"保持简单"的口号。从一开始，它只提供砖、建筑物、梁、门、窗和轮子等基本的配件，很少甚至根本没有产品说明书。其理念是，非结构化的拼砌套装可以激发孩子们的想象力，培养孩子们的创造力。但研究表明，这一理念在当今科技发达的现代社会并不适用。如今的孩子很容易感到无聊，在快速发展的环境中，他们能接触到更多角色、主题和技术。此外，乐高集团之前认为，孩子们寻求的是即时的满足，然而与此相反，如今的孩子们喜欢具有挑战性的任务，比如组装复杂的乐高积木套装。

基于这些见解，乐高集团转而提供更专业、更结构化的游戏体验。它推出了似乎无穷无尽的主题产品线和拼砌套装，并附有详细的说明书。因此，孩子们现在可以购买专门的套装来搭建从消防车、直升机到忍者城堡的任何东西，而不仅仅是购买一套基本的方形乐高积木来搭建房屋或车辆。

为了提升多样性和熟悉度，乐高集团还提供从星球大战和DC漫画到漫威超级英雄和迪士尼公主等各种授权产品。为了满足孩子们对技能挑战的需求，乐高集团还开发了参与感更高的游戏体验，比如乐高机器人，这个系列的拼搭套装包含硬件和软件，用于制作可以通过智能手机应用程序进行控制的定制化机器人。

从人类学研究中获得的一个顾客洞察是，孩子们不再区别对待数字游戏和实体游戏。基于这一见解，乐高集团开发了名为"统一现实"（One Reality）的产品，即在手机或平板电脑的应用程序上拼搭乐高积木，从而将数字世界和现实世界的游戏体验整合在一起。例如，乐高融合（LEGO Fusion）系列让孩子们用真正的乐高积木搭建实体模型，然后使用手机或平板电脑应用程序扫描他们的作品并上传至应用程序，使其成为虚拟世界的一部分。

乐高集团的市场研究人员还发现了男孩和女孩在游戏方式上的重要差异，因此推出了乐高好朋友（LEGO Friends）等为女孩打造的产品系列。男孩通常容易被故事情节所吸引，因此乐高推出了为男孩打造的、聚焦故事的产品，如幻影忍者（Ninjago）和气功传奇（Legends of Chima）；而女孩则喜欢用玩具进行角色扮演，因此乐高推出了粉色和紫色风格的乐高好朋友系列，该系列产品聚焦于社区和友谊等主题。乐高对世界各地的3500名女孩及其母亲进行了调研，以了解以前没有玩过乐高产品的女孩想要什么样的拼搭玩具，历经四年时间开发了好朋友系列。乐高好朋友在包括中国在内的几个市场都受到了女孩们的欢迎。

乐高集团的研究表明，中国父母对教育玩具有着强烈的偏好，因为教育玩具可以让他们的孩子获得竞争优势。因此，乐高正在与中国教育部门、公立学校和私立教育机构合作，让孩子们通过玩乐高来提升运动技能、创造力和注意力。乐高基金会资助的项目研究了游戏对认知发展的帮助，它还资助"乐高教授"，并与中国一所顶尖大学合作，支持中国学校在创造力和游戏方面的发展。

2017年，乐高集团13年来首次出现销量下滑，它将此归咎于对过剩库存的低价销售。它还认为，制作电影这一多元化发展行为会削弱其品牌形象。然而，该公司也同样看到了产品在新市场（尤其是亚洲）的销售额在增长。例如，乐高在中国的销售额实现了两位数的增长。

正如乐高的故事所强调的那样，好的产品和营销方案始于好的顾客信息。企业还需要关于竞争对手、经销商、其他参与者和市场力量的大量信息。但营销人员不仅仅要收集信息，还必须要使用这些信息来获得强大的顾客和营销洞察。

营销信息和顾客洞察

为了给顾客创造价值并与他们建立良好的关系，营销人员必须及时、深入地了解顾客的需要和欲望。企业可以利用这些顾客洞察来发展竞争优势。

尽管顾客和市场洞察对于建立顾客价值和关系非常重要，但它们很难获得。顾客的需求和购买动机往往并不明显——顾客通常无法确切地表达他们需要什么以及为什么购买。营销人员必须有效地管理来源广泛的营销信息，从而获得良好的顾客洞察。

营销信息和"大数据"

随着信息技术的爆炸式发展，企业现在可以生成和找到大量的营销信息。消费者可以通过电子邮件、短信、博客和社交媒体等方式主动向企业和他人提供"自下而上"的信息。

大多数营销经理非但不缺乏信息，反而常常拥有过量信息。这个问题可以归因于**大数据（big data）**。大数据是指当今复杂的信息生成、收集、存储和分析技术所产生的庞大而复杂的数据集。每天，世界都会产生大约 2.75 万亿字节的新数据。

大数据给营销人员带来了巨大的机遇和挑战。有效利用大数据的企业可以获得丰富、及时的顾客洞察。然而，访问和筛选如此多的数据是一项艰巨的任务。例如，当苹果等公司通过在微博、博客、帖子和其他内容中搜索关键词的方式来监控有关其品牌的在线讨论时，其服务器每天可以接收惊人的 600 万条公开对话，一年超过 20 亿条。这种信息量是任何一个经理都难以应对的。

因此，营销人员不需要更多的信息，他们需要更好的信息，他们需要更好地利用已有的信息。

管理营销信息

市场调研和市场信息的真正价值在于如何使用它们，即它们所提供的**顾客洞察**（customer insights）。基于这样的想法，许多企业正在重组它们的营销调研和信息职能部门，并创建顾客洞察团队，该团队的工作是从营销信息中开发出可操作的见解，并与营销决策者进行战略合作，将这些见解应用于战略制定。

因此，企业必须设计有效的营销信息系统，在正确的时间以正确的形式为管理者提供合适的信息，并帮助它们使用这些信息创造顾客价值、加强顾客关系。

营销信息系统（marketing information system，MIS）由人员、设备和程序组成，用于收集、分类、分析、评估和向营销决策者分发其所需的、及时的和准确的信息。如图 4-1 所示，营销信息系统的起点和终点都是信息使用者，即营销经理、内部和外部的合作伙伴以及其他需要营销信息的人。

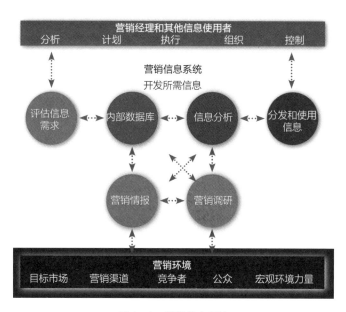

图 4-1　营销信息系统

联合利华（Unilever）——联合利华广泛的营销信息活动由其高级别的消费者市场洞察（CMI）部门管理。CMI 不仅仅做市场调研，它还是一个"洞察引擎"。它的工作是深入了解消费者和市场行为，"激发和产生"可操作的见解，并将这些见解提供给旗下 400 多个品牌用于制定决策。CMI 部门与管理人员密切合作，收集、整合、管理和分析各种来源的数据与见解，例如焦点小组、调查、潜意识测量、

消费者市场洞察——联合利华拥有一个消费者市场洞察部门，该部门研究和了解消费者行为，使管理人员能够更好地满足消费者需求。

与顾客面对面的交流和观察、对顾客数字和社交媒体行为的监控等。CMI 部门还帮助联合利华的营销人员从该公司庞大数据库中的数据里获取见解。例如，CMI 一个名为 PeopleWorld 的项目通过使用人工智能，使营销人员可以使用自然语言进行提问，并从该公司的全球数据库中挖掘信息和见解，该数据库非常庞大，包含数万份研究报告、社交媒体数据库、数千个以往的项目记录等。

"品牌经理可能会问：'印度中年男性关心哪些护发问题？'"一位分析师评论道，"PeopleWorld 项目使用的计算机可以凭直觉判断品牌经理需要什么，然后搜索关于脱发、头皮屑以及类似主题的海量信息，并立即提供关于该问题的高水平概述。"通过提出更多问题，品牌经理还可以深入了解各个市场中不同细分群体的具体情况，从而形成如何更好地为消费者服务的见解。

营销信息系统与信息使用者进行互动，以评估信息需求；它从企业内部数据库、营销情报和营销调研中开发所需的信息；它帮助使用者分析信息，以正确的形式帮助制定营销决策和管理顾客关系；它分发市场信息并帮助管理者使用这些信息制定决策。

评估信息需求和开发数据

评估营销信息需求

营销信息系统主要服务于企业的营销人员和其他管理人员，但它也可以向外部的合作伙伴（如供应商、经销商或营销服务机构）提供信息。

一个好的营销信息系统能够在信息使用者想要的信息、真正需要的信息以及企业有能力提供的信息之间找到平衡。企业应该先对管理者进行访谈，以了解他们想要什么信息。在开发营销信息系统时，需要考虑以下几个问题：

信息量。信息过多和过少一样有害。管理者可能会忽略一些他们应该知道的信息，或者不知道去索取他们应该知道的某些信息。因此，营销信息系统必须监控营销环境，为决策制定者提供制定关键营销决策所需的信息。

信息的可得性。有时企业无法提供所需的信息，要么是因为无法获得这些信息，要么是因为营销信息系统的局限性。例如，一个品牌经理可能想知道竞争对手在下一年度将如何调整其广告预算，以及这些变化将如何影响行业市场份额。有关竞争对手预算计划的信息可能无法获得。即使可以获得，企业的营销信息系统也可能不够先进，无法预测市场份额的变化。

成本。获取、加工、存储和传递信息的成本会迅速增加。营销人员不应该认为额外的信息总是值得获取的。相反，他们应该仔细权衡获取额外信息的成本和由此带来的好处。一些管理者会在没有仔细考虑他们真正需要什么的情况下，索取他们所能得到的任何信息。在大数据时代，一些管理者想要收集和存储大量的数据，仅仅是因为技术允许他们这样做。但信息过多和过少同样有害。相反，另一些管理者可能会忽略他们应该知道的信息，或者可能不知道如何索取他们应该知道的某些信息。最后，获取、分析、存储和传递信息的成本可能会迅速增加。企业必须判断从额外信息中所获得的见解的价值是否超过了提供这些信息的成本，而价值和成本通常都很难评估。

开发营销信息

营销人员可以从内部数据库、营销情报和营销调研中获得所需信息。

内部数据库

许多企业都建立了庞大的**内部数据库（internal databases）**，即从企业网络内的数据来源获得的顾客和市场信息的电子化集合。数据库中的信息可以有多种来源。会计部门编制财务报表，保存销售、成本和现金流的详细记录。运营部门提交关于生产计划、运输和库存的报告。市场营销部门提供顾客的交易、人口统计、心理和购买行为的信息。客户服务部门保留顾客满意度或服务问题的记录。销售部门报告经销商的反馈和竞争对手的活动，营销渠道合作伙伴提供销售点交易数据。利用这些信息可以为企业提供强大的竞争优势。

以下例子介绍了一家企业如何利用内部数据库做出更好的营销决策：

华侨永亨银行（OCBC Bank）——大多数品牌都满足于仅使用生物识别技术进行身份验证，而华侨永亨银行则采用了实时面部识别技术来识别其尊享惠财银行（Premier Banking）客户，只要他们走进银行休息室，不必停下来看摄像头就会立刻被识别出来。银行工作人员也会用这些客户喜欢的名字来招呼他们。这种低调的方式既为顾客提供了个性化服务的愉快体验，同时也确保了顾客对华侨永亨银行的数字化工作感到自在。例如，华侨永亨银行的内部数据能够显示顾客是否喜欢在热茶中加一片柠檬，以及一边喝茶一边阅读最新的金融报纸。顾客不用提出要求，这些东西就会自动出现。

内部数据库通常比其他信息资源获取更快、成本更低，但也存在一些问题。由于收集内部信息通常是出于其他目的，因此在制定营销决策时，这些信息可能并不完整或不适合。数据过时的速度也很快，保持数据库处于最新状态需要付出大量努力。最后，管理和挖掘一家大企业产生的海量信息需要高度复杂的设备和技术。

营销情报

营销情报（marketing intelligence）是对市场营销环境中关于竞争对手和发展动态的公开信息进行的系统收集和分析。营销情报有助于改进战略决策制定，评估和跟踪竞争对手的行动，以及针对机会和威胁提供早期预警。

营销情报技术包括监控网络话题或直接观察消费者、询问企业员工、对标分析竞争对手的产品、在线调研、监控社交媒体话题等。

好的营销情报可以帮助营销人员洞察消费者对品牌的态度及其与品牌的关系。许多企业派出训练有素的观察人员，在顾客使用和谈论企业产品时与他们进行交流。另一些企业则建立了复杂的数字指挥中心，定期监控网络上与品牌相关的消费者和市场活动。

指挥中心可以帮助营销人员搜索网络环境，分析与品牌相关的对话，并迅速恰当地做出反应。社交媒体监听为消费者提供了一个发声的渠道，这对消费者和品牌来说都有好处。以下例子介绍了万豪如何使用其指挥中心。

万豪（Marriott）——万豪酒店和度假村使用基于 GPS 或其他数字标记的地理围栏技术追踪顾客，以发现他们在社交媒体发布的关于万豪却没带"万豪"标签的信息，从而获得创造更佳顾客体验的机会。只要个人账户是公开的，万豪就可以看到在 Instagram、微博和 Twitter 上发布的关于其旗下 20 个酒店品牌中任何一个的帖子。万豪发现，顾客旅行时在社交媒体上发帖的频率是平时的 10 倍。此外，当万豪在社交媒体上与他们互动时，这些顾客的发帖频率会增加一倍，82% 的人会关注万豪、再次发帖，或者特别提到万豪品牌。万豪设立的指挥中心 M Live，使其能够以更加个性化的方式与顾客互动，并在社交平台上实时参与一对一对话、关注发展趋势和全球业绩、进行营销活动、提升品牌声誉，从而为万豪及其 19 个品牌找到与消费者互动的机会。万豪设有四个全球指挥中心，分布在亚太、拉丁美洲和欧洲。一位高级管理人员表示，万豪已经能够在品牌、标准化、市场和渠道方面找到机会，来为顾客创造难忘的、愿意与他人分享的体验。通过使用 M Live，万豪希望与年轻的旅行者建立联系，这些旅行者精通数字技术，始终保持在线状态，并寻求更加个性化的一对一品牌关系。万豪会寻找能够吸引公众注意力的社交媒体热门话题。例如，在精灵宝可梦的热潮达到顶峰的时候，万豪找到了在美国抓到所有精灵的尼克·约翰逊（Nick Johnson），让他入住位于巴黎、香港和悉尼的万豪酒店，继续他在世界各地的探索之旅。随后，约翰逊便在社交媒体发布的帖子中提到了万豪酒店。

企业还需要积极监控竞争对手的活动，通常包括监控它们的网络和社交媒体网站。例如，亚马逊的竞争情报部门定期从竞争网站购买商品，以分析和比较它们的商品分类、速度和服务质量。此外，企业不仅要跟踪消费者关于自己品牌的对话，还跟踪消费者关于竞争对手的对话。

利用竞争营销情报，企业能够尽早洞察竞争对手的行动和战略，并准备做出快速反应。

三星和苹果——当苹果发布最新款 iPhone、iPad 及其他设备的时候，三星便会对相关社交媒体活动进行实时监控，并利用由此获得的情报，为自己的标志性产品 Galaxy S 智能手机和平板电脑迅速制定营销策略。当苹果公司的首席执行官蒂姆·库克（Tim Cook）在台上发布备受期待的最新款机型时，三星营销部门和广告代理公司的高管们正挤在电脑显示器和电视屏幕前观看发布会。三星的战略家们不仅认真关注苹果新设备的每一个新功能，还密切监控社交媒体上铺天盖地的消费者在线评论。随着消费者和竞争对手实时数据的激增，三星团队已经开始制定营销对策。在库克完成演讲之前，三星团队已经开始草拟一系列电视、纸媒和社交媒体广告。几天后，在苹果新设备上架的同时，三星将在电视、纸媒和社交媒体上有所行动，使人们重燃对 Galaxy 系列产品的兴趣。

竞争对手经常通过年度报告、商业出版物、贸易展览、新闻稿、广告和网页披露情报信息。网络已经成为竞争情报的宝贵来源。利用互联网搜索引擎，营销人员可以搜索特定竞争对手的名称、事件或趋势，以了解发生了什么。此外，大多数企业会在其网站上发布信息，以吸引顾客、合作伙伴、供应商、投资者或特许经营商，这些都是有关竞争对手的战略、市场、新产品、设施等的有用信息。

情报博弈是双向的。面对竞争对手在营销情报方面的不懈努力，大多数企业会采取措施保护自己的信息。企业应该尝试对自己进行营销情报调查，寻找潜在的破坏性信息泄露。它们应该从收集所有公开信息开始，包括招聘启事、法庭记录、企业广告、博客、网页、新闻稿、在线商业报告、顾客和员工在社交媒体上发布的帖子，以及竞争对手可以获得的其他信息。

4.3

营销调研

有时，营销人员需要对特定情况进行正式研究。例如，三星想知道有多少人以及什么样的人会购买它的各种智能手机。在这种情况下，管理者需要进行市场调研。

营销调研（marketing research） 是指系统地设计、收集、分析和报告组织所面临的特定营销情况的相关数据。企业在很多情况下都需要进行营销调研。例如，营销调研可以帮助营销人员了解顾客满意度和购买行为，评估市场潜力和市场份额，或是衡量定价、产品、分销和促销活动的效果。

营销调研过程包括四个步骤（见图4-2）：确定问题和调研目标、制订调研计划、实施调研计划、解释和报告结果。在我们讨论这些步骤之前，先来看看技术是如何改变营销调研的。

图4-2 营销调研过程

转型中的传统营销调研

随着新的数字数据收集技术的出现，传统的营销调研正在经历一场重大变革。虽然调查研究和焦点小组等传统的数据收集方法仍然很流行也很强大，但它们正在被更新、更灵活、更即时、更便宜的数字数据收集方法所替代。新方法包括实时社交媒体、网站、在线反馈监测、移动设备跟踪等，这些对传统营销调研形成了威胁。一位行业观察人士称："我们几十年来一直熟知的营销调研行业正在消失，它正在并入快速转型的营销情报收集分支学科。"

现如今，快速灵活地制定决策常常需要快速灵活地获得营销信息和进行营销调研，我们称之为即时调研。在这种情况下，速度往往比调研的严谨性和准确性更重要。"如果营销经理只需点击一下按钮，就能看到某个新广告活动的浏览量、点击量、点赞量和分享量，还能听到社交媒体上评论的喧嚣（抑或沉默，取决于该广告活动成功与否），那么他们怎么会愿意等待四周，

转型中的营销调研——虽然传统的数据收集方法仍然很流行也很强大，但它们正在被更新、更灵活、更即时、更便宜的数字数据收集方法所替代。

只为让（营销调研得到的）柱状图'告诉'他们，其品牌的认知度提高了呢？"一位分析师评论道，"与其他信息来源相比，传统的营销调研不仅速度较慢，而且也缺乏洞察力。"营销调研人员必须要适应信息的新节奏。

虽然传统营销调研的角色正在发生变化，但它仍然被广泛应用并发挥着重要作用。对很多营销决策来说，信息的质量和严谨性比速度、便利性和成本更重要。传统的调研方法尽管更耗时、更昂贵，但允许调研人员进行更深入、更聚焦的探究，特别是针对消费者态度和行为背后的原因这类问题。

因此，尽管人们普遍认为新型数字调研平台的兴起对传统营销调研构成了威胁，但这也为营销调研行业带来了巨大的机遇。当传统方法和新的数字方法相结合时，可以极大地提高营销人员收集、分析、传递消费者和市场数据并从中获得洞察的能力。

营销人员成功的关键是将传统方法和新方法同时融入一个统一的营销信息系统中，从而产生灵活、深刻、完整的营销信息和见解。新的数字方法可以提供关于消费者购买活动和反应的即时、低成本实时数据，包括消费者想要购买什么、何时购买、何处购买以及如何购买等，从而使传统的营销调研方法可以聚焦于更深入地探究消费者行为背后的原因。一位分析师表示："尽管数字方法可以带来诸多好处，但它们不应仅仅被当作现有方法的替代品，而应被视为可以对现有方法进行补充和提升的新方法。"另一位分析师总结道："现在是有史以来成为市场调研专家的最佳时机，但要想抓住眼前的机会，调研人员需要了解并掌握影响该行业的趋势、工具和技术。"

确定问题和调研目标

营销调研的第一步是确定问题。营销经理和调研人员必须密切合作，以确定问题并明确调研目标。在谨慎确定问题之后，调研目标即被设定。

问题和调研目标共同指导整个调研过程。

营销调研项目的目标分为以下三种类型：

PRINCIPLES OF MARKETING 营销的原则（原书第5版）

探索性调研（exploratory research）的目标是收集有助于确定问题和提出假设的初步信息。

描述性调研（descriptive research）的目标是描述营销问题，比如产品的市场潜力或消费者的人口统计信息和态度。

因果调研（causal research）的目标是检验关于因果关系的假设。例如，私立大学的学费下降 10% 会导致入学人数增加，从而抵消学费的减少吗？

管理者通常从探索性调研开始，随后进行描述性调研或因果调研。

制订调研计划

接下来，研究人员必须确定所需的确切信息，制订有效收集信息的计划，并将计划提交给管理层。调研计划将概述现有数据的来源，并详细说明具体的调研方法、联系方法、抽样计划和调研人员收集新数据的手段。

调研目标必须转化为具体的信息需求。例如，假如拥有大象（Chang）等啤酒品牌的泰国酿酒公司（Thai Beverage）想要进行一项调研，以了解消费者对一款新的能量饮料反响如何。目前全球能量饮料的领导者是红牛，它起

制订调研计划——营销经理必须与调研团队合作，确定问题和调研目标。之后，调研团队必须制订调研计划以实现目标。

源于泰国，在泰国一直很受欢迎。新的能量饮料产品可能会帮助泰国酿酒公司将其强大的品牌地位从啤酒市场扩展到能量饮料市场，同时触达新的消费者群体。此项调研可能需要下列具体信息：

- 大象啤酒现有消费者的人口统计特征、经济状况和生活方式特征：当前消费者是否饮用能量饮料？这些产品是否符合他们的生活方式？需要为新的能量饮料寻找新的目标消费群体吗？
- 更广泛的能量饮料消费者的特点和使用模式：他们对这类产品有什么需求和期望？他们在哪里购买、何时购买以及如何使用这些产品？哪些现有品牌和价位最受欢迎？
- 零售商对新产品线的反应：他们会进货并支持新产品吗？他们会把新产品摆上货架吗？与红牛相比，他们会如何销售这款新的能量饮料？（如果得不到零售商的支持，这款新饮料的销量就会受到影响。）
- 对新能量饮料和现有泰国酿酒公司产品的销售预测：新能量饮料会创造新的销量还是会抢走现有泰国酿酒公司产品的销量？新产品是否会增加泰国酿酒公司的整体利润？
- 新能量饮料的营销人员需要将这些信息和许多其他类型的信息结合起来，从而决定是否以及如何推出新产品。

调研计划应以书面形式提出。当调研项目规模庞大、复杂或者由外部公司执行时，

书面计划尤为重要。计划书应涵盖所要解决的管理问题和调研目标，需要获得的信息以及调研结果将如何帮助管理层做出决策。计划书还应包括调研成本。

为了满足管理者的信息需求，调研计划可以要求收集二手数据、原始数据或二者兼而有之。**二手数据（secondary data）**是出于其他目的收集的、已经存在的信息。**原始数据（primary data）**是出于当前特定目的而收集的信息。

搜集二手数据

调研人员通常从搜集二手数据开始。企业内部数据库提供了一个很好的起点。另外，企业也可以利用各种外部信息资源，包括商业服务数据和政府数据。

企业可以从外部供应商那里购买二手数据报告。例如，尼尔森提供25个国家的25万个家庭的消费者数据，包括产品试用和重复购买、品牌忠诚度以及消费者人口统计特征等信息。

利用商业在线数据库，调研人员可以自行搜索二手数据资源。ProQuest和LexisNexis等通用数据库为营销人员制定决策提供了丰富的信息。

互联网搜索引擎也为查找相关的二手数据资源提供了极大的便利。任何营销调研项目都可以从结构良好、精心设计的在线搜索开始。

二手数据有其优点：首先，与原始数据相比，二手数据获取速度更快、成本更低；其次，二手数据有时可以提供企业无法自行收集的信息，这些信息要么无法直接获取，要么获取成本太高。例如，对日清方便面而言，要想了解竞争品牌的市场份额、价格和陈列情况，对零售店进行持续审计的方式成本太高，但它可以从尼尔森购买这些信息。

二手数据也存在问题。首先，企业所需的信息可能根本不存在。例如，日清方便面在没有投放产品的市场是不可能获得消费者对新包装的反馈信息的。另外，即使可以获得数据，它们也可能没用。调研人员必须仔细评估二手信息，以确保它们是相关的（符合调研项目的需求）、准确的（可靠地搜集和报告）、即时的（对当前决策而言，信息是最新的）和公正的（客观地收集和报告）。

搜集原始数据

在大多数情况下，公司还必须搜集原始数据。企业需要确保数据是相关的、准确的、即时的和公正的。表4-1展示了搜集原始数据的调研方法、联系方法、抽样计划和研究工具。

表4-1　原始数据搜集计划

调研方法	联系方法	抽样计划	研究工具
观察法	邮件	抽样单元	问卷
调查法	电话	样本量	机械仪器
实验法	面谈	抽样程序	
	在线		

PRINCIPLES OF MARKETING　营销的原则（原书第5版）

调研方法

搜集原始数据的调研方法包括观察法、调查法和实验法。

观察法。观察法（observational research）是通过观察相关人员、行为和情况来搜集原始数据。例如，银行可以通过查看交通模式、社区条件和竞争银行选址情况来评估可能的新分行地址。

调研人员常常通过观察消费者的行为来搜集无法通过简单询问消费者就能获得的见解。例如，费雪公司设立了一个观察实验室，以观察小孩对新玩具的反应。费雪玩具实验室（Fisher-Price Play Lab）阳光明媚，到处都是玩具，孩子们可以在这里玩费雪新开发的玩具原型，设计师也可以通过观察来了解孩子们喜欢什么样的新玩具。

观察法可以获得人们不愿或无法提供的信息。在某些情况下，观察可能是获得所需信息的唯一途径。然而，有些事情根本无法观察，比如感觉、态度、动机或者个人行为。长期或罕见的行为也很难被观察到。由于这些限制，调研人员经常将观察法与其他数据搜集方法结合使用。

一些企业还使用**人类学研究**（ethnographic research）。人类学研究是指派遣训练有素的观察员在自然情况下观察消费者并与之互动。

人类学研究经常能够获得传统调查问卷或焦点小组无法提供的细节。与传统调研方法相比，它能够提供对消费者更深入的了解。尽管企业仍在使用焦点小组、调查问卷和人口统计数据来分析消费者的心理，但近距离的观察可以让企业洞悉顾客未表达的欲望。

然而，文化差异可能会影响人类学研究的开展，比如在中国：

- 中文译者可能会误解这些信息。
- 由于中国是一个关系导向的社会，社会结构会将"内群体"（家人和朋友）与"外群体"（陌生人）区分开来，因此中国人对陌生人的反应并不好。
- 人类学研究人员会出于好奇，以多种方式反复问相似的问题，这可能会让中国人感到被冒犯，因为中国人热衷于维持和谐的关系。
- 需要在情感上保持距离的采访者可能会给中国人留下不真诚、靠不住的感觉，而中国人通常把友谊视为业务往来和金钱交易的先决条件。
- 受中国传统教育的影响，年轻人比较顺从和沉默，这种教养阻碍了人们开放地进行语言交流和提出批评，真实的感受或意见可能不会被坦率表达出来。
- 数据应该基于中国文化的角度进行解释。

调查法。调查法（survey research）是使用最广泛的原始数据收集方法，最适合搜集描述性信息。如果企业想要了解人们的认知、态度、偏好或购买行为，通常只需直接询问即可。

调查法的主要优点是灵活，它可以在许多不同的场合获取各种各样的信息。然而，调查法也存在一些问题。有时，人们无法回答调查的问题，因为他们不记得或从未想过自己做了什么以及为什么这么做。人们可能不愿意回答陌生人的提问或不愿意对隐私问题做出回应。即使不知道答案，受访者也可能为了看起来比较聪明或更有见识而回答调查问题，或者可能会试图给出令人满意的答案来帮助采访者。最后，受访者可能因忙碌而没有时间作答，或者可能对采访者侵犯自己的隐私而感到不满。

实验法。观察法最适合探索性调研，调查法最适合描述性调研，而**实验法**（experimental research）最适合收集因果信息。实验法需要选取匹配的实验组，给予它们不同的操控，控制不相关因素，然后检验不同组之间的反应差异。基于此，实验法试图解释因果关系。

实验法——实验，有时也被称为 A/B 测试，可以通过简单、廉价的在线方式进行。

例如，麦当劳在推出一款新汉堡之前，可能会通过实验来检验两种不同定价对销量的影响。它可能会在某一个城市以某种价格推出新汉堡，在另一个城市则以另一种价格推出该汉堡。如果这两个城市相似，并且针对该汉堡的其他营销投入都是相同的，那么该汉堡在这两个城市销量的差异就是由不同的定价导致的。

联系方法

信息可以通过邮件、电话、面谈或在线方式进行搜集。

邮件、电话和面谈。邮件调查可以以较低的成本搜集大量信息。相对于与一个陌生的采访者进行面谈或电话访问，在邮件调查中，受访者可能会对私人问题给出更诚实的答案，并且受访者在回答时也不会受到采访者的影响。

然而，邮件调查不够灵活，因为所有的受访者都以固定的顺序回答相同的问题。邮件调查通常需要更长的时间才能完成，而且回复率（完成调查问卷并寄回的人数）通常很低。最后，调研人员很难控制邮件调查的问卷样本，即使有一个靠谱的邮寄地址列表，也很难控制该地址的哪一个人会填写问卷。

电话访问是快速搜集信息的最佳方法之一，它比邮件调查更灵活。采访者可以解释比较难的问题，也可以根据得到的答案跳过一些问题或进一步探究一些问题。电话访问的回复率往往比邮件调查要高，采访者也可以要求与具有某些特征的受访者交谈，甚至可以指定受访者。

然而，电话访问的人均成本比邮件调查要高。此外，人们可能不想和采访者讨论私人问题。这种方法可能受采访者特征的影响——他们的说话方式、提问方式，以及其他可能影响受访者回答的因素。最后，不同的采访者对回答的理解和记录可能会有所不同，在时间压力下，一些采访者甚至可能做出没有提问就记录答案的欺骗性行为。

面谈有两种形式：个人访谈和小组访谈。个人访谈包括在家中、办公室、街道上或购物中心与人交谈。这种形式的面谈比较灵活。训练有素的采访者可以引导受访者，

营销的原则（原书第5版）

对困难的问题进行解释，并根据情况对问题进行扩展。他们可以向受访者展示实体产品、广告或包装，并观察他们的反应和行为。然而，个人访谈的成本可能是电话访问的 3～4 倍。

焦点小组访谈。小组访谈以 6～10 人为一组，在一个受过培训的主持人的引领下，对产品、服务或组织进行讨论。参与者通常会得到一笔小额报酬。主持人鼓励自由、轻松的讨论，希望通过小组互动获得参与者真实的感受和想法。与此同时，主持人"专注于"讨论。因此这种形式被称为**焦点小组访谈**（focus group interviewing）。

调研人员和营销人员在单向玻璃后面观察焦点小组访谈，并将讨论内容以书面或视频形式记录下来供日后研究。如今，焦点小组访谈人员甚至可以通过视频会议和互联网技术让远程营销人员实时参与焦点小组活动。使用摄像头和双向声讯系统，在远程会议室中的营销高管可以看见和听到，还可以使用遥控器放大人脸，并在焦点小组中随意移动摄像头。

焦点小组访谈已经成为了解消费者想法和感受的主要营销调研工具之一。然而，焦点小组访谈也面临挑战。它通常采用小样本以节省时间和成本，因此可能很难将结果推广。此外，焦点小组中的消费者在他人面前并不总是坦诚的，来自焦点小组中的同伴压力可能会阻碍其表现真实的意图。

因此，尽管焦点小组访谈仍然被广泛使用，但许多调研人员都在针对焦点小组的设计进行改进。一些企业在试图改变进行焦点小组访谈的环境。为了帮助消费者放松，从而获得更真实的反应，调研人员使用了更为舒适、与被调研产品更加相关的布置。例如，他们可能在厨房进行烹饪产品的焦点小组访谈，或者在客厅进行家具产品的焦点小组访谈。

与更加数字导向的大数据调研相比，个人访谈和焦点小组访谈可以获得更加个性化的结果。它们可以提供数字和分析背后的关于消费者动机和感受的丰富见解，还可以促成更富有成效的讨论，并针对顾客的需要、欲望、想法和感受提供独特的见解。

在线营销调研。通信技术的进步促进了许多高科技联系方式的产生，给营销调研造成冲击的最新技术是互联网。越来越多的营销调研人员通过**在线营销调研**（online marketing research）来搜集原始数据，包括网络调查、在线专家小组、实验、在线焦点小组访谈等。

在线调研可以采取多种形式。企业可以利用网络作为调查媒介：可以在网站上发布问卷，并通过奖励措施鼓励人们完成问卷；可以使用电子邮件或移动设备邀请人们回答问题；还可以创建在线小组，提供定期反馈、进行现场讨论或在线焦点小组访谈。除了调查，调研人员还可以在网上进行实验。他们可以在不同的网站或不同的时间尝试采用不同的价格、标题或提供不同的产品功能，以了解不同方案的效果。他们也可以建立虚拟的购物环境，以测试新产品和营销方案。最后，企业可以通过跟踪在线顾客对其网站和其他网站的点击量来了解他们的行为。

互联网和移动端特别适合定量研究——进行市场调查和搜集数据。与电话、邮件和个人访谈等传统方法相比，基于互联网的调查研究具有一些优势，最明显的就是速度快、成本低。调研人员可以通过电子邮件或选定的网站、社交媒体和手机网站快速、轻松地向数千名受访者同时分发调查问卷。反馈也可以是即时的，因为受访者自己输入信息，研究人员可以在他们提交信息的同时就将研究数据制成表格、进行回顾和共享。

在线调研的成本比邮件、电话或个人访谈低得多。使用互联网省去了其他方法需要的邮费、电话费、人工费和数据处理费。因此，在线调研的成本通常比邮件调查低15%～20%。此外，样本量对在线调研的成本影响不大。一旦设置好调查问卷，10名受访者和1万名受访者在成本上几乎没有差别。

因此，在线调研几乎适用于任何企业，无论大小。事实上，有了互联网，曾经只属于调研专家的领域现在几乎对所有想成为调研人员的人开放了。任何调研人员都可以使用 SurveyMonkey 和 Qualtrics 等在线调查服务，花费几分钟就可以创建、发布和分发定制化调研。

与传统的电话或邮件调研相比，在线和移动调研往往更具互动性和吸引力，更容易完成，对个人隐私的侵犯更少。因此，这种调研方法的回复率通常更高。想要了解那些难以接触到的人，例如难以捉摸的青少年、单身人士、富人和受过良好教育的受众，互联网是一个很好的媒介。互联网也有利于调研人员接触在职妈妈和其他生活忙碌的群体，这些人在网上很有代表性，可以自行选择在方便的地点和时间进行反馈。

除了定量的在线调查和数据收集，调研人员也采用定性的在线调研方法，比如在线深度访谈、焦点小组、博客和社交网络。互联网为获取定性的顾客洞察提供了一种快速、低成本的方法。

定性在线调研的一种主要方法是**在线焦点小组（online focus groups）**。与传统的焦点小组相比，在线焦点小组具有很多优势。它可以将全国或全世界不同地区的人们聚集在一起，特别是那些无法抽出时间前往访谈地点的高收入群体。此外，调研人员可以在任何地方组织和监控在线焦点小组，省去了出差、住宿和设备产生的费用。最后，尽管在线焦点小组需要提前安排日程，但结果几乎可即时得到。

在线焦点小组可以采用以下几种形式。大多数都是以在线聊天室讨论的形式实时进行，参与者和主持人围坐在一张虚拟的桌子旁交换意见。或者，调研人员建立一个在线留言板，在几天或几周的时间里，受访者可以在上面进行互动，参与者每天登录并针对焦点小组话题发表评论。

尽管在线营销调研的使用量正在迅速增长，但定量和定性的在线调研仍存在一些缺陷。其中一个主要的问题是无法控制网络样本。在没有见到受访者的情况下，很难知道他们到底是谁。为了解决样本和环境问题，许多在线调研企业采用定制社区和将受访者分组的方式。另外，一些企业也在开发自己的"顾客洞察社区"，从中获得顾客反馈和顾客洞察。

基于在线行为和社交的跟踪与定向。互联网已经成为进行调研和获取顾客洞察的

PRINCIPLES OF MARKETING 营销的原则（原书第5版）

重要新工具。如今的营销调研人员对互联网的使用更加广泛——远不止于结构化的在线调查、焦点小组和网络社区。他们越来越多地倾听和观察消费者，积极挖掘互联网上已经存在的大量用户发布的、非结构化的、"自下而上"的顾客信息。传统的市场调研为结构化的调研问题提供了更合乎逻辑的消费者回答，而通过在线倾听则可以获得消费者自发提出的意见。

在线跟踪消费者可能很简单，只需在企业品牌网站或亚马逊、Shopee.com 等购物网站上浏览顾客的评价；也可能意味着使用复杂的在线分析工具，深入分析博客或社交媒体网站上与品牌相关的大量消费者评论和信息。在线倾听并与消费者互动可以提供有价值的消费者洞察，了解消费者对品牌的评价或感受，还可以为建立积极的品牌体验和品牌关系提供机会。

消费者在广阔数字空间畅游时的行为相关信息，包括他们搜索了什么、访问了哪些网站和手机门户、如何购物，购买了什么，对营销人员来说很有价值。通过**行为定向（behavioral targeting）**，营销人员使用在线数据来定位广告并投放给特定的消费者。营销人员还可以使用社交定向（social targeting），挖掘个体的在线社交网络活动，从而定向投放广告和进行营销活动。

在线倾听、行为定向和社交定向可以帮助营销人员利用互联网上的大量消费者信息。然而，随着营销人员越来越熟练地在博客、社交网络以及其他互联网和移动端收集信息，消费者隐私成了一个重要问题。复杂的在线调研的底线在哪里，是否会变成对消费者的骚扰和侵犯呢？

抽样计划

营销调研人员通常通过研究消费者总体中的一小部分样本来得出关于总体的结论。**样本（sample）**是营销调研所选择的人口的一部分，用来代表全部人口。在理想情况下，样本应该具有代表性，以便调研人员对总体人群的想法和行为做出准确估计。

设计样本需要做出三个决策（见图4-3）。第一，调查的对象是谁（抽样单元是什么）？例如，为了研究家庭购买汽车的决策过程，调研人员应该采访丈夫、妻子、其他家庭成员、经销商、销售人员还是所有人？调研人员必须确定需要什么信息，以及谁最有可能拥有这些信息。

图4-3 抽样计划中的决策

第二，应该调查多少人（样本量是多少）？大样本比小样本提供的结果更可靠。然而，较大的样本通常成本更高，并且没有必要对整个目标市场或大部分目标市场进行抽样。如果样本选择得当，不到总体1%的样本往往就具备较高的可靠性。

第三，样本如何选取（抽样程序是什么）？表4-2描述了不同类型的抽样。使用概率抽样，每个群体成员被选中的机会是已知的，调研人员可以计算抽样误差的置信区间。但是，当概率抽样成本太高或花费时间太长时，营销调研人员往往会采用非概率抽样，即使这种抽样的误差无法测量。这些不同的抽样方法有不同的成本和时间限制，在精确性和统计性方面也存在差异。究竟哪种方法最好，取决于调研项目的需要。

表 4-2 抽样类型

概率抽样	
简单随机抽样	总体中的每一个成员被选中的机会都是已知且相同的
分层随机抽样	总体被划分为相互排斥的群体（如年龄组），调研人员从每个群体中随机抽取样本
聚类（区域）抽样	总体被划分为相互排斥的群体（如街区），调研人员从这些群体中抽取样本进行采访
非概率抽样	
方便抽样	调研人员选择最容易获取信息的群体成员作为样本
判断抽样	调研人员根据自己的判断来选择最有可能提供准确信息的群体成员作为样本
配额抽样	调研人员在某几个类别中找到并采访特定数量的成员

研究工具

在搜集原始数据时，主要有两种研究工具供营销调研人员选择：调查问卷和机械仪器。不管是对于面谈、电话访谈还是在线调研，调查问卷都是最常用的研究工具。

调查问卷非常灵活，有很多种提问方式。封闭式问题包含所有可能的答案，被试只需从中做出选择，比如选择题和量表题。

开放式问题允许被试用自己的话来回答。在对航空公司顾客的调查问卷中，国泰航空可能会问："您认为国泰航空怎么样？"或者它可能要求人们填写一个句子："当我选择航空公司时，最重要的考虑因素是……"这些以及其他类型的开放式问题往往比封闭式问题能得到更多信息，因为被试在回答时不受限制。在探索性调研中，当调研人员想知道人们的想法，而不是衡量有多少人有某种想法时，开放式问题尤为有用。另外，封闭式问题提供的答案更容易解释，也更容易绘制成表格。

调研人员在设计问题时还应注意措辞和顺序。他们应该使用简单、直接、客观的语言。问题应按逻辑顺序排列，如果可能的话，第一个问题应该能够引起人们的兴趣，难以回答或私人的问题应该放在最后，这样被试才不会产生抵触心理。虽然调查问卷是最常见的研究工具，但调研人员也会使用机械仪器来监测消费者的行为。零售商使用条形码扫描仪来记录消费者的购买行为，另一些营销人员则使用手机 GPS 技术来追踪商店内外的消费者。

还有一些调研人员运用"神经营销学"，通过测量大脑活动来了解消费者的感受和反应。将神经营销学的测量指标与生物测量指标（如心率、呼吸频率、出汗水平、面部和眼球活动）结合起来，可以让企业了解其品牌和营销的哪些方面吸引了消费者。营销实践 4.1 讨论了中国的购物中心如何利用大数据和机器学习来为消费者提供定制化的产品和服务。

营销的原则（原书第5版）

营销实践4.1

地产科技与市场营销

金融科技是金融界的流行语，地产科技（proptech）则是中国房地产市场上最热门的东西。地产科技利用大数据和机器学习来帮助个人与企业购买、出售和管理房地产，后来被扩展应用于购物中心，用来了解购物行为，从而改进购物体验，增加销售收入。

为了实现上述目的，商场业主开始使用交易数据库、面部识别摄像头及其他技术。房地产企业大连万达集团在其购物中心使用行为识别技术来追踪消费者的活动。当消费者在商店逗留或提着包走出去时，摄像头不仅可以追踪他们的动作，还可以追踪他们的年龄、性别和购物模式。这些信息有助于商场和商家更好地进行店面布局——橱窗里应该展示什么，某些产品应该放在哪里，消费者购物时行走的路线等。

市场营销中的科技——新天地广场使用面部识别及其他智能技术来更好地了解消费者，并进行高效的营销。

瑞安房地产发现，在位于市中心的新天地广场的写字楼里，70%的员工为女性。根据这一信息，瑞安房地产决定翻新购物中心的五层楼，以吸引女性消费者。其中两层被重新改造后，看起来就像一个豪华的展厅，在家具用品店的尽头有一个现代化小厨房，书店的旁边则是一家出境游旅行社。

为了进一步吸引女性消费者，瑞安房地产利用大数据更高效地发放优惠券。第一次进入新天地广场的消费者会被要求在一个屏幕上输入其与微信支付账户相关联的手机号码，这使瑞安房地产得以了解消费者在腾讯控股（微信母公司）的平台上的购买习惯，然后再根据这些资料，将相关优惠券发放到消费者的电子钱包中，以吸引他们到店里购物。

新天地广场还配备了具有面部识别功能的屏幕，消费者只需要站在屏幕前，系统就能获得其过去购物习惯的相关信息，然后在屏幕上为消费者推荐其可能感兴趣的商店或品牌。该购物中心还安装了传感器，通过计算消费者拿起和放下商品的次数来捕捉消费者选购时的犹豫心理。这些数据可以帮助商家判断哪些商品展示是有效的，以及哪些商品展示能促进销售。

上述数据对商家和消费者都有好处——商家的营销支出可以直接有效地花在目标消费者身上，消费者也不会受到与自己无关的促销活动的信息轰炸，相反，他们会在智能手机上收到自己感兴趣的优惠信息。

联合利华（Unilever）等企业已经在聘请神经营销学调研公司来帮助其探究人们的真实想法。

生物特征识别研究——通过测量心率、出汗水平、面部和眼球运动，能够衡量消费者的情绪反应，而这些情绪反应很难从调查问卷中获得。

生物特征编码——面部表情可以揭示人们没有说出的想法。华通明略（Millward Brown）的面部表情编码等生物特征识别技术利用网络摄像头追踪观众观看广告时的面部反应，然后根据观众面部关键位置的特点识别其情绪状态，这些反应被逐时逐刻地研究。在测量广告所引发的情绪时也会考虑不同的文化背景，这样即使在人们的表情不那么丰富的国家，系统也能识别出差异。例如，在一则广告中，丈夫触摸了妻子裸露的腹部，大多数女性观众对这一互动的反应比较一致，但面部编码的逐帧分析显示，这一场景是该广告中最吸引人的部分。基于这一洞察，该广告保留了这一场景。

尽管神经营销技术可以逐秒测量消费者的参与程度和情绪反应，但这种大脑反应很难解释。因此，调研人员通常将神经营销学与其他研究方法结合使用，以便更全面地了解消费者的想法。

实施调研计划

接下来，调研人员要将营销调研计划付诸实施，包括收集、处理和分析信息。数据收集工作可以由企业的营销调研人员或外部公司完成。在营销调研过程中，数据收集阶段通常花费最多，也最容易出错。调研人员应该密切关注，以确保计划能够正确实施。在与受访者（包括拒绝合作或持有偏见的受访者，以及出现错误或想走捷径的受访者）接触和互动时，调研人员必须警惕可能出现的问题。

调研人员还必须处理和分析收集到的数据，从而找出重要的信息。他们需要检查数据的准确性和完整性，并对其进行编码以备分析使用。然后，调研人员将结果绘制成表格，并计算出相关的统计指标。

解释和报告结果

营销调研人员必须解释结果、得出结论，并向管理层报告。调研人员应该汇报有助于管理层制定决策的重要发现。

然而，解释方面的问题不应该只留给调研人员。调研人员通常是调研设计和统计分析方面的专家，但营销经理更了解问题是什么以及必须制定什么决策。如果管理者盲目地接受调研人员错误的解释，那么再好的调研也没有什么意义。同样，管理者也可能带有偏见，他们可能更倾向于接受与自己预期相符的调研结果，拒绝接受与自己的预期或希望不符的结果。很多时候，可以用不同的方式来解释调研结果，调研人员和管理人员之间的讨论有助于找到最佳的解释方式。因此，在解释调研结果时，管理者和调研人员必须密切合作，共同为调研过程和决策制定承担责任。

分析营销信息

通过内部数据库、营销情报和营销调研收集到的信息通常需要被进一步分析，管理人也需要将这些信息应用到营销决策中，这就需要运用高级的统计分析来更多了解数据之间的关系。

信息分析还可能涉及一系列分析模型，这些模型有助于营销人员更好地制定决策。信息被处理和分析后，必须在正确的时间将其提供给正确的决策制定者。

顾客关系管理

如何更好地分析和使用顾客个人数据是企业面临的一个特殊问题。大多数企业都拥有大量顾客信息。事实上，明智的企业在每一个可能的顾客接触点获取信息，这些接触点包括顾客购买、销售人员接触、服务和支持电话、网站访问、满意度调查、授信和支付过程、营销调研——顾客与企业之间的每一个接触点。

不幸的是，这些信息通常分散在整个组织中，隐藏在企业不同部门相互独立的数据库和记录中。为了解决这些问题，许多企业采用**顾客关系管理（customer relationship management，CRM）**来管理顾客个人的详细信息，并认真管理顾客接触点，以最大限度地提高顾客忠诚度。

CRM 由复杂的软件和分析工具组成，用来整合各种来源的顾客信息，对其进行深入分析，并利用分析结果来建立更牢固的顾客关系。CRM 整合了企业的销售、服务和营销团队所了解的所有顾客信息，进而提供关于顾客关系的全方位视图。

通过使用 CRM，企业可以来更好地了解顾客，为顾客提供更高水平的服务，并发展更深入的顾客关系。企业可以利用大数据和 CRM 来精准识别高价值客户，更有效地对他们进行定位，交叉销售企业的产品，并根据特定的顾客需求提供定制化产品和服务。

大数据和营销分析

仅仅收集和存储大量数据没有什么价值，营销人员必须对数据进行挖掘以获取顾客洞察。

营销分析（marketing analytics） 是指营销人员利用分析工具、技术和程序，从大数据中识别具有意义的规律，从而获得顾客洞察并衡量营销绩效。营销人员将营销分析应用于通过网络、移动端和社交媒体跟踪所收集的大量、复杂的数据集，顾客交易和互动数据，以及其他来源的大数据。例如，网飞公司（Netflix）使用复杂的大数据分析来获得消费者洞察，然后利用这些洞察为顾客提供他们想要的东西：

网飞——到目前为止，网飞的电影和节目内容播放量比其他视频服务商都要多。在全球范围内，网飞有 1.3 亿付费用户，他们每周观看超过 10 亿小时的电影、电视节目和网飞原创内容。但就在网飞的狂热用户忙于观看网飞的视频时，网飞也在忙着观察他们——非常、非常仔细地观察。每天，网飞都会跟踪和分析会员多达数千万

营销分析——网飞通过分析来了解每个观众喜欢看什么，以及在什么时间、用什么设备观看，进而为每位用户提供定制化的内容。

的搜索、评分和"播放"数据。网飞庞大的数据库包含每位用户的所有观看细节——他们在什么时间、用什么设备、在什么地点观看什么节目，甚至是什么时候暂停、倒带或快进等实时数据。网飞还聘请专家，根据演员、情节、风格、类型、色彩、音量、场景等数百个特征对视频进行分类。网飞也会从尼尔森（Nielsen）、Facebook、Twitter 及其他渠道购买用户信息，来补充庞大的数据库。基于如此丰富的大数据，网飞建立了详

细的用户个人档案，利用这些资料为每位用户提供定制化的观看体验，并根据他们看过的内容进行个性化推荐。网飞公司称，网飞有 1.3 亿个不同的版本，全球每个用户看到的都是不同的网飞。网飞还利用这些数据来评估应该购买或自制哪些内容。网飞的一位营销人员表示："我们对用户喜欢看什么有着深入的了解，并基于此来决定网飞提供什么内容。如果你继续观看，我们就会继续提供更多你喜欢的内容。"

上述大数据分析采用**人工智能（artificial intelligence，AI）** 技术，机器以类似于人类的方式思考和学习，但具有更强的分析能力。人工智能已经席卷了市场营销领域，以及世界上的一切其他领域。营销人员正在将人工智能应用于各项事务中，包括大数据分析、吸引顾客、设计个性化广告和销售活动等。尽管人工智能仍处于起步阶段，但它在营销领域拥有巨大潜力。正如谷歌公司首席执行官所言，人工智能带来的影响"比火和电的影响更加深远"。营销实践 4.2 探讨了人工智能在营销中的一些应用。

市场营销中的人工智能："比火和电更重要的东西"

清晨，你正要出门开始新的一天，你很想喝上一杯咖啡。你点击手机上的星巴克应用程序，选择"照旧"。你的星巴克虚拟咖啡师用她一如既往欢快的声音回答："大杯焦糖拿铁！"然后她礼貌地建议你加一份早餐零食——香浓巧克力麦芬松饼。这不是你平时会吃的，但听起来不错。你同意了。"谢谢！您的订单将在 5 到 7 分钟内准备好，请在新加坡国立大学城店取餐。"她确认道，"是否使用账户绑定的信用卡支付？"随后，你不慌不忙地走进店里，绕过排得长长的队，取走你的咖啡和麦芬松饼。欢迎来到人工智能的世界。

这只是人工智能在营销领域爆发式应用的一个例子。长期以来，星巴克一直在应用尖端科技，所有交易中有 25% 是通过其智能手机应用程序完成的。但"我的星巴克咖啡师"（My Starbucks Barista）不仅仅是一款订餐应用，它应用人工智能来创造个性化的顾客体验，并根据顾客过去的交易记录、偏好、人口统计特征、门店动态和库存、当地交通和天气状况等各种信息来管理实时的顾客互动。

"我的星巴克咖啡师"应用人工智能来创造个性化的顾客体验，并根据顾客过去的交易记录、偏好、当地交通和天气状况等各种信息来管理实时的顾客互动。

人工智能正在席卷全球。它是指机器以类似于人类的方式思考和学习，但具有更强的分析能力。大数据是推动人工智能爆炸式增长的引擎。原始数据无处不在：顾客交易和互动数据、网络和社交媒体数据、新闻和环境数据，以及来自 500 多亿台联网设备的数据——包括可穿戴设备、GPS 技术、家用恒温器、洗衣机和汽车等。为了品牌建设和服务顾客，企业需要理解这些数据的意义。

人类的头脑根本无法应对当今海量的大数据，但机器可以。人工智能不仅能够对大量数据进行收集和制表，还能以闪电般的速度分析数据，从而获得深刻的洞察，并应用其完成指定的任务。人工智能边做边学，接收的数据越多，它就越聪明、越准确。一位人工智能专家表示："人工智能就是我们要抵达的星球，机器学习就是把我们带到那里的火箭，大数据就是燃料。"

营销人员使用人工智能来对顾客进行评估、定位、服务和销售。同时，人工智能可以帮助顾客管理其生活和购买。例如，IBM 公司的沃森（Watson）超级计算机可以梳理大量数据、发掘顾客和市场洞察，从而帮助营销人员进行精准定位、与顾客进行个性化互动、设计新产品甚至是实时制作更好的广告。

亚马逊等公司已经掌握了人工智能，利用其产生的洞察和互动来理解和服务顾客。亚马逊的人工智能 Alexa 通过 Echo 音箱进入了近 5000 万美国家庭。Echo 和谷歌 Home 等类似的人工智能设备除了充当管家的角色，比如控制家用电器、控制音乐、管理购物清单、发送短信、回答问题等，还能作为声控的个人购物助手。Echo 用户可能会在厨房里进行语音购物，因此宝洁（Procter & Gamble）、高乐氏（Clorox）等公司都在努力接触和挖掘这些用户。

在亚马逊的购物和视频网站上，人工智能为顾客推荐购买产品和观看内容。一位分析师称："亚马逊可能会向你出售你都不知道自己需要的东西，因为它知道你喜欢什么，最有可能购买什么。"亚马逊在这方面非常擅长，它甚至在考虑所谓的"预先配送"，即向顾客发送他们还没有订购的东西，如果顾客不想要，他们可以免费留下。尽管这种配送方式可能还需要一段时间才能实现，但亚马逊已经在利用人工智能的预测来维持仓库甚至是卡车上的适当库存水平，从而支持其越来越受欢迎的当日达甚至是一小时送达承诺。

人工智能不仅仅是为顾客服务，它还能帮助营销管理人员制定营销战略和策略。例如，IBM 围绕其人工智能超级计算机成立了一个名为沃森广告（Watson Advertising）的新部门。通过分析，沃森可以为营销人员提供精准、实时的顾客洞察并付诸行动，将人工智能应用于数据分析、媒体策划、受众定位、内容创作等各项工作。有一次，沃森要为丰田 Mirai 车型开发广告文案，这台超级计算机便利用针对科技爱好者兴趣的大数据分析来创建营销信息。它曾扮演医生的角色，回答关于流感症状的咨询，以此来推广 Theraflu 感冒冲剂。它还曾扮演厨师来推广金宝汤（Campbell's），并根据顾客观看广告的位置和拥有的食材信息在广告中呈现个性化的食谱。对于 H&R Block，沃森则使用了人工智能助手为顾客提供税务专家服务，以帮助其确定税收减免的创意。

IBM 最近收购了美国天气公司（The Weather Company），该公司以每 15 分钟更新一次的频率为 22 亿个地点提供天气预报，使沃森可以利用这些海量数据来衡量天气对消费者情绪、健康和购买行为的影响。最近，它将天气数据、消费者在谷歌上的搜索数据和花粉指数进行整合，针对在不同市场使用什么媒体以及何时使用的问题，为一家制药企业提供了建议。

尽管已经有了上述这些了不起的应用，人工智能的发展仍处于早期阶段。一位技术专家表示："我们仍处于人工智能应用的初期，这是一个全新的领域，它将重新定义消费者与品牌之间的关系。"到 2025 年，人工智能产业的年收入将从目前的 81 亿美元飙升至 1050 亿美元，其中还不包括人工智能为零售行业带来的数万亿美元的销售收入。劳氏公司（Lowe）的技术经理表示："人工智能将会像电和互联网一样，与生活紧密交织……它将我们长期以来一直在做的所有事情汇总在一起，并比其中各个部分加在一起还要更好。"谷歌公司的首席执行官说得更简单："它比火和电的影响更加深远。"

来源："Google CEO：AI Is a Bigger Deal Than Fire or Electricity," *Fast Company*, 19 January 2018, www. fastcompany. com; Hal Conick, Brian Dumaine, "It Might Get Loud," *Fortune*, 2 November 2018, pp. 113 – 28; "The Past, Present, and Future of AI in Marketing," *Marketing News*, 29 December 2016, pp. 27 – 35; Erik Wander, "Welcome to the Machine," *Adweek*, 4 December 2017, p. 16; Marty Swant, "As IBM Ramps Up Its AI – Powered Advertising, Can Watson Crack the Code of Digital Marketing," *Adweek*, 25 September 2017, pp. 19 – 23; Lauren Johnson, "5 Bleeding – Edge Brands That Are Infusing Retail with Artificial Intelligence," *Adweek*, 2 January 2017, www. adweek. com; "Software For Hardware：How Artificial Intelligence Is Helping Lowe's Customers," *Forbes*, 17 July 2018, www. forbes. com; "Artificial Intelligence Software Market to Reach

$ 105. 8 Billion in Annual Worldwide Revenue in 2025," *Tractica*, 20 August 2018, www. tractica. com; and "AI for Advertising," www. ibm. com, accessed September 2019.

顾客关系管理、大数据分析和人工智能带来好处的同时，也伴随着成本和风险。最常见的错误是将它们仅仅当作技术过程；管理人员也可能会被大数据的细节淹没，从而忽略了全局；此外，管理人员还有可能会让机器去做决策，而不是自己认真思考后做出决策。

然而，只靠技术无法建立可盈利的顾客关系。企业不能仅仅通过安装一些新的软件或分析工具来改善顾客关系。营销人员应该先做好顾客关系管理，然后再应用高科技数据和分析方法。他们应该关注"R"，因为关系是顾客关系管理的一切。

分发和使用营销信息

营销信息只有在被用来改进营销决策时才具有价值。因此，营销信息系统必须使管理人员及其他制定营销决策或与顾客打交道的人能够随时获得这些信息。在某些情况下，这意味着向管理者提供定期绩效报告、情报更新和调研结果报告。

但营销经理也可能需要一些非常规的信息，以应对特殊情况和做出现场决策。例如，销售经理在处理一个大客户订单时遇到了麻烦，可能就需要一份该顾客过去一年产生的销售额和盈利情况的摘要报告。又比如，一个畅销产品卖完后，零售店经理就会想知道其他连锁店的当前库存情况。因此，信息分发涉及将信息输入数据库，并以及时、方便顾客的方式提供这些信息。

许多企业利用企业内联网来实现这一过程。内联网提供了调研信息、存货报告、共享工作文档、员工及其他利益相关者的联系信息等。例如，一些企业将顾客来电与关于该顾客背景资料和购买记录的最新数据库信息进行整合，服务代表可以在与顾客通话时访问内联网上的这些信息，从而全方位地了解每一位顾客。

此外，企业越来越多地允许关键顾客和价值网络成员通过外联网获得账户信息、产品信息以及其他所需数据。供应商、顾客、经销商及其他网络成员可以访问企业的外联网来更新其账户、安排采购、根据库存水平检查订购情况等，从而改进顾客服务。

如今，营销经理可以在任何时间、任何地点直接访问企业的信息系统。在家庭办公室、酒店房间或当地的星巴克，他们都可以通过无线网络连接该系统。管理人员可以从系统中直接、快速地获得所需信息，并根据自己的需要对其进行调整。

营销的原则

4.5

其他营销信息事项

本节讨论两种特殊情境下的营销信息：小企业和非营利组织的营销调研，以及国际营销调研。最后，我们将介绍营销调研中的公共政策和道德问题。

小企业和非营利组织的营销调研

小企业与大企业一样，也需要营销信息。初创企业需要关于行业、竞争对手、潜在顾客以及市场对新产品的反应的信息，现存的小企业则必须跟踪顾客需求的变化、对新产品的反应以及竞争环境的变化。

小企业和非营利组织的管理者通常认为，只有拥有大量调研预算的大企业中的专家才能进行营销调研。虽然大规模的调研超出了大多数小企业的预算，但本章讨论的许多营销调研技术也可以被较小的组织以不那么正式的方式使用，而且费用很低，甚至不需要费用。

小企业和非营利组织的管理者可以简单地通过观察周围的事物来获得良好的营销信息。例如，零售商可以通过观察车辆和行人的流量来评估新店选址，也可以通过收集当地媒体的广告来监测竞争对手的广告行为，还可以通过记录不同时间在店内购物的顾客数量和类型来评估顾客组合。此外，许多小企业的经理还经常拜访竞争对手，并与其交流以获得相关洞察。

管理者可以使用方便的小样本进行非正式调查。艺术博物馆的馆长可以通过非正式的焦点小组来了解顾客对新展品的看法，比如邀请一小组人共进午餐，并就感兴趣的话题进行讨论；零售商店的销售人员可以与光顾商店的顾客交谈；医院的管理人员可以与患者交流；餐厅经理可以在闲暇时间对顾客进行随机电话访问，了解他们去哪里就餐及其对该地区各餐厅的看法。

管理者也可以自己进行简单的实验。例如，通过改变常规筹款邮件的主题并观察结果，非营利组织的管理者可以找到最有效的营销战略。通过变换报纸广告，商店经理可以了解不同的广告大小和位置、不同的价格优惠、使用的不同媒体所带来的营销效果的差异。

小型组织也可以获得大型企业可用的大部分二手数据。当地图书馆的商业分区是一个很好的信息来源，当地报纸也经常提供有关当地顾客及其购买模式的信息。最后，小企业只需花费很少的成本就可以在互联网上收集到大量的信息，它们可以浏览竞争对手的网站，并使用互联网搜索引擎来对特定企业和特定问题进行研究。

国际营销调研

国际营销调研人员遵循与国内调研人员相同的步骤，从确定调研问题到制订调研计划，再到解释和报告结果。然而，国际营销调研人员往往面临更多不同的问题。国内营销调研人员面对的是一个国家内相当同质的市场，而国际营销调研人员面对的是不同国家的不同市场。这些市场通常在经济发展水平、文化和习俗、购买模式等方面差异巨大。

在许多国外市场，国际营销调研人员可能很难找到好的二手数据。虽然美国营销调研人员可以从几十家国内调研服务机构获得可靠的二手数据，但很多其他国家可能没有调研服务机构。例如，二手数据在经济欠发达的亚洲国家可能不存在、不可靠或者非常昂贵。许多亚洲国家通过让地方政府估计当地人口的方式来估计总人口，他们最终得到的信息可能来自纯粹的猜测，或者只是从过去的数字中推断出来的。

由于缺乏好的二手数据，国际营销调研人员经常需要收集原始数据。然而，原始数据的收集也存在很多问题。例如，在新兴的亚洲市场可能很难找到合适的样本。虽然发达国家的调研人员可以通过电话簿、普查资料或任何一种社会经济数据资料来进行抽样，但是发展中国家很缺乏这样的信息。调查法还可能面临缺少样本清单、没有受访者或受访者不符合要求等问题。

亚洲国家的二手数据——在经济欠发达的亚洲国家，人口数据往往不准确，因为并非所有儿童都会在人口普查中登记。

调研人员必须意识到亚洲国家的文化差异。例如，调研人员可能决定要对家庭中的妻子进行访谈。然而，在一些伊斯兰国家，一个男人有几个妻子，应该采访哪一个妻子？再比如，与西方文化相比，日本人更不愿意产生矛盾，因而会有更多肯定的语言表达。

语言是最大的挑战。比如，有时调查问卷是用一种语言编写的，然后需要翻译成所调研国家的语言，之后再将调研反馈翻译回原始语言，用于分析和解释。这就增加了调研的成本和出错的概率，翻译一份问卷绝非易事，许多习语、短语和陈述在不同的文化中有着不同的含义。

不同国家的消费者对营销调研的态度也各不相同。有些国家的人可能非常愿意做出回应，而在另一些国家，回复不足可能是一个主要问题。一些国家的习俗可能禁止人们与陌生人交谈。在某些文化中，调研问题常常被认为过于私密。例如，大多数伊斯兰国家禁止使用男女混合的焦点小组，拍摄只有女性的焦点小组也是被禁止的。

受访者即使愿意做出回应，也可能会因为没有读写能力而无法做出回应，而发展中国家的中产阶级可能会为了彰显其财富而做出虚假的陈述。例如，在印度一项关于茶叶消费的调研中，超过70%的中等收入受访者声称他们使用的是几大国家品牌之一。然而，调研人员有充分的理由对该结果表示怀疑，因为在印度销售的茶叶中，60%以上是无品牌的普通茶叶。

此外，在欠发达的亚洲市场，接触受访者往往不那么容易。由于人民的识字率较低或是缺乏高效的邮政服务，调研人员无法进行邮件调查；在电话普及率低的地区，电话访问也不可行。这意味着调研人员只能依靠个人访谈、焦点小组访谈和观察法来了解市场。尽管调研人员可以通过这些方法获得很多对市场洞察，但他们并不知道这些发现有多大的代表性。

亚洲国家和地区的调研能力也各不相同。中国、印度、日本、菲律宾和新加坡的营销调研行业相当先进，而柬埔寨和印度尼西亚的营销调研行业虽然在发展，但仍有局限。

尽管存在上述问题，但国际营销的发展仍促使国际营销调研的应用迅速增加。跨国公司除了进行国际营销调研外别无选择。虽然国际营销调研在成本和其他方面都存在很多问题，但不进行国际营销研究的成本可能更高，企业将错失发展机会。一旦认识到这一点，许多与国际营销调研有关的问题就可以被克服或避免。

营销调研中的公共政策和道德问题

大多数营销调研对企业和消费者双方都有利。然而，滥用营销调研也会伤害或惹恼消费者。营销调研在公共政策和道德问题方面存在的两个主要问题是侵犯消费者隐私和滥用调研结果。

侵犯消费者隐私

一些消费者担心，调研人员可能会使用复杂的技术来洞悉其内心深处的感受，然后再利用这些知识来操纵其购买行为。此外，他们还担心营销人员会建立一个包含消费者个人信息的庞大数据库。

关于营销调研和隐私问题，很难简单地说清楚。例如，营销人员跟踪和分析消费者的网络点击，并根据他们的浏览记录和社交网络行为向其投放定向广告，这是好事还是坏事呢？同样，一些企业监控 YouTube、Facebook、Twitter 或其他公共社交网络上的消费者言论，我们应该支持还是反对这样的做法呢？一些消费者可能会认为这是对他们隐私的侵犯。

消费者也可能之前经历过"营销调研"，后来却发现这些"调研"只是为了向他们推销产品。还有一些消费者把正当的营销调研当作电话推销，在调研人员开始访谈之前就予以拒绝。然而，大多数消费者只是反感被侵犯，他们不喜欢冗长的、涉及隐私的或在不方便时打扰他们的邮件、电话或网络调查。

如果调研人员在获取信息的同时能提供一些价值，消费者会欣然提供相关信息。例如，亚马逊的顾客可能不会介意它建立一个顾客购买产品的数据库，因为利用这一数据库，亚马逊可以为顾客的后续购买提供产品推荐，既节省了时间又提供了顾客价值。对于调研人员来说，最好的方法就是只询问自己需要的信息，负责任地使用这些信息来为顾客提供价值，并避免在未经顾客允许的情况下与他人分享这些信息。

滥用调研结果

一些调研似乎只不过是帮助企业推销的工具。在某些情况下，调研明显是经过设计的，只为达到预期的效果。很少有企业公开操纵调研设计或公然歪曲调研结果，大多数调研结果的滥用往往是微妙的"延伸"。

因此，对调研样本或问题措辞的微妙操纵，都会极大地影响最终结论。企业必须承担责任，对营销调研的执行和报告进行监督，以保护消费者和企业的最大利益。

目标回顾

为了给顾客创造价值并与他们建立良好的关系，营销人员首先必须及时、深入地了解顾客的需要和欲望，而这些洞察来自良好的营销信息。伴随着营销技术的爆炸式发展，企业可以获得大量的信息，有时甚至是过量的信息。企业面临的挑战在于如何将海量的信息转化为可操作的顾客和市场洞察。

目标1：解释信息在了解市场和顾客方面的重要性。

营销过程始于对市场和顾客需要与欲望的全面了解。因此，企业需要充分的信息，以便为顾客创造卓越的价值和满意度。企业还需要关于竞争对手、经销商及其他市场参与者和力量的信息。逐渐地，营销人员不仅将信息视为制定更好决策的依据，还将其看作一种重要的战略资产和营销工具。

目标2：定义营销信息系统并讨论其组成部分。

营销信息系统由人员、设备和程序组成，用于收集、分类、分析、评估和向营销决策者分发其所需的、及时的和准确的信息。一个设计良好的信息系统的起点和终点都是信息使用者。

营销信息系统首先要评估信息需求。营销信息系统主要服务于企业的营销人员和其他管理人员，但它也可以向外部的合作伙伴提供信息。然后，营销信息系统从内部数据库、营销情报和营销调研中获取信息。内部数据库提供企业自身运营和部门的相关信息，这些数据可以快速、低成本地获得，但往往需要进行调整以进行营销决策。营销情报活动提供有关外部营销环境发展的信息。营销调查包括收集企业所面临的特定营销问题的相关信息。最后，营销信息系统将从上述来源收集到的信息在适当的时间、以适当的形式分发给适当的管理人员。

目标 3：概述营销调研过程的步骤。

营销调研的第一步是确定问题和调研目标，根据调研目标，营销调研可以分为探索性调研、描述性调研和因果调研。第二步为收集原始数据和二手数据制订调研计划。第三步是通过收集、处理和分析信息来实施营销调研计划。第四步是解释和报告结果，进一步的信息分析可以帮助营销经理应用这些信息，并通过复杂的统计方法和模型获得更严谨的结果。

相对于原始数据来源，内部和外部的二手数据来源往往能够以更低的成本更快地提供信息，而且还能获得一些企业自己无法收集的信息。然而，二手数据来源中不一定包含企业所需的信息。调研人员还必须对二手信息进行评估，以确保数据是相关的、准确的、即时的和公正的。每一种原始数据收集方法——观察法、调查法和实验法，都有其优点和缺点。每一种原始数据收集的联系方法——邮件、电话、面谈和在线，也都有其优点和缺点。类似地，每种抽样都有其优点和缺点。

目标 4：解释企业如何分析和使用营销信息。

通过内部数据库、营销情报和营销调研收集的信息通常需要进一步分析。为了分析个人顾客数据，许多企业购买或开发了专门的软件和分析工具，即顾客关系管理（CRM），用于整合、分析和应用大量的个人顾客数据，以获得全方位的顾客视图并建立更强大的顾客关系。利用营销分析和人工智能，企业在大数据中挖掘有意义的规律，获得顾客洞察并衡量营销绩效。

营销信息只有在被用来改进营销决策时才具有价值。因此，营销信息系统必须使管理人员及其他制定营销决策或与顾客打交道的人能够随时获得这些信息。在某些情况下，这意味着向管理者提供定期报告并更新信息。在其他情况下，它则意味着提供非常规信息，以应对特殊情况和做出现场决策。许多企业利用内联网和外联网来实现这一过程。得益于现代技术的发展，今天的营销经理可以在任何时间和任何地点直接获取营销信息。

目标 5：讨论营销调研人员面临的特殊问题，包括公共政策和道德问题。

一些营销人员面临着特殊的营销调研情境，比如在小企业、非营利组织或国际环境中进行调研。预算有限的小企业和非营利组织也可以进行有效的营销调研。国际营销调研人员遵循与国内调研人员相同的步骤，但往往面临更多不同的问题。任何组织都应该对营销调研中涉及的主要公共政策和道德问题承担责任，包括侵犯消费者隐私和滥用调研结果。

营销的原则（原书第 5 版）

PRINCIPLES OF MARKETING

营销的原则（原书第5版）

第5章 消费者市场
与消费者购买行为

目标概览

目标1　定义消费者市场并建构一个关于消费者购买行为的简单模型。

目标2　指出影响消费者购买行为的四个主要因素。

目标3　列出并定义购买决策行为的主要类型以及购买决策过程的各个
阶段。

目标4　描述新产品采用和扩散过程。

内容导览

你已经学习了营销人员如何获取、分析和使用信息，从而获得顾客洞察和评估营销方案。本章我们来讨论市场中最重要的元素——顾客。营销的目的是吸引顾客，并影响其态度和行为。要做到这一点，营销人员必须首先了解顾客做出某种行为的原因。在本章中，我们将探讨消费者购买的影响因素和过程。

为了更好地理解消费者行为的重要性，我们先来看看韩国化妆品公司爱茉莉太平洋集团（Amore Pacific Group，简称 APG）的例子，它旗下的伊蒂之屋（Etude House）、悦诗风吟（Innisfree）、雪花秀（Sulwhasoo）等品牌正风靡亚洲。哪些人在购买悦诗风吟的化妆品和护肤品？他们所寻求的产品利益是否与购买雪花秀产品的人有所不同？

爱茉莉太平洋集团：深入了解顾客

爱茉莉太平洋集团是韩国最大的化妆品与保健公司，旗下拥有伊蒂之屋、悦诗风吟、兰芝、梦妆、雪花秀等 29 个品牌。

William Yuan/Shutterstock

伊蒂之屋是韩国第一个彩妆品牌。它的目标消费群体是年轻、时尚的女性，品牌定位是有趣以及好玩。其粉红色的商店会举办活动来吸引年轻人，例如，顾客可以使用购物获得的代金券来换取小礼物，还可以进入灰姑娘风格的马车试用化妆品。

悦诗风吟主打环保型产品，原料来自济州岛，其产品提取自绿茶、兰花、茶花和火山灰。美国奢侈品百货公司波道夫·古德曼（Bergdorf Goodman）造访悦诗风吟的绿茶农场时，被其提取植物成分用于肌肤护理的理念深深吸引。

兰芝的产品线主打科技导向，选用天然成分，采用高科技补水配方，最大限度地发挥水的潜力，为每位顾客提供合适的皮肤解决方案。

梦妆的目标消费群体是想更有女人味的"聪明女性"。因此，它的护肤产品选用山茶花、荷花、茉莉花等成分。梦妆称其研究了使花朵绽放并保持美丽的重要因素，并将同样的理念融入产品中，为皮肤注入活力，使皮肤更健康。

雪花秀是 APG 旗下的奢侈品牌，其销售收入约占集团总收入的六分之一。在竞争激烈的护肤品市场上，雪花秀的独特性在于它以人参等草药成分为基础，打造护肤产品。

APG 迅速崛起的另一个原因是亚洲女性对韩国产品更加喜爱。众多韩国流行乐队和韩剧所引发的韩流席卷亚洲。

为充分利用韩流带来的吸引力，APG 进行了多项投资，选择韩国明星进行品牌代言，在韩剧中进行产品广告植入等。在韩国电视剧《来自星星的你》播出的 10 个星期中，APG 将其护肤品和化妆品广告植入剧集内容，使产品销量立刻飙升，其中女主角使用的护肤品销量飙升了 75%，口红销量更是飙升了 400%。

APG 还考虑到了韩国消费者与中国消费者之间的差异，认为韩国女性更感性，而中国女性更务实，也更重视科学及皮肤检测。因此，因地制宜的战略执行对于 APG 的成功而言至关重要。

在澳大利亚市场，APG 发现澳大利亚人高度关注全球美容趋势，并投入大量时间和精力在皮肤护理上，因为该地区的紫外线辐射强度较高。而澳大利亚人也更喜欢自然妆容。鉴于这些消费者洞察，APG 利用兰芝在皮肤保护方面的专业性来开发澳大利亚市场。

"这些品牌都经过精心打造，拥有独特的定位和品牌体验，反映了目标受众的需求和需要，并以此来吸引目标受众。"

APG 在开发防紫外线产品方面的专业性，使同样阳光充足的东南亚地区的消费者也对其产品产生了强烈的需求。

爱茉莉太平洋集团的例子表明，很多因素会影响消费者的购买行为。在购买护肤产品时，一些消费者寻找环保产品，另一些消费者追求科技含量，还有一些消费者则热衷于传统的草药配方。

消费者的购买行为从来都不简单，但理解它是营销管理的基本任务。**消费者购买行为（consumer buyer behavior）**是指最终消费者的购买行为，即个人和家庭出于个人消费目的而购买商品和服务的购买行为。这些消费者组成了**消费者市场（consumer market）**。仅在亚洲，中国、印度、印度尼西亚、日本、韩国等国家就有 40 多亿人口，占世界总人口的 60% 以上。因此，亚洲也被视为世界上最具吸引力的消费者市场。

消费者在年龄、收入、教育程度和品位等方面存在巨大的差异。他们会购买各种各样的商品和服务。在这里，我们将讨论影响消费者行为的因素。

消费者行为模型

消费者每天都会做出大量购买决策。营销人员可以通过研究消费者的购买情况，来了解他们购买了什么、在哪里购买以及购买了多少。然而想要了解消费者购买行为的原因却并不容易，因为答案往往深藏于消费者的心中。

营销人员所面临的挑战在于，他们需要通过了解消费者的想法来回答以下问题：对于企业可能采取的各种营销手段，消费者会做出何种反应？研究这一问题的起点是图 5-1 所示的购买行为的刺激 – 反应模型。根据该模型，营销刺激和其他刺激进入消费者的"黑箱"，然后引发了某些反应。营销人员必须理解消费者"黑箱"里面的内容。

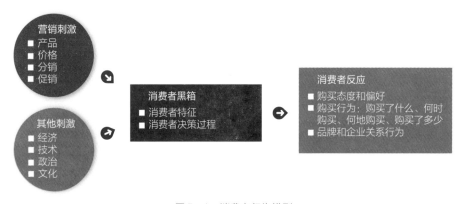

图 5-1　消费者行为模型

营销刺激包括4P：产品、价格、分销和促销。其他刺激因素包括消费者所处环境中的主要力量和事件：经济、技术、政治和文化。所有刺激因素都会进入消费者的"黑箱"，并影响消费者的反应：产品选择、品牌选择、经销商选择、购买时间和购买数量。

营销人员必须了解刺激是如何在消费者黑箱中转化为消费者反应的。该黑箱由两部分组成：第一，消费者的特征影响他们对刺激的感知和反应；第二，消费者的决策过程影响消费者的行为。我们先来讨论消费者的特征，因为它们影响消费者的行为，然后再来讨论消费者的决策过程。

影响消费者行为的特征

如图 5-2 所示，消费者的购买行为会受到文化、社会、个人和心理因素的强烈影响。尽管营销人员无法控制这些因素，但他们必须要考虑这些因素。

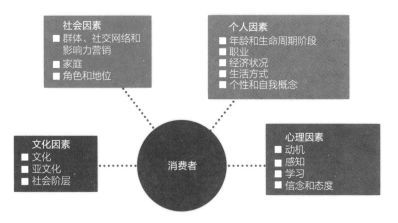

图5-2　消费者行为的影响因素

文化因素

文化因素对消费者行为有着广泛而深刻的影响。营销人员需要了解文化、亚文化和社会阶层对消费者行为所产生的影响。

文化

文化（culture）是使一个人产生需求和行为的最基本原因。在社会上成长的过程中，一个孩子从家庭和其他重要机构中学习形成基本的价值观、观念、需求和行为。每个群体或社会都有自己的文化，因此文化对购买行为的影响也因国家而异。如果不能适应这些差异，很可能会导致营销无效或产生令人尴尬的错误。例如，在亚洲市场上，产品包装的差异很大，日本消费者尤其看重产品的包装。

文化——在日本，产品包装是一门艺术；人们通常用装饰纸、薄布、丝带或鲜花来包裹产品。

对于日本消费者而言，产品包装既是产品的一部分，也是产品质量的重要象征。因此在日本文化中，产品包装通常被认为是一种艺术。对比而言，大多数中国消费者认为产品包装仅具有保护功能。他们认为在包装上所花费的额外努力和成本是不必要的，是一种浪费。对他们来说，一个产品的成本越多体现在产品本身上，其购买的性价比越高。

营销人员还试图抓住文化变迁，以开发市场可能需要的新产品。例如，当人们对健康和健身更加关注时，普拉提和健身课程、天然和减肥食品等便有了巨大的市场。

亚文化

每种文化都包含较小的**亚文化（subcultures）**，或基于共同的生活经历和情境而具有共同价值体系的人群。亚文化包括民族、宗教、种族群体和地理区域。许多亚文化构成了重要的细分市场，营销人员经常根据这些市场的需求设计产品和营销方案。

角色扮演亚文化——日本女孩装扮成她们最喜欢的动漫人物,进行角色扮演。

虽然通常来说日本的文化是同质的,但也存在着与主流文化截然不同的亚文化。例如,一种亚文化热衷于角色扮演(cosplay),即装扮成自己最喜欢的、能够鼓舞人心的虚构角色。爱好者身着各式服装,打扮成哥特式洛丽塔、皮夹克猫王或他们最喜欢的动漫角色。

整体营销战略

除了定位于不同的亚文化群体,营销人员也在采用**整体营销战略(total market strategy)**,即在主流营销中整合相关主题和跨文化视角的战略实践。整体营销战略强调亚文化细分市场中消费者的相似性,而非差异性,在新加坡和马来西亚等拥有数个种族和宗教信仰的亚洲国家尤其适用。

在同样拥有数个种族的美国,丰田采用了整体营销战略,既推出了针对特定亚文化细分市场的广告,也推出了面向一般市场的跨文化广告。

丰田(Toyota)——丰田凯美瑞"感觉"营销活动中的部分广告针对西班牙裔、非洲裔和亚洲裔美国人细分市场,由专门聚焦不同种族的广告机构制作。例如,在一则名为"迷人"的广告中,一对华裔美国父亲和女儿共同分享了其新凯美瑞汽车上振奋人心的科技特点,该广告强调了家庭和科技对于亚洲裔消费者的重要性。另一则名为"叛逆"的广告在播出时使用了英语和西班牙语两种语言,广告中一名年轻的西班牙裔男子驾驶一辆红色凯美瑞汽车,在犹豫后选择了拒绝接听其母亲打来的电话。该广告基于对西班牙裔世代的洞察,做出了敏锐的内容设计。还有一则广告名为"昂首阔步",该广告将一名非洲裔美国男性日常跑步去取比萨的行为演绎成了"一种很酷的风格"。此外,"感觉"营销活动还包括由丰田旗下针对一般市场的广告公司所制作的主流广告,面向被丰田负责全国品牌、多元文化和跨界营销战略的经理称为"整体跨文化市场"的消费者。这些广告在单一的整体主题下将多样化的演员与环境进行组合,聚焦于共享的、跨文化的消费者价值观,而非文化差异。该营销活动使丰田能够在全面的整体营销战略下照顾到所有细分市场。在主流广告中,"人们想要看到所有种族的人,因为这就是如今美国大部分地区的生活现状。"一位丰田品牌高管说道。同时,在聚焦种族的广告中,"如果有任何群体的人想要跟与自己相似,尤其是与自己长相相似的人进行交流,他们能够在凯美瑞广泛的营销活动中找到。"

社会阶层

社会阶层(social classes)相对稳定且有序,其成员拥有相似的价值观、兴趣和行为。社会阶层不是由收入等单一因素决定的,而是根据职业、收入、教育、财富及其他变量的组合进行衡量的。在一些传统的社会制度中,比如印度的种姓制度,不同阶

PRINCIPLES OF MARKETING 营销的原则(原书第5版)

层的成员被指定担任特定的角色，这使社会流动性变得困难。

营销人员之所以对社会阶层感兴趣，是因为同一社会阶层的人往往表现出相似的购买行为。不同的社会阶层在服装、家居装饰、休闲活动和汽车等领域表现出了不同的产品和品牌偏好。

随着社会阶层的提升，印度消费者的生活方式也发生了变化。诸如空调、智能手机等产品现在被视为实用型产品，而非奢侈品。忙碌的生活方式带动了吸尘器、微波炉等便利产品的销售。伴随中产阶级的崛起，三星和苹果等公司所销售的产品已经有所增加，涵盖智能手表以及智能手机中的钱包支付应用程序。

社会因素

消费者的行为也受到社会因素的影响，例如消费者所处的群体和社交网络、家庭、社会角色和地位等。

群体影响——在崇尚集体主义的亚洲文化中，朋友和家人会对一个人的购买行为产生很大的影响。

群体、社交网络和影响力营销

一个人的行为受许多群体的影响。一个人所属的、对其有直接影响的群体被称为成员群体，而**参照群体（reference group）**则是一个人形成态度或行为的直接（面对面的互动）或间接的比较或参考点。营销人员试图确定其目标市场的参照群体。参照群体可以使一个人接触到新的行为和生活方式，影响其态度和自我概念，并产生遵从压力，从而影响一个人对产品和品牌的选择。

群体的影响力因产品和品牌而异。当消费者所尊重的其他人使用产品时，这种影响力往往最强。受群体影响较大的品牌的营销人员必须设法找到**意见领袖（opinion leaders）**，即那些身处参照群体、由于其特殊技能、知识、个性或其他特征而能够对他人施加社会影响的人。营销人员不应低估群体影响的重要性，特别是在大部分亚洲地区所崇尚的集体主义文化背景下。

口碑影响（word-of-mouth influence）对消费者的购买行为具有很大影响。信任的朋友、家人及其他消费者的个人言论与推荐往往比广告、销售人员等商业来源的信息更可信。大多数口碑影响都是自然发生的：消费者开始谈论他们使用的品牌，或者以不同方式对品牌产生的深切感受。然而，通常情况下，营销人员可以帮助创建有关其品牌的积极对话，而不是任其发展。

影响力营销（influencer marketing）涉及招募已有的影响者或创建新的影响者来传播企业品牌的信息。例如，化妆品巨头封面女郎（Cover Girl）打造了名为"我打扮的就是我自己"（I Am What I Make Up）的广告活动，该活动围绕一个全新的、多元化的知名品牌影响者团队展开，包括歌手凯蒂·佩里（Katy Perry）以及 HBO 电视剧《不安感》

121

（*Insecure*）的主演伊萨·雷（Issa Rae），作为打破障碍的女性，她们将品牌口号变为了现实。在这一广告活动中，具有影响力的封面女郎品牌大使们使用自己的语言，以一种个性化、真实的方式诠释了"我打扮的就是我自己"对她们而言意味着什么。

网红营销活动形式很灵活，可以是小型、安静的活动，也可以是大型、热闹的活动。要想进行有效的影响力营销，就必须遵循一些简单的战略指导方针。

首先，营销人员必须与那些与其品牌天然契合的影响者合作。品牌不能仅仅与拥有大量粉丝的知名网红进行一次性发帖合作，而是要与能让顾客产生真正共鸣的影响者建立长期关系。理想情况下，一个品牌可以找到兼具以下三个属性的影响者：与品牌契合、粉丝数量庞大、与粉丝之间拥有真正的品牌连接。影响者应该实际去使用他们受雇去宣传的产品。以下是关于影响力营销的一个例子：

凯莉·詹纳（Kylie Jenner）与阿迪达斯——运动服装巨头阿迪达斯与超级名模、社交名媛、真人秀明星凯莉·詹纳进行了合作，凯莉·詹纳是詹纳 - 卡戴珊家族中最年轻的成员，目前在社交媒体上拥有超过 2.5 亿活跃粉丝，仅在照片墙（Instagram）上就有 1.32 亿粉丝。詹纳是照片墙上最赚钱的网红，每篇帖子的收入高达 100 万美元。她每天发布的关于个人日常及其个人化妆品品牌凯莉（Kylie）的信息都让粉丝们着迷。但当涉及其他公司的品牌推广时，詹纳会非常挑剔。有一次，这位前彪马女孩发布了自己穿着阿迪达斯运动鞋的照片。此后不久，阿迪达斯便宣称，詹纳发布的帖子并非巧合，她是该品牌最新的形象大使，也是阿迪达斯两个新产品系列的代言人：Falcon 系列运动鞋以及包括短款卫衣、运动服、T 恤和紧身衣等产品的 Coeeze 系列。无论是与女儿 Stormi 在公园玩，还是开着劳斯莱斯的 Ghost 汽车出门，詹纳都身穿阿迪达斯服装，其造型既引起了粉丝的关注，又与该品牌的定位相契合。

也有一些营销人员利用**在线社交网络（online social networks）**，即人们进行社交或交流信息和意见的在线社区，来塑造影响力。社交网络社区种类多样，包括博客、社交媒体网站，甚至是公共购物网站，营销人员利用这些社交网络的力量来推广产品，并与顾客建立更紧密的关系。他们希望利用数字、移动和社交媒体，与消费者进行互动。营销实践 5.1 讨论了快乐蜂（Jollibee）如何利用社交媒体来进行品牌推广。

很多影响力营销活动都涉及与已经活跃在互联网上的网络红人建立关系，包括社交媒体名人和独立博主。关键是要找到拥有强大的相关粉丝网络、值得信赖且与品牌契合度较高的网红。

对于在线社交活动，营销团队正在狂热地利用新技术带来的优势，试图让人们在互联网上谈论其品牌并与其品牌进行互动。在互联网上能看到为创造品牌讨论和在线参与而进行的各种营销努力，包括推出在线品牌大使、利用现有的网红和社交网络、发起活动和视频来制造"蜂鸣"和引发讨论等。

制作一个好的广告并引发人们讨论，可能是通过互联网吸引受众注意和影响市场的最有效、最简单的方法。几乎每家企业都在制作创新性的品牌视频，并将其发布在互联网上，希望这些视频能够获得大量观看并迅速传播。

营销实践5.1

快乐蜂：利用在线社交的影响力

快乐蜂是菲律宾快餐连锁店的连锁品牌，然而在伴随品牌一起成长的年轻一代中，它却正在失去吸引力。在这些年轻人还是孩子的时候，很多人都曾跟着父母到过快乐蜂的店里，有些人甚至在快乐蜂度过了自己的第一个生日，但如今对他们而言，快乐蜂这个品牌已经不够"酷"了。随着年龄的增长，这些千禧一代越来越注重自己的形象，也更喜欢去那些可以远离家人的地方。

快乐蜂开始努力改变自己的形象，并在千禧一代中恢复人气。情人节前夕，它制作了三个名称分别为"誓言""暗恋"和"约会"的真实故事视频并发布在YouTube上。这些视频对爱情故事进行了不同的解读，结局苦乐参半。每个视频都遵循同样的套路：片头出现一句"根据真实故事改编"，然后故事在跌宕起伏的流行音乐配乐中展开，最后以催人泪下的结局结束。

例如，"誓言"这个视频从两个视角讲述了同一个爱情故事，一个是男孩的视角，他喜欢自己即将要结婚的最好的朋友；另一个是女孩的视角，她一直是男孩最好的朋友，多年来一直耐心地陪伴在他身边，无条件地支持他。然而，故事的结局对他们两人来说都是美好的。

在线社交的影响力——快乐蜂了解社交的影响力，并利用它来提升与品牌相关的情感。

在"暗恋"这个视频中，一个高中男孩为他喜欢的女孩在快乐蜂汉堡上留下便利贴。很快，看过视频的观众们就开始在汉堡上留下便利贴，对"KwentongJollibee"的话题进行自己的解读。名人们也开始在汉堡上为自己的亲人留下便利贴。

这些感人的故事迅速在菲律宾人中大获成功，视频播放量很快超过500万，人们纷纷在社交媒体上谈论自己的情人节烦恼，"KwentongJollibee"很快就在Twitter上成为热门话题。在这三个视频中，其中两个都没有进行宣传推广，上述成绩就已经实现了。

重要的是，社交媒体上的大多数反应来自千禧一代，这正是快乐蜂想要触达的受众。通过触碰千禧一代在人生的这一阶段可能关心的东西，这些视频使快乐蜂品牌对他们更具吸引力，从而使快乐蜂的销售额在活动期间增长了三倍。

情人节故事大获成功后，快乐蜂在社交媒体上搜罗灵感，继续创作新的故事，并在第二年情人节制作了"归乡""迹象"和"地位"三个视频。"归乡"是"暗恋"的续集（其中加入了"便利贴"手势），在这个视频中，这对高中的朋友最终在一起了。"迹象"讲述了一位年轻女子希望找到另一半的故事，而"地位"则讲述了跨越约会障碍的真爱故事。

在发布后的一周时间内，这组视频在 Facebook 和 YouTube 上的浏览量就达到了 2300 万次，并收获了 54 万次分享和 45.8 万条评论。"KwentongJollibee"的话题热度在 Twitter 上再次升高，全球范围内发布的帖子超过 19000 条。快乐蜂将这一高浏览量归功于其使用了人们热衷于分享的内容。

快乐蜂的社交媒体战略为想要与消费者重新建立联系的品牌提供了很多经验。第一，该公司制作了包含病毒式传播元素的社交媒体视频，这就减少了增加曝光频率的需要，从而降低了广告成本。第二，快乐蜂选择的故事能够引起情感共鸣，这些视频改编自真实故事，使观众能够将自身代入其中，因此增强了它们的病毒式传播属性。第三，品牌被完整地融入故事之中，使其在建立关系方面发挥关键作用，这有助于让品牌更人性化，并与消费者建立情感联系，从而使消费者感到快乐蜂友好又亲切。第四，快乐蜂对 Facebook、YouTube 和 Twitter 上的帖子及讨论进行了跟踪和分析，从而得以识别其触达的受众并追踪在线社交的影响力。

如果使用得当，社交媒体的影响力不仅可以帮助建立更强大的品牌，还能为未来的产品开发计划和战略创造机会。

来源：Eleanor Dickinson, "The Thinking behind Jollibee's Viral Valentine's Ads," www. mumbrella. asia, 19 April 2018；Kathy Kenny, "Jollibee's Latest Vira TVC Rekindles Hopeof Finding Our Perfect Pair," www. pssst. ph, 20July2017；Upali Dasgupta, "The Best Social Media Campaigns in Asia Pacific in 2017," www. thedrum. com, 21 December 2017.

家庭购买影响者——在亚洲，父母将很多钱花在孩子身上。小型家庭对孩子非常宠爱。

家庭

家庭成员可以极大地影响消费者行为。家庭是社会中最重要的消费者购买组织。营销人员关心的是家庭中的丈夫、妻子和孩子在购买不同产品和服务时所扮演的角色以及产生的影响。

从食品杂货、个人护理产品，到汽车、消费电子产品、玩具，这些行业的营销人员以往只向女性或男性销售产品，如今他们正在小心翼翼地瞄准异性消费者。在亚洲，妻子通常是家庭在食品、家居用品和服装方面的主要购买者。然而，随着越来越多的女性在外工作以及丈夫愿意承担更多的家庭购买任务，家庭中的购买角色和生活方式已经发生了变化。

孩子对家庭的购买决策也有很大的影响。亚洲人倾向于以家庭为中心，把购物视为一项家庭事务。由于孩子在亚洲文化中深受重视，他们对父母购买什么品牌拥有很大的发言权。很多亚洲父母宁愿牺牲自己的舒适感来换取孩子的幸福感。因此，许多亚洲家庭在与儿童相关的福利、教育和发展方面的消费支出会比较高。与其他人群相比，亚洲年轻人在移动和社交网络上尤为活跃，因此数字媒体是触达这一人群的最佳选择。以下是一个亚洲父母在孩子身上花费重金的例子：

帮宝适一级帮（Pampers Ichiban）——日本和中国的父母都很宠爱自己的孩子，所以当帮宝适要为日本妇产医院开发一款纸尿裤时，它必须考虑日本妈妈们的严苛标准。在这款专为婴儿敏感皮肤所设计的一级帮纸尿裤取得成功后，该产品被引入了中国市场。旗下拥有帮宝适的宝洁公司发现，在购买母婴护理产品时，92%的中国妈妈的首要标准是有质量保证的正品，只有0.44%的妈妈将低价作为首要标准，超过60%的妈妈更喜欢价格较高的知名品牌。因此，除了高端纸尿裤，帮宝适还推出了一款高端拉拉裤的升级版产品。该款拉拉裤的销量随之增长了200%，在同类产品中排名第一。

角色和地位

一个人属于多个群体——家庭、俱乐部和组织。我们可以用角色和地位来定义一个人在每个群体中的位置。角色由周围的人期望此人履行的所有职责构成。每个角色都代表一种地位，反映了社会对其的普遍尊重。

人们通常会选择适合自己的角色和地位的产品。试想一位职业母亲所扮演的各种角色：在企业里，她是品牌经理；在家庭中，她是妻子和母亲；在她最喜欢的体育赛事中，她是狂热的粉丝。作为经理，她会购买能反映她在企业中的角色和地位的服装。

个人因素

购买者决策也受到个人特征的影响，例如年龄和生命周期阶段、职业、经济状况、生活方式、个性和自我概念。

年龄和生命周期阶段

人在其一生中的不同阶段会购买不同的商品和服务。对食物、服装和娱乐的品位往往与年龄相关。购买行为还受到家庭生命周期阶段的影响，即随着时间的推移，家庭可能会经历的各个阶段。营销人员通常根据生命周期阶段来定义目标市场，并为每个阶段的顾客开发合适的产品和营销计划。

职业

一个人的职业会影响其所购买的商品和服务。蓝领工人倾向于购买更结实耐用的工作服，而高管们则更多地购买商务套装。营销人员试图找到那些对其产品和服务有较多兴趣的职业群体。

经济状况

一个人的经济状况会影响其对产品的选择。收入敏感型商品的营销人员需要观察个人收入、储蓄和利率的趋势。如果经济指标显示经济衰退，营销人员可以采取措施对产品进行重新设计、重新定位及重新定价。一些营销人员瞄准那些拥有大量资金和资源的消费者，并制定相应的价格。例如，劳力士（Rolex）将其奢侈手表定位为"对优雅的致敬、激情的源泉、永恒的象征"，而天美时（Timex）则生产更实惠的手表。

缅甸的咖啡厅文化——虽然咖啡厅在很多亚洲城市已经很常见，但缅甸的新兴中产阶级正在慢慢对咖啡厅产生兴趣。尽管缅甸绝大多数人口是农村贫困人口，但预计在未来十年内，城市中产阶级的规模将翻一番。随着收入的增加，这些缅甸人愿意支付 10 倍的价格去购买以往在路边摊上出售的传统缅甸咖啡。

生活方式

来自相同亚文化、社会阶层，拥有相同职业的人可能有完全不同的生活方式。**生活方式（lifestyle）** 是一个人的生活模式，可以通过其心理特征表现出来。心理特征衡量了消费者主要的 AIO 维度——活动（工作、爱好、购物、运动、社交活动）、兴趣（食物、时尚、家庭、娱乐）以及观点（关于自我、社会问题、商业、产品）。生活方式反映的不仅仅是一个人的社会阶层或个性，它还描绘了一个人在这个世界上的行为和互动的整体模式。

如果使用得当，生活方式概念可以帮助营销人员了解消费者价值观的变化及其如何影响消费者的购买行为。消费者购买的不仅仅是产品，他们购买的是这些产品所代表的价值观和生活方式。例如，购买特斯拉的人购买的是一种代表高科技、环保的奢侈生活方式；购买匡威运动鞋的人购买的不仅仅是鞋，他们购买的是个人主义、时尚的自我表达和与之相匹配的生活方式。品牌可以将其产品刻画为顾客表达自我的一种手段。

营销人员试图根据生活方式进行市场细分，再通过特殊的产品或营销方法来满足相关细分市场的需求。可以基于家庭特征、户外活动、人们吃的食物等来确定细分市场。

个性和自我概念

每个人独特的个性都会影响其购买行为。**个性（personality）** 是指一个人独特的心理特征，这些特征使一个人对其所处的环境产生相对稳定和持久的反应。个性通常被描述为自信、主导性、社交能力、自主性、防御性、适应性和进取心等特征。个性在分析消费者对某些产品或品牌的选择行为时很有用。例如，咖啡营销人员发现，大量饮用咖啡的人往往更善于社交。因此，为了吸引顾客，星巴克和其他咖啡店就为顾客营造了一个能一边喝着热气腾腾的咖啡一边放松和社交的环境。

品牌也具有个性，并且消费者倾向于选择与自己个性相匹配的品牌。**品牌个性（brand personality）** 是指可以赋予特定品牌的人类特征的组合。

一位研究人员总结了五种品牌个性特征：

- *真诚*（务实、诚实、健康、快乐）
- *刺激*（大胆、充满活力、想象力丰富、时尚）
- *胜任*（可靠、聪明、成功）
- *精致*（高档、迷人）
- *粗犷*（适合户外、结实）

一些知名品牌都与某个特定的个性特征密切相关：李维斯（Levi's）与"粗犷"、TikTok 与"刺激"、三星（Samsung）与"胜任"、凯蒂猫（Hello Kitty）与"真诚"。因此，这些品牌能够吸引具有相同个性特征的人。

例如，MINI 汽车的个性特征十分明显，即它是聪明、时髦但功能强大的小型汽车。MINI 的车主（有时自称"MINIacs"）与其汽车之间有着强烈的情感联系。MINI 不仅针对特定的人口统计细分市场，它还瞄准基于个性划分的细分市场，吸引"喜欢冒险、个人主义、思想开放、有创造力、精通技术、心态年轻"的人，这些人是不平凡的，就像 MINI 汽车一样。

许多营销人员使用与个性相关的概念，即一个人的自我概念（也称自我形象）。自我概念的基本假设是人们所拥有的塑造并反映了他们的身份，也就是说，"我们拥有什么，我们就是什么"。因此，要了解消费者行为，营销人员必须首先了解消费者的自我概念与其所有物之间的关系。

心理因素

一个人的购买选择进一步受到四个主要心理因素的影响：动机、感知、学习、信念和态度。

动机

一个人在任何时候都有很多需要，有些是生理需要，由饥饿、口渴或不适等紧张状态引起；另一些则是心理需要，因为人们渴望获得认可、尊重或归属感。当一种需要被激发到足够强烈的程度，它就会变成动机。**动机（motive）**，或**驱动力（drive）**，是一种足够迫切、能够促使人们寻求满足的需要。

美瞳隐形眼镜——受 Lady Gaga 大眼造型的影响，这种隐形眼镜在亚洲越来越受欢迎，尤其是在日本、新加坡、韩国，很多青少年和年轻女性想让自己的眼睛看起来更大。这些镜片有大量颜色，包括紫色、粉红色等，使佩戴者拥有孩童般天真无邪的目光。普通的镜片只覆盖虹膜，而这些镜片还能覆盖部分巩膜，因此使眼睛看起来更大。韩国女孩甚至会在网上发布自己佩戴这种美瞳的大头照，以突出自己的眼睛。

动机——亚洲女性想让自己的虹膜看起来更大，因此有动机佩戴隐形眼镜。

心理学家提出了一些关于人类动机的理论，我们这里讨论其中最受欢迎的两个：西格蒙德·弗洛伊德（Sigmund Freud）的理论和亚伯拉罕·马斯洛（Abraham Maslow）的理论。西格蒙德·弗洛伊德认为，在大部分情况下人们对塑造自己行为的真正的心理力量是无意识的。他认为个体在成长过程中压抑了许多冲动，这些冲动永远不会被消除或完全控制；它们出现在梦中，在不经意间被说出，在神经质和强迫行为中体现出来，或者最终表现为精神病。弗洛伊德的理论表明，一个人的购买决策受到潜意识动机的影响，即使是购买者本身也可能无法完全理解。因此，一个婴儿潮时期出生的人，上了年纪后购买了一辆在电影《钢铁侠》中出现过的奥迪 R8 运动型跑车，他可能会解释说，他只是喜欢风吹拂头发的感觉。在更深的层次上，他可能希望给他人留下成功人士的印象。如果再更加深入，他购买这辆车可能是为了再次感受到年轻和独立。

动机研究是探究消费者隐藏的潜意识动机的定性研究。消费者通常不知道或无法描述他们为什么这样做。因此，动机研究人员使用各种探测技术来揭示消费者对品牌和购买情境的潜在情绪及态度，包括句子填空、词语联想或卡通解释等。

亚伯拉罕·马斯洛试图解释为什么人们会在特定的时间被特定的需求所驱动。为什么一个人在个人安全上花费大量时间和精力，而另一个人则为了赢得别人的尊重花费大量时间和精力？马斯洛的答案是，人类的需求是按照层次排列的，如图 5-3 所示，从最底层、最迫切的需求到最顶层相对不那么迫切的需求，分别为生理需求、安全需求、社会需求、尊重需求和自我实现需求。

图 5-3　马斯洛需求层次

一个人首先会试图满足最重要的需求。当该需求得到满足时，它就不再是一个激励因素，这个人就会试图满足下一个重要的需求。例如，饥饿的人（生理需求）不会对艺术界的最新动态（自我实现需求）感兴趣，也不会在乎别人如何看待自己或是否被尊重（社会需求），甚至他们呼吸的空气是否清新也都无关紧要（安全需求）。但当一种重要需求被满足后，下一种重要需求便随之产生。

在新冠疫情期间，世界各地的人们都在囤积食物，这是出于生理需求，而购买口罩和洗手液则是源自安全需求。人们减少社交活动的行为表明，在面临健康危机时，社会需求就变得不那么重要了。

感知

一个有动机的人随时准备行动。一个人的行为受其对环境感知的影响。我们所

PRINCIPLES OF MARKETING　营销的原则（原书第 5 版）

有人都通过视觉、听觉、嗅觉、触觉和味觉这五种感官来获得信息。然而，我们每个人都以独特的方式接收、组织和解释这些感官信息。**感知（perception）**是人们为了对世界形成有意义的图像而选择、组织和解释信息的过程。

人们对同一刺激物可能会形成不同的感知，原因在于以下三种不同的感知过程：选择性注意、选择性扭曲和选择性记忆。随着数字化广告的发展，人们每天会接触到 4000 到 10000 条广告信息。一个人不可能注意到所有刺激。选择性注意，即人们倾向于屏蔽掉他们接触到的大部分信息，这意味着营销人员必须特别努力才能吸引消费者的注意。

即使是那些被注意到的刺激，也并不总是能达到预期的效果。每个人都用一种固有的思维方式来处理接收到的信息。选择性扭曲是指人们倾向于以一种能够支持自己已有观点的方式对信息进行解释。例如，如果你不信任一家企业，那么

选择性注意——在一个通过数字进行连接的世界里，人们不可能注意到他们每天所接触到的成千上万的广告，所以他们会屏蔽掉大部分广告。

你可能也会对这家企业真实的广告产生怀疑。选择性扭曲意味着营销人员必须努力了解消费者固有的思维模式，以及这种思维模式将如何影响消费者对广告和促销信息的理解。以下是一个外国品牌由于误解了中国人对香体露的看法而在中国市场表现不佳的事例。

香体露在中国——许多西方人可能都对香体露很熟悉，但对中国消费者来说，香体露则是一个相对陌生的产品类别。当国际香体露品牌进入中国时，他们强调的是夏季衣服上的汗渍湿点所引发的社交尴尬。在中国市场上，他们重复宣传在西方获得成功的广告信息：出汗会让你在社交场合被冷落，也会毁掉你的浪漫场景。在一则广告中，一名枪手在画面中展示了自己的腋下，在没有触碰左轮手枪的情况下就击倒了对手；另一则广告则展示了一名拳击手仅凭自己的体味就击败了对手。这两则广告都没有引起中国消费者的共鸣。对于不熟悉老西部枪战和职业拳击的中国消费者来说，这种幽默是没有意义的，而且在汗液和令人反感的腋下气味方面，中国消费者的观念与西方消费者不同，他们认为汗液是健康的，因为它与排毒有关。中国人认为出汗是有益的，中国的健康网站仍在继续推广这一观念。中国人相信出汗可以增强免疫力、使皮肤恢复活力。出汗被视为新陈代谢的一部分，不应该被香体露所阻碍。

人们也会忘记很多他们学习过的内容。他们倾向于记住那些支持自己态度和信念的信息。由于选择性记忆的存在，消费者可能会记住他们喜爱的品牌的优点，而忘记竞争品牌的优点。由于选择性注意、选择性扭曲和选择性记忆的存在，营销人员必须努力通过音乐、幽默和重复化广告等方式向市场传递信息。

学习

人们的活动往往伴随着学习。**学习（learning）**是指由经验引起的个人行为的改变。学习理论学家认为，人类的大多数行为都是习得的。学习是通过驱动力、刺激、提示、反应和强化的相互作用而产生的。

驱动力是一种要求行动的强烈的内在刺激。当驱动力指向一个特定的刺激对象时，驱动力就会变成动机。例如，一个人自我实现的驱动力可能会促使他考虑购买一台笔记本电脑。消费者对购买笔记本电脑这一想法的反应受周围提示的影响。提示是一种微小的刺激，它决定了一个人产生反应的时间、地点和方式。例如，该消费者可能在商店橱窗里看到了几个笔记本电脑品牌，或者在与朋友讨论时听到了一个特别的促销价格。这些都可能影响消费者对购买产品这一想法的反应。

假设消费者购买了一台华硕笔记本电脑。如果这次购买的体验很棒，消费者可能会越来越多地使用这台笔记本电脑，他们的反应会被强化。那么下一次购买笔记本电脑时，消费者再购买一台华硕笔记本电脑的可能性就更大了。学习理论对营销人员的实际意义在于，他们可以通过将产品与消费者强大的驱动力联系起来，使用激励提示，并提供积极的强化，从而建立消费者对产品的需求。

信念和态度

通过实践和学习，人们获得了信念和态度，反过来，信念和态度又会影响人们的购买行为。**信念（belief）**是一个人对某些事物所持的描述性想法。信念可能基于实际的知识、观点或信仰，可能会、也可能不会带有感情色彩。营销人员对人们关于特定产品和服务形成的信念很感兴趣，因为这些信念构成了影响购买行为的产品和品牌形象。如果某些信念是错误的，并且阻碍了消费者的购买行为，营销人员就会发起活动来纠正它们。

人们对宗教、政治、服装、音乐、食物等几乎所有事物都持有自己的态度。**态度（attitude）**是一个人对某个事物或观念所持的相对一致的评价、感受和倾向。态度会使人喜欢或厌恶、亲近或疏远某一事物。笔记本电脑的购买者可能会持有某些态度，比如"购买最好的产品""中国台湾在制造高质量电子产品方面越来越好"等。如果是这样的话，华硕笔记本电脑非常符合消费者现有的态度。

态度很难改变。一个人的态度会形成一种模式，要改变一种态度可能需要对很多其他态度进行艰难的调整。因此，企业通常应该尝试使其产品符合消费者现有的态度，而不是试图改变消费者的态度。

PRINCIPLES OF MARKETING 营销的原则（原书第5版）

购买决策行为类型

消费者在购买一支牙膏、一部智能手机、一项金融服务和一辆新车时，其购买行为差别很大。越复杂的决策往往涉及越多的购买参与者和消费者思考。图 5-4 展示了基于消费者参与程度和品牌间差异程度的消费者购买行为类型。

	高参与度	低参与度
品牌间差异大	复杂的购买行为	寻求多样性的购买行为
品牌间差异小	减少失调的购买行为	习惯性购买行为

图 5-4　四种购买行为

来源：Adapted from Henry Assael, *Consumer Behavior and Marketing Action*（Boston：Kent Publishing Company，1987），p. 87. Copyright © 1987 by Wadsworth，Inc. Printed by permission of Kent Publishing company，a division of Wadsworth，Inc.

复杂的购买行为

当消费者的参与程度很高，并感知到品牌间存在较大差异时，他们会产生**复杂的购买行为（complex buying behavior）**。当产品价格昂贵、风险较高、购买频率较低、彰显个性时，消费者一般会有较高的参与程度。通常情况下消费者需要了解大量关于产品类别的知识。例如，个人电脑购买者可能不知道应该考虑哪些属性，很多产品特性没有实际意义，比如说"RTX2080 Ti OC"。

这个消费者会经历一个学习的过程：首先产生对产品的信念，接着形成态度，然后在深思熟虑后做出购买选择。高参与度产品的营销人员必须了解高参与度消费者的信息收集和评价行为，他们需要帮助消费者了解产品属性及各个属性的相对重要性。营销人员还需要将自己品牌的特征与其他品牌区别开来，可以通过大篇幅的印刷品来介绍品牌的优势；此外他们还必须激励商店销售人员以及消费者熟悉的人来影响消费者最终的品牌选择。

减少失调的购买行为

当消费者购买价格昂贵、较不频繁或有风险的产品时，参与程度较高，但感知到品牌间的差异很小时，就会产生**减少失调的购买行为（dissonance-reducing buying** behavior）。例如，消费者在购买相机时面临的就是一个高参与度的决策，因为相机的价格昂贵而且可以表达自我。然而，消费者可能又会认为，在一定的价格范围内，大多数相机品牌都是一样的。在这种情况下，由于感知到的品牌间差异并不大，消费者可能会货比三家，了解市场上有哪些相机，但又会相对较快地做出购买决策，其决策可能主要受价格实惠或购买便利的影响。

在购买之后，当消费者发现其所购买的相机品牌具有某些缺点或是听说未购买的相机品牌具有某些优点时，可能会经历购后失调。为了消除这种失调感，营销人员应该在售后沟通时应该提供证据和支持，帮助消费者对其选择的品牌感到满意。

习惯性购买行为

习惯性购买行为（habitual buying behavior） 发生在消费者参与度低且品牌间差异较小的情况下（见图 5-5）。以购买食盐为例，消费者在购买这类产品时参与度很低，他们只是走进商店，然后买一个商店里有的品牌。如果消费者一直购买同一个品牌，那只是出于习惯，而不是出于强烈的品牌忠诚。消费者对大多数价格低廉、经常购买的产品的参与度都很低。

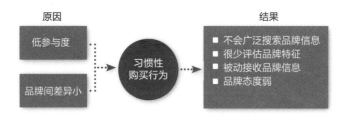

图 5-5 习惯性购买行为的原因和结果

在这种情况下，消费者的行为并没有按照通常的信念 – 态度 – 行为的顺序进行。消费者不会广泛搜索有关品牌的信息，评估品牌特征，并对购买哪个品牌做出重大决策。相反，他们只是在看电视或阅读杂志时被动地接收信息。重复的广告使消费者产生品牌熟悉度，而非品牌信念；消费者不会形成强烈的品牌态度；他们选择这个品牌是因为对它很熟悉。由于消费者对这类产品的参与度不高，即使在购买后也可能不会对购买选择进行评价。因此，这种购买行为的过程是让消费者被动学习形成品牌信念，然后做出购买行为，随后有可能进行或不进行购买评价。

由于消费者对任何一个品牌的忠诚度都不高，那些品牌间差异较小的低参与度产品的营销人员经常会利用低价和促销来吸引顾客试用产品。在低参与度产品的广告中，广告文案应该只强调几个关键点；视觉符号和图像很重要，因为它们很容易被消费者记住并与品牌联系在一起；广告信息应该简短并多次重复；电视广告通常比印刷品广告更有效，因为电视是一种参与度低、适合被动学习的媒体；广告策划可以建立在经典条件反射理论的基础上，即消费者通过某种反复出现的标志来识别某个产品。下面是在中国应用经典条件反射的一个例子。

PRINCIPLES OF MARKETING 营销的原则（原书第 5 版）

肯德基——肯德基比麦当劳早5年进入中国市场，如今肯德基的门店数量和人均消费仍比麦当劳多，很大程度上是因为它根据当地人的口味调整了菜单。麦当劳的一位高级管理人员决定亲自去了解原因。他站在肯德基门口，向顾客提出了一个简单的问题："你为什么不去麦当劳？"令他惊讶的是，许多人回答说："麦当劳不卖鸡肉。"鸡肉是中国人最喜欢吃的肉，而他们把自己最喜欢吃的肉与肯德基联系了

经典条件反射——在中国，肯德基之所以蓬勃发展，是因为中国人把它与他们最喜欢吃的鸡肉联系在了一起。

系了起来。意识到消费者对鸡肉的偏好远超牛肉后，麦当劳在中国开始减少宣传牛肉汉堡，并在菜单中突出鸡肉类产品。

寻求多样性的购买行为

在消费者参与度很低但感知到品牌间差异较大的情况下，消费者会产生**寻求多样性的购买行为**（variety-seeking buying behavior）。在这种情况下，消费者会经常转换品牌。例如，在购买汽水时，消费者可能会持有一些信念，没有进行太多评估就做出了选择，然后在消费过程中对该品牌进行评价。但在下次购买时，消费者可能会因为厌倦了此前的品牌或者只是想尝试一些不同的东西而选择另一个品牌。品牌转换是为了寻求产品的多样性，而不是因为对原品牌不满意。

在此类产品中，市场领导者和小品牌所采取的营销策略会有所不同。市场领导者会试图通过占有货架空间、保持货架上产品充足和频繁播放广告来鼓励消费者形成习惯性购买行为；而挑战者企业则会通过更低的价格、折扣、优惠券、免费样品以及强调试用新产品的广告来鼓励消费者寻求多样性。

日本人寻求多样性的行为——日本人对多样性的痴迷促使各品牌不断推出限量版奇异口味的食品和饮料。奇巧推出了哈密瓜、红豆抹茶等限量版口味巧克力。百事曾经推出了一种名为冰黄瓜的新口味汽水，这种淡绿色饮料上市的几天内，YouTube上就出现了人们拿着该饮料的视频，博主们纷纷发表评论，讨论它的味道是更像西瓜还是更像黄瓜。几周内，480万瓶饮料销售一空，但百事公司并没有增加产量，而是停止了这种饮料的生产。百事的策略是推出短期内的时尚，一旦这种饮料销售一空，就下架该产品。百事认为，随着数字营销

寻求多样性的消费者——日本人对"限量版"产品的痴迷，促使奇巧推出了各种奇异口味的巧克力——芥末、抹茶、朗姆酒和葡萄干、覆盆子、草莓芝士蛋糕等。这些口味满足了日本人对多样性的喜好。

的发展和消费者品牌忠诚度的不断变化，时尚营销将会更加成功。与之相反，可口可乐每年在日本推出大约100种新产品，并在后续继续售卖成功的产品，而不是像百事那样将其从市场上撤下。

购买决策过程

如图5-6所示，消费者的购买决策过程包括五个阶段：需求识别、信息搜集、备选方案评估、购买决策和购后行为。显然，购买决策过程早在实际的购买行为发生之前就开始了，并且在购买之后会持续很久。营销人员需要关注整个过程，而不仅仅是购买决策。

图5-6表明，消费者的每次购买过程都会经历这五个阶段。但是，在一些更日常的购买中，消费者往往会跳过或颠倒其中的某些阶段。一位女士在购买她常用品牌的牙膏时，会首先识别需求，然后跳过信息搜集和备选方案评估阶段，直接做出购买决策。然而，我们仍然采用图5-6中的模型，是因为它显示了当消费者面临新的复杂购买情况时所考虑的所有因素。

图5-6　购买决策过程

需求识别

购买过程始于**需求识别**（need recognition），即消费者意识到一个问题或需要。需求可以由内部刺激引起，当一个人的基本需求（饥饿、口渴、性）上升到一定程度变成一种驱动力时，内部刺激就会触发需求。需求也可以由外部刺激引起，例如，一则广告或者与朋友的讨论可能会让你考虑购买一辆新车。在这个阶段，营销人员应该找到需求或问题所在，是什么引发了这些需求或问题，以及它们如何驱使消费者购买特定的产品。

信息搜集

感兴趣的消费者可能会搜集更多信息，也可能不会。**信息搜集**（information search）的数量取决于消费者动机的强度、开始时拥有的信息量、获取更多信息的难易程度、额外信息的价值以及从信息搜集中所获得的满足感。

PRINCIPLES OF MARKETING

营销的原则（原书第5版）

消费者可以有多种来源获取信息（见表5-1），包括个人来源（家庭、朋友、邻居、熟人）、商业来源（广告、销售人员、网站、经销商、包装、展览）、公共来源（大众媒体、消费者评价组织、互联网搜索、社交媒体）、经验来源（个人对品牌的处理、检查和使用）。这些信息来源的相对影响因产品和消费者而异。一般来说，消费者从商业来源（由营销人员控制的来源）获得的产品信息最多。然而，最有效的来源是个人来源，商业来源通常只能将信息告知消费者，而个人来源则可以帮助消费者评价产品。

表5-1　信息来源

信息来源	个人来源	商业来源	公共来源	经验来源
信息来源	■ 家庭 ■ 朋友 ■ 邻居 ■ 熟人	■ 广告 ■ 销售人员 ■ 网站 ■ 经销商 ■ 包装 ■ 展览	■ 大众媒体 ■ 消费者评价组织 ■ 互联网搜索 ■ 社交媒体	■ 个人对品牌的处理、检查和使用
信息的作用	合法化评估	告知	告知	评价

如今，消费者在社交媒体上自由地分享产品观点、图片和体验。在亚马逊（Amazon）和猫途鹰（TripAdvisor）等网站上，消费者在产品旁边能看到大量用户生成的评论。随着获得的信息越来越多，消费者对品牌和产品特征的认识和了解也在增加。在你搜寻关于汽车的信息时，你可能会了解到一些品牌，这些信息还可以帮助你排除某些品牌。企业必须设计营销组合，使潜在顾客了解其品牌，因此它应该仔细识别消费者的信息来源以及每个来源的重要性。

备选方案评估

消费者如何在备选品牌中进行选择呢？营销人员需要了解**备选方案评估（alternative evaluation）**，即消费者在进行品牌选择时是如何处理信息的。遗憾的是，消费者并非在所有的购买情境中都采用相同的、简单的评估过程，而是同时使用几个评估过程。

在某些情况下，消费者会仔细地计算并进行逻辑思考，而在另一些情况下，他们则只做很少的评估或者根本不进行评估，他们凭冲动和直觉进行购买。有时，消费者独自做出购买决定；有时，他们向朋友、导购或销售人员寻求购买建议。

假设你已经将汽车的选择范围缩小到三个品牌，并且主要对汽车的四个属性感兴趣：款式、油耗、保养和价格。此时，你可能已经对每个品牌在每个属性上的表现形成了自己的看法。显然，如果一辆汽车在这四个属性上都是最好的，我们预测你会选择它。然而，如果这些品牌各有千秋，而你的购买决策只基于其中一个属性，那么你的选择也很容易预测。如果你最看重款式，你就会购买你认为款式最好的汽车。但是绝大多数购买者会考虑多个属性，并且每个属性的重要性都不同。如果我们知道你对四个属性所赋予的具体权重，我们就可以更可靠地预测你的汽车购买决策。

众所周知，亚洲消费者既喜欢在现代化的购物中心购物，也喜欢在狭窄拥挤的购物街购物。在购物时，他们会下意识地使用一些标准来评估产品质量。西方发达国家的消费者喜欢在休闲、不拥挤的环境中购物，而亚洲消费者则认为拥挤表明产品质量好，更重要的是产品的性价比高。拥挤的环境也使潜在顾客变得兴奋，并促使他们缩短评估过程并进入购买决策阶段。

购买决策

在评估阶段，消费者对品牌进行排名并形成购买意愿。一般来说，消费者的**购买决策（purchase decision）**都会是购买最喜欢的品牌，但是在购买意愿转化为购买决策的过程中，消费者会受到两个因素的影响。第一个因素是他人的态度。如果对你来说很重要的人认为你应该购买最便宜的汽车，那么你购买昂贵汽车的可能性就会降低。

第二个因素是预期以外的情境因素。消费者可能会基于预期收入、预期价格、预期产品利益等因素形成购买意愿。然而，预期以外的事件可能会改变购买意愿。例如，经济可能会衰退，或者相似品牌的竞争对手可能会降低产品价格。因此，偏好甚至购买意愿并不总是能形成实际的购买决策。

购后行为

产品被购买后，营销人员的工作并没有结束。消费者购买产品后，要么满意，要么不满意，从而产生营销人员关心的**购后行为（postpurchase behavior）**。是什么决定了消费者对购买行为满意与否？答案在于消费者的期望和感知产品表现之间的关系。如果产品没有达到预期，消费者会感到失望；如果产品与预期相符，消费者就会满意；如果产品超出预期，消费者会非常愉悦。预期与产品表现之间的差距越大，消费者就越不满，这意味着营销人员应该只针对其品牌能提供的东西进行宣传，这样消费者才会满意。

几乎所有大型购买都会导致**认知失调（cognitive dissonance）**，即由购买后的冲突所引起的不适感。在购买后，消费者会对所选品牌的优点感到满意，并为避开了未购买品牌的缺点而感到高兴。然而，每一次购买都需要妥协。消费者会对接受其所选品牌的缺点和失去未购买品牌的优点而感到不安。因此，消费者在每次购买后多少都会感到一些认知失调。

为什么顾客满意如此重要？因为顾客满意是企业建立可盈利的顾客关系的关键所在，也是保持和发展顾客并获取顾客终身价值的关键所在。图 5-7 显示了顾客满意的重要性。满意的顾客会再次购买产品，向他人推荐该产品，较少关注竞争品牌和广告，并会购买该企业的其他产品。许多营销人员的目标不仅仅是满足顾客期望，他们的目标是让顾客感到愉悦。营销实践 5.2 讨论了一个印度雨伞品牌如何在多年里始终令顾客满意并保持顾客忠诚。

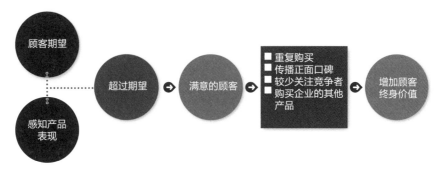

图 5-7　顾客满意的重要性

不满意的顾客会有不同的反应。负面口碑往往比正面口碑传播得更远、更快，可以迅速破坏顾客对一家企业及其产品的态度。但企业不能简单地指望不满意的顾客自发进行投诉，因为大多数不满意的顾客从不将问题告诉企业。因此，企业应该定期测试顾客的满意度，建立鼓励顾客投诉的机制，这样才能了解自己做得怎么样以及应该如何改进。

通过研究整个购买决策过程，营销人员或许能找到引导消费者购买的方法。例如，如果消费者没有购买一种新产品，是因为他们对该产品没有需求，营销部门就可以发布广告信息，来引发这种需求，并展示该产品如何解决顾客的问题。如果顾客了解产品却没有购买，原因是他们对该产品持消极的态度，那么营销人员就必须想办法改变产品，或者改变消费者的观念。

消费者旅程

营销人员不应仅仅将购买过程看作一组特定的阶段，而是应将其视为一段更广泛的**消费者旅程（customer journey）**，即消费者对于一个品牌全部的持续体验。消费者旅程始于顾客的品牌知晓，结束于顾客向他人宣传该品牌。然而，顾客很少会持续经历这些阶段中的某一个或全部。相反，在与品牌建立关系的旅程中，顾客会获得一系列品牌体验。他们从一个接触点移动到另一个接触点，有时会再绕回来或完全离开这一路径。基于消费者旅程的概念，营销人员不仅要关注顾客在购买过程各个阶段和接触点的行为，还要理解和塑造不断变化的顾客体验。

每个顾客的消费者旅程都是独特的。例如，在亚马逊网站购物时，顾客可能会看到一个关于 Alexa 个人数字助理的广告。理想情况下，顾客立即就会产生兴趣，完成购买并将其安装在家里，获得积极的体验，然后在亚马逊网站上撰写评论向其他人进行推荐。然而，一些顾客可能都没有注意到该广告，便结束了他们的消费者旅程。另一些顾客可能看到了广告，产生了动机去搜索相关信息，并对一系列智能音箱品牌进行比较，最终购买了谷歌家庭智能音箱。还有一些顾客可能没有看到广告，但却看到一位朋友在家里使用这款数字助理，于是自己也想要一个。对于购买了它的顾客来说，他们会因自身经历的不同而在使用、忠诚度和宣传等方面产生差异。

顾客在整个旅程中的全部体验将塑造他们对品牌的持续行为和态度。除了了解顾

第 5 章　消费者市场与消费者购买行为

客所经历的路径之外，营销人员还必须深入挖掘背后的原因。为此，大多数营销人员都会对大量消费者数据进行挖掘，以获得关于消费者旅程的洞察。例如，针对那些购买了数字助理但没有成为拥趸的顾客进行分析，亚马逊可能会发现，他们完全不了解Alexa到底能为他们做什么，也不知道如何使用这些功能。为了提升这些顾客的产品体验，亚马逊每周都会向他们发送"Alexa有什么新功能"的电子邮件，介绍新功能，并建议他们尝试这些新功能。

一位分析师总结道："在理想的世界里，人们成为忠实顾客所经历的旅程就像是沿着高速公路径直向前开：看见你的产品、购买你的产品、使用你的产品、重复这一过程。然而在现实中，这段旅程更像是一次观光旅行，沿途会有停留、探索和讨论，在这些时刻，你需要说服人们选择你的品牌并坚持使用，而不是转向竞争对手。"因此，营销人员的目标是深入了解持续的消费者旅程，并详细打造顾客接触点和体验。通过理解消费者旅程，营销人员可以努力创造品牌体验，随着时间的推移，这些体验将引发积极的购买行为、参与度和品牌宣传。

营销实践 5.2

Stag：一把四季伞

1860年，易卜拉欣·克里姆（Ebrahim Currim）在孟买的一个小作坊里修理雨伞，从此开始了他的雨伞生意。通过亲身体验，他开始意识到人们在伞坏了时总会遇到这样或那样的问题，于是他开始学习如何制作雨伞来解决这些问题。

依靠从英国采购的设备，克里姆和他的三个儿子在巴扎门街（Bazaar Gate Street）开了一家小店，尝试制作和销售雨伞。他们的雨伞名为"Stag"，颜色是实用的黑色，有着结实的竹制框架和手柄，还可以兼作手杖。

20世纪初，随着销售的蓬勃发展，克里姆的业务拓展到了卡利卡特和马德拉斯。在Stag进入这些市场之前，人们使用棕榈叶来遮挡阳光和雨水。很快，克里姆家族就垄断了雨伞市场。

然而时代在改变。当地制造商进入了市场，更便宜的进口产品（尤其是来自中国的），从克里姆家族手中抢占了市场份额。但克里姆家族一直对其雨伞进行创新以保持自己的地位，第一代Stag雨伞（采用竹制框架和棉制面料）很快就被钢制框架和尼龙面料的雨伞取代了。

如今，Stag雨伞不仅被个人消费者欢迎，也十分受商贩的欢迎。水果、蔬菜、鲜花和海鲜的卖家购买Stag雨伞（这可能是他们最大的投资），用于在户外市场进行销售时为自己和商品遮阳。

Stag一直以来的坚定目标都是：质量——生产耐用的雨伞。体现其产品高质量的最佳事例是一位顾客在购买雨伞40年后写来的一封信："1973年，我从你们店买了三把伞，其中一把我现在仍在使用。"

Stag 伞有超过 130 个品种，每个人都能找到一把适合自己的 Stag 伞。有手动伞，也有自动伞；有两层伞，三层伞，甚至还有五层伞。一些 Stag 伞因其鲜艳的色彩和带有卡通耳朵而受孩子们喜欢；还有一些伞是心形的，有些伞甚至还针对印度炎热的天气配备了迷你风扇。

重要的是克里姆家族明白，不同的人需要不同类型的雨伞。例如，他们知道孟买的人喜欢自动伞，而喀拉拉邦人喜欢三折手动伞，他们还喜欢传统的黑色或深色伞，而孟买人则喜欢鲜艳颜色的伞。喀拉拉邦人使用雨伞更加频繁，即使是在不下雨的时候也会使用，而在孟买，人们则宁愿用大围巾遮住脸，也不愿使用雨伞遮阳。

这种敏锐的顾客意识，加上高质量的产品，使 Stag 成为几代人的首选品牌。据说有一次，一位中年男子带着他的孙子走进 Stag 店里，在他还是个孩子的时候，他的祖父曾在店里给他买了一把伞。"现在，"这位顾客说，"我想在这里给我的孙子买把伞。"

通过深入了解消费者，Stag 知道如何满足消费者的需求，并保持自己在印度人中受欢迎的程度。

来源：AkilaKannadasan，"The Umbrella Chronicle，" www. thehindu. com，16 February 2016；Mithila Phadke "It'sRaining Designs at Mumbai's Umbrella Stores，" www. timesofindia. indiatimes. com；"The Sun Still Shines onIndia's Oldest Umbrella Shop at Princess Street，" www. timesofindia. indiatimes. com，26March2017.

营销的原则

5.5

新产品的购买决策过程

现在我们来看看消费者是如何购买新产品的。**新产品（new product）** 是被一些潜在顾客认为是新的产品、服务或创意。它可能已经存在一段时间了，但我们关心的是消费者是如何首次了解到这些产品并决定是否采用它们的。我们将**采用过程（adoption process）** 定义为"个体从第一次了解创新产品到最终采用的心理过程"，并将采用定义为个体成为该产品常规用户的决定。

采用过程的阶段

消费者在采用新产品的过程中会经历五个阶段（见图 5 - 8）：

图5-8 采用过程的阶段

- 知晓：消费者知晓新产品，但缺乏相关信息。
- 兴趣：消费者搜寻有关新产品的信息。
- 评估：消费者考虑尝试新产品是否有意义。
- 试用：消费者少量地试用新产品，以完善他们对产品价值的评估。
- 采用：消费者决定全面、定期地使用新产品。

这个模型表明，新产品的营销人员应该考虑如何帮助消费者经历这些阶段。

创新性的个体差异

人们在尝试新产品方面存在较大差异。在每个产品领域，都存在"消费先锋"和早期采用者，其他个体采用新产品的时间则要晚得多。如图5-9所示，人们可以被划分为不同的采用者类别。在一个缓慢的开始之后，越来越多的人开始采用新产品。当采用者的数量达到峰值后，非采用者的数量越来越少，采用者的人数开始下降。创新者被定义为前2.5%率先采用新创意的消费者（早于平均采用时间两个标准差的人），接下来的13.5%是早期采用者是（早于平均采用时间一到两个标准差之间），以此类推。

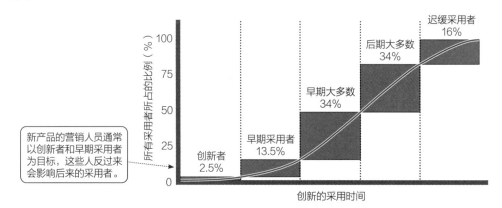

图5-9 基于创新采用相对时间划分的采用者类别

这五个采用者群体具有不同的价值观：

- 创新者具有冒险精神——他们愿意冒着一定的风险尝试新创意产品。
- 早期采用者受到尊重感的引导——他们是社区的意见领袖，会很早采用新创意产品但很谨慎。
- 早期大多数是经过深思熟虑的——尽管他们很少成为领导者，但比一般人更早采用新创意产品。

PRINCIPLES OF MARKETING 营销的原则（原书第5版）

- 后期大多数持怀疑态度——只有在大多数人都尝试过之后，他们才会采用创新产品。
- 迟缓采用者是被传统束缚的人——他们对变革存有疑虑，只有当创新本身已经成为一种传统时，他们才会采用创新产品。

这种对采用者的划分表明，一家创新企业应该研究创新者和早期采用者的特征，并针对他们开展营销。研究表明，亚洲的创新采用曲线更为陡峭，这意味着亚洲人不太愿意承担率先尝试新产品的社会风险。然而，一旦有人尝试过新产品，自己落后所带来的不舒适感会促使他们去购买新产品。因此，创新者、早期采用者和迟缓采用者的比例较小，而早期大多数和晚期大多数的比例则较大。企业必须要想办法利用强大的口碑效应来推动亚洲市场采用率的提升。

产品特征对采用率的影响

新产品的特征会影响其采用率。有些产品（比如 iPhone 和 iPad）几乎是一夜之间流行了起来，而另一些产品则需要很长时间才能获得认可。在影响创新产品的采用率方面，有五个特征尤为重要。例如，考虑一下电动汽车与采用率相关的特征：

- 相对优势：创新优于现有产品的程度。全电动汽车不需要汽油，使用清洁、更便宜的能源，这将加快其采用率的提升。然而，它们充满电后的行驶里程有限，而且初始成本更高，这将减缓采用率。
- 兼容性：创新在多大程度上符合潜在消费者的价值观和经验。电动汽车的驾驶方式与燃油汽车相同。然而，它们与大多数国家目前的加油网络不兼容。充电站少之又少。电动汽车采用率的提升将取决于全国充电站网络的发展，这可能需要相当长的时间。
- 复杂性：创新难以理解或使用的程度。电动汽车驾驶起来没有什么不同，也不复杂，这将有助于加速提升其采用率。然而，新技术的"概念复杂性"以及人们对其实际表现的担忧阻碍了采用率的提升。
- 可分割性：创新能够被有限使用的程度。消费者可以试驾电动汽车，这对采用而言是一个积极的因素。然而，拥有和充分体验这些新技术需要高昂的成本，这可能会减缓采用速度。
- 可传播性：使用创新的结果能够被观察到或向其他人描述的程度。消费者是否更广泛地接受电动汽车，取决于它们在多大程度上能够被展示和宣传。

其他特征也会影响采用率，比如初始和后续成本、风险和不确定性以及社会认可度。新产品的营销人员在开发新产品及其营销计划时，必须对所有因素进行研究。

目标回顾

世界消费市场由 70 多亿人组成。世界各地的消费者在年龄、收入、教育水平和品味方面存在很大差异。了解这些差异如何影响消费者的购买行为是营销人员面临的重大挑战之一。

目标1：定义消费者市场并建构一个关于消费者购买行为的简单模型。

消费者市场包括出于个人消费目的而购买商品和服务的所有个人和家庭。最简单的消费者购买行为模型是刺激–反应模型。根据这一模型，营销刺激（4P）和其他主要力量（经济、技术、政治、文化）进入消费者的"黑箱"之中，并产生一定的反应。一旦进入黑箱，这些输入就会产生可观察到的消费者反应，比如产品选择、品牌选择、购买时间和购买数量。

目标2：指出影响消费者购买行为的四个主要因素。

消费者的购买行为受到四个关键特征的影响：文化、社会、个人和心理。虽然很多因素无法被营销人员左右，但在确定感兴趣的消费者、塑造产品和诉求以更好地满足消费者需求方面，它们是很有用的。文化是决定一个人需求和行为的最基本因素，包括一个人从家庭和其他重要机构中所学到的基本价值观、观念、偏好和行为。亚文化是具有独特价值观和生活方式的"文化中的文化"，可以基于年龄、种族等任何因素。拥有不同文化和亚文化特征的人具有不同的产品和品牌偏好。因此，营销人员可能希望将其营销计划聚焦于特定群体的特殊需求上。

社会因素也会影响消费者的行为。一个人的参照群体（家庭、朋友、社会组织、职业协会）强烈地影响其产品和品牌选择。消费者的年龄、生命周期阶段、职业、经济状况、生活方式、个性等个人特征都会影响其购买决策。消费者的生活方式（在世界上活动和互动的整体模式）对购买决策也有重要影响。最后，消费者的购买行为受到动机、感知、学习以及信念和态度这四个主要心理因素的影响。上述每一个因素都为理解消费者黑箱的运作提供了不同的视角。

目标3：列出并定义购买决策行为的主要类型以及购买决策过程的各个阶段。

针对不同类型的产品和购买决策，消费者的购买行为可能会有很大差异。当消费者的参与度很高，并且感知到品牌之间存在较大差异时，他们会产生复杂的购买行为。当消费者参与度高，但几乎感知不到品牌之间的差异时，就会出现减少失调的购买行为。习惯性购买行为发生在消费者参与度低并且品牌间差异较小的情况下。当消费者参与度低但感知到品牌间差异较大时，消费者会产生寻求多样性的购买行为。

在进行购买时，消费者要经历包括需求识别、信息搜集、备选方案评估、购买决策和购后行为等阶段的决策过程。营销人员的工作就是理解消费者在每个阶段的行为，以及对其行为产生影响的因素。在需求识别阶段，消费者意识到可以被市场上的产品或服务满足的问题或需求。一旦这种需求被确认，消费者就会去寻求更多信息，进入信息搜集阶段。掌握了信息，消费者就会进行备选方案评估，在此期间，这些信息被用于评估选择集中的品牌。在此基础上，消费者做出购买决策，并购买产品。在购买决策过程的最后阶段，即购后行为阶段，消费者根据自己是否满意来采取行动。

PRINCIPLES OF MARKETING

营销的原则（原书第5版）

目标 4：描述新产品采用和扩散过程。

产品采用过程包括五个阶段：知晓、兴趣、评估、试用和采用。首先，消费者必须知晓新产品。知晓引起兴趣，消费者便会寻找有关新产品的信息。一旦收集到信息，消费者就进入评估阶段，并考虑购买新产品。接着，在试用阶段，消费者小规模地试用产品，以完善对产品价值的评估。如果消费者对产品感到满意，就进入采用阶段，决定全面、定期地使用新产品。

对于新产品的扩散，消费者的反应速度不尽相同，这取决于消费者的个性以及产品特征。消费者可能是创新者、早期采用者、早期大多数、后期大多数或迟缓采用者。创新者愿意冒着一定的风险尝试新创意产品；早期采用者通常是社区的意见领袖，会很早采用新创意产品但很谨慎；早期大多数很少成为领导者，需要经过深思熟虑才会尝试新创意产品，但比一般人更早；后期大多数只有在大多数人都尝试过之后才会采用创新产品；迟缓采用者只有当创新本身已经成为一种传统时，才会采用创新产品。在推出新产品时，生产商应尽力吸引潜在早期采用者的注意，尤其是那些意见领袖。

PRINCIPLES OF MARKETING

营销的原则（原书第5版）

第6章 商业市场与商业购买者行为

目标概览

目标 1 定义商业市场并解释商业市场与消费者市场的区别。

目标 2 识别影响商业购买者行为的主要因素。

目标 3 列举并定义商业购买决策过程的步骤。

目标 4 讨论新信息技术以及在线、移动和社交媒体如何影响 B2B 营销。

目标 5 比较公共机构市场和政府市场，并分别阐释公共机构购买者和政府购买者如何做出购买决策。

内容导览

在上一章中，我们讨论了最终消费者的购买行为及其影响因素。在本章中，我们将对商业购买者（购买商品和服务用于生产自己的产品和服务或转售给他人）进行同样的讨论。

让我们先来看看领英的例子。你可能知道领英是一个职业社交网站，但你不知道的是，领英对于 B2B 营销人员来说也是一个强大的营销平台。这个微软旗下的平台拥有上亿职业人士会员，对于想要与商业购买者进行有意义互动的营销人员来说，它是一个理想的网站。但领英不是仅靠提供服务取得成功的，它的成功之处在于，它能够说服企业去使用它。因此，领英不仅是一个伟大的 B2B 营销平台，它还是一个伟大的 B2B 营销人员。

领英：B2B 的理想之地

在过去的十年里，社交媒体销售已经成为 B2B 营销中最热门的趋势。如今的 B2B 营销人员可以从数十个数字和社交媒体平台中进行选择，以吸引商业购买者并向其他公司营销自己的产品，而有一个社交媒体平台从中脱颖而出，成为 B2B 社交媒体销售领域的领导者，它就是领英，一个专为连接商务专业人士并帮助其拓展业务和发展职业生涯而设计的社交网络。

Lenscap/Alamy Stock Photo 领英网页

领英的会员人数迅速增长，已在 200 多个国家或地区拥有 6.6 亿商务专业人士会员。美国是其最大的市场，拥有 1.65 亿专业会员，其次是印度（6200 万）和中国（4800 万）。领英的数据显示，其会员中有 80% 是商业决策的驱动者；大约 44% 的领英会员每天都会登录，寻找可以改变其商业运作模式的内容；会员平均每天在领英网站上停留 10 分钟，访问 8.5 个页面；领英内容订阅每星期的浏览量达到惊人的 90 亿次，一年的累计浏览量超过 4680 亿次；领英上有 3000 万个企业账户，它也是财富 500 强企业最喜欢的社交媒体渠道之一。

领英使 B2B 营销人员能够以其他社交网络无法比拟的精准度定位商业决策制定者。除了性别、年龄、收入和地理位置等基本人口统计因素外，在领英上，营销人员还可以根据企业所处行业、企业规模、企业间关系、职位、工作职能、资历、经验年限、技能以及各种教育背景因素进行定位。

领英还提供一系列商业服务，包括情报报告、在线课程、招聘平台等。其广泛的B2B营销工具在B2B企业网站获得的全部社交媒体流量中占46%。此外，大约80%的B2B头条新闻来自领英；北美地区95%的营销人员将领英作为其发布内容的渠道，76%会付费使用该渠道。领英是B2B营销的首选，排在Twitter（86%）和Facebook（66%）之前。截至2019年初，美国B2B营销支出约有20%花在领英上。

"领英的成功在于它说服企业使用该平台，并帮助企业有效地使用平台功能。"

正因如此，领英已经成为B2B营销的主要平台。领英表示："在领英上进行营销可以帮助你吸引一群专业人士，使其驱动产生与你的业务相关的行动。"B2B营销人员似乎很认同这一观点，在使用社交媒体的B2B企业中，94%都在使用领英。

然而领英的优势不会自发传播。

领英不仅是一个优秀的B2B营销平台，同时也是一个优秀的B2B营销者。这个专业社交网络巨人巧妙地将自己推销给商业客户，作为其吸引客户的理想平台。然后，领英的营销人员尽其所能使领英上的社交销售变得简单有效。

领英的商业解决方案团队与企业客户携手合作，以帮助他们使用领英来创建、执行和监控强有力的B2B营销活动。它向客户展示如何利用领英庞大的专业受众来创造销售机会、驱动网站流量、提高品牌知名度、推出新产品、加强客户关系、招聘新员工等。

领英向其商业客户承诺，"在关系的驱动下，你会获得成功。"领英商业解决方案的网站为客户提供了各项建议，包括如何使用领英进行营销（"向世界上最大规模的专业受众进行营销"）、销售（"利用实时销售情报增强您的社交销售能力"）、招聘（"在世界上最大的人才库中吸引人才和招聘候选人"）以及培训（"通过个性化的电子学习来培养人才和更新技能"）。

在领英上进行营销首先要建立一个免费的领英企业页面。企业主页是领英社区的品牌建设工具，也是企业发布广告和其他内容的登录页面。商业营销人员可以通过领英展示页面来提升其页面的存在感，通过主页链接到的子页面则聚焦于更具体的企业品牌或定位于特定的受众群体并为其提供与之相关的内容。

例如，IBM在领英上的主页提供有关IBM的基本信息和链接、招聘信息以及关于IBM的产品、程序、开发等有趣又有用的帖子。主页还可以链接到十几个展示页面，重点介绍IBM分析、IBM移动、IBM安全、IBM研究、IBM沃森物联网等各个部门和计划。

除了领英主页，领英还为B2B营销人员提供了大量广告选项，包括赞助内容、展示广告、文本广告以及通过赞助邮件（Sponsored InMail）信息系统推送的个性化信息。领英还为客户提供工具，以协助他们在领英专家的帮助下，创建领英广告和内容。在领英的商业解决方案网站上，展示了各种规模的企业发起领英广告活动的成功故事。

例如，美国运通（American Express）在澳大利亚利用领英定位于中小企业主，将他们视为其小企业融资产品和服务的目标客户。在领英的帮助下，美国运通发起了一项包括赞助内容、赞助邮件和个性化动态领英展示广告的活动。美国运通的一位数字营销人员表示："领英平台的定位功能可以帮助我们找到合适的人，并在合适的时间向他们推送合适的内容。"这使他们"不仅能够维持，还能增加优质潜在客户的数量"。这项领英活动为美国运通带来的潜在客户数量在媒体驱动的潜在客户数量增长总数中占55%，而在领英的潜在客户中，有惊人的22%转化成了实际客户。

领英还为其商业客户提供了一种强大的工具，即活动管理器（Campaign Manager），它可以帮助企业客户管理其领英账户、选择目标受众、创建内容，以及非常重要的——对领英活动的绩效进行追踪。通过使用活动管理器，领英客户在查看活动或下载绩效报告时可以看到活动绩效指标，比如展示次数、广告的人口统计情况、点击率和平均点击成本等。领英的营销人员知道，没有什么比成功更能培养客户的忠诚度，而且活动管理器提供的指标也为大多数客户提供了足够的动力继续使用领英平台。

总而言之，领英在两个重要层面上掌握了B2B营销。第一，领英是一个能触达商业决策者的优秀B2B营销平台。第二，领英本身就是一个优秀的B2B营销者。因此，领英创造的财富在其母公司微软的数字帝国中所占的比例飞速增长。在过去的两年里，领英的会员数增长了18.9%。仅在过去的一年，其收入就增长了一倍多，达到53亿美元。显然，对于商业营销人员来说，领英是B2B的理想之地。

大多数企业都以这样或那样的方式向其他组织销售产品。松下、三星、卡特彼勒等数不尽的企业都将自己的大部分产品销售给其他企业，即使是那些生产最终消费者使用的产品的消费品公司，也必须先把自己的产品销售给其他企业。例如，雀巢创造了很多消费者熟悉的品牌——牛奶（Nespray、Neslac）、饮料（Nescafé、Milo）、水（Perrier）、糖果（KitKat、Smarties、Crunch）、冰淇淋（Mövenpick）等。要把这些产品销售给消费者，雀巢必须首先将其销售给它的批发商和零售商客户，接着这些客户再服务于消费者市场。

在线销售领域，领英对其商业伙伴提供很大支持，拥有大量企业和个人会员，因此在B2B社交媒体平台中脱颖而出。同时，领英还是一个极佳的B2B营销平台，它本身也是一个非常优秀的B2B营销者。

商业购买者行为（business buyer behavior）是指购买产品和服务用于生产其产品和服务的组织购买行为，它还包括零售商和批发商获取商品转售或出租给他人以盈利的行为。在**商业购买过程**（business buying process）中，商业购买者首先决定其组织需要购买哪些产品和服务，然后在备选供应商和品牌中寻找、评估并做出选择。B2B营销人员必须尽最大努力了解商业市场和商业购买者行为。然后，就像销售给最终购买者的企业一样，他们必须通过创造卓越的顾客价值，与商业顾客建立可盈利的关系。

商业市场

商业市场是巨大的。事实上，商业市场涉及的资金和项目远超消费者市场。在某些方面，商业市场与消费者市场具有相似性，两者都涉及为满足需要而承担购买角色并做出购买决策的人。然而，商业市场与消费者市场在很多方面还存在不同之处，如表 6-1 所示，二者的主要差异在于市场结构和需求、购买单位的性质以及决策类型和决策过程。

表 6-1　商业市场特征

市场结构和需求
商业市场的购买者数量更少，但规模更大。
商业购买者的需求来源于最终消费者的需求。
很多商业市场的需求缺乏弹性，在短期内受价格变化的影响不大。
商业市场的需求波动更大，也更频繁

购买单位的性质
商业购买涉及更多的购买者。
商业购买涉及更专业的采购工作

决策类型和决策过程
商业购买者通常面临更复杂的购买决策。
商业购买过程更加正式。
在商业购买中，买卖双方家密切合作，建立长期关系

市场结构和需求

与消费者市场相比，商业市场的营销人员通常要与数量少得多、规模大得多的购买者打交道，在大型商业市场中，常常是少数购买者占据大部分的购买量。例如，当固特异向最终消费者销售轮胎时，它的潜在市场包括世界各地数百万汽车车主。但是，固特异在商业市场的命运取决于能否从为数不多的大型汽车制造商那里获得订单。

此外，很多商业市场的需求缺乏弹性，且波动性更大。价格变化对商业产品总需求的影响不大，在短期内更是如此。皮革价格的下跌并不会导致制鞋厂商购买更多的皮革，除非皮鞋的价格也随之下降，从而使消费者对皮鞋的需求增加。与消费品和服务相比，对许多商业产品和服务的需求往往变化更大，而且变化更频繁。消费者需求的小幅增长就可能导致商业需求的大幅增长。

商业市场的需求是**衍生需求（derived demand）**，它最终来源于对消费品的需求。惠普、联想、三星、索尼和东芝之所以购买英特尔微处理器芯片，是因为消费者购买个人电脑、平板电脑和智能手机。如果消费者对这些设备的需求下降，那么对处理器芯片的需求也会下降。因此，B2B 营销人员有时会直接面向最终消费者促销其产品，以提高商业市场的需求。

购买单位的性质

与消费者购买相比，商业购买往往涉及更多的决策参与者和更专业的采购工作。通常，商业购买由训练有素的采购代理商完成。当购买比较复杂时，会有多个人参与决策制定过程。

很多企业正在将其采购职能升级为"供应管理"职能，在重大商品的采购中经常能见到由技术专家和高层管理人员组成的采购委员会。由于 B2B 营销人员正面临新型的更高层次、更加训练有素的供应管理者，因此必须对销售人员进行培训，以应对这些商业购买者。

决策类型和决策过程

商业购买者通常比消费者面临更加复杂的购买决策。采购通常涉及大量的资金、复杂的技术和经济方面的问题，并且需要与组织中多个层级的人打交道。商业购买过程也比消费者购买过程更加正式。大型商业采购通常需要详细的产品说明书、书面采购订单、仔细的供应商搜寻以及正式的批准。

在商业购买过程中，买卖双方通常更加依赖对方。B2B 营销人员在购买过程的各个阶段都与其顾客密切合作——从帮助顾客确定问题，到寻找解决方案，再到提供售后支持。他们经常根据个别顾客的需求提供定制的产品的服务。从短期来看，销售将流向那些能够满足顾客对产品和服务的即时需求的供应商。然而从长期来看，B2B 营销人员通过满足顾客的当前需求，以及与顾客合作以帮助其解决问题来保持对顾客的销售。

联合利华（Unilever）——在联合利华进入越南市场时，它通过与当地 5 个主要供应商建立牢固的合作伙伴关系来发展业务。起初，这些供应商缺少资金、技术、质量控制、安全和环境标准，无法满足联合利华的要求。联合利华向供应商提供了资金支持进行设备升级，还提供了关于安全和环保意识的培训项目。技术转让不仅包含机器和配方，还有质量保证和分析方法。最终，联合利华的生产线以较低的成本迅速、简单地建立起来，使产品得以迅速推出。由于一些生产基地靠近顾客，物流的复杂性和运输成本都降低了。通过与这些供应商合作，联合利华不仅获得了可观的销售，而且还与更了解市场的当地人士建立了关系，这对于联合利华在越南发展业务至关重要。

许多顾客企业都在实施**供应商发展（supplier development）**计划，系统地建立供应商伙伴网络，以确保其在制造自己的产品或转售给他人时所使用的产品和材料得到适当和可靠的供应。例如，卡特彼勒不再称呼其购买人员为"采购代理商"，而是称其为"采购和供应商发展经理"。同样，沃尔玛将其采购部门命名为"供应商发展部"。

宜家（IKEA）——作为全球最大的家具零售商，宜家已经成为全球知名品牌。从北京到莫斯科再到旧金山，顾客纷纷涌入这家来自斯堪的纳维亚的零售商开设在 50 多个国家或地区的 400 余个大型门店，所有人都被宜家时尚、简约、实用、价格合理的家具所吸引。对于宜家而言，增长的最大障碍并不在于开设新店和吸引顾客，而是要找到足够多的合适的供应商来帮助其设计和生产价格合理、顾客愿意购买的产品。宜家目前依靠来自 50 个国家的约 1800 家供应商提供商品，它系统地发展了一个强大的供应商合作伙伴网络，可靠地提供 12000 件库存商品。宜家的设计师从基本的顾客价值主张出发，然后找到关键供应商并与之密切合作，将这种主张推向市场。以宜家的 Olle 椅子为例，根据顾客反馈，设计师着手打造一款坚固耐用并且适合任何一种装饰风格的厨房椅。初步设计完成并获得批准后，宜家的贸易部门便开始根据设计和成本在全球范围内寻找供应商，并最终锁定了一家中国供应商。设计师和这家中国供应商一起对

供应商发展——来自斯堪的纳维亚的家具零售商宜家不仅仅是从供应商处采购，它还让他们参与设计和制造时尚但价格合理的产品，以确保有回头客。

设计进行了完善，从而提升了椅子的性能并降低了成本。例如，供应商调整了椅子后腿的角度，以便在不影响椅子质量的情况下减少了座椅的厚度，从而降低了成本和运输重量。宜家还说服这家中国供应商使用金属螺栓替代传统的细木工方法，来将椅背固定在椅子上，从而降低了运输成本。因此，宜家不仅仅是从供应商处采购，它还让他们参与设计和制造时尚但价格合理的产品，以确保有回头客。

营销的原则

6.2

商业购买者行为

在最基本的层面上，营销人员想知道商业购买者对各种营销刺激的反应。图 6 – 1 展示了商业购买者行为模型。在这个模型中，市场营销刺激和其他刺激影响购买组织并产生一定的购买者反应。为了设计好的营销组合策略，营销人员必须了解在将刺激转化为购买反应时，组织内部发生了什么。

在组织内部，购买活动由两个主要部分组成：采购中心（由参与购买决策的所有人员组成）和购买决策过程。该模型表明，采购中心和购买决策过程受到组织、人际、个人因素以及环境因素的影响。

图 6-1 中的模型提出了关于商业购买者行为的四个问题：

- 商业购买者会做出哪些购买决策？
- 谁参与购买过程？
- 影响购买者的主要因素有哪些？
- 商业购买者如何做出购买决策？

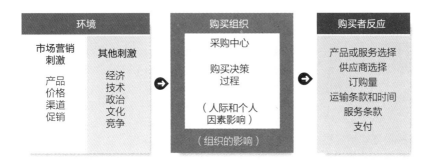

图6-1　商业购买者行为模型

购买情况的主要类型

购买情况有三种主要类型：

- 直接重购（**straight rebuy**）：在这种购买情况下，购买者在不做任何修正的情况下重复订购某些商品，通常由采购部门根据常规做法进行处理。"名单内"的供应商努力保持产品和服务的质量，"名单外"的供应商试图找到新的方法来提供更多价值或利用采购不满意的情况使购买者将其列入考虑范围。
- 修正重购（**modified rebuy**）：在这种情况下，购买者想要修改产品规格、价格、条款或供应商。"名单内"的供应商可能感到紧张和压力，要尽最大努力保住客户。"名单外"的供应商会将修正重购视为提供更好报价和获得新业务的机会。
- 新购（**new-task situation**）：新购发生在企业首次购买产品或服务的时候。在这种情况下，成本或风险越大，参与决策的人就越多，收集信息时所付出的努力也就越多。新购是营销人员面临的最大机遇和挑战。营销人员不仅要尽量影响关键购买因素，还要提供帮助和信息。

购买者在直接重购中做出的决策最少，在新购中做出的决策最多。许多商业购买者更喜欢从同一个供应商处购买打包的解决方案，而不是从几个供应商处分别购买产品和服务再将其整合在一起。那些能向购买者提供完整方案以满足购买者需求并解决购买者问题的企业，往往能够获得订单。购买者通常不会分别购买所有零部件再将其组装在一起，而是会要求供应商将零部件组装好之后进行提供。这种**系统销售**

（systems selling），或称**解决方案销售**（**solutions selling**），往往是赢得和维系购买者的关键商业营销策略。

商业购买过程中的参与者

购买组织的决策制定单位被称为**采购中心**（**buying center**），即所有参与购买决策制定过程的个人和单位，包括产品或服务的实际使用者、购买决策制定者、购买决策影响者、实际购买者以及购买信息控制者。

采购中心包括在购买决策过程中扮演以下 5 种角色的所有组织成员。

- 使用者（users）是使用产品或服务的组织成员。在许多情况下，使用者发起购买提议并帮助定义产品规格。
- 影响者（influencers）通常帮助定义产品规格，也会为评估备选方案提供信息。技术人员是特别重要的影响者。
- 购买者（buyers）有选择供应商和设置采购条款的正式权力。购买者可能会帮助制定产品规格，但他们的主要作用是选择供应商和进行谈判。在更复杂的采购中，购买者可能包括参与谈判的高级官员。
- 决策者（deciders）有正式或非正式的权力来选择或批准最终的供应商。在常规采购中，购买者通常是决策者，或者至少是审批者。
- 信息传递者（gatekeepers）控制传递给其他人的信息。例如，采购代理往往有权阻止销售人员与使用者或决策者见面。其他的信息传递者还包括技术人员，甚至是私人秘书。

采购中心的概念给营销提出了一个重大挑战。商业市场营销人员必须了解谁参与决策，每个参与者的相对影响力，以及每个决策参与者使用的评估标准。

商业购买者的主要影响因素

企业购买者在做出购买决策时受到许多因素的影响。一些营销人员认为，主要的影响因素是经济因素，他们认为购买者会青睐价格最低、产品最好或服务最多的供应商。然而，实际上经济和个人因素都会影响商业购买者。

如今，大多数 B2B 营销人员都认识到，情感在商业购买决策中起着重要作用。例如，你可能认为向企业车队购买者推广大型卡车的广告会强调客观的技术、性能和经济因素。然而，沃尔沃重型卡车的一则广告展示了两名司机掰手腕的场景，并且宣称："它解决了车队所有的问题，除了谁来驾驶。"事实证明，在整个行业司机短缺的情况下，车队提供的卡车类型可以帮助它吸引合格的司机。沃尔沃的广告强调了这款卡车的原始美感及其舒适性和宽敞度，这些特点使它对司机更有吸引力。该广告的结论是，沃尔沃卡车"旨在使车队更赚钱，让司机更富有"。

当供应商提供的产品非常相似时，商业购买者几乎没有进行理性选择的依据。由于选择任何供应商都可以满足组织目标，所以个人因素会在他们的决策中发挥更大的作用。然而，当竞争产品存在很大差异时，商业购买者会对自己的选择更加负责，而且往往更关注经济因素。图6-2列出了影响商业购买者的各种因素——环境因素、组织因素、人际因素和个人因素。

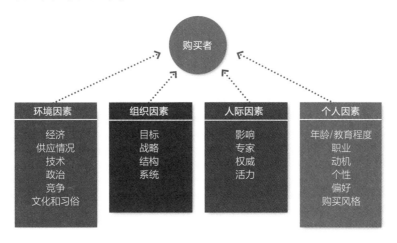

图6-2　商业购买者行为的主要影响因素

供应——企业必须确保供应充足以维持运营。新冠疫情等危机导致工厂关闭，造成了医疗器材短缺，迫使许多医护人员重复使用口罩和防护服。

环境因素

商业购买者在很大程度上受到当前和预期经济环境的影响，比如基本需求水平、经济前景和资金成本。还有一个环境因素是关键材料的供应。很多企业更愿意购买和持有更多的稀缺材料，以确保供应充足。在新冠疫情期间，很多工厂关闭，供应链中断。医院的口罩和呼吸机等医疗器材短缺，各国政府争相抢购。3M在中国和新加坡的工厂刚一宣布可以启动安全运营，就迅速增加了N95口罩的产量。

商业购买者还会受到技术、政治和竞争发展因素的影响。此外，文化和习俗会强烈影响商业购买者对营销人员的行为和战略的反应，尤其是在国际营销环境中（见营销实践6.1）。商业营销人员必须关注这些因素，判断它们将如何影响购买者，并努力将这些挑战转化为机遇。

组织因素

每个购买组织都有自己的目标、战略、结构和系统，商业营销人员必须很好地了解这些因素，回答诸如以下问题：有多少人参与购买决策？他们是谁？他们的评价标准是什么？企业对购买者的政策和限制是什么？

人际因素

采购中心通常包括很多相互影响的参与者，因此人际因素也会影响商业购买过程。然而，评估这些人际因素和群体动态常常是很困难的。采购中心的成员不会贴上"关键决策者"或者"不重要人士"的标签，采购中心地位最高的成员也并不总是最有影响力的。参与者影响购买决策也许是因为他们掌控奖惩机制，很受他人欢迎，拥有特殊的专业知识，或者是与其他重要的参与者有特殊关系。人际因素往往是非常微妙的。

个人因素

商业购买决策过程中的每个参与者都会带有各自的动机、感知和偏好。这些个人因素受个人特征的影响，比如年龄、收入、教育程度、职业、个性以及对待风险的态度。此外，购买者具有不同的购买风格，有些可能是技术型的，他们在选择供应商之前会对竞争方案进行深入分析；有些购买者可能是直觉谈判者，他们擅长让卖家相互竞争，以获得最大利益。

营销实践6.1

国际营销礼仪：入乡随俗

想象一下：Blur King 公司认为，是时候让世界其他地方的人享受其为亚洲消费者提供的优质产品了。因此，它让营销副总裁哈利·林（Harry Lin）前往中东、欧洲和美国。哈利首先去了沙特阿拉伯，在那里，他使用一个精美的猪皮活页夹沉着地向一位潜在客户展示了一份价值数百万美元的方案。在米兰，哈利身穿舒适的短袖衬衫、卡其裤和拖鞋，与一家意大利包装设计公司的老板会面，毕竟大家都知道意大利人很悠闲。在德国，哈利借助翻页图表和视听资料迅速完成了一场奢华的、先进的营销演示，向客户展示了他知道如何赚钱。

文化和习俗——企业必须帮助其管理人员了解国际客户和习俗。例如，日本人将名片视为一种自我延伸，他们不是将名片递给别人，而是呈现给别人。

之后，他又前往巴黎。在银塔餐厅（La Tour d'Argent）订到位子后，哈利招呼他的午餐客人——一家工业工程公司的董事："叫我哈利就行了，雅克。"在他的下一站伦敦，哈利通过电话很快与一些银行家进行了交谈。

哈利的最后一站是纽约，在那里赴约时他迟到了一个小时。

这是一次很棒的旅行，肯定会产生一堆订单，对吧？错了。六个月后，除了一叠账单以外，Blur King 什么都没得到。那些潜在的国际客户并不怎么喜欢哈利。

　　为了进行说明，我们编的这个案例有些夸张。专家表示，要想在国际商业中取得成功，需要对当地及其人民有所了解。

　　可怜的哈利确实努力了，但方法全错了。对沙特阿拉伯人来说，猪皮活页夹是不适宜的。哈利还犯了一个错误，他认为意大利人与好莱坞所展示的一样。事实上几百年来意大利文化在设计和风格方面的天赋已经印刻在米兰和罗马的商人身上，他们穿着精美、欣赏才华，但对他人过于花哨或不得体的衣着则会不屑一顾。

　　哈利在德国人面前的华丽展示很可能会失败，因为德国人不喜欢夸张和炫耀。据一位德国专家所说，直呼秘书的名字会被认为是粗鲁的："他们有权被称呼姓氏，你应该先询问对方的意见。"德国人会正式且正确地称呼对方——必须称呼拥有两个博士学位的人（这并不罕见）为"博士博士先生"。

　　一个得体的法国人既不喜欢自来熟（被询问有关家庭、教堂或母校的问题），也不喜欢直呼陌生人的名字。一位研究法国商业惯例的专家解释说："这被认为是不得体的。即使是在经历了几个月的商业往来之后，我也会等他/她发出邀请（让我直呼其名）……在欧洲，称对方为'先生'永远是对的。"

　　一般来说，英国人不会通过电话进行交易，而大多数美国人希望会议准时开始，因为他们具有比较强的时间观念。

　　回到总部后，哈利被要求给他的美国同行介绍一下亚洲的商务礼仪。与许多亚洲国家一样，日本文化是"非接触的"，在日本连握手都是一种奇怪的经历，因此哈利指出，拍别人的背可能会被认为是不尊重和冒昧的。在分发名片的时候也要讲究礼仪，日本人把名片看作是自我的延伸和地位的象征，他们不把名片单手递给别人，而是用双手呈现给别人。

　　在中国，时钟从来都不能作为礼物赠送给别人，因为"送钟"是"送终"的意思。

　　因此，为了在全球市场竞争中获得成功，甚至为了在本国市场上与国际公司进行有效交易，企业必须帮助其管理人员了解国际商业购买者的需求、习俗和文化。"在外国做生意时……不要妄加猜测，"一位国际商务专家建议道，"不要想当然。翻看每一块石头，询问每一个问题，深入了解每一个细节，因为文化确实是不同的，而且这些差异会产生重大影响。"所以那句老生常谈的话仍然是很好的忠告：入乡随俗。

来源：Portions adapted from Susan Harte, "When in Rome, You Should Learn to Do What the Romans Do," The Atlanta Journal-Constitution, 22 January 1990, pp. D1, D6. Additional examples can be found in David A. Ricks, Blunders in International Business around the World (Malden, MA: Blackwell Publishing, 2000); Terri Morrison, Wayne A. Conway, and Joseph J. Douress, Dun & Bradstreet's Guide to Doing Business (Upper Saddle River, NJ: Prentice Hall, 2000); Jame K. Sebenius, "The Hidden Challenge of Cross-Border Negotiatons," Harvard Business Review, March

2002, pp. 76-85; Ross Thompson, "Lost in Translation," Medical Marketing and Media, March 2005, p. 82; information accessed at www. executiveplanet. com, December 2006. Susan Adams, "Business Etiquette Tipsfor International Travel," Forbes, 6 June 2012, www. forbes. com; Janette S. Martinand Lilian H. Cheney, Global Business Etiquette (Sanata Barbara, CA: Praeger Publishers, 2013); "Learn Tipsto Do Businessin China," The News-Sentinel, 9 February 2012, www. news-sentinel. com; and www. cyborlink. com accessed September 2014.

商业购买决策过程

图 6-3 列出了商业购买决策过程的 8 个阶段。面对新购情形的购买者通常会经历购买决策过程的所有阶段，修正重购或直接重购的购买者则可能会跳过某些阶段。下面我们针对典型的新购情形来讨论这些步骤。

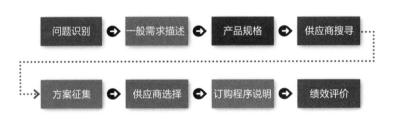

图6-3　商业购买决策过程的8个阶段

问题识别

当企业中有人意识到某个问题或需求可以通过购买特定的产品或服务来得到满足时，购买过程就开始了。**问题识别（problem recognition）**可以来自内部或外部刺激。在内部，公司可能会决定推出一种新产品，需要新的生产设备和材料。从外部看，购买者可能会因为参加一个展销会、看到一个广告或网站，或者接到一个可以提供更好产品或更低价格的销售人员的电话而产生新的想法。

商业营销人员经常提醒顾客潜在的问题，并展示他们的产品和服务是如何解决问题的。例如，国际咨询公司埃森哲（Accenture）的一则广告指出，企业迫切需要跟上数字技术的发展速度，"埃森哲数字可以帮助你吸引更多的顾客"。广告画面上是大量飞蛾被明亮的智能手机屏幕吸引。埃森哲的解决方案是："我们的行业专长，加上我们在互动、分析和移动领域的综合能力，可以帮助你抓住机会进行创新和竞争。"该系列的其他广告则讲述了埃森哲帮助客户企业识别和解决各种问题的成功故事。

一般需求描述

在确认了某种需求之后，购买者接下来要准备**一般需求描述**（general need description），说明所需产品的特征和数量。对于标准产品而言，这一过程几乎不存在问题。然而，对于复杂的产品来说，购买者可能需要与其他人（工程师、用户、顾问）合作来对产品进行定义。采购团队可能要对产品可靠性、耐用性、价格及其他属性的重要性进行排序。在这个阶段，机敏的商业营销人员可以帮助购买者定义需求，并提供不同产品特征价值的相关信息。

产品规格

接下来，购买组织要在价值分析工程团队的帮助下，在技术层面确定**产品规格**（product specifications）。产品价值分析是一种降低成本的方法，该方法对组件进行仔细研究，以判断它们能否被重新设计、标准化或是存在成本更低的生产方法。价值分析工程团队确定最佳的产品特性，并对其进行详细说明。供应商同样可以将价值分析作为获得新顾客的工具。通过向购买者展示生产某产品的更好方法，外部销售人员可以将直接重购转变为新购，从而使自己有机会获得新的业务。

供应商搜寻

为了找到最好的供应商，购买者要进行**供应商搜寻**（supplier search）。购买者可以通过查询交易目录、在电脑上搜索或致电其他企业寻求推荐等方式来编制一份合格供应商的简单列表。如今，越来越多的企业转向互联网寻找供应商，这为营销人员创造了公平的竞争环境——互联网为较小的供应商提供了许多更大规模的竞争者所拥有的同样的优势。

购买任务越新、产品越复杂、成本越高，购买者越愿意花费更多的时间搜寻供应商。供应商的任务是跻身于主要列表，并在市场上建立良好的声誉。销售人员应该密切关注正在搜寻供应商的企业，并确保自己的企业能够在其考虑范围内。

方案征集

在商业购买过程的**方案征集**（proposal solicitation）阶段，购买者邀请符合条件的供应商提交方案。有些供应商仅会发送一份目录或派一名销售人员。但如果产品比较复杂或价格比较昂贵，购买者通常会要求每个潜在的供应商提供详细的书面方案或正式的报告。

商业营销人员必须要精于研究、写作和展示报告方案，以回应购买者对方案的征集。方案应该是营销文件，而不仅仅是技术文件。对方案的报告应该能激发购买者的信心，并使营销人员的企业在竞争中脱颖而出。

供应商选择

采购中心的成员审核方案并从中选出一个或多个供应商。在**供应商选择（supplier selection）**的过程中，采购中心通常会拟定一份清单，列出所需的供应商属性及其相对重要性。例如，在一项调查中，采购主管将以下属性列为影响供应商与顾客之间关系的重要因素：产品质量和服务、准时交货、企业道德行为、诚实的沟通以及有竞争力的价格。

在做出最终选择之前，购买者可能会试图与首选供应商进行协商，以获得更优惠的价格和条款。购买者通常更喜欢选择多个供应商，以避免完全依赖一个供应商，并且在一段时间内还可以比较不同供应商的价格和表现。供应商发展经理希望建立一个完整的供应商合作伙伴网络，以帮助企业为顾客带来更多价值。

订购程序说明

购买者需要准备一份**订购程序说明（order-routine specification）**，包括购买者与选定供应商之间的最终订单，列出技术规格、所需数量、预计交货时间、退货政策和担保等条款。对于保养、维修和操作等采购项目，购买者可能更青睐一揽子合同而不是周期性的采购订单。一揽子合同创建了一种长期关系，在这种关系中，供应商承诺在规定的时间内按约定的价格向购买者重复供应其所需的项目。

一些大型购买者实行供应商管理库存，将订单和库存的责任转交给供应商。在这种体制下，购买者与关键供应商直接分享销售和库存信息，然后由供应商监控库存并根据需要自动补充存货。

绩效评价

在这个阶段，购买者对供应商的绩效进行评价。购买者可能会联系用户，请他们进行满意度评分。**绩效评价（performance review）**可能导致购买者继续、变更或者放弃原有安排。供应商的任务是对购买者所关注的因素进行监控，以确保用户对供应商的满意度达到预期水平。

营销的原则

利用数字和社交媒体营销吸引商业购买者

与其他营销领域一样，随着信息技术以及在线、移动和社交媒体的爆炸式增长，B2B 购买和营销过程发生了巨大改变。下面我们讨论两个重要的技术进步：电子采购和在线采购、B2B 数字和社交媒体营销。

电子采购和在线采购

信息技术的进步改变了 B2B 营销过程的面貌。在线采购通常被称为**电子采购**（**e-procurement**），发展迅速。电子采购使购买者能够接触新供应商、降低采购成本、加快订单处理和交货速度。同时，商业营销人员可以与客户进行在线联系、分享营销信息、销售产品和服务、提供客户支持服务并维系客户关系。

企业可以通过多种方式进行电子采购。它们可以进行反向拍卖，在网上发布采购需求并邀请供应商投标。或者企业可以参与在线交易，与其他企业共同努力促成交易。它们可以建立自己的企业交易网站。例如，GE 在自己运营的企业交易网站上发布购买需求、邀请投标、协商条款和下订单。企业还可以与主要供应商建立外联网链接。例如，它们可以与戴尔等供应商建立直接采购账户，企业采购专员通过该账户购买设备、材料和供应品。

阿里巴巴——这家总部位于中国的 B2B 在线平台有两个版本：一个是英文版，另一个是中文版。英文版网站使用谷歌提供的关键词模式，而中文版网站主要采用订阅模式，会员需要为特殊服务支付额外费用。每年支付 2900 美元成为"金牌供应商"的企业可以在线发布无限数量的产品，为潜在购买者提供虚拟参观体验，并接受信用报告机构的审查。阿里巴巴在日本、韩国和印度推出了当地版本的 B2B 服务。2019 年，它还向美国供应商开放，在 B2B 在线市场领域与亚马逊展开了更直接的竞争。在美国市场，其商业模式为：美国供应商在支付启动费和定期会员费后，便可以访问其平台，同时可以使用营销工具和美国的支持团队。在阿里巴巴平台上，美国企业还可以按照自己的方式开展业务，拥有自己的数据和客户关系。阿里巴巴在 190 个国家或地区拥有超过 1000 万购买者，这使得企业能够接触到更广泛的全球受众。它的在线支付系统支付宝还拥有一个名为"Shopkeeper"的软件包，免费为中小型用户提供会计、库存管理和客户资源管理服务。

在线采购——阿里巴巴是一个 B2B 网站，企业可以在上面进行在线采购。

B2B 电子采购有很多好处：

- 对购买者和供应商而言，能够降低交易成本，提高采购效率。在线采购程序可以省去传统的申请和订购流程所需的文书工作。
- 缩短了从订购到交货的时间。节省时间对拥有大量海外供应商的企业而言尤为重要。

■ 使采购人员能够把精力聚焦于更具战略性的问题上。对许多专业采购人员来说，在线工作意味着减少了文书工作，有了更多的时间管理库存，并能与供应商进行更具创造性的合作。

然而，电子采购的迅速发展也带来了一些问题。例如，尽管互联网使供应商和客户能够共享商业数据，甚至在产品设计上进行合作，但它也可能削弱维系了几十年的客户–供应商关系。很多公司上网寻找更好的供应商。日本航空（Japan Airlines）利用互联网发布塑料杯等机舱用品的采购需求，将图纸和规格发布在自己的网站上，吸引访问该网站的企业提交方案，而不仅仅是那些日常与之打交道的日本供应商。

B2B 数字和社交媒体营销

为了应对商业顾客向在线采购的快速转变，B2B 营销人员正在使用各种数字和社交媒体营销方法，从网站、博客、移动应用程序、电子通信、专有在线网络到主流社交媒体，来吸引商业顾客，并随时随地管理客户关系。

B2B 数字和社交媒体营销（B-to-B digital and social media marketing）不仅是在增长，它是在爆炸式增长。数字和社交媒体营销已经迅速成为吸引商业客户的新领域。以马士基航运公司为例，它是世界领先的集装箱运输公司，通过设在 160 个国家或地区的 374 个办事处为商业客户提供服务。

马士基航运公司（Maersk Line）——你可能对一家老牌集装箱航运公司在新时代的营销方式期望不高，但实际上马士基航运公司所做的 B2B 数字和社交媒体营销却是所有行业中最有前瞻性和成就的企业之一。马士基航运公司在社交媒体领域全速前进，在 Facebook、领英、Twitter 和 YouTube 等主要社交媒体网络上拥有八个全球账户。马士基航运公司在 Facebook 上的粉丝数超过 240 万，使 Facebook 成为吸引广大客户及对该品牌感兴趣的其他利益相关者的平台。在 Instagram 上，该公司分享顾客和员工的照片，以及能帮助品牌形象化的故事。在 YouTube 上，它发布详细介绍马士基航运公司活动、服务和人员的视频。马士基航运公司的 Twitter 动态介绍其最新的新闻和活动，在其 73000 多名 Twitter 关注者中发起对话和讨论。该公司的领英账户拥有超过 46.6 万名关注者，使马士基航运公司能够与客户、意见领袖和行业

使用社交媒体——集装箱航运巨头马士基航运公司通过大量的数字和社交媒体吸引商业顾客。"目标是更接近我们的客户。"

影响者进行互动，而这些人会与航运和物流专家分享信息、讨论行业挑战和机遇。为什么要使用这些社交媒体呢？马士基航运公司表示："我们的目标是利用社交媒体拉近与客户之间的距离。社交媒体的核心是参与，而非推销。"

PRINCIPLES OF MARKETING 营销的原则（原书第 5 版）

社交媒体的核心是沟通，而非营销；是参与，而非推销。社交媒体绝不只是媒体。

与传统媒体和销售方式相比，数字和社交媒体可以创造更多的顾客参与和互动。B2B营销人员知道自己的目标其实并不是企业，而是企业中那些影响购买决策的个人。如今，营销人员总是通过数字设备（电脑、平板电脑或是智能手机）与商业购买者进行联系。

数字和社交媒体在吸引这些永远在线的商业购买者方面发挥着重要作用，而人员销售无法做到这一点。与销售代表在工作时间拜访商业客户或在贸易展会上与他们会面的旧模式不同，新的数字方法使销售人员能够随时随地与客户组织中的人进行联系，它使买卖双方都能更好地控制和访问重要信息。B2B营销一直是社交网络营销，但如今的数字环境提供了一系列令人振奋的新的网络工具和应用。

一些B2B企业错误地认为，当今的数字和社交媒体主要对消费品和服务类企业有用。然而无论是什么行业，数字平台都能成为吸引客户及其他重要公众的强有力工具。例如，B2B科技巨头IBM使用广泛的数字和社交媒体，不仅直接吸引和支持了其商业客户，还讲述了引人注目的IBM品牌故事，保持了该公司的相关性、时代性和可触达性（见营销实践6.2）。

营销实践6.2

IBM：通过B2B数字和社交媒体营销保持灵活性和相关性

对大多数人来说，IBM是一个家喻户晓的名字。然而多年来，IBM的主要财富并非来自最终消费者，而是来自大型商业和机构客户。人称"蓝色巨人"的IBM是典型的B2B品牌。它针对大客户的问题销售复杂的、昂贵的解决方案。这家市值790亿美元的科技巨头已经生存并蓬勃发展了一个多世纪，这是《财富》排名前25位的其他公司无法比拟的。

IBM在一个动荡的行业中取得了长期的成功，这意味着它掌握了创新和转型的艺术。"我们有104年的历史了，"IBM的首席执行官说，"我们是唯一一家存续了104年的科技公司，原因就在于我们经历了多次转型。"20年前，IBM将发展重点聚焦于最先进的大型计算机和软件，但如今的顾客需要的不仅仅是电脑和软件，他们需要全面的解决方案来应对越来越复杂的数据、信息和分析问题。

为了满足不断变化的客户需求，IBM已

保持领先——虽然IBM是最古老的公司之一，但在掌握数字和社交媒体方面，老牌蓝色巨人却是年轻的、灵活的、相关的。

经进行深度转型，为客户提供关于数据分析、云计算、网络安全、社交网络、移动技术及其他数字时代问题的咨询服务。转型后的 IBM 与 B2B 客户携手合作，评估、规划、设计、实施数据和分析系统，为客户实际运行这些系统并帮助客户对结果进行应用。

IBM 的品牌在很大程度上是在其员工与客户的互动过程中塑造的。几十年来，IBM 主要通过其传奇的销售团队培育客户关系。但是，正如 IBM 为了满足数字革命的需求而改变产品和服务组合一样，它也改变了自己与客户互动的方式。虽然蓝色巨人是世界上最古老的公司之一，但在掌握数字和社交媒体方面，老牌蓝色巨人却是年轻的、灵活的、相关的。

IBM 一跃成为社交媒体的佼佼者并非一蹴而就。起初，该公司只是鼓励员工在社交媒体上进行公开交流，包括员工之间的交流，以及员工与客户之间的交流，IBM 让员工自己去做，不进行任何干预或监督，员工也确实这么做了。成千上万的 IBM 员工通过内部博客、类似于 Facebook 的 IBM 内部网络，以及 Twitter、Instagram、领英、Facebook、YouTube 等公共社交媒体，成了公司重要的品牌宣传者。

这种由 IBM 主导的社交网络推动了 IBM 员工、客户和供应商之间的大量互动。然而有时，它也会是混乱和不集中的。因此，随着数字环境愈发成熟，IBM 将其社交媒体战略进行集中运营，以使其更加以客户为导向并发挥影响力。

在核心层面，IBM 通过各种平台覆盖拥有了数字基础，这些平台直接向商业客户传递信息，吸引商业客户，并将他们与 IBM 销售人员连接起来，促进客户购买和客户关系。例如，IBM 各部门开发了数十个面向特定市场和行业的网站，包含数千个单独站点和数万个网页，为 B2B 客户提供购买解决方案、产品概述、详细的技术信息和实时客户支持。IBM 还通过在主要社交媒体上的广泛存在，帮助其销售团队更好地吸引商业客户。

但 IBM 知道，数字和社交媒体营销不仅仅是为了推动销售，它关乎品牌的建立，它创造品牌个性和持续的关系，它讲述了 IBM 在创新、大数据、人工智能、云计算和技术咨询方面的伟大故事。要实现使 IBM 品牌具有相关性、时代性和可触达性的目标，这项任务非常适合通过数字和社交媒体来完成。

为此，在过去的几年里，IBM 推出了一系列引人注目的数字内容，通过各个数字平台将品牌与客户联系起来，并将这家标志性的公司定位为当代技术领导者。作为精心设计的营销方案的一部分，每个社交媒体平台在讲述 IBM 的故事中都扮演着独特的角色。

例如，IBM 在 Instagram 上发布的帖子中包含引人注目的、丰富多彩的、刺激的内容，符合该平台对视觉创造力的偏好。这些帖子讲述了 IBM 产品开发的有趣故事、IBM 技术的创新应用、IBM 的传奇历史故事等。一位分析师将 IBM 的 Instagram 页面称为"超级精美、高端的 B2B 宣传册"，它把创新变成了艺术，让复杂的技术变得容易理解。其中一篇帖子讲述了 IBM 如何将人工智能应用于分析美国网球公开赛的场内和场外数据，以改善球迷体验，并帮助球员和教练改进比赛方法。有一篇帖子讲述了 IBM 沃森如何指引游客通过一条标志性的沿海车道。还有一篇帖子展示了标志性的 IBM 5150 个人电脑在 1981 年如何"确立全球计算标准，并建立了一个价值数十亿美元的产业"。

发布这些帖子的目的不是销售，而是要展示 IBM 的产品、实力和影响力。例如，帖子会使用 IBM Z 大型机服务器等产品具有视觉吸引力的图片，几乎不配文字，也没有明确的销售宣传。帖子中不会详细说明产品的卖点——IBM 知道对帖子发表评论的人会去介绍。IBM 销售代表可以参与讨论，并引导感兴趣的人到适当的地方了解更多信息。

IBM 在 Twitter 上的众多账号（IBM 沃森、IBM 云、IBM 分析、IBM 研究、IBM 新闻室等）扮演着不同的角色。虽然 Twitter 帖子包含引人注目的图片和视频内容，但它们强调的不是视觉艺术性，而是最近的新闻、信息和教育。每篇帖子都能链接到 IBM 网站上的文章或博客，使顾客可以对感兴趣的话题进行更深入的挖掘，比如区块链创新、IBM 沃森最新的人工智能项目，甚至是该公司最近一个季度的收益情况。每天发布的 Twitter 帖子提供源源不断的丰富内容，让关注者持续参与，也使 IBM 保持相关。

IBM 利用 Facebook 建立品牌社区，尽管上面的内容与 Instagram 和 Twitter 基本相同，但 IBM 也会在 Facebook 上发布较长的视频，这些视频在用户注意力持续时间较短的 Twitter 等平台上通常效果不佳。IBM 的 Facebook 页面还包括一些更具激励性和启发性的内容。例如，一段视频展示了一名 13 岁的开发人员使用 IBM 沃森创建了一个比萨配送机器人。在 B2B 社交媒体营销中最受欢迎的论坛——领英上，IBM 也表现出色。它有十几个领英账号，聚焦商业相关的内容。IBM 在领英上拥有 530 万粉丝，是领英上最受欢迎的公司之一。

总而言之，通过熟练运用数字和社交媒体营销，IBM 成了社交媒体上粉丝数最多的 B2B 企业之一。在这个数字时代，通过不断转型，改进产品、服务以及吸引顾客的数字方法，拥有百年历史的 IBM 仍然与其年轻的竞争对手一样灵活和相关。IBM 的数字化转型不仅带来了浏览、评论、点赞和点击量，还帮助公司将顾客参与和顾客关系转化为收入和利润。尽管历史悠久，IBM 如今仍在最有价值的 B2B 品牌中排名第二，仅次于微软。

来源："World's Top 20 B2B Brands Revealed," B2B Marketing, 4 June 2018,www. thinkmediaconsult. com;Lydia Patton,"Social Media Case Study Series：IBM," Think Media Consulting,25 January 2018, www. thinkmediaconsult. com; Christopher Heine, "How IBM Got 1,000 Staffers to Become Brand Advocates on Social Media and Then Take Home a Big Award," Adweek, 1 July 2015, www. adweek. com; Erin O'Gara, "Five B2B Brands That Are Taking Over Social Media," Red Brand Media, 22 February 2017; https://redbranchmedia. com/blog/5-b2b-brands-taking-social-media/; "Three Examples of Great B2B Social Media Campaigns," Target Internet, 19 December 2018, www. targetinternet. com/3-examples-of-great-b2b-social-media-campaigns/; and www. ibm. com, www. instagram.com/ibm, www. facebook. com/IBM/, www. twitter. com/IBM, and www. linkedin. com/company/ibm/,accessed September 2019.

公共机构和政府市场

上述讨论的大部分内容也适用于公共机构和政府组织的购买行为。然而，这两类非商业市场还有其他的特征和需求。在这一节，我们将讨论公共机构和政府市场的独特特征。

公共机构市场——亨氏对其各种产品采用不同的方式生产、包装和定价，以更好地满足医院、学院和其他公共机构市场的需求。

公共机构市场

公共机构市场（institutional market）包括学校、医院、养老院、监狱以及其他为受照顾人群提供产品和服务的机构。不同机构的赞助者和目标不同，每个机构也有不同的购买需求和资源。

许多公共机构市场的特点是预算少，且顾客受到一定的限制。例如，医院的患者别无选择，只能吃医院供应的食物，医院的采购人员决定了患者的食物质量。由于食物是整体服务的一部分，因此采购的目的不是利润，也不是成本最小化——食用了劣质食物的患者会向他人抱怨，从而损害医院的声誉。因此，医院采购人员必须找到质量达到或超过最低标准且价格低廉的食品供应商。

为了满足公共机构购买者的特征和需求，很多营销人员专门成立了单独的部门。例如，亨氏对番茄酱和其他调料、罐头汤、冷冻甜点、泡菜及其他产品采用不同的方式生产、包装和定价，以更好地满足医院、学院和其他公共机构市场的需求。

政府市场

政府市场（government market）为许多企业提供了大量机会，既包括大企业，也包括小企业。在大多数国家，政府机构是商品和服务的主要购买者。政府组织通常会要求供应商进行投标，将合同授予出价最低的竞标者。在某些情况下，政府机构也会考虑供应商卓越的品质或按时履行合同的信誉。政府机构还会在协商合同的基础上进行采购，这主要发生在涉及重大研发成本和风险的复杂项目中，以及缺乏竞争的情况下。

非经济性指标在政府采购中也在发挥越来越重要的作用。政府机构可能更青睐国内而非国外的供应商。例如，在促进国内企业发展的过程中，中国政府可能会偏爱华为这样的本土企业，而不是其国外的竞争对手。与消费者和商业购买者一样，政府购买者也会受到环境、组织、人际和个人因素的影响。政府采购的透明度因国家而异。在政府采购受到外界公众密切关注、支出决策受公众监督的国家，政府机构会要求供应商完成大量的文书工作。因此，供应商会抱怨文书工作过多、官僚主义、规章制度过于严苛、决策延误以及采购人员变动频繁。在另一些国家，与监督采购的政府官员保持密切关系往往是赢得合同的关键。

由于种种原因，许多向政府销售产品的企业并不十分注重市场营销。政府总支出是由民选官员决定的，而不是由开发这个市场的营销活动决定的。政府采购强调价格，促使供应商在技术上投入精力以降低成本。当产品的特性被严格规定后，产品差异就不再是一个营销因素。同样，在公开竞标中，广告或人员推销也对中标与否没有多大影响。

然而，一些企业已经建立了独立的政府营销部门，负责预测政府的需求和项目，参与产品的规格制定，收集竞争情报，精心准备投标，加强对企业声誉的宣传。戴尔等企业则为政府购买者制定了定制化的营销方案。

一些政府也已经进行了在线采购的尝试。例如，新加坡政府使用了一个名为 GEbiz（www. gebiz. gov. sg）的网站，商业供应商和政府购买者可以在该网站上发布、搜索、监控和检索由政府采购机构（该机构充当政府的采购中介）发起的采购项目。

目标回顾

商业市场和消费者市场在一些关键方面是相似的，例如两者都涉及履行购买职能的人，他们做出购买决策来满足需求。但商业市场在许多方面也与消费者市场有所不同，其中的一个不同之处在于，商业市场规模巨大，远远大于消费者市场。

目标1：定义商业市场并解释商业市场与消费者市场的区别。

商业购买者行为是指购买产品和服务用于生产其产品和服务，再将这些产品和服务销售、租赁或供应给他人的组织购买行为，它还包括零售商和批发商获取商品转售或出租给他人以获利的行为。

与消费者市场相比，商业市场通常拥有数量更少但购买量更大的购买者，这些购买者在地域上更加集中。商业需求是衍生的，很大程度上缺乏弹性，并且波动性更大。商业购买决策通常涉及更多购买者，而且商业购买者比消费者市场的购买者接受过更好的培训也更为专业。一般来说，商业购买决策更为复杂，购买过程也更加正式。

目标2：识别影响商业购买者行为的主要因素。

商业购买者根据三种购买情况做出不同的决策：直接重购、修正重购和新购。购买组织的决策单位，即采购中心，由在购买决策中扮演许多不同角色的人组成。商业营销人员需要了解以下内容：谁是采购中心的主要参与者？他们对哪些决策产生影响，影响程度如何？每个决策参与者使用什么评估标准？商业营销人员还需要了解影响购买过程的主要环境因素、组织因素、人际因素和个人因素。

目标3：列举并定义商业购买决策过程的步骤。

商业购买决策过程本身可能相当复杂，有八个基本阶段：问题识别、一般需求描述、产品规格、供应商搜寻、方案征集、供应商选择、订购程序说明和绩效评价。面对新购情况的购买者通常会经历购买过程的所有阶段，修正重购或直接重购的购买者可能会跳过某些阶段。企业必须管理整体的顾客关系，通常包括在购买决策过程的各个阶段的许多不同的购买决策。

目标4：讨论新信息技术以及在线、移动和社交媒体如何影响 B2B 营销。

信息和数字技术的快速发展催生了"电子采购"，商业购买者通过这种方式在线购买各种产品和服务。互联网使商业购买者能够接触到新的供应商、降低采购成本、加快订单处理和交付速度。如今的商业营销人员还通过数字、移动和社交媒体与顾客建立广泛联系，以吸引客户、分享营销信息、销售产品和服务、提供客户支持服务并维系客户关系。

目标5：比较公共机构市场和政府市场，并分别阐释公共机构购买者和政府购买者如何做出购买决策。

公共机构市场包括学校、医院、养老院、监狱以及其他为受照顾人群提供产品和服务的机构。这些市场的特点是预算低，且顾客受到一定的限制。政府市场是一个巨大的市场，包括购买或租赁产品和服务以履行政府主要职能的政府机构。

政府购买者购买用于国防、教育、公共福利和其他公共需求的产品和服务。政府采购行为高度专业化和具体化，大多数采用公开招标或合同谈判的形式。供应商需要了解那些可能影响政府采购的环境、组织、人际和个人因素。

营销的原则
（原书第5版）

PRINCIPLES OF MARKETING

第三部分
设计顾客驱动战略和营销组合

第 7 章　顾客驱动营销战略：为目标顾客创造价值

目标概览

目标 1　定义设计顾客驱动营销战略的主要步骤：市场细分、目标市场选择、差异化和市场定位。

目标 2　列出并讨论消费者市场和商业市场细分的主要依据。

目标 3　解释企业如何识别有吸引力的市场细分并确定目标市场选择战略。

目标 4　讨论企业如何对其产品进行差异化和市场定位，以获得最大的竞争优势。

内容导览

目前为止，你已经了解了什么是市场营销，并了解了消费者和市场环境的重要性。本章将深入探讨关键的顾客驱动营销战略决策——如何将市场划分为有意义的顾客群体（市场细分），选择服务哪些顾客群体（目标市场选择），向目标顾客提供最能满足其需求的产品（差异化），以及在顾客心中形成产品定位（市场定位）。后面我们将探讨战术营销工具4P，营销人员如何通过这些工具将战略付诸实践。

在开始对市场细分、目标市场选择、差异化和定位进行讨论前，让我们先来看看CHARLES & KEITH的案例，这是一家在亚洲和中东市场快速发展的鞋类和配饰企业。

CHARLES & KEITH：如果鞋子合适

CHARLES & KEITH凭借其独特的销售定位，改变了亚洲和中东地区女性鞋类及配饰市场的面貌——提供永恒、精致、独一无二的产品，服务于需要平价时尚产品的细分市场。

David Pearson/Alamy Stock Photo

查尔斯·王（Charles Wong）和弟弟基思·王（Keith Wong）通过在新加坡郊区名为Ang Mo Kio的鞋店给母亲帮忙，学会了如何管理鞋店。他们的鞋店与竞争对手从相同的批发商处进货，鞋子的生产厂家也与竞争对手相同。中间商不仅抬高了价格，更重要的是，查尔斯从顾客的反馈中了解到，仅仅销售从批发商那里买来的鞋子并没有给顾客太多的选择，也没有满足他们的实际需求。他们缺乏能够帮助扩大市场的产品差异化和市场定位。

查尔斯和基思决定要创造超越竞争对手的优势。他们接管了企业，并通过品牌化重新开始经营企业，这在当时对当地鞋类零售商而言是闻所未闻的。兄弟俩开始根据消费者的需求设计鞋子，查尔斯·王说："在那段时间，我们与顾客互动，听取顾客反馈，同时学习经营企业的基础知识。"

CHARLES & KEITH以25~35岁的女性为主要目标群体，如今的设计团队以惊人的速度推出新设计——每年大约750种新鞋及300种新手袋和配饰，以满足不同市场顾客的多样化需求。这意味着每周就有20种新产品，每个月都有大约80种新设计供老顾客选择。CHARLES & KEITH还加强了对生产的控制，在马来西亚和中国有30多家工厂专门为其生产鞋子，而且它不希望这些工厂为其他品牌生产鞋子。

为了跟上顾客驱动的市场，它将3%的企业收入用于培训设计师，主要是新加坡人、马来西亚人和中国人。这些设计师定期前往欧洲和美国参加时装秀和进行市场调查。在伊斯兰教占主导地位的中东地区，他们知道大多数女性都身穿罩袍、头巾或面纱，因此

CHARLES & KEITH 专门提供搭配品，比如将鞋子与手袋、腰带、太阳镜等配饰搭配在一起，使得这些产品在该地区和文化背景下需求更大。

CHARLES & KEITH 内部设计的吸引力从产品目录中就可以明显看出，该目录上印有穿着时髦鞋子、拿着时髦手袋、戴着时髦太阳镜的高挑欧洲模特的照片，这一目录的电子版已经发布在网上，以帮助 CHARLES & KEITH 触达没有零售店的市场。

"王氏兄弟决定通过与顾客互动并听取他们的反馈来创造超越竞争对手的优势。"

在新加坡小有成就后，CHARLES & KEITH 于 1998 年在印度尼西亚开设了第一家国际门店。印度尼西亚是受亚洲金融危机影响最大的国家之一，但 CHARLES & KEITH 仍认为那里有发展的机会。在向海外扩张时，CHARLES & KEITH 在本国市场遭遇了困境，商场业主称自己只会在货架上销售国际品牌的产品。因此 CHARLES & KEITH 必须要在国际上名声大噪，新加坡当地的商场才会接纳它。20 多年后，CHARLES & KEITH 的门店遍布全球，包括东京、首尔和迪拜。

虽然品牌知名度已经不再是个问题，但 CHARLES & KEITH 认为，其销售人员就是品牌大使，他们的工作方式对于能否提供满足顾客需求的服务而言至关重要。因此，CHARLES & KEITH 从提升当地服务水平出发，根据不同市场的购物行为和文化差异培训其销售团队，为顾客提供最好的服务。

在 CHARLES & KEITH 取得成功后，该公司推出了另一个品牌——Pedro，提供奢华的皮鞋，迎合那些想要比 CHARLES & KEITH 风格更现代、更时尚的产品的消费者。该品牌的成功吸引奢侈品集团酩悦·轩尼诗–路易威登（LVMH）亚洲以 2400 万美元的价格收购了该公司 20% 的股份。有了这笔资金的注入，CHARLES & KEITH 开始将目光投向美国、印度和西欧。

基于目标市场的购物习惯，CHARLES & KEITH 推出了自己的电子商务网站，创造在线购物体验。该平台还使 CHARLES & KEITH 能够触达更广泛的国际受众，尤其是在那些它没有开设零售店的市场。

与此同时，CHARLES & KEITH 在社交媒体上的存在感和影响力也在不断扩大。它在 Instagram 上有超过 23.3 万名粉丝，在 Facebook 上累计获赞 81.5 万。CHARLES & KEITH 的 Instagram 动态是为塑造时尚前卫的形象而量身定制的。时尚偶像鲁米·尼利（Rumi Neely）穿着某双鞋的照片获得了 1700 个赞，CHARLES & KEITH 很快就告诉粉丝们，鲁米穿的是它旗下的凯奇高跟鞋（Cage Stilettos），有黑色和酒红色两种颜色款式。

神奇还在继续。当 HBO 剧集《权力的游戏》中艾莉亚·史塔克（Arya Stark）的扮演者麦茜·威廉姆斯（Maisie Williams）戴着 CHARLES & KEITH 设计的带有金链和流苏的黑色金字塔形腕带走上艾美奖红毯时，CHARLES & KEITH 走进了好莱坞。随后，麦茜在 HBO 艾美奖晚会上又拿了一个白色的棱镜迷你手包。很快上述手环和手包就在网上和实体店均告售罄。

除了服务顾客，CHARLES & KEITH 还相信企业应承担社会和环境责任。它在社会进步、可持续性发展和环境保护方面做出的努力包括使用带有森林管理委员会（Forest Stewardship Council，FSC）认证的纸张，以及与联合国妇女署（UNWOMEN）、乳腺癌基金会（Breast Cancer Foundation）、世界自然基金会（World Wide Fund for Nature，WWF）合作。

今天的企业都已经意识到，它们不可能吸引市场上的全部消费者，至少不能以同样的方式来吸引全部消费者。顾客数量太多、太分散，他们的需求和购买方式也多种多样。此外，各企业在服务不同细分市场的能力上差异很大。企业应当像 CHARLES & KEITH 一样，找到自己能最好地进行服务和最赚钱的细分市场，设计顾客驱动的营销战略，与适当的顾客建立正确的关系。因此，大多数企业已经从大众营销转向目标市场营销，即确定细分市场，选择其中一个或多个作为目标市场，并开发适合每个细分市场的产品和营销计划。

7.1

营销战略

图 7-1 展示了设计顾客驱动营销战略的四个主要步骤。在前两个步骤中，企业选择所要服务的顾客。第一步是**市场细分**（market segmentation），即根据消费者的不同需求、特征或行为将市场划分为更小的购买者群体，每个群体可能需要单独的产品或营销组合。企业使用不同的方法来进行市场细分，并对产生的细分市场进行描述。第二步是**目标市场选择**（market targeting），即对每个细分市场的吸引力进行评估，并选择进入一个或多个细分市场。

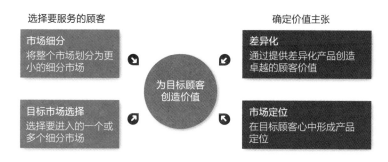

图 7-1　制定顾客驱动营销战略的步骤

在最后两个步骤中，企业确定价值主张，即它将如何为目标顾客创造价值。第三步是**差异化**（differentiation），即通过提供差异化的企业产品，来创造卓越的顾客价值。第四步是**市场定位**（positioning），即相对于竞争产品，让企业产品在目标顾客心目中占据一个清晰、独特和理想的位置。下面我们依次讨论这些步骤。

7.2

市场细分

在不同的市场中，购买者的需求、资源、地理位置、购买态度和购买行为都是不同的。通过市场细分，企业可以将庞大的异质市场划分为更小的细分市场，从而能够更有效地触达消费者，并提供与其独特需求相匹配的产品和服务。在本节中，我们将讨论4个重要的细分主题：消费者市场细分、商业市场细分、国际市场细分以及有效细分的要求。

消费者市场细分

市场细分有很多种方法。营销人员应当尝试单独或组合使用不同的细分变量，以找到揭示市场结构的最佳方式。表7-1列出了可以用于细分消费者市场的主要变量。下面我们来讨论一下地理、人口统计、心理和行为等主要细分变量。

表7-1　消费者市场的主要细分变量

细分变量	示例
地理	国家、地区、省、市、县、社区
人口统计	年龄、生命周期阶段、性别、收入、职业、教育、宗教、种族、代际
心理	社会阶层、生活方式、个性特征
行为	使用时机、利益偏好、使用状况、使用率、忠诚度

地理细分

地理细分（geographic segmentation）指的是将市场划分为不同的地理单元，如国家、地区、省、市、县以及社区等。企业可以在一个或几个地理区域开展业务，也可以在所有区域开展业务，但要注意不同区域在需求方面的差异。

许多企业都将自己的产品、广告、促销和销售策略进行本地化，以满足特定地区和城市的需求。可口可乐为日本市场开发了四种即饮罐装咖啡，每一种都针对一个特定的地理区域。该公司发现，日本的青少年总是忙个不停，而且在打电话时不喜欢让可乐罐的瓶口敞开，因此针对日本市场，可口可乐公司推出了带有旋转瓶盖的可乐罐。为满足不同消费者的口味，宝洁公司（Procter & Gamble）在英国和亚洲市场分别推出了咖喱味和酱油味的品客薯片。地理细分对于同一个国家内也同样适用。针对中国大陆的城市消费者，宝洁的佳洁士推出了具有异域风格的冰泉和晨露荷香味道的牙膏。同时，针对农村地区的消费者，佳洁士推出了盐白牙膏，因为他们认为盐可以美白牙齿。

随着数字和移动技术的迅猛发展，越来越多的企业开展**超本地化社交营销（hyperlocal social marketing）**，即利用数字和社交媒体，针对当地社区的消费者进行基于地理位置的营销。例如，为了让顾客更快捷地购买咖啡和获取促销信息，唐恩都乐（Dunkin' Donuts）与交通导航应用程序Waze合作，顾客无论身处何方，都可以打开Waze应用程序，找到最近的唐恩都乐（同时显示其在地图上的位置），使用该应用程序提前下单，并在到店时取走订购的食物。

在Facebook和Instagram等主要社交媒体平台上，广告商可以根据地理位置选择受众。企业还可以与谷歌地图签约，在"我附近"或"附近"的谷歌搜索中显示自己的

PRINCIPLES OF MARKETING　营销的原则（原书第5版）

位置和广告。例如，搜索"我附近的亚洲餐厅"，可能会出现几条广告，展示了位于附近酒店的印度餐厅或购物中心的日本餐厅。这种超本地化定位目标市场的方式使广告商可以基于当地消费者的位置和搜索意图来定制营销内容。

人口统计细分

人口统计细分（demographic segmentation）是根据年龄、生命周期阶段、性别、收入、职业、教育、宗教、种族、代际等变量将市场划分成不同的群体。人口统计变量是进行顾客群体细分最常用的变量。一个原因是，消费者在需求和使用率方面的差异与人口统计变量密切相关。另一个原因是，人口统计变量比大多数其他类型的变量更容易测量。即使是使用其他变量进行了市场细分，比如消费者行为或寻求的利益，企业也必须要了解细分市场的人口统计特征，以评估目标市场的规模，并有效地触达目标市场。

年龄和生命周期阶段。随着年龄的增长，消费者的需求会发生变化。一些企业使用年龄和生命周期细分（age and life-cycle segmentation），为不同年龄和生命周期阶段的消费群体提供不同的产品或使用不同的营销方法。例如，凯蒂猫（Hello Kitty）提供一系列玩具、文具和家用产品。有的产品是红色的，吸引婴幼儿；有的产品是粉色的，吸引年龄大一些的儿童和青少年；还有的产品是蓝色、灰色等其他颜色的，吸引成年人。

细分年龄——凯蒂猫为不同年龄人群提供不同产品。

在根据年龄和生命周期阶段对市场进行细分时，营销人员必须小心避免刻板印象。例如，有些40多岁的夫妻的孩子已经上大学了，而另一些同龄人刚刚开始组建新的家庭。因此，年龄可能不是判断一个人生命周期阶段、健康状况、工作或家庭状况、需求和购买力的可靠指标。

市场营销人员已经意识到，许多亚洲国家都存在人口老龄化问题。然而，消费者可能对自己的年龄很敏感。因此，考虑到日本人口的迅速老龄化，一些婴儿食品制造商正在采用谨慎的方式向老年人出售食品。和光堂（Wakodo）把老年人食品称为"快乐食品"，而QP公司则称自己的食品适合0～100岁的人。

性别。性别细分（gender segmentation）长期以来一直应用于服装、化妆品、洗漱用品和杂志行业。一些女性化妆品制造商已经开始推出男士化妆品，有些品牌更是专门为男性打造的。耐克加大了占领女性运动服装市场的力度，它对其女性服装产品线（耐克女装）进行了全面革新，为女性打造更合身、更鲜艳、更时尚的运动服。耐克还将Nikewomen.com网站进行了改造，使其以展示符合健身潮流的服装为主。

运输企业甚至也在使用性别细分。在日本，由于有关女性在夜间乘坐公交车被骚扰的报道引起了人们对女性安全的担忧，铁路和公交公司推出了"女性专用"的汽车和公交车。在印度，女性专用列车被称为"女士专列"（ladies special），它将印度女性从普通列车的推搡和男性骚扰中解脱出来。专门生产儿童和青少年零食的日本零食公司卡乐比（Calbee）针对上班族妈妈推出了一款谷物零食，可以用作便捷的早餐麦片。该公司还将此前被视为甜点的富果乐（Frugra）麦片重新定位为一种营养丰富、节省时间的食品。以下介绍了一个关于性别细分的有趣例子：

针对日本女性的含酒精鸡尾酒——过去，日本的酒厂只针对男性顾客，因为传统的观念认为，具有良好教养的日本女性是不喝酒的。然而随着啤酒市场逐渐萎缩，以及更多女性进入劳动力市场，可以随意支配自己赚到的钱，这种情况发生了变化。为了瞄准这一新的细分市场，日本的酒厂开始推出起泡的、水果味的罐装鸡尾酒等一系列含酒精的饮料。这一举动引起了轰动，现代日本女性非常喜欢这些饮品。于是日本酒厂重新审视市场，决定对女性饮酒者与男性饮酒者的差异进行研究。他们发现，第一，女性不愿意购买罐装酒精饮料，因为这通常是中年男性的做法。第二，她们也不喜欢粉红色的饮料，因为"女性喜欢粉红色"是现代日本女性所鄙视的一种刻板印象。上述发现催生了碳酸酒（chuhai），即一种由大米、大麦或红薯制成的酒。朝日啤酒（Asahi Brewery）开发了一款装在黑银色罐子里的鸡尾酒，名为Mogitate，意思是"新鲜采摘的"，有柠檬味、柚子味和葡萄味，含少量果肉。另一家啤酒厂商三得利（Suntory）推出碳酸酒后，市场的反馈是味道和调制太烈，因此厂商不得不对该产品进行了调整。它还推出了一些受日本女性欢迎的季节性口味酒品，比如秋天的苹果味等。

收入。汽车、服装、化妆品、金融服务、旅游等产品和服务的营销人员一直在使用**收入细分**（income segmentation）。很多企业都将富裕消费者作为目标人群，推出奢侈品和便利服务。例如，Visa、万事达和美国运通等信用卡公司推出的贵宾信用卡，附带各种特权服务，比如豪华轿车送机、机场休息室、餐饮优惠等。

心理细分

心理细分（psychographic segmentation）是指根据社会阶层、生活方式或个性特征，将消费者划分为不同的群体。处于同一人口统计细分群体中的消费者在心理构成方面可能差异巨大。

在第5章中，我们讨论了人们购买的产品如何反映其生活方式。因此，营销人员经常按照消费者的生活方式来细分市场并制定相应的营销战略。例如，来自新加坡的CHARLES & KEITH不仅将自身定位为时尚专家，还将自己打造为全新生活方式的提供者。通过手袋、太阳镜、鞋等时尚配饰，它为自己创造了一种时尚形象。

营销人员还会使用个性特征这一变量来细分市场。例如，针对中国富裕女性消费者的"上下"，是一个高端的中国时尚品牌，除此之外，它还是一个极具个性的品牌。"上下"这个名字由字面上相互矛盾的两个字组成，该品牌也是如此，其时尚设计将过

PRINCIPLES OF MARKETING 营销的原则（原书第5版）

去与未来、传统与创新相结合。在打造了铂金包（Birkin）的法国皮革手袋制造商爱马仕（Hermès）的支持下，上下在中国工艺和当代设计中融入了创新元素。它的产品（时装、配饰、家具、家居、珠宝）设计富有个性，能够让人联想到很多中国文化，对中国人和欧洲人而言都极具吸引力。

行为细分

行为细分（behavioral segmentation）是指根据消费者的使用时机、利益偏好、使用状况、使用率、忠诚度，将其划分为不同的群体。很多营销人员都认为，行为变量是构建细分市场的最佳起点。

使用时机。根据消费者产生购买意图的时机、实际购买的时机或使用产品的时机，可以对消费者进行分组。**时机细分（occasion segmentation）**可以帮助企业提高产品使用率。像母亲节等节日最初得到推广，部分原因就是为了增加糖果、鲜花、卡片及其他礼物的销售量。营销人员还会为情人节、农历新年、圣诞节等节日准备特别优惠和广告。

以下例子介绍了香水品牌艾诗（Enchanteur）如何鼓励马来西亚女性在任何时机使用它的产品。

艾诗——艾诗是马来西亚淡香水市场上领先的大众女性香水品牌。自1989年成立以来，艾诗一直为女性提供标准的法式香水和洗漱用品。如今的马来西亚女性不再被动地希望被男性关注，而是想要尽可能积极主动地抓住"在一起"的时刻。基于这一消费者洞察，艾诗对自己定位是，鼓励个人自主和自信，从而建立更加浪漫的关系。其"每天创造神奇时刻"的活动向人们表明，艾诗能够帮助女性自由地进行自我表达。然而，市场调研显示，马来西亚的淡香水使用率极低，因为很多女性认为香水只适用于特殊时机。但艾诗鼓励消费者日常使用香水，将其作为日常修饰的重要组成部分。香水的作用不仅仅是完善外观或补充化妆，它还是使用者自我表达的标志，为优雅增添了点睛之笔，为女性完善个性赋予了无形的能量。作为市场领导者，艾诗采取了多项举措来教育女性，关于香水在他们生活中的作用，以及它为何是其日常美容护理中必不可少的最后一步。其中一项措施是，艾诗使用了各种各样的包装形式，有日常使用的、外出使用的以及特殊时机使用的，正如其"迷人的香味在路上"的广告中所展示的那样。

时机细分——艾诗的举措旨在提升香水在不重视日常使用的文化中的作用。

利益偏好。根据消费者从产品中寻求的不同利益，可以对消费者进行细分。**利益细分（benefit segmentation）**要求企业找到人们在产品类别中所寻求的主要利益，发现寻求每种利益的人群特征，以及能够提供每种利益的主要品牌。然后，企业应当选择其中的一个或多个它能提供最佳服务并且最有利可图的利益细分市场作为目标市场，并使用能够匹配每个细分市场利益偏好的诉求。印度尼西亚的牙膏市场是利益细分的典型例子。联合利华旗下品牌白速得（Pepsodent）是一种含氟牙膏，可以保持牙齿清洁和健康；其他品牌的牙膏，如 Close-Up、Ciptadent 和 Formula，宣称可以清新口气、治疗口腔溃疡、防止口腔干燥；Kodomo 为儿童生产水果味牙膏；Miswak Utama 推出的Siwak 牙膏含有柳叶马齿苋，一种被认为能够有效去除牙垢的成分。每个细分市场都寻求不同的利益组合。营销实践 7.1 讨论了新加坡的 Spa Esprit 集团，及其旗下的三个品牌如何为不同的目标细分市场提供不同的利益。

使用状况。市场可以划分为非用户、前用户、潜在用户、新用户和常规用户。例如，联合利华在中国推出香体露时，它不得不向非用户解释为什么他们要购买这种产品。很多中国人对香体露没有需求，因为他们不认为人会受到体味的困扰。因此，联合利华必须教育非用户并将其转化为新用户。营销人员还希望巩固和留住常规用户，吸引目标非用户，以及重建与前用户的关系。

使用率。市场也可以划分为产品的轻度用户、中度用户和重度用户。重度用户通常只占市场的一小部分，但占总消费量的比重很大。

营销实践 7.1

Spa Esprit 集团：在脱毛领域发展

由 Cynthia Chua 创立的 Spa Esprit 集团在新加坡发展壮大，旗下拥有多个生活方式品牌，涵盖美容和食品业务，在曼谷、北京、香港、雅加达等城市设有分支机构。

其美容品牌包括 Strip 和 Browhaus，Strip 是新加坡首家专业脱毛沙龙，而Browhaus 则提供眉毛和睫毛美容服务，后来还推出了名为 "We Need A Hero" 的男士美容店。

随着现有品牌和新品牌在美容市场上的竞争愈发激烈，任何一个品牌都很容易在铺天盖地的产品中迷失方向。为了让 Spa Esprit 集团及其品牌在市场上立足，Chua 要确保每一个品牌都让人感觉独特，以突出重围，在美容行业占据一个有利地位。这些品牌也拥有共同之处，都具有创造力、创新性和趣味性。

例如，Strip 就很有趣。在亚洲，比较保守的社会规范往往使人们不愿意讨论个人的美容问题，而幽默的方式则可以帮助人们对难以沟通的话题展开讨论。

Strip 的网站（www.strip.com.sg）有趣又轻松。进入该网站就能看到其名为"Rosebud Vajuvenation" 项目的宣传语，既耐人寻味又发人深思。网站中的其中一个页面名为 "Striptease"，为访问者提供了如何恢复最佳状态的建议。就连 Strip 的发展里程介绍也带有一点性幽默，提到了赤裸裸的真相、摩西和燃烧的灌木丛。

PRINCIPLES OF MARKETING 营销的原则（原书第5版）

"Strip 是一种体验，" Chua 说道，"Strip 提供的不仅仅是护理。如果你选择脱毛，你不仅仅是来脱毛的，你会受到很多事物的激励，会感受到这种能量是有感染力的。"

　　尽管这种幽默的方式能够使人们更容易对私密话题进行讨论，但 Strip 还要确保顾客了解，在有趣外表的背后是高质量的服务。它向顾客保证，自己的服务遵循卫生、速度和质量准则，而这是 Strip 为市场增长和可持续发展所坚持的核心价值观。

　　创意也体现在门店的设计上。虽然很多连锁企业将所有门店都设计成一种外观更加简洁，成本也低得多的风格，但 Strip 的做法却恰恰相反，它在世界各地的每家门店都拥有不同的室内设计理念，因为 Chua 想让顾客每次去不同的门店时都有新鲜的体验，产生一种发现感。

　　对细节的关注体现在店内的香气、外观、感觉和声音上，使顾客不仅能得到绝佳的护理，还能获得惊人的体验。由于 Chua 在芳香疗法方面的经验和对芳香疗法的热爱，她为 Spa Esprit 的每个品牌都创造了独特的混合精油芳香疗法。

　　Spa Esprit 还向时尚行业学习，并将这些经验应用到自己的美容店里。例如，它按照时装店的方式打造每个门店，每个季度都推出新的活动，这一做法鼓励企业去开发提供和改进服务的新方法。

　　它旗下的另一个生活方式品牌 Browhaus 提供眉毛和睫毛塑形、半永久唇彩和脱毛服务。Browhaus 是新加坡第一家眉毛护理概念专营店和连锁零售店，其目标顾客是注重形象的城市居民。

　　为了区别于那些在卫生方面存在问题的文眉夫妻店，Browhaus 要确保其护理技师接受过培训，能够使用先进的技术提供最好的睫毛和眉毛护理。所有新的护理技师都要在 Browhaus 培训学校接受四到八周的培训，以确保他们完全具备 Chua 所要求的专业技能。培训还会持续进行，Browhaus 的护理技师需要定期参加升级课程。Browhaus 也会安排神秘顾客，来检验技师的技能是否处于先进水平。

Spa Esprit 集团旗下的品牌以幽默和有趣的风格在竞争激烈的美容行业中脱颖而出。

　　Strip 独特的创造力也在 Browhaus 得到了展现，后者的创新不仅体现在其提供的服务上，还体现在其包装上。Browhaus 创新包装的一个例子是名为"眉毛修复后护理套装"的产品（包含所有必要的工具以及一个祛疤软膏），使用相机形状包装。为什么是相机呢？因为这是在提醒顾客，Browhaus 提供的服务可以让顾客的脸更加上镜。

Spa Esprit 还意识到，越来越多的男性格外关注自己的外表，愿意花更多的钱在美容上，让自己看起来处于最佳状态。"We Need A Hero" 就是一个男士专属美容场所，帮助男性达到这一目标。虽然新加坡有几家传统理发店提供理发和剃须服务，但 "We Need A Hero" 的服务范围更大，凭借从 Strip 和 Browhaus 学习的专业知识，它为男性提供修眉和脱毛服务。它的营销活动同样以幽默和创造性的方式进行，使男性可以舒适地享用这些服务。

这三家美容企业发挥了巨大的协同效应。它们专注于帮助女性和男性展现最佳状态，同时利用彼此的专业知识，在所有营销活动中共同使用独特、创新、有趣的方式，使 Spa Esprit 得以在美容行业这一利基市场占据主导地位。

来源："Formidable Growth Story," *The SME Magazine*, 7 July 2016, p. 15; "Stripped Down: An Interview with SPA Esprit's Cynthia Chua," www. nylon. com. sg, 1 March 2017; materials from www. spaespritgroup. com; materials from communication with Spa Esprit Group.

忠诚度。市场也可以根据消费者的忠诚度进行细分。消费者可能忠于某品牌（三星）、商店（伊势丹）和企业（丰田）。我们可以根据消费者的忠诚程度将其划分为不同的群体。有些消费者绝对忠诚，一直购买同一个品牌。例如，苹果的拥趸们无论拥有的是 MacBook Pro、iPhone 还是 iPad，他们对该品牌都一如既往地忠诚。

有一些消费者则有一定的忠诚度，在某一类产品中，他们对其中的两三个品牌忠诚，或者喜欢一个品牌，但有时也会购买其他品牌。还有一些消费者对任何品牌都没有忠诚度，他们要么每次都购买不同的品牌，要么什么品牌促销就买什么。

企业可以通过分析其市场的忠诚度模式了解很多东西。首先要从自己的忠诚顾客开始研究，努力了解是什么吸引了他们。然后，通过对忠诚度不高的消费者进行研究，企业可以发现哪些品牌是自己强劲的竞争对手。最后，通过研究那些放弃了自己品牌的顾客，企业可以了解到营销工作的薄弱环节。

使用多种细分变量

营销人员越来越多地使用多种细分变量来识别更小、更明确的目标群体。例如，银行不仅可以细分出一个已退休的富裕群体，还可以根据该群体中成员的资产、储蓄、风险偏好、住房和生活方式，对该群体进行进一步细分。

这种丰富的细分方式为营销人员提供了一个强大的工具，它可以帮助企业识别和了解关键细分市场，更有效地选择目标市场，并根据顾客的特定需求定制产品和信息。

商业市场细分

消费者和商业营销人员使用很多相同的变量来细分市场。可以根据地理位置、人口统计因素（比如行业或企业规模）、所寻求的利益、用户状态、使用率以及忠诚度对商业购买者进行细分。不过商业营销人员也会使用其他变量，如客户经营特征、采购方式、情境因素、个人特征等。

几乎每个企业都为一些商业市场提供服务。例如，星巴克针对不同的商业细分市场有不同的营销方案。在办公室咖啡这一细分市场，星巴克的品牌解决方案是为不同规模的企业提供多种工作场所的咖啡服务，帮助其在工作场所为员工提供星巴克咖啡和相关产品。星巴克帮助这些商业顾客设计最佳的办公室解决方案，包括咖啡、糖浆、品牌纸制品，以及制作方法——现煮、优质自助服务或即饮。高校细分市场为星巴克产品提供了多种平台，例如优质的自助服务，或即饮服务。星巴克为商业顾客提供的不仅有咖啡、茶和纸制品，还为其提供设备、培训以及营销和销售支持。

国际市场细分

尽管像可口可乐和索尼这样的大企业在 200 多个国家或地区销售产品，但大多数国际企业还是聚焦于一小部分市场。在多个国家开展业务会面临新的挑战，各国在经济、文化和政治结构上差异很大。因此，正如它们在国内市场所做的一样，国际企业需要根据消费者不同的购买需求和行为对全球市场进行细分。

企业可以使用一个或几个变量的组合来细分国际市场。比如，根据地理位置，可以将国际市场细分为西欧、北亚、东亚或中东等地区。

地理细分的前提假设是相邻的国家和地区会有很多相同的特征和行为。虽然实际情况通常如此，但也有很多例外。例如，虽然马来西亚和新加坡有很多共同之处，但二者在文化和经济上都与邻国泰国不同。即使在一个地区内，消费者也可能存在很大差异。以中国为例，北京的消费者不同于上海或香港的消费者。

国际市场——上海消费者的行为可能与中国其他地区的消费者有所不同。

世界市场也可以根据经济因素来进行细分。例如，可以根据人口收入水平或经济发展的总体水平来对国家进行分组。一个国家的经济结构决定了其人口对产品和服务的需求，进而决定了它所提供的营销机会。

国家也可以根据政治和法律因素来进行细分，如政府的类型和稳定性、对外国企业的接受程度、货币管制政策、官僚机构的数量等。这些因素在企业选择进入哪些国家以及如何进入这些国家方面发挥着至关重要的作用。还可以根据文化因素对市场进行细分，比如语言、宗教、价值观和态度、习俗以及行为模式。

力之源控股（Chikaranomoto Holdings）——这家母公司拥有日本标志性的拉面餐厅之一——一风堂（Ippudo）。在一风堂进入日本以外的地区时，根据文化因素进行地理划分是成功的关键。进入欧洲市场时，一风堂发现当地的水质更硬，因此为了做出口感丰富的猪排肉汤，它不得不改变了配方。在欧洲和美国，一风堂还把面条做得更短，这样吃起来更方便。为了在美国扩张餐厅，力之源控股还与经营中国快餐连锁店熊猫快餐（Panda Express）的熊猫餐饮（Panda Restaurant）合作。在很多东南亚国家，消费者不吃猪肉，一风堂意识到自己不会在这些市场有好的表现，因此力之源控股转而推出了快餐拉面连锁店黑带（Kuro-Obi），与一风堂的不同之处在于，它在拉面中使用鸡汤。

根据地理、经济、政治、文化及其他因素对国际市场进行细分的前提假设是这些细分市场由国家集群组成。然而，很多企业使用不同的细分方法，即**跨市场细分**（intermarket segmentation 或 cross-market segmentation）。通过这种方式，位于不同国家但具有相似需求和购买行为的消费者被划分为同一个细分市场。

跨市场细分——在现今科技的助力下，快时尚零售商飒拉将目标市场确定为世界各地志同道合、注重时尚同时又追求价值的消费者。

飒拉（Zara）——这家全球最大快时尚零售商的目标顾客是来自96个国家，注重时尚又追求价值的不同文化下的消费者。飒拉在全世界拥有2200多家门店和大约40个线上店，它们都有着类似的吸引力，服装时尚、优质、不断更新，价格却只是高端品牌的零头，消费者在看到标签时会感到"震撼"。除了实体店，飒拉还借助数字技术直接吸引位于世界各地、志同道合的目标顾客。例如，该品牌在Instagram、Facebook、Pinterest上的粉丝数量分别超过3900万、2740万、92.4万。无论身处地球上的任何地方，你都能与飒拉建立联系，它的目标顾客是同一类人，能够被同样的东西所吸引。

有效细分的要求

显然，细分市场的方法有很多种，但并非所有的细分都是有效的。为了保证有效性，细分市场必须符合以下特征：

- *可衡量性*。细分市场的规模、购买力和概况可以被衡量。
- *可进入性*。细分市场能够被有效触达和服务。

PRINCIPLES OF MARKETING 营销的原则（原书第5版）

- *规模性*。细分市场足够大或有利可图。一个细分市场应该是尽可能大的同质群体，值得为之量身定制营销方案。例如，专门为身高超过 1.9 米的人设计汽车，对于汽车制造商而言是无利可图的。
- *差异性*。不同的细分市场在概念上是可区分的，并且对不同的营销组合元素和方案有不同的反应。如果男性和女性对软饮料营销的反应相似，他们就不应作为单独的细分市场。
- *可执行性*。能够设计出有效的方案来吸引和服务细分市场。例如，虽然一家小型航空公司能够识别出 7 个不同的细分市场，但它的员工太少，无法为每个细分市场制定单独的营销方案。

营销的原则

7.3

目标市场选择

市场细分揭示了企业在细分市场的机会，下一步企业必须对各个细分市场进行评估，并决定自己能为哪些细分市场提供最佳服务。下面我们来看看企业是如何评估和选择目标细分市场的。

评估细分市场

在评估不同的细分市场时，企业必须考虑三个因素：

- *细分市场的规模和成长性*。企业必须收集和分析各个细分市场目前的销售量、增长率和预期盈利能力。例如，日本连锁便利店罗森的目标市场为城市女性，然而随着出生率的下降和社会老龄化，罗森现在将目标市场转向过去不像城市女性那样经常光顾便利店的老年人。因此它调整了原来的商品种类，以迎合更广泛的顾客群体；其标志上的字体现在采用女性化的衬线字体；店面不使用霓虹灯，而是使用柔和的嵌入式照明，使用天然木材而非合成材料，收银台上摆放着带有生活方式和健康标志的装饰品，一些店里甚至设有吧台作为休息区；一些店员还接受了培训，以宣传保健信息。
- *细分市场的结构吸引力*。企业需要考虑影响细分市场长期吸引力的主要结构因素。例如，如果一个细分市场上已经有很多强大且进取的竞争者，那么该细分市场的吸引力就会降低。存在很多现有的或潜在的替代产品也会限制该细分市场上的产品价格和可获得的利润。买方的相对权力也会影响细分市场的吸引力。相对卖方而言，拥有强大议价能力的买方会试图压低价格，要求更多的服务，并使卖方相互竞争，这些都是以牺牲卖方的利润为代价的。如果一个细分市场上存在强大的供应商，它们能控制价格或降低订购产品和服务的质量或数量，那么该细分市场的吸引力也会降低。

■ *企业的目标和资源。* 即使一个细分市场有合适的规模和成长性，在结构上也具有吸引力，企业也必须考虑自己的目标和资源。一些有吸引力的细分市场可能很快就会被舍弃，因为它们与企业的长期目标不符。又或者企业缺乏在具有吸引力的领域取得成功所需的技能和资源。企业应该只进入那些其能够提供卓越价值并获得竞争优势的细分市场。

选择目标细分市场

对不同的细分市场进行评估之后，企业现在必须决定它要选择哪些细分市场作为目标市场。**目标市场**（target market）是企业决定为之服务的、具有相同需求或特征的购买者群体。如图7-2所示，企业可以将目标细分市场定得很广泛（无差异营销）、很狭窄（微观营销），或者介于两者之间（差异化营销或集中营销）。

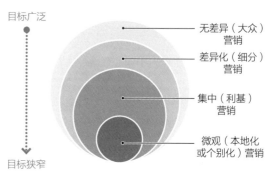

图7-2 目标市场营销战略

无差异营销

使用**无差异营销**（undifferentiated marketing）或大众营销（mass-marketing）战略的企业决定忽略细分市场的差异，仅推出一种产品来服务整个市场。这种大众营销战略聚焦于消费者需求的相同之处，而非不同之处。企业设计一种产品和营销方案来迎合最大数量的购买者。

大多数现代的营销人员都对这一战略持强烈的怀疑态度，因为仅开发一种产品或品牌来满足所有消费者是很困难的，而且采取大众营销战略的营销人员在与更专注于满足特定细分市场和利基市场需求的企业进行竞争时，往往会遇到困难。

差异化营销

使用**差异化营销**（differentiated marketing）或细分营销（segmented marketing）战略的企业决定同时为几个细分市场服务，并为每个细分市场设计不同的产品。丰田针对不同的细分市场推出不同款的汽车。例如，威驰（Vios）是面向新购车者的微型车品牌，中型车普瑞维亚（Previa）面向家庭消费者，中大型车凯美瑞（Camry）的目标群体是企业高管，而豪华车型雷克萨斯（Lexus）则是丰田的高端品牌代表。

通过向细分市场提供不同的产品和营销方案，企业希望在每一个细分市场获得更高的销售额和更强的地位。在几个细分市场上建立更强的地位，能够比在所有细分市场上进行无差异营销创造更高的总销售额。宝洁销售6个不同品牌的洗衣粉，它们在市场上相互竞争，但合起来获得了更高的市场份额。

但是差异化营销也增加了经营成本。针对不同的细分市场制订不同的营销计划需要额外的市场调研、预测、销售分析、促销计划和渠道管理。试图通过不同的广告来

PRINCIPLES OF MARKETING　营销的原则（原书第5版）

触达不同的细分市场会增加促销成本。因此，在决定是否采用差异化营销战略时，企业必须对增加的销售额和增加的成本进行权衡。

集中营销

集中营销（concentrated marketing）或**利基营销**（niche marketing）是指企业不是追求一个大市场中的小份额，而是追求一个或少数几个较小细分市场或利基市场中的大份额。

安缦（Aman）——作为亚洲标志性的豪华度假酒店，安缦提供超优质的服务和奢华的体验。它聚焦于一小群能带来高收益的顾客，他们渴望拥有专属的、幸福的、平和的体验，并在决策时十分谨慎。"Aman"在梵语中的意思是"平和"，正是安缦为顾客所提供的。每个安缦度假村都很小，只在不丹、老挝等20个具有异域情调的国家开设。大型连锁酒店的客房数通常超过400间，而普吉岛安缦度假村只有40间客房，以确保为少数客人提供极具个性化的服务。在安缦的一些度假村，员工与客人的比例为6:1，这在酒店和度假村行业是闻所未闻的。针对这个利基市场，安缦从以下四个方面打造品牌：保持度假村的非机构性，为客人提供奢华的私人住宅（而非酒店），保持高度专属性，以及通过将奢华体验与度假村所在地独特的文化相结合，为顾客提供全面的度假体验。

通过集中营销，企业可以更加了解它所服务的利基市场上消费者的需求，获得特殊的声誉，从而获得强大的市场地位。企业可以根据目标细分市场的需求调整产品、价格和营销方案，使营销更加有效。企业也可以只选择它能提供最佳服务和最有利可图的目标市场，设计产品或服务、渠道、宣传方案，使营销更有效率。

对于小企业来说，利基营销可以让它们把有限的资源集中服务于小市场，这些小市场可能对大型竞争对手而言不重要或被其忽视。许多企业一开始服务于利基市场，以在更大、资源更丰富的竞争对手面前站稳脚跟，然后发展成为更有力的竞争者。例如，亚洲航空最初只在马来西亚提供基本的航空通勤服务，但后来将业务拓展至周边地区，服务目的地包括泰国、印度尼西亚、中国澳门、中国大陆、越南和柬埔寨。

如今，在互联网上开店的成本很低，这使得为看似微不足道的利基市场提供服务成为可能，甚至是有利可图。尤其是小企业，它们试图通过网络服务利基市场，从而获取成功。

虽然集中营销可以获得高额利润，但同时也存在很高的风险。如果企业的所有业务都依赖于一个或几个细分市场，那么一旦细分市场的情况变差，企业就将遭受巨大损失。又或者更大的竞争对手可能决定进入同一细分市场，并投入更多资源。出于这些原因，很多企业喜欢在多个细分市场上进行多元化经营。

微观营销

采用差异化营销和集中营销战略的营销人员根据不同细分市场和利基市场的需求

对产品和营销方案进行量身定制，但他们不为个人顾客定制产品。**微观营销**（**micromarketing**）是根据特定个人和地区的需求定制产品和营销方案。微观营销人员关注的是每一个顾客的个性化需求，而不是每一个顾客本身。微观营销包括本地化营销和个别化营销。

本地化营销。本地化营销（local marketing）是指根据本地顾客群体（城市、社区甚至是特定商店）的需要和需求量身定制品牌和促销活动。例如，日本连锁书店纪伊国屋（Kinokuniya）就实施了本地化营销。在新加坡，它的白沙浮广场分店有大量旅行和职业类的漫画与书籍，吸引了大量的年轻顾客。而它的义安城旗舰店则提供高端生活方式的相关活动，比如茶道表演，这反映了纪伊国屋对不同语言文化书籍的注重。

超本地化营销——地理技术已经帮助丝芙兰等品牌根据顾客所在的位置对营销传播进行定制。

通信技术的进步催生了高科技版的基于位置的营销。由于集成了地理定位技术的智能手机和平板电脑的爆炸式增长，企业现在可以密切追踪消费者的位置，并使其能够随时随地获得本地的交易和信息。丝芙兰（Sephora）等零售商已经加入了超本地化的潮流，对潮流信息和产品建议进行了本地化，使居住在不同地方的顾客能够收到不同的推荐。

本地化营销也存在一些缺点：它降低了规模经济，增加了生产和营销成本；由于企业试图满足不同地区和本地市场的不同要求，因而也会带来物流方面的问题。尽管如此，随着企业面对的市场日益分散，以及新的支持性技术不断发展，本地化营销的优势往往大于劣势。

个别化营销。个别化营销（individual marketing）是微观营销的一种极端，即根据个人顾客的需求和偏好来定制产品和营销方案。个别化营销也被称为"一对一营销""大规模定制"和"个体营销"。

新技术的发展允许企业进行定制营销。详细的数据库、机器生产和柔性制造、互动技术（智能手机、社交媒体等）等相互结合，使品牌能够针对个体顾客进行定位和服务。大规模定制是指企业与大量顾客进行一对一互动，通过定制设计产品、服务和营销方案来满足个别顾客的需求。下面我们来看看日本的一个有趣事例。

日本的罐装饮料自动售货机——日本的一些"智能"自动售货机会根据顾客的年龄和性别推荐饮品。通过面部识别技术和可触摸大屏上的传感器，这些机器可以识别顾客的特征。如果顾客是男性，机器会推荐罐装咖啡饮品；如果是年轻女性，它就会推荐茶饮料或稍甜的饮品。这种推荐还会根据温度和时间的不同而改变。这种带有定制推荐功能的售货机的销售额是普通售货机的三倍。

PRINCIPLES OF MARKETING 营销的原则（原书第5版）

如今的企业可以对任何东西进行高度定制，包括食品、运动鞋、时装秀以及高端奢侈品。例如，糖果爱好者们可以登录 mymms.com，购买每颗小糖果上都印有个性化信息或图片的 M&Ms 巧克力豆；访问 Nike By You 网站可以在线设计和订购专属于你的个性化运动鞋。展望未来，内容提供商可以利用人工智能根据观众的人口统计资料来改变电视节目中的广告，如果一个人在早上看节目，画面中的广告牌上展示的可能是橙汁的广告，而另一个在晚上看同样节目的人则可能会看到酒类产品的广告。

另一个极端例子是"定制"奢侈品。只要价格合适，富有的顾客就可以买到定制设计的商品，无论是爱马仕（Hermès）和古驰（Gucci）的时装及配饰，还是阿斯顿马丁（Aston Martin）或劳斯莱斯（Rolls-Royce）的汽车。95% 的劳斯莱斯顾客会以某种方式定制汽车，顾客可以与劳斯莱斯定制设计团队（包括色彩专家、皮革匠、木工大师）一起坐在满是图片、材料及其他灵感元素的休息室里，设计独特的劳斯莱斯汽车。

除了定制产品，营销人员还提供个性化的广告信息、营销优惠和一对一服务。在现如今的数据和分析技术下，几乎任何顾客参与都可以根据个人顾客的特征、偏好和行为进行调整。

选择目标市场营销战略

在选择目标市场营销战略时，企业需要考虑很多方面的因素：

- *企业资源*。当企业的资源有限时，集中营销是最好的选择。
- *产品的差异性*。无差异营销更适合同质产品，如葡萄柚或钢铁。在设计上有变化的产品，如相机和汽车，更适合差异化营销或集中营销。
- *产品的生命周期阶段*。当企业推出新产品时，只推出一个版本的产品是比较可行的。在这种情况下，无差异营销或集中营销是最好的选择。然而，在产品生命周期的成熟阶段，差异化营销就更加有意义。
- *市场的差异性*。如果大多数购买者的品位相同、购买数量相同、对营销努力的反应相同，那么无差异营销是合适的。
- *竞争者的营销战略*。当竞争者采用差异化营销或集中营销时，企业采用无差异营销就是极为冒险的；相反，当竞争者采用无差异营销时，企业采用差异化营销或集中营销就可以获得竞争优势。

社会责任目标市场营销

明智的目标市场选择使企业专注于能为之提供最好服务并最有利可图的细分市场，从而帮助企业变得更加高效。目标市场选择也有利于消费者——企业精心定制产品来满足特定消费群体的需求。然而，有时目标市场营销也会引起争议和关注，最大的问题通常在于向弱势消费者（如儿童）提供有争议或有潜在危害性的产品。

数字技术可能使儿童更容易受到有针对性的营销信息的影响。传统的针对儿童的电视和平面广告通常包含相当明显的推销用语，很容易被父母发现和控制。然而，数字媒体上的营销信息可能会被巧妙地嵌入内容中，而且孩子们会使用个人的小屏幕设备观看，即使是最细心的父母也不易发现。在数字平台上，教育、娱乐和商业内容之间的界限往往是很模糊的。

互联网、智能手机和精准定位技术的发展，引发了人们对潜在的滥用精准营销的担忧。互联网和移动营销可以更精确地定位目标，使问题产品的制造商或欺骗性的广告商能瞄准最脆弱的受众。无良的营销人员可以通过电子邮件直接向数百万毫无戒心的消费者发送带有欺骗性的定制信息。

如今的营销人员也在使用复杂的分析技术来跟踪消费者的数字动向，并建立包含高度个人化信息的详细顾客档案。然后，这些档案可以被用来为个人消费者提供个性化的品牌信息和优惠。然而，精准定位既可能帮助企业更好地服务顾客，也可能侵犯顾客隐私，营销人员需要把握好度：

你的智能手机有多了解你？你的笔记本电脑能讲什么故事？事实上，你的电子设备可能比你更了解你自己。智能手机和其他数字设备已经成为我们生活的基本延伸。无论你做什么，工作、娱乐、社交或是购物，你的手机、平板电脑、笔记本电脑或台式机都是活动的一部分。这些设备跟着你去任何地方，为你提供娱乐、联系朋友、带你浏览和购物，还能为你提供新闻和信息，甚至能监听你最私密的语音、短信和电子邮件对话内容。这些设备越来越多地与营销人员分享所有的个人信息，而营销人员又会利用这些信息，为你设计个性化的品牌信息和促销活动。营销人员认为，这些私密的个人信息和超精准定位，能帮助他们更好地为顾客和企业服务。顾客可以从他们真正感兴趣的品牌那里获得量身定制的相关信息和优惠。然而，许多消费者隐私倡导者担心，这些隐私信息如果落入不道德的营销人员或他人手中，可能会给消费者带来更多的伤害或担忧，而非好处。他们通常不把大数据和超精准定位看作是"更好地了解消费者，为他们服务"，而是视为"跟踪"和"剖析"消费者。虽然大多数消费者愿意分享一些个人信息，以获得更好的服务，但很多消费者担心营销人员会做得太过火。

因此，在目标市场营销中，真正的问题不在于目标是谁，而是如何以及为什么选择目标。当营销人员试图牺牲目标细分市场的利益来获利时，即当他们不公平地向弱势消费群体营销有问题的产品或采用不当策略时，就会引发争议。

差异化和市场定位

7.4

企业必须确定一个价值主张，即如何为目标细分市场创造差异化价值，以及想要在这些细分市场占据什么位置。**产品定位（product position）**是消费者根据重要属性对产品进行定义的方式，即产品相对于竞争产品在消费者心目中的位置。产品是工厂生产出来的，而品牌是在消费者心中创造出来的。

例如，在汽车市场上，本田飞度的定位是经济型，奔驰的定位是豪华型，宝马的定位是性能型，沃尔沃的定位是极度安全，丰田旗下的节能型混合动力车普锐斯的定位则是针对能源短缺的高科技解决方案。

在体育用品市场上，耐克和阿迪达斯的定位是吸引城市中的富人。在中国繁华的城市和购物区，这两个品牌随处可见。中等价位的李宁以其创始人、中国顶级体操运动员的名字命名，对于喜欢购买本土产品的中国消费者来说，它提供了"品牌民族主义"的独特定位。

在寻求如何对品牌进行定位的方法时，营销人员应该记住，消费者面对的是产品和服务信息的过载，他们不可能在每次做出购买决策时都重新评估产品。为了简化购买过程，消费者在心中对产品、服务和企业进行分类与定位。产品定位是相对于竞争产品而言，消费者对该产品的感知、印象和感觉的复杂集合。

无论有没有营销人员的帮助，消费者都会对产品进行定位，但是营销人员不想对其产品定位听天由命。

上海迪士尼度假区——2016 年 6 月，上海迪士尼乐园开业，与其他主题乐园不同，它为中国游客量身定制。乐园中大约 80% 的设计是上海独有的，使其作为一个中国主题公园，可以有效地让从未听说过迪士尼的中国游客了解这个娱乐品牌。其他迪士尼乐园的入口通常连接主街，但上海的游客则会从入口走进米奇大街，在那里他们会看到经典的迪士尼人物，并了解迪士尼的传统。再往下走，是奇想花园，这里的小花园能够满足中国典型的三代同堂家庭成员的不同需求。在奇幻童话城堡的顶部，生长着对中国人而言具有深厚文化意义的花——牡丹。夜行神龙是根据中国十二生肖中的 12 种动物设计的。乐园的特色餐厅"漫月食府"的房间设计代表中国的不同地区。以非洲和南太平洋的偏远丛林为特色的探险岛，对中国人来说是一个陌生的概念，因此上海乐园中没有这一项目。在建造加勒比海盗游乐设施时，迪士尼发现中国人并不熟悉原来的游乐设施，而是对电影，尤其是对杰克船长能够产生共鸣。因此，与其他加勒比海盗的游乐设施不同，上海的这一游乐设施以杰克·斯派洛为主角，沿用了电影而非初版的游乐设施。最后，《狮子王》的表演使用普通话。剧中人物不仅会说汉语，而且带有明显的中国北方口音。同时，为了迎合中国观众，演出中的中文流行歌曲中包含了不同的方言。此外，为了增加观众的熟悉感，剧组还首次加入了一个新角色——根据中国传说中的孙悟空改编的猴王，他在几个动作场景中帮助了主角狮子辛巴。

他们必须筹划定位，使产品在选定的目标市场上获得最大的优势，并且要设计营销组合来打造所筹划的定位。

定位图

在规划差异化和定位战略时，营销人员经常准备感知定位图，以显示消费者对其品牌和竞争产品在重要购买维度上的看法。图7-3展示了一个虚构的豪华车市场定位图。每个圆圈在图上的位置表明了品牌在两个维度上的感知定位：价格和导向（豪华与性能）。圆圈的大小表示该品牌的相对市场份额。因此，在消费者心中，市场领导者梅赛德斯是价格适中的大型豪华车，兼顾豪华和性能。这款车的定位是城市豪华型，"性能"意味着动力。相比之下，法拉利被认为更加性能导向且价格昂贵，而沃尔沃则被认为是价格较低的豪华车。

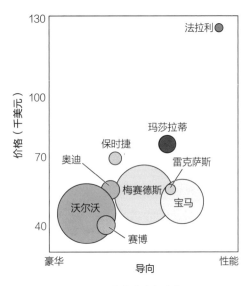

图7-3　豪华车市场定位图

选择差异化和定位战略

一些企业发现选择差异化和定位战略很容易。例如，如果在新的细分市场上有足够多追求质量的顾客，那么一家在某些细分市场以质量著称的企业就会在这个新的细分市场上选择相同的定位。但在很多情况下，会有两家或更多的企业选择同样的定位，所以每家企业都需要通过一些方式使自己与众不同。每个企业都需要通过提供独特的利益组合来使产品差异化，从而在细分市场上吸引足够多的消费者。最重要的是，品牌的定位必须能够满足其选择的目标市场的需求和偏好。

差异化和定位包括三个步骤：

■ 识别可能提供竞争优势的顾客价值差异点，并以此为基础建立定位。
■ 选择合适的竞争优势和整体定位战略。
■ 向市场有效地传播所选择的定位。

识别可能提供竞争优势的顾客价值差异点

为了与目标顾客建立有利可图的关系，营销人员必须比竞争对手更了解顾客需求，并提供更多的顾客价值。如果一家企业能够使自己差异化并定位于提供卓越价值，它就会获得**竞争优势**（competitive advantage）。

但稳固的定位不能建立在空洞的承诺之上。如果企业将自己的产品定位为提供最好的质量和服务，它就必须使产品与众不同，以提供所承诺的质量和服务。企业不能仅仅在广告口号和标语中简单地喊出定位，而必须要将口号付诸实践。例如，"飞越万里，超越一切"长期以来一直是新加坡航空公司的品牌标语。因此，其员工必须在每次服务中始终如一地履行这一承诺，以提供顾客期望的友好服务。为了应对新冠疫情，

（原书第5版）营销的原则 PRINCIPLES OF MARKETING

新加坡航空公司在新客舱和安全性方面大力投资，并为员工提供数字化培训，以提升飞行体验。

为了找到差异点，营销人员应当考虑顾客对企业产品或服务的整体体验。一家精明的企业可以在每一个顾客接触点上做到差异化。企业可以通过哪些具体的方式使自己或其产品与众不同呢？可以在产品、服务、渠道、人员或形象等方面进行差异化。

- 产品差异化的程度在一个连续的维度上变化。一个极端是有些实物产品几乎无法差异化，如鸡肉、钢铁、阿司匹林。然而即使是这些产品，也可以做一些有意义的差异化。例如，某些类型的鸡蛋（比如含有 Omega - 3 的鸡蛋）据称比其他类型鸡蛋的胆固醇含量更低。另一个极端是可以高度差异化的产品，如汽车、服装和家具。这些产品在特征、性能、风格和设计上都可以进行差异化。
- 企业可以通过提供快速、便利或细致的送货服务来实现服务差异化。印度泰姬酒店设有"网络管家"，方便客人在酒店的任何地方连接互联网。新冠疫情以来，一些航空公司会向乘客提供酒精湿巾和洗手液。
- 企业可以通过设计渠道的覆盖范围、专业程度和表现来实现渠道差异化，从而获得竞争优势。亚马逊凭借其运作顺畅的直营渠道实现差异化，淘宝则凭借其遍布全球的众多商家以及为世界各地的企业和顾客提供服务的能力脱颖而出。
- 企业可以通过雇佣和培训优于竞争对手的人员来实现人员差异化。迪士尼的员工以友好和乐观闻名，空乘人员的优雅为新加坡航空公司赢得了良好的声誉。人员差异化要求企业谨慎选择与顾客接触的员工，并强化对他们的培训。例如，迪士尼对其主题乐园的员工进行了大量培训（包括酒店前台、单轨火车司机、游乐设施服务人员、清洁工），以确保其能够胜任工作、礼貌和友好。每位员工都受过精心的培训，从而能更好地了解顾客并"让人们感到快乐"。
- 形象差异化是指即使竞争对手的产品看起来是一样的，购买者也会感觉到不同。企业或品牌形象应该传达产品的独特利益和定位。打造一个鲜明而独特的形象需要创造力和努力，企业不可能仅靠几条广告就使品牌形象树立在公众心中。如果香格里拉酒店要成为品质的代名词，那么企业的一切言行都必须支持这一形象。

麦当劳的金色拱门、耐克的对号商标、谷歌的彩色标识等符号可以提供鲜明的企业或品牌识别和形象差异化。企业可以围绕某位名人打造品牌，就像耐克推出飞人乔丹篮球鞋那样。一些企业甚至与颜色联系在一起，比如 Grab（绿色）或可口可乐（红色）。企业所选择的符号、字符及其他图像元素必须通过广告传递企业或品牌的个性。

选择合适的竞争优势

假设一家企业具有几个潜在的能提供竞争优势的差异点，那么它现在必须决定要选择用哪些差异点来建立定位战略，它还必须决定要对多少差异点以及哪些差异点进行宣传。

选择对多少差异点进行宣传？许多营销人员认为，企业应该只向目标市场宣传一个利益点。例如，前广告主管罗瑟·里夫斯（Rosser Reeves）曾说，一家企业应该为每个品牌制定一个独特的销售主张并一直坚持下去，每个品牌都应该选择一个属性并标榜自己在这个属性上是"第一"。消费者往往更容易记住第一名，尤其是在这个信息被过度宣传的社会。因此，沃尔沃一直在宣传其安全性，而优衣库则一直在宣传其休闲服装是物有所值且具有科技含量的。

其他营销人员则认为，企业可以在多个差异点上进行定位，特别是当两个或更多企业在相同属性上都声称自己最好时，这一点就尤为必要了。如今大众市场被分割成许多小的细分市场，企业也试图通过拓宽定位战略以吸引更多的细分市场。例如，在印度，宝洁公司将碧浪洗涤剂定位为既能超强去污又有芳香气味。碧浪对印度洗衣市场的调研显示，洗涤剂中的香味对于进行日常洗衣工作的家庭主妇而言非常重要。因此，碧浪洗涤剂有茉莉花香的，也有当地小茶花香的。然而，企业对更多品牌利益点的宣传会使其面临不被信任和定位模糊的风险。

对哪些差异点进行宣传？并非所有的品牌差异点都是有意义或有价值的，不是每一个差异点都是好的差异点。每个差异点都可能在创造顾客利益的同时增加企业成本。一个有价值的差异点需要满足以下标准：

- *重要性*：该差异点能够给目标顾客带来很高价值。
- *独特性*：竞争者无法提供该差异点，或者企业能够以更加独特的方式提供该差异点。
- *卓越性*：该差异点优于顾客为获得同样利益而采取的其他方式。
- *可沟通性*：对于顾客而言，该差异点可沟通并且可见。
- *领先性*：竞争者很难模仿该差异点。
- *可负担性*：顾客能够负担该差异点的价格。
- *可盈利性*：企业能够通过该差异点获得利润。

营销实践 7.2 讨论了淘宝如何在中国市场战胜拥有专长和资源的 eBay 和亚马逊。淘宝之所以能够赢得中国消费者的心，是因为其定位能让消费者产生共鸣。

营销实践7.2

淘宝：世界上最大的购物中心

亚马逊进入中国后失败了，eBay 也是如此，但淘宝仍在蓬勃发展。在中国，阿里巴巴的零售平台主导着电子商务市场。淘宝于 2003 年 5 月由阿里巴巴集团创立，是当今最大的电子零售平台之一，月活跃用户超过 6.17 亿。

淘宝，字面意思是"寻找宝藏"，淘宝几乎什么都卖，从化妆品、配件到电子产品等。与亚马逊和 eBay 一样，它也促进了个人消费者和卖家（包括零售商和批发商）之间的交易。

PRINCIPLES OF MARKETING 营销的原则（原书第5版）

淘宝的成功出人意料。早在淘宝成立的前一年，eBay 进入了中国市场，一心一意要引领中国市场。在阿里巴巴的创始人兼首席执行官马云推出淘宝网站以抵御美国巨头后，eBay 的市场份额迅速下降，最终在 2006 年因淘宝的成功而关闭业务，及时止损。2004 年亚马逊通过收购中国在线书店和零售商卓越网进入中国市场，但该网站未能达到其被寄予的厚望，2019 年亚马逊宣布退出中国电子商务市场。

淘宝中文网站色彩鲜艳，信息繁多，反映了典型的中国实体购物环境。

成功的关键

那么，淘宝为何能超越 eBay 和亚马逊等老牌在线企业呢？淘宝理解中国消费者对在网上被骗的恐惧，并试图逐渐灌输信任。在 2003 年淘宝面世时，国内消费者对在无法检查商品的情况下购物的想法还很陌生，广泛存在的欺诈行为和对互联网的普遍误解使消费者对在线购物持谨慎态度。为了减轻这些担忧，淘宝推出了一项可选的托管服务，买家可以将钱转到第三方在线支付平台支付宝（AliPay）中，支付宝通知卖家买家已转账，然后卖家将商品发送给买家，只有当买家收到并检查商品后，支付宝才会允许卖家提取款项。由于大多数中国消费者不使用信用卡，所以与 PayPal 不同，支付宝系统不需要通过信用卡来进行交易，而是使用中国的借记卡账户。

淘宝也明白，谈判和讨价还价是中国购物者所期待的体验的一部分。为了实现这一点，淘宝推出了聊天室工具阿里旺旺，购物者可以与卖家协商价格，甚至还可以直接与卖家互动，询问有关产品的问题。

淘宝的设计赋予了它强烈的地方特色。其公司标志性的红色和橙色象征着喜庆和繁荣，传达了每个中国人都熟悉和喜欢的信息。除此之外，它的网站上信息丰富，与谷歌有意为之的稀疏设计不同，淘宝的官方网站上布满链接，模拟了中国的实体购物环境——嘈杂、繁忙、丰富多彩。

为了利用中国人的民族主义情绪，淘宝管理团队的每个成员都有一个昵称，每个昵称都与中国著名功夫小说中的一个虚构人物相对应。这种不拘礼节的方式让中国购物者感觉自己是受欢迎的，并且是更大的华人社区的一部分。

淘宝已经成功地吸引了大企业在这个电子零售门户网站上销售自己的产品。中国最大的书店新华书店和日本领先的休闲服饰制造商优衣库都在淘宝的平台上进行销售。中国东方航空公司已经与淘宝及支付宝联合建立了一个在线机票预定商城，从而触达更多的人。

淘宝还创造了大规模在线销售的一些新趋势。其成功的限时抢购活动之一是将一个默默无闻的学生节日变成了一个在线节日。11 月 11 日（光棍节），成为 2019 年全球最大的购物日，第一个小时的销售额就达到了 120 亿美元，24 小时内的销售额超过 310 亿美元。2019 年，淘宝甚至邀请泰勒·斯威夫特在促销活动中演唱。光棍节的成功也使线下零售商开始在 11 月 11 日举办类似的促销活动。

随着智能手机渗透率的提高，以及一线地区以外城市智能手机渗透率以最快的速度增长，这些地点的"遥远"距离对淘宝来说是有利的，因为线下零售商向这些地区配送的能力有限。

来源："Online Shopping Boom in China," www. china. org. cn, 9 January 2010; Christina Larson, "The Secret of Taobao's Success," www. bloomberg. com, 18 February 2014; "Why Taobao Succeeds in China unlike eBay?" www. saos. biz, 20 July 2013; Adam Minter, "Who Lost China? Amazon," www. bloomberg. com, 10 September 2015; Daniel Keyes, "Amazon Is Struggling to Find Its Place in China," www. businessinsider. com, 30 August 2017; Arjun Kapal, "Alibaba Breaks Singles Day Record with More Than ＄38 billion in Sales," 11 November 2019, www. cnbc. com; Michael Grouthas, "Alibaba Says Singles Day Sales Brought in a Record ＄31 billion This Year," 12 November 2019, www. fastcompany. com.

许多企业曾推出过不符合上述一个或多个标准的差异点。例如，新加坡的威斯汀斯坦福德酒店（Westin Stamford Hotel）宣传自己是世界上最高的酒店，但这一差异点对大多数游客来说并不重要。相反，游客们要找的是安全并且可以到达名胜景点的酒店，是否是世界最高的酒店无足轻重。因此，在定位产品或服务时，选择竞争优势是很困难的，而这一选择可能是企业成功与否的关键。以下是一个打造有效竞争优势的例子：

夏芙（Safi）——马来西亚清真个人护理领导品牌，目标群体是 30 岁及以上的马来西亚女性，她们寻求皮肤抗衰护理解决方案，同时又不违背伊斯兰价值观。夏芙的所有产品均由天然原料制成，不含酒精和动物成分。夏芙已经成功地将自己定位于对其目标市场重要而独特的品质之上。在推出 24K 纳米金抗老系列时，选择了黄金这种贵金属，是因为它是马来西亚人十分熟悉的元素，是传统马来西亚美容手段 susuk 所使用的原料之一。这种做法早于马来西亚的伊斯兰化，因此现代伊斯兰学者认为它是非法或被禁止的。夏芙以此为契机，推出了强调黄金且符合清真的护肤理念，因为消费者相信黄金是一种有效的护肤成分。纳米大小的 24K 黄金足以穿透皮肤的第二层，使皮肤更加紧致，防止皱纹形成。此外，由于只有纳米大小，黄金不会在皮肤下积聚。夏芙甚至还获得了马来西亚伊斯兰清真认证机构（Malaysian Islamic Body of Halal Certification）对该产品的清真认证。

PRINCIPLES OF MARKETING 营销的原则（原书第 5 版）

选择总体定位战略

品牌的全面定位被称为品牌的**价值主张**（value proposition），即品牌差异化和定位的利益矩阵，它回答了顾客关于"我为什么要购买你的品牌"的问题。沃尔沃的价值主张强调安全性，但同时也包括可靠性、舒适性和时尚性，基于利益矩阵，沃尔沃的价格即使高于平均水平，显然也是合理的。

图7-4显示了企业可能用于定位其产品的所有价值主张。图中五个绿色的单元格代表成功的价值主张，即能给企业带来竞争

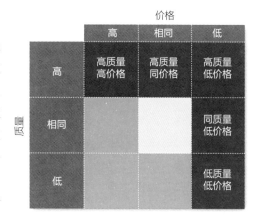

图7-4　可能的价值主张

优势的差异化和定位；蓝色的单元格代表失败的价值主张；中间的黄色单元格充其量代表边缘的价值主张。接下来，我们将讨论5种成功的价值主张，企业可以基于这些价值主张来定位产品：高质量高价格、高质量同价格、同质量低价格、低质量低价格、高质量低价格。

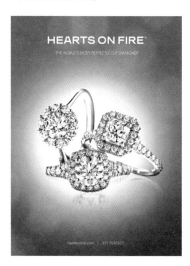

高质量高价格定位——Hearts On Fire钻石为"全世界车工最完美的钻石"创造了一个高质量高价格的利基市场——愿意为高质量支付高价格的人们。

高质量高价格。这一定位是指提供最高档的产品或服务，并收取更高的价格以弥补更高的成本。企业这样做不仅提供了更高的质量，还能给消费者带来声望。丽思卡尔顿酒店、万宝龙书写工具、爱马仕皮包和梅赛德斯汽车——每一家都宣称自己的品质、工艺、耐用性、性能或风格卓越，并收取与之相匹配的价格。

Hearts On Fire钻石的营销人员为"全世界车工最完美的钻石"创造了一个高质量高价格的利基市场。Hearts On Fire钻石拥有独特的"心与箭"设计，当从底部放大观察时，一个由八颗心组成的环出现在顶部，形成完美的火焰状光。该企业表示，Hearts On Fire钻石并不适合所有人，因此其价格比同类竞争钻石高出15%~20%。

一般来说，在任何未得到完全开发的产品或服务类别中，企业都应该寻找机会推出高质量高价格的品牌。然而，高质量高价格的品牌可能很脆弱，经常要面对声称具有同样质量但价格更低的模仿者。例如，在很多用户眼中，谷歌Pixel和三星Galaxy Edge等智能手机提供的功能甚至比iPhone更令人满意。此外，在经济繁荣时期销售良好的奢侈品在经济低迷时期可能会面临风险，因为消费者在消费方面会变得更加谨慎。

高质量同价格。企业可以通过将自己的品牌定位为高质量同价格来攻击竞争对手

的价值主张。例如，一些时装连锁店将自己定位为"高档折扣店"，并宣称自己在商店氛围、服务、时尚商品和优雅的品牌形象方面做得更好，但价格与百货公司和其他折扣店相当。

同质量低价格。以更低的价格提供同样的质量是一个强有力的价值主张，因为每个人都喜欢划算的交易。沃尔玛等折扣店采用的就是这种定位，它们提供许多与百货公司和专卖店相同的品牌，但强大的购买力和更低的运营成本使其能提供很大的折扣。另一些企业则开发相似但价格更低的品牌，从市场领导者手中抢夺顾客。例如，华为销售与思科产品类似的可靠、低成本的转换器和路由器。

低质量低价格。低质量低价格的产品总是有市场的，很少有人需要、想要或者负担得起所有"最好的"东西。在很多情况下，消费者愿意以较低的价格接受不是最佳性能的产品。例如，很多旅行者在住宿时都不愿意为他们认为不必要的额外项目付费，比如游泳池、附属餐厅或枕头上的薄荷糖。因此，华美达等连锁酒店不再提供这些设施，并相应地降低了收费。

低质量低价格的定位是指以低得多的价格来满足消费者更低的性能或质量要求。日本大创（Daiso）以最低 1.6 美元的价格销售所有产品。亚洲航空（AirAsia）、酷航（Scoot）、飞鸟航空（Nok Air）等廉价航空公司也采用这种定位。

高质量低价格。当然，成功的价值主张还要数高质量低价格，很多企业都声称是这样做的。而且在短期内，一些企业确实可以维持这一崇高定位。但从长远来看，企业会发现很难维持这种"两全其美"的定位。提供更多价值通常会带来更高的成本，从而难以兑现"低价格"的承诺。试图同时做到这两点的企业可能会输给定位更集中的竞争对手。

总而言之，每个品牌都应该采取一种定位战略，以满足其目标市场的需求。高质量高价格会吸引一个目标市场，而低质量低价格则会吸引另一个目标市场，以此类推。因此，在任何一个市场中，通常都有许多不同企业的立足空间，每类企业都能占据一席之地。重要的是，每家企业都要制定属于自己的成功定位战略，使其在目标消费者心中成为独特的那一个。

制定定位陈述

企业和品牌的定位应该总结在**定位陈述（positioning statement）**中。定位陈述应该遵循以下形式：对于（目标市场和需求）而言，我们（品牌）是（概念），即（差异点）。例如：

"对于时刻处于忙碌状态的移动用户来说，iPad 是一个多点触屏无线连接网络的解决方案，只需动动手指，就可以轻松体验上网、收发电子邮件、浏览照片和视频。"

请注意，定位首先说明了产品所处的类

定位——iPad 的一个定位是，它为时刻处于忙碌状态的移动用户提供了一个多点触屏无线连接网络的解决方案，只需动动手指，就可以轻松体验上网、收发电子邮件、浏览照片和视频。

PRINCIPLES OF MARKETING　营销的原则（原书第 5 版）

别（iPad 是一个无线连接网络解决方案），然后展示了它与该类别其他产品的不同之处（上网、收发电子邮件、浏览照片和视频）。将一个品牌置于一个特定的类别中，表明它与该类别中的其他产品有相似之处，但一个品牌的优势则在于它的不同之处。

传播企业所选择的定位

一旦选择了一个定位，企业就必须采取强有力的措施向目标消费者宣传这一定位。企业所有的营销组合都必须支持定位战略。

企业定位需要具体的行动。如果企业选择定位于更好的质量和服务，必须先宣传这一定位。设计营销组合时，即产品、价格、渠道和促销，就是要为定位战略制定策略细节（见图7-5）。因此，一个采取"高质量高价格"定位的企业知道自己必须生产优质产品，收取高价格，通过优质的经销商进行和分销，在高质量的媒体上投放广告。雇佣和培训更多的服务人员，与服务声誉良好的零售商合作，设计销售和广告信息来宣传其卓越服务。只有这样才能建立一致和可信的"高质量高价格"定位。

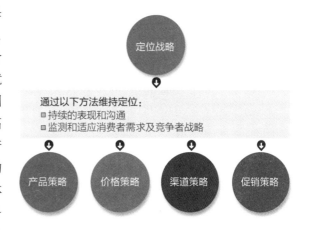

图7-5 企业的营销组合必须支持其定位战略

企业常常认为制定一个好的定位战略比实施更容易。建立或改变定位通常需要很长时间，相比之下，花费数年时间建立起来的定位可能在顷刻间被摧毁。一旦企业建立了理想的定位，就必须通过持续的表现和沟通来维持这一定位。企业必须持续密切监控和调整自己的定位，以适应消费者需求和竞争对手战略的变化。然而，企业应该避免突然的变化，因为这可能会让消费者感到困惑。一个产品的定位应该在不断变化的营销环境中逐渐演变。

目标回顾

本章介绍了顾客驱动营销战略的主要要素：市场细分、目标市场选择、差异化和市场定位。营销人员知道不可能在市场上吸引所有的消费者，或者至少不可能以同样的方式吸引所有的消费者。因此，今天的大多数企业都实行目标市场营销，即确定细分市场，选择其中的一个或多个细分市场，开发适合每个细分市场的产品和营销组合。

目标 1：定义设计顾客驱动营销战略的主要步骤：市场细分、目标市场选择、差异化和市场定位。

顾客驱动营销战略始于选择要服务的顾客并确定最适合目标顾客的价值主张，包括以下四个步骤。

市场细分是将一个市场划分为不同的购买者群体，这些群体有不同的需求、特征或行为，可能需要不同的产品或营销组合。一旦确定了细分市场，企业就会进行目标市场选择，即对每个细分市场的吸引力进行评估并选择一个或多个细分市场进行服务。目标市场选择还包括制定战略，从而与目标顾客建立适当的关系。差异化是指开发差异化的产品，以创造卓越的顾客价值。定位是指树立产品在目标顾客心中的地位。

目标2：列出并讨论消费者市场和商业市场细分的主要依据。

细分市场的方式并不唯一，营销人员可以尝试使用不同的变量，看看根据哪个变量细分市场能带来最好的营销机会。对于消费者市场而言，主要的细分变量有地理、人口统计、心理和行为。地理细分指的是将市场划分为不同的地理单元，如国家、地区、省、市、县以及社区；人口统计细分是根据年龄、生命周期阶段、性别、收入、职业、教育、宗教、种族、代际等人口统计变量将市场划分成不同的群体；心理细分是指根据社会阶层、生活方式或个性特征，将市场划分为不同的群体；行为细分指的是根据消费者的使用时机、利益偏好、使用状况、使用率、忠诚度，将市场划分为不同的群体。商业营销人员使用很多相同的变量来细分市场，商业市场也可以通过人口统计因素（行业、企业规模）、经营特征、采购方式、情境因素和个人特征来进行细分。细分市场分析的有效性取决于细分市场的可衡量性、可进入性、规模性、差异性和可执行性。

目标3：解释企业如何识别有吸引力的市场细分并确定目标市场选择战略。

为了识别出最佳的细分市场，企业首先要评估每个细分市场的规模和成长性、结构吸引力以及与企业的目标和资源的兼容性。然后企业可以从四种目标市场营销战略中选择一个，从将目标细分市场定得很广泛到很狭窄。卖家可以忽略细分市场之间的差异，将目标市场定得很广泛，使用无差异（大众）营销，即以几乎相同的方式面向所有消费者进行大规模的生产、分销和促销相同的产品。或者卖方可以采取差异化（细分）营销，为几个细分市场开发不同的产品。集中（利基）营销涉及只关注一个或几个细分市场。最后，微观（本地化或个别化）营销是根据特定个人和地区的需求定制产品和营销方案，包括本地化营销和个别化营销。哪种目标市场营销战略最好，取决于企业资源、产品的差异性、产品的生命周期阶段、市场的差异性和竞争者的营销战略。

目标4：讨论企业如何对其产品进行差异化和市场定位，以获得最大的竞争优势。

一旦企业决定进入哪些细分市场，就必须确定其差异化和定位战略。差异化和定位包括三个步骤：识别可能提供竞争优势的顾客价值差异点，选择合适的竞争优势，选择总体定位战略。品牌的全面定位被称为价值主张，即品牌定位的利益矩阵。一般来说，企业可以基于以下5种成功的价值主张来定位产品：高质量高价格、高质量同价格、同质量低价格、低质量低价格、高质量低价格。企业和品牌的定位总结在定位陈述中，阐明了目标细分市场及其需求、定位理念和具体的差异点。企业还必须将其所选择的定位向市场进行有效的传播。

PRINCIPLES OF MARKETING

营销的原则（原书第5版）

第 8 章　产品、服务和品牌战略

目标概览

目标 1　定义产品和服务的主要分类。

目标 2　描述企业针对单个产品、产品线和产品组合所做的决策。

目标 3　确定影响服务营销的四个特征以及服务所需的其他营销考虑因素。

目标 4　讨论品牌战略，即企业建立和管理品牌时所做的决策。

内容导览

在研究了顾客驱动营销战略之后，我们现在更深入地研究营销组合，即营销人员用来实施战略、吸引顾客和传递卓越顾客价值的策略工具。在本章和下一章中，我们将研究企业如何开发和管理产品、服务和品牌。然后，在接下来的章节中，我们将研究定价、分销和营销传播工具。

产品和品牌通常是第一个也是最基本的营销考虑因素。我们从一个看似简单的问题开始：什么是产品？答案并没有那么简单。

为了更深入地了解什么是产品，我们先来看看海底捞火锅店的例子。这不是一家供应中餐的普通中餐馆，对顾客来说，海底捞的"产品"远不止于此。海底捞在亚洲的成功是其与顾客互动并在整个用餐体验中为顾客创造价值的结果。海底捞的核心不只是销售餐食，它销售的是一种体验。

Charles O. Cecil/Alamy Stock Photo

海底捞火锅店：不寻常的服务

你有没有在餐厅等位的时候想要做美甲？或者希望有一个钢化玻璃膜来保护你的手机屏幕？或者折纸星星？下棋？吃爆米花？吃冰淇淋？这些体验都在海底捞火锅店等待着你。

虽然对不知情的人来说，这很奇怪，但我们经常能看到顾客通过这些活动来打发时间，他们要等上一到两个小时才能有空桌。对他们来说，海底捞提供了一种独特而愉快的用餐体验，不像其他餐厅基本只提供食物。

海底捞的起步很不起眼。1994 年，其创始人张勇和一位同学在中国四川省开了第一家海底捞餐厅。海底捞的字面意思是"从海洋深处捕鱼或舀取"，但在俚语中也有"财富"的意思。

两个人都与自己的妻子一起努力为顾客提供辛辣的食物和草本汤底。他们相信，要赢得顾客的心，最好的方法是真诚的态度，这不仅体现在对菜肴的关注上，也体现在对待顾客和员工的方式上。张勇说："有时候生活真的不公平。这就是为什么我坚持要有一个善待他人的中层管理团队。这很重要……我想建立一个相互信任、相信善良和诚实的团队。"

"顾客受到极大的尊重和关注。"

顾客受到极大的尊重和关注。一些海底捞餐厅，比如北京的一家，提供门前代客泊车服务，工作日还提供免费洗车服务。顾客在等位的过程中受到款待：女士可以免费做美甲，男士可以擦鞋，一家人可以在享受免费水果和饮料的同时玩跳棋或扑克牌。

海底捞非凡的服务贯穿整个晚上。由于顾客喜欢在吃饭的时候查看手机，海底捞为手机提供塑料密封袋，以避免手机沾到食物和油脂。如果手机电池电量不足，海底捞还会提供充电宝，以确保顾客永远不会失联。

海底捞会频繁发放热手巾，以便顾客在处理完食物后清洁手指。如果顾客不想因为剥虾壳而弄脏手指，尤其是那些刚刚做过美甲的顾客，海底捞的服务员会微笑着为你剥虾壳。顾客们还会得到围裙，以免弄脏衣服。长发顾客会得到皮筋，以便在喝汤时把头发扎起来。餐具持续被更换，这样桌面就不会被空盘子或吃剩的贝壳和酱汁弄得乱七八糟。单独用餐的顾客也会得到这种体贴服务，海底捞会提供一只巨大的泰迪熊玩偶陪伴孤独的食客！

这还不是全部。在一些海底捞餐厅里，顾客们还能看到变脸表演。变脸是一种古老的中国戏剧艺术，是川剧的一部分。表演者们伴随着快速、戏剧性的音乐移动，穿着色彩鲜艳的服装，戴着色彩鲜艳的面具，这些面具在扇子挥动、头部移动或手挥动时瞬间改变。

倒茶和制作面条也是娱乐的一部分。一名服务员将茶端上来，挥舞着一个有细长壶嘴的茶壶，表现出功夫般的技艺。如果你点了拉面，服务员在上面时会像奥林匹克体操运动员用丝带跳舞一样，根据顾客需求把面像套索一样拉、旋转、摇摆成或粗或细的3米长面条，再将面条放入火锅中煮熟。

海底捞是如何确保如此高水平的持续服务的？它采用学徒模式，新员工会得到一位经验丰富的同事作为导师，为其提供在职培训和指导。新员工将在不同的职位轮岗，每个职位都有不同的导师。在他成为一名餐厅经理之前，他会经历几个导师，并从他们每个人身上学到不同的技能。

导师的作用不仅仅体现在专业方面，导师也像家里的长辈一样在生活中帮助学徒——他们一起出去吃饭，讨论工作和个人问题。这充分体现了张勇的信任和友善哲学。

海底捞的员工变得像家人一样。他们可能会得到免费的公寓和保姆，员工福利还包括子女教育津贴。获得月度最佳员工奖的人甚至可以获得父母补贴津贴。海底捞甚至成立了一个家庭照顾团队，在紧急情况下为员工拨款。员工推荐进一步强化了家庭观念。每一次成功的推荐都会奖励奖金，大约60%的海底捞员工是由其他员工推荐的。因此，员工及其家人感到被照顾，很高兴能让自己的亲戚在这个连锁餐厅工作。

这些举措都让员工感到开心，海底捞希望他们也能让顾客开心。因此，与几乎所有其他企业都不同的是，绩效评估并非纯粹由财务驱动。海底捞一线员工的考核标准是顾客满意度和工作热情。与此同时，对管理人员的评估是基于他们培养下一代管理者的能力。

但这如何转化为利润呢？海底捞的理由是，盈利能力取决于餐厅的位置，因此仅根据财务指标对餐厅进行比较是困难和不公平的。但是，只要顾客满意度高、员工工作热情高、管理者培养能力高，它就达到了绩效标准。

海底捞的例子表明，营销人员必须打造能与顾客建立连接的产品和品牌。本章从一个看似简单的问题开始：什么是产品？之后我们将介绍产品在消费者市场和商业市场的分类方法。然后我们讨论营销人员针对单个产品、产品线和产品组合所做的重要决策。接下来，我们考察一种特殊形式的产品——服务的特点和营销要求。最后，我们将探讨营销人员如何建立和管理产品和服务品牌这一至关重要的问题。

什么是产品

产品（product） 是向市场提供的能够被关注、获得、使用或消费，并可以满足某种需求的任何东西。产品不仅仅包括有形的商品，而且包括物品、服务、事件、人员、地点、组织、想法或它们的组合。我们使用术语产品来从广义上囊括这些东西中的任何一项或全部。因此，苹果 iPad、丰田凯美瑞和星巴克绿茶星冰乐都是产品，微信支付电子钱包、东京迪士尼乐园之旅、来自家庭医生甚至是平安好医生应用程序的医疗建议也是产品。

考虑到服务在世界经济中的重要性，我们给予其特别关注。**服务（service）** 是产品的一种形式，它由可供出售的活动、利益或满意度组成，本质上是无形的，不会带来任何所有权的转移。服务的例子包括银行的服务、酒店的服务、航空公司的服务、零售商的服务等。

产品、服务和体验

产品是整个市场供应的一个关键因素。营销组合计划始于为目标顾客提供有价值的产品，这一产品是企业建立可盈利的顾客关系的基础。

企业的市场供应通常同时包括有形商品和服务。在一种极端情况下，供给是纯粹的有形商品，如肥皂、牙膏或盐，产品不附带任何服务；另一个极端情况是纯粹的服务，其供给主要由服务组成，例如医生检查或在线服务；然而，在这两个极端之间，存在很多商品和服务的组合。

随着产品和服务变得越来越商品化，企业在为顾客创造价值方面正在进入一个新阶段。为了使产品差异化，企业和品牌正在创造和管理顾客体验。

对于一些企业来说，体验一直是营销的重要组成部分。海底捞火锅店确保外出就餐不仅仅是吃美味的食物，还是一种体验，比如，在等位时可以免费做美甲，在就餐时可以欣赏拉面和工夫茶表演。在迪士尼主题乐园里，演员们（迪士尼员工的统称）会为每一位顾客送上一千个"小惊叹"。苹果公司高度成功的零售店不仅销售公司的产品，它们还创造吸引人的苹果品牌体验。

创造顾客体验——除了销售产品，苹果高度成功的零售店还创造了引人入胜的品牌体验。

苹果（Apple）——苹果零售店是非常诱人的地方，"让生活更美好"的体验比比皆是。零售店的设计干净、简单、时尚，就像苹果 iPad 或轻薄的 MacBook Air 一样。这些熙熙攘攘的商店感觉更像社区中心而不是零售店，成群的顾客在那里试用商品，兴奋地谈论着与苹果有关的一切。零售店鼓励顾客购买，也鼓励顾客逗留，桌子上摆满了功能正常的 Mac 电脑、iPad 和 iPhone 等待顾客试用，几十位悠闲的苹果员工就在附近准备回答问题，迎合每一个突发奇想。苹果零售店在天才吧（Genius Bar）提供专家技术支持，还会安排工作坊，使顾客可以了解自己的苹果设备并进行创意探索。你不只是去逛苹果零售店，你还拥有了其他消费电子公司无法提供的体验。

产品和服务的层次

产品规划者需要在三个层次上考虑产品和服务（见图8-1）。每个层次都会增加顾客价值。这三个层次是：

- *核心顾客价值*。核心顾客价值是最基本的层次，它解决的问题是：购买者真正购买的是什么？在设计产品时，营销人员必须首先明确这一核心问题，即顾客寻求的利益或服务是什么。一位购买口红的女士购买的不只是唇色。露华浓（Revlon）的创始人的查尔斯·郎弗迅（Charles Revson）很早就看到了这一点："在工厂里，我们生产化妆品；在商店里，我们出售希望。"购买iPad的人购买的不仅仅是一台平板电脑，他们购买的还是娱乐、自我表达、生产力以及与朋友和家人的联系。
- *实际产品*。在第二个层次，产品规划者开发产品和服务的特征、设计、质量水平、品牌名称和包装。例如，iPad是一个实际产品，它的名称、零部件、款式、功能、包装和其他属性都被精心地组合在一起，以传递其核心价值——保持联系。
- *附加产品*。产品规划者围绕核心利益和实际产品提供附加的顾客服务和利益。iPad不仅仅是一个数字设备，它为消费者提供了完整的连接解决方案。因此，当消费者购买iPad时，苹果及其经销商还会对零部件和工艺提供担保，在需要时提供快捷的维修服务，以及提供在顾客遇到问题时可以进行查询的网站和移动门户。除了iCloud服务，苹果还提供了大量的应用程序和组件，可以将顾客位于任何地点的所有设备上的照片、音乐、文档、应用程序、日历、联系人及其他内容整合在一起。

消费者认为产品是满足其需求的复杂的利益组合。在开发产品时，营销人员必须首先确定消费者从产品中寻求的核心顾客价值，然后设计实际产品，并设法增强产品以创造顾客价值和完整、令人满意的品牌体验。

图8-1 产品的三个层次

产品和服务的分类

根据使用产品和服务的消费者类型，产品和服务可分为两大类：消费品和工业品。广义而言，产品还包括其他可供出售的对象，如组织、人员、地点和想法。

消费品

消费品（consumer products） 是最终消费者为个人消费而购买的产品和服务。营销人员通常根据消费者的购买方式对这些产品和服务进行分类。消费品包括便利品、选购品、特购品和非渴求品，这些产品在消费者购买方式和营销方式上各不相同（见表8-1）。

表8-1　消费品的营销考虑因素

营销考虑因素	消费品类型			
	便利品	选购品	特购品	非渴求品
消费者购买行为	购买频率高 很少计划 很少进行比较或为购买花费精力 顾客参与度低	购买频率较低 大量计划并为购买花费很多精力 比较不同品牌的价格、质量、款式	强烈的品牌偏好和忠诚 为购买付出特别的努力 很少比较品牌 价格敏感度低	很少的产品知晓度和知识（或者即使知晓，也没什么兴趣或避之唯恐不及）
价格	低价	价格较高	高价	各不相同
分销	大范围分销 销售点便利	在较少的商店进行有选择的分销	每个市场区域只在一个或几个商店进行独家分销	各不相同
促销	生产商大规模促销	生产商和分销商的广告和人员销售	生产商和分销商更加谨慎地进行针对性促销	生产商和经销商激进的广告和人员销售
举例	牙膏、杂志、洗衣粉	大型家电、电视、家具、服装	奢侈品，如劳力士手表或精美水晶	人寿保险、献血

便利品（convenience products） 是消费者经常、即时购买的消费品和服务，并且在购买时很少进行比较，也不怎么花费精力，例如肥皂、糖果、报纸和快餐。便利品通常价格低廉，营销人员将它们放置在很多销售点出售，以便顾客需要时随时购买。

选购品（shopping products） 是指购买频率较低的消费品和服务，消费者在购买时会仔细比较它们的适用性、质量、价格和款式。在购买选购品和服务时，例如家具、服装、大型家电、航空服务，消费者花费大量时间和精力收集信息并进行比较。选购品营销人员通常通过较少的销售点分销产品，但会提供更深入的销售支持以帮助顾客进行比较。

特购品（specialty products） 是具有独特特征或品牌标识的消费品和服务，有相当一部分购买者愿意为购买特购品付出特别的努力，例如特定品牌和类型的汽车、昂贵的摄影设备、设计师服装、医疗或法律专家的服务。比如兰博基尼（Lamborghini）汽车就是一种特购品，因为购买者通常愿意长途跋涉去购买。购买者通常不会对特购品进行比较，他们只会把时间花费在寻找其所需产品的经销商上。

非渴求品（unsought products） 是指消费者不知道或者知道但通常不会考虑购买

PRINCIPLES OF MARKETING　营销的原则（原书第5版）

的消费品。大多数重大创新产品在消费者通过广告了解它们之前都是非渴求品。消费者知道但非渴求的产品和服务的典型例子是人寿保险、葬礼服务和献血。非渴求品的本质决定了它们需要大量的广告、人员销售和其他营销努力。

工业品

工业品（industrial products） 是用于进一步加工或用于商业经营而购买的产品。因此，消费品和工业品之间的区别就在于购买产品的目的。如果一位消费者购买 iPad 是为了个人使用，那么这台 iPad 就是消费品；如果同一位消费者购买同一台 iPad 是用于工作，那么这台 iPad 就是工业品。

工业品和服务包括三种类型：材料和零部件、资本项目、耗材和服务。材料和零部件包括原材料以及加工材料和零部件。原材料包括农产品（小麦、牲畜）和天然产品（木材、原油）。加工材料和零部件包括合成材料（纱线、水泥）和合成部件（小发动机、轮胎）。大多数加工材料和零部件直接销售给工业用户。价格和服务是主要的营销因素，品牌和广告没有那么重要。

资本项目是在购买者的生产或经营过程中起辅助作用的工业品，包括设施和附属设备。设施包括大宗采购，例如建筑物（工厂、办公室）和固定设备（发电机、电梯）。附属设备包括便携式工厂设备和工具（手动工具、起重卡车）和办公设备（电脑、办公桌），它们比设施的使用寿命短，在生产过程中仅仅起辅助作用。

最后一类工业品是耗材和服务。耗材包括操作供应品（润滑剂、铅笔）以及修理和保养用品（油漆、扫帚）。耗材是工业领域的便利品，因为采购它们通常很少花费精力或进行比较。商业服务包括维护和维修服务（窗户清洗、电脑维修）以及商业咨询服务（法律、管理咨询），这些服务通常是根据合同提供的。

组织、人员、地点和想法

除了有形的产品和服务之外，营销人员还扩大了产品的概念，将其他市场供给（组织、人员、地点、想法）也包含在内。

组织经常开展活动来"营销"组织本身。组织营销包括旨在创造、维持或改变目标顾客对组织的态度和行为的活动。商业企业通过赞助公共关系或企业形象广告活动来改善自身的形象，并向各类公众营销自己。例如，日本松下公司的广告标语是"松下营造想法生活"，海尔想要"越来越高"。类似地，非营利组织，如大学、慈善团体和博物馆，也会通过营销来筹集资金，以及吸引会员或赞助人。

人员也可以被看作产品。人员营销包括旨在创造、维持或改变对特定人员的态度或行为的活动。从总统、艺人、体育明星到医生、律师、厨师、建筑师等专业人士，都使用人员营销来建立自己的声誉。企业、慈善团体及其他组织使用知名人士来帮助自己销售产品。例如，在印度，邀请宝莱坞电影明星和板球运动员进行代言十分常见，沙鲁克·汗（Shah Rukh Khan）代言现代、力士和泰格豪雅等多个品牌，板球明星维拉特·科利（Virat Kohli）代言了 Flipkart 和优步（Uber）。

地点营销包括创造、维持或改变对特定地点的态度或行为的活动。城市、省、地区和国家之间相互竞争，以吸引游客、新居民、会议举办、企业办事处和工厂选址。香港和上海为成为中国首要的商业中心而竞争，人们发现，城市的成功在于把自己打造成有趣的居住场所，在于其吸引作家、音乐家、建筑师等人群的能力，还在于为精英人士提供改变社会的环境。

想法也可以被营销，不过这里我们主要关注社会观念的营销。这一领域被称为**社会营销（social marketing）**，是指将商业营销理念和工具应用于旨在影响个人行为的项目中，以提升个人和社会福祉。

社会营销项目包括减少吸烟、酗酒、滥用药物、过度饮食等公共卫生活动，此外还包括促进荒野保护、清洁空气、节约资源等环境运动。亚洲各国政府以其社会营销活动而闻名。例如，新加坡开展了"保持新加坡清洁、绿色和没有蚊子""推广普通话""成为无烟民国家"等社会营销活动。新冠疫情暴发后，出现了保持安全距离和佩戴口罩等多项社会营销活动。在农历新年期间，一些亚洲国家开展社会营销活动，提醒人们在走亲访友时遵守安全规则，避免大型聚会。

营销的原则

8.2

产品和服务决策

营销人员在三个层次上做出产品决策：单个产品决策、产品线决策和产品组合决策。下面我们逐一进行讨论。

单个产品决策

图 8-2 展示了开发和营销单个产品时的重要决策。我们将重点关注产品属性、品牌、包装、标签和标志、产品支持服务方面的决策。

图8-2　单个产品决策

产品属性

开发一个产品需要定义它能提供的利益。这些利益通过产品属性（如质量、功能、风格和设计）传达和传递。

产品质量。产品质量（product quality）是营销人员的主要定位工具之一。质量直接影响产品表现，因此，它与顾客价值和满意度密切相关。产品质量是指能够满足潜在顾客需要的产品特征。西门子这样定义质量："质量就是我们的顾客会回来，而我们

PRINCIPLES OF MARKETING
营销的原则（原书第5版）

的产品却不会回来。"

全面质量管理（total quality management，TQM）是一种使企业所有员工都参与持续改进产品质量、服务和业务流程质量的方法。对于大多数顶级企业而言，以顾客为导向来保证质量已经成为一种经营方式。今天，企业正在采取"质量回报"的方法，将质量视为一种投资，并要求质量工作对营收结果负责。

产品质量有两个维度：水平和一致性。在开发产品的过程中，营销人员必须先选择一个能够支持产品定位的质量水平。在这里，产品质量意味着性能质量，即产品实现其功能的能力。例如，与本田汽车相比，劳斯莱斯汽车能够提供更平稳的驾驶体验，以及更多的"物质享受"。企业很少追求提供最高的质量水平，因为很少有顾客需要或负担得起劳斯莱斯或百达翡丽手表等产品所提供的高质量水平。相反，企业会选择一个能够与目标市场需求和竞争产品水平相匹配的质量水平。

高质量还意味着高水平的质量一致性。这里，产品质量意味着一致性质量，即没有缺陷且始终提供目标质量水平。所有企业都应该尽力保持高水平的一致性质量。从这个意义上说，一辆本田汽车可以与一辆劳斯莱斯拥有同样的质量，它的性能可能不如劳斯莱斯，但它可以始终如一地提供顾客期望的质量。

产品功能。一个产品可以提供不同的功能。起点是一个简化的原型，企业可以通过增加更多功能来创造更高水平的产品。产品功能是一个企业的产品区别于竞争对手产品的竞争工具，使其成为第一个推出有价值的新功能的企业，是最有效的竞争方式之一。在日本，可口可乐推出了无糖五谷茶，以满足人们对健康饮品的需求。日产汽车推出电动汽车聆风（Leaf），并通过社交媒体吸引想要零排放汽车的全球用户。

企业如何识别新的功能并决定将哪些功能添加到产品中呢？企业应该定期调查使用该产品的顾客，并询问以下问题：你喜欢该产品吗？你最喜欢该产品的哪些功能？我们可以添加哪些功能来改进产品？然后，企业可以评估每个功能对顾客的价值和对企业的成本。应该添加的是那些相对成本而言顾客价值较高的功能。

产品风格和设计。独特的产品风格和设计也是一个增加顾客价值的方法。设计是一个比风格更大的概念，风格只是简单地描述一件产品的外观，好的风格能吸引眼球，并带来令人愉悦的美感，但它并不一定会使产品的性能更好。与风格不同，设计更加深入，它直接切入产品的核心。好的设计不仅使产品更好看，还能提高产品的性能。

好的设计并不是从头脑风暴和制作原型开始的。设计始于观察顾客，理解其需求，并塑造产品使用体验。在考虑产品技术规格的同时，产品设计师还必须了解顾客将如何使用产品并从中获益。

品牌

品牌（brand）是指一个名称、术语、标志、符号、设计，或是其组合，用来识别产品或服务的生产者或销售者。顾客将品牌视为产品的重要组成部分，品牌可以为产品增加价值。顾客赋予品牌意义，发展品牌关系。品牌的意义远超产品的物理属性。

如今品牌管理如此强大，没有什么商品是没有品牌的。盐被包装在有品牌的容器里，汽车零部件——火花塞、轮胎标有不同于汽车生产商的品牌名称，甚至水果、蔬菜、乳制品和家禽都有品牌，如新奇士橙、都乐菠萝、德尔蒙特香蕉。

品牌能够在很多方面帮助消费者（见图 8-3）。品牌名称可以帮助消费者识别可能对其有益的产品，还能表明产品质量和一致性，总是购买同一品牌的消费者知道，每次购买都会获得相同

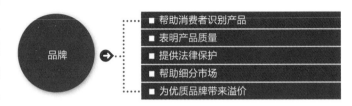

- 帮助消费者识别产品
- 表明产品质量
- 提供法律保护
- 帮助细分市场
- 为优质品牌带来溢价

图 8-3　品牌的优势

的功能、利益和质量。品牌同样也给卖家带来了一些优势。品牌名称是围绕产品独特质量构建品牌故事的基础。卖家的品牌名称和商标能够为其独特的产品功能提供法律保护，否则可能会被竞争对手复制。

品牌可以帮助卖家细分市场。例如，在健身市场，消费者购买可穿戴健康与活动追踪设备时寻求不同的功能，如计算行走步数和热量消耗、心率监测、高效锻炼跟踪和报告等。针对多样化的需求，Fitbit 生产满足不同利益细分市场的设备，并通过子品牌来区分不同产品。Fitness Ace 追踪设备是为儿童设计的，具有活动/睡眠功能，可以提醒孩子上床睡觉，并告诉父母孩子睡了多长时间。Fitbit Inspire 为健身的人提供健康支持，能够提供社交媒体更新和拼车更新等智能手机应用提醒。Fitbit Charge 追踪设备为专业运动员而设计，可以设定锻炼目标和跟踪进度，并提供 GPS 跟踪、心率监测、全天活动跟踪、强度图、睡眠监测、文本通知，还可以通过 Spotify 播放音乐。

品牌——作为一个"无品牌"的品牌，日本极简主义服装连锁店无印良品（Muji）已经获得了神圣地位。

由于品牌效应，质量更好的产品还能获得溢价。很多中国品牌已经认识到品牌对于赢得国际尊重的重要性。例如，华为能够与其他奢华智能手机形成竞争，联想在全球的表现也不错，就连中国的农民也为他们的商品创建了品牌，以便消费者识别并支付溢价。具有讽刺意味的是，尽管品牌至关重要，但无印良品（Muji）这个名称大概含义是"无商标，优质商品"的日本品牌，在设计界却有着神圣的地位。尽管没有标识，这一特点通常是低端产品的象征，但无印良品这一商业案例却为话题产品创造了一个"神秘"品牌。

包装

包装（packaging）是指为产品设计和生产容器或包装材料。传统意义上，包装的主要功能是保存和保护产品。然而，随着零售商店货架上竞争的加剧和空间的日益拥挤，包装必须担负起更多销售任务，从吸引注意力，到描述产品，再到促成产品销售。好的包装也能立刻使消费者认可企业或品牌。

营销的原则（原书第5版）

PRINCIPLES OF MARKETING

创新的包装可以使企业获得超过竞争对手的优势并促进销售。例如，亨氏（Heinz）将老式的番茄酱瓶倒置，使顾客能够快速挤出哪怕是最后一点番茄酱，为番茄酱行业带来了革命性的变化。它还采用了"贴合冰箱门"的形状，不仅更容易放置于冰箱门架子上，还有一个小朋友更容易打开的盖子。这种新瓶子同时也是一种促销工具，新包装上市后的一年里，亨氏番茄酱的销量增长速度是行业平均水平的三倍。

随着人们对环境保护的日益关注，好的包装也必须是可持续的。以下是奇巧（KitKat）在日本的故事：

包装——在日本，奇巧为了环保，将其包装从光滑质地改为哑光质地，上面还印有如何将包装折叠成纸鹤的说明。

奇巧（KitKat）——日本是奇巧最大的市场，每天销售超过 400 万个巧克力威化产品。它最初采用塑料薄膜包装，通过超级光滑的明亮外观来吸引消费者的注意力。但其目标顾客——Z 世代和千禧一代十分关注环境，因此奇巧决定通过环保设计使其包装更具相关性。在日本，奇巧宣布其迷你巧克力棒产品使用新的包装：用纸质包装取代塑料包装。为了吸引人们购买新哑光包装的产品，更新后的奇巧包装还印有如何将包装折叠成日本标志性纸鹤（心意与愿望的传统象征）的说明。

在东亚地区，包装发挥着重要的作用。优质的包装象征着高质量，也使仿造变得更加困难。此外，东亚人偏好复杂的表达和装饰，这一点在包装的众多样式、形状和颜色中表现得十分明显。例如，在韩国，红色、黑色和金色的颜色组合尤其吸引人。此外，东亚人重视自然主义。在中国的广告和包装上，经常可以看到山、凤凰等形象。在日本，花园、树木和鲜花是主要元素，而动物则是东南亚的重点元素。

标签和标志

标签和标志包括附加在产品上的简单标签和作为包装一部分的复杂图形。它们有多种功能。首先，通过标签可以标识产品或品牌，例如贴在橙子上的"新奇士"（Sunkist）品牌名。它们还可以描述产品的相关信息，包括由谁生产、在哪里生产、何时生产、内容、如何使用以及如何安全使用。最后，标签有助于促销产品并支持其定位。

标签和标志必须时不时地重新设计。企业总是非常精心地设计简单、容易识别的标志，以使消费者快速识别其品牌并产生积极联想。然而，在如今的数字世界中，品牌标志需要承担更多任务。标志不再仅仅是印刷页面、包装、电视广告、广告牌或商店橱窗中的静态符号，如今的标志还必须满足越来越多样化的媒体的要求。因此，很多品牌都在调整自己的标志，以适应新的数字设备和互动平台（如移动应用程序和社交媒体）的要求。大多数标志的变化主要表现为创造更简单、更明亮、更现代的设计，以便在数字屏幕和平台上更好地呈现。现如今，很多标志是没有文字的，只有一个品牌符号，根本不会提及品牌名称，想想苹果、Twitter、耐克和 Airbnb 的标志。

产品支持服务

顾客服务是产品战略的一大要素。企业提供的产品通常还包括一些支持服务，这些服务可以是全部服务的一小部分或主要部分。

支持服务是顾客整体品牌体验的重要组成部分。雷克萨斯知道，好的营销在完成销售后并未结束。令顾客满意是建立持久关系的关键。雷克萨斯相信，如果你持续取悦顾客，你将拥有一个终生忠诚的顾客。因此，各地的雷克萨斯经销商将竭尽全力为顾客服务，使他们能继续光顾：

雷克萨斯契约

雷克萨斯将加入世界上竞争最激烈、最负盛名的汽车竞赛。超过50年的丰田汽车经验在雷克萨斯汽车的创造过程中达到顶峰。它们将是有史以来最好的汽车。

雷克萨斯将赢得这场竞赛，因为雷克萨斯从一开始就是这样做的。雷克萨斯将拥有业内最好的经销商网络。雷克萨斯会像对待家中来客一样对待每一位顾客。

如果你认为你做不到，你就做不到……
如果你认为你能做到，你就能做到！我们可以，我们能做到。

顾客服务——从一开始，在雷克萨斯契约的指导下，雷克萨斯的高品质支持服务就创造了无与伦比的汽车拥有体验和世界上最满意的车主。

雷克萨斯（Lexus）——从一开始，雷克萨斯就打算彻底改变汽车拥有体验。在"雷克萨斯契约"中，该公司发誓要制造"有史以来最好的汽车"——几乎不需要维修的高品质汽车。该契约还承诺将顾客视为重要个体，并"像对待家中来客一样对待每一位顾客"。因此，当一辆车确实需要维修时，经销商会上门取车，并在维修结束后将其送回。你可能会惊讶地发现，他们甚至还对车门凹痕进行了修补，帮助汽车恢复了出厂时的光泽。从各方面来看，雷克萨斯都实现了其雄心勃勃的顾客满意度承诺。雷克萨斯创造了看上去最满意的车主，它经常在美国及全球的行业顾客满意度评价中名列前茅。

设计产品支持服务的第一步是定期对顾客进行调查，以评估当前服务的价值，并获得关于新服务的想法。接下来，企业可以采取措施解决问题，并增加既能取悦顾客又能给企业带来利润的新服务。许多企业使用电话、电子邮件、互联网、社交媒体、移动以及互动语音和数据技术的复杂组合来提供以前不可能实现的支持服务。

产品线决策

产品战略还需要建立产品线。**产品线（product line）**是一组密切相关的产品，它们以相似的方式发挥作用，销售给相同的顾客群体，通过相同类型的销售点进行营销，或是价格在给定的范围内。例如，联想拥有多条笔记本电脑、上网本、台式机、工作站的产品线。

主要的产品线决策涉及产品线长度，即产品线中产品的数量。如果管理人员可以

PRINCIPLES OF MARKETING 营销的原则（原书第5版）

通过增加产品来提高利润，那么这条产品线就太短了；如果管理人员可以通过削减产品来提高利润，那么这条产品线就太长了。管理人员必须定期进行产品线分析，以评估每个产品项目的销售和利润，并了解每个产品项目对产品线绩效的贡献。

企业可以通过两种方式来扩展产品线：产品线延伸和产品线填充。产品线延伸是指企业将产品线延伸到现有范围之外，企业可以向下、向上或双向延伸其产品线（见图 8-4）。

位于高端市场的企业可以向下延伸其产品线。企业向下延伸，可能是为了填补市场空白以阻止新的竞争者进入，也可能是对竞争对手在高端市场的攻击做出回应，又或者是因为低端市场的增长速度更快。

处于低端市场的企业可以将产品线向上延伸。企业向上延伸产品线，有时是为了提高当前产品的声望，或者是被高端市场更快的增长率或更高的利润所吸引。例如，每个领先的日本汽车公司都有一款高档汽车：丰田推出了雷克萨斯，尼桑推出了英菲尼迪，本田推出了讴歌。

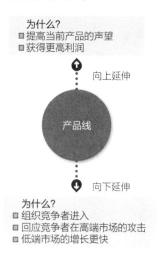

图 8-4　产品线决策的原因

产品线扩展的另一种方式是产品线填充，即在现有的产品线范围内增加更多的产品。产品线填充的原因很多：获取额外利润、满足经销商、利用过剩产能、成为产品线完备的领先公司、填补市场空白以防止竞争对手进入。然而，如果产品线填充导致产品过多使顾客混淆，就是过度填充了。企业应确保新产品与现有产品明显不同。以资生堂（Shiseido）为例。它是日本美容行业的传统品牌之一，该公司发现，多年来它新增了一些与年轻消费者不再相关的产品，可能导致消费者混淆。因此，该公司在对其美妆产品线进行全面改革时，削减了近 100 款产品，取而代之的是一个能满足 Z 世代和千禧一代需求的产品系列——色彩更大胆的哑光化妆品，其设计和包装都很简约。

产品组合决策

拥有多条产品线的组织会有一个产品组合。**产品组合（product mix 或 product portfolio）**由特定卖家销售的所有产品线和产品项目组成。高露洁的产品组合包括四条主要的产品线：口腔护理、个人护理、家居护理和宠物营养。每条产品线由多条子产品线组成。例如，家居护理产品线包括洗洁精、织物洗涤剂和家居清洁产品。每条产品线和子产品线都包含很多单个产品项目。总的来说，高露洁的产品组合包括数百种产品。

一个企业的产品组合有四个重要维度：宽度、长度、深度和一致性。产品组合的宽度是指企业运营的不同产品线的数量。例如，高露洁拥有相当宽的产品组合，包括个人和家居护理产品。通用电气生产多达 25 万种产品，从灯泡到医疗设备和喷气发动机。

产品组合的长度是指企业产品线中包含的产品项目总数。高露洁的每条产品线中都有很多品牌。例如，个人护理产品线包括 Softsoap 液体皂和沐浴露、爱尔兰之春香皂、Speed Stick 和 Crystal Clean 香体剂，以及 Plax 漱口水。

产品组合的深度是指产品线中每个产品提供的版本数量。高露洁牙膏有多个品种，包括高露洁全效牙膏、高露洁炭素牙膏、高露洁二合一牙膏、高露洁口腔保护牙膏、高露洁敏感牙膏、高露洁亮白牙膏和高露洁儿童牙膏。每个品

产品线延伸和填充——借助巧妙的产品线延伸和填充，高露洁针对各种类型的消费者开发了多种产品。

种都有自己特殊的形式和配方。比如，你可以购买普通版、木炭版、美白膏和凝胶版、高级新鲜凝胶版或二合一液体凝胶版的高露洁全效牙膏。

产品组合的一致性是指不同产品线在最终用途、生产要求、分销渠道或其他方面相关联的程度。高露洁的产品线都是通过相同分销渠道出售的消费品，从这一点来看，其产品线是一致的。然而这些产品对于消费者而言功能不同，因此从这方面来看，其产品又不太一致。

产品组合维度为定义企业的产品战略提供了依据，企业可以通过四种方式发展业务：

- 企业可以增加新的产品线，从而拓宽其产品组合。在这种情况下，新生产线建立在企业其他生产线上的声誉之上。
- 企业可以延长现有的产品线，成为产品线更加全面的企业。
- 企业可以为每种产品增加更多版本，从而增加产品组合的深度。
- 企业可以追求更高或更低的产品线一致性，这取决于它是希望在单一领域还是在多个领域拥有良好的声誉。

有时，一家企业可能不得不精简其产品组合，以淘汰表现不佳的产品线，并重新聚焦。例如，早些年，消费品巨头宝洁公司（Procter & Gamble）曾扩宽其产品组合，但在过去的十年中，它剥离了很多品牌，包括封面女郎（Cover Girl）化妆品、金霸王（Duracell）电池和伊卡璐（Clairol）护发产品，这些品牌与其经营重点不再匹配。宝洁现在专注于不到 100 个核心品牌，这些品牌贡献了公司 90% 的销售额和 95% 以上的利润。

营销的原则

8.3

服务营销

服务行业内部差异很大。政府通过法院、就业机构、医院、军队、警察和消防部门、邮政机构和学校等提供服务。私人非营利组织通过博物馆、慈善机构、教堂、基

金会等提供服务。大量的商业组织也提供服务，如航空公司、银行、酒店、保险公司、咨询公司、医疗和法律机构、娱乐公司、房地产公司、零售商等。

服务的性质和特点

在设计营销方案时，企业必须考虑服务的四个特征：无形性、不可分性、易变性和易逝性（见图8-5）。

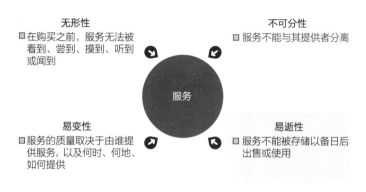

无形性
■在购买之前，服务无法被看到、尝到、摸到、听到或闻到

不可分性
■服务不能与其提供者分离

服务

易变性
■服务的质量取决于由谁提供服务，以及何时、何地、如何提供

易逝性
■服务不能被存储以备日后出售或使用

图8-5　服务的四个特征

服务的无形性（service intangibility）是指服务在购买之前无法被看见、尝到、摸到、听到或闻到。例如，接受整容手术的人在购买这项服务之前无法看到结果。航空公司的乘客除了一张机票（通常是电子机票）以及自身和行李将安全抵达目的地的承诺之外一无所有。在网上购物的人们相信自己会收到产品。为了降低不确定性，购买者寻找表明服务质量的"信号"。他们从能看到的地点、人员、价格、设备和沟通中得出关于质量的结论。

因此，服务提供者的任务是以一种或几种方式使服务具体化，并发出关于质量的正确信号。有形商品先被生产出来，然后储存，接着被出售，最后被消费。相比之下，服务首先被出售，然后同时被生产和消费。**服务的不可分性**（service inseparability）是指服务不能与其提供者分离，无论服务的提供者是人还是机器。如果服务是由员工提供的，那么该员工就成为服务的一部分。由于顾客在服务生产时也在现场，因此服务提供者与顾客的互动是服务营销的一个独有特征。服务提供者和顾客都会影响服务的结果。

服务的易变性（service variability）是指服务的质量取决于由谁提供服务，以及何时、何地、如何提供。例如，香格里拉酒店和度假村以提供比其他酒店更优质的服务而闻名。尽管如此，在一个特定的香格里拉酒店里，一位员工可能是愉快和高效的，而另一位员工可能是不愉快和迟钝的。即使是同一位香格里拉员工的服务质量，也会因其在接待每位顾客时的精力和心态而有所不同。

服务的易逝性（service perishability）是指服务不能被存储以备日后出售或使用。一些医生会因为病人错过预约时间而向病人收费，因为服务价值只在那个时候存在，在病人没有出现时就消失了。当需求波动时，服务企业往往会遇到困难。例如，由于高峰时段需求大，公交公司不得不安排比一天内需求平均情况多得多的车辆。因此，服务企业经常设计战略以实现需求和供给之间更好的匹配。Grab 等网约车公司采用动态定价的方式，在非高峰时段收费较低，在高峰时段收费较高，而餐厅则在高峰时段雇佣兼职员工。

服务企业的营销战略

与制造业一样，优秀的服务企业也会使用营销战略在选定的目标市场上进行强有力的定位。丽思卡尔顿酒店将自己定位为提供一种难忘的体验，"激活感官，灌输幸福，满足客人未表达的愿望和需求"。这些服务企业通过传统的营销组合活动确立了自己的定位。然而，由于服务不同于有形产品，它们往往需要额外的营销手段。

服务－利润链

在服务业务中，顾客与一线服务员工互动来创建服务，而有效的互动取决于一线服务员工的技能和后台员工对此过程的支持。因此，成功的服务企业既关注顾客，也重视员工，它们了解**服务－利润链（service－profit chain）**，它将服务企业的利润与员工和顾客满意度联系起来。这个链条由五个环节组成：

- *内部服务质量。*卓越的员工甄选和培训，优质的工作环境，以及对服务顾客的员工的大力支持，这些会带来……
- *满意且高效的员工。*更多满意、忠诚和勤奋的员工，会带来……
- *更高的服务价值。*更高效的顾客价值创造与服务传递，会带来……
- *满意且忠诚的顾客。*满意的顾客保持忠诚，重复购买，并向其他顾客推荐，会带来……
- *良性的服务利润和增长。*卓越的服务企业绩效。

在四季酒店和度假村（Four Seasons Hotels and Resorts，简称四季酒店），让顾客愉悦远不止制定一个以顾客为中心的营销战略，并自上而下地传达。让顾客满意是每一个人的事，要从满意的员工开始：

四季酒店和度假村——四季酒店已经深谙提供尽心、精致服务的艺术。住客每晚要支付 1000 美元甚至更多的费用，所以他们希望酒店及其员工能够知道自己想要什么。四季酒店不会令人失望，它知道快乐、满意的员工能带来快乐、满意的顾客，因此它雇佣最优秀的人才，为其提供丰厚的薪水，认真对其进行培训，强化他们的自豪感，并对他们出色的服务行为进行奖励。"正是四季酒店的员工让我们的品牌如此与众不同。"四季酒店首席人事和文化官表示。该公司为其全球员工提供安全的环境，让他们可以真正地做自己；在员工为顾客提供悉心照料、传递难忘时刻（这正是品牌的特色）的过程中，公司还为他们提供资源。它对待员工就像对待最重要的客人一样。例如，所有员工——从打扫房间的佣人到总经理，都可以在酒店的自助餐厅一起（免费）用餐。每位员工在公司工作满一年后还可以免费入住其他四季度假村，这使员工感到自己与他们服务的客人一样重要和被照顾，也激励了员工在自己的工作中实现更高的服务水平。一位四季酒店的工作人员说："你旅行回来后会非常激动，你想为客人做的事太多了。"由于实施了这些举措，四季酒店全职员工的年均流动率仅为行业平均水平的一半。

服务营销需要的不仅仅是传统的4P外部营销。图8-6表明，服务营销还需要内部营销和互动营销。**内部营销**（internal marketing）是指服务企业必须引导和激励其接触顾客的员工以及服务支持人员通过团队协作来使顾客满意。营销人员必须让组织中的每个人都以顾客为中心。事实上，内部营销必须先于外部营销。

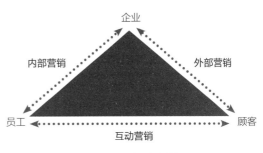

图8-6 三种服务营销

互动营销（interactive marketing）是指服务质量在很大程度上取决于服务接触过程中买卖双方互动的质量。在产品营销中，产品质量往往很少依赖于产品获得的方式。但在服务营销中，服务质量既取决于服务提供者，也取决于与顾客互动的服务传递质量。因此，服务营销人员必须掌握互动营销技巧。例如，四季酒店从雇佣合适的人开始，精心引导和激励他们为顾客提供无与伦比的服务。

如今，随着竞争加剧、成本提高以及生产率和质量下降，需要更精细的服务营销。服务企业面临三大营销任务：管理服务差异化、管理服务质量和管理服务生产率。

管理服务差异化

在价格竞争激烈的今天，服务营销人员经常抱怨很难将自己的服务与竞争对手的服务区分开来。在某种程度上，顾客认为不同供应商的服务是相似的，他们更关心的是价格而不是由谁来提供服务。

解决价格竞争的办法是开发差异化的服务、交付和形象。服务可以包含一些创新的功能，将企业的服务与竞争对手区分开来。航空公司通过常旅客奖励计划和特别服务来打造差异化服务。以下例子介绍了平安保险通过推出"好医生"应用程序将自己与其他保险公司区分开来：

平安好医生——越来越多的中国人开始意识到健康管理的重要性并在互联网上寻求医疗服务。平安保险决定推出一款应用程序，使自己区别于中国医疗健康服务行业中的其他企业。这款名为"平安好医生"的应用程序是一个综合的一站式医疗生态平台，结合了移动医疗和人工智能技术，为家庭提供家庭医生，为个人提供电子健康档案和医疗管理方案。该应用程序拥有超过3亿注册用户，通过5000多名签约医生和1000多名内部医疗团队的医务人员，提供全天候在线家庭医生服务、消费者医疗服务、健康商城以及健康管理和健康互动。其线下合作伙伴网络包括 3000 多家医院，提供医院转诊、预约和住院安排等服务；2000 多家医疗机构，包括体检中心、牙科诊所、整容机构；以及超过 15000 家药店。通过这种合作和人工智能的使用，其用户可以进行在线咨询和在线购买药品，并在必要时进行线下后续治疗。这款应用程序不仅可以让其母公司平安保险为顾客提供实用的健康指导和服务——这使其与其他只卖保险的保险公司区分开来，还能帮助平安保险收集医疗健康方面的大数据。

服务企业可以通过雇佣更有能力、更可靠的服务人员来实现服务交付的差异化，比如新加坡航空公司训练有素的飞行人员提供一流的服务。或者服务企业可以创造卓越的物理环境，在其中提供服务，或者通过设计一个优秀的交付流程。例如，许多连锁百货店提供网上购物和送货上门服务，这是一种比去实体店更好的购物方式。银行提供手机应用程序，让你可以轻松转账、查看账户余额和交易。

诺富特大使酒店（Novotel Ambassador Hotel）——这家位于首尔的酒店为其客房配备了名为 Giga Genie 的人工智能语音助手，它可以按照客人的要求打开电视、拉上窗帘、播放韩国流行音乐、调节房间温度，甚至可以向客房服务员索要用品。它由韩国电信巨头 KT 开发，最初用于智能家居，但已扩展到酒店业。Giga Genie 会说韩语和英语，还能识别东南亚英语。在人工智能的帮助下，Giga Genie 有助于酒店为精通科技的一代人提供更好的服务。

服务企业还可以通过标识和品牌来差异化其形象。著名的服务标识例子包括新加坡航空公司的七色鸟和麦当劳的金拱门。

管理服务质量

服务企业可以通过始终如一地传递比竞争对手更高的质量来实现差异化。与制造商一样，大多数服务企业都追求顾客驱动的质量。与产品营销人员一样，服务提供商需要确定顾客对服务质量的期望。遗憾的是，服务质量比产品质量更难定义和判断。例如，对理发的质量达成一致，比对吹风机的质量达成一致更难。顾客保留率也许是衡量质量的最佳标准——服务企业留住顾客的能力取决于它能否始终如一地为顾客传递价值。

顶级的服务企业设定了很高的服务质量标准，密切关注自己和竞争对手的服务表现。它们不满足于仅仅提供优质服务，它们的目标是 100% 无瑕疵服务。

与产品制造商可以调整机器和投入直到一切准备就绪不同，服务质量总是在变化，它取决于员工和顾客之间的互动。即使是最好的企业也会偶尔出现交付延迟或员工脾气暴躁的情况。然而，优质的服务补救可以把愤怒的顾客转变为忠诚的顾客。事实上，与一开始就完美无缺相比，良好的服务补救能够赢得更多的顾客忠诚。因此，企业应该采取措施，不仅每次都要尽力提供优质服务，还要在服务错误发生时设法补救。

PRINCIPLES OF MARKETING 营销的原则（原书第 5 版）

管理服务生产率

随着服务成本的快速上升，服务企业面临着提高服务生产率的巨大压力。可以通过以下几种方式做到这一点，要么对现有员工进行更好的培训，要么雇佣更努力、更有能力的新员工。营销实践 8.1 讨论了日本著名的高速列车如何确保自己准时，并且提供最高的服务质量。

服务企业可以通过"服务工业化"来增加服务的数量，即增加设备和标准化生产，就像麦当劳在快餐零售中所采用的流水线方式一样。服务提供商还可以利用技术来提高生产率。以下是一个来自日本的例子：

管理服务生产率——日本海茵娜酒店雇佣机器人来提高效率和生产率。

海茵娜酒店（Henn-na Hotel）——海茵娜酒店是一家日本酒店，其员工都是机器人。"Henn"的意思是"改变"，代表酒店致力于提供非凡的体验。这家酒店位于东京迪士尼乐园附近，在登记柜台迎接顾客的是一个恐龙机器人。办理入住手续时，顾客需要按下桌上的按钮，然后在触摸屏上输入所需信息。顾客不必担心钥匙丢失，因为他们通过人脸识别就可以进入自己的房间。在房间里有一个机器人，可以为顾客开灯、提供天气预报和叫醒电话服务。礼宾员也是一个机器人，可以向顾客介绍早餐时间和地点，还可以叫出租车。机器人"搬运工"是两个可充电的行李推车。如果顾客需要寄存行李，玻璃柜里的机械手臂会把行李放进单独的隔间里。如果顾客需要会说日语的机器人，这里也有。

然而，企业必须避免过度强调生产率而导致质量降低。服务工业化的尝试可以在短期内提高服务企业的效率，但从长远来看可能会降低其创新、保持服务质量或满足消费者需求和愿望的能力。面对不断上涨的成本，许多航空公司都在努力精简和节约，这让它们遭遇了惨痛的教训。

因此，在试图提高服务效率时，企业必须注意如何创造和传递顾客价值。简而言之，服务企业必须谨慎，不要把"服务"从服务中拿走。

营销实践8.1

清理新干线：7 分钟奇迹

日本的新干线是世界上第一条高速铁路，而时速 200 公里的东海道新干线也是世界上使用最多的高速铁路。尽管这条铁路线上每年运送超过 12 万人次，但它仍保持着精准的运行速度，平均延迟时间仅为 36 秒。

以东京站为例，它是连接东京和日本其他地区的终点站。一般来说，高速列车每天进出站台 210 次，周转时间为 12 分钟，乘客下车大约需要两分钟，上车大约需要 3 分钟，这就为列车员或清洁人员留下了 7 分钟的时间来清洁车厢内的所有区域、洗手间和盥洗室。

为了表示尊重，一名清洁女工向从新干线高速列车上下来的乘客鞠躬，然后开始 7 分钟的火车清洁工作。

热情好客的乘务人员

Tessei 公司负责清洁高速列车，大约有 820 名全职和兼职清洁人员，每 22 人一组，也就是说每个员工每天清洁大约 20 辆火车。工作人员分为车厢保洁和厕所保洁。每个车厢保洁人员负责一节车厢，其中约有 100 个座位。整个车厢必须在 7 分钟内被打扫得一尘不染——这是一项艰巨的任务，因为乘客在长时间的高铁旅行中要吃东西、看报纸。同样，厕所清洁人员必须确保在长途旅行结束时厕所一尘不染。

同步清洁

这些清洁人员沿站台站着，向下高铁的乘客打招呼，说"非常感谢"，然后开始工作。

他们的工作被分解成小块，为保证效率，他们必须遵守这种划分。前一分半用来检查行李架和座位之间的缝隙，看看有没有忘记带走的东西和垃圾。清洁人员会有条不紊地穿过每节车厢，把座位下面和过道里的垃圾扫出去。

接下来的 4 分钟用于检查过道、百叶窗，拉出并清洁座椅靠背，如果座椅套脏了就换一下，或者把它们铺平整。

在剩下的两分钟里，清洁人员会把送到过道上的垃圾清理干净，最后快速检查一下是否有任何不合适的东西。当所有的清洁工作完成后，清洁人员再次在火车前排队，向等待的乘客鞠躬。

虽然清洁人员理论上有 7 分钟的时间，但实际上很少获得完整的时间，因为火车通常很拥挤，乘客下车需要更长的时间。

熟练

是什么使清洁人员热情好客或者工作熟练？Tessei 公司将其归因于清洁人员的态度——他们将自己的工作视为一种服务，而不仅仅是清洁，这会让你在工作完成后产生自豪感。还有一个因素是团队合作，每天召开团队会议，彻底地讨论问题，无论这些问题看起来多么微不足道。每个人都有发言权。一些已经实现的想法包括在夏天穿明亮的夏威夷衬衫、再戴上有应季花朵的帽子。最后，团队不是固定的，因此清洁人员通过轮岗学会了与不同的人一起工作，互相学习。

来源：Cara Clegg，"Shinkansen Cleaning Crew Have Just 7 Minutes to Get Train Ready," *Japan Today*, 29 April 2014；Amanda Lee，"Cleaning Brigade Helps Japan's Bullet Trains to Run on Time," *TODAY*, 7 February 2016；Evie Nyan，"This Is How Japan's Train – Cleaning Crews Clean the Shinkansen in Only Seven Minutes," www. soranews24. com, 19 May 2015；"Amazing and Impressive Cleaning Procedure of Shinkansen！," www. japan – magazine. jnto. go. jp, March 2016.

营销的原则

8.4

品牌战略：建立强大品牌

一些分析师将品牌视为企业最持久的资产，比特定的产品和设备更持久。麦当劳（McDonald's）的一位前首席执行官表示："即使一场可怕的自然灾害将我们所有的资产、建筑、设备全部摧毁，我们仍能凭借我们的品牌价值筹集到资金来重建这一切……品牌比所有资产的总和还要有价值。"

因此，品牌是必须精心开发和管理的强大资产。在本节中，我们将探讨建立和管理品牌的关键战略。

品牌资产

品牌不仅仅是名称和符号，它还是企业与消费者建立关系的关键因素。品牌代表了消费者对产品及其性能的认知和感受，即产品或服务对消费者而言意味着什么。

一个强大品牌的真正价值在于它获取消费者偏好和忠诚的能力。品牌在市场上的影响力和价值各不相同。一些品牌多年来一直保持市场影响力，成为影响几代人的传奇，如苹果、耐克、哈雷戴维森和迪士尼。这些品牌能赢得市场不仅仅是因为它们提供了独特的利益或可靠的服务，更重要的是因为它们与顾客建立了深厚的联系。

一个强大的品牌拥有较高的品牌资产。**品牌资产（brand equity）**是知晓品牌名称对顾客的产品及营销反应所产生的积极的差异化影响。它衡量的是品牌获取消费者偏好和忠诚的能力。当消费者对某个品牌产品的反应比对同一无品牌产品更积极时，品牌就具有正的品牌资产；如果消费者对某个品牌产品的反应不如无品牌产品时，品牌资产则为负。

品牌在市场上的力量和价值各不相同。可口可乐、亚马逊、谷歌、耐克、三星、新加坡航空等强势品牌不仅传递独特的利益，还与顾客建立了深厚的联系。消费者对品牌产生反应，知道并了解它们。这种熟悉感会产生一种强烈的、积极的消费者—品牌联系。

消费者与品牌的关系——对于忠诚的 Instagram 用户来说，该品牌所代表的不仅仅是照片分享服务。它意味着通过分享当下的经历，与朋友和家人变得更加亲密。

人们与品牌之间也有关系。例如，对于全球超过 10 亿使用 Instagram 的用户来说，该品牌所代表的不仅仅是照片和视频分享服务，它意味着通过照片与朋友分享重要的时刻，它还意味着通过分享当下的经历与朋友和家人变得更加亲密，无论分享的是一只新的宠物兔、某人结婚、假期，还是在曼谷雷雨后看到的美丽彩虹。

扬·罗比凯广告公司（Young & Rubicam）开发的品牌资产评价模型（Brand Asset Valuator）是衡量品牌实力的一种方法。它考量四个消费者感知维度：差异化（什么使品牌脱颖而出）、相关性（消费者认为它如何满足了自己的需求）、知识（消费者对品牌的了解程度）和尊重（消费者对品牌的重视和尊重程度）。拥有强大品牌资产的品牌在四个维度上的得分都很高。品牌必须与众不同，否则消费者将没有理由选择它而非其他品牌。然而，一个品牌高度差异化并不一定意味着消费者会购买它。品牌必须以与消费者需求相关的方式脱颖而出。但即使是一个差异化的、相关的品牌，也远不是十拿九稳的。消费者在对品牌做出反应之前，先要知道和了解这个品牌，这种熟悉感要能够引发一种强烈的、积极的消费者—品牌联系。

拥有强大品牌资产的品牌是一项宝贵的资产。品牌价值评估是对一个品牌整体的财务价值进行估计的过程。要衡量这项价值是很困难的。然而，据估计，苹果的品牌价值为 3230 亿美元，亚马逊为 2670 亿美元，谷歌为 1650 亿美元。其他被评为世界上最有价值的品牌包括微软、IBM、丰田、三星、麦当劳和可口可乐。

高品牌资产可以为企业提供很多竞争优势。一个强大的品牌拥有较高的消费者品牌知名度和忠诚度。由于消费者希望商店出售该品牌，因此企业在与经销商讨价还价时拥有更大的主动权。此外，因为品牌名称承载着较高的信誉度，企业可以更容易推出新产品和进行品牌延伸。一个强大的品牌能够帮助企业抵御激烈的价格竞争。

最重要的是，一个强大的品牌是建立强大的、可盈利的顾客关系的基础。构成品牌资产的基础资产是顾客资产，即品牌所创造的顾客关系的价值。一个强大的品牌固然重

品牌定位——悦诗风吟的定位基于其产品中来自干净济州岛的天然成分。在济州岛，悦诗风吟还在自己的门店旁开设了一个咖啡厅，提供健康食品。

要，但它真正代表的是一群可盈利的忠诚顾客。营销关注的重点应该是利用品牌管理作为主要的营销工具来建立顾客资产。企业应该把自己看作是顾客的组合，而不是品牌的组合。

建立强大品牌

品牌管理对营销人员来说是具有挑战性的决策。图 8-7 表明，主要的品牌战略决策包括品牌定位、品牌名称选择、品牌持有和品牌发展。

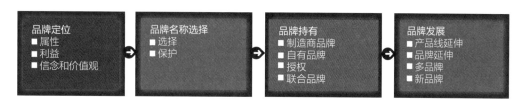

图8-7 主要的品牌战略决策

品牌定位

营销人员必须在目标顾客心中清晰地定位品牌，可以在三个层次上定位品牌。在最低层次，可以根据产品属性定位品牌。韩国美容品牌悦诗风吟（Innisfree）强调其产品中的天然成分来自干净、空气清新、土壤肥沃的济州岛。济州岛的气候也适合种植绿茶，因此，很多悦诗风吟的产品都与绿茶相关。然而，属性是品牌定位中最不理想的层次，因为竞争对手很容易复制属性。更重要的是，顾客对属性本身并不感兴趣，他们感兴趣的是这些属性能为他们带来什么。

品牌可以将其名称与消费者期望的利益联系起来，从而更好地定位。因此，悦诗风吟可以不谈产品成分，而是强调美容功效，例如绿茶籽精华液（Green Tea Seed Serum）可以洁净肌肤。成功定位于利益的品牌包括沃尔沃（安全）、联邦快递（保证准时送达）、耐克（性能）、雷克萨斯（质量）。

最强大的品牌会超越属性或利益定位，它们的定位基于坚定的信念和价值观。例如，星巴克和快乐蜂就较少依赖产品的有形属性，而是更多地围绕品牌创造温暖、激情。

在定位一个品牌时，营销人员应该为品牌确立使命和愿景（品牌应该成为什么和做什么）。品牌是企业持续向顾客传递特定功能、利益、服务和体验的承诺。品牌承诺必须简单且诚实。例如，汽车旅馆提供干净的房间、低廉的价格和良好的服务，但不承诺提供昂贵的家具或大浴室。相比之下，君悦酒店提供豪华的客房和难忘的体验，但不承诺以低廉的价格提供这些。

品牌名称选择

一个好的品牌名称能极大提高产品成功的概率。然而，找到最佳的品牌名称是一项艰巨的任务。企业首先要仔细评估产品及其利益、目标市场和拟实施的营销战略。

然后品牌命名就是一门科学、一门艺术、一种直觉创造了。营销实践 8.2 讨论了品牌在亚洲进行本土化时所面临的挑战。

理想的品牌名称应具备以下特征：

- 应该体现产品的利益和质量，例如 iPhone、Grab、酷航（Scoot）。
- 应该易于发音、识别和记忆，简短的名称比较好，例如花王（Kao）、Wii。然而，较长的名称有时也是有效的，例如精灵宝可梦（Pokémon）、植物物语（Shokubutsu）。
- 品牌名称应该是独特的，例如 Qoo、雷克萨斯（Lexus）。
- 品牌名称应该是可扩展的，亚马逊最初是一家在线书店，但选择了一个可以扩展到其他领域的名称。
- 品牌名称应该容易翻译成其他语言。铃木（Suzuki）在闽南语中听起来像是"输光你所有的钱"。凯悦（Hyatt）不容易翻译成中文，而且在中文中没有任何意义，所以该企业使用了"悦"这个名字，这是很多中国人心中理想的标识。随后，它又推出了与其子品牌相匹配的一系列名称：凯悦（Regency）、君悦（Grand）和柏悦（Park Hyatt）。

在选择中文名称时，Omnicom 进行了全面的考量。Interbrand 中国区时任首席执行官 Frank Chen 表示："Omnicom 在英语中是一个很好的名字，但对于非英语母语者来说很难发音。"因此，Interbrand 想要寻找一个在七种不同的中国方言中都能很好翻译的中文名字，同时这一名字又能体现企业合作精神及其英文名字所暗示的业务规模。最终选取的中文名称是"宏盟"，意思是"宏伟的联盟"。

品牌名称一旦选定，就必须得到保护。如果一个品牌名称对现有的品牌名称构成了侵权，就不能注册。在中国，星巴克成功地赢得了与中国连锁咖啡店上海星巴克咖啡公司的商标权之争，后者抄袭了星巴克的标识和名称，"星巴克"的读音与 Starbucks 的中文发音类似，"star"在汉语中是"星"的意思，而"巴克"在读音上与"bucks"相似；上海星巴克咖啡公司的绿白标识也与星巴克的设计非常相似。在印度，冰沙商贩使用"Google"的变体名称"golas"来销售冰糖，这些商贩的推车里放着五颜六色的糖浆瓶，中间放着一个碎冰机。由于印度的商标保护法比较宽松，这些有进取心的商贩干脆拿着名品牌"Google"的名称开起了玩笑，将他们的"golas"称为"Gogola"。

许多企业试图树立自己的品牌，希望其最终能够代表整个产品类别。像舒洁（Kleenex）、Scotch 胶带和 Ziploc 这样的品牌已经在这方面取得了成功。然而，这种成功可能会威胁到企业对这个名称的所有权。许多最初受保护的品牌名称，如玻璃纸、阿司匹林、尼龙、煤油、溜溜球、蹦床、自动扶梯和热水瓶，现在都已经成为通用名称，任何卖家都可以使用。为了保护自己的品牌，营销人员在展示产品时很谨慎地使用"品牌"一词和注册商标符号，如"邦迪®品牌创可贴"。

营销实践8.2

品牌在中国的本土化：非常重要，但也非常棘手

在漫长的一天工作之后，一个普通的北京人迫不及待地冲回家，穿上一双舒适的"耐久和坚韧"，打开一罐令人神清气爽的"可口的乐趣"，然后跳进他的"奔驰的速度"，和朋友一起去当地的酒馆喝一杯冰镇的"快乐力量"。翻译一下？在中国，它们分别是耐克、可口可乐、奔驰和喜力的品牌名称含义。

对西方人来说，这样的名字听起来很傻，但对于在中国这个全球最大、增长最快的消费市场做生意的品牌来说，这些名字可不是闹着玩的。品牌名称在中国的意义或许比世界上其他任何地方都要深刻。找到合适的名字可以成就一个品牌，也可以毁掉一个品牌。一位全球品牌分析师表示："通常，一家企业在中国最重要的营销决策是将其品牌名称本地化。众所周知，这是一个非常棘手的问题。"

在理想情况下，为了保持全球一致性，品牌的中文名称应该听起来与原名称相似，同时用有意义的象征性术语来传达品牌利益。Nike的中文品牌"耐克"在这方面做得很好，不仅因为它的中文发音与原品牌相同，而且其"耐久和坚韧"的含义概括了耐克品牌在世界各地"只管去做"（JUST DO IT）的精髓。同样，宝洁公司（Procter & Gamble）的Tide在中国被称为"汰渍"，意为"洗净污垢"，对于一种强力洗涤剂来说，这是一个完美的名字。Coca-Cola的中文名字"可口可乐"可以追溯到1928年，它不仅听起来很像英文名，而且中文汉字也传达了"口腔里的快乐"，这与可口可乐"畅爽开怀"的定位非常吻合。其他既有好听的中文发音，又能传达品牌精髓的名字还包括乐事（Lay's，"快乐的东西"）休闲食品、锐步（Reebok，"快步"）、高露洁（Colgate，"展现卓越的清洁能力"）。

中文品牌名称可以传达一些微妙的含义，而这些含义在西方人看来可能并不明显。例如，"奔驰的速度"看上去非常适合梅赛德斯这样的高档汽车品牌。BMW的名字"宝马"也是如此，意思是"宝贵的马"。然而，在中国，"宝贵"的含义偏女性化，而"奔驰的速度"则更男性化。这对两家汽车制造商来说都很好，因为它们的目标顾客是中国上层社会不同性别的人。例如，宝马是中国富裕女性市场的领导者。

有些品牌名称翻译过来很自然。例如，当卡尼尔（Garnier）在中国推出Clear洗发水时，它很幸运。Clear的中文意思是"清"，该字是为数不多的几个用于很多品牌名称中且有着不同寻常的积极联想的中文单词之一。卡尼尔又加上了"扬"这个字，意思是"飞翔"或"随风飘荡"。卡尼尔品牌咨询总监表

示，清扬品牌的名字寓意为"非常轻盈、健康、快乐——想象下空中飞扬的头发"，这正是该品牌想要的。品牌名称中常见的其他积极的中文词汇包括"乐"和"喜"（快乐）、"力"（力量或权力）、"马"和"福"（幸运）。因此，起亚汽车在中国销售了一款名为"千里马"的车，表明该款车具有不同寻常的力量。

曾经有一段时间，西方企业进入中国市场时，只是简单地起了一个与品牌名称在语音上相似的中文名称，尽管它在中文中没有任何意义。事实上，这些看起来和听上去都很异域的名字经常传达出一种西方的神秘感。例如，Cadillac使用了凯迪拉克这一中文名字，这是一组毫无意义的声音，却赋予了了该汽车豪华品牌的地位。McDonald's的中文名称"麦当劳"一词听起来与英文名字很像，但如果翻译成"小麦""应该"和"劳动"就毫无意义。其他名称较短的跨国企业，如IBM或Gap，只是希望消费者能记住它们的西方名字。

然而，如今随着越来越多的外国品牌进入拥挤的中国市场，大多数企业都在中文名称上花费更多的心思。如果中国消费者不会念一个品牌名称，或者不知道它代表什么意思，他们就不太可能购买它，也不太可能当面或在社交媒体上与他人谈论它。企业可以通过努力想出能够吸引和激励购买者的名字。例如，在中国，它不是地铁（Subway），而是赛百味，即"百味不止"；不是马里奥特（Marriott），而是万豪，即"一万富豪"。然而，找到合适的名称和角色可能是一项艰巨的挑战。在中国，品牌开发与其说是一门艺术，不如说是一门科学，它涉及全球品牌顾问、计算机软件、语言分析和广泛的消费者测试。一些全球性的品牌名称需要仔细地重新命名。例如，在中国，强生公司（S. C. Johnson）后来将其广受欢迎的清洁产品"肌肉先生"（Mr. Muscle）更名为"威猛先生"（Mr. Powerful），因为"肌肉先生"在中国还有另一个不那么好的意思——"鸡肉先生"；法国汽车制造商标致（Peugeot）本以为自己有一个成功的品牌名称，但当它意识到该名称的发音与"婊子"（妓女的俚语）太接近时，为时已晚。毫不奇怪，这个品牌引发的低俗笑话比销量还多。

来源："Lost in Translation? Pick Your Chinese Brand NameCarefully," Shanghalist, 28 March 2014, shanghalist.com; Michael Wines, "Picking Brand Names in China Isa Business Itself," New York Times, 12 November 2011, p. A4; Carly Chalmers, "12 Amazing Translations of ChineseBrandNames," todaytranslations, 27August2013, www. todaytranslations. com; and Angela Doland, "Why WesternCompanies Like LinkedIn Need Chinese Brand Names," AdvertisingAge, 5March2014,adage.com.

在书写风格和历史不同的亚洲，企业在品牌名称方面要尤其谨慎，正如以下例子所展示的：

花旗银行（Citibank）——此前花旗银行有两个不同的中文名称。在中国大陆和中国台湾的名称是"花旗银行"，意思是旗帜上有花的银行。这是美国国旗的旧名，因为美国国旗上有很多星星、条纹和颜色，看起来像花一样。20世纪，每家花旗银行门口都竖有美国国旗，中国人将其视为花旗银行的象征，因此命名为"花旗银行"。而在中国香港、新加坡和纽约等其他华人社区，花旗银行的中文名称是"万国宝通银行"，这个名字是花旗银行前身"International Banking Corporation"的直译。此后，花旗银行将其中文名称统一为"花旗银行"。

中文品牌名称选择——此前，花旗银行在中国大陆和中国台湾的名称意为旗帜上有花的银行，因为其门前的旗帜色彩鲜艳，看起来像花一样。在其他华人社区，其中文名称则是其前身名称的直译。

品牌持有

制造商在品牌持有方面有四种选择。推出的产品可以使用制造商品牌（或国家品牌），比如日立（Hitachi）使用自己的品牌名称销售产品；或者制造商将产品出售给**自有品牌（private brand** 又称商店品牌或分销商品牌）；尽管大多数制造商都创造了自己的品牌，但也有一些制造商销售授权品牌；最后，两家企业可以联合起来打造联合品牌。

制造商品牌与自有品牌。长期以来，制造商品牌一直主导着零售市场。然而，越来越多的零售商和批发商创建了自己的商店品牌（或自有品牌）。商店品牌的实力正在增强，尤其是在经济不景气、消费者对价格更敏感和品牌意识减弱的时期。中国香港的屈臣氏连锁便利店把瓶装水、棉签、纸巾及其他商品冠以自己的品牌，很多当地超市也会出售自有品牌的大米、坚果和其他主食。

在制造商和自有品牌的竞争中，零售商具有很多优势，它们决定着进什么货、各种商品在货架上的位置、收取的费用以及将在促销活动中突出哪些产品。零售商通常给自有品牌的定价低于同类制造商品牌，并在货架上并排摆放以突出价格差异。

自有品牌很难建立，持有和推广成本也很高。然而，自有品牌为经销商带来了更高的利润空间，还为经销商提供了无法从竞争对手那里买到的独家产品，从而提高了商店的客流量和忠诚度。德国批发商 Metro Cash and Carry 在印度的食品和非食品细分市场使用自有品牌，如 Aro、H-line、Fine 等。它研究顾客需求，为印度不同地区的顾客定制产品和自有品牌。

为了抵御自有品牌，领先品牌的营销人员不得不投资于研发，以推出新品牌、新功能和持续进行质量改进。他们必须设计强有力的广告方案来保持较高的知名度和偏好，必须找到与主要分销商"合作"的方式，以获得分销的经济性和更高的合作绩效。

授权。大多数制造商要花费多年的时间和数百万美元来创建自己的品牌。不过，一些企业可以获得授权使用名人的姓名、流行电影和书籍中的角色或是其他制造商之前创造的名字或符号，支付一定的费用后，其中的任何一个都能立即成为一个可用的品牌名称。

服装和配饰销售商要支付特许权使用费来装饰其产品（从衬衫到领带，从亚麻织物到旅行箱），才能印上知名时尚创新者的名字或首字母缩写，比如Calvin Klein、Gucci和Armani。儿童产品的销售商把无穷无尽的卡通人物名字附在服装、玩具、学习用品、玩偶、水杯及其他物品上，可以授权使用的角色名字包括经典的凯蒂猫和迪士尼以及芝麻街的角色等。

授权——在日本，就连《芝麻街》（Sesame Street）也将艾摩（Elmo）和大鸟（Big Bird）等卡通形象授权给想要吸引儿童的方便面厂家使用。

联合品牌。将两家不同企业的已有品牌用于同一产品时，就产生了**联合品牌**（co-branding）。例如，美国运通（American Express）与新加坡航空（Singapore Airlines）联名推出了新加坡航空PPS俱乐部会员信用卡。大多数联合品牌的情况是，一家企业授权另一家企业的知名品牌与自己的品牌联合使用。

联合品牌有很多优点。由于每个品牌在不同的品类中都占据主导地位，因此联合起来的品牌能创造更强的顾客吸引力和更强大的品牌资产。联合品牌可以利用两个品牌的优势互补。联合品牌还能使一家企业将其现有品牌扩展到依靠自己难以进入的产品类别。例如，韩国美妆品牌伊蒂之屋与其他行业面向类似受众的知名品牌进行了多次合作。它与奇巧（KitKat）联名推出了一款眼影盘，以赢得喜欢这种流行糖果色的年轻女性的青睐。

联合品牌也有局限性。这种合作关系通常涉及复杂的法律合同和许可，联合品牌和合作双方必须谨慎其协调广告、促销和其他营销活动。此外，推出联合品牌时，一方必须信任另一方会精心呵护自己的品牌。如果其中一个品牌的声誉受损，联合品牌的声誉也会受损。

品牌发展

当企业准备发展品牌时，有四种选择（见图8-8），包括产品线延伸、品牌延伸、多品牌和新品牌。

产品线延伸。企业将现有品牌名称扩展到现有产品类别的新形式、颜色、大小、成分或口味，就是**产品线延伸**（line extensions）。例如，肯德基将其"吮指原味"鸡系列产品线延伸到原有的肯德基炸鸡配方之外，现在还提供烤鸡、无骨炸鸡、辣鸡翅、鸡柳和鸡米花。

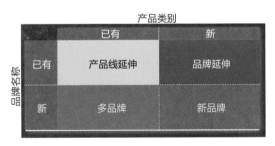

产品类别		
	已有	新
已有	产品线延伸	品牌延伸
新	多品牌	新品牌

品牌名称

图8-8 品牌发展战略

PRINCIPLES OF MARKETING 营销的原则（原书第5版）

企业可能会将产品线延伸作为推出新产品的一种低成本、低风险的方法，或者企业希望满足消费者对多样化的需求，利用过剩的产能，或者只是想从经销商那里获得更多的货架空间。然而，产品线延伸也存在一些风险。过度延伸可能使品牌失去其特定含义，也可能会令消费者感到困惑或不知所措。

想要一瓶可乐吗？你要在 20 多个不同的品种中进行选择。仅仅是零卡路里的版本，可口可乐就有两个子品牌——健怡可乐和零度可乐。将不同口味和健怡版本进行搭配——樱桃味健怡可乐、柠檬味健怡可乐、青柠味健怡可乐、黑樱桃香草味健怡可乐、无咖啡因健怡可乐，就已经有了令人眼花缭乱的健怡可乐。这还不算"低卡路里"的 C2 可口可乐。每一个子品牌都有自己的宣传，健怡可乐告诉你"点燃它"，零度可乐让你"享受零卡路里的可乐"，C2 可口可乐"只有一半碳水化合物和一半卡路里，但味道一样好"。但很多消费者不太可能充分理解这些产品之间的差异。相反，过多的产品线延伸可能会导致"混乱不堪"。

产品线延伸的一个风险是，延期产品的销售可能会以牺牲产品线内其他产品为代价。产品线扩展的最佳效果是抢走竞争品牌的销售份额，而不是"蚕食"企业内的其他产品。

品牌延伸。品牌延伸（brand extension）是将现有品牌名称扩展到新品类中的新产品或改良产品。例如，大多数消费者都知道勃肯（Birkenstock）品牌的经典高档凉鞋及其他鞋品，因此勃肯在其产品线中增加其他服装和配饰也就不足为奇了，比如袜子、腰带和包。但近年来，勃肯还将其品牌延伸到一些新品类，包括勃肯天然护肤品甚至是勃肯睡眠系统。虽然有些人会认为勃肯床的概念有些夸张，但该公司认为这是其鞋类定位的自然延伸。长期以来，该品牌一直将其凉鞋和鞋子定位为具有功能性和矫形功能的"脚床"。因此，该公司表示，睡眠系统只是"将一个伟大的想法向前又推进了一步，从符合解剖学形状的脚床到符合解剖学形状的床。就像最初的勃肯鞋垫，我们符合解剖学设计的睡眠系统也能适应你的身体形态。这使我们的床垫、板条框架和床能在你躺着的时候以理想的方式支撑和缓解人体压力——帮助你尽可能舒适地睡觉。"

品牌延伸——经典鞋类制造商勃肯已将其品牌延伸到睡眠系统。这只是"将一个伟大的想法向前又推进了一步，从符合解剖学形状的脚床到符合解剖学形状的床"。

品牌延伸可以让新产品迅速被人识别，并更快地为人接受，还节省了建立一个新品牌所需的高额广告费用。但同时，品牌延伸战略也存在一定的风险。Bic 连裤袜、亨氏（Heinz）宠物食品和高乐氏（Clorox）洗衣粉等品牌延伸产品都夭折了，因为这种延伸可能会混淆主品牌的形象，而且品牌延伸一旦失败，就会破坏消费者对其他带有相同品牌名称的产品的态度。

此外，一个品牌名称未必适合某个特定的新产品，即使该产品制作精良且令人满意。你会考虑购买丰田的蛋糕装饰套件或依云的水垫胸罩吗？试图将品牌名称延伸到新产品的企业必须研究该品牌联想与新产品的契合程度。

多品牌。企业经常在同样的产品类别中推出多个品牌。例如，宝洁公司在每个产品类别中销售许多不同的品牌。多品牌提供了一种设定不同属性和迎合不同购买动机的方法，还可以使企业锁定更多的经销商货架空间。欧莱雅在中国销售至少 23 个不同的品牌，并根据不同的定价区间对它们进行分类。高端品牌的定价较高，巴黎欧莱雅等中端品牌的定价低一些，卡尼尔（Garnier）等面向大众市场的分销品牌定价更低，小护士等经济型品牌价格最低。

多品牌的主要缺点是每个品牌可能只占很小的市场份额，而且可能没有一个品牌能获得丰厚的利润。企业最终可能会将资源分散到多个品牌上，而不是建立少数几个能获得高利润的品牌，这些企业应该减少在特定品类中销售的品牌数量，并建立更严格的新品牌筛选程序。

新品牌。企业可能认为现有品牌的影响力正在减弱，因此需要一个新的品牌名称。或者，当企业进入一个新的产品类别时，其现有品牌名称都不适合该产品类别，就可能会创建一个新的品牌名称。例如，丰田为高端顾客创造了雷克萨斯品牌，针对千禧一代顾客推出了赛恩（Scion）品牌。

与多品牌战略一样，提供太多新品牌可能会导致企业资源过于分散。此外，在一些行业中，比如包装消费品行业，消费者和零售商认为已经有太多品牌了，而品牌之间鲜有差异。因此，宝洁公司以及其他大型消费品营销商开始实施大品牌战略，即淘汰较弱的品牌，将营销资金集中于能够在其产品类别中获得前两名市场份额的品牌上。

管理品牌

企业必须谨慎管理自己的品牌。首先，企业必须将品牌定位持续地传达给消费者。品牌营销人员经常在广告上花费大量资金来创造品牌知名度，建立品牌偏好和忠诚度。

这样的广告活动可以帮助企业创造品牌知名度、品牌知识，甚至是品牌偏好。然而，品牌不是靠广告而是通过品牌体验维系的。如今，顾客可以通过广泛的联系和接触点来了解一个品牌，除了广告，还有个人品牌体验、口碑、企业网页等。企业在管理这些接触点时，必须像制作广告一样用心。正如迪士尼的一位高管所说："品牌是一个有生命的实体，随着时间的推移，它会逐渐丰富或削弱，是大量细节的产物。"

除非企业里的每个人都以品牌为主，否则品牌的定位就不会完全确立。因此，企业需要培训员工以顾客为中心。更好一点，企业应该进行内部品牌建设，帮助员工理

PRINCIPLES OF MARKETING 营销的原则（原书第5版）

解和热爱品牌承诺。许多企业做得更好，它们培训和鼓励分销商与经销商为顾客提供优质服务。伊势丹（Isetan）和新加坡航空（Singapore Airlines）就成功地将员工培训成了热情的品牌建设者。

最后，企业需要定期审查其品牌的优势和劣势。企业应该询问：我们的品牌是否擅长传递顾客真正重视的利益？品牌定位是否恰当？我们所有的消费者接触点是否都能支持品牌定位？品牌经理是否理解品牌对消费者意味着什么？品牌是否获得了适当、持续的支持？品牌审查可能会显示哪些品牌需要更多的支持，哪些品牌需要被舍弃，或者哪些品牌由于顾客偏好的变化或新竞争对手的出现而需要重新命名或重新定位。

目标回顾

产品不仅仅是一系列有形特征的组合。提供给顾客的每种产品或服务都可以从三个层次来看待。核心顾客价值包括消费者在购买产品时所寻求的解决问题的核心利益。实际产品围绕核心价值存在，包括质量水平、功能、设计、品牌名称和包装。附加产品是实际产品加上各种服务和利益，如担保、免费送货、安装和维修。

目标 1：定义产品和服务的主要分类。

从广义上讲，产品是向市场提供的能够被关注、获得、使用或消费，并可以满足某种需求的任何东西。产品包括物理实体，也包括服务、事件、人员、地点、组织、想法或它们的组合。服务是可供出售的活动、利益或满意度，本质上是无形的，如银行、酒店的服务等。

根据使用产品和服务的消费者类型，产品和服务可分为两大类。消费品（最终消费者购买的产品）常常根据消费者的购物习惯进行分类（便利品、选购品、特购品和非渴求品）。工业品（用于进一步加工或商业经营）包括材料和零部件、资本项目、耗材和服务。其他可营销的实体，如组织、人员、地点和想法，也被视为产品。

目标 2：描述企业针对单个产品、产品线和产品组合所做的决策。

单个产品决策包括产品属性、品牌、包装、标签和产品支持服务。产品属性决策包括产品质量、功能、风格和设计。品牌决策包括选择品牌名称和制定品牌战略。包装提供了许多关键利益，如保护、经济性、方便和促销。包装决策通常包括设计标签，用于识别、描述和促销产品。企业还开发产品支持服务，以增强顾客服务和满意度，并防范竞争对手。

目标 3：确定影响服务营销的四个特征以及服务所需的其他营销考虑因素。

服务具有四个关键特征：无形性、不可分性、易变性和易逝性。每个特征都带来了问题和营销要求。营销人员需要找到使服务有形化的方法，提高无法与产品相分离的服务人员的生产率，在面对易变性时将质量标准化，面对服务易逝性时改善需求变动和供应能力。

优秀的服务企业同时关注顾客和员工。它们了解服务—利润链，它将服务企业的利润与员工和顾客满意度联系起来。服务营销战略不仅需要外部营销，还需要内部营销来激励员工，以及互动营销来创造服务人员的服务交付技能。要想成功，服务营销人员必须创造竞争性差异化，提供高质量的服务，并找到提高服务效率的方法。

目标4：讨论品牌战略，即企业建立和管理品牌时所做的决策。

一些分析师将品牌视为一家企业最持久的资产。品牌不仅仅是名称和符号，它们代表了产品或服务对消费者意味着什么。

品牌资产是知晓品牌名称对顾客的产品及营销反应所产生的积极的差异化影响。拥有强大品牌资产的品牌是非常有价值的资产。

在打造品牌的过程中，企业需要在品牌定位、品牌名称选择、品牌持有和品牌发展等方面做出决策。最强大的品牌定位建立在强烈的消费者信念和价值观之上。品牌名称的选择是在仔细审视产品效益、目标市场和拟定营销战略的基础上找到最佳品牌名称。制造商有四种品牌持有选择：它可以推出一个国家品牌（或制造商品牌）、将产品出售给自有品牌经销商、销售授权品牌，或与另一家去企业联合起来推出联合品牌产品。企业在发展品牌时也有四个选择，可以选择产品线延伸、品牌延伸、多品牌或新品牌。

企业必须谨慎地建设和管理自己的品牌。企业必须将品牌定位持续地传达给消费者。广告可以提供帮助，但品牌不是靠广告来维持的，而是靠顾客的品牌体验来维持的。顾客通过广泛的接触和互动来了解一个品牌，企业在管理这些接触点时必须像制作广告一样谨慎。企业需要定期审查其品牌的优势和劣势。

PRINCIPLES OF MARKETING

营销的原则（原书第5版）

第 9 章 新产品开发和产品
生命周期战略

目标概览

目标 1 解释企业如何发现和开发新的产品创意。

目标 2 列举并定义新产品开发过程的步骤，以及管理该过程的主要考虑
因素。

目标 3 描述产品生命周期的各个阶段以及营销战略在产品生命周期中如何
变化。

目标 4 讨论另外两个产品问题：产品决策中的社会责任以及国际化产品和
服务营销。

内容导览

在上一章，我们已经学习了营销人员如何管理单个品牌和产品组合。在本章中，我们将探讨另外两个产品主题：新产品开发和产品生命周期管理。本章的第一部分介绍了发现和开发新产品的过程，第二部分讨论产品生命周期，第三部分我们将探讨产品决策中的社会责任以及国际化产品和服务营销。

首先，让我们来看看全球领先的消费电子产品制造商、世界最具创新力的公司之一——三星（Samsung）的例子。在过去的 30 年里，三星创造了以顾客为中心的创新文化和无穷无尽的卓越新产品，这些产品具有令人惊叹的设计、创新的技术、丰富生活的功能以及令人惊叹的"哇!"，帮助三星实现了自我转型。

三星电子：通过新产品创新丰富顾客生活

你可能对三星品牌很熟悉。也许你拥有一部三星最新推出的热门 Galaxy 智能手机，或者你曾见过一台可以产生超过 10 亿种颜色的令人眼花缭乱的 QLED 智能电视。三星生产几乎所有类别的"必备"电子产品，从电视和纯平显示器，到平板电脑和手机，到可穿戴设备，再到智能家居设备和各种家用电器。

Kobby Dagan/Shutterstock

但在 30 年以前，几乎无人知道三星，它一点也不尖端。当时，三星是一个韩国山寨品牌，如果你买不起索尼——当时世界上最令人垂涎的消费电子品牌，就可以在折扣店买一台三星。然而，1993 年三星做出了一个鼓舞人心的决定，它不再做廉价山寨品，开始努力追赶竞争对手。然而，为了打败索尼这个消费电子巨头，三星必须改变其文化，从模仿转变为领先。为了在销量上超过索尼，三星决定首先要在创新上超过索尼。

因此，三星开始努力成为一个顶级品牌和开创性的产品领导者。它雇了一批新进的年轻设计师和管理人员，他们推出了大量的新产品——不是单调乏味的跟风产品，而是面向高端用户的时尚、大胆又好看的产品，三星称它们为"生活方式艺术作品"。每个新产品都必须通过"哇!"测试，如果没有得到"哇!"的反应，它将被直接送回设计工作室。除了尖端的技术和时尚的设计，三星在创新运动中还将顾客作为核心，其主要的创新目标是提升顾客体验，并通过自己所做的每一件事给人们的生活带来真正的改变。

凭借以顾客为中心的新产品理念，三星在不到 10 年的时间里超越了索尼。2020 年，三星的年收入为 1930 亿美元，几乎是索尼的 2.5 倍。除了规模变得更大，三星还实现了它所寻求的新的"哇!"因素。例如，近年来三星在美国国际工业设计优秀奖（IDEA）颁奖典礼上占据主导地位，该奖项是设计界的奥斯卡奖，它根据外观、功能和灵感来评判新产品，三星在 2020 年获得了 48 项 IDEA 奖项。

"三星在创新运动中将顾客作为核心。"

在这个数字化、互联化和移动化的时代，三星正与世界上的"苹果"们竞争。例如，在移动设备领域，三星已经跃居市场顶端。就在几年前，三星的目标还是将其智能手机的市场份额从5%提高到10%，但Galaxy系列的成功使三星的全球份额飙升，成为世界上最大的智能手机生产商。此外，三星还为苹果的iPhone提供OLED显示屏、NAND闪存和DRAM芯片，因此苹果在移动设备领域的成功也使三星赚得了数十亿美元。

三星拥有苹果没有的一个技术优势——大屏幕。三星已经连续多年成为全球电视销售的领导者。三星的智能电视不仅具有手势控制、语音控制和面部识别功能，而且还提供无缝连接，用户可以在三星电视上使用Facebook、收看在线内容、控制自己的设备和使用自己喜欢的应用程序。这些智能电视配备有挑战Alexa的数字语音助手Bixby，并整合了最新的人工智能技术。在这个互联时代，能够控制如此多的屏幕使三星相比更聚焦的竞争者更具有优势。

但三星也意识到，今天"必须拥有"的产品可能会成为明天的过时产品。未来的增长将不仅仅来自更大的电视和更好的智能手机。相反，这家电子巨头一直在探索下一个"宠儿"，与产品类别无关。为此，三星在全球的市场情报和产品创新团队不断研究关于产品使用、购买行为和生活方式的趋势，寻找能满足消费者需求的消费者洞察和创新方法。

例如，三星正在大力投资物联网——三星喜欢称之为"物的智能"，即一个所有事物都与其他事物通过数字方式连接起来的全球环境。一位三星高管表示："我们认为，物联网应该像按开关一样简单。"三星希望"帮助消费者意识到无缝、简单的互联生活的好处"。

由于三星已经在生产几乎所有电子产品类别的产品，物联网将为其未来的创新和增长提供肥沃的土壤。三星正在开发一个"连接网络"，将其产品与世界上的其他东西连接起来，目标是开发"与生活同步"的三星物联网产品和技术。三星已经推出了很多"智能"产品，包括整个智能电视系列、数十种家用电器、智能中心和传感器、移动应用程序等，这些产品可以使设备之间相互连接以及与用户连接。三星很快将推出自己的SmartThings云平台——一个涵盖其所有物联网产品和服务的单一生态系统。

三星目前的物联网产品还只是冰山一角。据估计，到2025年，联网设备的数量将从几年前的150亿台激增至700亿台以上，这是一个巨大的市场。三星称，其100%的产品都将在那之前连接互联网。

这种创新为三星提供的不仅仅是新产品。三星曾经是一个"坏了再修"的品牌，只有当产品需要修理或更换时，顾客才会来找它们。但随着物联网业务的不断发展，三星现在专注于在日常生活的各个方面与顾客建立有意义的关系。一位分析师表示："这种做法的逻辑是，随着顾客越来越多地通过设备实现连接，他们与品牌的联系也会越来越紧密。更多的设备意味着（更大的）机会创造终身忠诚的三星顾客。"

30年前，很少有人会预料到三星能够如此彻底地从一家低成本的山寨制造商转变为一家生产时尚、高性能和行业领先产品的世界领先创新者。但通过致力于以顾客为中心的新产品创新，三星实现了这一点。即使是最近，也很少有人会预测三星将成为创造互联世界的推动力量。不过，三星似乎也在朝着这个目标迈进。

三星的首席执行官表示："我们必须向消费者展示物联网对他们有什么好处，以及物联网在经济、社会和生活方式转型方面可以实现什么。"另一位三星高管补充道："我们将聚焦于创造令人惊叹的体验，（聚焦于）顾客认为正确的事情。"简而言之，任何能让你"哇！"的事情。

正如三星的故事所表明的那样，擅长开发和管理新产品的企业会获得丰厚的回报。每个产品都要经历一个生命周期——诞生，历经多个阶段，最终因出现能更好满足消费者需求的新产品而消亡。产品生命周期对企业意味着两个挑战：

- 第一，因为所有产品最终都会衰退，因此企业必须善于开发新产品来取代老化的产品（新产品开发的挑战）。
- 第二，企业必须善于调整其营销战略，以应对产品在不同生命周期阶段所面临的消费者品位、技术和竞争的变化（产品生命周期战略的挑战）。

营销的原则 9.1 新产品开发战略

企业可以通过两种方式获得新产品：一种是并购，即买下一家企业、一项专利或其他产品的生产许可证；另一种是通过企业的研发部门进行**新产品开发**（**new product development**）。我们所说的新产品包括原创产品、改进产品、改良产品以及企业打造的新品牌。

然而，创新可能耗资巨大且充满风险。新产品面临着严峻的挑战。例如，据估计，在每年推出的3万多个新产品中，95%都失败了。为什么如此多的新产品都失败了？有以下几个可能的原因。第一，虽然创意很好，但企业可能高估了市场规模。第二，实际产品可能设计得很差，或者产品定位错误、面世时机不佳、定价过高，或者广告宣传不到位。第三，高层管理人员可能不顾糟糕的市场调研结果，执着于自己偏好的创意。第四，产品开发的成本可能比预期高，或者竞争对手的反击比预期更激烈。

营销的原则 9.2 新产品开发过程

企业必须开发新产品，但新产品失败的概率很大。为了创造成功的新产品，企业必须了解消费者、市场和竞争者，开发出能够为顾客传递卓越价值的产品。企业必须制订强有力的新产品计划，并建立系统的新产品开发过程，以发现和培育新产品。图9-1展示了新产品开发过程中的八个主要步骤。

图9-1　新产品开发过程中的八个主要步骤

创意产生

新产品开发始于**创意产生**（idea generation），即系统地搜寻新产品创意。企业通常要产生很多想法，才能从中找到几个好的创意。新产品创意的主要来源包括内部来源和外部来源，如顾客、竞争者、分销商、供应商等（见图9-2）。

内部来源

企业可以利用内部来源，从高层管理者、科学家、工程师、生产人员和销售人员那里集思广益。一些企业已经成功推出了"内部企业家"项目，来鼓励员工思考和开发新产品创意。

图9-2 新产品创意的主要来源

内部来源
- 高层管理者
- 科学家
- 工程师
- 生产人员
- 销售人员

外部来源
- 顾客
- 竞争者
- 分销商和供应商
- 商业杂志、展览和研讨会
- 广告机构
- 设计公司

在如今这个快速发展和竞争激烈的环境中，"想出好的创意是每个人的事"。谷歌的"创新休假"计划催生了多个轰动一时的产品创意，比如 Gmail、谷歌 AdSense 和谷歌新闻。Facebook、Twitter 和领英都举办"黑客马拉松"，鼓励员工抽出时间来开发新创意。领英的孵化器项目使员工可以提出新创意，如果创意获得认可，员工最多可以获得 90 天的时间脱离日常工作，用于将创意付诸实践。

内部创意来源——领英设有"黑客日"和孵化器项目，员工可以暂停工作，以开发有利于公司的创意。

外部来源

好的新产品创意也可能来自顾客。企业可以通过分析顾客提出的问题和不满，开发能更好地解决顾客问题的新产品。此外，企业的工程师或销售人员可以与顾客见面，甚至与顾客一起工作，借此获得建议和创意。乐高就是这样做的，它邀请了250 名乐高火车套装爱好者参观其位于纽约的办公室，并请他们对新产品设计进行评估。这些人为乐高提出了很多新创意，其中之一最后付诸实践，"圣达菲超级酋长"套装就此诞生，在没有额外营销的情况下，该产品在不到两周的时间里销售便逾万套。

日本服装连锁店优衣库的顾客中心每年通过电话、明信片、电子邮件等方式收到超过 7 万条顾客意见和要求。这些建议被转发至相关部门，以帮助改进产品、门店和服务。

顾客经常创造新产品和使用方式，企业可以通过将其商业化而获益。例如，中国

外部创意来源——在优衣库，一部分新的服装创意来自顾客的意见和要求。

大型家电公司海尔发现，许多农村地区的顾客也会用该品牌洗衣机来洗菜。这种操作容易使机器堵塞，引起了大量的投诉。考虑到顾客对其洗衣机的非常规使用方式，海尔重新设计了排水系统，使洗衣机不会因洗菜而损坏。

然而，企业在开发新产品时必须小心，不要过分依赖顾客的意见。对于一些产品，特别是高科技产品，顾客未必清楚自己需要什么。

众包

企业也在开发众包或开放创新的新产品创意项目。**众包（crowdsourcing）**为创新拓宽了思路，邀请广泛人群（顾客、员工、独立科学家和研究人员）甚至公众参与新产品的创新过程。充分利用企业内外的各种来源，可以产生意想不到的、强有力的新创意。

众包可以产生大量新创意，有好也有坏。真正创新的企业不依赖单一的新产品创意来源。相反，它们会打造广泛的创新网络，从每一个可能的来源获取创意和灵感，从员工、顾客到外部创新者。

创意筛选

创意产生阶段的目的是形成大量的创意，后续阶段的目的是减少创意的数量。减少创意数量的第一步是**创意筛选（idea screening）**，旨在尽快发现好的创意，同时淘汰糟糕的创意。由于产品开发成本在后期会急剧上升，因此企业希望只开发未来可能盈利的产品。

许多公司要求其高管使用标准的报告形式来描述新产品创意，以供新产品委员会审查。报告应描述产品、目标市场和竞争情况，并对市场规模、产品价格、开发时间和成本、制造成本和回报率进行估计。然后，委员会根据一套通用标准来对该创意进行评估。

一位营销专家提出了R-W-W（"真实、成功、值得做"，"real，win，worth doing"）新产品筛选框架，包括三个问题。第一，真实吗？消费者是否对产品有真实的需求和欲望，并愿意购买？是否有一个清晰的产品概念并且可以满足市场？第二，能成功吗？产品是否能带来持续的竞争优势？企业是否有足够的资源来保证该产品获得成功？第三，值得做吗？产品是否符合企业的整体发展战略？它是否有足够的潜在盈利能力？在进一步开发新产品创意之前，企业应该对所有这三个问题都有肯定的回答。

概念开发和测试

一个有吸引力的创意应该发展成一个**产品概念（product concept）**。区分产品创意、产品概念和产品形象至关重要。产品创意是企业可以向市场提供的可能产品的构想，产品概念是用有意义的消费者术语详细阐述产品创意，产品形象是消费者对实际产品或潜在产品的感知。

概念开发

设想一家汽车制造商开发了一款实用的全电动汽车，其最初版本为售价约 10 万美元的时髦运动型敞篷车。但在不久的将来，该制造商计划推出更经济实惠、面向大众市场的车型，与当下的混合动力汽车展开竞争。这款全电动汽车从启动到加速至 100 公里/小时只需要 4 秒，一次充满电可行驶 400 公里以上，可以使用普通电源插座充电，每公里行使的电费成本仅为几美分。

展望未来，营销人员的任务是将新产品创意发展成几个可供选择的产品概念，找出每个产品概念对顾客的吸引力，然后选择最佳的产品概念。以下是几个可选择的概念：

概念 1：一款价格实惠的紧凑型汽车，作为第二辆家庭用车，可以在市区范围出行和走访亲友。

概念 2：一款中等价位的运动型紧凑型车，吸引年轻人。

概念 3：一款适合日常使用的"绿色"汽车，吸引想要实用、低排放交通工具的环保人士。

概念 4：一款紧凑型跨界 SUV，吸引喜欢宽敞空间又不想要高油耗的消费者。

概念测试

概念测试（concept testing） 是在目标消费群体中测试新产品概念。这些概念以象征性或实物形式呈现给消费者。下面的文字描述了概念 3：

一款高效、富有驾驶乐趣的电动四座紧凑型汽车。这款令人称奇的全电动汽车是零污染、实用可靠的交通工具。它的最高时速可达 45 公里，每公里行驶成本仅为几美分。这款车足以替代那些高污染、高油耗的汽车，是消费者的明智之选。最高配置车型的售价为 28888 美元。

对于某些产品的概念测试，文字或图片描述就足够了。然而，一个更具体的实物概念展示更有助于提高概念测试的可靠性。概念展示之后，消费者会被要求回答表 9-1 中所示的问题，其回答将有助于企业判断哪个概念最具吸引力。例如，最后一个问题是关于消费者的购买意愿，假设 10% 的消费者说他们"肯定"会购买，另外 5% 的人说他们"可能"会购买。企业便会根据这些数字推算在目标群体中的大概销售量。尽管如此，这种估计也未必准确，因为人们并不总是言行一致。

表9-1　电动汽车概念测试问题

1. 你理解电动汽车的概念吗？
2. 你相信关于该汽车性能的陈述吗？
3. 与传统汽车相比，电动汽车的主要优点是什么？
4. 与其他电动汽车相比，这款车的优点是什么？
5. 你认为该款汽车在哪些方面还需要改进？
6. 在哪些应用场景下，你会倾向于选择电动汽车而非传统汽车？
7. 你认为这款车的合理价格是多少？
8. 谁会影响你购买该款汽车的决策？　谁将驾驶它？
9. 你会购买这款汽车吗？　（肯定会、可能会、可能不会、肯定不会）

营销战略开发

假设汽车制造商发现新电动汽车的概念3在测试中表现最好。下一步便是**营销战略开发（marketing strategy development）**，即设计一个初步的营销战略将这款车推向市场。

营销战略陈述由三部分组成，第一部分描述目标市场、计划产品定位以及前几年的销售量、市场份额和利润目标。因此：

目标市场是年轻、受过良好教育、中高收入的个人、情侣或小家庭，他们寻求实用、环保的交通工具。这款车的定位是使驾驶更有趣，比今天的内燃动力或混合动力汽车排放更少，同时比需要定期充电的电池电动汽车受到的限制更少。企业的目标是在第一年销售10万辆汽车，亏损额不超过1500万美元。第二年，企业的目标是销售12万辆汽车，实现2500万美元的利润。

营销战略陈述的第二部分介绍产品的计划价格、分销和营销预算：

这款纯电动汽车将提供红、白、蓝三种颜色，并将配备全套配件作为标准配置。计划售价为3.5万美元，给经销商的报价优惠15%。当月销量超过10辆汽车的经销商可以额外获得5%的折扣。5000万美元的营销预算中，将有30%用于在全国媒体宣传、40%用于在线和社交媒体营销、30%用于当地的事件营销。广告、互联网、移动网站以及各种社交媒体内容将强调汽车的娱乐性、先进技术、高地位和低排放。第一年将花费20万美元进行营销调研，以弄清哪些消费者在购买该款汽车以及他们的满意度。

营销战略陈述的第三部分描述了计划的长期销售额、目标利润和营销组合策略：

长期来看，我们计划获得整个汽车市场3%的市场份额，并实现税后15%的投资回报率。为了实现这一目标，产品质量从一开始就要达到高水平，并不断提高。如果竞争条件允许，定价将在第二年和第三年逐渐提高。广告总预算每年增加10%左右。营销调研预算将从次年起降至每年6万美元。

商业分析

一旦管理层确定了产品概念和营销战略，就可以评估该方案的商业吸引力。**商业**

分析（business analysis）包括对新产品的销量、成本和利润预测进行重新审视，以确定它们是否与企业目标相符，如果符合就可以进入产品开发阶段。

为了估计销量，企业可能会查看类似产品的历史销量，并对市场态度进行调研。然后估计最小和最大销量，评估风险范围。完成销量预测后，管理层可以测算产品的预期成本和利润，包括营销、研发、运营、会计和财务成本。最后，企业根据销量和成本数据来分析新产品的财务吸引力。

产品开发

很多新产品止步于产品概念阶段的文字描述、图纸或粗糙的原型。产品概念只有通过了商业测试，才能进入**产品开发**（product development）阶段，然后才能制造出实物产品。然而，产品开发阶段需要的投资大幅提升，这一阶段将决定产品创意是否可以转化为可行的产品。

研发部门会开发和测试产品概念的一个或多个实体版本，希望设计出一个能让消费者满意和兴奋的产品原型，并能在预算成本范围内快速投产。

通常，产品要经过严格的测试，以确保它们能够安全有效地运行，或者顾客能从中发现价值。产品开发和测试中将涉及真实的顾客。

一个新产品既要具备功能特征，又要传递出产品想要表达的心理特征。例如，纯电动汽车要以做工精良、乘坐舒适、驾驶安全等打动顾客。管理层必须了解消费者基于什么因素评价一辆汽车的质量。对一些消费者来说，汽车车门"听起来很结实"代表做工好；对另一些消费者而言，汽车能够在碰撞测试中承受强烈的撞击意味着做工好。同时也要进行消费者测试，让消费者通过试驾来评价汽车的性能。

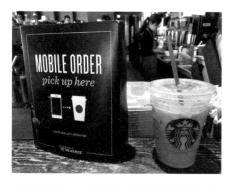

市场测试——企业有时会缩短或跳过市场测试，以顺应瞬息万变的市场发展，就像星巴克（Starbucks）推出获得巨大成功的移动支付应用程序那样。

市场测试

如果新产品通过了概念测试和产品测试，下一阶段就进入**市场测试**（test marketing）。在市场测试阶段，产品和营销计划被引入更加真实的市场环境中。市场测试可以让营销人员在投入大量资金全面推出产品之前体验一下产品营销。市场测试使企业能够测试产品和整个营销计划，包括定位战略、广告、分销、定价、品牌、包装以及预算水平。

每个新产品所需的市场测试量各不相同。市场测试的成本可能很高，而且耗费时间，从而让竞争对手获得优势。当开发和推出新产品的成本较低，或者管理层对新产品充满信心时，企业可能只做少量甚至不做市场测试。企业通常不会对简单的产品线扩展或对竞争对手成功产品的仿制品进行市场测试。但是当推出一个新产品需要投入大量资金，或者管理层对产品或营销计划缺乏信心时，企业应该做更多市场测试。

面对快速变化的市场发展，企业也可能缩短或跳过市场测试。例如，为了顺应数字和移动趋势，星巴克迅速推出了一个不太完美的移动支付应用程序，并在发布后的六个月内解决了程序的缺陷。星巴克的首席数字官表示："我们认为不完美是不好的，但我们愿意创新，并以更快的速度进入市场，这比100%确保完美更重要。"

除了大范围、高成本的标准市场测试，企业还可以选择替代方案，使用控制市场测试或模拟市场测试。在控制市场测试，新产品和新策略在受控的购物者和商店中进行测试。通过将每个参与测试的消费者的购买信息与消费者人口统计和媒体观看信息相结合，企业可以评估店内和家庭营销活动产生的影响。通过模拟市场测试，研究人员在实验室商店或模拟在线购物环境中测试消费者对新产品和营销策略的反应。控制市场测试和模拟市场测试都能够降低市场测试的成本，加快市场测试的进程。

商业化

市场测试为管理层最终决定是否推出新产品提供了所需的信息。如果企业推进**商业化（commercialization）**，即将新产品推向市场，将耗费高昂成本。企业不得不建造或租用生产设备，而且如果是采用新包装的消费品，那么企业在第一年可能就要花费数百万美元用于广告、促销和其他营销活动。

企业推出新产品，首先要选择时机。如果该汽车制造商的新型电动汽车会蚕食该企业其他汽车的销量，就应考虑延迟推出。如果这款汽车可以得到进一步改进，或者经济低迷，该企业可以等到来年再推出这款汽车。然而，如果竞争对手准备推出电动车型，该企业可能会被迫提前推出这款汽车。

接下来，企业必须决定在什么地方推出新产品——一个城市、一个地区、全国市场还是国际市场。很少有企业兼具信心、资金和能力将新产品分销到全国或国际市场。一般的做法是有计划地进行市场推广，尤其是小企业，通常会逐个进军有吸引力的城市或地区，而较大的企业则可能迅速在几个地区或整个全国市场推出新产品。

管理新产品开发

如图9-1所示，新产品开发过程强调了发现、开发和推出新产品所需要的重要活动。然而，新产品开发不仅仅是一系列步骤的加总，企业还必须采取系统方法来管理这一过程。成功的新产品开发需要以顾客为中心，以团队为基础，并付出系统的努力。

以顾客为中心的新产品开发

首先，新产品开发必须以顾客为中心。在寻找和开发新产品时，企业往往过于依赖研发实验室的技术研究。但与其他营销活动一样，成功的新产品开发始于对顾客需求和价值的深入了解。**以顾客为中心的新产品开发（customer-centered new product development）**致力于寻找解决顾客问题的新方法，创造令顾客更加满意的体验。它始于了解顾客，终于让顾客参与新产品的开发过程。

PRINCIPLES OF MARKETING 营销的原则（原书第5版）

一项研究发现，成功的新产品都具有差异化特点，解决了顾客的主要问题，并且提出了让人无法抗拒的顾客价值主张。还有一项研究表明，直接让顾客参与新产品创新过程的企业比没有这样做的企业资产回报率更高，营业收入增长更快。因此，顾客参与对于新产品开发和产品的成功具有积极影响。

玩具制造商乐高集团是以顾客为中心的新产品开发的坚定支持者：

乐高集团（The LEGO Group）——随着互联网时代的到来，传统玩具被视频游戏、移动设备和高科技玩具挤在了身后，乐高集团发现自己濒临破产，因此着手重建其老化的产品线。然而，乐高的改造工作并不是从设计实验室的工程师开始的，而是从倾听顾客和与顾客互动开始的。乐高集团的研究人员到访家庭，观察玩耍的孩子，采访父母，并与顾客一起购物。这项研究产生了很多"啊哈！时刻"。例如，长期以来乐高集团只提供它认为可以培养创造力的基本的、非结构化的拼搭套装，但在如今这个科技发达的世界里，孩子们很容易感到无聊，他们喜欢更结构化的游戏体验。因此乐高集团现在提供看上去无穷无尽的具体主题套装，并配有详细的说明书，

以顾客为中心的新产品开发——玩具制造商乐高倾听顾客的意见，积极挖掘用户社区的新产品创意，一位观察家称其为"玩具界的苹果"。

孩子们可以搭建任何东西，从消防车和直升机到忍者城堡。研究还表明，对于今天的孩子来说，数字世界和现实世界是融为一体的。基于这一洞察，乐高集团推出了名为"One Reality"的产品，它将数字世界和现实世界的游戏体验结合在一起，比如一边用乐高积木进行搭建，一边在手机或平板电脑应用程序上运行相关软件。

乐高还积极利用其狂热的用户社区来获取新的顾客洞察和创意。例如，乐高 Ideas 网站（类似于Kickstarter 的品牌版）邀请顾客提交创意，并对其他人的创意进行评估和评选。正是这一顾客共创造就了乐高有史以来最受欢迎的产品——乐高机器人（LEGO MINDSTORMS），这是集合了硬件和软件的一系列拼搭套装，用于制作可通过智能手机应用程序进行编程的定制机器人。由于顾客对新产品开发的参与，乐高如今得以与美泰（Mattel）并驾齐驱，成为世界上最大的玩具制造商。

基于团队的新产品开发

好的新产品开发需要整个企业、跨职能部门的共同努力。一些企业按照如图 9-1 所示的步骤，按部就班地组织新产品开发，从创意产生开始，到商业化结束。在这种顺序产品开发过程中，一个部门单独完成自己的工作，然后交接给下一个部门，这种有序的、按部就班的开发过程有助于企业控制复杂、有风险的项目，但缓慢的节奏也会带来风险。在快速变化、竞争激烈的市场中，这种慢工出细活的产品开发可能导致产品失败、销售和利润下降以及市场地位崩塌。

为了能更快地推出新产品，许多企业采用**基于团队的新产品开发（team-based new product development）**方法。根据这种方法，企业各部门通过跨职能团队紧密合作，产品开发过程的各步骤齐头并进，得以节省时间并提高效率。企业不再让各部门依次作业，而是从各个部门召集人员，组成一个团队，全程参与新产品开发。团队有来自营销、财务、设计、生产、法律等部门，甚至是供应商和客户公司的人员。在顺序产品开发过程中，某个阶段的瓶颈可能会严重拖累整个项目的进度，而在并行产品开发过程中，解决单个问题的同时不会耽误整个团队继续前进。

基于团队的新产品开发方法也有一些局限。例如，与顺序产品开发方法相比，这种方法有时会加剧组织内的紧张和混乱。然而在瞬息万变的行业中，面对日益缩短的产品生命周期，快速灵活的新产品开发方法所带来的回报远远超过了风险。将以顾客为中心的新产品开发方法和基于团队的新产品开发方法相结合的企业，可以通过更快地将合适的新产品推出市场而获得巨大的竞争优势。

系统的新产品开发

新产品开发过程应该是整体的、系统的，而不是偶然随意的，否则不仅很少会有新创意产生，而且很多好的创意会被搁置甚至扼杀。为了避免这些问题，企业需要建立一个创新管理系统来收集、审查、评估和管理新产品创意。

企业可以任命一位德高望重的资深人士担任企业的创新经理，建立基于网络的创意管理软件，并鼓励企业所有利益相关者——员工、供应商、分销商、经销商，都参与到寻找和开发新产品中。企业可以组建一个跨职能的创新管理委员会，来评估新产品创意，并协助将好的创意推向市场。鉴于如今的全球化运营，企业可以建立跨越国界的国际中心，如戴森的例子所示：

研发中心——戴森以无叶片风扇而闻名，其研发设计师与工程师位于新加坡和英国，可以实现24小时的研发周期，从而能够快速开发新创意。

戴森（Dyson）——这家英国公司以其无袋式真空吸尘器、无热风吹风机、无叶片风扇和机器人真空吸尘器而闻名，它在新加坡设有一家工厂，专注于开发人工智能、机器学习、机器人、流体动力学和视觉系统等新技术。其全球卓越科技中心（Global Technology Centre of Excellence）领导新产品类别和物联网技术的下游研发，以支持公司进入新加坡等地的智能家居市场。在新加坡设立研发中心的原因之一是与英国的时差。戴森希望创造一个24小时的研发周期，这样当英国的工作日结束后，设计师和工程师就可以把他们的工作交给新加坡的员工，后者在其工作日开始时接手。戴森希望这种做法可以加快开发新创意的速度。亚洲是戴森最大、增长最快的市场，约占全球销售额的三分之一。得益于位于新加坡的研发中心，戴森发布了三款创新产品，其中两款与亚洲人特别相关——Lightcycle 台灯和 Pure Cool Me 空气净化器。Lightcycle 台灯可以调节亮度和温度，模拟自然日光周期以符合人体生物钟。凭借其当地日光智能跟踪算法，该台灯可以根据位置来调整光源输出。由于工作生活忙碌，亚洲人的睡眠质量通常比较差，将研发中心设在亚洲有助于戴森更好地了解亚洲人的睡眠模式。戴森 Pure Cool Me 空气净化器是专为个人小范围使用而设计的，可以过滤花粉、气味、家庭烟雾、霉菌孢子和细菌。同样，该产品对东南亚的消费者来说特别有用，由于湿度较高，霉菌一直困扰东南亚消费者，而非法焚烧森林造成的雾霾则在印度尼西亚等地很常见。

建立创新管理系统有两个好处。首先，该系统有助于创造以创新为导向的企业文化，它的存在表明最高管理层支持、鼓励和奖励创新。其次，该系统可以产生大量新产品创意，其中可能有一些特别好的创意，这些好的新创意会得到更系统的开发，从而产生更多成功的新产品。

因此，新产品的成功需要的不仅仅是想出几个好创意，把它们转化成产品，然后为它们找到顾客，还需要一个整体方法来寻找创造有价值的顾客体验的新方式，从产生和筛选新产品创意，到创造和推出满足顾客需求的产品。营销实践 9.1 讨论了富士如何利用其在胶片技术方面的专业知识重塑自我，创造出了一种新的护肤产品。

此外，成功的新产品开发需要整个企业的投入。在谷歌、三星、苹果、3M 和宝洁等在新产品开发方面目光敏锐的企业，整个企业文化都鼓励、支持和奖励创新。

谷歌（Google）——谷歌的创新休假项目鼓励员工花 20% 的时间——每周用一天时间来开发"酷而古怪"的新产品创意，创新可以是任何领域的。谷歌对创新的热情已经远远超过了其核心的在线搜索和广告业务。自由的新产品开发过程使其能够比大多数竞争者花费更短的时间来完善和批准一个最初的创意，进而实现主要的新产品和服务。对于新产品开发，谷歌没有两年计划，其新产品规划只需要四到五个月的时间。它宁愿看到迅速的项目失败，也不愿看到精心策划的、拖延的项目失败。它混乱的创新过程释放出了似乎无穷无尽的产品，其中大多数都是各自产品类别中的市场领导者。尽管种类繁多，但其中很多创新都与谷歌的互联网相关的信息使命紧密相连。谷歌的众多热门产品包括电子邮件服务（Gmail）、数字媒体商店（Google Play）、在线支付服务（Google Pay）、移动操作系统（Google Android）、支持云计算的互联网浏览器（Chrome）、价格实惠的带有操作系统浏览器的笔记本电脑（Chromebook），甚至还有地图和探索世界的项目（谷歌地图和谷歌地球）。这一创新过程也让谷歌走上了一条与其主要信息使命不同的道路——从智能家居系统、自动驾驶汽车到地球影像卫星，甚至是延长人类寿命的运动，应有尽有。长期以来，谷歌的创新体系一直以"登月计划"而闻名——未来主义的、令人惊叹的理想主义的长期计划，如果成功，将深刻地改变人们的生活方式。为了培育登月计划，谷歌创建了谷歌 X——一个秘密的创新实验室，有点像书呆子的天堂，负责开发即使对谷歌来说也显得很大胆的东西。这个创新实验室现在隶属于谷歌母公司 Alphabet，名为

创新——谷歌的创新实验室 X 鼓励那些将会改变人们生活方式的登月计划，包括自动驾驶汽车、分发无线网络连接的高空气球网络、可穿戴智能设备等。

"X"，负责孵化那些长期来看不一定能为自己带来回报的惊天动地的项目。X 的成功背后有很多未来主义的项目，比如自动驾驶汽车项目 Waymo，其使命是让人和物安全、方便地移动；医疗技术项目 Verily 创造了一些医疗保健设备，比如可以帮助识别癌细胞的血糖监测隐形眼镜。以下是曾经出现的一些创意：Chronicle 采用复杂的分析工具，预测并打击网络犯罪；Project Loon（一个分发无线网络连接的高空气球网络）为世界上缺乏相关服务的地区提供无线网络连接；Project Wing（一种无人机配送系统）在芬兰配送包裹。谷歌还推出了电子钱包支付系统 GooglePay，与其他电子钱包不同的是，朋友们外出就餐和喝酒时可以使用 GooglePay 分摊账单，而不是只能用一个账户进行支付。

营销实践 9.1

富士：改头换面

数码摄影对柯达和富士这两家胶片制造商提出了重大挑战，使它们的产品需求急剧下降。柯达最终申请破产，而富士则利用其胶片技术扩大了产品组合，进入了一个意想不到的行业——护肤品和化妆品。

胶片和皮肤恰好有一个共同的主要元素——胶原蛋白。胶原蛋白在皮肤真皮层结构中占 70%，在胶片中占 50%，而紫外线会影响胶原蛋白。

故事的开始

为了应对摄影行业的技术变革，富士成立了生命科学部门。该部门的其中一项发现是，人类皮肤会随着年龄的增长而退化，就像照片一样——紫外线的氧化作用会导致彩色照片褪色，同样也会导致皮肤老化。此外，该公司所开发的防止照片氧化的化学物质——包括一种名为虾青素的天然抗氧化剂，也可以用于皮肤。富士的研究人员并不知道，几年前他们试图完善胶片时，已经为护肤品业务奠定了基础。

富士开始利用其在抗氧化剂和纳米技术方面的优势，制造出可以被皮肤吸收的虾青素纳米颗粒。生命科学部门成立一年后，富士推出了 Astalift——富士的护肤产品线。随后，该系列又拓展到了化妆品领域。

PRINCIPLES OF MARKETING 营销的原则（原书第5版）

护肤品和化妆品

富士利用其在光和颜色方面的专业知识开发了 Astalift 系列产品。胶片捕捉光线并将其表现为色彩，富士利用这些知识使其化妆品发挥作用。

皮肤在人工照明下看起来与在室外自然光下不同，这对化妆品研究人员来说是一个挑战，他们试图让面部看起来一致。富士利用其对皮肤的光学分析以及对光吸收与光反射的控制来设计产品，使皮肤在任何条件下看起来都很漂亮。

遮瑕膏（用于遮盖瑕疵的化妆品）传统的使用方法是层层涂抹，直到遮盖住斑点。富士却利用其在光谱分析方面的专业知识，开发出了能够对皮肤瑕疵特有的黄光进行吸收和反射的化妆品。其他产品使用了使斑点和周围皮肤之间色差不那么明显的技术。

这种创新意味着 Astalift 更贴合肤色，使该系列产品深受用户欢迎。

从旧知识中创新——富士利用其在胶片方面的专业知识生产了 Astalift——基于光和色彩的系列护肤产品。

一个大胆的举动

Astalift 的面世引起了轰动。富士没有从这个看似无关的产品上抹掉自己的品牌名称，而是大胆地将自己的名字和专业知识作为一个关键卖点。它煞费苦心地向消费者解释，从胶片中诞生的先进技术如何成为护肤品和化妆品的优势。

电视广告对富士在护肤品和化妆品市场的品牌和技术进行了宣传，它们以教育和结果为导向。结果表明，消费者对真正的护肤效果比对品牌形象更感兴趣。

此外，虽然大多数高档护肤品和化妆品品牌都采用白色或浅色包装，但富士推出的 Astalift 采用亮红色包装，以突出其关键成分虾青素的天然红色，并在竞争中脱颖而出。

富士已将 Astalift 扩展到了中国、东南亚和欧洲市场。它现在是日本最畅销的护肤品牌之一。

来源："FujifilmFinds New Life in Cosmetics," www. nippon. com, 25 April 2013; Hide Fujii, "Fujifilm: Surviving the Digital Revolution in Photography through Diversification into Cosmetics," www. rctom. hbs. org, 17 November 2016; Desmond Ng, "How Fujifilm Survived the Digital Age with an Unexpected Makeover," *Channel News Asia*, 18 February 2017; Bernard Genoud, "Advanced Skincare Products That Only Fujifilm Could Create," www. linkedin. com, 20 April 2017; Jacqueline Woo, "CEO's Facelift for Fujifilm Includes Cosmetics Business," www. straitstimes. com, 20 November 2017; materials from www. astalift. com.

产品生命周期战略

新产品面市后，管理层希望它能拥有长久且顺利的生命周期。尽管企业并不指望新产品能永远畅销，但希望它能带来可观的利润，以弥补企业推出这款新产品所付出的努力和承担的风险。管理层明白，每个产品都有生命周期，尽管无法预知生命周期的确切形状和长度。

图 9-3 展示的是典型的**产品生命周期（product life cycle, PLC）**，即产品在其整个生命中的销售额和利润曲线。产品生命周期包括五个不同的阶段：

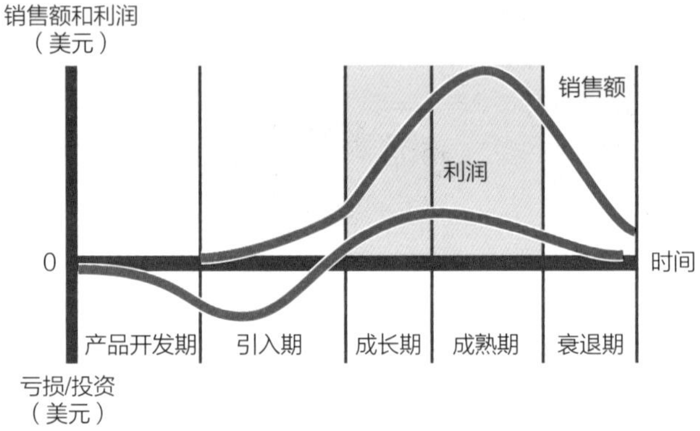

图 9-3　产品从诞生到衰退的整个生命周期的销售额和利润

1. 产品开发期。产品开发期始于企业发现并开发新产品创意。在产品开发期，销售额为零，企业需要投入大量资金。

2. 引入期。产品进入市场后，销售额增长缓慢。在这个阶段，由于产品引入市场的费用高昂，因此没有利润。

3. 成长期。产品迅速被市场接受，利润增加。

4. 成熟期。销售额增长放缓，因为产品已经被大多数潜在消费者接受。用于保护产品抵御竞争的营销费用增加，因此利润趋于平稳或下降。

5. 衰退期。销售额和利润均下降。

并非所有产品都遵循这样的产品生命周期。有些产品刚引入市场就开始衰退；有些产品则长时间停留在成熟期；还有些产品进入衰退期后，通过大力推广或重新定位又回到成长期。如果经营得当，一个品牌可以长盛不衰。虎标（Tiger Balm）、可口可乐、龟甲万（Kikkoman）等品牌在发展了百余年后仍然势头强劲。

产品生命周期的概念可以用于描述一个产品类别（燃油汽车）、一种产品形式（SUV）或者一个品牌（丰田凯美瑞）。在每种情况下的产品生命周期概念都不相同。产品类别的生命周期最长，许多产品类别的销售额长期处于成熟期。相比之下，产品形式往往具有标准的产品生命周期形状，例如拨号电话和胶片相机等产品形式就经历了引入、成长、成熟和衰退等典型阶段。

鉴于竞争对手的攻击和反应变幻莫测，一个特定品牌的产品生命周期可能会迅速变化。例如，虽然洗衣皂（产品类别）和洗衣粉（产品形式）拥有相当长的产品生命周期，但特定品牌的产品生命周期往往要短得多。

产品生命周期概念也可以应用于风格、流行和时尚，特殊的产品生命周期如图9-4所示。**风格（style）**是一种基本和独特的表达方式。例如，住宅风格（传统、现代）、服装风格（正式、休闲）和艺术风格

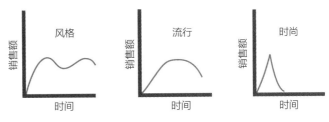

图9-4　风格、流行和时尚

（超现实主义、抽象）。一种风格一旦确立，就会历经几代人，时而流行，时而衰落。一种风格在其生命周期内可能有几个复兴时期。**流行（fashion）**是指当前在某一特定领域风靡的风格。例如，20世纪80年代和90年代初流行的更为正式的"商务装"已经让位于今天的"商务休闲装"。流行的发展趋势是开始增长缓慢，然后风靡一时，最后慢慢衰退。**时尚（fad）**是销售额异常高涨的短暂时期，消费者的狂热使产品或品牌迅速流行。时尚的例子包括手指陀螺以及许多手机游戏。

时尚——手指陀螺席卷了Z世代市场。然而，就如同大多数时尚一样，随着善变的青少年转向下一个新事物，手指陀螺的销售额很快下降。

营销人员可以将产品生命周期概念作为一种描述产品和市场运作的实用框架。如果使用得当，产品生命周期概念有助于为产品生命周期的不同阶段制定良好的营销战略。但是，使用产品生命周期概念来预测产品市场表现或制定营销战略时存在一些实际问题。例如，管理人员可能难以确定产品处于生命周期的哪个阶段，或者产品何时进入下一阶段，也难以确定影响产品在生命周期各阶段推进的因素。

在实践中，很难预测产品生命周期各阶段的销售额、时间长度和曲线形状。使用产品生命周期概念来制定营销战略也困难重重，因为营销战略既是产品生命周期的起因，也是其结果。产品当前所处的生命周期阶段决定了最佳的营销战略，而该营销战略反过来又影响产品在之后各生命周期阶段的市场表现。

此外，营销人员不应该盲目地在传统的产品生命周期阶段中推进产品。相反，营销人员经常无视产品生命周期的"规则"，以意想不到的方式定位其产品，以延长产品的生命。

在本章的第一部分，我们讨论了产品生命周期的产品开发阶段，下面我们将讨论产品生命周期其他阶段的营销战略。

引入期

当新产品首次推出时，就进入了**引入期（introduction stage）**。引入期持续时间很长，在此期间销售额增长较为缓慢。速溶咖啡等知名产品在面市很多年后才进入快速

增长阶段。

与产品生命周期的其他阶段相比，在引入期，销售额很低，分销和促销费用很高，利润很低甚至亏损。企业需要投入大量资金来吸引经销商，并建立库存。为了让消费者知晓并尝试新产品，促销费用相对较高。在引入期，由于市场还没有为产品改进做好准备，企业及其少数竞争对手只生产基本版本的产品，并瞄准那些最迫切的消费者。

一家企业，尤其是市场先驱，必须根据设定的产品定位选择一个与之相匹配的引入战略。企业必须意识到，引入战略只是整个产品生命周期营销计划的第一步。如果市场先驱选择的引入战略是"大赚一笔"，那么它可能会牺牲长期收益来换取短期收益。随着市场先驱进入产品生命周期的后期阶段，它需要不断制定新的定价、促销和营销战略。如果企业从一开始就出对了牌，那么它便抓住了建立和维持市场领导地位的最佳机会。

成长期

如果市场对新产品满意，它就会进入**成长期（growth stage）**。在这个阶段，销售额开始快速攀升。早期消费者会继续购买，后来的消费者也会追随购买，特别是在新产品口碑良好的情况下。受到获利机会的吸引，新的竞争者会涌入市场，它们会推出新的产品功能，市场进一步扩大。竞争者的增加导致分销渠道数量的增加，销售额激增的同时，中间商的库存也在扩大。价格保持不变或小幅下降。促销费用维持在原有的水平或略有增加。培育市场仍然企业的目标之一，但企业同时还要面对竞争。

在成长期，由于促销成本被分摊在大量产品上，以及单位制造成本下降，利润增加。企业会采用多种战略，以尽可能长时间维持市场的快速增长。企业会改善产品质量；增加新的产品功能和型号；进入新的细分市场和新的分销渠道；转变部分广告目标，从建立产品知名度转变为建立产品信任和促进购买；在适当的时候降低价格以吸引更多消费者。以下是中国工商银行的一个例子：

中国工商银行——这家中国最大的银行不仅仅提供金融服务。为了通过创新的分销渠道进入新市场，中国工商银行设立了一个在线购物门户来吸引购物者。"融e购"（听起来像"容易购买"）上提供 10000 种畅销产品，包括金融产品、服装、时尚配饰、食品、珠宝、家电甚至汽车。这个在线商城将融资选择与银行联系起来，提供灵活的支付方案。通过该门户购买的昂贵产品可以分期付款。这一购物门户的推出增加了中国工商银行的移动应用程序以及即时通信平台融e联的用户数量。重要的是，其互联网金融业务也在增长，使中国工商银行成为中国最大的在线银行。

在成长期，企业需要在高市场份额和高当期利润之间进行权衡。通过在产品改进、促销和分销上投入大量资金，企业可以占据市场主导地位。然而，这样做就意味着放弃了当前利润最大化，只能寄希望于在下一阶段弥补。

营销的原则（原书第5版）

成熟期

产品的销售额在达到某一点后会放缓，此时产品进入了**成熟期（maturity stage）**。成熟期的持续时间通常比前几个阶段更长，并给营销管理带来严峻的挑战。

销售额增长放缓导致许多生产商产能过剩，而产能过剩又导致市场竞争加剧。竞争者开始降低价格、加大广告和促销力度、增加研发预算以进一步改进产品。上述这些因素导致利润下降。一些实力较弱的竞争者开始退出市场，整个行业最终只剩下实力雄厚的竞争者。

尽管很多产品在成熟期会在很长一段时间内保持不变，但大多数成功的产品都会不断改进，以满足不断变化的消费者需求。产品经理应该调整市场、产品和营销组合以满足消费者。

在调整市场时，企业应设法增加现有产品的销量，可以寻找新消费者和新细分市场。例如，以前只关注女性的美容行业，现在已经扩展到为男性服务，尤其是在妆容精致的韩国演员和流行歌手引发的热潮中。

企业可能还会尝试调整产品，比如改变质量、功能、风格、包装等产品特征，以吸引新用户并激发更多的使用量。企业可以提高产品的质量和性能，如耐用性、可靠性、速度等；改进产品的风格和吸引力。例如，汽车制造商可以重新设计汽车风格，以吸引想要新外观的消费者；食品和家居用品的制造商可以推出新口味、新颜色、新配方或新包装，以重振消费者购买的热情；企业还可以增加新功能，以提升产品的实用性、安全性或便利性。下面的例子介绍了中国家电制造商海尔如何调整产品以适应不同的市场：

海尔（Haier）——海尔进入印度市场后，对其冰箱进行了改造，使其产品线更加以印度为中心，其中包括最受欢迎的型号之一——底部安装式冰箱。对于节能意识较强的印度家庭，海尔还推出了节水、节电的双驱动洗衣机。在中国，海尔对其洗衣机进行了改进，使其适合不熟悉使用洗衣粉的用户。海尔了解到，中国农村地区的消费者在用洗衣机冲洗土豆，导致排水管堵塞。于是海尔对洗衣机进行了重新设计，使其既能洗衣服又能洗土豆。在美国，海尔对冰箱进行了改进，使其更加紧凑，适合大学生以及在夏季更注重节水和节能的目标细分市场。

最后，企业可以尝试调整营销组合，通过改变一个或多个营销组合要素来提高销售额。企业可以通过降价来吸引新消费者和竞争对手的顾客；可以发起更好的广告活动，或者采用激进的促销手段，如商业折扣、减价促销、赠品和有奖游戏。除了定价和促销，如果大众经销商正在增长，企业还可以进入更大的营销渠道。企业还可以为购买者提供新的或改进的服务。以亨氏（Heinz）在印度尼西亚的业务为例：

亨氏（Heinz）——很多印度尼西亚家庭已经在使用亨氏的亚洲酱油品牌 ABC，因此亨氏认为，或许可以通过调整市场组合来促进销售。在一个线下的促销活动中，亨氏请一家烹饪学院的厨师设计使用 ABC 酱油的新菜谱，以此鼓励更多消费者使用它的酱油。亨氏还对产品进行了改进，在酱油瓶上增加了一个新的盖子，还使用了更轻的塑料袋，这对很多把杂货拎回家的印尼人来说是一个潜在的卖点。

衰退期

大多数产品和品牌的销售额最终会下降，这种下降可能是缓慢的，也可能是迅速的。销售额可能跌至零，也可能跌至低水平并持续很多年。这就是**衰退期**（**decline stage**）。

销售额下降的原因有很多，包括技术进步、消费者偏好转变和竞争加剧。随着销售额和利润的下降，一些企业退出了市场，幸存下来的企业可能会减少其产品供应。这些企业可能会放弃较小的细分市场和分销渠道，也可能会削减促销预算以及进一步降低产品价格。

对于一个企业来说，经营处于弱势的产品可能代价很高。弱势的产品可能会占用管理层大量的时间，通常需要频繁地调整价格和库存，并且需要耗费广告和销售人员大量精力，如果将这些精力用于"健康"的产品，会更加有利可图。此外，一个失败的产品可能引起顾客对该企业及企业其他产品的担忧。最大的代价可能还在未来，维持弱势产品会拖延企业开发替代品的时间，造成产品组合不平衡，不仅损害企业的当前利润，还会削弱企业在未来的立足能力。

基于这些原因，企业需要更加关注老化的产品。企业的首要任务是通过定期审查产品的销售额、市场份额、成本和利润趋势，识别出处于衰退期的产品。然后，管理层必须针对每一种处于衰退期的产品做出维持、收割或放弃的决策。营销实践9.2 讨论了著名的玩具制造商美泰公司（Mattel）在面对更灵活、更创新的竞争对手时，是如何眼睁睁地看着自己的产品衰退、销售停滞不前的。

营销实践 9.2

美泰的产品生命周期管理：重拾乐趣

凭借芭比娃娃（Barbie）、风火轮（Hot Wheels）、费雪（Fisher-Price）和美国女孩（American Girl）等经典品牌，美泰一直主导玩具行业。50 多年来，美泰的玩具一直在世界各地儿童愿望清单上名列前茅。

然而，随着其核心品牌步入成熟期，美泰的销售额开始下降或停滞不前。令人喜爱的芭比娃娃2015年之后一直在经历两位数的销量下滑，直到2019年才略有改善。风火轮虽然保持着自己的地位，但现在似乎更受怀旧父亲们的青睐，而不是其孩子们。费雪和美国女孩的销量也在下降。

　　出生率下降、成本上升、经济环境低迷以及数字技术的蓬勃发展使传统玩具看起来过时了，这些都是造成美泰衰退的原因。美泰及其竞争者孩之宝（Hasbro）的销售萎靡不振，但另一个竞争者乐高的销售收入却翻了两番，成为全球最大的玩具制造商。

　　乐高的成功表明，美泰的问题不仅仅源于行业的起伏。相反，该公司似乎面临一个产品生命周期问题——好的老产品太多，好的新产品太少。在一个总是有新玩具涌现的行业，美泰在产品开发方面已经落后，未能适应迅速变化的玩具发展趋势。

　　作为美泰公司最大、历史最悠久的品牌，芭比娃娃诞生于1959年，50多年来一直是美泰最赚钱的品牌，占其收入的30%。它一直是世界各地年轻女孩的"必备"，但在过去的几年里，芭比娃娃的受欢迎程度急剧下降，收入已不足其鼎盛时期的一半。

　　为了让她恢复活力，设计师们不知疲倦地设计新的芭比娃娃模型和特征。企业家芭比（Entrepreneur Barbie）就是一个例子，这是第一个拥有智能手机和领英个人资料的芭比娃娃。还有Hello Barbie，一个会说话、支持无线网络连接的互动式娃娃。尽管如此，与迪士尼《冰雪奇缘》系列等更时尚的娃娃相比，芭比娃娃仍在持续失去相关性。芭比娃娃试图借助电影人气来拼一把，它与《星球大战》合作，推出了一系列《星球大战》系列芭比娃娃，其时尚灵感来自于电影中的角色。

　　美泰的一些营销尝试也失败了。例如，芭比娃娃的"毫无歉意"（Unapologetic）

产品生命周期管理——与美泰的很多其他品牌一样，芭比娃娃也明显老化。除了重振其经典品牌，美泰在产品生命周期管理中还必须源源不断地创造令人兴奋的新品牌。

广告活动谈及女性赋权，它的口号是"如果你有梦想，你就能实现"。这听起来确实与当今的现代女性有关，但这场活动却是以《体育画报》泳装特刊上的广告贴纸开始的，尽管芭比娃娃的目标受众是 3~12 岁的女孩；而且人们一直批评芭比娃娃的身材不切实际。

美泰推出的新款、更年轻的玩偶系列也不令人振奋。它收购了美国女孩和怪物高中（Monster High），这两家公司也在步入成熟期、经历销售下滑。批评家严厉批评美泰，认为其创新思维保守，无法保持品牌的新鲜感和与时俱进。

在中国，美泰在上海的黄金购物区内斥资 3000 万美元（约合人民币 2 亿元）买下了一栋独立的六层建筑，将芭比娃娃引入当时还不那么成熟的市场。它为年轻女孩和成年人提供商品，娃娃的衣服性感而暴露，与中国消费者想要的可爱、少女的粉红色衣服完全不同。此外还有一个水疗中心和一个供应酒精饮品的餐厅，这对中国人也没有吸引力，因为他们更喜欢去特定的街区购买特定的东西。此外，尽管购物街可能很繁忙，但通往一栋独立建筑的人流量很难保证。繁忙的道路交通让大多数中国人更喜欢在室内进行一站式购物，而不是沿着街道步行购物。

为了重新获得主导地位，美泰必须开发一种更快、更灵活、更以顾客为中心的流程，以开发相关的新产品，并带领它们在产品生命周期内盈利。除了重振经典品牌，美泰还必须源源不断地创造令人兴奋的新品牌，从而领先于不断变化的消费者趋势和品位。新冠疫情给芭比娃娃带来了机会。当孩子们不能上学、不得不待在家里时，父母给孩子们购买芭比娃娃，让他们在家里有事可做。值得赞扬的是，美泰推出了更多样化的产品系列以吸引现代家庭——更多的彩色娃娃以及拥有真实身材的娃娃。对美泰来说，掌控产品生命周期不仅仅是乐趣和游戏，而是关乎发展、繁荣和长期生存的问题。

来源："Mattel Has 20% Upside, Yields 5%，" *Barron's*, 2 January 2016, www.barrons.com；Claire Suddath, "The Princess Makeover: How Hasbro Stole Disney's Dolls from Mattel," *Bloomberg Businessweek*, 17 December, 2015, pp. 40–45；John Kell, "Mattel's Barbie Sales Down for Third Consecutive Year," *Fortune*, 30 January 2015；Rachel Abrams, "Mattel Aims to Reanimate Sales with Talking Barbie," *New York Times*, 16 October 2015,

p. B2；Anil Gupta and Haiyan Wang, "Why Barbie Flopped in Shanghai," *BusinessWeek*, 21 April 2011；Shaun Rein, "Where Barbie Went Wrong in China," *Forbes*, 22 January 2010；"Why Barbie Stumbles in China," *NBD*, 27 March 2019, m.nbdpress.com；"Gross Sales of Mattel's Barbie Brand Worldwide from 2012 to 2019," www.statista.com, accessed June 2020；Kelly Gilblom, "How a Barbie Makeover Led to a Pandemic Sales Boom," 24 February 2021, www.bloomberg.com, accessed March 2021；www.barbie.com, accessed June 2020.

管理层可能决定保持其品牌不变，希望竞争对手会撤出这个行业。管理层也可能会决定重新定位或重塑品牌，使其重新回到产品生命周期的成长期，宝洁已经对包括洁碧先生（Mr. Clean）和欧仕派（Old Spice）在内的几个品牌采取了这种做法。

管理层还可能决定收割产品，这意味着企业要降低各种成本（厂房和设备、维护、研发、广告、销售人员），并希望保持销售额。如果获得成功，收割策略将提高企业的短期利润。或者管理层可能决定将该产品从生产线上撤下，把它卖给另一家企业，或者干脆清算产品的残余价值。例如，宝洁已经出售了一些较小的或衰退的品牌，如金霸王电池以及化妆品品牌封面女郎（Cover Girl）和蜜丝佛陀（Max Factor）。

在亚洲，一些历史悠久的品牌曾经历衰落，后来又因为消费者的转变重新焕发活力。面对需求的变化，老品牌开始重塑自我以求生存。

老字号中国品牌——在中国，随着新品牌和西方品牌的进入，一些曾经受欢迎的品牌逐渐淡出了人们的视野。北冰洋是其中一个品牌，它是一种软饮料，也是在北京推出的第一款商业饮料。随着其他软饮料品牌进入市场，20世纪90年代末北冰洋消失了。很多人会说，北冰洋当时处于衰退期，收割市场后就会下滑。但在后来的几年里，由于消费者的情绪变化和怀旧之情，该品牌又卷土重来，再次成为热门品牌。消费者对产品质量的看法发生了变化，他们认为用老方法生产的产品真实可靠。在这种需求的变化下，老字号中国品牌正在抓住机会保护自己的传统，并通过创新保持知名度。与此同时，为了响应消费者需求的变化，糕点制造商稻香村降低了月饼的含糖量，以跟上健康意识的潮流。针对老年人，稻香村在糕点中使用木糖醇；针对年轻人，稻香村在月饼中加入花和水果。

表9-2总结了产品生命周期各阶段的关键特征，同时列出了每个阶段的营销目标和战略。

表9-2 产品生命周期特征、目标和战略总结

特征	引入期	成长期	成熟期	衰退期
销售额	销售额低	销售额开始增长	销售额达到高峰	销售额下降
成本	较高的单位顾客成本	平均的单位顾客成本	较低的单位顾客成本	较低的单位顾客成本
利润	亏损	利润增长	利润丰厚	利润下降
顾客	创新者	早期采用者	中间大多数	迟缓采用者
竞争者	很少	数量增加	数量稳定并开始减少	数量下降
营销目标				
	创建产品知晓和试用	最大化市场份额	维持市场份额的同时实现利润最大化	减少开支，收割品牌
战略				
产品	提供基础产品	提供产品延伸、服务、保修	品牌和型号多样化	逐步淘汰弱势产品

特征	引入期	成长期	成熟期	衰退期
战略				
定价	成本加成	渗透定价	匹配或低于竞争者定价	降价
分销	选择性分销	密集型分销	更加密集的分销	选择性分销：逐步淘汰不盈利的渠道
广告	在早期采用者和经销商中建立产品知晓	在大众市场建立产品知晓和兴趣	强调品牌差异和优势	降低到仅能维持铁杆顾客的水平
销售促进	使用大量促销来吸引试用	减少促销以充分利用旺盛的消费需求	增加促销以鼓励品牌转换	降低到最低水平

来源：Philip Kotler and Kevin Lane Keller, *Marketing Management*, 15th ed.

营销的原则

9.4

产品和服务的额外考量

下面我们将对产品和服务的两个额外问题进行讨论：产品决策中的社会责任，以及国际化产品和服务营销问题。

产品决策中的社会责任

产品决策引起了公众的广泛关注。营销人员应该仔细考虑涉及产品开发和淘汰、专利保护、产品质量和安全以及产品保证的公共政策问题和法规。

就新产品而言，如果企业通过并购增加产品的方式会削弱竞争，那么政府可能会阻止这种做法。打算淘汰产品的企业必须意识到，它们对供应商、经销商和顾客等被淘汰产品的利益相关方有书面或隐含的法律义务。企业在开发新产品时也必须遵守专利法，不能非法仿制另一家企业的现有产品。

制造商必须遵守产品质量和安全方面的法规。如果消费者因使用设计有缺陷的产品而受到伤害，他们有权起诉制造商或经销商。

国际化产品和服务营销

国际化产品和服务营销人员面临着特殊挑战。首先，他们必须确定要在哪些国家推出什么产品和服务。其次，他们必须决定其产品和服务要在多大程度上标准化，或者调整以适应全球市场。

一方面，企业希望标准化其产品和服务。标准化有助于企业树立全球一致的形象，还可以降低各种产品的设计、制造和营销成本。另一方面，世界各地的市场和消费者差异很大。企业通常必须调整产品以应对这些差异。例如，雀巢在日本销售多种口味的奇巧巧克力，如绿茶味、红豆味和哈密瓜味。除了口味之外，奇巧在日本的流行还有一些"无心插柳"的文化因素：

奇巧（KitKat）——奇巧在日本非常受欢迎，不仅因为爱吃甜食的日本人喜欢它的味道，还因为它的名字刚好与日文短语 kitto katsu（大意为"你一定会赢"）的发音相似。发现这一机遇后，雀巢日本的营销人员推出了一个创新的 Juken（高考）奇巧活动。在这个多媒体活动中，奇巧巧克力棒及其标志被定位为"重压之下的高考季中的好运符"。雀巢还开发了一款樱桃味的奇巧巧克力棒，包装上印有"愿樱花盛开"的字样，祝愿学生们梦想成真。雀巢还与日本邮政合作推出了"奇巧邮"，这是一种在邮局出售的类似明信片的产品，可作为一种好运符邮寄给学生。这项活动在日本大受欢迎，引发了为高考学生加油的全国性社会活动，奇巧更是成了国民好运符。例如，由雀巢日本赞助的职业足球队 Jubilo IWATA 的球迷就曾使用一面印有奇巧标志和 kitto katsu 字样的大旗为球队加油。

　　包装管理也给国际营销人员提出了新的挑战。包装问题可能相当微妙，例如，在一个国家使用的名称、标签和颜色可能无法简单地用于另一个国家。黄色在泰国是受欢迎的颜色，因为它象征着皇室，但在墨西哥可能要遇上大麻烦，因为在那里黄色的花象征着死亡或不敬。包装还需要适应世界各地消费者不同的身体特征。例如，在日本销售的软饮料采用较小的易拉罐，这样更适合日本人比较小巧的手。因此，虽然产品和包装的标准化可以带来好处，但企业通常需要针对特定国际市场的独特需求来调整其产品和服务。

　　服务营销人员在走向国际化的过程中也面临着特殊的挑战。一些服务行业有着悠久的国际化经营历史。例如，银行必须提供全球服务，以满足打算向海外销售产品的本国顾客的外汇和信贷需求。酒店必须确保其服务水平在全球范围内是相似的，因此培训至关重要。例如，香格里拉酒店在亚太地区开设了集中进行员工培训的学院，员工要在那里接受为期12周的培训，包括前台组织、客房服务、餐饮服务和烹饪技术。之后，员工还要在该地区的香格里拉酒店接受为期24周的在职培训。作为全球服务提供商，香格里拉还对员工进行文化习俗和信仰方面的培训，比如让员工们了解，对中国人来说，数字"4"是不吉利的，因此酒店不在第四层设置客房。

国际化营销——在走向全球的过程中，香格里拉酒店等服务企业对员工进行培训，以确保提供统一同时又对文化规范保持敏感的服务。

　　会计、管理咨询、广告等专业和商业服务行业也实现了全球化。这些企业的国际化发展是伴随着其所服务的客户企业的全球化而发生的。例如，随着越来越多的客户实施全球营销和广告战略，广告机构已经将自己的业务进行全球化作为响应。

零售行业是最晚走向全球化经营的服务行业之一。随着本国市场趋于饱和，优衣库（UNIQLO）等日本零售商正在向增长更快的海外市场扩张。在世界各地，优衣库已经拥有2200多家门店。

目标回顾

企业现有产品的寿命是有限的，一定会被新产品所取代。但是新产品也可能失败——创新的风险和收益一样大。成功创新的关键在于以顾客为中心、全企业的共同努力、强有力的计划和系统的新产品开发过程。

目标1：解释企业如何发现和开发新的产品创意。

企业可以从各种来源寻找和开发新产品创意。许多新产品创意来自内部。企业可以进行正式的研发，或者向员工征集，鼓励其思考和开发新产品创意。还有些创意来自外部。企业可以跟踪分析竞争对手的产品，从分销商和供应商处获得创意，他们更接近市场，可以传达消费者的问题和新产品信息。

或许新产品创意最重要的来源是顾客自身。企业可以观察顾客，询问他们的想法和建议，甚至请顾客参与新产品的开发过程。现在许多企业采用众包或开放创新的新产品创意项目，邀请广泛的群体（顾客、员工、独立的科学家和研究人员，甚至公众）参与新产品的创新过程。真正具有创新精神的企业不会仅仅依靠单一来源来获得新产品创意。

目标2：列举并定义新产品开发过程的步骤，以及管理该过程的主要考虑因素。

新产品开发过程包括八个连续的阶段。这个过程始于创意产生。接下来是创意筛选，根据企业自己的标准减少创意的数量。通过筛选的创意继续进入产品概念开发阶段，即用有意义的消费者术语详细描述新产品创意。下一阶段是概念测试，即在一组目标消费者中测试新产品概念，以判断新产品概念对消费者是否具有强大的吸引力。富有吸引力的新产品概念进入营销战略开发阶段，即从新产品概念出发为新产品制定初始营销战略。在商业分析阶段，企业对新产品的销量、成本和利润预测进行审视，以判断新产品是否符合企业的目标。如果商业分析的结果是积极的，那么创意会通过产品开发和市场测试变得更加具体，最终在商业化阶段投入市场。

新产品开发不仅仅是一系列步骤，企业还必须采用系统、全面的方法来管理这一过程。成功的新产品开发需要以顾客为中心，基于团队和系统的努力。

目标3：描述产品生命周期的各个阶段以及营销战略在产品生命周期中如何变化。

每个产品都有生命周期，其特征是问题和机遇不断变化。典型的产品销售额变化呈现出包含五个阶段的 S 形曲线。产品生命周期始于产品开发期，在这个阶段，企业寻找并开发新产品创意。随着产品进入市场，引入期的特点是销售额增长缓慢、利润低。如果引入成功，产品进入成长期，销售额迅速增长，利润不断增加。接下来是成熟期，产品销售额增长放缓，利润趋于稳定。最后，产品进入衰退期，销售额和利润萎缩。企业在衰退期的任务是确认衰退的产品，并决定是否维持、收割或放弃产品。产品生命周期的不同阶段需要不同的营销战略和策略。

目标 4：讨论另外两个产品问题：产品决策中的社会责任以及国际化产品和服务营销。

营销人员必须考虑两个额外的产品问题。首先是社会责任，即涉及产品开发和淘汰、专利保护、产品质量和安全以及产品保证的公共政策问题和法规。其次是国际化产品和服务营销人员面临的特殊挑战。国际营销人员必须决定其产品和服务要在多大程度上标准化，或者调整以适应全球市场。

第 10 章 产品定价：
理解与获取顾客价值

目标概览

目标 1 回答"什么是价格"的问题，并讨论定价在如今这个快速变化的环境中的重要性。

目标 2 识别三种主要的定价战略，并讨论在定价时了解顾客价值感知、企业成本和竞争者战略的重要性。

目标 3 识别并定义影响企业定价决策的其他内部和外部因素。

内容导览

现在我们来看看第二种主要的营销组合工具——定价。 擅长通过其他营销组合活动创造顾客价值的公司也必须通过定价来获取这些价值。尽管定价十分重要，但许多企业并没有很好地处理定价问题。在本章中，我们将探讨影响定价决策的内部和外部因素，并讨论基本的定价方法。在下一章中，我们将探讨定价战略。

作为本章的开始，让我们先来看看苹果的定价战略。苹果总是把价格定得远远高于竞争对手。该公司的愿景是提供创新的设计和卓越的用户体验，因此其高价在痴迷苹果产品的消费者心中是次要的。然而，苹果最近在全球面临来自低价品牌的激烈竞争，一些消费者现在会怀疑，自己到底愿意为这一标志性品牌多支付多高的价格。

苹果：高端定价且物有所值？

苹果是典型的高端定价商。无论是 iPhone、iPad、MacBook 笔记本电脑还是 Apple Watch，消费者为购买苹果产品而支付的价格都比购买竞争者产品要高得多。例如，苹果 iPhone 的平均售价远超 800 美元，是整个行业平均售价的三倍。同样，一台标准配置的 MacBook Pro 比戴尔或惠普的同类笔记本电脑价格高数百美元。

Mark Lennihan/AP/Shutterstock

尽管价格如此之高，但苹果的产品几十年来一直供不应求，急切的顾客排队抢购最新款产品，以免产品售罄。这让苹果处于一个令人羡慕的位置：它收取最高的价格，但仍然在大多数产品类别中占据市场领先的收入份额。它是如何做到的呢？

对苹果来说，成功从来都与价格无关。相反，成功源自苹果的用户体验。很多科技企业生产的产品只是在占用空间和完成手头的任务。相比之下，苹果创造了"让生活更美好"的体验。如果你问苹果用户，他们会告诉你，自己的苹果设备更好用也更容易使用，而且他们喜欢苹果干净、简单的设计风格。

从一开始，苹果就是一个创新的领导者，不断推出一款又一款尖端产品，每一款产品都与苹果产品组合中的其他产品无缝配合。生产消费者想要的产品，并且通常在消费者知道自己想要什么之前，这使苹果引领了一次又一次产品革命。苹果总是展示出一种天赋，用科技完美地满足人类需求，同时让用户备受瞩目。苹果因此而培养了一大批狂热的苹果爱好者。四十多年来，苹果的用户一直认为苹果是所有酷炫事物无可争议的守护者，这种热情和支持使苹果产品不受价格限制。苹果粉丝不仅愿意花更多的钱，而且他们深深地相信自己所得到的价值值得他们付出更高的价格。

对苹果高端定价能力的最好诠释之一就是 Apple Watch。很难说苹果是推出智能手表的先驱，数十家企业已经在销售各种价位的可穿戴设备。在 Apple Watch 发布的前一年，竞争者以 189 美元的平均价格售出了 680 万只智能手表。苹果推出了三款智能手表，最便宜的基本款 Apple Watch Sport 售价为 349 美元，几乎是行业平均价格的两倍。而超高端的 Apple Watch Edition，由 18 克拉纯金和蓝宝石水晶玻璃制成，装备齐全后的售价高达 1.7 万美元。尽管 Apple Watch 每一个新系列的价格都在不断上涨，但该公司在 2020 年售出了 3000 多万只 Apple Watch，在快速扩张的智能手表市场中占 50% 以上份额。

苹果高端定价的能力带来了惊人的收入和利润。例如，在智能手机领域，苹果占据 15% 的全球单位市场份额，仅次于三星的 21%。然而，由于其更高的价格和利润率，苹果在全球智能手机销售收入中占据约 51% 的份额，而三星仅为 16%。它的利润也令人震惊，占全球智能手机利润的 85% 以上，几乎是三星（10%）的 9 倍。苹果的笔记本电脑和其他产品也有类似的收入和利润情况。

总的来说，苹果已经成为世界上最大、最有价值的公司之一。苹果一直被品牌追踪机构英图博略（Interbrand）评为世界上最有价值的公司之一。然而，虽然取得了如此大的成功，很多分析人士也看到了一些迹象，表明人们对苹果所有产品（无论价格如何）的火爆需求可能正在降温。例如，尽管苹果公司在 2018 年实现了创纪录的收入和利润，但该公司的股价却在年底经历了一次暴跌，抹去了约 35% 的公司价值。股价下跌的原因在于苹果产品的销售增长放缓，主要是占苹果年收入 60% 的 iPhone。此外在 2020 年新冠疫情期间，全球商店关闭导致其生产线中断，销售额大幅下降。

随着全球经济陷入困境，很多市场的手机保有量达到饱和，智能手机总体的销售增长放缓。此外，苹果似乎正在失去一些创新优势——甚至其低价竞争者也在缩小与苹果之间的技术差距。苹果的高端定价使其特别容易受到这种市场动态的影响，尤其是在快速增长的全球新兴市场。即使在美国，iPhone 的忠实粉丝似乎也在延长其旧苹果手机的使用时间。每一款新机型的价格都在不断上涨，但新款苹果手机似乎并没有什么不同，不足以证明更换新手机是合理的选择。

苹果的定价困境在全球新兴市场表现得最明显。中国是世界上最大的智能手机市场，也是苹果仅次于美国的第二大市场。iPhone 曾经是中国最畅销的手机，如今却排在第五位，落后于华为和小米等快速增长的低成本本土竞争者。中国市场领导者华为销售各种型号的手机，其中许多与 iPhone 功能相似，但价格却要低得多。然而，在受到美国的制裁后，2020 年华为在全球的智能手机销量大幅下滑。

同样，在过去几年里，小米通过生产低成本智能手机、笔记本电脑及其他与苹果产品相似的设备而成为人们关注的焦点。小米将强大的技术和惊人的设计融入价格极低的手机中，其售价仅为苹果的一小部分。例如，入门款 iPhone 在中国的售价约为 900 美元，而入门款小米智能手机仅售 150 美元。一位科技博主称，凭借其智能设计和较低价格，小米将目标对准了"具有技术倾向、比较宅的、通常买不起顶配苹果或三星手机的年轻顾客"。这类消费者不仅在中国，在印度等其他新兴市场也是增长最快的科技细分群体。苹果在印度的智能手机市场只占 2% 的份额。

到目前为止，苹果既没有也不打算为那些推动小米、华为及其他廉价品牌强势增长的消费者提供他们能够负担的产品。低端产品根本不适合苹果的经营风格或高端定位，而苹果公司（至少就目前而言）也不愿意放弃高价带来的高利润率。

不过，由于感受到了竞争压力和销售增长的低迷，苹果现在略微放松了价格。该公司在美国推出了最新入门款手机，最高可以获得 300 美元以旧换新补贴。苹果最近还罕见地下调了部分旗舰手机在美国以外地区的售价。这是苹果公司在 iPhone 的 12 年历史中第二次全面降价。

一些科技分析师呼吁苹果对整个 iPhone 系列产品进行永久性降价，无论是在美国还是美国以外的市场。一些人甚至敦促苹果像三星那样生产低端手机，以便在全球市场上与廉价品牌竞争。对苹果来说，这是一个艰难的决策，因为长期以来它的高端定价一直是成功的。但无论苹果如何进行价格决策，它都必须重新获得并保持其创新优势，确保消费者无论支付多少价格都能获得足够的价值。只有真正高端的产品才能赚取高端的价格。

什么是价格

如今的公司面临着激烈的竞争和快速变化的定价环境。寻求价值的顾客给许多企业带来了越来越大的定价压力，尤其是在经济衰退迫在眉睫的情况下。然而，降价往往不是最好的解决办法，因为它可能导致利润损失和破坏性的价格战。降价向消费者发出了这样的信号，即价格比品牌传递的顾客价值更重要，从而有损品牌形象。相反，无论经济上行还是衰退，企业都应该销售价值，而非价格。在某些情况下，这意味着以低价销售一些产品。然而在大多数情况下，销售价值在于说服顾客，为企业的品牌支付更高的价格是合理的，因为他们获得了更大的价值。

从狭义的角度来看，**价格（price）** 是对产品或服务收取的货币数量，是顾客为了拥有或使用某种产品或服务而放弃的所有价值之和，是决定企业市场份额和盈利能力的重要因素之一。

价格是营销组合中唯一能产生收入的要素，其他要素都表现为成本。价格也是营销组合中最灵活的要素之一。与产品特征和渠道承诺不同，价格可以迅速变化。同时，定价是许多营销管理人员面临的头号难题，很多企业并没有处理好定价。一个常见的问题是，企业急于降价以提高销量，而非说服购买者，让他们相信企业的价值配得上更高的价格。

定价——无论经济状况如何，企业都应该销售价值，而非价格。

其他常见问题还包括定价过于以成本为导向而非以顾客价值为导向，以及定价时没有从营销组合的角度来考虑。

明智的管理人员将定价作为创造和获取顾客价值的关键战略工具。价格对企业利润有直接的影响。更重要的是，价格是企业整体价值主张的组成部分，在创造顾客价值和建立顾客关系方面起着关键作用。

主要的定价战略

企业收取的价格介于无法产生任何需求的过高价格和无法产生利润的过低价格之间。图 10-1 总结了定价时的主要考虑因素。顾客对产品价值的感知决定了价格的上限。如果顾客认为价格大于产品的价值，就不会购买该产品。产品成本决定了价格的下限。如果产品定价低于成本，企业的利润就会受到影响。在这两种极端价格之间定价时，企业必须考虑一系列其他内部和外部因素，包括企业整体的营销战略、目标和营销组合、市场和需求的性质，以及竞争者的战略和价格。

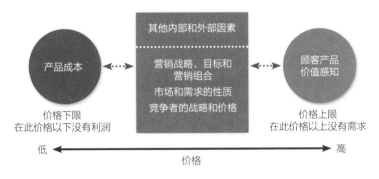

图 10-1　定价时的主要考虑因素

基于顾客价值定价

顾客将决定产品的价格是否合理。和其他营销组合决策一样，定价决策始于顾客价值。当顾客购买一种产品时，他们交换了一种价值（价格）来获得另一种价值（拥有或使用该产品所得到的利益）。有效的顾客导向定价涉及理解顾客对其从产品中获得的利益的价值感知，并制定一个合理的价格获取这一价值。

基于顾客价值定价（customer value-based pricing）将顾客对价值的感知而非卖方的成本作为定价的关键。基于价值的定价方法意味着营销人员不能先设计产品和营销计划，然后制定价格，而是应该在制订营销计划之前，先考虑价格和其他营销组合变量。

图 10-2 比较了基于价值的定价方法和基于成本的定价方法。基于成本的定价方法是产品驱动的。企业设计出它认为的好产品，汇总生产该产品的成本，然后制定一个能弥补成本并获得目标利润的价格，之后通过营销说服顾客该产品物有所值。如果价格过高，企业要么降价，要么只能获得较低的销量，二者都会使企业利润不如人意。

图 10-2　基于价值的定价方法与基于成本的定价方法

基于价值的定价过程恰好相反。企业根据顾客对产品价值的感知来设定目标价格，目标价值和目标价格决定了产品设计和可能产生的成本。因此，定价从分析顾客的需求和价值感知开始，然后设定与顾客感知价值相匹配的价格。

记住"好的价值"并不等同于"低价格"这一点很重要。例如，爱马仕铂金包的起价为 1.2 万美元。一个便宜一点的包也能装同样多的东西，但一些消费者对从一个需要等待一年、独一无二的手工包中获得的无形资产赋予了很高的价值。

基于价值定价的企业必须了解消费者对不同竞争产品的感知价值。然而，企业经常发现，衡量顾客对其产品的感知价值并非易事。例如，计算一家高级餐厅一餐的原料成本相对容易，但衡量品位、环境、放松、交谈和地位等其他满足感的感知价值则十分具有挑战性。此外，这些价值因人而异，在不同的情况下也会发生变化。

有时，企业会问消费者，他们愿意支付多少钱来购买基础产品，愿意支付多少钱来购买产品的附加利益。企业也可以通过实验来测试顾客对不同产品的感知价值。

现在，我们讨论两种基于价值的定价：产品价值定价和附加价值定价。

产品价值定价

在过去十年里，特别是在全球新冠病毒流行期间的封锁导致经济下行的背景下，营销人员注意到顾客对价格和质量的态度发生了根本性的转变。许多企业改变了定价方法，以适应经济状况和顾客价格感知的变化。越来越多的营销人员采取**产品价值定价（good-value pricing）**战略，即以合理的价格提供优质产品和优质服务的恰当组合。营销实践 10.1 讨论了 OWNDAYS 为与传统高价眼镜店竞争而采取的产品价值定价战略。

在很多案例中，这种定价方法涉及推出已有品牌产品的低价版本。比如，麦当劳等快餐店提供"超值套餐"；即使是已经实行物有所值定价的优衣库，也推出了一个名为 GU 的低端连锁店，销售更便宜的商品。除此之外，产品价值定价还包括重新设计现有品牌，以相同的价格提供质量更高的产品，或者以更低的价格提供同样质量的产品。对于跨国企业来说，采用产品价值定价并不一定意味着与当地的价格一致，甚至更低，关键是要让大多数消费者都能买得起产品。一些企业甚至以最低价格提供较低的价值，获得了成功。例如，乘坐马来西亚的廉价航空公司亚航（AirAsia）航班的乘客享用的设施比乘坐全价航空公司的乘客少，但他们支付的价格也更低。

天天低价（everyday low pricing，EDLP）是零售业重要的产品价值定价方式之一。天天低价很少甚至从不提供临时的价格折扣，而是持续地每天为顾客提供低价。相比之下，高 - 低定价则是平时定价较高，但对特定产品频繁进行降价促销。沃尔玛是采用天天低价的标杆企业。除了每月少数的特价商品外，沃尔玛承诺对销售的所有商品实行天天低价。新加坡当地连锁超市 NTUC FairPrice 也效仿沃尔玛，实行天天低价。企业要想实现天天低价，必须保证每天的成本都很低。

PRINCIPLES OF MARKETING

营销的原则（原书第 5 版）

OWNDAYS：让你拥有正常视力

在购物中心顾客变少、在线购物越来越多的时候，日本眼镜零售商 OWNDAYS 正在扩大其线下业务。

与衣服和鞋子等可穿戴物品不同，普通顾客通常只需要同时拥有一副或最多两副眼镜，但 OWNDAYS 的收入却在稳步增长。

2008 年，处于破产边缘的 OWNDAYS 被田中秀治（Shuji Tanaka）收购，转变为日本领先的快时尚眼镜品牌。当时，它的年收入约为 1850 万美元；到 2016 年，其全球收入为 1.03 亿美元。该公司目前在澳大利亚、印度、印度尼西亚、马来西亚、新加坡、中国台湾和泰国等 12 个国家和地区开展业务，并希望进一步拓展至俄罗斯。

成功的"眼"

OWNDAYS 并不将眼镜视为纯粹的功能性配件。眼镜不仅仅是一种视觉辅助工具，还是一种时尚宣言。

在这方面，OWNDAYS 有一个优势，它拥有 20 多个自有品牌，销售 1500 多种时尚设计，以满足不同需求。这种日本设计的眼镜种类繁多，为顾客提供了多种选择，让他们可以根据不同的场合、衣着和心情购买不同的眼镜。

它在新加坡的门店每周销售 6000 副眼镜，20% 的顾客每年至少购买两副 OWNDAYS 眼镜，一些忠实的顾客甚至每年购买四副眼镜。

抛开种类和设计不谈，为什么人们会有热情拥有这么多副眼镜呢？首先是定价。OWNDAYS 遵循一个简单的系统，其眼镜的价格平均在 70 美元到 145 美元之间，低于传统眼镜的价格，该价格中包含一个带有高折射率非球面镜片的光学框架、眼镜盒和一块眼镜布。

在新加坡等国家，OWNDAYS 甚至提供第二件半价的折扣，以刺激顾客冲动消费。

产品价值定价——OWNDAYS 是日本快时尚眼镜零售商，它提供价格低廉、生产速度快的眼镜，颠覆了传统的眼镜零售格局。

它的商业模式效仿了时尚零售商优衣库，该模式降低了它的成本。作为一家快时尚眼镜零售商，OWNDAYS 管理着从设计到制造再到零售的整个流程。通过内部生产，OWNDAYS 节省了中间成本，从而可以将节省的成本转移给顾客。

OWNDAYS 相对于其他眼镜零售商的一个优势是速度，它明白时间对顾客来说是宝贵的。该公司的镜片库存充足，80%的情况下能在付款后20分钟内交付眼镜。此类购买还附带一个月内无条件退换的保证。

与传统眼镜店将镜框锁在柜子里不同，OWNDAYS采用了"开放概念"的店铺设计，将镜框陈列在开放的架子上。这创造了一种更有吸引力的氛围，顾客可以自由地试戴镜框，而无须寻求销售人员的帮助。这种开放的概念降低了购买的门槛，提升了顾客在OWNDAYS的购物体验。

最后，OWNDAYS鼓励那些喜欢其现有镜框的人来到店里，为其更换因矫正度数改变而需要更换的镜片，即使这些眼镜购买自其他眼镜零售商。

来源："Japan's Discount Eyewear Chains Envision Wider Future in Asia," www. asia. nikkei. com, 10 September 2017; Alyssa Woo, "Wearing Spectacles to Make a Fashion Statement Is All the Rage," www. straitstimes. com, 20 April 2017; Melissa Chan "With 6,000 Pairs Sold a Week——Here's Why Owndays' Singapore Expansion Vision Is 20/20," www. vulcanpost. com, 19 June 2017; "Owndays Sets Its Sights on the World," *The Straits Times*, 20 April 2017, p. D5; "Owndays' Eyewear Inspires Customers to Be Distinctly Refreshed and Delighted," www. scmp. com, 8 May 2018.

附加价值定价

基于价值的定价并不意味着简单地收取顾客愿意支付的价格或制定低价来应对竞争。相反，很多企业采用**附加价值定价（value-added pricing）**战略。它们不是通过降价来竞争，而是附加了增值功能和服务来对其产品进行差异化，从而支持更高的定价。考虑以下这个例子：

雄鹿伞（Stag Umbrellas）——在孟买，季风季节会持续三个月，期间降雨不断，很多孟买人从易卜拉欣·库里姆父子那里购买雄鹿伞来遮风挡雨，黑色基础款的雄鹿伞既耐用又实惠。然而到了20世纪末，雄鹿伞受到了从中国进口的、更便宜的产品威胁。雄鹿伞采取同时降低价格和质量的方式来应对冲击，这是一个糟糕的举动。自20世纪40年代以来，该品牌首次亏损。最终，该公司放弃了价格战并开始创新。它推出了设计和颜色都很酷的设计师伞，深受青少年和年轻人的喜爱。随后，该公司还为夜行者设计推出了内置高功率手电筒的伞，为音乐爱好者设计推出了配有音乐的伞，为走偏僻夜路的女性设计推出了配备强光灯、紧急信号灯和警报器的"雄鹿保镖"（Stag's Bodyguard）伞。顾客愿意为新产品支付高达100%的溢价。在调整后的附加价值定价战略的指引下，雄鹿品牌恢复了盈利，尽管其价格比进口产品高出15%。

基于成本定价

顾客价值感知决定了价格上限，而成本则决定了价格下限。**基于成本定价（cost-based pricing）**是在产品生产、分销和销售等成本的基础上加上企业所投入和承担风险的合理回报来设定价格。企业的成本是其定价战略的一个重要因素。亚洲航空（AirAsia）、奥乐齐（Aldi）、戴尔（Dell）等很多企业都致力于成为各自行业中的"低成本生产商"。成本更低的企业可以定价更低，从而获得更高的销量和利润。

成本类型

企业的成本可以分为固定成本和变动成本两类。**固定成本（fixed costs）**，也称**间接费用（overhead）**，是不随产量或销量水平变化的成本。例如，无论产量多少，企业每个月都必须支付租金、空调费、利息和高管工资等费用。**变动成本（variable costs）**随生产水平变化而变化。联想生产的每台个人电脑都包括电脑芯片、线路、塑料、包装及其他投入的成本，对于生产的每台电脑来说，这些成本往往都是相同的。它们被称为变动成本，是因为其总量随着电脑产量的变化而变化。**总成本（total costs）**是指在一定的产出水平上固定成本和变动成本之和。管理层希望产品的定价至少能覆盖给定生产水平下的总生产成本。

企业必须谨慎控制成本。如果生产和销售产品的成本高于竞争对手，那么企业便不得不提高价格或赚取更少的利润，并因此而处于竞争劣势。

不同产出水平的成本

为了更好地定价，管理层需要知道在不同产出水平下其成本如何变化。例如，假设联想建立了一家工厂，每天生产1000台平板电脑，图10-3显示了典型的短期平均成本（SRAC）曲线。该图表明，如果联想的工厂每天只生产几台平板电脑，那么每台平板电脑的成本就很高。但随着平板电脑的日产量提高到1000台，平均成本就会下降。这是因为固定成本分摊到了更多的单位产品上，每单位产品便承担更少的固定成本。联想可以每天生产1000台以上的平板电脑，但会导致工厂效率下降，工人要排队等待使用机器，机器更容易发生故障，工人过多会导致互相妨碍，从而使平均成本增加。

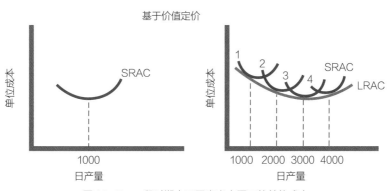

图10-3 一段时期内不同产出水平下的单位成本

如果联想认为自己每天能卖出 2000 台平板电脑，就应该考虑建一座更大的工厂，使用更高效的机器设备和工作排班。此外，每天生产 2000 台平板电脑的单位成本将低于每天生产 1000 台平板电脑的单位成本，如图 10-3 中的长期平均成本（LRAC）曲线所示。事实上，根据图 10-3，日产能为 3000 台平板电脑的工厂效率会更高。不过如果日产能为 4000 台平板电脑，工厂的效率则会降低，因为会有太多的工人需要管理，烦琐的文书工作会拖慢生产进度等，从而导致规模不经济。如图 10-3 显示，如果需求足够强劲，那么日产量的最佳规模为 3000 台平板电脑。

基于产量的成本

假设联想有一家每天生产 3000 台平板电脑的工厂。随着在平板电脑生产方面的经验日渐丰富，联想越做越好。工人们掌握了技巧，操作设备更加熟练，工作秩序更加井井有条，联想还升级了设备，优化了生产流程。随着产量的增加，联想的效率不断提高，产生了规模经济效应。因此，平均成本随着生产经验的积累而下降。如图 10-4 所示，生产前 10 万台平板电脑的平均成本为每台 10 美元；

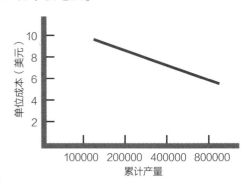

图 10-4　基于累计产量的单位成本函数：经验曲线

当产量达到 20 万台平板电脑时，平均成本降至每台 9 美元；当产量翻一番达到 40 万台时，平均成本下降为每台 7 美元。平均成本随着生产经验的积累而下降，描述这种关系的曲线被称为**经验曲线**（experience curve）或**学习曲线**（learning curve）。

存在向右下倾斜的经验曲线对企业来说至关重要，因为不仅企业的单位生产成本会不断下降，而且如果在给定的时间内企业能生产和销售更多的产品，那么单位成本的下降会更快。为了利用经验曲线，联想必须在产品生命周期的早期阶段获得较大的市场份额，可以考虑以下定价策略：为平板电脑定较低的价格，销量会增加，积累更多生产经验后成本会下降，然后就可以进一步降低价格。

一些企业已经围绕经验曲线制定了成功的战略。然而，经验曲线定价方法也存在一些重大风险。激进的降价可能会使产品给人留下廉价的印象。这种策略还假定竞争对手实力较弱，不敢在企业降价时采取同样的方法。当企业在一种技术下增加产量时，竞争对手可能会找到另一种成本更低的技术，使其产品的初始定价低于仍按陈旧的经验曲线运营的市场领导者。

成本加成定价

最简单的定价方法是**成本加成定价**（cost-plus pricing），或称**标准利润定价**（markup pricing），即在产品成本的基础上加上标准利润即可。例如，建筑公司通过估算项目总成本，然后再加上标准利润作为投标报价；律师、会计师及其他专业人士，一般会在成本的基础上加上标准利润来定价。一些卖家告诉顾客，他们收取的价格就是成本加上一定的加成。例如，航空公司就是以这种方式向政府报价。

为了解释成本加成定价，现在假设一家烤面包机制造商的成本和预期销量如下：

变动成本	10 美元
固定成本	300000 美元
预期销量	50000

那么这家制造商每台烤面包机的单位成本为：

$$单位成本 = 变动成本 + \frac{固定成本}{预期销量} = 10 + \frac{300000}{50000} = 16 （美元）$$

假设制造商希望赚取 20% 加成利润，那么其成本加成定价为：

$$成本加成价格 = \frac{单位成本}{（1 - 预期销售回报率）} = \frac{16}{1 - 0.2} = 20 （美元）$$

假设制造商以每台 20 美元的价格将烤面包机销售给经销商，每台赚取 4 美元利润。而经销商也会对烤面包机进行加成定价。如果经销商想赚取 50% 的利润，那么其定价就会提高到 40 美元（20 美元 + 40 美元的 50%），这个数字相当于在成本的基础上增加了 100%（20 美元/20 美元）。

一般来说，使用标准利润定价没有意义。任何忽视需求和竞争者价格的定价方法都不可能制定出最优价格。即便如此，成本加成定价仍被广泛使用。原因有很多，首先，卖家对成本比对需求更有把握。通过将价格与成本挂钩，卖家简化了定价，不必随着需求的变化而频繁调整价格。其次，当行业内的所有企业都使用这种定价方法时，大家的价格趋于相似，从而使价格竞争程度最低。最后，许多人认为成本加成定价对买卖双方都更公平，卖家可以赚取合理的投资回报，但即使买家的需求增加，卖家也不会占买家的便宜。

盈亏平衡分析和目标利润定价

另一种以成本为导向的定价方法是**盈亏平衡定价**（**break - even pricing**），其变体也称为**目标利润定价**（**target return pricing**）。企业计算出盈亏平衡或实现目标利润，并据此确定价格。公用事业常使用这种定价方法，因为它们依规受限，很难获得公平的投资回报。

目标利润定价使用盈亏平衡图的概念，它显示了不同销量水平下的总成本和预期总收入。图 10 - 5 展示了前面所讨论的烤面包机制造商的盈亏平衡图。固定成本为 30 万美元，与销量无关。总成本等于变动成本加上固定成本，随产量增加而上升。总收入曲线从零开

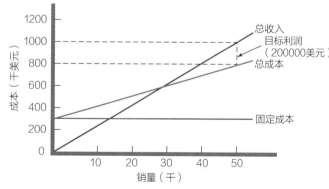

图 10 - 5　用于确定目标利润价格和盈亏平衡销量的盈亏平衡图

始，随着销量的增加而上升。总收入曲线的斜率表示单位产品的价格为 20 美元。

总收入曲线和总成本曲线在销量为 30000 台时相交，这就是盈亏平衡的销量。如果按照 20 美元的价格，企业必须卖出至少 30000 台才能实现盈亏平衡，即总收入和总成本相抵。盈亏平衡销量的计算公式如下：

$$盈亏平衡销量 = \frac{固定成本}{价格 - 变动成本} = \frac{300000}{20 - 10} = 30000（台）$$

如果该企业想要实现目标利润，就必须以每台 20 美元的价格卖出 30000 台以上烤面包机。假设这家烤面包机制造商在该业务中投资了 100 万美元，并希望获取 20% 的回报，即 20 万美元。在这种情况下，它必须以每台 20 美元的价格卖出至少 50000 台。如果企业制定更高的价格，它就不需要卖出那么多烤面包机来实现其目标利润。但随着价格上升，市场可能会需求不足，这在很大程度上取决于价格弹性和竞争者的价格。

这家制造商应该考虑不同的价格，并估算每种价格下的盈亏平衡销量、预期需求和利润（详见表 10 - 1）。表 10 - 1 显示，随着价格上升，盈亏平衡销量下降（第 2 列）。但是，随着价格上升，对烤面包机的需求也下降了（第 3 列）。在 14 美元的价格下，该制造商销售每台烤面包机的边际利润仅为 4 美元（14 美元减去变动成本 10 美元），它必须销售大量烤面包机才能实现盈亏平衡。尽管低价吸引了许多购买者，但市场需求仍然低于盈亏平衡销量，因此该制造商将面临亏损。在另一种极端情况下，售价为 22 美元，该制造商销售每台烤面包机的边际利润为 12 美元，只需销售 2.5 万台烤面包机就能实现盈亏平衡。但在如此高的价格下，购买烤面包机的消费者太少，企业利润仍然为负。该表显示，当定价为 18 美元时，企业能获得最高的利润。请注意，没有一个价格能使这家烤面包机制造商实现 20 万美元的目标利润。为了达到这一目标利润，该制造商必须想办法降低固定成本或变动成本，以降低盈亏平衡销量。

表 10 - 1　不同价格下的盈亏平衡销量和利润

（1）价格（美元）	（2）盈亏平衡销量	（3）给定价格下的预期需求	（4）总收入（美元）（1）×（3）	（5）总成本（美元）*	（6）利润（美元）（4）-（5）
14	75000	71000	994000	1010000	-16000
16	50000	67000	1072000	970000	102000
18	37500	60000	1080000	900000	180000
20	30000	42000	840000	720000	120000
22	25000	23000	506000	530000	-24000

*假设固定成本为 300000 美元，单位变动成本为 10 美元。

基于竞争定价

基于竞争定价（competition-based pricing）是指根据竞争者的战略、成本、价格和市场供应来定价。顾客会根据竞争者类似产品的定价来判断产品的价值。

在评估竞争者的定价策略时，企业应当回答如下问题：

■ 与竞争对手相比，企业的市场供应所提供的顾客价值如何？如果顾客认为企业的产品或服务提供了更大的价值，企业就可以收取更高的价格；如果顾客认为相对于竞争产品而言，企业产品的价值较低，那么企业要么降低价格，要么改变顾客的感知，以证明更高价格的合理性。

■ 目前的竞争对手有多强大？它们目前的定价策略是什么？如果企业面对的是一大批规模较小的竞争对手，价格相对于其提供的价值来说偏高，那么企业可以制定较低的价格以便将较弱的竞争对手逐出市场。如果市场被规模更大、价格更低的竞争对手所主导，那么企业可以用更高价格的增值产品将未被服务的利基市场作为目标市场。例如，如果一家当地个体旅行社不太可能赢得与在线旅行社的价格战，那么它就应该增加特别的顾客服务和个性化体验，使顾客认为其更高的价格和利润是合理的。

■ 竞争格局如何影响顾客的价格敏感度？例如，如果顾客看到竞争产品之间的差异很小，他们就会对价格更加敏感。他们会购买任何产品，只要成本最低。顾客在购买前对竞争产品和价格了解得越多，对价格就越敏感。简单的产品比较便可以帮助顾客对不同产品的价值进行评估，并决定其愿意支付的价格。如果顾客能够轻易从一种产品转换到另一种产品，他们也将对价格更加敏感。

相对于竞争对手的定价，企业应该遵循什么原则？答案说起来容易做起来难：无论企业收取什么价格（高、低或介于两者之间），一定要为顾客提供高于此价格的价值。以下是华为的例子：

华为——这家中国科技巨头要确保其价格低于大多数竞争者，又不会让人觉得价格太低，以至于影响质量感知，或者给人留下"又一家低成本供应商"的印象。因此，它的定价比主要竞争对手低 5%~15%。但在成熟市场——比如美国政府对华为实施制裁之前的美国，华为倾向于采用不同的定价策略。由于消费者倾向于将价格作为质量的标志，因此在更复杂的市场中，设定更高的价格是合理的，同时也能改变低成本低质量的负面刻板印象。

营销的原则

10.3

影响定价决策的其他内部和外部因素

除了顾客价值感知、成本和竞争者战略之外，企业还必须考虑其他几个内部和外部因素。如图 10-1 所示，影响定价的内部因素包括企业的整体营销策略、目标和营销组合，以及组织因素；外部因素包括市场和需求的性质、竞争者的战略和价格，以及其他环境因素。

整体营销战略、目标和营销组合

价格只是企业整体营销策略的一个要素。因此，在定价之前，企业必须制定其产品或服务的整体营销策略。如果企业已经选择了目标市场，并谨慎进行了定位，那么其包括价格在内的营销组合策略就很明确了。例如，当丰田决定开发雷克萨斯品牌，以在高端市场与欧洲的豪华性能车展开竞争时，它制定了很高的价格。相反，当它推出雅力士（Yaris）车型时——"你能开得起的车最终才是你真正想驾驶的车"，这一定位就需要收取较低的价格。因此，定价策略在很大程度上取决于市场定位决策。营销实践 10.2 讨论了中国领先的智能手机制造商之一小米如何将价格作为其营销战略之一而在印度站稳脚跟。

定价在多个层面帮助企业实现目标（见图 10 - 6）。企业可以通过定价来吸引新顾客或维持现有顾客。企业可以把价格定得很低，以防止竞争者进入市场，或者跟随竞争者定价以稳定市场。企业可以通过定价来保持经销商的忠诚和支持，或者避免政府干预。短暂降价可以使品牌风靡一时。一种产品的定价还可以帮助促进企业产品线中

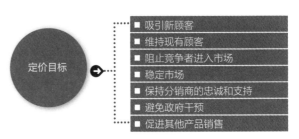

图 10-6　定价目标

其他产品的销售。

价格决策必须与产品设计、分销和促销决策相协调，以形成一致而有效的整合营销组合方案。为其他营销组合变量所做的决策可能会影响定价决策。例如，将产品定位于高性能质量的决策意味着卖方必须收取更高的价格来弥补更高的成本。而那些希望经销商支持和推广其产品的生产商，可能不得不将更高的经销商分成计入价格中。

企业通常根据价格定位产品，再基于想要收取的价格调整其他营销组合决策。在这里，价格是一个关键的产品定位因素，它决定了产品的市场、竞争和设计。很多企业使用一种名为**目标成本法（target costing）**的技术来支持这种价格定位战略，这是一种强有力的战略武器。通常的流程是：首先设计新产品，再确定产品成本，然后问"我们能以这个价格销售产品吗"。与之相反，目标成本法从基于顾客价值的理想销售价格出发，然后设定目标成本，以确保满足目标价格。例如，在本田开始设计飞度（Fit）时，它从 13950 美元的价格出发，目标是实现每升汽油行驶 15 公里的运行效率。然后，它设计了一款时尚、活泼的小车，其成本使其能够为目标顾客提供这些价值。

还有一些企业不强调价格，而是使用其他营销组合工具来创造非价格定位。通常，最好的战略不是收取最低的价格，而是将产品差异化，从而使其值得更高的价格。一

些营销人员甚至将高价作为其产品吸引力的一部分。例如，Grand Marnier 推出了一款每瓶售价 225 美元的五十周年纪念酒，其营销口号是"很难找到，读不出来，而且贵得令人望而却步"。

组织因素

在小企业，价格通常是由最高管理层而不是由市场或销售部门决定的。在大企业，定价通常由部门经理或产品线经理负责。在工业市场中，销售人员可能有权在一定的价格范围内与顾客谈判。即便如此，也是由最高管理层设定定价目标和政策，并对下级管理层或销售人员提议的价格进行审批。

在定价是关键要素的行业（航空、钢铁、铁路、石油公司），企业通常设有定价部门来制定或帮助他人制定最佳价格。

营销实践 10.2

小米：大作为

2014 年，小米进入了全球第二大智能手机市场——印度，并在年末占据了 1.5% 的市场份额。一年后，小米的市场份额虽然翻了一番，但它在印度仍然只是一个"小字辈"。但这家中国智能手机制造商锲而不舍。

小米的中文意思是"小的米"，它在印度遇到了几大障碍。在大多数国家，顾客可以购买合约机，电信运营商在顾客签约套餐时为其购买智能手机提供补贴，而印度的大多数手机都是非合约机，因此，顾客购买手机时必须支付全款，这对一个人均 GDP 为 2000 美元的市场来说是一笔巨款。众所周知，印度人购买一部手机要花掉几个月的工资。此外，当小米进入印度市场时，它在线上销售手机，而印度只有不到 20% 的人口可以上网。在印度，线下销售渠道仍然是消费者购买产品的主要方式。

小米最初的低价确实很有吸引力。事实证明，它独特的销售主张——"配置优秀，价格合理"，很吸引人，其低廉的价格克服了结构和文化方面的障碍。小米与印度电子商务网站 Flipkart 合作，使印度消费者信任小米品牌并激励他们在线购买手机。

华为等其他中国智能手机品牌通过投入巨资邀请名人代言的方式进入印度市场，鉴于宝莱坞明星很受欢迎，这是一种常见的策略。为了降低成本，小米没有邀请名人代言。

在印度开展业务两年后，小米的收入超过了 10 亿美元。2017 年 10 月，在 Flipkart 和亚马逊等在线零售商为排灯节而提供的折扣和促销活动的推动下，小米智能手机在短短 18 天内就售出了 100 万部，可见小米受欢迎的程度。

第10章 产品定价：理解与获取顾客价值

截至2018年，小米占印度智能手机销量的30%以上，打破了三星长达六年的统治地位。小米与中国台湾电子公司富士康合作，在印度新建了三家工厂，使小米在印度的工厂总数达到六家，每秒就能生产出两部智能手机，这表明小米要在印度长期发展。

随着业务步入正轨，小米寻求通过成为一家真正的印度公司来提升其品牌形象，这是它进入印度市场时就有的长期雄心。通过其位于印度的研发办公室，它已经能够开发印度专属的软件功能，比如支持15种当地语言。

最佳定位——小米发现，它的定价和价值主张对印度市场很有吸引力。

一些小米手机还配备了名为"美化"（beautify）的自动修图功能，该功能允许用户进行抚平皱纹等快速调整。

很明显，小米的定价和价值主张正中要害。那么它的下一步是什么呢？该公司表示，希望在印度推出更多的产品类别——小米在全球拥有40种产品，但在印度只有8种。小米印度董事总经理马努·库马尔·杰恩（Manu Kumar Jain）曾表示，他希望小米不仅仅以智能手机闻名："我希望小米成为印度最酷的科技公司。"

来源：KunalDua, "How Xiaomi Took India by Storm," www. theverge. com, 23 April 2015；Eva Dou and Sean McLain, "China's Xiaomi Unveils Mi4i Smartphone in India," www. wsj. com, 23 April 2015；Sean MacLain and Eva Dou, "How India Welcomed Xiaomi's Mi4i," www. wsj. com, 24 April 2015；Aloyxious Low, "Xiaomi's Plan to Be No. 1 in India Begins with the Mi4i," www. cnet. com, 27 April 2015；Reuters, "Xiaomi Starts Making Phones in India through Partnership with Apple Supplier Foxconn," www. scmp. com, 11 August 2015；Ravij Singh, "How China's Handset Maker Xiaomi Came First in India," economictimes. indiatimes. com, 26 November 2017；Javed Anwer, "Xiaomi Was Trying to Survive in 2014, Now It Wants to Soar," www. indiatoday. in, 4 September 2018；BBC, "Xiaomi：The Chinese Brand Dominating India's Smartphone Market," www. bbc. com, 22 October 2019；Abhishek Baxi, "The Rise and Rise of China's Xiaomi in India," www. forbes. com, 12 September 2017；Rishi Iyengar, "How China's Xiaomi Took India's Smartphone Market by Storm," money. cnn. com, 1 May 2018；Saptarishi Dutta, "How Xiaomi Plans to Take Over India's Smartphone Market in 2015," qz. com, 19 January 2015.

市场和需求

消费者和行业购买者都会权衡产品或服务的价格及其带来的利益。因此，在制定价格之前，营销人员必须明白价格与产品需求之间的关系。

不同类型市场中的定价

市场可以划分为四种类型，每一种类型都代表不同的定价挑战。

完全竞争。在完全竞争市场中，有大量的买家和卖家交易同质商品，如小麦、铜或金融证券等。单个买家或卖家都无法影响现行市场价格。任何卖方的定价都不会高于现行价格，因为所有买方都可以在现行价格下买到其所需的产品。任何卖家的定价也不会低于市场价格，因为所有卖方都能以市场价格卖掉所有产品。如果价格和利润上升，新的卖家可以很容易地进入市场。在完全竞争市场中，营销调研、产品开发、定价、广告和促销几乎不起作用。因此，在这样的市场中，卖家不会花太多时间在营销策略上。

垄断竞争。在垄断竞争市场中，有许多买方和卖方，他们在一定的价格范围内而不是单一的市场价格上进行交易。存在不同的价格是因为卖方可以向买方提供不同的产品，或是产品的质量、特征或风格不同，或是附加的服务不同。买方看到卖方产品之间的差异，愿意支付不同的价格。卖方试图为不同细分市场通过差异化的产品，除了价格之外，还可以通过品牌、广告、人员推销等方法来与竞争者相区分。例如，谷歌试图将其 Pixel 智能手机与众多其他手机区分开来，不是靠价格，而是靠品牌的力量和大量差异化功能。Pixel 的广告让消费者"对你的手机提出更多要求"。Pixel 手机拥有更逼真的显示屏、更漂亮的人像拍摄、更好的智能手机摄像头、更快的电池充电速度、防水性能、免费云存储、谷歌智能镜头（Google Lens）以及谷歌智能助理（Google Assistant）。为了推出 Pixel 2 并将这些与众不同的功能推向市场，谷歌仅一个月就在电视广告上花费了近 4000 万美元。

在垄断竞争市场中定价——谷歌试图将其 Pixel 智能手机与众多其他手机区分开来，不是靠价格，而是靠品牌的力量和大量差异化功能。Pixel 的广告让消费者"对你的手机提出更多要求"。

寡头竞争。这个寡头垄断市场由少数几个卖方组成，它们对彼此的定价和营销策略十分敏感。卖方数量少的原因是新的卖方很难进入市场。每个卖方都对竞争对手的策略和行动保持警觉。

完全垄断。在完全垄断市场上只有一个卖方，可能是政府垄断企业，如邮政服务；也可能是一个受监管的私营垄断企业，如电力公司；或者是一家不受监管的私营垄断企业，如开发尼龙的杜邦公司。不同情况下的定价方式各不相同。在受监管的垄断市场中，政府允许企业制定能够产生"合理回报"的价格。不受监管的垄断企业可以根据市场的承受能力自由定价。然而，出于一些原因，它们并不总是按照最高水平定价：避免吸引竞争者、希望以低价迅速渗透市场或者担心政府监管。

分析价格-需求关系

不同的价格导致不同的需求水平。图10-7的**需求曲线（demand curve）**描述了价格和需求水平之间的关系。需求曲线描述了在给定时期内不同价格水平下的需求量。正常情况下，需求和价格呈负相关，即价格越高，需求越低。因此，如果企业将价格从 P1 提高到 P2，销量就会减少。简而言之，如果价格过高，预算有限的消费者可能会减少购买量。

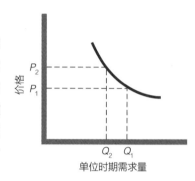

图10-7　需求曲线

很多企业试图通过估算不同价格下的需求量来画出自己的需求曲线。不同类型的市场，需求曲线也不同。在完全垄断市场中，企业的需求曲线是不同价格水平下的全部市场需求。如果企业面临竞争，不同价格下的需求量将取决于竞争者的价格是保持不变，还是随着企业的价格变化而变化。

需求价格弹性

营销人员还需要了解**价格弹性（price elasticity）**，即需求对价格变化的敏感程度。当价格变化时，如果需求变化幅度很小，则需求是缺乏弹性的；如果需求变化幅度很大，则需求是有弹性的。

如果需求是有弹性的，卖方就会考虑降低价格，因为较低的价格能增加销售额。只要生产和销售更多产品的额外成本不超过额外收入，这种做法就是有效的。与此同时，大多数企业希望避免那些会使其产品转变为日常商品的定价策略。互联网和其他技术使消费者能够即时比较价格，提高了其价格敏感度，把电话、电脑、新车等产品变成了消费者眼中的日常商品。当十几个竞争者都在以类似或更低的价格销售几乎相同的产品时，营销人员必须比以往任何时候都要更加努力地进行产品差异化。在线旅行社 zuji.com 更进一步，除了允许消费者比较机票价格，还提供了"动态打包"的旅行方案，顾客可以根据自己的个人需求和预算来定制不同的旅行项目。

其他外部因素

企业还必须考虑其他外部环境因素。它必须知道自己的价格会对环境中的其他各方产生什么影响，面对不同的价格，经销商会如何反应？企业在制定价格时，应该给经销商合理的利润空间，鼓励他们支持自己，协助其有效地销售产品。政府是影响定价决策的一个重要外部因素，比如进口税和销售税可能很高。企业还必须考虑社会效应。在制定价格时，对企业短期销售额、市场份额和利润目标等因素的考虑，可能要让位于更广泛的社会因素。

PRINCIPLES OF MARKETING　营销的原则（原书第5版）

中国的奢侈品税——中国与欧洲的奢侈品价格差异中，70%左右来自税收、关税、运输和汇率波动。皮革和时尚产品在亚洲的价格通常比欧洲高 50%。古驰的 Joy Boston 手袋在中国的价格曾一度比法国至少贵 60%。如此高的价格刺激了中国消费者到海外购买。西方品牌的溢价在中国很常见，因为外国企业必须办理烦琐的手续才能开展业务，并为优质零售空间支付高昂的租金。汽车也是如此，宝马和奔驰在中国的售价比美国高 60%，一辆奔驰 C 级轿车在美国的售价为 3.6 万美元，而在中国的售价则为 5.7 万美元。

目标回顾

企业如今面临着一个竞争激烈和快速变化的定价环境。擅长通过其他营销组合活动创造顾客价值的公司也必须通过定价来获取这些价值。本章探讨了定价的重要性、主要的定价战略以及影响定价决策的内部和外部因素。

目标 1：回答"什么是价格"的问题，并讨论定价在如今这个快速变化的环境中的重要性。

价格可以狭义地定义为对产品或服务收取的费用，或者广义地定义为顾客为拥有和使用产品或服务而交换的价值总和。定价的挑战在于找到一个合适的价格，使企业能够获得合理的利润，作为创造顾客价值的回报。

尽管在现代市场营销过程中，非价格因素的作用越来越大，但价格仍然是营销组合中的一个重要因素。它是唯一能产生收益的营销组合要素，所有其他要素都表现为成本。更重要的是，作为企业整体价值主张的一部分，价格在创造顾客价值和建立顾客关系方面起着关键作用。明智的管理人员将定价视为创造和获取顾客价值的关键战略工具。

目标 2：识别三种主要的定价战略，并讨论在定价时了解顾客价值感知、企业成本和竞争者战略的重要性。

企业可以从三种主要的定价战略中进行选择：基于顾客价值定价、基于成本定价和基于竞争定价。基于顾客价值定价以购买者对价值的感知作为定价的基础。好的定价始于对产品或服务为顾客创造价值的全面理解，然后制定一个能获取这些价值的价格。顾客对产品价值的感知决定了价格的上限，如果顾客认为这种产品的价格大于其价值，就不会购买这种产品。

企业可以选择两种基于价值的定价方式。产品价值定价是以合适的价格提供质量和良好的服务。EDLP 采用的就是这种策略。产品价值定价包括添加增值功能和服务，以使企业的产品与众不同，从而支撑较高的价格。

基于竞争定价是根据竞争者的策略、成本、价格和市场供应来定价。顾客对产品价值的判断是基于竞争者对类似产品的定价。如果顾客认为企业的产品或服务提供了更大的价值，企业就能够索取高价；如果顾客认为其产品相对于竞争产品而言价值更低，企业必须要么降低价格，要么改变顾客的感知，以证明更高的价格是合理的。

目标3：识别并定义影响企业定价决策的其他内部和外部因素。

影响定价决策的内部因素包括企业的整体营销战略、目标和营销组合，以及组织因素。价格只是企业整体营销战略的一个要素。如果企业已经选择了目标市场并进行了谨慎定位，那么包括价格在内的营销组合策略就相当清晰了。有些企业利用价格来定位产品，然后围绕价格调整其他营销组合决策。还有些企业不强调价格，而是使用其他营销组合工具来创造产品的非价格定位。

其他影响定价决策的外部因素包括市场和需求的性质、竞争者的战略和价格以及其他环境因素。卖方的定价自由度随着不同类型的市场而变化。最终由顾客决定企业的价格是否合适。顾客将价格与使用产品的感知价值进行比较；如果价格超过了总价值，顾客就不会购买。因此，公司必须理解需求曲线（价格－需求关系）和价格弹性（消费者对价格的敏感性）等概念。

经济状况也会对定价决策产生重大影响。大萧条曾促使消费者重新思考价格与价值之间的关系等式，因此营销人员越来越重视物有所值的定价策略。然而，即使在经济困难时期，消费者也不会基于价格来购买。因此，无论产品怎样定价（低或高），企业都需要提供卓越的价值。

PRINCIPLES OF MARKETING

营销的原则（原书第5版）

第11章 产品定价：定价战略

目标概览

目标1 描述主要的新产品定价战略。

目标2 解释企业如何找到使整个产品组合利润最大化的价格。

目标3 讨论企业如何根据不同类型的消费者和情况调整价格。

目标4 讨论关于发起与应对价格变动的关键问题。

目标5 讨论影响定价决策的社会和法律问题。

内容导览

在上一章中，我们学习了定价的重要性，并探讨了影响企业定价决策的因素。在这一章中，我们将关注定价的其他问题：新产品定价、产品组合定价、价格调整以及发起和应对价格变化。

让我们先来看看日本大创（Daiso）的低单价战略，以及它如何保持盈利。

大创：具有成本效益的方法

1972 年，年轻的矢野广武（Hirotake Yano）开了一家名为矢野商店（Yano Shoten）的街头小摊，出售廉价商品。他很快意识到，要与大群顾客保持联系是非常困难的，而且他需要让每个顾客都能立即获得价格信息。大创就是这个问题的解决方案，一个所有商品以同样价格出售的商店。

Thiti Sukapan/Alamy Stock Photo

"大创"（Daiso）这个名字是两个日语单词的组合，可以理解为"大创造"。该商店以最优惠的价格提供 10 万种品质优良的产品。直到最近，大创的所有产品——从包装食品、化妆品、办公用品到水桶和餐具等家庭用品，其价格仍然是 100 日元，其他一些产品的售价为 200 日元。

作为日本最大的百元店运营商之一，大创在全球拥有 3500 多家门店。它的影响力使其能够以较低的成本生产高质量的产品。它的使命是让顾客以意想不到的价格买到产品，从而帮助顾客"找到惊喜和乐趣"。

矢野认为，大创的成功源于其产品的质量、广泛的产品品类和物有所值的定价。这个概念与美国的一元店非常相似，但一元店很难开设在主流购物中心，而且通常与低质量的商品和糟糕的顾客服务联系在一起，而大创则将门店开设在主要的购物中心和当地的独立商店，紧靠昂贵的百货商店和时尚精品店。

那么，在原材料成本不断上涨和汇率波动的情况下，大创是如何保持价格不变的呢？大创采用了混合定价战略来实现其使命和愿景，主要战略是基于成本定价，成本决定了企业价格的下限。

作为这一战略的一部分，大创高度依赖规模经济。全球范围内所有大创门店的供应都由大创日本公司负责。大创向每个制造商订购大量产品，使其能够对工厂生产线预定一年或更长的时间。大创以略高于成本的价格将少量产品出售给消费者。这种批量生产和采购最大限度地降低了物流成本。

大创这样的折扣零售商在经济不景气时往往需求更高，而在经济复苏时则表现更差。然而，日本和其他国家的消费者已经证明，无论这些国家面临的经济周期如何，这些廉价商店都是有效的，值得重复光顾。低成本制造是另一个关键特征。该公司约30%的产品在日本制造，其余70%则外包给中国、泰国和印度等国家。只要商品符合大创的质量标准，在哪里生产并不重要。

"大创的成功源于其产品的质量、广泛的产品品类和物有所值的定价。"

实惠的价格吸引了对价格敏感的购物者，也有效减少了其他顾客的考虑时间，促进了冲动购买。该公司还不断推出新产品和改变产品组合，确保老顾客永远不会感到无聊。

大创的固定价格战略有助于顾客在走进商店之前形成价格预期，它也提供了一些特别吸引顾客的有趣产品。例如，不喜欢在吃葡萄时弄脏手指的人可以购买葡萄夹，这是日本门店最受欢迎的产品之一。

大创的固定价格战略也具有心理效应。由于价格较低，大多数光顾大创的顾客都认为自己比在其他商店买得更多。但矢野坚持认为，大创做得好是因为人们欣赏其产品质量，而不仅仅是因为价格。这也是大创不仅在经济衰退时期能蓬勃发展，在经济健康时发展时期也能增长的一个原因。

大创采用的另一种定价技术是亏本促销定价。通过这种战略，大创以低于成本的价格销售某些产品，以吸引更多顾客。这些顾客推动了利润更高产品的销售，从而弥补了大创因制造成本更高的产品而遭受的损失，比如与纸制品相比，餐具或厨房用具的生产成本更高。

大创的工作流程和组织流程也会影响定价战略。就像当地餐厅的自助餐一样，大创通过减少部门数量来降低交易成本。该公司没有雇佣收银员和门卫，而是让普通员工轮流履行这些职责，甚至顾客服务也限于自助服务方式。

多年来，大创面临的挑战不断演变。其中一个例子是从最初"所有商品100日元"的商业模式转变为也有200日元甚至更高价格的产品。如果大创生产和销售产品的成本高于市场上的其他参与者，它就会考虑提高价格；如果不提高价格，它的利润就可能下降，进而降低其竞争优势。因此，大创宣布正在考虑以几个新的价格点推出一小部分产品（不超过库存的4%）。大创的定价战略带来了增长，但前提是大创不断地尝试和犯错，从而产生的每一条学习曲线都增加了大创生存的机会。

新产品定价战略

正如大创的案例所表明的那样，定价决策受到一系列复杂因素（企业、环境和竞争力量）的影响。企业制定的不是单一的价格，而是涵盖产品线中不同产品的价格结构，这种价格结构会随着产品生命周期的变化而变化。企业会根据成本和需求的变化以及消费者和情况的变化来调整产品价格。当竞争环境变化时，企业应当考虑何时启动价格调整以及何时对价格变化做出回应。

本章探讨营销人员可以利用的主要动态定价战略。我们将以此探讨以下定价战略：处于产品生命周期引入期的新产品定价战略、为产品组合中相关产品定价的产品组合定价战略、针对消费者差异和环境变化的价格调整战略、启动和响应价格变化的战略。

定价战略通常会随着产品生命周期的演进而变化。在产品引入期进行定价尤其具有挑战性，引入新产品的企业面临首次定价的挑战。它们可以在以下两种广泛定价战略中选择一种：市场撇脂定价和市场渗透定价（见图 11-1）。

图 11-1　新产品定价战略

市场撇脂定价

很多发明新产品的企业都会制定很高的初始价格，以便一层一层地从市场上"撇取"收益。苹果公司经常使用这种被称为**市场撇脂定价**（**market-skimming pricing**）或**价格撇脂**（**price skimming**）的战略。每一代苹果 iPhone、iPad 或 Mac 电脑新机型在推出时，初始价格都很高，然后随着新机型被引入市场，价格一路下降。通过这种方式，苹果公司从众多细分市场中撇取了最大化的收益。

市场撇脂定价只在某些条件下适用：

■ 产品的质量和形象必须能够支撑其高价格，并且必须有足够多的消费者愿意以这个价格购买该产品。

■ 小批量生产产品的成本不能高到足以抵消高价格带来的收益。

■ 竞争者不能轻易进入市场并对高价格产生威胁。

然而，有时企业会忘记上述适用条件。20 世纪 80 年代中期，许多跨国公司带着昂贵的产品进入中国家电市场。当时，微波炉的售价高达 300 美元，超过了普通中国工人年收入的 80%。类似地，当外国品牌掌控着大屏幕电视市场时，19 英寸电视的价格约为 13000 元人民币，这个价格几乎是大多数中国人年收入的 3 倍。这样的高价战略，加上未能监测市场发展趋势，阻碍了很多跨国公司在快速增长的中低端细分市场抓住机遇。

市场渗透定价

一些企业并不是为新产品设定较高的初始价格，从较小但利润高的细分市场中获取收益，而是采用**市场渗透定价**（**market-penetration pricing**）。它们为新产品设定一个较低的初始价格，以便渗透市场，即迅速吸引大量的消费者，赢得很高的市场份额。高销量导致成本下降，使企业可以进一步降低价格。营销实践 11.1 介绍了低成本零售连锁店名创优品（Miniso）的低价商业模式。

市场渗透定价的有效运作必须满足某些条件：

■ 市场必须对价格高度敏感，这样低价才能促进市场增长。

■ 生产和分销成本必须能够随着销量的增加而下降。

■ 低价必须有助于排除竞争，该渗透价格必须能保持其低价地位，否则价格优势只能是暂时的。

三星（Samsung）——三星利用渗透定价战略迅速建立起快速增长的新兴市场对其移动设备的需求：在肯尼亚、尼日利亚及其他非洲国家，三星推出了一款价格便宜但功能齐全的三星 Galaxy Pocket Neo 手机，非合约机售价仅为 113 美元（尽管没有每月套餐费用补贴，价格仍然很低）。这款三星 Pocket 手机的设计和定价都是为了鼓励数以百万计的非洲消费者将自己的基本款手机升级为智能手机。三星还在印度推出了一系列 Pocket 手机机型，最低售价仅为 87 美元。通过渗透定价，这家全球最大的智能手机制造商希望迅速、深入地进入爆炸式增长的印度移动设备市场。印度用户大多是首次使用智能手机的用户，印度每年智能手机的销量占全球近四分之一。为了与中国手机制造商小米等竞争对手的超低价手机进行竞争，在新兴市场也需要制定低价。三星的渗透定价战略引发了与苹果公司的价格战，苹果公司也在新兴市场提供大幅折扣和更实惠的机型作为回应。苹果 iPhone 手机在印度的售价通常超过 300 美元，将苹果在印度的市场份额限制在了 1% 左右。

名创优品：在低价方面做到极致

名创优品成立于 2013 年，是一家以低价销售家居用品、毛绒玩具、保健和美容产品以及电子产品等商品的零售连锁店。设计师出身的中国企业家叶国富和日本设计师三宅顺也创立了这家低成本多品类零售连锁店，其灵感来自日本的大创等 100 日元商店和优衣库等快时尚零售商。在新冠疫情之前，名创优品拥有 3 万名员工，在韩国和印度等 79 个国家开设了 3500 家门店。

根据欧睿（Euromonitor）的数据，名创优品在创立五年后成为中国增长最快的零售商。虽然名创优品是在日本成立的，但其总部位于广州。疫情暴发前，它在中国的门店有 1600 多家，但在日本只有 4 家。疫情并未阻碍名创优品的扩张，它在全球的门店数量环比增长 4%，单店收入环比增长 1%，海外收入环比增长 32%。截至 2020 年底，名创优品已在近 90 个国家开设了 4500 多家门店，其中中国 2700 多家，海外 1700 多家。名创优品认识到，日本设计在全球受到信任，无印良品和优衣库等品牌的流行证明了这一点。因此，名创优品在其门店里复制了同样的美感——干净的布局和设计。但有一点不同，它愿意通过销售在中国廉价生产的产品来获得更低的利润率。

它的价值主张很简单——以低价销售质量尽可能最好的产品，这些产品只有最基本的功能。它是如何做到这一点的？通过"三高三低"的商业模式：高效率、高科技、高质量、低价格、低成本、低利润。

名创优品保持低价，从毛茸茸的浴室拖鞋到色彩鲜艳、可爱的 USB 连接线，大多数产品的价格在 1 美元到 5 美元之间，比较贵的电子产品价格在 30 美元左右。这是通过使用塑料生产大多数产品并在劳动力相对便宜的中国进行制造来实现的。以蓝牙音箱为例，虽然大多数竞争品牌的售价都在 50 美元左右，但其韩国门店仅以三分之一的价格销售。

名创优品坚持使用内部设计，并有意将每个门店的库存单位（SKU）数量限制在 3000 个，且将每个 SKU 的数量保持在较低水平。这样做的目的是为了实现快速周转，从而使消费者在迫切购买的驱动下不断回来购买更多产品。平均

三高三低——名创优品的商业模式是高效率、高科技、高质量、低价格、低成本和低利润。

而言，其产品的周转周期为 21 天，也就是说每 7 天就有新产品上架。

与其他零售商通过在线销售来补充实体店的做法不同，名创优品有意避开了这条道路。它仍然认为自己是在电子商务基础上建立的实体零售模式。其电子商务企业将在微信、京东、Shopee 和淘宝等与中国相关的平台上开店。新冠疫情暴发后，消费者更加在意支出，实体店关闭，在线销售总体上升，名创优品通过在线渠道的销售量也在增加。2020 年，在线销售在名创优品的收入中占 7%，同比增长 123%，环比增长 46%。

来源："Miniso Records CNY 150 Million Net Profit for 4Q 2020, Up 70% MoM," EqualOcean, equalocean. com, accessed 26 February 2021; Takashi Kawakami, "Chinese Retailer Miniso Beats Uniqlo and Muji at Their Game," Nikkei Asia, asia. nikkei. com, 20 October 2020; Michelle Grant, "How Fast-Growing Chinese Retailer MINISO Is Building a Global Empire," *Forbes*, 21 June 2019; "A Chinese Value Retailer Pretending to Be Japanese Is Taking India by Storm," www. globalapparelforum. com, 4 September 2018; "Miniso: A Success Story in China," www. marketingtochina. com, 21 April 2018; Alyssa Woo, "Miniso Is Japanese, Say Founders," *The Straits Times*, 14 January 2016; Crystal Tai, "Miniso Far, Mumuso Good: How China's 'Cultural Copycats' Took Over the World," www. scmp. com, 5 November 2018; "MINISO's Explosive Growth Counts on Cost Performance and Consumers' Feelings," www. marketing-interactive. com; "Miniso, the Truth behind the Global Brand," www. brandzaar. com, 4 November 2016.

营销的原则

11.2 产品组合定价战略

如果产品是整个产品组合的一部分，那么为该产品制定价格的战略会有所不同。在这种情况下，企业要寻找一组使整个产品组合利润最大化的价格。此时定价是困难的，因为不同的产品有着相关的需求和成本，却又面临不同程度的竞争。表 11-1 总结了五种产品组合定价战略：产品线定价、可选产品定价、附属产品定价、副产品定价和产品捆绑定价。

表 11-1　五种产品组合定价战略

战略	描述
产品线定价	为产品线中的不同产品制定差异化的价格
可选产品定价	为随主产品销售的可选产品或配套产品定价
附属产品定价	为必须与主产品一起使用的产品定价
副产品定价	为低价值的副产品定价以处理掉它们
产品捆绑定价	为一组同时销售的产品定价

产品线定价

企业通常开发产品线而不是单一产品。例如，松下生产一系列电视，包括液晶电视、等离子电视和投影电视。在**产品线定价（product line pricing）**中，管理层必须决定一条产品线中不同产品之间的价格差异。

这些价格差异的设定应考虑到产品线中不同产品之间的成本差异、消费者对产品不同功能的评价以及竞争者的价格。在很多行业中，企业对其产品线的产品使用已经固定下来的价格点。例如，男装店可能以三种价格销售男士西装：185 美元、325 美元和 495 美元，这样消费者就会将低质量西装、中等质量西装和高质量西装与这三个价位联系起来。即使这三种价格都略微提高，人们通常也会按照其偏爱的价位购买西装。企业的任务是建立能够支持价格差异的感知质量差异。

可选产品定价

许多企业都使用**可选产品定价（optional-product pricing）**，在销售主产品的同时销售可选产品或配套产品。例如，购买汽车的消费者可以选择订购全球定位系统（GPS）和蓝牙无线通信服务。为这些选项定价是很棘手的，企业必须决定哪些项目要包含在基本价格中，哪些项目作为可选项提供。

Tune Hotels——Tune Hotels 由马来西亚低成本航空公司亚洲航空（AirAsia）的老板托尼·费尔南德斯（Tony Fernandez）创办。在人称"价格膨胀"的酒店市场中，Tune Hotels 以"一星级的价格提供五星级的床"。这家简朴酒店使用与亚航类似的定价战略，其经营模式是对可选项目（即床和厕所以外的设施）收费。每晚只需 30 美元，消费者就能在 Tune 享用一张很棒的床，但除此之外就几乎什么都没有了。据称 Tune 的床和欧洲五星级酒店使用同一品牌——Hypnos。然而，Tune 不提供毛巾和香皂，但可以付费使用。使用电视、电话、迷你吧和空调也需付费。客房服务只在结账时提供，但也可以额外付费作为日常服务。Tune 的大楼都是崭新的，但是没有游泳池、健身房或会议室等设施。

可选产品定价——Tune Hotels 采用可选产品定价战略，对消费者想要的附加项目进行收费。这些附加项目包括空调、毛巾、洗漱用品包以及电视。

然而，一些企业正在转变为不对附加项目收费，而是采用净价体系以提高透明度。OWNDAYS 是这样运作的：

可选产品定价——日本眼镜连锁店 OWNDAYS 使用净价体系来提高透明度。它不对高折射率镜片等额外选项收取费用。

OWNDAYS——日本眼镜连锁店 OWNDAYS 最初以附加价格的形式销售眼镜。与传统眼镜店一样，眼镜上的标签会标明镜框的价格，而附加价格则取决于顾客所需的镜片类型和矫正度数，眼镜的总价很容易比镜框价格高出 1000%。这种价格透明度的缺失让 OWNDAYS 难以接受。取而代之的是 OWNDAYS 采用了一个简单的最终净价体系，眼镜上显示的价格代表每个产品的最终净价，包括镜片。这种价格透明度帮助 OWNDAYS 赢得了顾客的信任，尤其是那些担心最终要支付高价的顾客。这个净价还涵盖高折射率镜片，它更薄更轻，因此材料的使用和更精确的切割要求使其比普通镜片更贵。出于功能和美观方面的考虑，矫正度数更高的人通常会选择高折射率镜片。由于没有为这种可选镜片设定附加价格，因此顾客认为 OWNDAYS 没有歧视这些顾客，这使它更受欢迎。

附属产品定价

生产必须与主产品一起使用的产品的企业通常使用附属产品定价（captive-product pricing），典型附属产品的例子包括剃须刀片盒、一次性咖啡胶囊、打印机墨盒。主产品（如胶囊咖啡机）的生产商通常定价较低，并对附属产品定价较高。例如，任天堂 Switch 游戏机的销售几乎没有利润。据估计，每台 Switch 的零部件本身就要花费 257 美元，而其零售价仅为 299.99 美元。这意味着任天堂可

附属产品定价——任天堂的 Switch 游戏机几乎没有利润，但可以通过销售利润率更高的游戏来弥补。

能会在游戏机上赔钱。然而，任天堂希望通过 Switch 游戏的销售来弥补游戏主机的微薄利润，因为其游戏的销量和利润率都要高得多。举例而言，在某一年，任天堂每卖出一台 Switch 主机，其高利润游戏的销量就会增加五倍以上。

企业在使用附属产品定价时必须谨慎。消费者可能会觉得自己要被迫购买昂贵的附属产品，并开始憎恨这个令其陷入困境的品牌。这种情况在喷墨打印机和墨盒行业已经发生了。

就服务而言，这种战略被称为两部分定价法，服务的价格包含固定费用与变动的使用费。比如，在环球影城，你需要支付门票，再为食物及攀岩等公园内的特

副产品定价

在生产产品和提供服务的过程中往往会产生副产品。如果副产品没有价值但处理掉它们的成本很高，就会影响主产品的定价。通过**副产品定价（by-product pricing）**，企业为这些副产品寻找市场，来抵消处理它们的成本，同时使主产品的价格更具竞争力。

产品捆绑定价

使用**产品捆绑定价（product bundle pricing）**，卖方通常将几种产品组合在一起，并以较低的价格销售捆绑产品。例如，快餐店提供"超值套餐"，将汉堡、薯条和软饮料以套餐价格捆绑销售；微软的 Office 作为一套电脑软件出售，包括 Word、Excel、PowerPoint 和 Outlook；有线电视公司将有线电视服务、电话服务和高速互联网连接以较低的总价格捆绑销售。产品捆绑定价可以促进那些消费者原本可能不会购买的产品的销售，但是捆绑产品的价格必须足够低，以吸引消费者购买。

价格调整战略

企业通常会根据消费者差异和环境变化调整基本价格。在这里，我们讨论表 11 - 2 中总结的七种价格调整战略：折扣与折让定价、分段定价、心理定价、促销定价、地理定价、动态定价和国际定价。

表 11-2　七种价格调整战略

战略	描述
折扣与折让定价	降低价格以回馈消费者提前付款或促销产品等行为
分段定价	根据消费者、产品或位置的差异调整价格
心理定价	调整价格以产生心理效应
促销定价	暂时降低价格以提高短期销量
地理定价	根据消费者的地理位置调整价格
动态定价	不断调整价格，以迎合消费者的特点和需求
国际定价	为国际市场调整价格

折扣与折让定价

很多企业会调整基本价格，以回馈消费者的某些行为，如提前付款、批量购买和淡季购买等。这些价格调整被称为折扣与折让，可以采用多种形式。

很多折扣（discount）形式都包括现金折扣，即对及时付款的消费者提供的一种价格优惠。一个典型的例子是"2/10，净30"，意思是：尽管付款期限为购买后30天内，但如果消费者在10天内付款，则可以享受2%的折扣。数量折扣是给大批量消费者的价格优惠。数量折扣鼓励顾客从一个既定的卖家那里购买更多商品，而不是从许多不同的卖家那里购买。功能折扣（也称贸易折扣）是卖家提供给执行某些功能（如销售、储存和账目记录）的贸易渠道成员的价格优惠。季节折扣是卖家向购买非应季商品或服务的消费者提供的价格优惠。

折让（allowances）是对基础价格的另一种减免。例如，以旧换新折让是给在购买新产品的同时交换旧产品的消费者给予的价格优惠。以旧换新折让在汽车和电信行业很常见。促销折让是卖家为了回报经销商参与广告和销售支持活动而提供的价格优惠。

分段定价

企业通常会根据消费者、产品和位置的差异调整基本价格。在**分段定价**（**segmented pricing**）中，企业以两种或两种以上价格销售产品或服务，尽管价格差异并非基于成本差异。

分段定价有多种形式。在消费者分段定价下，不同的消费者为相同的产品或服务支付不同的价格。例如，博物馆可能向学生和老年人收取较低价格的门票。在产品形式分段定价下，产品的不同形式定价不同，但价格差异不是基于成本差异。例如，商务舱机票的价格是经济舱机票的4~6倍，虽然商务舱乘客的座位更宽敞、更舒适，食物和服务质量也更高，但航空公司的成本差异远低于乘客之间的价格差异。

在位置分段定价下，企业对不同的位置收取不同的价格，即使在每个位置提供产品或服务的成本是相同的。例如，一些剧院会根据观众对某些座位的偏好而制定不同的价格，大学对外国学生收取更高的学费。在时间分段定价下，企业根据季节、月、日甚至小时来调整价格。一些电信公司在一天中的不同时间以及周末和工作日采取不同的定价，例如度假酒店提供周末和季节性折扣。

要使分段定价成为一种有效的战略，必须满足一定的条件。市场必须是可以细分的，并且细分市场必须表现出不同程度的需求。细分和监控市场的成本不能超过价格差异所带来的额外收入。分段价格必须反映顾客感知价值的真实差异，支付高价的顾客必须觉得他们花的钱物有所值，否则分段定价可能会引起顾客不满。企业还必须当心，不要把支付较低价格的顾客视为二等公民，这种做法会引起顾客的反感。

心理定价

价格反映了产品的一些情况。例如，许多消费者利用价格来判断质量。一瓶售价100美元的香水中，可能只有3美元与香味相关，但一些人愿意花100美元购买，是因为这一价格暗示了产品的某些特殊性。

在使用**心理定价**（**psychological pricing**）时，卖家考虑的是价格的心理影响而不仅仅是经济因素。例如，消费者通常认为价格越高的产品质量越好。当消费者可以通过检查产品本身或依靠过去的使用经验来判断产品的质量时，他们就不太可能使用价格来判断质量了。但是当消费者因缺乏信息或技能而无法判断产品的质量时，价格就成了一个重要的质量指示信号。例如，一位每小时收费 100 美元和一位每小时收费 500 美元的律师哪一位更好？你必须了解两位律师的资历才能客观地回答这个问题，即便如此你可能也无法准确判断。大多数人都会认为，价格越高的律师越好。

心理定价的另一个方面是**参考价格（reference price）**，即消费者在看到某一特定产品时，其心中的价格。消费者可能通过观察当前价格、回忆过去价格或评估购买环境来形成参考价格。卖家在制定价格时可以影响或利用消费者的参考价格。例如，一家企业可以将其产品摆放在更昂贵的产品旁边，以暗示它们属于同一类别。百货商店经常将不同价格的女装分在不同的区域销售，消费者认为他们在价格昂贵的区域看到的服装质量更好。

对于大多数购买行为，消费者并不具备所有所需技能或信息来判断他们是否支付了合适的价格，他们没有时间、能力或意愿去研究不同的品牌或商店、比较价格，以达成最划算的交易。相反，他们可能会依赖某些线索来判断价格是高还是低。有趣的是，这种价格线索通常是由卖家提供的，例如促销标志、价格匹配保证、亏本促销定价及其他提示形式。

即使很小的价格差异也能反映出产品的差异。价格末尾的 9 或 0.99 通常意味着便宜货，尽管实际价格差异可能很小，但这种心理策略的影响却可能很大。例如，在一项研究中，人们被问及会选择哪一家 LASIK 眼科手术提供商：收费 299 美元还是收费 300 美元的提供商。实际的价格差异只有 1 美元，但研究发现，消费者心理上的差异要大得多。对收费 300 美元的提供商的评价要高得多，人们也认为 299 美元的价格更便宜，但更低的价格也引起了人们对质量和风险更强烈的担忧。

心理定价——数字 8 对中国人来说是一个吉祥的数字，因为它听起来像"发"；而对日本人来说，它有变富有的含义，因为"八"的写法逐渐变宽，看起来就像富士山。

一些心理学家甚至认为，每个数字都具有象征性和视觉特性，应该在定价时加以考虑。例如，8 是圆的，也是偶数，能产生舒缓的效果；而 7 是有棱角的，会产生不和谐的感觉。对于中国人来说，数字 8 在粤语和普通话中的发音听起来像"发"，因此，在定价中使用 8 暗示能给消费者带来好运。

促销定价

通过**促销定价（promotional pricing）**，企业会暂时将产品的价格调整到标价以下，有时甚至低于成本，以激发购买热情和紧迫感。促销定价可以采取以下几种形式。超

PRINCIPLES OF MARKETING 营销的原则（原书第 5 版）

市和百货商店会将几种商品作为亏本商品来吸引消费者，并希望他们购买其他正常价格的商品。卖家还会在某些季节使用特别事件定价来吸引更多消费者。例如，学校鞋会在开学前进行促销定价，以吸引家长和孩子到商店购物。限时优惠，比如线上限时抢购，可以制造购买紧迫感，让消费者感觉自己能够参与交易是幸运的。

光棍节——西方有黑色星期五，东方则有 11 月 11 日单身日，这是一年一度的特别活动，最大的购物日。这一天被称为"光棍节"，是中国的一个购物节日。它起源于中国，是单身汉们的非官方节日。之所以选择 11 月 11 日（双十一）这一天，是因为

促销定价——双十一购物节的促销活动使每年的 11 月 11 日成了中国最繁忙的网购日。

数字"1"看起来就像"光棍"（中国俚语中表示单身生活的说法），因此光棍节就成了单身人士庆祝脱单的日子。2009 年，阿里巴巴看到了一个机会，将 11 月 11 日定为单身人士为自己购物的日子。如今，11 月 11 日已经成为全球最大的线下和线上购物节。阿里巴巴利用光棍节在其天猫和淘宝网站上推广购物，其商家包括阿迪达斯、苹果、布克兄弟（Brooks Brothers）、雅诗兰黛、欧莱雅和耐克等，提供了令人瞠目结舌的促销活动。玛丽亚·凯莉（Mariah Carey）、妮可·基德曼（Nicole Kidman）、法瑞尔·威廉姆斯（Pharrell Williams）和泰勒·斯威夫特（Taylor Swift）等一线歌手都受邀为这场活动增添魅力和娱乐性。阿里巴巴的竞争对手京东也有为期 11 天的购物节。

制造商有时会向在规定时间内从经销商处购买产品的消费者提供返现，并直接将这些返现送给消费者。返现被汽车制造商、耐用品和小家电生产商广泛使用，现在也应用于包装消费品。一些制造商提供低息贷款、更长的保修期或免费维修，以降低消费者的"价格"。这种做法已成为汽车行业偏爱的另一种方式。或者，卖家可能只是简单地在正常价格的基础上提供折扣，以增加销量，减少库存。

然而，促销定价可能会产生负面影响，例如：

- 创造"交易倾向型"消费者：这些顾客只在品牌打折时才购买产品。
- 侵蚀品牌资产：营销人员有时会将价格促销作为一种快速见效的手段，而不是克服重重困难，制定有效的长期战略来建立品牌。
- 导致行业价格战：这种价格战通常只对一个或几个竞争者有利——那些运营效率最高的竞争者。例如，电脑企业可能会以折扣价出售个人电脑，从而引发残酷的价格战。

地理定价

在面对一个国家不同地区或世界不同国家的消费者时，企业还必须决定如何为产

品定价。企业是否要冒着失去远距离消费者的风险，向他们收取更高的价格，以弥补更高的运输成本？还是应该向所有消费者收取相同的价格，而不考虑他们所处的位置？以下面假设的情况为基础，我们考虑五种**地理定价（geographical pricing）**战略：

Sawasdee 纸业公司位于清迈，向全泰国的消费者销售纸制品。运输成本很高，影响到顾客从哪家企业购买纸品。Sawasdee 想实行地理定价战略，它正在考虑如何为购买 100 美元产品的三个顾客定价：消费者 A（曼谷）、消费者 B（普吉岛）、消费者 C（宋卡）。

Sawasdee 的选择之一是要求每个消费者支付从清迈工厂到顾客所在地的运费。三个消费者支付的出厂价都是 100 美元，但支付的运费不同，消费者 A 支付 10 美元，消费者 B 支付 15 美元，消费者 C 支付 25 美元。这种定价战略被称为 **FOB 原产地定价（FOB-origin pricing）**，意味着货物装船后卖方责任就结束了，从这一刻起，所有权和责任都转移给了消费者，由消费者支付从工厂到目的地的运输费用。因为每一个消费者都各自承担成本，所以 FOB 原产地定价的支持者认为这是征收运费最公平的方式。然而，这种定价战略的缺点在于，对于远距离消费者而言，选择 Sawasdee 的成本较高。

统一运输定价（uniform-delivered pricing）与 FOB 原产地定价恰好相反。这种定价战略是企业向所有消费者收取相同的价格加上运输费用，无论他们在什么位置。运输费用由平均运输成本计算。假设平均运输成本是 15 美元，那么统一运输定价就导致向曼谷消费者收取的费用较高（运费为 15 美元，而不是 10 美元），而向宋卡消费者收取的费用较低（运费为 15 美元，而不是 25 美元）。尽管曼谷的消费者更愿意从另一家使用 FOB 原产地定价的本地造纸企业购买纸品，但 Sawasdee 赢得宋卡顾客的机会更大。统一运输定价的优点是管理相当容易，而且企业可以在全国范围内宣传其价格。

区域定价（zone pricing）介于 FOB 原产地定价和统一运输定价之间。企业把市场划分为两个或多个区域，同一个区域内的所有消费者都支付相同的单一总价；地理位置越远的区域，支付的价格越高。例如，Sawasdee 可能会设置一个北部区域，向该区域的所有消费者收取 10 美元的运费；设置一个南部区域，收取 15 美元的运费；设置一个西部区域，收取 25 美元的运费。利用这种定价方法，在一个给定价格区域内的消费者就不会存在价格差异。例如，曼谷和芭堤雅的消费者要向 Sawasdee 支付相同的总价。然而，曼谷的消费者可能会抱怨自己为芭堤雅的消费者支付了部分运费。

运用**基点定价（basing-point pricing）**，卖方选择一个给定的城市作为"基点"，并向所有消费者收取从该城市到消费者所在地的运费，而不管货物实际是从哪个城市发出的。例如，Sawasdee 可能将芭堤雅设置为基点城市，向所有消费者收取 100 美元的产品价格，外加从芭堤雅到其所在地的运费。这意味着曼谷的消费者要支付从芭堤雅到曼谷的运费，即使货物可能是从曼谷发出的。如果所有卖家都选择相同的基点城市，那么对所有消费者来说运费将是相同的，价格竞争将被消除。制糖、水泥、钢铁、汽车等行业多年来一直使用基点定价，但这种方法如今已经不那么流行了。一些企业设立多个基点城市以使定价更灵活：根据距离消费者最近的基点城市与消费者之间的距离收取运费。

PRINCIPLES OF MARKETING

营销的原则（原书第 5 版）

地理价格差异——各国之间的税收差异及其导致的价格差异使得 Reebonz 和 Farfetch 等线上企业能够以折扣价格提供古驰（Gucci）等奢侈品牌。

最后，急于与特定消费者或地理区域的消费者做生意的卖方可能会采用**免运费定价（freight-absorption pricing）**。使用这种定价战略，卖家承担全部或部分实际运费，以获得期望的业务。卖家可能会这样推断：如果它能获得更多的生意，其平均成本就会下降，而且下降的程度远远超过额外的运费成本。免运费定价常被用于市场渗透和在竞争日益激烈的市场中维持市场份额。

不同地理区域的价格差异带来了商机。Reebonz 和 Farfetch 等线上企业利用了这种成本差异，以低于实体零售店的价格销售同样的产品。作为一家奢侈品电商公司，Reebonz 的目标是通过将路易威登和普拉达等真正的时尚产品定价低于零售价格，让奢侈品变得触手可及。为此，它的商业模式模仿了奥特莱斯购物中心。奥特莱斯购物中心位于远离传统零售商店的地方，以折扣价销售多余的库存商品，因此只有愿意多走一段路的消费者才能以折扣价买到商品。Reebonz 采用了类似的方法，但是在线上。通过从不同国家的授权经销商处采购，以及通过不设实体店节省成本，它的营运成本得以降低。

动态定价

有些企业利用**动态定价（dynamic pricing）**，即不断调整价格，以迎合消费者和购买情境下的特点和需求。

动态定价为营销人员提供了许多好处。从零售商、航空公司、酒店到运动队，各种服务都会根据需求、成本或竞争者定价的变化随时调整价格，以优化销售，每天、每小时甚至连续调整特定商品的价格。

如今的数字环境让营销人员可以实行**个性化定价（personalized pricing）**，实时调整价格以迎合消费者的购买情境、位置和购买行为。似乎每个卖家都知道竞争者的价格和消费者的支付价格，对于它们出售的任何东西都是如此，精确到每一分钟、每一分钱。例如，在这个大数据的数字时代，亚马逊、淘宝和苹果等在线卖家可以通过数据挖掘来衡量特定消费者的需求，测试他们的意图，查看竞争者的价格，并马上根据消费者的情况制定个性化的价格和优惠。

如今，线上的产品和价格很可能是基于特定消费者的搜索和购买历史，他们在其他购买中支付的价格，他们住在哪个社区，以及他们是否愿意和能够花更多的钱而设计的。例如，一位住在黄金地段的消费者最近在网上购买了一张去东京的头等舱机票或定制了一辆新的雷克萨斯汽车，之后他可能会收到一台全新 Bose Wave 收音机的高价报价。相比之下，一位来自较不富裕地区的消费者，在网上搜索和购买的历史不太多，可能会收到同一台收音机 5% 的折扣和免费送货。

这种动态定价也可以由消费者决定。一些企业允许消费者对产品进行竞拍。在下面的例子中，新加坡航空公司允许乘客对座位升级进行竞拍：

新加坡航空（Singapore Airlines）——新加坡航空推出了一个名为"mySQupgrade"的项目，乘客可以通过竞价进行座位升舱。座位的定价基于供求关系，是动态的。如果在航班起飞前七天还有座位，乘客就可以通过电子邮件邀请进行投标，将经济舱座位升级为高级经济舱座位。乘客在为每个航班确定的最低价和最高价之间出价，竞拍成功后才会收费。这种竞标系统使乘客能够以较低的成本升级座位等级。国泰航空、阿提哈德航空、澳洲航空等其他航空公司也有类似的乘客竞标系统。专家表示，这不仅可以让航空公司填补空座并获得额外收入，还可以让航空公司了解乘客愿意支付多少钱，同时谨慎地降低高级舱位座位的价格。

动态定价不仅仅发生在网上。例如，许多商店零售商及其他组织现在每天、每小时、甚至每分钟都在对价格进行调整。Grab 和 Uber 等拼车服务在慢速或高峰时段动态调整车费，这种做法被称为"高峰期定价"。同样，从剧院门票到停车位，供求关系决定了很多东西的实时价格调整。

动态定价和个性化定价在很多情况下都是有意义的——它们根据市场力量和消费者情况调整价格。然而，如果做得不好，它们可能引发侵蚀利润的价格战，并损害消费者关系和信任。消费者可能会对其认为不公平的定价行为或价格欺诈行为感到不满。例如，每当地铁瘫痪或下大雨时，网约车和出租车的需求就会增加，这些企业的动态定价机器人就会开始提高车费。

执行不力的动态和个性化定价可能会导致消费者困惑、不满或对品牌的不信任（见营销实践 11.2）。企业必须小心，不要混淆智能动态定价和损害性定价。

动态和在线定价既能使卖家受益，也能使消费者受益。现在的一些购物机器人，比如亚马逊的 Price Check 和 PriceScan.com，可以提供即时的产品和价格比较。除了找到最好的产品和价格最优惠的供应商之外，掌握价格信息的消费者通常可以争取到更低的价格。

消费者还可以在线上拍卖网站和交易网站上进行议价。想要出售那部手机吗？把它发布在 eBay 或淘宝上。想要自己为酒店房间或租车设定价格吗？访问 Priceline.com 或其他反向拍卖网站。

营销实践 11.2

动态和个性化定价：行事需谨慎

动态定价已经成为当今市场的竞争性必需品。拥有数字设备的消费者——无论是在家还是在路上进行在线购物，都会反复查看不同卖家的最新价格，价格最低的卖家往往能获得销售。在这个大数据时代，大多数卖家会根据供给、需求、竞争者的价格，甚至个人消费者的特点和购买情况，自动、持续地调整价格。

在线巨头亚马逊已经掌握了这门科学。据一位消息人士透露，亚马逊的自动化、人工智能驱动的动态定价系统会根据一系列市场因素，每天在其庞大的网站上对多达8000万件商品的价格进行调整，从而使亚马逊能够非常有效地在价格方面进行竞争。在一次黑色星期五的周末，亚马逊比沃尔玛和塔吉特（Target）等竞争零售商相同产品的价格平均低近14%。

但动态定价是一个复杂的过程，它并不总是能让消费者满意。如果做得不好，可能会引起消费者的困惑、沮丧甚至怨恨，从而破坏来之不易的消费者关系。想象一下一名亚马逊消费者寻找一套麻将时的体验。在亚马逊网站上搜索了很长时间后，她找到了一款售价54.99美元的麻将，她把它放进购物车，开始浏览一些麻将配件。当她返回购物车时，她发现价格已经涨到了70.99美元。她查看了电脑的浏览记录，确认了原来的价格。她清空了购物车，重新添加了一套麻将——这次的价格是59.99美元。她向亚马逊投诉，然后获得了5美元退款。

尽管出现了一些小问题，亚马逊还是为自己的动态定价做法和购物车定价进行了辩护。亚马逊允许消费者将产品无限期地放在购物车中，但需要根据当前情况定期更新购买条款，比如价格、库存和配送日期。亚马逊在其定价政策网页上写道："购物车中的商品会始终反映商品在详细信息页面上显示的最新价格。将商品放入购物车不会保留当时显示的价格。"但是，如果购物车中的产品价格发生了变化，亚马逊会在购买确认时通知顾客。亚马逊指出，这项政策是双向的，如果一件商品在放入购物车后价格下降，消费者就会得到更低的价格。

对于多渠道零售商——既在网上销售也在实体店销售而言，动态定价带来了更多挑战。为了有效地与亚马逊及其他卖家竞争，全渠道零售商必须持续监控竞争者的价格，并在自己的互联网和移动商店中对价格进行动态匹配。但是，改变线上价格相对容易，但如果可能的话，不断调整店内价格的尝试将会是灾难性的。"线下动态定价的问题在于成本，"一位专家表示，"你得去把那些架子上的小标签都换掉。"

因此，店内和线上价格之间存在差异很常见，而且经常引起消费者的困惑和不满。一位狂热的塔吉特购物者经历了惨痛的教训：

一位女顾客在店内通过塔吉特应用程序对一款脱毛器进行了评估后，以应用程序和商店货架上显示的99.99美元的价格购买了它。但当她到达停车场时，她注意到了一个奇怪的事情。"我的应用程序仍然是打开的，它仍然停留在那个产品页面，当我走到我的车前时，我注意到上面显示着69.99美元。我有点困惑，我想也许是我在商店里看错了。"回到商店，这位顾客确认了应用程序和货架上的价格都是99.99美元。"我回到车里，应用程序上又变成了69.99美元。所以，这次我截屏了，带着它回到商店，然后获得了匹配的价格。"

几周后，类似事件再次发生。还是那位消费者，她在塔吉特应用程序上购买帐篷时，发现了一款她喜欢的，以83.99美元的促销价格销售。这一次，她在进入塔吉特商店之前截屏了，她的直觉使她得到了回报。她一走进商店，塔吉特应用程序就把帐篷的价格调整到了 119.99 美元，相差 37 美元。消费者对塔吉特有点失望，虽然这仍然是她最喜欢的商店，但她现在是一个更明智的消费者。

基于类似的消费者体验报告，多家新闻机构对塔吉特的"停车场价格变化"进行了实验。这些研究比较了位于商店内外时，10 到 20 款产品在应用程序上的价格。结果显示，位于店内时，40%~50% 的商品在塔吉特应用程序上的价格更高。一些产品的价格差异很小——24 包的卫生纸贵 20 美分，一升装的李斯特林漱口水贵 10 美分。然而，另一些产品的价格差异是惊人的——儿童安全座椅贵 72 美元，戴森吸尘器贵 148 美元。

塔吉特的停车场与店内价格差异背后的原因是什么？塔吉特应用程序使用手机位置数据来确定消费者的位置，然后使用"地理围栏"来为该消费者设置应用程序价格。一位零售分析师表示："在商店里，应用程序上显示的所有价格都与商店里标注的价格相同。在商店外则是另一个故事。在商店外，塔吉特必须与其他在线商店及世界上的其他人竞争，因此应用程序在商店外的价格与 Target.com 上的价格一致。"

在回应质疑时，塔吉特表示，它"致力于为消费者提供价值，包括在线上和实体店提供具有竞争力的价格，因此价格和促销活动可能会有所不同"。但该零售商还是对其应用程序进行了一些调整，使其定价政策更加清晰。塔吉特还强调了它的价格匹配政策："无论消费者以何种方式在塔吉特购物，只要他们发现任何一件商品存在更低的价格，我们就会进行价格匹配。"该公司还指出，消费者可以通过关闭塔吉特应用程序的地理定位功能来避免这个问题，但这也意味着放弃该应用程序中一些吸引人的功能，比如店内产品定位和商店通道导航地图。

大多数消费者都亲身经历过动态和个性化定价的乐趣与挫折。很多消费者已经学会了如何在价格迷宫中穿行，从而为自己谋利。从卖方的角度来看，如果做得好，动态定价可以创造竞争优势，但必须谨慎执行。与市场营销中的所有其他内容一样，它应该被用来为消费者创造价值，并加强品牌与消费者的关系。如果一家企业做到了这一点，它将获得价值回报。

来源：Dennis Green, "Target Changed Its App after an Investigation Found Prices Went Up for Shoppers Using It in Stores—but It Hasn't Changed the Practice," *Business Insider*, 9 February 2019, www.businessinsider.com; "How Far Can Dynamic Prices Go in 2019," *PYMNTS.com*, 20 December 2018, www.pymnts.com; Laura Gunderson, "Amazon's 'Dynamic' Prices Get Some Static," *The Oregonian*, 5 May 2012, blog.oregonlive.com; Kathy Kristof, "How Amazon Uses Surge Pricing Just Like Uber," *CBS News*, 24 July 2017, www.cbsnews.com; Chris Hrapsky, "Target Changes App after KARE 11 Investigation," *KARE*11, 7 February 2019, www.kare11.com; and "About Shopping Cart Prices," www.amazon.com, accessed September 2019.

国际定价

在国际上销售产品的企业必须决定在不同国家的产品定价。在某些情况下，企业可以制定一个统一的全球价格。例如，波音公司在世界各地以几乎相同的价格销售喷气式客机。然而，大多数企业会根据当地的市场情况和成本来调整价格。

一家企业在特定国家的定价取决于很多因素，包括经济情况、竞争情况、法律法规以及批发和零售体系的性质。消费者的观念和偏好也可能因国家而异，因此也需要有不同的价格。或者企业可以在全球不同的市场中追求不同的营销目标，这也需要在定价战略方面有所调整。

例如，苹果公司利用其高价定价战略，在发达国家的成熟细分市场及新兴市场的富裕消费者中推出精致、功能丰富的高端智能手机。同时，在发展中国家规模庞大但不太富裕的市场上。苹果现在面临着给旧款手机打折和开发更便宜、更基本款手机的压力。在这些国家，即便是打折的旧款苹果手机，其售价也比竞争者的低价手机高出三到五倍。例如，在中国，苹果最新的高端手机在富裕消费者中销售良好，利润丰厚。然而，随着三星以及华为、小米等中国竞争者在竞争激烈的中国市场推出精致但价格较低的手机，苹果为了维持在中国市场的份额而苦苦挣扎。一位分析师表示："如果苹果想要在未来提高 iPhone 在中国的销量，它就必须压低（而不是抬高）定价曲线，从而瞄准更多买不起全功能 iPhone 的中端消费者。"

国际价格——企业经常要根据不同的国家调整自己的定价战略。例如，苹果以高价向富裕的中国消费者销售其最新款手机，但却面临着以低价手机瞄准中国中端消费者的压力。

成本在国际定价中起着重要作用。到国外旅游的人常常会惊讶地发现，在自己国家相对便宜的商品在其他国家可能贵得离谱。一条李维斯 501 在洛杉矶的售价为 54 美元，在巴黎的售价可能是 118 美元；在纽约卖 5 美元的麦当劳巨无霸在苏黎世可能要卖近 7 美元；在美国售价为 2.49 美元的欧乐 B（Oral - B）牙刷在中国可能要卖 10 美元；在意大利米兰只卖 1470 美元的古驰（Gucci）手袋，在美国可能要卖到 1790 美元。

在某些情况下，这种价格的上涨可能源于营销战略或市场环境的差异。然而，在大多数情况下，这仅仅是因为在另一个国家销售成本较高，包括运营、产品改良、运输和保险、汇率波动以及实物分销带来的额外成本。进口关税和税收也会增加成本。例如，印度政府对进口的美国葡萄酒征收 150% 的关税，导致美国葡萄酒在印度的价格相对于印度葡萄酒而言更高。

对于想进入不太富裕的新兴市场的企业来说，价格是其国际营销战略中至关重要的因素。一般来说，进入这些市场意味着瞄准中国、印度、俄罗斯、巴西和南非等发展中国家迅速增长的中产阶级，这些国家的经济一直在快速增长。然而，最近很多公司将目光转向了一个新的目标——由世界上最贫穷的消费者组成的尚未开发的巨大市场。

不久前，许多品牌在发展中国家市场推广产品（无论是消费品还是汽车、电脑、智能手机）的首选方式是给现有产品贴上新标签，然后以更高的价格卖给少数有能力购买的特权阶层，然而，这种定价方法使许多产品超出了新兴市场数千万贫穷消费者的承受范围。因此，很多企业针对这些市场开发了更小、更基础、更实惠的产品版本。例如，苹果公司在全球市场上专注于更精致、更昂贵的手机，而三星智能手机在全球的销量领先于所有竞争者，它还在印度和中国等快速增长的新兴市场销售中低端手机。

大多数企业都认识到，向金字塔底层的人销售并获利，需要的不仅仅是重新包装或拆开现有的产品将它们以更低的价格销售。就像更多富裕的消费者一样，低收入消费者想要既实用又能带来满足感的产品。因此，如今的企业都在创新，要让产品不仅价格低廉而且要为金字塔底层的消费者提供更多价值。例如，为了进一步巩固其在这些市场的地位，三星如今正将更多的尖端技术应用于中档手机，这些手机的售价仍然是人们付得起的。下面是另一个针对金字塔底层消费者定价的例子：

> **Godrej and Boyce**——Godrej and Boyce 通过顾客驱动的创新理念，成功地打开了印度的低价冰箱市场。由于高昂的购买和运行成本，传统压缩机冰箱在这个国家的接受度很有限。因此，Godrej 并没有生产更便宜的、精简版高档冰箱，而是指派了一个团队来研究使用低端冰箱或没有冰箱的印度消费者的需求。近郊和农村地区的居民一般每个月收入 5000～8000 卢比（约合 125～200 美元），他们与四五个家庭成员一同住在单间住宅里，经常搬家。由于买不起传统冰箱，这些消费者只能凑合着跟别人共用二手的冰箱。即使使用共用冰箱，这些消费者也只会购买和储存少量物品，每天购物，只购买少量产品。此外，供电很不稳定，他们想要保持新鲜的那一点食品也很容易变质。Godrej 意识到，低端市场对传统高端冰箱的需求不大，他们需要一个全新的产品。因此，Godrej 创造了 ChotuKool（"小酷"），一种小型、糖果红色、从顶部打开的便携式冰箱，空间可容纳消费者想要储存一两天的少量食品。这种小冰箱没有使用压缩机或制冷剂，而是使用了一个电流接通时可以制冷的芯片。顶部开口的设计能够在盖子打开时将冷空气保留在冰箱里。ChotuKool 所需的电力不到传统冰箱的一半，在农村停电的情况下也可以用电池供电。ChotuKool 的售价仅为 69 美元，它能更好地满足消费者的需求，而价格仅为传统冰箱的一半。

营销的原则
11.4

价格变动

在制定了定价结构和战略后，企业经常面临必须发起价格变化或应对竞争者价格变化的情况（见图 11-2）。

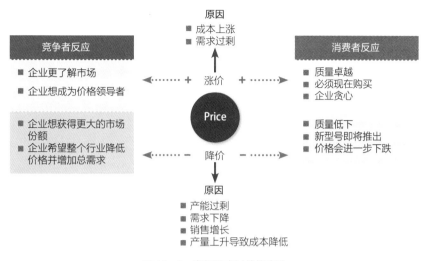

图 11-2　发起和应对价格变动

发起价格变动

在某些情况下，企业可能会想要降价或涨价。在这两种情况下，企业都必须预测到可能的消费者和竞争者反应。

主动降价

有几种情况可能导致企业考虑降价。一种情况是产能过剩；另一种情况是面临激烈的价格竞争，需求不断下降，在这种情况下，企业可能会大幅降价以提高销量和市场份额。但正如航空业所吸取的教训，在一个运力过剩的行业降价可能会引发价格战，因为竞争者也试图保住市场份额。

一家企业也可能通过降低成本来主导市场，从而降低价格。该企业要么一开始就比竞争者的成本更低，要么降低价格以期获得市场份额，从而通过更大的产量进一步降低成本。例如，眼镜制造商 OWNDAYS 采用积极的低成本、低价格战略来增加其在眼镜市场的份额。同样，中国手机制造商小米在中国拥有很大的市场份额，如今小米正在进军印度和其他新兴市场。

主动涨价

成功的提价能大幅增加企业利润。例如，如果企业的利润率是销售额的 3%，在销量不变的情况下，价格上涨 1% 将使利润增加 33%。价格上涨的一个主要因素是成本上涨：增加的成本挤压了利润率，导致企业将成本上涨转嫁给消费者。导致价格上涨的另一个因素是需求过剩：当一家企业无法满足其消费者的全部需求时，可能会提高价格、向消费者定量供应产品，或者同时采取这两种措施。

但是在提高价格时，企业必须避免被看作是哄抬价格的人，否则就会失去消费者。在全球新冠疫情期间，外科口罩和洗手液供不应求，商家将价格提高了 10 倍之多，出现了哄抬价格的现象。企业需要对价格上涨保持公平、公开。企业应该在提高价格的同时通过沟通告诉消费者涨价的原因。首先对价格进行不引人注意的微小变动也是一种不错的策略，例子包括取消折扣、提高最低购买量、削减低利润产品的产量等。

只要有可能，企业就应该考虑在不提高价格的情况下能弥补成本上涨或需求增加的方法。例如，企业可以考虑采取更具有成本效益的方式来生产或分销产品。它可以缩减产品分量或使用更便宜的成分，而不是提高价格。例如，金佰利通过减少每包卫生纸或面巾纸的纸张数量来提高舒洁（Kleenex）的价格。

消费者对价格变动的反应

消费者并不总是以简单直接的方式理解价格变动，他们可能会对一次降价做出几种解释。例如，如果三星突然提高其最新款智能手表的价格，你会有何感想？一方面，你可能会认为这款手表更高级、制作更精良；另一方面，你也可能会认为三星只是在贪婪地薅消费者的羊毛。

同样，消费者也可能会从几个方面看待降价。例如，如果三星突然降价，你会怎么想？你可能会认为你的交易很划算，或者你也可能会认为三星的质量下降了，其品牌形象可能会受到损害。一个品牌的价格和形象往往是紧密相连的。价格变动，尤其是价格下降，会使消费者对品牌的态度产生负面影响。

竞争者对价格变动的反应

在企业数量少、产品同质化严重和消费者充分了解信息的情况下，竞争者最有可能对价格变动做出反应。

企业如何预测竞争者可能的反应？这个问题很复杂，因为和消费者一样，竞争者也可以从很多方面解读企业的降价行为。它可能会认为该企业正在试图抢占更大的市场份额；或者该企业的经营业绩不佳，正在努力提高销量；又或者该企业希望通过整个行业降价来增加总需求。

企业必须评估每个竞争者可能的反应。如果所有竞争者的行为一致，这就相当于只分析一个典型的竞争者。相反，如果竞争者的行为并不相同——可能是源于规模、市场份额或政策的不同，那么就有必要分别分析每个竞争者。然而，如果一些竞争者会跟随进行价格变动，企业就有充分的理由预期其他竞争者也会这样做。

应对价格变动

现在我们反问一下，企业应该如何应对某个竞争者的价格变动？企业需要考虑以下几个问题：竞争者为什么改变价格？价格变动是暂时的还是永久的？如果不做出回应，企业的市场份额和利润会发生什么变化？其他竞争者会做出回应吗？除了这些问题，企业还必须考虑自身的情况和战略，以及消费者对价格变动可能做出的反应。

图 11-3 展示了企业评估和应对竞争者降价的方式。假设企业得知竞争者降低了价格，并认为该降价可能会损害企业的销量和利润。

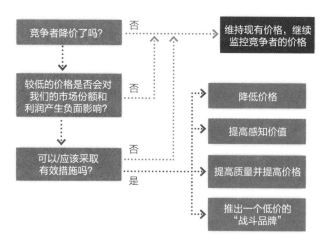

图 11-3　评估和应对竞争者价格变动

　　企业可能决定维持目前的价格和利润率。该企业可能会认为它并不会失去太多的市场份额，或者如果自己也降低价格的话会损失太多利润。企业可能决定等待，并在获得更多关于竞争者价格变动的影响信息后再做出回应。

　　如果企业认为可以而且应该采取有效的行动，那么它可以做出以下四种反应中的任何一种。

　　第一，它可以降低价格以匹配竞争者的价格，因为它认为市场对价格非常敏感，如果不降价的话，它将被价格较低的竞争者抢占太多的市场份额。

　　第二，降价在短期内会减少企业的利润。一些企业可能会通过降低产品质量、减少服务和营销沟通来保持利润率，但这最终会损害企业长期的市场份额，因此企业在降价的同时应尽量保持原有的质量水平。

　　第三，企业可以维持现有价格，但提高其产品的感知价值。企业可以改善沟通，强调其产品优于价格较低的竞争者的价值。企业可能会发现，相对于降低价格并以较低的利润率经营，维持现有价格并投入资金来提高产品的感知价值是更划算的方式。或者，企业可以提升质量和提高价格，将其品牌推向更高的价格定位。更高的质量能够创造更大的顾客价值，这证明了更高价格的合理性。反过来，更高的价格又保持了企业更高的利润率。

　　第四，企业可以推出一个低价的"战斗品牌"——在产品线中增加一个低价产品，或者创建一个独立的低价品牌。如果失去的特定细分市场对价格敏感，对高质量诉求不敏感的话，这项措施就是必要的。例如，当受到亚洲航空和捷星航空的价格挑战时，新加坡航空公司投资了一家名为酷航的长途廉价航空公司。

营销的原则

公共政策与定价

　　价格竞争是自由市场经济的核心要素。在制定价格时，企业通常不能随意制定任何价格，在定价方面有法律保护公平竞争。此外，在定价方面，企业必须考虑更广泛的社会问题。

图 11-4 展示了影响定价的主要公共政策问题，即包括在一个特定渠道层级内（价格垄断和掠夺性定价）和跨渠道层级间（零售价格维持、歧视性定价和欺骗性定价）具有潜在破坏性的定价方式。

渠道层级内定价

价格垄断（price-fixing）是指卖家在与竞争者协商后设定价格。价格垄断是不合法的，因为它有可能控制供应、人为保持高价、为合谋企业创造更高的利润。

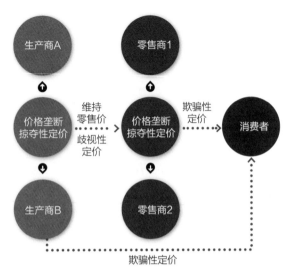

图 11-4 定价中的公共政策问题

来源：Adapted with permission from Dbruv Grewel and Larry D. Compeau, "Pricing and Public Policy: A Research Agenda and Overview of Special Issue," *Journal of Public Policy and Marketing*, Spring 1999, pp. 3-10, Figure 1.

掠夺性定价同样是被禁止的——以低于成本的价格销售，目的是通过使竞争者破产来惩罚竞争者或获得更高的长期利润。这一规定可以保护小企业免受大企业的侵害，因为大企业可以暂时以低于成本的价格或在特定地区销售商品，从而将小企业逐出市场。最大的问题是对掠夺性定价行为的认定。一般认为，以低于成本的价格销售以清除过剩库存不是掠夺性的，但以驱逐竞争者为目的进行低于成本价格的销售就是掠夺性的。

跨渠道层级定价

同样存在法律禁止不公平的价格歧视，确保卖家为特定交易水平的消费者提供相同的价格条款。如果卖家为不同的零售商生产质量水平不同的同一种产品，也可以被视为歧视性定价，除非卖家证明这些差异是合理的。如果价格歧视是暂时的、局部的和防御性而非进攻性的，价格差异也可以用于"善意的""匹配竞争"。

法律还禁止零售（或转售）价格维持——生产商不能要求经销商对其产品收取某个特定的零售价格，但是生产商可以向经销商提供建议零售价。欺骗性定价是卖家宣称的价格或价格折扣对消费者产生了误导或者是消费者实际上无法获得的。包括虚假的参考价格或比较价格，即零售商预先设置一个很高的"日常"价格，然后宣布很接近真实日常价格的"促销"价格。

其他欺骗性定价问题还包括扫描仪欺诈和价格混淆。广泛使用基于扫描仪的计算机结算系统，导致越来越多的消费者抱怨零售商多收了他们的钱。大多数情况下，这些多收的钱是由管理不善造成的——未能将当前价格或促销价格录入系统。然而，还有些情况涉及故意多收钱。当企业采用的定价方法使消费者难以判断自己真正支

PRINCIPLES OF MARKETING 营销的原则（原书第5版）

付的价格时，就会出现价格混乱。例如，消费者有时在判断房屋抵押贷款或汽车融资协议的真实价格时受到了误导。在其他情况下，重要的价格信息可能被隐藏在"细则"中。

目标回顾

在本章中，我们考察了一些额外的定价考虑因素——新产品定价、产品组合定价、价格调整以及对价格变动的启动和反应。企业并不是仅仅制定一个单一的价格，而是设计涵盖其所有产品组合的价格结构，这个价格结构会随着产品生命周期的变化而变化。企业会调整产品价格以反映成本和需求的变化，以及购买者和情境的差异。当竞争环境发生变化时，企业要考虑何时启动价格变动以及何时对价格变动做出反应。

目标1：描述主要的新产品定价战略。

定价是一个动态的过程，定价战略通常会随着产品生命周期的变化而变化。引入期对产品进行首次定价尤其具有挑战性。企业在为创新的新产品定价时可以从两种战略中选择一种：市场撇脂定价，即最初设定高价，以从各个细分市场中"撇取"最大的收益；市场渗透定价，即设定较低的初始价格，深入地渗透到市场中，赢得较大的市场份额。每种新产品定价战略要想奏效，都必须满足一些条件。

目标2：解释企业如何找到使整个产品组合利润最大化的价格。

当产品是产品组合的一部分时，企业要寻找一组使整个产品组合利润最大化的价格。在产品线定价中，企业必须决定一条产品线中不同产品之间的价格差异。此外，企业必须为可选产品（包括在主产品中的可选产品或配套产品）、附属产品（使用主产品时必须用到的产品）、副产品（制造主产品时产生的废物或残余产品）和捆绑产品（价格低于单独产品价格之和的产品组合）制定价格。

目标3：讨论企业如何根据不同类型的消费者和情况调整价格。

企业可以实施各种各样的价格调整战略，以反映消费者差异和环境变化。第一种是折扣与折让定价，即企业设置现金折扣、数量折扣、功能折扣或季节折扣，或不同类型的折让。第二种战略是分段定价，即企业按照两种或两种以上的价格销售产品，以反映顾客、产品和位置的差异。有时，企业在做出定价决策时考虑的不仅仅是经济因素，还会利用第三种战略——心理定价来更好地传递其产品定位。

在第四种战略——促销定价中，企业提供折扣或者暂时将产品作为牺牲品以低于标价、甚至低于成本的价格进行销售。第五种战略是地理定价，即企业决定如何对远距离顾客定价，企业可以选择的地理定价战略包括 FOB 原产地定价、统一运输定价、区域定价、基点定价和免运费定价等。第六种战略是动态定价，企业可以不断调整价格，以迎合消费者和购买情境下的特点和需求。第七种战略，国际定价意味着企业调整其价格以适应不同世界市场中的环境和期望。

目标 4：讨论关于发起与应对价格变动的关键问题。

当一家企业考虑发起价格变动时，它必须考虑消费者和竞争者的反应。主动降低价格和主动提高价格都有好几种不同的含义。消费者对价格变动的反应受到其对价格变动含义的解释的影响。竞争者对价格变动的反应包括固定的反应策略和对每种情况都进行重新分析的反应策略。

在应对竞争者的价格变动时，企业要考虑很因素。面对竞争者发起的价格变动，企业必须努力理解竞争者的意图以及价格变动可能持续的时间和影响。如果需要做出快速反应，企业应该提前计划应对竞争者可能的不同价格变动的反应。在面对竞争者的价格变动时，企业可能按兵不动，也可能降低自己的价格，提高感知质量，提升质量并提高价格，或者推出一个战斗品牌。

目标 5：讨论影响定价决策的社会和法律问题。

很多法律都会对公平定价做出规定。此外，对于定价，企业还必须考虑更广泛的社会问题。定价方面的主要公共政策问题包括在给定渠道层级内具有潜在破坏性的定价方式，如价格垄断和掠夺性定价；以及跨渠道层级的定价方式，如零售价格维持、歧视性定价和欺骗性定价。尽管很多法规对定价进行规范，但声誉良好的企业往往会比法律所要求的做得更多。公平对待消费者是建立牢固而持久的消费者关系的重要部分。

PRINCIPLES OF MARKETING

营销的原则（原书第5版）

第 12 章　营销渠道：传递顾客价值

目标概览

目标 1　解释企业为何使用营销渠道并讨论这些渠道的功能。

目标 2　讨论渠道成员如何互动以及如何组织完成渠道工作。

目标 3　识别企业可以选用的主要渠道方案。

目标 4　解释企业如何选择、激励和评估渠道成员。

目标 5　讨论营销物流和整合供应链管理的性质与重要性。

内容导览

现在我们来看看第三种营销组合工具——分销。企业与供应链和营销渠道合作，为顾客创造价值，建立可盈利的顾客关系。因此，一个企业成功与否不仅取决于其自身的表现如何，还取决于其整个营销渠道在与竞争对手营销渠道的竞争中表现如何。要做好顾客关系管理，企业必须要同时做好伙伴关系管理。本章的第一部分探讨了营销渠道的本质、营销人员的渠道设计和管理决策。接下来我们讨论实体分销，或称物流。在下一章中，我们将讨论两个主要的渠道中间商——零售商和批发商。

首先，我们来看看奈飞（Netflix）的例子。通过创新的分销方式，奈飞已经成为全球最大的视频订阅服务公司。为了在竞争激烈的视频分销行业保持领先地位，奈飞必须继续以极快的速度创新，否则就有被边缘化的风险。

奈飞的渠道创新：抛弃过去，寻找未来

奈飞一次又一次地在视频娱乐分销领域进行创新。21世纪初，奈飞推出了革命性的DVD邮寄服务，导致影片租赁店中除了最强大的以外全部倒闭。2007年，奈飞开创性地进军数字流媒体领域，再次彻底改变了人们获取电影和其他视频内容的方式。此后，奈飞不断开拓新领域，在各种数字和移动设备上提供服务，并创建原创内容。在奈飞的引领下，视频分销如今已经成为新兴技术和高科技企业的竞技场，既提供了令人费解的机会，也带来了坐过山车般的风险。

自从奈飞以其创新的分销模式颠覆了传统影片租赁行业以来，出现了大量的视频访问选择，其中包括通过广告支持的免费观看模式推送点播数字流媒体的高科技场所，但奈飞一直领先于竞争者。奈飞及其首席执行官里德·哈斯廷斯（Reed Hastings）将目光投向了当时具有革命性的视频分销新模式：将奈飞产品提供给所有连接互联网的屏幕，从笔记本电脑到互联网电视，再到智能手机及其他支持无线网络连接的设备。奈飞推出了"即时观看"（watch instant）服务，付费会员可以免费将影片投屏到他们的联网设备上，虽然这么做会牺牲该公司畅销的DVD邮寄业务。

"尽管奈飞取得了持续的成功，但它知道自己不能止步于分销模式创新。"

虽然奈飞并不是数字流媒体的先驱，但它投入了大量资源来改进技术，并建立了最大的流媒体内容库。它建立了一个巨大的用户基础，销售额和利润飙升。凭借其庞大的实体 DVD 影片库和任何屏幕都可以访问的不断增加的流媒体库，似乎没有什么能够阻止奈飞的发展。

但奈飞的惊人成功也吸引了一大批足智多谋的竞争者。谷歌的 YouTube 和苹果的 iTunes 等视频巨头开始提供付费影片下载服务，亚马逊也扩大了自己的媒体库，并通过亚马逊 Prime Video 增加了基于订阅的流媒体服务。为了保持领先地位，奈飞需要保持创新的步伐，它开启了数字流媒体服务。其仍在蓬勃发展的 DVD 邮寄服务被拆分为单独的业务，进行单独收费。

虽然奈飞仍然提供经典的 DVD 邮寄服务，但只有几百万用户还在订购该服务。相比之下，在该公司 1.39 亿付费用户中，现在有 98% 为流媒体用户。奈飞的用户每周观看 10 亿小时的电影和电视节目。在工作日的晚上，奈飞占据着北美家庭三分之一的互联网流量。该公司目前已扩展至全球 190 多个国家。

尽管奈飞取得了持续的成功，但它知道自己不能止步于分销模式创新。竞争以令人眼花缭乱的速度持续发展。例如，亚马逊的 Prime Instant Video 拥有不断扩大的电影和电视节目库，它为 Prime 会员免费提供对其中流媒体的访问权限。YouTube 的高级订阅服务得到了其母公司谷歌的雄厚资金支持，提供无广告的视频和仅限会员观看的原创节目和电影。在消费者放弃传统的有线或卫星电视服务而转向视频流媒体的趋势中，奈飞一直是背后的主要力量，而传统的网络和服务公司也在反击，推出自己的订阅流媒体服务，比如 HBO Go 和 CBS All Access。虽然直播电视一直是切断有线电视的最大障碍，但如今很多服务商都提供付费的直播电视流媒体访问权限，包括 AT&T、DirectTV、YouTube 以及很多新进入市场者。

多年来，流媒体已成为行业的主要交付模式，奈飞已经明白，内容——而不只是交付，才是保持视频分发领域领先地位的关键。鉴于其领先优势，奈飞在内容竞赛中仍处于领先地位。但是，随着越来越多的竞争者狂热地与大型影视内容提供商签约，内容许可协议的获得和维持变得越来越困难，成本也越来越高。

因此，为了减少对外部来源内容的依赖，奈飞进行了另一项创新，它一直在以惊人的速度制作和发行自己的原创内容。它以 1 亿美元的价格获得了《纸牌屋》（*House of Cards*）前两季的独家播放权，震惊了整个行业。这部电视剧取得了巨大的成功，于是奈飞又迅速开发了其他原创剧集和电影。

尽管奈飞的流媒体竞争者再次追随其做法，推出了自己的原创内容，但奈飞仍然占据上风。2019 年，它在原创内容上花费了惊人的 150 亿美元。去年，它斥资 130 亿美元，制作了大约 700 部原创剧集和 80 部电影，比任何一家电视网、有线电视频道或好莱坞电影公司都要多。一个人必须连续一整年每天花费四个多小时才能看完所有新的奈飞原创内容。该公司的原创内容很受欢迎，例如，奈飞恐怖电影《蒙上你的眼》在上映的前 10

天观影人数就超过了 8000 万。

　　这种努力使行业中的其他公司不得不奋力追赶，它们也加入了战斗，拥有大量成功电影的迪士尼推出迪士尼＋，苹果也在 Apple TV＋中提供电影流媒体服务。

　　在日益动荡的视频环境中，奈飞想要通过锁定其内容的版权来掌控自己的命运，目前在其庞大视频库中超过一半都是原创内容。

　　从 DVD 邮寄到即时观看，再到几乎所有设备上的视频流媒体，再到原创内容，奈飞通过做最擅长的事情——分销模式创新和变革，得以一直领先于竞争者。2020 年第一季度，其全球用户数量增长了近 1600 万，达到 1.82 亿，部分原因在于全球新冠疫情期间人们都待在家里。

　　接下来会如何？没有人知道。奈飞警告称，随着疫情封锁逐渐解除，增长将会放缓。但有一件事似乎是肯定的，即无论发生什么，如果奈飞不引领变革，它就有可能很快被甩在后面。在这个瞬息万变的行业里，新把戏很快就会过时。正如一个标题所言，为了保持领先，奈飞必须"抛弃过去，寻找未来"。

　　正如奈飞的故事所表明的那样，良好的分销策略可以在创造顾客价值方面做出巨大贡献，并为企业创造竞争优势。然而，并不是所有的企业都能仅靠自己为顾客带来价值。相反，它们必须在一个更大的价值传递网络中与其他企业密切合作。

供应链与价值传递网络

在生产产品或服务并将其提供给消费者的过程中，不仅需要与消费者建立关系，还需要与企业供应链中的主要供应商和经销商建立关系。该供应链由上游和下游的合作伙伴组成。企业的上游是提供制造产品或服务所需的原材料、零组件、零件、信息、资金和专业知识的一系列企业。然而，营销人员更关注供应链的下游，即面向消费者的营销渠道或分销渠道。批发商和零售商等下游营销渠道合作伙伴构成了企业和消费者之间至关重要的纽带。

价值传递网络——在制造和营销汽车的过程中，丰田管理着一个庞大的公司内部人员网络，以及数千家外部供应商、经销商和营销服务公司，它们共同协作，实现该品牌"Let's Go Places"的承诺。

价值传递网络（value delivery network）由企业、供应商、分销商和最终消费者组成，它们之间彼此"合作"以提升整个系统的绩效。例如，丰田生产的汽车很好，但是仅在制造和销售其众多车型中的一款时，比如最畅销的凯美瑞车型，丰田就要管理公司内部庞大的人员网络，从营销和销售人员到财务和运营人员。它还要协调数千家供应商、经销商、广告机构及其他营销服务企业的运作。整个网络必须共同发挥作用，以创造顾客价值，建立品牌"Let's Go Places"的定位。

本章关注价值传递网络的下游——营销渠道。我们讨论关于营销渠道的四个主要问题：营销渠道的本质是什么以及它们为什么重要？渠道企业是如何互动并组织起来完成渠道工作的？企业在设计和管理渠道方面面临哪些问题？物流和供应链管理在吸引和满足消费者方面起什么作用？在下一章中，我们将从零售商和批发商的角度来探讨营销渠道问题。

营销渠道的本质和重要性

很少有生产商直接向最终消费者销售产品，尽管面向消费者的直销模式越来越多。大多数生产商通过中间商将产品推向市场，它们试图建立一个**营销渠道**（marketing channel），或称**分销渠道**（distribution channel），即一组帮助将产品或服务提供给消费者或企业顾客使用或消费的相互依赖的组织。

企业的渠道决策直接影响其他营销决策。企业的定价取决于企业是与折扣连锁店合作，还是使用高质量的专卖店，又或者是通过互联网直接向消费者销售。企业在销售人员和沟通传播方面的决策取决于其渠道合作伙伴需要多少说服、培训、激励和支持。企业是开发还是收购某些新产品,可能取决于这些产品与其渠道成员能力的匹配程度。

有些企业往往对自己的分销渠道关注太少,相反,一些企业则利用富有想象力的分销系统获得了竞争优势。亚马逊改变了零售行业的面貌,开创了不用实体店就能在网上销售任何东西的先河;苹果公司通过互联网在 iTunes 上销售音乐,彻底改变了零售音乐业务;使用共享模式的 Grab 是出租车和外卖行业的颠覆者。

分销渠道决策通常涉及对其他企业的长期承诺。例如,像麦当劳和耐克这样的企业可以很容易地改变其广告、定价或促销计划。它们可以根据市场需求放弃旧产品,推出新产品。但是,一旦与特许经销商、独立经销商或大型零售商签订合同建立分销渠道,它们就不能在环境变化时轻易地使用企业自有的商店或网站取代这些渠道。因此,管理层必须精心设计渠道,在关注现在的同时,也要关注未来的销售环境。

渠道成员如何增加价值

生产商为什么要将部分销售工作交给渠道合作伙伴?毕竟,这样做意味着放弃对产品销售方式和销售对象的部分控制权。生产者使用中间商是因为后者在向目标市场提供产品方面效率更高,中间商通过其人脉、经验、专业化和经营规模,能够为企业提供生产商能力范围以外的服务。

图 12-1 显示了使用中间商是如何节约成本的。图左显示了 3 个生产商,每个生产商都直接与 3 个消费者交易,这样系统就需要 9 次交易。图右显示了 3 个生产商通过 1 个分销商与 3 个消费者交易,这个系统只需要 6 次交易。通过这种方式,中间商减少了生产商和消费者双方需要完成的工作量。

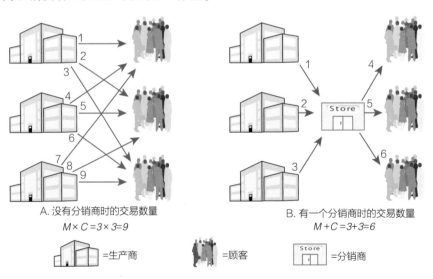

A. 没有分销商时的交易数量
$M \times C = 3 \times 3 = 9$

B. 有一个分销商时的交易数量
$M + C = 3 + 3 = 6$

=生产商　　　=顾客　　　=分销商

图 12-1　使用营销中间商如何减少渠道交易数量

从经济系统的角度来看,营销中间商的作用是将生产商生产的各种产品转化为消费者想要的各种产品。生产商生产数量巨大但种类很少的产品,但消费者需要的是种类繁多但数量很少的产品。营销渠道成员从众多生产商那里大量购买，再将其分解为消费者所需的小批量和更多品种的产品。

例如，好来（Darlie）每天生产数千支牙膏，但消费者一次只购买一支。例如，Park n Save、屈臣氏（Watsons）、永旺（Aeon）等大型食品、便利点和折扣零售商都大批量地购买好来牙膏，并将其摆放在店铺的货架上。反之，消费者可以根据需要只购买一支好来牙膏，以及少量的洗面奶、洗发水及其他相关产品，因为你需要它们。因此，中间商在匹配供给和需求方面发挥着重要作用。

在向消费者提供产品和服务的过程中，渠道成员通过弥合产品和服务与其使用者之间在时间、地点和所有权上的缺口来增加价值。营销渠道成员具备很多关键功能，其中一些有助于达成交易：

- *信息功能*。收集和发布营销环境中各参与方的营销调研和情报信息。
- *促销功能*。开发和传播关于产品的具有说服力的沟通材料。
- *联络功能*。寻找潜在购买者并与之沟通。
- *匹配功能*。根据购买者的需求对产品进行调整，包括加工、分级、装配和包装等活动。
- *谈判功能*。就产品的价格及其他条款达成协议，以便实现所有权或占有权的转移。

另一些功能有助于实现已达成的交易：

- *实体分销*。运输和储存产品。
- *融资功能*。获取和使用资金以弥补渠道工作的成本。
- *风险分担*。承担执行渠道工作所带来的风险。

以下是宜家的一个例子，它打破了传统，在中国通过第三方进行销售：

宜家（IKEA）——宜家历史上第一次通过第三方进行销售——阿里巴巴的电子商务平台天猫。此举是宜家为了在巨大的中国市场上吸引更多购物者。虽然宜家有自己的在线商店和购物应用程序，但它意识到购物行为会随着时间的推移而发生重大变化。在宜家刚进入中国时，中国消费者会在其位于城外的仓储式门店排队购物。但随着购物趋势的改变，中国消费者越来越偏好多品牌的在线平台。天猫拥有超过20000个品牌，4000多个产品类别，因此为宜家提供了一种向喜欢多品牌购物的消费者销售产品的方式。通过这种方式，天猫还使中国消费者更容易买到宜家的产品。这一举措非常及时，因为新冠疫情使宜家关闭了其在中国的一半门店。同时由于消费者在家隔离，购物趋势进一步转变为居家购买和快递配送。

渠道层级数量

企业可以通过设计其分销渠道，以不同的方式向消费者提供产品和服务。每一层将产品向最终消费者推进的营销中间商都是一个**渠道层级（channel level）**。中间商层级的数量表明了一个渠道的长度。图 12-2 左边展示了几个不同长度的消费者分销渠道。渠道 1 被称为**直销渠道（direct marketing channel）**，没有中间层级，企业直接向消费者进行销售。例如，雅芳和安利通过家庭和办公室的销售聚会以及网络直接销售产品。在中国，本土化妆品企业完美日记从网络直销开始，取得了巨大的成功。图 12-2 左图中的渠道 2 和渠道 3 被称为**间接营销渠道（indirect marketing channels）**，包含一个或多个中间商。

图 12-2 右边显示了一些常见的企业营销渠道。企业营销人员可以通过自己的销售团队直接向企业顾客销售，或者可以将产品销售给各种类型的中间商，再由这些中间商销售给企业顾客。从生产商的角度来看，更多的层级意味着更少的控制和更大的渠道复杂性。例如，日本拥有数量众多的分销层级和最为复杂的分销系统之一。

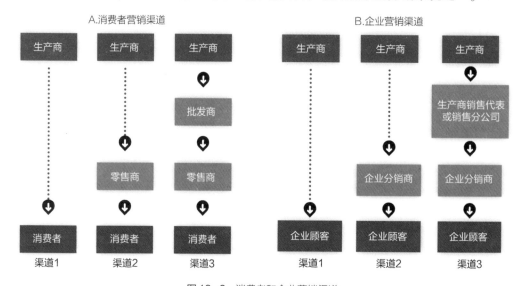

图 12-2　消费者和企业营销渠道

直销渠道意味着生产商直接面向顾客（DTC）销售产品。企业跨过中间商，直接与顾客联系，这使其能够以低于传统消费品牌的成本销售产品，并对产品的制造、营销和分销保持点对点的控制。亚马逊、Facebook、Instagram、天猫、Shopee 等平台为 DTC 提供了基础设施，鼓励 DTC 品牌快速增长并直接与顾客建立联系。

虽然 DTC 品牌往往是初创企业，但传统品牌也在关注这种新的分销模式。耐克（Nike）正在试图扩大直销渠道，特斯拉汽车也是如此。DTC 之所以具有吸引力，有以下几个原因：

- *满足对更好顾客体验的需求*。随着技术的发展，顾客能够接触到更多的产品信息，因此其期望也在不断提高。与生产商对零售商几乎没有控制权的传统分销不同，DTC 允许生产商全程控制顾客体验，以确保在整个购买过程中保持质量。
- *有机会与顾客建立品牌关系*。通过直接向顾客销售，生产商可以培养与顾客的关系，而不需要通过零售商。但是，如果该品牌既通过生产商直接销售，也通过零售商进行销售，那么这可能会损害生产商与其零售商之间的关系。

■ *收集顾客数据。*DTC渠道使生产商有机会收集大量的顾客数据，建立个性化的体验，从而促进更多销售，而不需要依赖零售商提供信息。

渠道行为与组织

分销渠道是一个复杂的行为系统，人员和企业在其中相互作用，以实现个人、企业和渠道的目标。一些渠道系统仅由组织松散的企业之间的非正式互动组成，另一些渠道系统则由在强大的组织结构引导下的正式互动组成。此外，新型中间商不断涌现，新的渠道系统不断发展。下面我们来看看渠道行为，以及渠道成员是如何组织起来完成渠道工作的。

渠道行为

一个营销渠道是由为了共同利益而合作的企业组成的，每个渠道成员都与其他渠道成员相互依赖。例如，丰田汽车的经销商依赖丰田来设计满足消费者需求的汽车。反过来，丰田依靠经销商来吸引消费者，说服他们购买丰田汽车，并为他们提供售后服务。丰田的每一个经销商也依赖其他经销商提供良好的销售和服务，以维护品牌的声誉。事实上，丰田每一个个体经销商的成功，都依赖于丰田的整个营销渠道与其他汽车制造商的营销渠道之间的竞争情况。

每个渠道成员在渠道中都扮演某个专门的角色。例如，三星的角色是生产消费者喜欢的消费电子产品，并通过在全国发布广告创造需求。电子零售商Best Denki的角色是在便利的地点展示这些三星产品，回答买家的问题，并完成销售。只有每个成员都承担自己最擅长的工作时，这个渠道才是最有效的。

由于个体渠道成员的成功依赖于整个渠道的成功，因此在理想情况下，所有渠道企业应该通力合作。它们应该理解和接受自己的角色、协调各自的活动、合作实现渠道的总体目标。尽管渠道成员相互依赖，但它们经常为了自身的短期最佳利益而单独行动。在谁应该做什么和得到什么报酬的问题上，它们经常意见不一。这种对目标、角色和报酬的分歧会产生两种类型的**渠道冲突（channel conflict）**：

■ 水平冲突发生在同一渠道层级的企业之间。例如，同一个地区的丰田经销商可能会抱怨另一个地区的经销商通过较低的定价或在自己负责的区域以外发布广告来抢夺它们的销售。

■ 垂直冲突更为常见，是指不同渠道层级之间发生的冲突。以下是麦当劳及其独立加盟商的例子：

麦当劳（McDonald's）——2018～2019年期间，加盟商对麦当劳的不满达到了顶峰。最基本的冲突体现在财务方面。麦当劳根据整体系统的销售额向加盟商收取加盟费用，而加盟商则依靠利润（收入减掉成本后剩余的部分）赚钱。为了扭转销售不断下滑的趋势，麦当劳采用了激进的折扣策略——通过超值菜单的方式。这一策略增加了麦当劳的销售额，但却挤压了加盟商的利润空间。加盟商还抱怨麦当劳增加了受欢迎但却更复杂的菜单项目，比如定制汉堡、新鲜牛肉、麦咖啡饮品以及全天早餐，这使麦当劳的收入增长，但却增加了加盟商的备餐、设备和员工成本，同时也降低了服务速度。麦当劳还要求加盟商对餐厅进行成本高昂的升级和翻新，但加盟商们却认为这些升级和翻新并不会增加价值。结果是很多加盟商非常不满。麦当劳的加盟商关系评分降至1.81分的历史最低点（满分为5分），介于"一般"和"差"之间，这令麦当劳感到担忧，因为93%的麦当劳门店都是由加盟商经营的。此外，研究表明，加盟商满意度和顾客服务之间高度相关。

　　渠道中的一些冲突是一种良性的竞争，这种竞争对渠道是有利的，因为没有竞争，渠道就会变得被动和缺乏创新。但是严重或长期的冲突会破坏渠道的有效性，并对渠道关系造成持久的伤害。

垂直营销系统

　　为了使渠道运行良好，必须明确界定每个渠道成员的角色并管理渠道冲突。如果渠道中有一家企业、一个机构或一种机制可以起到领导作用，并有权力分配角色和管理冲突，那么这个渠道会运行得更好。

　　从历史上来看，传统分销渠道缺乏这种领导和权力，经常导致破坏性的冲突和业绩不佳。近年来，渠道方面最大的发展之一就是拥有渠道领导者的垂直营销系统的出现。图12-3对比了两种类型的渠道安排。

　　传统分销渠道（conventional distribution channel） 由一个或多个独立的生产商、批发商和零售商组成。每个成员都分别寻求自身利润的最大化，有时甚至以牺牲整个系统的利益为代价。没有一个渠道成员能够控制其他成员，也不存在分配角色和解决渠道冲突的正式手段。

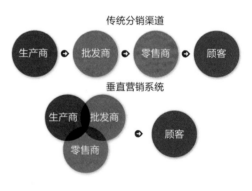

图12-3　传统分销渠道和垂直营销系统

　　相反，**垂直营销系统（vertical marketing system，VMS）** 中的生产者、批发商和零售商构成一个统一的系统。某个渠道成员拥有其他渠道成员，或者与其他成员签订合同，或者拥有很大权力使其他成员必须与其合作。垂直营销系统可以由生产商主导，

PRINCIPLES OF MARKETING　营销的原则（原书第5版）

也可以由批发商或零售商主导。

垂直营销系统有三种主要类型：公司型垂直营销系统、合同型垂直营销系统和管理型垂直营销系统。

公司型垂直营销系统

公司型垂直营销系统（corporate VMS）将连续的生产和分销阶段整合在单一所有权下，协调和冲突管理是通过常规的组织渠道实现的。

20 世纪 90 年代初，日本的 keiretsus 是公司型垂直营销系统的典范。这些大型的日本贸易公司提供你能想象的全部服务类型。一位高管曾自豪地说："我们有你需要的一切。如果你需要建一座桥，我们有工程公司为你提供设计，我们有水泥厂和钢铁厂提供你所需要的原材料。如果你缺少资金，我们有银行可以借钱给你。"

然而，一个优秀的公司型垂直营销系统必须是精简和具有经济效率的，否则过度扩张和组织松散可能会使整个垂直营销系统成为累赘。在亚洲，公司型垂直营销系统很常见。在某种程度上，韩国的大企业也有类似的设置。它们需要在实现完全的垂直整合与经济效率之间掌握好平衡。又比如京东的例子，由于它使仓库和配送业务协同工作，这家中国电子商务公司在全球新冠疫情期间超越了竞争对手。

京东——在全球新冠疫情期间，京东的配送表现优于其竞争对手阿里巴巴和拼多多。据专家介绍，这源于京东优越的物流系统。京东拥有自己的库存和仓库以及内部物流网络。在疫情期间，在线购买量激增，京东收到的订单越多，效率就越高，单次配送成本降至历史最低水平。虽然很多物流中心无法处理突然激增的订单量，但这也使京东能够享受规模经济。京东已经在北京等城市以及陕西和湖南的农村地区开展无人机业务，确保了新鲜农产品的快速配送。京东在技术上的投资——机器人和自动化，加强了其物流和供应链。在京东 X 事业部的领导下，其物流和自动化实验室专注于开发聚焦自动化订单履行能力的下一代智慧物流技术，包括无人机、自动驾驶配送车辆和自动化仓库技术。

公司型垂直营销系统——京东拥有自己的库存、仓库和物流网络，因此随着收到的订单越来越多，它可以利用规模经济。

合同型垂直营销系统

合同型垂直营销系统（contractual VMS）由不同生产和分销层级中的独立企业组成，它们通过合同联合起来，以获得比单独行动时更大的经济效益或销售效果。协调和冲突管理是通过渠道成员之间签订的合同来实现的。

特许经营组织（franchise organization）是最常见的合同关系类型———一个被称为特许经营者的渠道成员将生产－分销过程中的几个阶段连接起来。从酒店和快餐店到幼儿园和健身中心，几乎所有的行业都存在特许经营。

特许经营有三种类型。第一种是由制造商发起的零售商特许经营体系，例如丰田及其独立的特许经销商网络。第二种是制造商发起的批发商特许经营体系，例如可口可乐在各个市场授权装瓶商（批发商）购买可乐浓缩原浆，然后装瓶向当地的零售商销售产品。第三种是由服务企业发起的零售商特许经营体系，例如汽车租赁公司（安飞士）、快餐服务公司（麦当劳、汉堡王）和酒店业务公司（希尔顿）。

管理型垂直营销系统

在**管理型垂直营销系统（administered VMS）**中，领导地位不是通过共同所有权或合同关系来实现的，而是通过一个或几个占主导地位的渠道成员的规模和权力来实现的。顶级品牌的制造商可以从经销商处获得强有力的贸易合作和支持。例如，宝洁（Procter & Gamble）和三星（Samsung）能够要求经销商在商品展示、货架空间、促销和价格政策方面提供特别的合作。像沃尔玛这样的大型零售商则可以对其产品供应商施加强大的影响。

水平营销系统

还有一种渠道发展模式是**水平营销系统（horizontal marketing system）**，是指同一层级的两家或两家以上企业联合起来共同开发一个新的市场机会。企业通过合作将财务、生产或营销资源结合起来，以实现任何一家企业无法单独完成的目标。

合作企业之间可能是竞争对手，也可能是非竞争对手；合作可能是暂时的，也可能是长

水平营销系统———麦当劳与中国最大的汽油零售商中石化合作，在中石化的加油站开设餐厅。

久的，或者也可以共同创建一家单独的企业。例如，麦当劳（McDonald's）与中国最大的汽油零售商中石化（Sinopec）签订了一项为期20年的合作协议，在超过3万家中石化加油站内开设餐厅。此举加速了麦当劳在中国市场的扩张，同时也为中石化的加油站吸引了更多饥饿的司机。

多渠道分销系统

过去，很多企业采用单一渠道向单一市场或单一细分市场销售产品。而如今，随着消费

多渠道分销系统———在亚洲，存在有各种各样的渠道中间商，从现代化的有空调的超市到传统的无空调的菜市场或独立商店。

PRINCIPLES OF MARKETING　营销的原则（原书第5版）

者更加细分以及渠道可能性激增，越来越多的企业采用**多渠道分销系统（multichannel distribution systems）**，通常被称为混合营销渠道。多渠道分销是指一个企业建立两个或两个以上的营销渠道来接触一个或多个消费者细分市场。

图 12-4 展示了一个多渠道分销系统。在消费者细分市场 1 中，生产商使用直接邮寄产品目录、电话营销、互联网或移动应用程序向消费者直接销售；在消费者细分市场 2 中，生产商通过零售商向消费者销售；在企业细分市场 1 中，生产商通过分销商和经销商间接销售；在企业细分市场 2 中，生产商通过自己的销售人员直接销售。

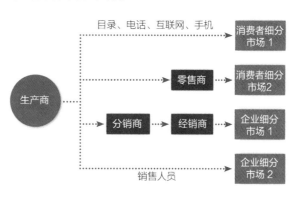

图 12-4　多渠道分销系统

几乎所有大公司和小企业都采用了多渠道分销系统。惠普（Hewlett-Packard）的销售人员向大中型企业客户销售公司的信息技术设备和服务。惠普还通过分销商和增值经销商网络进行销售，这些中间商向各类不同的企业细分市场销售惠普电脑、系统和服务。家庭办公室购买者可以从专门的电脑店或大型零售商处购买惠普个人电脑和打印机。企业、政府和家庭办公室购买者都可以通过电话或该公司的网站（www.hp.com）直接购买。

当企业面临大型且复杂的市场时，多渠道分销系统具有很多优点。通过每一个新的渠道，企业都可以在扩大销售和增加市场占有率的同时，获得根据消费者细分市场的特点需求调整其产品和服务的机会。但是，这种多渠道分销系统比较难控制，而且随着更多渠道争夺消费者和销售量，会引发渠道冲突。

在大多数亚洲市场，想要进入不同消费者细分市场的企业通常采用多渠道分销系统。例如，高收入人群和外籍人士经常在有空调的购物中心里的现代超市购物，而低收入人群则可能更喜欢在菜市场或较小的传统零售商店里讨价还价。

随着新冠疫情加速了在线购物的发展，营销人员正在增加其在线分销渠道，以增加销售收入。在亚洲，消费者被迫减少在实体店购物，实体店要么不被允许营业，要么营业时间缩短。在这种情况下，Ninja Van、GOGOX、美团、Lalamovers 等快递公司与多家企业合作，确保消费者在线购买的商品顺利送达。例如，化妆品品牌衰败城市（Urban Decay）既通过自己的线下门店销售，也通过零售商丝芙兰（Sephora）销售，而丝芙兰也有在线业务。

改变渠道组织

技术的变化以及直销和网络营销的爆炸式增长，对营销渠道的性质和设计都产生了影响。其中一个主要趋势是**脱媒（disintermediation）**，即产品或服务生产商绕过中间商而直接面对最终消费者，或者全新类型的渠道中间商取代传统渠道中间商。例如，新加坡航空（Singapore Airlines）等企业直接向最终消费者销售，将零售商排除在营销渠道之外。

在其他情况下，新形式的经销商正在取代传统的中间商。例如，像 iTunes 和亚马逊提供的在线音乐下载服务几乎把传统的音像零售商挤出了市场。与此同时，Spotify、Amazon Prime music 和 Apple music 等流媒体音乐服务如今又正在取代数字下载服务。

脱媒也会因为越来越多的消费者对技术更加熟悉而发生。中国人喜欢在线购物，因为它更便宜、更方便，他们还逐渐信任信用和支付系统。在新冠疫情期间，消费者待在家里，企业寻找新的方式向消费者提供产品，加速了在线零售业的崛起。因此，在疫情期间，不仅是互联网一代在网上购买了更多东西，电子商务还吸引了一个消费者群体——通常更喜欢实体购物的婴儿潮一代，但当时除了在线购买外别无选择。新冠疫情使实体购物被脱媒，企业意识到自己必须建立在线部门。营销实践 12.1 讨论了新冠疫情导致的在线购物加速发展，以及零售商对新零售常态的反应。

脱媒同时带来了问题和机遇。为了避免被淘汰，传统的中间商必须找到新的方式在供应链中增加价值。为了保持竞争力，产品和服务生产者必须开发互联网和其他直接渠道等新的渠道机会。然而，开发这些新渠道往往意味着他们将与现有的渠道产生直接竞争，从而导致冲突。为了缓解这一问题，企业会想方设法让直销成为整个渠道的优势。

沃尔沃汽车集团（Volvo Car Group）——消费者对在线购物越来越有信心，其中也包括沃尔沃的消费者——其中大约 80% 已经在线上购买其他商品。因此，中国汽车制造商吉利旗下的沃尔沃汽车集团宣布了在线销售沃尔沃汽车的计划。随着一些经销商看到在线用户和非办公时间咨询量的大幅增加，沃尔沃认为是时候推出完整的点对点汽车购买服务了。尽管特斯拉在线上销售电动汽车，但大多数汽车企业不愿意这样做，因为担心会疏远它们的独立经销商网络。但沃尔沃在印度推出了在线选项，消费者不仅可以为现有汽车预约服务，还可以预订一辆全新的沃尔沃汽车，待在舒适的家中就可以完成这一切。其"沃尔沃无接触项目"是一个交互式门户网站，提供数字化金融服务、在线文档和无接触交付，为消费者提供在线预约服务或通过最近的经销商订购汽车的安全方式。潜在消费者首先在线选择经销商，然后选择金融方案，再选择颜色、配件等想要的车辆配置。基于上述决策，系统计算出汽车价格。沃尔沃表示，整个过程只需 20 分钟。然而，由于沃尔沃认为大多数消费者最终都会希望与当地经销商交谈，因此该系统的设计使这一过程可以在展厅开始，然后在家中完成，反之亦然。由于沃尔沃还认为潜在消费者仍想要触摸和试驾车辆，因此它还是会提供一个实体展厅。

营销实践 12.1

零售与新常态

2020 年初新冠疫情暴发，而中国、韩国、新加坡和越南强有力的公共卫生应对措施在遏制疫情和提振消费者信心方面取得了初步成功。

一些产品类别受到的影响比其他产品类别更大。消费者减少了化妆和饮酒。在居家隔离期间，消费者进行更多在线浏览，在线购买增加。在中国经营生鲜超市、便利店、百货商店，总部位于北京的物美董事长张文忠表示："新冠疫情将远程订购和自提等全渠道生鲜服务的采用时间至少提前了一年。"

零售社区采取了哪些措施来适应新冠疫情下的"新常态"？为提升购物的信心，它必须建立一个安全的购物环境，让员工和消费者免受感染。零售商建立了保持物理距离的措施，它们学会了采用结合线上和线下互动的混合模式，最终使零售业的运作方式发生了重大变化。

在家中满足消费者需求

购物或外出就餐等活动变得有风险，必须采取的大量安全措施使零售活动更具挑战性，如果还能够进行的话。消费者的偏好从在餐厅就餐转变为在家用餐，从线下购物转变为在线购物。对快递服务的需求激增。

为此，餐厅纷纷转向外卖服务。在封锁期间，中国外卖服务提供商美团的配送订单翻了两番。快餐店增加，提供免费配送服务的聚合应用程序开始流行。通常在超市销售产品的联合利华和宝洁等快速消费品公司，在 Lazada、Shopee 和亚马逊 Prime 等在线商店的销售额激增。

无接触零售

在零售商店保持安全距离，让消费者更有信心在那里购物。在通过面对面会议达成交易的保险行业，企业允许代理举行虚拟客户会议，以遵守安全措施要求。在美容行业，消费者和美容顾问之间的身体互动是很平常的，中国化妆品企业完美日记对线下美容顾问进行了重新部署，让他们成为其 1 万个微信群和直播应用程序中的意见领袖，用于私域社交互动。这使完美日记迅速从线下的化妆专家转变为线上专家。

快递公司也学会了适应无接触方式。在中国经营肯德基的百胜中国为外卖配送员制定了安全规则：在出发送餐前测量体温、佩戴口罩并为双手消毒；到达消费者所在的位置后，在建筑外的预先指定地点放下外卖，然后在至少两米的距离外等待，而消费者则取走外卖并返回建筑内部。配送完成后，配送员对双手和车上的配送箱进行消毒。

新加坡的 NinjaVan 提供无接触配送服务，中国的美团也是如此。星巴克推出了"无接触星巴克体验"，通过智能手机在线下单，不仅最大限度地减少了人与人的接触，还减少了消费者在店内停留的时间。在疫情最严重的时候，星巴克关闭了在中国的所有4300家门店，但在取消限制措施后，一些门店提供有限的大堂服务和座位，以遵守安全距离要求。

数字化

为了在新冠疫情中生存下来，企业很快就意识到，数字化至关重要。对数字化的需求涵盖从产品供应到消费者参与再到供应链运营的方方面面。

平安在线医疗咨询应用程序"平安好医生"推出了一个新的一站式门户，提供与疫情相关的最新信息和建议。由于在消费者所在地（家中）与其见面，平安好医生在推出后20天内的访问量就飙升至11亿多。百度、京东、阿里健康和腾讯也纷纷推出了免费在线医疗咨询平台。

为了提高消费者参与度，百威啤酒在中国推出了全渠道居家消费者体验，包括 DJ 直播和电子游戏活动，以及为其忠诚计划成员定制的营销和送货上门促销活动。青岛啤酒招募了所谓的"青岛啤酒社交分销商"，他们在自己的社交网络上推广该啤酒品牌，帮助其微店的销售额增加了三倍。

为确保向零售商店供应充足的产品，宝洁中国公司利用疫情和感染预测的相关信息，保证了生产的顺利进行，并对下游分销进行了微调。

在娱乐行业，制作公司不再只去电影院发行电影，而是开始使用抖音等流媒体平台来发行电影。

适应新冠疫情——作为新常态的一部分，外卖服务提供商美团确保其配送员对外卖盒进行消毒、佩戴口罩并测量体温。

安全第一

除了数字化，零售商还推出了面对面互动的安全措施。任何想要进入商店或购物中心的人都要接受体温检测。为了尽量避免感染，一些餐馆推出了一次性菜单，并安装了有机玻璃隔离板，将就餐者分开。服装店对衣服进行隔离。杂货店只允许一定数量的消费者同时进入，以保持安全距离。除了使用常规的体温检测、接触者追踪应用程序和手部消毒液外，日本快时尚零售连锁店优衣库还确保在每次消费者试穿衣服后对服装进行热蒸，自动扶梯每小时消毒一次，所有收银台都要在收银员和结账消费者之间安装乙烯基塑料片，以最大限度地减少空气中微粒的传播。

显然，新冠疫情已经改变了零售业的消费者互动规则。事实也证明，零售商和品牌必须继续通过数字化或零售运营进行调整，以建立消费者信心，保持收入增长。

PRINCIPLES OF MARKETING
营销的原则（原书第5版）

来源：Jennifer Marston，"KFC, Pizza Hut Test Contactless Delivery in Response to China's Coronavirus,"thespoon. tech, 10 February 2020；Nick Leung, Joe Ngai, Jeongmin Seong, and Jonathan Woetzel，"Fast Forward China：30 Ways Companies Are Reactivating Business and Reimagining the Future beyond COVID - 19,"*McKinsey*, June 2020；Rachel Diebner, Elizabeth Silliman, Kelly Ungerman, and Maxence Vancauwenberghe，"Adapting Customer Experience in the Time of Coronavirus,"*McKinsey*, April 2020；Xin Huang, Alex Sawaya, and Daniel Zipser，"How China's Consumer Companies Managed through the COVID - 19 Crisis：A Virtual Roundtable,"*McKinsey*, March 2020；Oliver Tonby and Jonathan Woetzel，"Could the Next Normal Emerge from Asia?,"*McKinsey*, April 2020；Johnny Ho, Daniel Hui, Aimee Kim, and Yuanyuan Zhang，"Cautiously Optimistic：Chinese Consumer Behavior Post - COVID - 19,"*McKinsey*, March 2020.

营销的原则

12.3

渠道设计决策

在营销渠道设计上，生产商会在理想与现实之间挣扎。资金有限的新企业通常只在一个有限的市场区域内进行销售。如果获得成功的话，新企业可以通过现有的中间商向新市场拓展。在较小的市场，企业可以直接向零售商销售；在较大的市场，企业则可能会通过分销商销售。在某一个区域，企业可能通过授予独家特许经营权进行销售；在另一个区域，则可能通过所有店面进行销售。此外，企业可能会增加一个在线商店，直接向难以触达的顾客销售。由此可见，渠道系统通常是随着市场机会和条件的变化而发展的。

然而，为了使渠道最有效，渠道分析和决策应该更有目的性。**营销渠道设计**（**marketing channel design**）需要分析顾客需求、设定渠道目标、识别主要渠道方案、评估主要渠道方案（见图 12 - 5）。

分析顾客需求

营销渠道是整个顾客价值传递网络的一部分，每个渠道成员和层级都能为顾客增加价值。因此，设计营销渠道首先要了解目标顾客想从渠道中获得什么。顾客是想就近购物，还是愿意到更远的中心区购物？他们更愿意亲自购买，还是通过电话、邮件或者互联网进行购买？他们看重产品种类的广泛性还是更喜欢产品种类的专业化？送货的速度越快、产品的种类越多、提供的附加服务越全面，渠道的服务水平就越高。下面的例子讨论了亚马逊 Go 及其配送网络对顾客的价值：

第12章 营销渠道：传递顾客价值

319

分析顾客需求
- 考虑顾客想要从渠道中获得什么。
- 考虑企业是否有资源或技能来满足顾客需求。
- 在顾客需求、可行性、成本和顾客价格偏好之间寻找平衡点。

设定渠道目标
- 确定所要服务的细分市场以及最佳渠道。
- 评估企业的性质、产品、营销中间商、竞争者和环境的影响。

识别主要渠道方案
- 考虑中间商的类型，比如企业的自有销售人员、生产商代理、行业分销商。
- 考虑每种情况下的中间商数量：密集分销、独家分销或选择分销。
- 考虑渠道成员在价格政策、销售条件、区域权利、各自应提供的服务等方面的责任。

评估主要渠道方案
- 经济性标准：比较不同渠道方案的销量、成本和利润。
- 控制性标准：对产品营销拥有一定的控制。
- 适应性标准：保持渠道的灵活性以适应环境变化。

图12-5　设计渠道系统

亚马逊 Go——当亚马逊推出没有收银员或结账台的连锁便利店时，这个创意不仅仅是一个新奇的噱头。通过将便利与科技相结合，其"即拿即走"的理念向顾客传递了价值，因为顾客不必浪费时间排队等候，也不必随身携带钱包并使用现金或信用卡支付，只需把手机塞在口袋里。这家便利店位于中心商务区，在想要快速吃早餐、午餐或零食的上班族中很受欢迎。在亚马逊 Go 推出两年后，它扩大了业务范围，提供更多的杂货产品，将门店设置

顾客需求——亚马逊 Go 为那些想要快速吃到食物而不必排队或携带现金、信用卡付款的办公室员工提供了便利。

于居民区附近。除了面积至少是小型便利店的三倍之外，其概念与小型便利店相似，但与顾客的住处距离更近，还提供更多人们想要购买的杂货产品种类。

　　提供最快的运输、最丰富的产品种类和最多的服务也许是不可能或不可行的。企业及其渠道成员可能不具备所需的资源或技能来提供所有顾客需要的服务。此外，提供更高水平的服务会导致渠道成本增加，使顾客面对的产品价格上涨。企业必须不仅要权衡顾客需求的可行性和成本，还要考虑顾客的价格偏好。折扣零售商的成功表明，顾客往往愿意为较低的价格水平而接受较低的服务水平。

设定渠道目标

企业应该根据顾客服务的期望水平来设定营销渠道目标。通常，企业会确定几个需要不同服务水平的细分市场。企业要决定为哪些细分市场服务，以及使用什么渠道来服务这些细分市场是最优的。在每个细分市场中，企业都希望将满足顾客服务需求的整体渠道成本最小化。

企业的渠道目标还受到企业的性质、产品、营销中间商、竞争对手和环境的影响。例如，企业的规模和财务状况决定了企业可以执行哪些营销职能，哪些必须让渡给中间商。销售易腐产品的企业可能需要更多的直接营销方式，以避免时间耽搁和过多的中间交易。

在某些情况下，一家企业可能希望和竞争对手在同一个门店内或较为接近的区域内竞争；在其他情况下，生产商可能会避开和竞争对手使用相同的渠道。例如，玫琳凯化妆品公司（Mary Kay Cosmetics）通过全球 100 多万名独立美容顾问直接向顾客销售产品，而不是与其他化妆品公司在零售商店争夺稀缺空间。要购买谷歌的 Pixel 手机，你可以在谷歌、亚马逊、Shopee 或 Qoo10 网站上购买，而不需去实体店。

经济状况、法律约束等方面的环境因素也会影响渠道目标和设计。例如，在经济萧条时期，生产商希望以最经济的方式分销产品，因此缩短渠道、削减不必要的服务以降低最终的产品价格。

识别主要渠道方案

当企业确定渠道目标之后，接下来它要根据中间商的类型、中间商的数量和每个渠道成员的责任来确定其主要的渠道选择方案。

中间商类型

企业应该识别出可供选择的能够承担渠道任务的渠道成员的类型。大多数企业面临着很多渠道成员选项。例如，戴尔最初通过其复杂的电话和在线营销渠道向最终消费者和企业购买者直接销售产品，它还通过其直销人员向大型企业、机构和政府购买者直接销售。然而，为了吸引更多的消费者，同时与三星、苹果和惠普等竞争对手抗衡，戴尔如今通过零售商进行间接销售，它还通过增值经销商以及独立的分销商和经销商间接销售产品，这些中间商针对中小型企业的特殊需求定制开发计算机系统和应用程序。

在一个渠道中使用多种类型的经销商既有好处也有缺点。例如，除了自有的直接渠道，戴尔还通过零售商和增值经销商进行销售，因此可以触达更多和不同类型的购买者。但是，这些经销商更难管理和控制。此外，直接渠道和间接渠道相互竞争、争夺相同的顾客，从而导致了潜在的冲突。事实上，戴尔经常发现自己"被夹在中间"，其直销代表抱怨来自零售商店的竞争，而其增值经销商则抱怨直销代表在削弱自己的业务。

营销中间商数量

企业必须决定每个渠道层级的渠道成员数量。有三种战略可以选择：密集分销、独家分销和选择分销。

- 密集分销（intensive distribution）是指生产者在尽可能多的销售点储存产品。通常，这些产品都是便利品和常见的原材料。这些产品必须能在消费者需要的时间和地点出现。例如，牙膏、糖果及其他类似产品在数以百万计的门店销售，以提供最大化的品牌覆盖和消费者便利。卡夫（Kraft）、可口可乐（Coca - Cola）、联合利华（Unilever）及其他消费品公司都采用这种方式分销产品。
- 独家分销（exclusive distribution）是指生产商只授予数量有限的经销商在其经销区域内独家分销产品的权利。豪华汽车和名牌女装经常使用独家分销。例如，宾利汽车的经销商少之又少，大城市可能只有一家经销商。通过授予独家分销权，宾利获得了更强的经销商销售支持，而且在经销商的定价、促销、信贷和服务方面拥有更大的控制权。独家分销同时还提升了汽车的形象，并保证了更高的利润。
- 选择分销（selective distribution）是指生产商使用不止一个但不是全部的愿意销售企业产品的中间商。通过选择分销，企业可以与选定的渠道成员发展良好的合作关系，并期待渠道成员付出高于平均水平的销售努力。与密集分销相比，选择分销使生产商在拥有更多控制权和更低成本的情况下，获得了较好的市场覆盖。

渠道成员的责任

生产商和中间商需要就每个渠道成员的权利和责任达成一致，它们应该在价格政策、销售条件、区域权利以及各方应该提供的具体服务等方面达成一致。生产商应该为中间商制定一个价目表和一套清晰的折扣组合，还必须确定每个渠道成员的销售区域，并且应该谨慎地安排新经销商的区域。

对于各方的服务和责任，必须仔细地加以界定，尤其是在特许经销和独家分销渠道中。例如，麦当劳为特许经销商提供促销支持、数据记录系统、在汉堡大学的培训以及一般性的管理协助。反过来，特许经销商必须满足麦当劳的物理设施标准、配合新的促销活动、提供麦当劳所需的信息以及购买指定的食品材料。

评估主要渠道方案

每个渠道方案都应该根据经济性、控制性和适应性三个标准进行评估。使用经济性标准，企业比较不同渠道方案可能的销售量、成本和盈利能力。每一种渠道方案需要多少投资？分别会带来怎样的回报？企业还必须要考虑控制的问题，使用中间商通常意味着要给予它们对产品营销的一些控制权，而一些中间商会比其他中间商要求更多的控制权。最后，企业还必须应用适应性标准。渠道决策通常涉及长期承诺，但企业希望能够保持渠道的灵活性，以适应环境的变化。因此，涉及长期承诺的渠道应该在经济性和控制性方面十分优越。

PRINCIPLES OF MARKETING 营销的原则（原书第5版）

设计国际分销渠道

国际营销人员在设计渠道时面临更多复杂性。每个国家都有独特的分销系统，这些系统经过相当长时间的演进且变化非常缓慢。国家与国家之间的渠道系统往往大不相同。因此，全球营销人员通常必须根据每个国家现有的系统调整自己的渠道战略。

在某些市场中，分销系统由许多层级和大量中间商组成，复杂且难以渗透。以日本为例：

日本的分销系统——日本的分销系统起源于 17 世纪初，当时，日本家庭手工业的发展和城市人口的快速增长催生出了新兴的商人阶层。尽管日本的经济取得了长足进步，但其分销系统仍然固守着旧有的模式。它包括大量批发商和其他代理商、经纪

日本的分销系统——日本零售业传统盛行，存在大量的小型零售商店，大量的小型批发商为其供货。

人与零售商，与美国的分销系统相比，更多的差异在于渠道成员的数量而非功能。日本有无数的小型零售商店，很多批发商为其供货。这样层层累加，大多数美国高管都会认为这么大的数量是不必要的。例如，一块肥皂在离开生产商、到达零售店之前，可能要经过三个批发商再加上一个销售企业。这种分销系统反映出很多日本企业之间更为紧密的联系。这种系统更加强调人际关系。虽然这些渠道看上去低效且烦琐，但它们似乎很好地服务了日本顾客。由于小户型缺乏存储空间，大多数日本家庭主妇每周要采购多次，更偏好便利和更为个性化的社区商店。

同样，印度的分销系统也很难驾驭。大型折扣商店、百货商场和超市零售商只在巨大的印度市场中占据一小部分。大多数购物都是在被称为吉拉那（kirana）的小型社区商店进行的，这些商店由店主经营，提供个人服务和信贷，因此很受欢迎。印度复杂的政府法规和落后的基础设施也给非印度企业进入印度市场带来了很大挑战。

在其他市场，很多发展中国家的分销系统都是分散且效率低下的，或者根本没有分销系统。例如，中国的农村市场高度分散，由许多不同的子市场组成，每个子市场都有自己的亚文化。此外，由于分销系统不完善，大多数企业只能从居住在中国富裕城市的人口中获利，而这些人口只占中国庞大人口的一小部分。中国的分销系统极为分散，使得包装、捆绑、装载、卸载、分类、重新装载和运输货物的物流成本在中国的 GDP 中占相当大一部分。就连沃尔玛的高管也承认，尽管经过了多年的努力，该公司仍然未能在中国建立起一条高效的供应链。

有时，风俗习惯或政府管制等当地环境能够极大地制约企业在全球市场选择分销产品的方式。以零售中的文化差异为例。在中国的主要城市，你能看到很多沃尔玛、家乐福、乐购及其他零售超市。但是，在西方市场的这些超市，消费品品牌的销售主要依靠自助服务，而在中国，品牌会雇佣大批身穿制服的店内促销人员。"中国消费者通过媒体知道品牌，"一家中国零售营销服务公司的主管说，"但他们想在购买之前感受产品，从而获得对产品的详细了解。"政府管制的一个例子是过去禁止上门推销，以遏制多层级营销项目的增长。这一禁令迫使雅芳放弃了传统的直接营销方式。

因此，国际营销人员面临着广泛的渠道选择。在不同的国家之间和国家内部设计高效和有效的渠道系统对营销人员来说是一项艰巨的挑战。

渠道管理决策

一旦企业经过评估，确定了最佳的渠道设计方案，它就必须实施和管理所选择的渠道。渠道管理包括选择、管理和激励渠道成员，并随着时间的推移对其表现进行评估（见图12-6）。

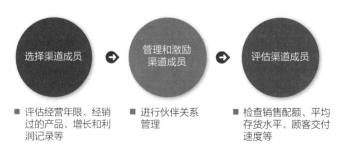

选择渠道成员 ➡ 管理和激励渠道成员 ➡ 评估渠道成员

■ 评估经营年限、经销过的产品、增长和利润记录等 ■ 进行伙伴关系管理 ■ 检查销售配额、平均存货水平、顾客交付速度等

图12-6 渠道管理决策

选择渠道成员

生产商在吸引合格的中间商方面的能力各不相同。一些生产商很容易找到渠道成员进行合作。例如，当丰田首次在美国市场推出雷克萨斯系列车型时，毫不费力地找到了新的经销商。一些生产商可能不得不费尽心思去寻找足够多的合格中间商。

即使是资深品牌也可能难以获得和维持理想的分销渠道，尤其是在与强大的经销商打交道时。例

选择渠道——即使是资深品牌也可能难以获得理想的渠道。例如，亚马逊拒绝销售很多谷歌和 Nest 品牌的产品。

如，亚马逊拒绝销售谷歌的 Nest 智能家居系列产品和谷歌家庭语音助手音箱，称这些产品与亚马逊自己的 Amazon Echo、Ring 及其他产品存在竞争。同时，谷歌已经将其 YouTube 从亚马逊的 FireTV 和 Echo show/Spot 流媒体产品中下架了。这两家数字巨头之间的争斗使两家公司都失去了重要的分销机会，同时也给它们共同的顾客带来了不便。

在选择中间商时，企业应该决定使用哪些特征来区分出更好的那些。企业将会评估每个渠道成员的经营年限、经销过的产品、位置、增长和利润记录、合作性、声誉等。

管理和激励渠道成员

一旦选定了渠道成员，企业就必须对它们进行持续的管理和激励，使它们做到最好。一些企业采用强大的合作伙伴关系管理（PRM）来建立与渠道成员的长期合作伙伴关系，从而创造一个同时满足企业及其营销合作伙伴需求的营销系统。

伙伴关系建立——微软 Azure 的优势是与合作伙伴建立密切关系，以为其开发定制化解决方案的能力。

在管理渠道的过程中，企业必须使供应商和分销商相信，通过作为一个有凝聚力的价值传递系统的一部分进行合作，可以获得更大的成功。企业必须与渠道中的其他成员密切合作，以找到更好的方式为顾客创造价值。例如，微软 Azure 云计算服务部门的日益成功源于其独特的合作伙伴关系构建能力。一位顾客说，微软是"最好的伙伴"。与 Amazon Web Service 的云产品（易于使用，但采用"自助服务"的方式，一些人可能讨厌这种方式）不同，Azure 的最大优势在于其建立合作伙伴关系的能力。云服务的顾客越来越多地偏好能帮助自己定制和管理云解决方案的供应商合作伙伴。在与顾客合作方面，没有人能打败微软。欧莱雅、宝洁等其他企业与其供应商和分销商网络合作，以获得竞争优势（见营销实践 12.2）。

另一个例子是汽车制造商丰田。它与庞大的供应商网络建立了有益的关系，以共同获得竞争优势：

丰田（**Toyota**）——令人满意的供应商关系一直是丰田取得惊人成功的基石。从历史来看，丰田在美国的竞争者经常因自私、粗暴的交易而疏远供应商。相比之下，丰田与供应商合作而非欺负它们，并帮助供应商满足其高期望。丰田了解供应商的业务，开展共同进步活动，帮助供应商培训员工，提供日常绩效反馈，并积极解决供应商关注的问题。它甚至为表现最佳的供应商颁发年度绩效奖。因此，在过去的 18 年中，丰田有 16 年在北美汽车供应商工作关系指数研究中获得了最高的供应商关系评分。该研究在供应商财务往来、尊重和公平对待供应商、开放和诚实的沟通、提供盈利机会等方面对企业进行评分。这项研究表明，丰田的供应商认为自己是这家汽车巨头真正的合作伙伴。创造满意的供应商有助于丰田生产成本更低、质量更高的汽车，进而使顾客更满意。正如丰田在其供应商网站上所说："并非各个供应商所做的每一件事都容易被看到……但它们所做的一切都体现在每辆丰田汽车上。"

现在很多企业使用了集成高科技的合作伙伴关系管理（PRM）系统来协调整个渠道的营销工作。就像使用顾客关系管理（CRM）软件系统来管理重要的顾客关系一样，企业使用 PRM 和供应链管理软件来招聘、培训、组织、管理、激励和评估其与渠道合作伙伴的关系。

营销实践 12.2

与渠道伙伴合作为顾客创造价值

成功的企业知道它们不能单打独斗来为顾客创造价值。相反，它们必须创建由供应商、生产商和分销商组成的有效的价值传递系统，共同努力完成工作。与供应商和分销商合作可以产生巨大的竞争优势。请看以下这些例子。

欧莱雅

欧莱雅是全球最大的化妆品制造商，旗下拥有美宝莲（Maybelline）、科颜氏（Kiehl's）、兰蔻（Lancôme）、列德肯（Redken）等全球品牌。与丰田一样，欧莱雅广泛的供应商网络是其成功的关键，其供应商网络提供一切所需，从聚合物和油脂到喷雾罐和包装，再到生产设备和办公用品。

因此，欧莱雅将供应商视为其尊敬的合作伙伴。一方面，它对供应商在设计、创新、质量和社会责任行为方面拥有很高的期望，会仔细筛选新的供应商，并定期评估现有供应商的表现。另一方面，欧莱雅与供应商密切合作，帮助它们达到严格的标准。有些企业对供应商提出不合理的要求，并为了短期利益而"压榨"它们，而欧莱雅则是在互惠互利和共同成长的基础上建立长期的供应商关系。

欧莱雅的供应商网站显示，该公司对待供应商的态度是"对它们的业务、文化、发展和在那里工作的个体给予最基本的尊重"。每一个关系都建立在"对话和共同努力"的基础上。欧莱雅不仅寻求帮助供应商满足自己的期望，还通过创新和提升竞争力的机会为它们的发展做出贡献。因此，在欧莱雅的供应商合作伙伴中，超过75%已经与其合作了10年或更长时间，其中大多数已经合作了几十年。一位高级采购主管说："首席执行官想要把欧莱雅打造成业绩最好的公司，同时也是世界上最受尊敬的公司之一。"

PRINCIPLES OF MARKETING 营销的原则（原书第5版）

亚马逊和宝洁

在美国，亚马逊和宝洁合作建立了一个更简单、成本更低的分销网络。在以前，它们使用的是迂回的配送路线。例如，在 A 地生产的宝洁产品先被卡车运至 B 地的仓库，在那里卸下并与其他地方生产的宝洁产品一起重新包装，然后被运往 C 地的亚马逊物流中心，在物流中心被卸下并存放，最后由亚马逊员工取货并打包，通过联邦快递或其他快递公司运送给顾客。

现在，宝洁的员工不再需要在一个仓库将成批的宝洁产品进行重新装载，再把它们运到亚马逊的物流中心，而只需直接把货物运到自己仓库里的一个单独区域，该区域由亚马逊管理。在那里，亚马逊的员工将产品打包、贴上标签，然后直接运送给在线订购的顾客。亚马逊将这个项目称为 Vendor Flex。

渠道伙伴关系——基于亚马逊的 Vendor Flex 项目，宝洁和亚马逊共享仓库设施，在分销和配送方面为双方创造了优势。

通过在同一地点运营，Vendor Flex 项目为双方创造了优势。对于亚马逊来说，Vendor Flex 降低了在自己的配送中心存储大件商品的成本，并为更多高利润率的商品腾出了空间。这项共享协议使亚马逊能够在不增加配送中心空间的情况下增加可供销售的消费品。例如，宝洁仓库还存储了其他受欢迎的宝洁家居品牌，包括吉列剃须刀、潘婷洗发水等。将商品放置于源头能够确保亚马逊的时效性，并促使宝洁快速交付产品给顾客。

宝洁也受益于 Vendor Flex 项目。通过削减到亚马逊物流中心的运输成本，宝洁节省了资金，这反过来又使其可以向亚马逊收取更具竞争力的价格。尽管宝洁在店内品牌营销方面做得很出色，但它在线上销售方面还是个新手，而在线销售是该公司目前的首要任务之一。通过与亚马逊更紧密的合作，宝洁在将其品牌转向线上方面得以利用亚马逊的专长。

来源：Alex Short, "Amazon and P&G Blow Business Collaboration Wide Open!" *Vizbl*, 21 July 2015, blog. vizbl. co; Serena Ng, "Soap Opera: Amazon Moves In with P&G," *Wall Street Journal*, 15 October 2013, p. A1; Jeffery K. Liker and Tomas Y. Choi, "Building Deep Supplier Relationships," *Harvard Business Review*, 2004, pp.104 – 113.

评估渠道成员

企业必须定期根据销售配额、平均库存水平、顾客交付速度、损毁和丢失产品的处理、对企业促销和培训项目的配合以及顾客服务等标准对渠道成员的表现进行检查。企业应该认可和奖励那些表现良好并为顾客增加价值的中间商；对于表现不佳者，企业应该给予帮助，或者在其实在无法改善的情况下将其替换掉。一家企业可能会定期对其中间商进行"重新认证"，并淘汰实力较弱的中间商。生产商需要对经销商保持敏感。那些不善待经销商的企业不仅会失去经销商的支持，还会引发一些法律问题。例如，美国手袋和配饰品牌 Kate Spade 在中国香港和新加坡都有精品店。不过，它还有一个在线网站，允许中国香港人和新加坡人以低于其亚洲精品店的价格购买商品。这导致了经销商在销售方面的损失。Kate Spade 已经停止为中国香港和新加坡顾客提供网上购物服务，以保护其精品店的销售。

下面我们将讨论与制造商及其渠道成员相关的各种权利和责任。

公共政策与分销决策

在大多数情况下，企业在法律许可范围内可以自由地做出任何适合自己的渠道安排。许多生产商和批发商喜欢为自己的产品开发独家渠道。在假冒品牌普遍存在的亚洲，使用独家分销商使企业能够更好地在市场上控制自己的产品。当生产商仅允许特定的门店销售其产品时，其战略称为独家分销（见图 12-7）。当生产商要求这些经销商不同时销售竞争对手的产品时，其战略称为独家经销。双方都可以从独家经销的安排中获益：生产商获得了更忠诚和更可靠的销售门店，经销商获得了稳定的货源和更有力的生产商支持。但这种独家的安排也阻止了其他生产商向这些经销商销售产品。

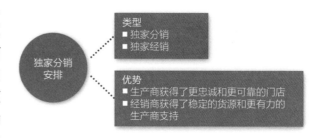

图 12-7　独家分销安排——类型和优势

独家经销通常包括独家经销地域协议。生产商同意在特定区域内不会授权给其他经销商，或者经销商承诺只在自己的地域范围内销售。第一种做法在特许经营体系中很常见，用于提高经销商的热情和承诺。第二种做法是生产商试图阻止经销商在指定区域之外销售，是一个主要的法律条款。

拥有强势品牌的生产商有时会将品牌出售给经销商，前提是经销商愿意购买该品牌的部分或全部产品，这种做法被称为全线强制销售。这种捆绑协议不一定是违法的，但会大大减少竞争。这种做法可能会阻碍消费者在其他品牌的供应商中进行自由选择。

最后，生产商虽然可以自由选择经销商，但其终止经销商合作的权利会受到一定限制。一般来说，生产商可以"有理由"地解除经销合同。但是，如果是因为经销商拒绝就可能违法的安排合作，比如独家经销或捆绑协议，这时生产商就不能解除经销合同。

营销物流与供应链管理

在全球市场中，销售产品有时比向顾客交付产品更容易。企业必须决定存储、处理、运输产品和服务的最佳方式，以便在恰当的时间和恰当的地点将恰当的产品提供给顾客。实体分销和物流效率对顾客满意度和企业成本都有重大影响。接下来我们讨论供应链中物流管理的性质和重要性、物流系统的目标、主要物流功能以及整合供应链管理的必要性。

营销物流的性质和重要性

营销物流（marketing logistics），也称**实体分销（physical distribution）**，包括计划、实施和控制产品、服务和相关信息从原产地到消费地点的实物流动，从而满足顾客的需求并获得利润。简而言之，就是在正确的时间、正确的地点将正确的产品提供给正确的顾客。

营销物流始于市场，回溯到工厂，甚至是供应商。营销物流不仅包括出货分销（将产品从工厂运送到经销商，最终再到顾客），还包括进货分销（将产品和原材料从供应商运送到工厂）和逆向分销（将消费者或经销商退回的破损、不想要或者多余的产品运送到工厂）。也就是说，营销物流涉及整个**供应链管理（supply chain management）**，即管理原材料、最终产品以及供应商、企业、零售商、顾客之间的相关信息在上游和下游之间的增值流动，如图 12 - 8 所示。

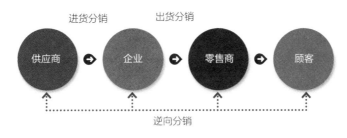

图 12-8　供应链管理

物流经理的任务是协调供应商、采购代理、营销人员、渠道成员和顾客之间的活动。这些活动包括预测、信息系统、采购、生产计划、订单处理、库存、仓储和运输计划。

如今的企业越来越重视物流，原因如下：

■ 通过改善物流，企业可以为顾客提供更好的服务或更低的价格，从而获得强大的竞争优势。

■ 先进的物流可以为企业和顾客节省大量成本。一件产品的平均价格中，运输费用要占20%。

- 产品种类的激增创造了对改善物流管理的需求。一个大型超市可以销售超过 10 万种产品，其中 3 万种都是杂货产品。订购、运输、库存和控制这些产品对物流管理而言是相当大的挑战。
- 信息技术的进步为大幅度提高分销效率创造了机会。企业正在使用复杂的供应链管理软件、基于互联网的物流系统、POS 扫描机、RFID 标签、卫星跟踪以及订单和支付数据的电子传输，这些技术使企业能够快速有效地管理供应链中的产品、信息和资金流动。
- 物流影响环境和企业为环境可持续性所做的努力。运输、仓储、包装和其他物流功能通常是企业环境足迹的最大供应链贡献者。因此，很多企业都在发展绿色供应链。

可持续供应链

企业有很多理由减少其供应链对环境的影响。首先，如果企业不自愿"变绿"，世界各地颁布的一系列可持续发展法规很快就会要求它们这么做。其次，企业的许多大客户——从沃尔玛和耐克到世界各地的政府，都要求它们这样做。就连消费者也提出了要求：根据一项调查，73% 的千禧一代愿意花更多的钱购买可持续产品。因此，环境可持续性已成为供应商选择和绩效评价的重要因素。但也许比必须这样做更重要的是，设计可持续供应链是一件正确的事情，这是企业为子孙后代做出贡献的一种方式。

企业还有一个更直接、更实际的理由来将其供应链"变绿"。可持续渠道不仅有利于世界，也有利于企业获利。创造了最大环境足迹的物流活动，如运输、仓储和包装，也占物流成本的很大一部分。企业通过提高效率来实现供应链的绿色化，而更高的效率意味着更低的成本和更高的利润。换句话说，发展可持续供应链不仅对环境负责，也是有利可图的。以李维斯公司为例：

绿色供应链——李维斯的节水创新对地球、消费者和企业营利都有好处。

李维斯（Levi Strauss）——在李维斯牛仔裤生产过程中的每一步，水都是必不可少的。制造一条李维斯牛仔裤要消耗 3781 升水——大约相当于一个美国家庭三天的用水量。为了节约用水，李维斯推出了一系列节水（water ＜ less）创新技术，仅在牛仔布整理工艺上就节省了高达 96% 的用水量。到目前为止，节水创新已经节省了超过 20 亿升水。节水不仅对地球有益，也为李维斯公司节省了 160 多万美元的成本。负责可持续发展的李维斯副总裁说："可持续发展实际上应该降低成本，因为根据定义，如果你更可持续，你消耗的资源就更少，这意味着你的投入成本更低。"然而，除了生产过程，一条牛仔裤对环境的最大影响发生在购买后的护理过程中。因此，为了节约更多水，李维斯专门推出了一款不需要机洗的节水牛仔裤。

该公司告诉消费者，减少洗牛仔裤的频率，用冷水洗，然后悬挂晾干，这样可以将一条牛仔裤在整个生命周期内对气候变化的影响减少50%。这一做法仍然对消费者和李维斯双方都有利。这位高管表示："一个先进品牌的名声也帮助李维斯度过了艰难的经营时期。毕竟，消费者喜欢可持续发展的企业。"

物流系统的目标

营销物流的目标是以最低的成本为顾客提供目标水平的服务。企业必须首先研究各种分销服务对顾客的重要性，然后为每个细分市场设定服务水平，目标是利润最大化，而不是销售额最大化。因此，企业必须权衡提供更高水平服务的收益和成本。更普遍的是，一些企业提供的服务比竞争者少，收取的价格也更低。其他企业则提供更多的服务，同时收取更高的价格，以弥补更高的成本。

主要物流功能

确定物流的目标之后，企业就会设计一个物流系统，以最小的成本实现这些目标。主要的物流功能包括仓储、库存管理、运输和物流信息管理（见图12-9）。

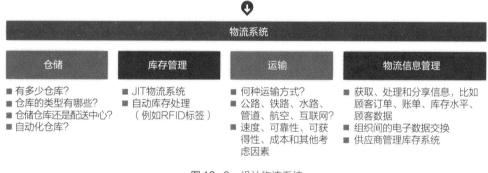

图12-9 设计物流系统

仓储

生产和消费周期很少匹配，所以大多数企业都将有形产品储存起来等待销售。例如，学生用书和服装的生产工厂全年都在运转，并将产品储存起来等待学校开学季集中销售。仓储功能弥补了购销双方在数量和时间上的差异，确保了顾客在需要时能够买到产品。

企业必须决定需要多少仓库、需要什么类型的仓库以及仓库的位置。企业可以使用仓储仓库或配送中心。仓储仓库用来长时间储存产品。**配送中心（distribution centers）**的设计目的是运输产品，而不仅仅是储存产品。这些大型、高度自动化的仓库旨在接收来自不同工厂和供应商的产品，接受订单并有效地完成它们，然后尽快将产品交付给顾客。

一些制造商在使用仓库的方式上非常创新，如下面的例子所示：

优衣库（UNIQLO）——优衣库在东京的旗舰仓库几乎是全自动的。它与一家日本初创企业合作，在仓库安装了双臂工业机器人。这些机器人可以完成一些以前只能由人完成的任务，它们不仅能拿起 T 恤衫，还能把 T 恤衫折叠起来放进盒子里，然后寄给订购 T 恤衫的顾客。由于日本人口迅速老龄化，劳动力供应短缺，优衣库将仓库自动化视为解决短缺和降低成本的一种方式。

库存管理

库存管理也会影响顾客满意度。管理人员必须在库存过少和库存过多之间保持微妙的平衡。如果库存太少，当顾客想购买时，企业有可能无货可卖。为了解决这个问题，企业可能需要花费很多成本来组织紧急生产或运输。持有过多的库存则会导致较高的库存持有成本和存货过时。因此，在管理库存时，企业必须权衡持有大量库存的成本与由此产生的销售和利润。

许多企业通过准时制（just-in-time，JIT）物流系统大大降低了库存和相关成本。在这种系统下，生产商和零售商只持有少量的零件或商品库存，通常只够维持几天的运营。举例来说，JIT 生产大师戴尔（Dell）的库存水平只有 2~3 天，而竞争对手可能会有 40 天甚至 60 天的库存水平。新的存货会在需要的时候正好送达，而不是被储存在库房中等待使用。准时制系统需要准确的预测以及快速、频繁和灵活的交付，以便在需要时可以获得新的供给。同时，这样的系统也大大节省了库存持有和处理成本。

营销人员总是在寻找新的方法来提高库存管理的效率，库存处理将很快实现全自动化。例如，可以应用内嵌或贴在产品或包装上的 RFID 或"智能标签"技术。"智能"产品可以使整个供应链——占产品成本的近 75%，智能化和自动化。

使用 RFID 的企业可以随时准确地知道某个产品在供应链中的物理位置。"智能货架"不仅能告诉企业何时追加订购，还能自动向供应商发出订单。这些令人兴奋的新信息技术应用将使彻底改变我们所知道的分销方式。

运输

承运方式的选择会影响产品的定价、货物交付效率和货物到达时的状态，这些都会影响顾客满意度。在将产品送往仓库、经销商和顾客的过程中，企业可以从 5 种主要的运输方式中进行选择：公路、铁路、水路、管道和航空，以及数字产品的选择——互联网。

公路运输路线和时间安排上非常灵活，通常比铁路运输更加快捷。对于高价值商品的短途运输，公路运输是最有效的。更先进的承运商提供卫星跟踪、24 小时货运信息、物流规划软件和加快跨境运输操作的"边境大使"。麦肯锡公司观察到，在中国，通过公路运输的货物比通过铁路运输的货物遭受损坏的可能性低三倍。大部分损坏发生在两端的搬运过程中，即货物在货车和铁路车厢之间转移时。

　　总的来说，铁路是亚洲最传统、最可靠的运输方式。对于远距离大量运送的散装产品，如煤炭、沙石、矿产和农林产品，铁路是最具成本效益的运输方式之一。通过设计新的设备来处理特殊类别的产品，提供平板车以通过铁路运输拖车（背驮式），以及提供中转服务，例如将运输的货物转移到途中的其他目的地和中途对货物进行处理，铁路大大提升了其顾客服务。

运输——在将产品送往仓库、经销商和顾客处的过程中，企业可以选择多种运输方式，包括公路、铁路、水路、管道和航空。如今的大部分运输都需要使用多种方式。

　　水路运输方式通过货轮和驳船在海洋和内河航道上运输大量货物。尽管对于体积大、价值低、不易腐烂的产品，如沙石、煤炭、粮食、石油和金属矿产来说，水路运输的成本非常低，但水路运输是速度最慢的方式，并且很容易受到天气的影响。

　　管道运输是将石油、天然气和化学品等从产地运往市场的一种专门手段。大多数管道的所有者都只运输自己的产品。

　　由于费用高昂，航空运输是使用率最低的运输方式。但是，当产品需要快速送达或市场距离较远时，航空运输是最理想的选择。使用航空运输最频繁的产品是容易腐烂的产品（鲜鱼、鲜花）和高价值、体积小的产品（技术仪器、珠宝）。企业发现，航空运输可以降低库存水平、包装成本和所需仓库的数量。

　　互联网通过卫星、调制解调器或电话线将数字产品从生产商那里输送给顾客。软件企业、媒体、音像企业和教育机构都在利用互联网来传递数字内容。互联网为降低产品分销成本提供了潜力。飞机、卡车和火车运送的是货物和包裹，而数字技术传递的则是信息。

　　托运方还会使用**复合运输（multimodal transportation）**，即将两种或更多的运输方式结合起来。piggyback 就是用铁路和公路结合的方式，fishyback 是水路和公路相结合，trainship 是水路和铁路，以及 airtruck 是航空和公路。复合运输提供了任何单一模式都无法提供的优势，每一种组合都为托运方提供了优势。例如，铁路和公路相结合的方式不仅比单独使用公路运输成本更低，而且更具灵活性和便利性。

　　在为产品选择运输方式时，托运方必须考虑很多问题：速度、可靠性、可获得性、成本等。例如，如果托运方需要速度，首先应该考虑航空和公路；如果目标是低成本，那么水路或管道运输可能是最好的选择。

物流信息管理

企业通过信息来管理供应链，渠道合作伙伴经常共享信息并共同做出更好的物流决策。从物流的角度来看，顾客订单、账单、库存水平，甚至顾客数据等信息流，都与渠道绩效密切相关。企业想要设计出简单、可访问、快速和精准的流程来获取、处理和共享渠道信息。

共享和管理信息可以通过多种方式：邮件或电话、销售人员或者传统或者基于互联网的电子数据交换（EDI），即组织之间通过计算机交换数据。例如，沃尔玛通过其Retail Link销售数据系统与几乎所有10万家供应商保持EDI连接。如果新供应商没有所需的EDI能力，沃尔玛将与他们合作找到并应用所需的工具。

在某些情况下，供应商可能会被要求生成订单并安排交付。许多大型零售商与其主要供应商密切合作，建立供应商管理库存（VMI）系统或持续库存补充系统。通过VMI，顾客与供应商共享销售和当前库存水平的实时数据。然后，供应商承担起管理库存和交付的全部责任。这些系统要求买卖双方之间紧密合作。

整合物流管理

如今，越来越多的企业接受了**整合物流管理（integrated logistics management）** 的概念。这一概念表明，提供更好的顾客服务和削减分销成本需要企业内部和所有营销渠道组织之间的团队合作。在企业内部，各个部门必须通力合作，以使企业自身的物流绩效最大化；在企业外部，企业必须与供应商和顾客一起整合物流系统，以使整个分销系统的绩效达到最优。

企业内部的跨职能团队

在大多数企业中，各种不同的物流活动的责任被分配给不同的部门——营销、销售、财务、运营、采购部门等。通常情况下，每个职能部门都尽力优化自己的物流绩效，而不考虑其他职能部门的活动。然而，运输、库存、仓储和订单处理等活动通常以相反的方式相互影响。降低库存水平会降低库存持有成本，但同时可能会导致顾客服务水平下降，以及因断货、订单退回、特别定制产品、高成本的快速运输等因素导致的其他成本增加。由于分销活动之间很可能此消彼长，因此不同职能部门必须相互协调，才能实现更好的整体物流表现。

整合供应链管理的目标是协调企业所有的物流决策。各部门之间的紧密合作关系可以通过多种方式实现：一些企业成立了常设的物流委员会，由负责不同实体分销活动的经理组成；有的企业设置了专门的供应链经理职位，将不同职能领域的物流活动连接起来。例如，宝洁设置了供应链经理，负责管理每个产品类别的所有供应链活动。很多企业还设置了具有跨职能权力的物流副总裁。企业还可以使用复杂的、用于整个系统的供应链管理软件。最重要的是，企业必须协调物流和营销活动，以合理的成本创造较高的市场满意度。

PRINCIPLES OF MARKETING 营销的原则（原书第5版）

建立物流伙伴关系

企业要做的不仅仅是简单地改善自己的物流情况，它们还必须与其他渠道成员合作来提高整个渠道的分销水平。营销渠道成员紧密联系在一起，创造顾客价值并建立顾客关系。一家企业的分销系统就是另一家企业的供应系统，每个渠道成员的成功都取决于整个供应链的绩效。例如，宜家之所以能创造时尚不贵的家具，并提供"宜家生活方式"，是因为其整个供应链（包括成千上万的商品设计师和供应商、运输企业、仓库和服务提供商）以最高效率和顾客导向合作运营。

聪明的企业协调自己的物流战略，与供应商和顾客建立强有力的合作关系，以改善顾客服务和降低渠道成本。许多企业创建了跨功能、跨企业的团队。例如，宝洁与渠道伙伴密切合作，寻找可以在分销系统中压缩成本的方法。合作不仅有利于宝洁及其分销商，也有利于最终顾客。同样，耐克及很多利用亚洲国家（尤其是中国）生产能力的全球品牌，正在投入大量的管理时间和资金来改进物流系统，以在业务增长的同时保持和增强自己的竞争优势。

第三方物流

多数大企业都喜欢生产和销售自己的产品，但不喜欢相关的物流等繁重工作。它们不喜欢捆绑、装载、卸载、分类、存储、重新装载、运输、清关和追踪供给工厂的需要并将产品送达给顾客。因此，它们将部分或全部物流外包给**第三方物流提供商**[**third-party logistics（3PL）provider**]。像 UPS 业务解决方案、DHL 物流、联邦快递物流这样的企业，能够帮助顾客收紧其迟缓的、冗长的供应链，大幅削减库存，并更加快速和可靠地将产品交付给顾客。

企业出于以下原因使用第三方物流供应商：第一，将产品输送到市场是企业最关心的问题，而这些供应商通常可以更有效、更低成本地做到这一点。第二，外包物流使企业能够更加专注于其核心业务。第三，整合物流企业更加了解日益复杂的物流环境，这一点对试图拓展全球市场覆盖的企业来说尤其有帮助。例如，在中国各地销售产品的企业面临着一系列影响物流的环境挑战，比如寻找陆地运输和包装标准的最佳组合。通过外包物流，企业无须承担因建立自己的系统而产生的成本、延迟和风险，同时还能获得一个完整的中国市场分销系统。

目标回顾

一些企业对分销渠道的关注太少，而另一些企业则利用富有想象力的分销系统来获得竞争优势。一个企业的渠道决策直接影响企业的其他营销决策。管理者必须谨慎做出渠道决策，将今天的需求与明天可能的销售环境结合起来。

目标 1：解释企业为何使用营销渠道并讨论这些渠道的功能。

企业无法单独创造顾客价值，它必须在完整的合作伙伴网络，即价值传递网络中工作才能完成这项任务。单个企业和品牌不具有竞争力，它们所在的整个价值传递网络才具有竞争力。

大多数生产商使用中间商将自己的产品推向市场。它们力图建立一个营销渠道（或分销渠道），即一组相互依赖的组织共同参与供消费者或企业使用或消费的产品或服务的生产过程。通过他们的人脉、经验、专业化和经营规模，中间商通常能够提供企业自己无法实现的东西。

营销渠道发挥着许多关键作用。有些帮助达成交易：收集和发布规划和达成交易所需的信息，开发和传播有关产品的有说服力的沟通材料，进行联络工作（寻找潜在消费者并与其沟通）、匹配（根据消费者的需求塑造和调整产品），以及进入谈判并在价格和其他产品条款方面达成协议以实现产品所有权的转移。还有一些功能帮助实现已达成的交易：提供实体分销（运输和储存产品），融资（获取和使用资金来弥补渠道工作的成本），风险承担（承担开展渠道工作所带来的风险）。

目标 2：讨论渠道成员如何互动以及如何组织完成渠道工作。

当每个成员都承担自己最擅长的工作时，渠道是最有效的。在理想情况下，由于个体渠道成员的成功取决于整个渠道的成功，所有渠道企业都应该顺畅地合作。它们应该理解和接受自己的角色，协调各自的目标和活动，并合作实现渠道的总体目标。通过合作，它们可以更有效地感知、服务和满足目标市场。

在大企业里，正式的组织结构将分配角色并设置相应的领导，但是在由独立企业组成的分销渠道中，领导和权力都不是被正式确立的。传统上，分销渠道缺乏分配角色和管理冲突所需的领导。然而近年来出现了新型的渠道组织，它们提供了更强有力的领导和更高的绩效。

目标 3：识别企业可以选用的主要渠道方案。

渠道方案包括直接销售和使用一个、两个、三个或更多的中间渠道层级。营销渠道面临着持续的，有时甚至是戏剧性的变化。三个最重要的发展趋势分别是：垂直营销系统、水平营销系统和多渠道营销系统。这些趋势影响着渠道的合作、冲突和竞争。

渠道设计始于评估消费者对渠道服务的需求以及企业渠道的目标和限制，然后企业根据中间商的类型、中间商的数量和每个中间商的渠道责任来识别主要的渠道方案。企业要使用经济性、控制性和适应性标准对每个渠道方案进行评估。渠道管理要求选择合格的中间商并对它们进行激励，同时需要定期对个体渠道成员进行评估。

目标 4：解释企业如何选择、激励和评估渠道成员。

生产商吸引合格营销中间商的能力各不相同。一些生产商很容易找到渠道成员进行合作，还有一些生产商则不得不费尽心思去寻找足够多的合格中间商。在选择中间商的时候，企业应评估每个渠道成员的资格，并选择那些最适合企业渠道目标的中间商。

PRINCIPLES OF MARKETING 营销的原则（原书第5版）

一旦选定了渠道成员，企业就必须不断地激励它们做到最好。企业不仅要通过中间商销售，还要与它们合作。企业应该与渠道成员建立强有力的合作伙伴关系，以创建一个能够满足生产商和合作伙伴双方需求的营销系统。

目标 5：讨论营销物流和整合供应链管理的性质与重要性。

营销物流（或实体分销）是在降低成本和提高顾客满意度方面大有潜力的领域。营销物流不仅涉及出货分销，还包括入货分销和逆向分销。也就是说，营销物流涉及整个供应链管理——管理在供应商、企业、经销商和最终顾客之间增加价值的"流"。任何物流系统都不可能同时最大化顾客服务和最小化分销成本。相反，物流管理的目标应该是以最低的成本提供目标水平的服务。主要的物流功能包括仓储、库存管理、运输和物流信息管理。

整合供应链管理的概念表明，物流的改善需要供应链上的组织实现跨职能团队的密切合作。企业可以通过建立跨职能的物流团队、设置整合供应链经理职位以及具有跨职能权限的高级物流管理人员来实现各职能之间的物流协调。渠道伙伴关系可以采用跨企业团队、共享项目和信息共享系统的形式。如今，一些企业将其物流功能外包给第三方物流（3PL）提供商，以节省成本、提高效率，并更快、更有效地进入全球市场。

第 13 章　零售与批发

目标概览

目标 1　解释零售商在分销渠道中的作用，并描述零售商的主要类型。

目标 2　讨论零售商如何使用全渠道零售来满足当今数字化连接的消费者对跨渠道购物的需求。

目标 3　描述主要的零售商营销决策。

目标 4　讨论零售业的主要趋势和发展。

目标 5　解释批发商的主要类型及其营销决策。

内容导览

在上一章中，我们已经学习了分销渠道设计和管理的基本知识，现在我们将更深入地研究两种主要的中间商渠道：零售和批发。你已经对零售有所了解——你每天都接受各种各样的零售商服务。然而你可能对大批做幕后工作的批发商知之甚少。在本章中，我们将探讨不同类型的零售商和批发商的特点、营销决策以及未来的发展趋势。

首先，让我们先将目光投向 Shopee，看看它作为东南亚首家推出移动应用的电子商务网站是如何与 Lazada 正面交锋的。

Shopee：晚做总比不做好

新加坡电子商务平台 Shopee 由 Forrest Li 于 2015 年创立。它隶属冬海集团（Sea Group，前身为 Garena），以其电脑和手机游戏而闻名。中国科技巨头腾讯是冬海集团的主要股东。Shopee 最初是一个 C2C 市场平台，但现在也运营 B2C 市场，名为 Shopee Mall。Shopee 还将业务成功扩展到了印度尼西亚、马来西亚、菲律宾、泰国、中国台湾、越南和巴西。

rifky naufaldy/Shutterstock

Shopee 进入市场的时间（2015 年）相对较晚，因为 Lazada、Carousell 等其他电子商务网站已经在新加坡运营一段时间了：Lazada 2014 年进入新加坡市场，Carousell 2012 年进入新加坡市场。但 Shopee 认为迟到是福。首席商务官周俊杰表示："晚进入市场的一个好处是你可以看到市场上有什么，趋势是什么，再看看哪些地方你可以做得不同或更好。"

老牌电子商务公司使用网站作为主要平台，而 Shopee 使用的则是另一种已被验证了成功性的平台：移动平台。它是第一家推出移动应用程序的电子商务网站，利用了东南亚的高移动渗透率。Shopee 是一个以社交为先、以移动为中心的市场，为用户提供方便的移动浏览、购物和销售。在这种所谓的后发优势下，90% 以上的交易都在应用程序上完成，使其成为东南亚地区最大的电子商务网站，2020 年的月访问量超过 2.8 亿。

除了是第一家使用与顾客生活方式相关的应用程序的公司外，Shopee 还通过其他方式为顾客提供价值。它通过托管服务 Shopee Guarantee 保障在线购物安全，在顾客收到自己订购的产品之后，才会向卖家付款。

它还具有直播功能——Shopee Live，使卖家可以与顾客互动。在 Shopee Live 上，顾客可以观看自己最喜欢的卖家的直播视频、与他们互动，并就直播中展示的最新产品向他们提问。

"Shopee 是一个以社交为先、以移动为中心的市场，为用户提供方便的移动浏览、购物和销售。"

Shopee 还针对其进入的每个市场定制应用程序，以便顾客更好地理解它所带来的价值。每个市场都有一个独立的应用程序，可以在其中加入针对特定国家的功能，使其对顾客更具吸引力。例如，在泰国和越南，名人代言很受欢迎，是影响购买决策的关键因素，因此 Shopee 出售由名人挑选的商品。在伊斯兰教占主导地位的印度尼西亚，该平台设有一个专区，销售清真产品和服务。

Shopee 已经掌握了顾客的脉搏，它明白"购物娱乐"在亚洲是一个关键的、不断增长的趋势。因此，利用 Garena 在游戏方面的专长，Shopee 将手机游戏和聊天功能结合起来以吸引顾客，让他们沉迷于通过该平台进行购物。

在全球新冠疫情期间，Shopee 随时为顾客提供帮助。最初，顾客购买卫生纸、清洁用品、尿布和婴儿食品。随着居家隔离的实施，人们在家工作，电脑配件和儿童教育玩具的购买量增加了。然而，由于市场在不同时间经历不同时长的管控，因此 Shopee 根据每个国家所处的疫情阶段调整了活动。与宝洁合作，Shopee 错峰推出"Show Me My Home"微网站，该网站根据一个国家所处的疫情阶段，销售对家中不同房间有用的产品。最先销售的是洗手液，然后在对新冠疫情有了更多了解时销售口罩。它还销售不同类型的消毒剂，客厅和卧室需要具有消毒性能的空气清新剂，而在进行大量网上购物、需要处理快递包裹时，则尤其需要清洁消毒剂。

Shopee 也帮助它的商家。Shopee Mall 上的大多数商家都是以前在 Facebook 和 Instagram 上销售产品的小企业。在 Shopee 上销售的好处是能够获得对其在线业务的支持。例如，他们受益于 Shopee 的支付和物流支持，以及其固有的用户群体。

即使是对更成熟的商家，Shopee 也提供大量服务。例如，在与欧莱雅的合作中，Shopee 整合了人工智能和增强现实技术，以增强顾客购买美妆产品的体验。应用程序中加入了 Modiface 的 BeautyCam 和 La Roche-Posay 的 Effaclar Spotscan，使顾客可以通过数字方式尝试不同色调的口红，以及获得皮肤护理建议。

价值不仅存在于 Shopee 的产品及其提供的增强服务中，还存在于对顾客购买商品的可靠交付中。Shopee 与全球 70 多家快递服务提供商合作，以提供可靠的物流支持。在新加坡，其与物流初创公司 Ninja Van 合作，负责取货和送货。在马来西亚和印度尼西亚，它分别与马来西亚邮政和印度尼西亚邮政合作。

Shopee 的故事为我们审视快速变化的零售世界（包括线上和线下）奠定了基础。本章涵盖零售和批发，在第一部分，我们将探讨零售的本质和重要性、实体和非实体零售商的主要类型、零售商如何利用全渠道零售来满足精通数字技术的消费者的需求、零售商做出的决策以及零售的未来趋势；在第二部分，我们将讨论批发。

零售

零售是什么？我们都知道沃尔玛、伊势丹和屈臣氏等是零售商，但 Shopee、淘宝、雅芳、酒店和医生也是零售商。

零售（retailing）包括直接向最终消费者销售产品或服务以供个人而非商业使用的所有活动。许多机构，包括生产商和批发商，都从事零售活动，但大多数零售活动是由**零售商（retailers）**完成的——这些企业的销售主要来自零售。零售在大多数营销渠道中扮演着重要的角色。

零售：连接品牌与消费者

在购买过程的最后阶段和购买点，零售商在将品牌与消费者联系起来方面发挥着重要作用。事实上，许多营销人员正在接受**购物者营销（shopper marketing）**的概念，在整个营销过程中——从产品和品牌开发到物流、促销和销售——将接近销售点的购物者转变为购买者。当然，所有精心设计的营销努力都关注消费者的购买行为。但购物者营销概念的不同之处在于，它建议这些努力应该围绕购物过程本身进行协调。例如，宝洁的购物者营销策略建立其所谓的"第一关键时刻"的基础上，即购物者在商店货架前考虑一件商品的关键 3 ~ 7 秒钟。

然而，随着在线和移动购物的急剧增长，零售业的"关键时刻"不再局限于实体店。相反，谷歌定义了"第零真相时刻"和"微瞬间"，即消费者使用在线或移动设备搜索、了解或购买某样东西时的短暂决策时刻。谷歌的数据显示，消费者在90% 的微瞬间没有考虑过品牌。此外，73% 的消费者根据他们在微瞬间认为最有用的品牌做出购买决策。因此，如今的购物者营销和"购买点"已经远远超出了店内购买的范畴。

新零售模式——*数字技术使人们购物的方式和地点发生了巨大变化。零售商必须采用整合店内、在线和移动购物的全渠道零售。*

不断变化的零售模式

在线和移动技术使人们的购物方式和地点发生了巨大的变化。消费者越来越多地成为全渠道购买者，他们几乎不区分店内购物和在线购物，对他们来说，零售购物的途径跨越了多个渠道。

如今的消费者比以往任何时候都更加"移动优先"，他们在移动设备上开始（以及有时也结束）其购买过程。购买通常包括在网上搜索产品，然后从在线零售商那里购买，而不需要进入零售店。他们甚至可能会在零售店的过道上使用智能手机来研究产品。尽管大多数购买仍然是在实体店进行的，但移动设备产生了很大一部分零售销售。"双十一购物节"和新冠疫情期间在线购物的激增都是移动购物增长趋势加速的例子。

这种购买方式的巨大转变推动了零售行业的剧变。在线购物的增加意味着对实体店和购物中心需求的减少。虽然淘宝、Lazada、Shopee、亚马逊及其他在线商家蓬勃发展，但传统商店零售商却举步维艰。一些分析师甚至将线下零售称为"零售末日"。

考虑到消费者购买方式的巨大变化，零售商必须采用**全渠道零售（omni-channel retailing）**，创造一种整合店内、在线和移动购物的跨渠道体验。因此，为了满足消费者在购物时获取多种渠道的需求，传统商店零售商正在迅速将数字、在线和移动购物纳入运营中。许多只在网上经营的零售商，如阿里巴巴和亚马逊，则正在开设实体店。

我们将在本章后面详细讨论在线和全渠道零售。但由于大多数零售仍然发生在商店里，我们先来讨论各种类型的商店零售商。

商店零售商类型

商店零售商有各种形式和规模，新的类型不断涌现。表13-1描述了主要的商店零售商类型，我们会在后面对其进行讨论。它们可以根据几个特征进行分类，包括它们提供的服务数量、产品线、相对价格以及组织方式。

服务数量

不同的产品需要不同数量的服务，消费者的服务偏好也各不相同。零售商可以提供以下三种水平的服务：自助服务、有限服务和全面服务。

自助服务零售商的服务对象是那些愿意自己"寻找 – 比较 – 选择"以节省成本的消费者。自助服务是所有折扣业务的基础，销售便利品（如 Circle K、罗森、7 - Eleven）和全国性品牌、快消产品（如沃尔玛）的零售商通常使用自助服务。

表13-1　主要商店零售商的类型

类型	描述	例子
专卖店	经营一条较窄的产品线但产品种类繁多的商店，如服装店、体育用品店、家具店、花店、书店等。 服装店是单一产品线商店，女装店是有限产品线商店，女装衬衫店是超级专卖店	佐丹奴（Giordano）、佐丹奴女装
百货商店	经营多条产品线的商店，典型的有服装、家具和家居用品，每条产品线都作为一个独立的部门经营，由专门的采购员或买手管理	崇光百货（Sogo）、暹罗百丽宫（Siam Paragon）、诗家董（Tangs）、美罗百货（Metrojaya）
超级市场	一种相对规模大、低成本、低利润、销量大的自助服务经营方式，旨在满足消费者对于杂货和家居产品的全部需求	西夫韦（Safeway）、惠康（Wellcome）、大润发、华联、Kimisawa 超市、巨人（Giant）
便利店	一种相对较小的商店，位于居民区附近，一周7天、每天长时间营业，以略高的价格经营有限产品线中周转较快的便利品	7 - Eleven、全家、罗森、Circle K、壳牌精选（Shell Select）

类型	描述	例子
超级商店	传统上以满足消费者日常购买食品和非食品的全部需求为目标的大型商店，包括"品类杀手"，即经营特定产品类别中品类繁多的产品，并拥有知识型员工的商店；综合了超级市场和折扣商店的超级购物中心；综合了超级市场、折扣店、仓储零售且占地面积达到 20500 平方米的大卖场	东急（Tokyu）、eBay（品类杀手）、Jual Murah、Big C（超级购物中心）、家乐福（Carrefour）、Pyrca
折扣店	以较低的价格、较低的利润和较高的销售量销售标准商品的商店	沃尔玛、名创优品、大创
廉价零售商	以低于普通价格的批发价购入商品，并以低于零售价的价格出售的商店。通常从生产商或其他零售商处以低价购入剩余的、过剩的和残次的产品，包括生产商自己拥有和经营的工厂直销店、由企业家或大型零售公司经营的独立折扣零售商、以高折扣向支付会员费的消费者出售有限的品牌杂货、电器、服装和其他商品的仓储（或批发）俱乐部	Esprit 卖场、Dickson 仓储（工厂直销店）、崇光百货俱乐部（独立廉价零售商）、GrandMart、Metro Asia（仓储俱乐部）

　　有限服务零售商，如美体小铺（The Body Shop），提供一些销售帮助，因为它们出售消费者需要相关信息的产品。因此而增加的运营成本也导致了更高的价格。

　　在提供全面服务的零售商，如专卖店和一流的百货公司，销售人员在消费者购物过程的每一个环节都提供帮助。提供全面服务的商店通常有更多的特色商品，消费者愿意被"伺候"。这些商店提供更多的服务，从而导致了更高的运营成本，这些成本以更高的价格转嫁给消费者。在亚洲，提供全面服务的零售商包括中国香港的连卡佛、日本的三越（Mitsukoshi）和高岛屋（Takashimaya），以及泰国曼谷的暹罗百丽宫百货商店（Siam Paragon Department Store）。

产品线

　　零售商也可以根据其销售的产品范围进行分类。一些零售商，比如**专卖店（specialty store）**，产品线狭窄，但品种繁多。如今，专卖店蓬勃发展。市场细分、市场定位和产品专业化被越来越多地使用，导致对专注于特定产品和细分市场的商店需求越来越大。只要看看中国香港旺角的运动用品店或者日本东京 Kappabashi 的厨具商店就知道了。

　　相比之下，**百货商店（department store）**经营很宽的产品线。近年来，百货商店增加了促销定价，以应对效率更高、价格更低的折扣店的威胁。另一些百货商店开始使用自有品牌和单一品牌"设计师店"，以此与专卖店竞争。还有一些百货商店正在尝试邮件订购、电话和在线销售。服务仍然是关键的差异化因素。崇光、三越、连卡佛、高岛屋、德本汉姆（Debenhams）等高端百货商店因强调高质量的服务而收获良好业绩。

　　超级市场（supermarket）是最常见的零售商店类型。然而，由于人口增长放缓，以及来自折扣食品店、超级购物中心以及高档特色食品店的竞争加剧，超级市场销售增长缓慢。同时，外出就餐的快速增长也对超级市场造成了严重冲击。在中国香港等几个亚洲城市，超级市场和百货商店超市部门的销售业绩一直低迷。

与百货商店一样，超级市场也面临着来自 Shopee 及其他在线购物选择的竞争，比如 Blue Apron、HelloFresh 等外卖服务。

在争夺"胃占有率"的战斗中，一些超级市场正在向高端转型，改善商店环境，提供高质量的食品，如美味熟食、天然有机食品、新鲜海鲜等，以此来应对竞争。还有一些企业增加了在线订购送货上门或到店提货的选项，在自己的网站和移动应用程序中加入购物清单创建、食谱和膳食创意以及其他功能。

便利店（convenience store）是一种小型商店，只出售有限种类的、周转较快的便利品。经过几年的销售停滞之后，便利店正在增长。近年来，连锁便利店试图在提供糖果、面包、牛奶、饮料等便利品的主要业务基础上进行拓展，以吸引更广泛的目标市场。它们正在摆脱固有的作为男人买啤酒、香烟和杂志的地方的形象，取而代之的是提供新鲜的食品和更干净、更安全、更高档的环境。考虑下面这个例子：

7－Eleven——在中国台湾，7－Eleven 便利店在服务方面发生了明显的变化。尽管消费者仍然能通过其柔和的橙绿色标志认出这些商店，但它们的过道更宽、颜色更温暖。冰箱里有冰镇的当地啤酒及其他饮料，离收银台不远的地方有一个装满茶叶蛋的炊具。另一条过道旁是一台滚动着的烤肠机，还有一个煮着调味萝卜、鱼丸和豆腐的汤锅。这家以大杯和 24 小时供应夹馅面包而闻名的便利店之王也在寻找其他收入来源。7－Eleven 希望提供一些新服务，与邮局和快递公司，而非其他传统便利店展开竞争。7－Eleven 消费者到店自提其在网上购买的商品，并在 7－Eleven 便利店的柜台付款。

超级商店（superstore）比一般的超级市场大得多。它们提供种类繁多的日常食品、非食品和服务。沃尔玛、塔吉特、家乐福和其他折扣零售商也有超级购物中心，即巨大的食品点和折扣店的结合。超级购物中心在中国的大城市发展迅速，沃尔玛在中国拥有 430 多家门店，它与京东结盟，通过电子商务和零售的强大结合，更好地服务于中国各地的消费者。

一些超级商店实际上是大型专卖店，被称为**品类杀手（category killer）**。这些商店拥有特色产品线中种类丰富的产品品种，有知识渊博的员工为消费者提供服务。品类杀手广泛存在于很多品类中，包括书籍、婴儿用品、玩具、电子产品、家居产品、床上用品和毛巾、派对用品、体育用品和宠物用品。超级商店的另一种变体——大卖场，是一个巨大的超级商店，可能有六个足球场那么大。尽管大卖场在欧洲和其他市场上非常成功，但在东南亚却收效甚微。

对于一些零售商来说，产品线实际上是一种服务。**服务零售商（service retailer）**包括酒店和汽车旅馆、银行、航空公司、大学、医院、电影院、餐馆、维修服务机构、美发沙龙和干洗店。

相对价格

零售商也可以根据收取的价格进行分类（见表 13 – 1）。大多数零售商以常规的价格提供常规质量的商品和服务。但也有些企业以更高的价格提供更高质量的商品和服务，而以低价为特色的零售商则被称为折扣店和廉价零售商。

折扣店（discount store） 销售低价格、低利润、大批量的标准商品。早期的折扣店通过提供很少的服务和在低租金、人流量大的地区开设类似仓库的店来削减开支。如今的折扣店已经改善了商店环境，增加了服务，同时通过精简、高效的运营保持低价格。领先的"大卖场"折扣店，如沃尔玛，如今主导着零售市场。

随着主要折扣店业务的增多，新的**廉价零售商（off-price retailer）** 开始涌入市场，填补了超低价和高销量的空白。普通的折扣商按常规批发价购入商品，并以可接受的低利润保持低价格。相比之下，廉价零售商以低于常规批发价的价格购入商品，并以低于零售价的价格卖给消费者。从食品、服装、电子产品到简单的银行和折扣经纪业务，廉价零售商经营所有类别的商品和服务。

三种主要的廉价零售商分别是独立廉价零售商、工厂直销店和仓储俱乐部。**独立廉价零售商（independent off – price retailer）** 要么由企业家拥有和经营，要么是大型零售公司的分支机构。许多廉价零售商都属于规模较小的独立经营，而多数大型的廉价零售商则隶属于较大的零售连锁店。

工厂直销店（factory outlet） 是由生产商经营的商店，有时聚集在工厂直销购物中心和价值零售中心，那里有几十家直销店，提供商品的价格低至零售价的50%。工厂直销购物中心主要由生产商的直销店组成，而价值零售中心则综合了生产商的直销店与廉价零售店和百货商场的清仓店。

这些直销店正在向高档化的方向发展，甚至在其描述中去掉了"工厂"一词。越来越多的直销店购物中心甚至以蔻驰（Coach）、Polo、拉夫·劳伦（Ralph Lauren）、杜嘉班纳（Dolce & Gabbana）、乔治·阿玛尼（Giorgio Armani）、古驰（Gucci）和范思哲（Versace）等品牌为特色，导致百货商店向这些品牌的生产商提出了抗议。考虑到更高的运营成本，百货商店的价格必须要高于折扣店。然而，生产商声称它们是将往年的商品和次品提供给工厂直销购物中心，而向百货商店提供的则是当年的新商品。

仓储俱乐部（warehouse club），又称批发俱乐部或会员制仓储，比如在泰国、印度尼西亚和中国的 Makro Asia，在巨大的仓库式设施中经营，几乎没有任何装饰。但是它们提供超低的价格和精选品牌商品令人惊喜的折扣。

组织方式

许多零售店拥有独立所有权，但也有一些零售店隶属于某个企业或合同组织。表 13 – 2描述了零售组织的主要类型，包括企业连锁、自愿连锁、零售商合作组织、特许经营组织和商业集团。

表 13-2　零售组织的主要类型

类型	描述	例子
企业连锁	两个或两个以上的销售店由同一个所有者拥有和控制，集中采购和销售类似商品。企业连锁出现在所有类型的零售中，但在百货商店、食品商店、药店、鞋店和女装商店中最为强势	百佳（PARKnSHOP，杂货店）、屈臣氏（Watsons）、Cosmed（医疗保健商店）、周大福（珠宝）、壳牌精选（Shell Select）
自愿连锁	批发商发起的独立零售商团体，进行大规模采购和共同销售	独立杂货店联盟（IGA）、Do-it Best（五金）、六福珠宝
零售商合作组织	由若干独立零售商建立了一个中心采购组织，进行联合促销活动	Associated Grocers（杂货店）、Mitre 10（五金）
特许经营组织	特许人（生产商、批发商或服务组织）和特许经营者（在特许经营系统中，购买拥有和经营一个或多个产品的所有权和经营权的独立商人）之间的契约组织。特许经营组织通常基于一些独特的产品、服务或经营方法，或者商标名称或专利，又或者特许人所建立的商誉	麦当劳、必胜客、六福珠宝、Circle K，7-Eleven
商业集团	集中所有权下将几个多元化的集团的零售业务和形式联合在一起，同时对其分销和管理职能进行整合的松散型公司	Limited Brands

企业连锁（corporate chains）是指两个或两个以上的销售店由同一个所有者拥有和控制，与独立商店相比具有很多优势。其规模使它们能够以较低的价格大量采购，并获得规模效益，它们还聘请专家来处理定价、促销、销售、库存控制和销售预测等方面的问题。

企业连锁的成功导致许多分销企业以契约联盟的方式联合起来，其中一种形式是自愿连锁，即批发商发起的独立零售商团体，进行大规模采购和共同销售。另一种形式的契约联盟是零售商合作组织，即由若干独立零售商建立的中心采购组织，进行联合销售和促销活动。这些组织为独立商店节省了采购和促销成本，从而使其价格能够与企业连锁一致。

还有一种契约零售组织是**特许经营（franchise）组织**。特许经营组织与其他契约制度（自愿连锁和零售合作组织）的主要区别在于，特许经营制度基于一些独特的产品、服务或经营方法，或者商标名称、商誉或专利，又或者特许人开发的专利。特许经营在一些产品和服务领域很突出，比如快餐、健康和健身、理发、汽车租赁、酒店、旅游和房地产等。

曾经被视为独立业务新贵的特许经营在亚洲遍地开花。漫步在城市街区，看不到麦当劳、7-Eleven 或星巴克几乎是不可能的。麦当劳是最知名、最成功的特许经营商之一，目前在全球拥有超过 38000 家门店，每天为近 6900 万客户提供服务。全球约 80% 的麦当劳餐厅由特许经营者拥有和运营。

商业集团是在集中所有权下将几种零售形式联合在一起的公司。例如，香港的供应链公司利丰（Li & Fung）曾经营 Circle K、Calvin Klein Jeans 和玩具反斗城等品牌。

这种多元化零售，类似于多品牌战略，促进了卓越管理体系和规模经济的形成，使所有单独的零售业务都能受益。

全渠道零售：融合店内、在线、移动和社交媒体渠道

近年来，零售购物过程发生了根本性的变化。不久以前，购物主要是通过逛商店或者翻阅商品目录来收集产品信息，比较价格，然后购买商品。现在，在这个互联网、智能手机、移动应用程序和社交媒体的时代，购物往往涉及一系列令人眼花缭乱的渠道和平台。

在线零售正在蓬勃发展，其增长速度比整体零售快得多。除了直接的在线销售，零售商网站、移动应用程序和社交媒体也对店内购买产生了很大的影响。元宇宙和非同质化通证（NFT）作为零售商品的手段越来越受欢迎。

如今的全渠道消费者很容易在网上搜索产品和价格，在家里、办公室、商店或任何地方进行数字化购物。他们从零售商网站和社交媒体上寻找创意、灵感和建议；他们可能会在商店里看到产品然后从网上订购，或者在网上看到产品然后在商店里购买，又或者在网上购买商品然后选择到店自提或送货上门。

全渠道消费者——中国消费者绝大多数是全渠道购物者。有些人在线上比较商品，然后在线下购买；有些人在线下比较商品，然后在线上购买；还有一些人在商店里使用手机研究商品。

中国的消费者——麦肯锡咨询公司（McKinsey）对中国服装消费者进行了研究，发现8%的人要么只在线上购物，要么只在线下购物，而85%的人是全渠道消费者。在这85%的消费者中，4%的人在线下触摸和感受产品，但在线上购买；32%的人在线上评估产品，但在线下购买；49%的人是真正的全渠道消费者。该公司发现，63%的中国在线服装消费者会在实体店使用手机进行搜索。他们这样做是为了更多地了解产品、比较价格、阅读评论、评估产品受欢迎的程度以及查看更便利的购买方式。随着消费者变得更加精明，零售商担心这些消费者会被竞争对手抢走。然而，麦肯锡发现，有了超高的店内体验，80%在商店使用手机进行研究的消费者最终会购买同一品牌的产品，并且超过50%的人会在他们到访的商店购买。

人们购物方式的巨大转变要求商店零售商的运营方式也发生巨大变化。全渠道购买需要全渠道零售，这涉及将所有可用的购物渠道和设备整合到无缝的顾客购物体验

中。实体店和在线零售之间的界限正在迅速模糊。对于大多数消费者来说，已经不再是决定在实体店购物还是在线上购物的问题了。在整个购买过程中，如今的全渠道消费者能够在线上和实体店渠道之间无缝转换。他们已经习惯了随时随地研究和购买产品。

在线销售增长中越来越多的部分来自成功将虚拟世界和实体世界融合在一起的全渠道零售商。实体店经营者正通过网站、移动应用程序和社交媒体向数字世界扩张。与此同时，包括阿里巴巴和亚马逊在内的许多在线商家正带着它们的超市（如盒马鲜生和快闪店）进入实体世界，与消费者面对面。

零售商已经了解到，拥有智能手机的消费者不仅仅是在线上查看价格。更多的时候，他们在填补信息缺口。消费者经常打开手机上的网页走进商店，说："我想要这双鞋，请帮我找到它们。"这种类型的活动展示了数字零售和实体零售如何在销售过程中结合在一起。

人们越来越期待移动设备对店内销售产生影响。一项针对中国消费者的研究表明，50%的人通过社交媒体了解一款产品，48%的人表示自己对社交平台上的一款产品产生了兴趣，25%的人表示自己在社交媒体平台上购买过产品。中国消费者最喜欢的在线平台是微信、微博以及短视频平台抖音（英文为Tik Tok）。

在线平台——品牌在微信、微博和抖音上做广告，因为它们是中国消费者对新产品产生了解、兴趣甚至购买的地方。

全渠道零售不仅仅是帮助店内消费者在移动设备上进行跨店购物，它需要仔细整合所有可用的购物渠道，从发现一直到购买，包括店内和店外。

为此，很多大型零售商都增加了自己的在线销售选项，并将它们与实体店关联起来。除了网站之外，全渠道零售商还整合了其他数字购物渠道。丝芙兰（Sephora）、伊势丹（Isetan）及其他主要零售商都提供方便的移动应用程序，引导消费者进入自己的网站和商店，让消费者可以在上面准备购物清单，帮助消费者在商店内定位商品，并向消费者的手机发送每日提醒和独家折扣。在中国，雅诗兰黛、欧莱雅、资生堂等外国美妆品牌以及完美日记等本土品牌都通过微信小程序提供新产品试用装。同样，宜家也建立了会员中心，并使用微信小程序推出了快闪店。古驰在微信上提供游戏、小测验和性格测试来吸引首次购买消费者。数字购物渠道的普及推动了超级应用程序的发展，比如阿里巴巴的支付宝，以及抖音等消费者分享应用程序，为品牌创造了通过小程序直接与消费者互动的机会。

社交媒体在全渠道零售中也扮演着重要的角色。一项针对澳大利亚、中国、印度尼西亚、日本、韩国和泰国等六个亚太国家购物者的研究表明，X世代、千禧一代和Z世代都很适应数字购物，而Z世代是数字原住民，影响其品牌决策的主要因素有50%~60%来自社交媒体和在线网站。Z世代喜欢在购物前进行研究，他们总是在寻找交易

PRINCIPLES OF MARKETING 营销的原则（原书第5版）

机会。例如，中国50%的Z世代称自己总是在购买前寻找折扣。在日本和韩国，抖音和 YouTube 等视频平台尤其影响消费者的品牌决策，大约70%的Z世代消费者每月至少一次通过视频社交媒体了解新品牌。鉴于上述趋势，零售商广泛应用社会媒体来吸引消费者、建立社区并引导消费者访问自己的网站和商店。

一个数字友好型商店、强大的网站和大量的社交媒体存在并不能确保构成良好的全渠道零售，关键是要整合这些，从而创造消费者所追求的无缝、随时随地、全渠道的购物体验。

尽管在线购物正在增长，但品牌可能仍希望保留实体店。营销实践 13.1 讨论了零售商可以做出哪些努力来避免实体零售走向末日。

营销实践 13.1

零售生存启示录：一份东南亚入门指南

在东南亚，伴随着 Qoo10、Lazada、Carousell 和 Shopee 等电子商务公司以及小企业直播的激增，出现了一个新兴但令人担忧的趋势——零售空间的流失。虽然几个东南亚国家还远没有像美国的玩具反斗城（Toys "R" Us）等实体零售商那样面临零售末日，但那些未能在数字革命到来前武装自己的零售商正朝着这个方向迈进。

对很多零售商来说，解决问题的办法很简单：走向数字化。与门店租金相比，建立一个网站的成本相对较低，因此很多零售商在电子商务方面的投资陷入滑坡，随后又意识到该领域竞争激烈且回报很低，想想有多少只做电子商务的零售商因为出现在搜索结果的第二页而被忽视。因此，电子商务零售商必须投资建设物流基础设施，使自己脱颖而出。此外，为了提高在线知名度，它们必须在整合搜索引擎优化的营销上投入大量资金。

那么，选择留在线下的零售商该如何生存呢？

有益空间

实体零售商必须认识到，与电子商务零售商相比，自己的优势在于创造沉浸式体验，从而培养消费者对空间的情感依赖。大多数电子商务零售商关注点击转化率或导航落地页面的便利性等指标，主要目标是让消费者尽快完成购物车结算。

另外，实体零售商可以创造提升亲身购物体验的空间，让消费者轻松沉浸在零售空间中，甚至停留更长时间。实体空间可以将零售商店从一个单纯的购物场所提升为一个具有意义和情感的地方。以销售个人护理产品的连锁商店 Lush 为例。它的员工通过让消费者接触产品样品，为其提供一种感官体验。位于零售空间周围的洗手池使消费者可以根据自己的喜好或需求试用沐浴皂和面膜。工作人员还会回答消费者关于产品成分及其来源和益处的问题。鉴于该品牌对可持续发展的高度承诺，其员工也准备好宣传该品牌对各种质量标准的坚持，这些标准使其有别于竞争者。

利用电子商务的不足

智能设备赋予了消费者随时随地购物的自主权，但当涉及长期使用的产品、具有强烈审美价值的产品、质量参差不齐的产品，或者难以通过数字方式传达触觉体验的产品时，智能设备则会受限。这种实体方面的缺失会大大降低购买体验的价值，使电子商务仅具有便利功能。相反，允许消费者在购买前进行多维度的评估可以降低感知风险，减少购买焦虑，提高购买后满意度。

零售商可以观察消费者的购买过程，并确定购买过程中至关重要的因素。通过这样做，零售商可以识别对消费者重要且电子商务无法提供的关键要素。实体零售商通过利用这些方面可能会填补关键的空白并保持相关性。例如，在线购买化妆品可能会很棘手，因此欧莱雅在中国通过在商店加入增强现实技术来提升实体购物体验，帮助消费者在购买化妆品之前想象自己的妆容。

以消费者痛点为机会

了解在线购物体验可以让零售商理解消费者的痛点和数字购物带来的好处。然而，电子商务提供的解决方案并不限于在线购物，零售商如果不理解这一点，就会认为它们必须紧跟数字潮流，否则就会面临糟糕的财务状况，进而投资过于复杂和昂贵的解决方案。然而，零售商应该首先审视实体购物的痛点，并采用创新的解决方案，从而保留和增强实体体验，而不是完全消除实体体验。技术可以创造性地应用于实体零售，从而将消费者痛点转化为机会，将品牌与竞争者区分开来。

店内体验——Lush 通过气味和样品为消费者提供感官体验，这是在线零售无法做到的。

当 Honestbee 旗下的 Habitat 在新加坡运营时，消费者可以在购买杂货时不必排队等候。消费者一进入商店，就使用智能手机扫描二维码。在店内购物时，消费者可以使用店内应用程序自行扫描商品，然后对商品统计完成后，消费者使用应用程序中的数字钱包付款。整个门店的运转不涉及现金。对于大宗购买，消费者在购物车中装满商品，然后通过自动结账系统扫描和打包，最后由自动结账系统收回购物车。

消费者咨询

电子商务网站试图为消费者提供尽可能多的实体店体验，但并非所有体验都可以复制。例如，消费者可以实时向聊天机器人提出问题，并从聊天机器人那里获得答案，这增强了网站的消费者参与度。但聊天机器人还不够完善，无法与知识丰富的销售人员相媲美，后者可以利用专业知识为消费者提供人性化的社交要素。

销售人员作为关键的接触点，通过重复确认消费者的购买或帮助消费者找到能满足需求的合适产品，能够减轻购买焦虑和增加购后满意度。销售人员还在阐述其产品与竞争者之间的区别方面发挥着重要作用。Lush 的例子诠释了这一优势。

电子商务是消费者的福音，但它绝不是实体零售商的祸根。对很多零售商来说，不恰当地应用"非此即彼"的方法一直是个麻烦。它们需要深入了解购买过程以及每种购买方式所提供的不同益处。

来源：Wesley Chia's final – year student project under the supervision of Swee Hoon Ang at the National University of Singapore Business School.

营销的原则

13.3

零售商营销决策

零售商总是在寻找新的营销策略来吸引和留住顾客。过去，零售商用独特的产品种类和更多更好的服务来吸引顾客。如今，零售商的产品种类和服务越来越相似，任何一家零售商都很难提供独家商品。

零售商之间的服务差异化也在减弱。许多百货商店削减了服务，而折扣店却增加了服务。顾客也变得更聪明，对价格更敏感。他们认为没有理由为相同的产品支付更高的价格，尤其是在服务差异正在缩小的情况下。基于所有这些原因，很多零售商正在重新考虑自己的营销战略。

如图 13 – 1 所示，零售商面临的主要营销决策包括市场细分和目标市场选择、门店差异化和定位以及零售商营销组合。

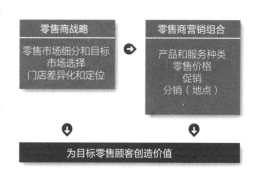

图 13 – 1　零售商营销决策

零售市场细分、目标市场选择、门店差异化和定位决策

零售商必须首先确定它们的目标市场，然后决定如何在目标市场中定位自己。门店应该关注高端、中端还是低端顾客？目标顾客想要产品种类多样化、产品种类深度、便利性还是低价？在定义和分析它们的目标市场之前，零售商无法在产品种类、服务、定价、广告、门店装饰或其他任何支持其市场定位的事情上做出一致的决策。

太多零售商没有清楚地定义自己的目标市场和定位。它们试图"提供适合每一个

第13章　零售与批发

人的产品"，结果却没有满足任何市场。例如，服装连锁店盖普（Gap）的目标市场是什么？盖普的价值主张是什么？如果你无法回答这些问题，那么你并不孤单——盖普的管理层也是如此：

盖普（Gap）——在全盛时期，盖普的定位是"毫不费力的酷"。这个曾经很时尚的学院风品牌专注于提供舒适、休闲的服装和方便的购物，但随着其核心顾客 X 世代年龄的增长和生活方式的改变，盖普的门店却没有改变。21 世纪初，盖普选择迎合昙花一现的时尚潮流，疏远了其忠实的顾客群体，同时也未能成功占据一个吸引年轻购物者的新定位。H&M、飒拉（Zara）和优衣库等当代快时尚零售商积极抢占盖普的地盘，这些品牌都有明确的目标和定位，而盖普的形象始终模糊不清。结果盖普的销售额下降，门店开始关闭。一位零售分析师表示："它们及其顾客都不知道它们的目标顾客到底是谁。"另一为分析说则说，盖普"没有故事"，它"试图销售给我的妻子还是我十几岁的女儿，又或者两者兼而有之？我认为你不能两者兼顾"。

相比之下，成功的零售商明确定义自己的目标市场和定位。以 Lush 为例。它的成功之处在于，它谨慎地将自己的定位与丝芙兰（Sephora）和欧莱雅（L'Oréal）等大型竞争对手区分开来。Lush 这个化妆品品牌提供优质的、使用最新鲜的天然成分手工制作的美容产品。它销售的产品都有令人回味的名字，比如飞狐沐浴露、裸肤天使洗面奶和我给孩子洗澡蜂蜜香皂。该企业使用新鲜的有机水果和蔬菜发明产品，很少或不使用防腐剂或包装。Lush 对动物实验也有严格的规定。由于其强大而独特的定位，Lush 拥有强大的销售人员。然而 Lush 所做的不仅仅是为了营利而生产和销售身体护理产品，它还为顾客、员工、环境和社会做正确的事。它的公益使命在一份名为"奢华生活：我们相信"的七项声明中得到了详细阐述，其中包括为员工、顾客和社会做好事。

高岛屋、沃尔玛和暹罗百丽宫等大型商店也必须明确自己的主要目标顾客，以有效地设计营销策略。高岛屋销售大量的日本产品和品牌，甚至还举办日本食品展会；暹罗百丽宫则拥有包括路易威登（Louis Vuitton）和 MCM 在内的一系列高端国际品牌；沃尔玛则销售满足大众需求的品牌产品。

产品和服务种类决策

零售商需要决定三个主要的产品变量：产品种类、服务组合和商店氛围。

零售商提供的产品种类应该在满足目标顾客期望的同时实现差异化。一种策略是提供其他竞争对手无法提供的商品，比如自有品牌或拥有独家经营权的全国性品牌。例如，高岛屋拥有某知名设计师品牌的独家代理权。另一种策略是突出重磅商品活动，或者零售商也可以提供意想不到的商品，比如各类二手商品、过剩库存和清仓商品。零售商还可以通过提供高度目标性的产品种类来实现差异化，比如大码服装或不寻常的小物件。

　　服务组合也可以帮助零售商实现差异化。例如，一些零售商邀请顾客提问，或者
通过电话或聊天机器人咨询服务代表。以下为优衣库的服务：

优衣库（UNIQLO）——这家日本快时尚零售连锁店以其物美价廉的科技材料服装及
服务而闻名。顾客走进商店的那一刻，会听到工作人员欢快地对他们说："欢迎来到
优衣库！"kaizen（日语"不断追求完美"）的理念从其时装产品延伸到了店内体验。
其销售经理要在东京的优衣库大学接受培训，所有员工都接受过完全相同的衣物折
叠方法的培训。顾客付款时，优衣库的工作人员必须使用双手礼貌地将卡或零钱归
还给顾客。这些服务步骤都会受到监控和记录，工作人员的表现会被定期检查。

　　商店氛围是零售商产品变量中的一个要素。每家商店都有自己的实体布局，要么
方便人们走动，要么使人们的走动更加困难。每家店也都有自己的"感觉"，零售商必
须设计一种适合目标市场并促使顾客购买的氛围。例如，韩国的 LINE FRIENDS 商店就
营造了可爱的氛围：

LINE FRIENDS 商店——韩国移动通信应用 Line 在日本、韩国、中国台湾和泰国很
受欢迎，拥有超过 2 亿用户。该应用程序提供各种卡通形象的表情包，这些表情可
以有效传达难以通过文字描述的情感。标志性的卡通形象包括布朗（Brown）、康尼
（Cony）和莎莉（Sally），它们分别表现出不

商店氛围——LINE FRIENDS 商店散发着
可爱的气息。店内设有拍照点，顾客可以
在那里与他们最喜欢的 LINE 角色合影。

同的情绪。起初，人们对这些卡通形象产生了
使用其他应用程序表情包时所没有的喜爱之
情。随着时间的推移，这些卡通形象愈发受欢
迎，因此 Line 创建了一个名为 LINE FRIENDS
的子产品类，其中的每个卡通形象都具有独特
的个性。LINE FRIENDS 商店的想法源于其首
席执行官在中国台湾旅行时所看到的对该产品
的巨大需求。它们首先建立了一家快闪店，然
后是永久商店，这些商店都散发着可爱的气
息。虽然卡通形象各具有鲜明的个性，但它们
拥有一个共同点——可爱。每个商店都使用明亮的黄色灯照明，营造出欢快的气氛。
商店里还有几处地方可以让顾客和这些卡通形象合影。一些商店还设有咖啡厅，其
中的装饰模仿 LINE FRIENDS 的可爱造型。

　　成功的零售商精心安排了顾客体验的每一个方面。下次你走进一家零售店时，无
论它销售的是电子产品、五金、食品还是高级时装，停下来，看看你周围的环境，观

察一下商店的布局和陈列，听听播放的音乐，看看店内的颜色，闻一闻味道。很有可能商店里的一切，从布局和灯光到音乐，甚至是颜色和气味，都经过精心设计，以帮助塑造顾客的购物体验，并促使其购买。这种体验式零售意味着零售商店不仅提供各种商品，它们还是购物者可以体验的环境。

很多大型零售商已经开发出一种只有在其店里才能闻到的招牌气味。位于奥兰多的硬石酒店（Hard Rock Cafe Hotel）的大堂里弥漫着海洋的气息，使顾客可以想象自己正在入住一家海滨度假酒店。为了吸引顾客进入酒店中经常被忽视的位于楼下的冰淇淋店，酒店在楼梯顶部喷洒了糖霜饼干味的香水，在楼梯底部喷洒了华夫蛋筒味的香水。在执行这种做法的前六个月里，冰淇淋的销量猛增了45%。

零售价格决策

零售商的价格策略必须与其目标市场和定位、产品和服务种类以及竞争环境相匹配。大多数零售商要么在低销量（大多数专卖店）的基础上制定高价格，要么在高销量（大型卖场和折扣店）的基础上制定低价格。零售商还必须决定价格折扣及其他促销方式的使用程度。一些零售商通过产品和服务质量进行竞争，而不是通过价格进行竞争。

在线上零售中，零售商必须不断调整以适应竞争愈发激烈的电子商务环境。在电子商务竞争尤为激烈的菲律宾，促销活动可以提高价格的吸引力。零售商可以使用 ShopBack 和 Zap 等现金返还和奖励平台，这些平台的激励额度不大，但如果消费者购买的量增多，激励就会随之增加。还有一个可行的策略是销售优惠券或代金券，使消费者获得价格折扣。预先销售这些优惠券的好处可以提供一些关于产品需求的预测。

促销决策

为了触达消费者，零售商会使用以下五种促销手段的不同组合：广告、人员销售、销售促进、公共关系、直接和社交媒体营销。它们在报纸、杂志（包括插页和目录）、广播和电视上做广告。店内的销售人员招待顾客、满足顾客需求、建立顾客关系。销售促进包括店内演示、展览、促销和顾客忠诚计划。公共关系活动，如新店开业、特别活动、时事通讯、博客、店内杂志、公共服务活动等，也可供零售商使用。大多数零售商还通过移动广告和应用程序、网站和数字目录、社交媒体、博客和电子邮件等与顾客进行数字化互动。数字促销使零售商可以使用精心定制的信息为顾客提供个性化优惠。

以下是东南亚商家如何吸引在线购物者的一些例子：

PRINCIPLES OF MARKETING 营销的原则（原书第 5 版）

东南亚的在线促销——在双十一购物节期间，Shopee 推出了应用程序内嵌游戏，顾客只能在特定时间参与。这种限时游戏的优势在于，它能在销售增长较慢的时期吸引更多顾客。在马来西亚，大众公司在 Lazada 上举行了特别促销活动，在双十一销售 11 辆 Polo 黑白限量款。促销活动要获得成功，必须具有一些稀有的特点。为了提升人们的兴趣，商家也可以进行限时抢购，尤其是在购物节的高峰时段。盲盒也是吸引顾客的一种方式，商家在这些盒子中装满各种各样的产品，并以大幅折扣的价格出售。盒子里的东西是保密的，顾客只知道产品类型或品牌。盲盒在那些想要大幅折扣且对所购买东西不挑剔的顾客中很受欢迎。

分销（地点）决策

零售商指出，零售成功的三个关键因素是：地点、地点、地点！选择接近目标市场的地点和符合零售商定位的区域是非常重要的。小型零售商可能不得不选择其找得到或负担得起的任何地点。然而，大型零售商通常会雇专家使用先进的方法来选择店址。它们可能还会考虑开设更多的门店，以获得更大的市场份额。

如今，大多数商店聚集在一起，以增加对顾客的吸引力，并为顾客提供一站式购物便利。中心商务区是零售集群的主要形式，每个大城市和城镇都有一个中心商务区，设有百货商店、专卖店、银行和电影院。当人们搬到郊区居住时，市中心的商家就开始在郊区的购物中心开设分店。

购物中心（shopping center）是零售业务规划、开发、拥有和管理的一组单元。区域购物中心是最大的购物中心，内有 40 ~ 200 家商店。它就像一个迷你的闹市区，吸引来自各处的顾客。一个社区购物中心有 15 ~ 40 家零售店，通常设有百货商店或杂货店的分店、超市、专卖店、专业事务所，有时还设有银行。便民购物中心有 5 ~ 15 家商店，对顾客来说既近又方便，通常包含一家超市，可能还有一家折扣店和几家服务商店。

在土地普遍稀缺的亚洲城市，一些超级购物中心通常有很多零售商店，一两家主力店吸引人群，并为较小的商店和电影院引流。比如中国香港的太古广场、中国台湾的台北 101、吉隆坡的 Pavilion 和新加坡的 ION Orchard。还有一个新兴趋势是生活方式中心，即专注于少数兴趣的小型购物中心。这些小型购物中心可能出售电脑相关的产品，或者迎合小朋友的需求，又或者开设几家珠宝店。

营销的原则

13.4

零售趋势和发展

零售商在竞争激烈、快速变化的环境中经营，充满了机遇与挑战。消费者的人口统计特征、生活方式、购物形式以及零售科技都在迅速发生变化。为了取得成功，零售商需要谨慎地选择目标细分市场，并对自己进行强有力的定位。当计划和执行竞争战略时，它们需要考虑以下零售发展趋势。

消费者支出收紧

繁荣和萧条在商业周期中很常见。在经济繁荣时，消费者会获得信心、增加消费，企业也会繁荣。但在经济增长放缓的时候，一些零售商也能从节俭的消费者手中获取利益。例如，在消费者削减开支并寻找减少支出方式的情况下，大型折扣店可以从想要讨价还价的消费者那里获得新的业务。以价格为导向和价格优惠的零售商也吸引了节俭的消费者。然而，对其他零售商来说，面对消费者支出收紧，可能需要调整营销战略和策略。稍后待经济形势好转，消费者仍保持节俭的方式时，零售商可以为其定位增加新的价值点。

在应对经济形势变化时，零售商必须小心，以确保短期行为不会损害自己的长期形象和定位。例如，成本削减和大幅价格折扣虽然可以增加即时销售，但可能会损害品牌忠诚度，一位分析师将这种现象称为"折扣陷阱"，并指出"几乎所有零售商，无论是高端零售商还是低端零售商，都深陷这一陷阱，使得折扣已经成为消费者的一种期望，而不是一种奖励"。

新冠疫情加剧了全球经济衰退，导致很多行业的生产和需求突然中断，因为人们待在家里，减少了购物。这是近年来最严重的经济衰退。小型和大型零售连锁店都受到了影响。赫兹（Hertz）和布鲁克斯兄弟（Brooks Brothers）破产了，美食零售商Dean & Deluca破产了，高端百货商店 Neiman Marcus 也申请了破产，甚至世界著名的太阳马戏团也因上座率下降而遭受重创。

新零售业态、日渐缩短的零售生命周期和零售趋同

新零售业态不断涌现，以适应新形势和满足消费者需求，但新零售业态的生命周期越来越短。百货商店用了大约 100 年的时间才达到生命周期的成熟期，而近年来出现的一些业态，如仓储商店，只用了大约 10 年的时间就达到了成熟期。

通过网站、移动应用程序和社交媒体进行的在线零售（包括纯在线零售商和实体零售商）是一种新业态。另一种新业态是限时快闪店，商家通过这种方式向季节性消费者推销自己的品牌，并在繁忙的高租金地区制造轰动效应。

在线和移动端类似于快闪店的是限时抢

新零售业态——在香港，Agnes b. 在其服装店旁边提供休闲用餐体验。

购，这种销售方式可以帮助库存流转或制造轰动和兴奋。例如，亚马逊在全年，特别是节假日，都在进行被称为"闪电促销"的限时抢购。同样，Shopee 和 Lazada 也经常举行限时抢购。闪电促销是指在短时间内限量销售产品，每个消费者只能购买一件，直到库存售完。

其他零售商还在其零售店之外扩展业务，提供生活方式体验。例如，香港服装零售商 Agnes b. 在其服装直营店旁边开设了一家休闲咖啡馆。

如今的零售商似乎正在趋同。越来越多的不同类型的零售商以相同的价格向相同的消费者销售相同的产品。这种消费者、产品、价格和零售商的趋同被称为零售趋同。这种趋同意味着零售商将面临更大的竞争，在产品差异化方面的难度也更大。

超大零售商的崛起

大型大众商家和专业超市的崛起，垂直营销系统的形成，淘宝、Shopee、亚马逊等在线零售商的快速增长，以及零售业并购的热潮，造就了超级强大的超大零售商。凭借庞大的规模和购买力，这些超大零售商可以为消费者提供更多的商品选择、更好的服务和更有竞争力的价格。因此，它们挤垮了弱小的竞争对手，使自身变得更加强大。这些超大零售商已经改变了零售商和生产商之间的力量平衡，少数零售商现在控制着对大量消费者的触达，使其在与生产商的交易中占据上风。

零售科技——亚马逊 Go 商店将便利性和科技作为吸引顾客的价值主张。

零售科技的重要性与日俱增

随着数字化和全渠道购物成为常态，零售科技已经成为至关重要的竞争工具。先进的零售商使用先进的信息技术和软件系统来做出更准确的预测、控制库存成本、通过数字方式与供应商互动、在商店之间共享信息以及在商店内向消费者销售产品。它们采用复杂的系统，进行结账扫描、RFID 库存跟踪、商品处理、信息共享和顾客互动。

也许零售科技的最大进步在于零售商评估并与消费者建立连接的方式。在这个大数据时代，大大小小的零售商对大量的店内和线上数据进行高级分析，以深入了解消费者的需求和行为。它们利用人工智能，根据顾客的资料定制商品、促销、推荐和服务。

在线和移动购物的激增改变了消费者的购物行为和期望，因此许多零售商正在将实体世界和数字世界结合起来，创造新时代的体验式零售环境。亚马逊正在利用其未来主义的亚马逊 Go 商店这样做：

亚马逊 Go——一位零售分析师指出："想象一下这样一个世界：你从不需要排队，甚至不需要打开钱包。在这个世界里，商店非常了解你，它们会向你推荐产品，并带你找到这些产品。"其实并不需要幻想这样的世界，在数量迅速增长的亚马逊 Go免结账便利店中，这已经成为现实。顾客只需带着一个应用程序进入亚马逊 Go便利店，从货架上取下商品，然后无须排队就可以走出去。摄像头和传感器会跟踪顾客从货架上拿了什么、又放回了什么，根据顾客的个人数据提供推荐和特别优惠，并在顾客离开时自动从他们的信用卡上扣款。稍后，手机应用程序就会生成一张收据，上面详细记录顾客购买了什么、付了多少钱，甚至他们在店里待了多长时间。除了使顾客购物更加便利外，亚马逊 Go的"直接离开"机制还降低了运营成本，方便了库存管理，并产生了大量顾客数据。据报道，亚马逊计划在未来几年内开设3000家亚马逊 Go商店。另一位分析师说："如果你想了解零售的未来，那就去亚马逊 Go商店看看。"

电子钱包应用程序——电子钱包在亚洲很普及。图为曼谷一家超市，收银员正在扫描支付宝二维码进行收款。

零售商在运营中融合科技的其他例子还包括阿里巴巴旗下的盒马鲜生超市，该超市配备了机器人服务员，使用电子钱包和面部识别进行支付，门店也作为在线购物和配送的仓库。在中国，不使用现金很常见。消费者在智能手机上安装微信支付或支付宝等电子钱包应用程序，在现代零售店和传统菜市场使用，也可以用于支付出租车和医疗费用。

其他的先进科技正在进入零售展厅。一种是信标技术，即蓝牙连接，当顾客逛商店时，可以通过其智能手机问候并吸引顾客。例如，当接入的顾客进入购物中心时，信标信号会唤醒其智能手机上的购物中心应用程序。然后，当顾客在商店里走动时，应用程序会在地图上显示他们的位置。它还可以显示购物清单上商品的位置，并识别附近的优惠活动。这种基于信标的技术还提供了扫描结账功能，可以简单地跟踪顾客选择的商品，然后从其信用卡中自动扣除费用，顾客无须经历结账过程，就像在亚马逊 Go商店一样。

零售商也在使用 AR、VR、元宇宙、NFT 等技术来增强购物体验。一项研究表明，在尝试过 AR 互动的中国购物者中，57% 的人表示这对他们的购买决策产生了积极的影响。AR 应用的一个例子是化妆品品牌魅可（MAC）在其上海旗舰店进行的试点。店内设有交互式屏幕，显示小红书上关键意见领袖的实时评论。AR 屏幕还允许顾客虚拟地使用化妆品。另一个例子来自美国，在北面（The North Face）位于曼哈顿的门店，顾

客可以戴上虚拟现实耳机，感受偏远地区的徒步旅行、攀岩甚至是基地跳伞，顾客可以体验使用北面的装备从 128 米高的悬崖上勇敢地跳下。

英特尔公司开发了一种"智能"更衣室——"记忆镜"（Memory Mirror），利用增强现实技术，顾客挥挥手就能变换服装和颜色。古驰（Gucci）利用元宇宙为顾客的虚拟形象销售虚拟时装，而耐克则销售虚拟鞋的 NFT。

绿色零售

如今的零售商越来越多地采用有利于环境可持续发展的做法。它们正在绿化商店和运营，推广更环保的产品，推出帮助顾客增强生态意识的项目，与渠道合作伙伴合作减少对环境的影响等。

在最基础的层面，大多数大型零售商正在通过可持续的建筑设计、建造和运营，使自己的商店更加环保。例如，根据其"益于人类，益于地球"的

绿色零售——根据其"益于人类，益于地球"的可持续发展战略，家居零售商宜家的长期目标是在运营和产品方面均实现 100% 的可持续发展。

可持续发展战略，家居零售商宜家的长期目标是实现 100% 的可持续发展。

宜家——宜家的"益于人类，益于地球"的战略首先要让其 355 家大型门店在能源方面更加独立和高效。为了给门店供电，宜家拥有并运营 416 台风力涡轮机，并安装了 75 万块太阳能电池板——其 90% 的美国门店都安装了太阳能电池板。现在宜家生产的能源与其使用的可再生能源一样多。宜家在店内只使用节能的 LED 照明。大多数门店还对店内顾客餐厅的食物垃圾进行分类，将其堆肥或送至处理中心，在那里转变为动物饲料或可用作汽车及公共汽车燃料的沼气。一些宜家门店设有顾客回收中心，回收塑料、纸张、节能灯、电池、报废电器等产品。宜家在其门店也只销售 LED 照明产品，而且越来越多其销售的家居产品是由可持续和可再生的棉花、木材及其他资源制成的。宜家供应商必须遵守宜家关于执行可持续性标准的 IWAY 供应商准则。宜家的目标是使用可再生、可回收材料制造所有的家居用品。该公司表示："在宜家，可持续发展是业务的核心，以确保我们对人类和地球产生积极的影响。"

零售商也在绿化自己的产品种类。日本服装零售商优衣库（UNIQLO）通过几项举措来促进可持续发展：

优衣库——优衣库在新加坡进行的一项研究表明，新加坡人中 90% 已经采取了一些保护环境的行动，70% 的人认为只购买自己需要的东西可以减少浪费，然而只有 63% 的人愿意以更高的价格购买环保产品。为了鼓励环保，优衣库采取了以下几项举措。首先，它使用可回收的纸袋取代了所有塑料袋。该公司还启动了一项回收计划，人们可以将穿过的优衣库衣服退回门店，通过联合国难民事务高级专员公署等组织捐赠给难民。随后它还更进一步，推出了一系列带有可持续性的新产品。例如，该公司推出的包括牛仔裤在内的一系列新服装使用了从回收塑料瓶中提取的聚酯纤维，与传统的制造过程相比，生产这种服装能够节省 99% 的水。优衣库还采用了激光加工和纳米气泡臭氧洗衣机等新技术，将用水量降至最低。

绿色零售——韩国化妆品公司悦诗风吟在店内设置了回收箱，方便消费者回收用完的包装瓶。

零售商已经推出了一些项目，帮助消费者做出更环保的决定。它们与供应商和分销商联合起来，创造更加可持续的产品、包装和分销系统。例如，亚马逊与其销售的许多产品的供应商密切合作，以减少和简化包装；沃尔玛运用其巨大的购买力来敦促供应商改善其对环境的影响；韩国化妆品公司悦诗风吟奖励消费者退回空塑料容器的行为。

绿色零售既能带来收益，也能降低成本。可持续发展的举措吸引消费者选择环保的卖家和产品，从而提升了零售商的收入。它们还有助于降低成本。例如，亚马逊减少包装的努力增加了消费者的便利性，节约包装成本的同时减少了"包装愤怒"；悦诗风吟的塑料瓶回收活动吸引了消费者；宜家的节能建筑不仅有助于保护地球，也降低了运营成本。

主要零售商的全球扩张

拥有独特业态和强大品牌定位的零售商正越来越多地向国际扩张，以逃离成熟、饱和的国内市场。多年来，麦当劳和宜家等大型零售商凭借其有效的营销，已经成为全球知名企业。国际零售机遇与挑战并存。当零售商跨越国家、大洲和文化时，它们可能面对截然不同的零售环境。对在本国运营良好的业务仅进行简单的调整通常不足以在国外获得成功。在走向全球时，零售商必须理解并满足当地市场的需求。营销实践 13.2 讨论了沃尔玛在进入中国时吸取的经验教训。

营销实践 13.2

沃尔玛：在中国市场的失策

历史悠久的沃尔玛是美国零售行业的中坚力量。凭借数十年的零售经验，沃尔玛满怀信心地进入中国。1996 年，它在深圳开设了中国的第一家门店。2021 年，沃尔玛的门店数量超过 400 家，但其实体店仍在经历成长的烦恼。一些观察人士表示，从根本上来说，沃尔玛误解了中国的政治、经济和文化气候。

在政治上，沃尔玛在法律方面出现了问题。沃尔玛曾因违反地方和国家法律而被罚款，一些门店还曾因涉嫌产品违规而暂时关闭。

在经济上，尽管中国发展迅速，但在沃尔玛最初进入中国时，中国的一些经济机构和基础设施仍落后于西方。例如，沃尔玛高效和技术先进的供应链无法在中国得到一致的实施。在大城市之外，中国的一些空中、地面和铁路基础设施达不到国际标准。此外，中国面积广阔，将货物从一个地区运输到另一个地区是一项挑战。

在文化上，并非所有的中国消费者都是一样的。除城市线级有所不同之外，来自南部、北部、中部或东部地区的消费者之间也存在差异。这使沃尔玛很难找到一套通用的产品在全国范围内销售。

沃尔玛的大卖场模式并没有引起中国人的共鸣。相反，尽管高鑫零售（中国台湾大润发和法国欧尚集团共同成立的合资公司）的门店数量较少，但却因致力于本土化而占据了更大的市场份额。其街头风格的门店更吸引中国人，它还为每个地区量身定制购物体验，并为地方特产提供折扣。

理解中国顾客——沃尔玛正在学习如何通过更好地理解中国顾客的需求，以及发展电子商务购物，来增强其在中国的零售业务。

扭转局面

沃尔玛正聚焦于自有品牌和进口产品，同时关闭了一些大型门店。沃尔玛希望凭借比国内品牌更严格的质量控制和更低的价格，以其美国产品赢得中国消费者。它还在集中供应链，以降低供应成本并提高生鲜产品的质量。

随着中国迅速转向电子商务，一些西方大品牌，包括乐购（Tesco）和百思买（Best Buy），都因丧失吸引力而退出了中国市场。而沃尔玛则与中国最受欢迎的电子商务公司京东合作，通过在京东的在线平台上开店，并使用京东的仓库、配送员和无人机，沃尔玛对中国消费者来说变得更加便利了，同时还能提供更快的送货服务。

在京东上，中国消费者可以从沃尔玛及其子公司山姆会员店（Sam's Club）和阿斯达（ASDA）订购产品，并对产品的质量和可靠性充满信心。在京东专业供应链的加持下，快速配送也得到了保证。

来源："Sun – Art Takes Shine Off Walmart in China," www. thenational. ae, 17 December 2012；Robert Salomon, "Here's Why Walmart Stumbled on the Road to China," www. fortune. com, 21 February 2016；"Walmart and China：A Story of Missing Customer Trust," www. forbes. com, 30 January 2015；Josh Horwitz, "Walmart's Future in China Increasingly Depends on a Single Chinese Company," www. qz. com, 26 May 2017；"Number of Walmart Stores in China from 2013 to 2021, By Type," www. statista. com, accessed on 8 December 2021.

批发

批发（wholesaling）包括向用于转售或商业用途的购买者销售商品和服务的所有活动。主要从事批发活动的企业称为**批发商（wholesaler）**。

批发商主要从生产商那里购买产品，然后销售给零售商、工业消费者和其他批发商。因此，许多批发商基本不为最终消费者所知。

为什么批发商对生产商来说很重要？简单地说，批发商通过执行下列一个或多个渠道功能来增加价值：

- *销售和促销*。批发商的销售人员帮助制造商以较低的成本触达许多小顾客。批发商与顾客有更多的联系，而且往往比远离购买者的生产商更受顾客信任。
- *购买和建立多样性*。批发商可以选择产品项目并建立顾客所需的产品种类，从而为顾客节省了大量工作。
- *散装拆分*。批发商大批量购买商品后进行散装拆分（将大量货物拆分成小批量），从而为顾客节省资金。
- *仓储*。批发商持有库存，从而降低了供应商和顾客的库存成本及风险。
- *运输*。批发商更接近购买者，因此能够以更快的速度交付商品。
- *融资*。批发商通过授信以及向供应商提前订货和按时付款来为顾客融资。
- *风险承担*。批发商通过获得所有权和承担偷窃、损毁、掠夺和过时造成的成本来承担风险。
- *市场信息*。批发商向供应商和顾客提供有关竞争者、新产品和价格的信息。
- *管理服务和建议*。批发商经常帮助零售商培训销售人员，改善店面布局和陈列，建立结算和库存控制系统。

批发商类型

批发商分为三大类：批发销售商、代理商和经纪人、生产商和零售商的分支机构和办事处（见表13-3）。**批发销售商（merchant wholesaler）**是最大的批发商群体，约占所有批发商的50%。批发销售商分为两种类型：全方位服务批发商和有限服务批发商。全方位服务批发商提供全面服务，而有限服务批发商则为其供应商和顾客提供较少的服务。不同类型的有限服务批发商在分销渠道中发挥着不同的作用。

表 13-3　主要的批发商类型

类型	描述
批发销售商	对自己经营的商品拥有所有权的独立企业，包括全方位服务批发商和有限服务批发商
全方位服务批发商	提供全面的服务：持有库存、维持销售人员、提供信贷、运输、提供管理协助。全方位服务批发商包括销售批发商和工业分销商
销售批发商	主要销售给零售商并提供全面的服务。普通商品批发商经营几条商品线，而普通商品线批发商则深度经营一或两条商品线。专业批发商专门经营一条商品线的一部分
工业分销商	销售给生产商而不是零售商。提供持有库存、提供信贷、运送等几种服务，可以提供种类繁多的商品、一条普通产品线或者一条特色产品线
有限服务批发商	提供的服务比全方位服务批发商少。有限服务批发商包括 6 种类型
现付自提批发商	经营有限的快销商品，销售给小型零售商以获取现金。一般不送货。例：一个小型鱼店零售商可能会开车到一个现付自提的鱼批发商处，用现金购买鱼类然后带回鱼店
兼营运输批发商（或货车贩运批发商）	主要履行销售和运输职能。承担有限的半易腐商品（比如牛奶、面包、零食）的批发，并将这些商品带到超市、小杂货店、医院、餐馆、工厂食堂和酒店，以现金出售
直接发货批发商	不承担库存或处理产品。在收到订单后，他们选择一个生产商并由生产商直接将商品运送给顾客。从接受订单到交付给顾客，直接发货批发商承担所有权和风险。经营大宗工业品，如煤炭、木材和重型设备
超级市场批发商	服务于杂货店和药品零售商，主要经营非食品类商品。他们用卡车将商品运送到商店，送货员在商店摆放玩具、平装书、五金、保健和美容用品等。他们为商品定价、保持商品新鲜、搭建柜台、登记库存。超级市场批发商持有商品的所有权，只有在商品销售给顾客后，才向零售商开具账单
农场主合作社	由农场主共同拥有，将农产品装运并在当地市场销售。合作社的利润在年底分配给成员。他们不断努力改善产品质量，提升合作社品牌的名气，比如 Sun Maid 葡萄干、新奇士橙子或 Diamond 核桃
邮购批发商	经营珠宝、化妆品、特色食品及其他小物品，向零售商、产业和机构顾客发送产品目录。没有外部销售人员。主要顾客是偏远地区的小企业。订单的填写和发送需要通过邮件或者其他工具
代理商和经纪人	没有产品的所有权。主要功能是促进买卖，并基于销售价格赚取佣金。一般按产品线或顾客类型进行专业化分工
经纪人	撮合买卖双方并协助谈判。经纪人的报酬由雇佣经纪人的一方支付，他们不持有存货，不参与融资，也不承担风险。例如食品经纪人、房地产经纪人、保险经纪人和证券经纪人
代理商	比经纪人更固定地代表买方或卖方，有 4 种类型
厂家代理商	代理两个或多个互补产品线的生产商。与每个生产商签订正式的书面协议，包括定价、销售区域、订单处理、交付服务、售后和佣金率。多用于服装、家具和电器等产品线。大多数生产商的代理商都是小企业，只拥有很少的专业销售人员，受雇于那些负担不起自建销售队伍的小型生产商，以及那些利用代理商开拓新市场或覆盖无法支持全职销售人员的地区的大型生产商

类型	描述
销售代理商	根据合同授权销售生产商的全部产品。 生产商要么对销售不感兴趣，要么觉得自己无法胜任。 销售代理商如同生产商的销售部门，对价格、条款和销售条件有重大影响。 常见于纺织品、工业机械和设备、煤炭和焦炭、化学品以及金属等产品领域
采购代理商	一般与买方拥有长期关系并为其采购，经常为买方接收、检验、存储和运输商品。 他们为买方提供有用的市场信息，并帮助买方获得最好的商品和价格
佣金商	实际占有产品并进行销售谈判。 通常情况下，他们不会长期受雇。 最常用于农业营销，被那些既不想自己销售产品又不隶属于农场主合作社的农场主使用。 佣金商把一卡车商品运到中心市场，以最好的价格销售，扣除佣金和费用，然后将余额交给生产商
生产商和零售商的分支机构和办事处	由卖方或买方自己而不是通过独立批发商经营的批发业务。 由独立的分支机构和办事处专门负责销售或采购
销售分支机构和办事处	由生产商建立以改善库存控制、销售和促销。 销售分支机构持有库存，常见于木材、汽车设备和零件等行业。 销售办事处不持有库存，在干货和小商品行业最为常见
采购办事处	扮演类似于经纪人或代理商的角色，但属于买方组织的一部分。 许多零售商在香港、东京、上海和台北等主要市场中心设立了采购办事处

经纪人和代理商与批发销售商的不同之处体现在两方面：一是不拥有货物的所有权，二是只履行少数职能。与批发销售商一样，他们通常根据产品线或顾客类型进行专业化分工。**经纪人（broker）**把买卖双方撮合在一起，协助谈判。**代理商（agent）**固定代表买方或卖方。厂家代理商（也称为厂家代表）是最常见的代理商。还有一种主要的批发商类型是由卖方或买方自己在**生产商的销售分支机构和办事处（manufacturers' sales branches and offices）**进行批发，而不通过独立的批发商。

批发商营销决策

批发商现在面临着日益增长的竞争压力、要求更高的顾客、新技术以及大型工业、机构和零售商更多采取直接采购方案。因此，他们重新审视了自己的营销战略。与零售商一样，他们的营销决策包括批发市场细分和目标市场选择、差异化和服务定位以及批发营销组

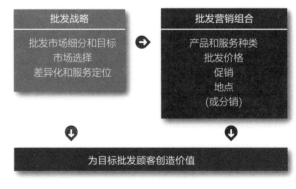

图 13-2　批发商营销决策

合——产品和服务种类、批发价格、促销和地点（或分销）（见图 13-2）。

批发市场细分、目标市场选择、差异化和服务定位决策

像零售商一样，批发商也必须进行市场细分和目标市场选择，并有效地进行差异化和服务定位——他们不可能为所有人服务。他们可以根据顾客规模（仅限大型零售商）、顾客类型（仅限便利店）、服务需求（需要信贷的顾客）或其他因

素来选择目标群体。在目标群体中，他们可以识别最有利可图的顾客，设计更好的产品，并与其建立更好的关系。他们可以提供自动再订货系统，建立管理培训和咨询系统，甚至发起自愿连锁。批发商还可以通过设置订单规模下限或对小规模订单增加服务费来将低利润顾客拒之门外。

营销组合决策

像零售商一样，批发商也必须决定产品种类和服务、价格、促销和地点。批发商的"产品"是其提供的各种各样的产品和服务。批发商承受着巨大的压力，他们必须保持全线供应和充足的库存，以确保即时交货。但这种做法有损利润。如今，批发商正在减少他们经营的产品线数量，选择只经营利润更高的产品。批发商也在重新考虑哪些服务对建立牢固的顾客关系最为重要，哪些服务应该被取消。关键是要找到目标顾客高度重视的服务组合。

价格也是批发商要做的重要决策。批发商通常在商品成本的基础上按一定的标准加价，比如20%。费用可能高达毛利的17%，剩下3%为纯利润。在杂货批发中，平均利润率通常不到2%。批发商也在尝试新的定价方法，以开拓新市场，增加销售额。为了赢得重要的新顾客，他们可能会削减某些业务的利润率。他们也可能会通过提高销售业绩来向供应商索要特殊的价格优惠。然而，各国的利润率不同，亚洲国家的利润率往往比美国和欧洲小。由于分销渠道很长，批发商在日本的利润率甚至更低，在中国香港则是由于竞争激烈也是如此。

虽然促销对批发商的成功至关重要，但大多数批发商都没有促销意识。他们对贸易广告、促销、人员销售和公共关系的使用在很大程度上是松散和无计划的。许多批发商在人员销售方面落后于时代，他们仍然认为销售过程是一个销售人员与一个顾客交谈，而不是一个团队努力向主要顾客销售和服务的过程。批发商还需要采用零售商使用的一些非个人的促销技巧，制定一个全面的促销战略，并更多地利用供应商的促销材料和计划。数字和社交媒体在批发促销中也扮演着越来越重要的角色。

最后，地点很重要，批发商必须谨慎选择位置、设施和其他地点。批发商通常选址在租金低、税收低的地区，并倾向于在建筑、设备和系统上投入很少资金。然而如今，随着技术的进步，这样的选择导致了过时的材料处理系统、订单处理系统和交付系统。

如今的大型批发商通过投资自动化仓库和IT系统来应对不断上涨的成本。订单直接从零售商的信息系统输送到批发商的信息系统，然后机械设备分拣产品，再将它们送到一个运输平台进行装运。大多数大型批发商使用技术来完成会计、账单、库存控制和预测等职能。现代批发商正在调整自身的服务以适应目标顾客的需要，并寻找降低成本的经营方法，他们也完成更多的在线交易业务。

批发趋势

如今的批发商面临着相当大的挑战。该行业仍然容易受到对更高效率的需求的困扰。紧缩的经济环境和零售商的困境导致了对更低价格的需求，那些不能基于成本和质量增加价值的供应商被淘汰。先进的批发商不断寻找更好的方法来满足其供应商和目标顾客不断变化的需求，他们认识到自己存在的唯一理由就是增加价值，而这是通过提高整个营销渠道的效率和效果来实现的。与其他类型的营销人员一样，批发商的目标是建立增值的顾客关系。

大型零售商和大型批发商之间的界限一直很模糊。许多零售商现在以批发俱乐部等形式经营，履行了很多批发职能。反过来，一些大型批发商正在建立自己的零售业务。

批发商将继续增加为零售商提供的服务——零售定价、合作广告、营销和管理信息服务、会计服务、在线交易等。然而，更注重价值的环境和对服务需求的增加都挤压了批发商的利润空间。找不到有效方式为顾客提供价值的批发商很快会被淘汰。幸运的是，计算机化、自动化和基于互联网的系统将有助于批发商控制订购、运输和库存成本，从而提高生产力。

目标回顾

零售和批发包括将产品和服务从生产点运送到使用点的组织。在本章中，我们研究了零售的性质和重要性、零售商的主要类型、零售商决策，以及零售的未来。然后，我们针对批发商讨论了同样的主题。

目标1：解释零售商在分销渠道中的作用，并描述零售商的主要类型。

零售包括将产品或服务直接销售给用于个人而非商业用途的最终消费者的所有活动。在购买过程的最后阶段，零售商在连接品牌与消费者方面发挥着重要作用。在购物者营销中，整个营销过程的重点是在购物者接近销售点时将其转变为购买者，无论是在店内、线上还是移动购物的过程中。

互联网时代消费者的购物和购买方式引起了零售业的剧变。购买者已经成为全渠道消费者，改变了零售商店在购买过程中的角色。亚马逊及其他在线商家蓬勃发展，传统的实体零售商却举步维艰。为了取得成功，未来的零售商必须采用全渠道零售，创造一种无缝的跨渠道购买体验，将店内、在线和移动购物融为一体。

零售商店有各种形式和规模，新零售业态不断涌现。商店零售商可以根据其提供的服务量（自助服务、有限服务、全面服务）、销售的产品线（专卖店、百货商店、超级市场、便利店、超级商店）和相对价格（折扣店、廉价零售商）进行分类。如今，许多零售商以公司和契约零售组织（企业连锁、自愿连锁、零售商合作组织、特许经营组织、商业集团）的形式联合在一起。

目标2：讨论零售商如何使用全渠道零售来满足当今数字化连接的消费者对跨渠道购物的需求。

在这个互联网、智能手机、移动应用程序、社交媒体和所有事物都数字化的时代，零售购物过程发生了根本性的变化。今天的全渠道消费者在整个购买过程中很容易在线上和店内渠道之间转换，他们轻而易举地在线上研究产品和价格，在家或办公室、在商店，或二者之间的任何地方进行数字化购物。人们购物方式的巨大转变要求零售商对其经营方式进行彻底改革。全渠道购买需要全渠道零售——将所有可用的渠道和设备整合为一个无缝的购物体验。

全渠道零售不仅仅是帮助店内消费者在移动设备上进行交叉购物，它需要仔细整合所有可用的购物渠道，包括店内和店外，从发现到购买。为此，大多数大型零售商现在都在增加在线和数字销售功能，并将它们与实体店联系起来。关键是要将这些要素结合起来，创造当今消费者所寻求的无缝的、"随时随地"的全渠道购物体验。

目标3：描述主要的零售商营销决策。

零售商总是在寻找新的营销战略来吸引和留住消费者。它们面临的主要营销决策包括零售市场细分和目标市场选择、门店差异化和定位以及零售商营销组合。

零售商必须首先进行市场细分和目标市场选择，然后决定如何在这些市场中进行差异化和定位。那些试图"提供适合每一个人的产品"的企业最终将无法满足任何市场的需求。相比之下，成功的零售商清楚地定义自己的目标市场，并给自己确定强有力的定位。

在强有力的目标市场和定位的指导下，零售商必须决定其零售商营销组合——产品和服务种类、价格、促销和地点。零售商店不仅仅提供简单的产品种类，除了提供的产品和服务之外，如今成功的零售商还精心策划了店内体验的每一个方面。零售商的价格策略必须考虑其目标市场和定位、产品和服务种类以及竞争环境。零售商可以使用五种促销手段的不同组合（广告、人员销售、销售促进、公共关系、直接和社交媒体营销）来触达消费者。在线、移动和社交媒体工具在帮助零售商与顾客互动方面发挥着越来越大的作用。最后，重要的是，零售商选择的地点要接近目标市场，并且所在地区与其定位一致。

目标4：讨论零售业的主要趋势和发展。

零售商在一个竞争激烈和快速变化的环境中经营，这带来了威胁，也提供了机会。在多年的经济快速发展之后，零售商如今正在适应新的经济现实和节俭的消费者。新零售业态不断涌现，然而与此同时，各种类型的零售商越来越多地为消费者提供相同的产品和价格（零售趋同），这使得差异化变得更加困难。零售业的其他趋势还包括超大零售商的崛起、零售科技的重要性与日俱增、绿色零售的激增以及主要零售商的全球扩张。

目标5：解释批发商的主要类型及其营销决策。

批发包括向用于转售或商业用途的购买者销售商品和服务的所有活动。批发商分为三类：批发销售商拥有产品，包括全方位服务批发商和有限服务批发商。代理商和经纪人不拥有货物的所有权，但是可以协助完成买卖过程并收取佣金。生产商和零售商的分支机构和办事处是由非批发商绕过批发商进行批发业务。

和零售商一样，批发商也必须谨慎地选择目标市场并进行强有力的定位。而且与零售商一样，批发商也需要决定产品和服务种类、价格、促销和地点。先进的批发商不断寻找更好的方法来满足供应商和目标顾客不断变化的需求，他们认识到长远来看，自己的存在就是为了增加价值，而这是通过提高整个营销渠道的效率和效果来实现的。与其他类型的营销人员一样，批发商的目标是建立增值的顾客关系。

第 14 章　传播顾客价值：整合营销传播战略

目标概览

目标1　定义传播顾客价值的 5 种促销组合工具。

目标 2　讨论传播格局的变化和整合营销传播的必要性。

目标 3　概述传播过程和开发有效营销传播的步骤。

目标 4　解释制定促销预算的方法和影响促销组合设计的因素。

内容导览

在本章和接下来的三章中，我们将研究最后一种营销组合工具——促销。企业要做的不仅仅是创造顾客价值，还必须利用促销来清晰而有说服力地传播顾客价值。你会发现促销并不是一个单一的工具，而是多种工具的组合。在理想情况下，使用整合营销传播的理念，企业精心协调促销要素，以传递关于组织及其产品的清晰、一致、有力的信息。

我们将先介绍各种促销组合工具，接下来探讨快速变化的传播环境和整合营销传播的必要性，最后讨论开发营销传播和制定促销预算的过程中所涉及的步骤。在接下来的三章中，我们将讨论具体的营销传播工具。

让我们先来看看精灵宝可梦 Go 如何利用线下和线上沟通获得成功。

精灵宝可梦 Go：优化"从线下到线上"营销

精灵宝可梦 Go 是任天堂出品的一款基于应用程序的免费游戏，曾经一夜之间轰动全球，成为一个文化和社会现象。全世界的人们都被这个创意吸引了，他们可以在移动设备上使用定位服务来捕捉出现在屏幕上的 150 个精灵宝可梦角色，就好像它们存在于现实世界一样。

True Images/Alamy Stock Photo

精灵宝可梦 Go 打破了此前苹果 App Store 和谷歌 Play Store 上手机游戏应用程序的记录，在发行后的 24 小时内，精灵宝可梦 Go 便跻身安卓十大热门游戏和美国 App Store 热门游戏。它的流行使下载量激增，导致服务器过载严重，延迟了该游戏在其他国家的发布。

精灵宝可梦 Go 的成功在很大程度上依赖于它对目标市场的明智选择。尽管在儿童中非常受欢迎，但精灵宝可梦 Go 的主要目标市场是在 21 世纪初看过精灵宝可梦动漫、玩过精灵宝可梦游戏、收集过精灵宝可梦卡牌的千禧一代。精灵宝可梦是这一群体童年的重要组成部分，其中的角色深受该群体喜爱和追捧。因此精灵宝可梦瞄准了这些现在已经成年的人，他们迷恋电子设备、数字媒体和社交媒体。对于很多怀旧的千禧一代来说，精灵宝可梦 Go 的发布唤起了他们无忧无虑的童年回忆。

"它与社区互动，利用用户共创和用户生成的内容来推广游戏。营销策略被植入游戏玩法中。"

精灵宝可梦 Go 让千禧一代有机会通过免费的技术重温童年，因此大受欢迎。通过尖端数字技术将增强现实、基于位置的服务以及简单照片共享的社区创建内容相结合，一个标志性品牌再次焕发活力。这款游戏通过口碑迅速传播开来。精灵宝可梦 Go 还有效地使用了内容营销。它与社区互动，利用用户共创和用户生成的内容来推广游戏。营销策略被植入游戏玩法中。

精灵宝可梦 Go 诠释了如何将线上和线下平台结合起来，为用户提供卓越的连接、社交和探索体验。这款游戏线下的亮点是，为寻找精灵，玩家必须出去走走，很多人称赞该游戏促进了健康的生活方式。这款游戏还鼓励玩家发起自发集会，从而在世界各地的许多城市创建了网络。玩家们聚集在一起，而不玩游戏的人则好奇玩家在做什么。"Pokémon walks"吸引了大量粉丝，具有巨大的推广价值——它们由忠实玩家发起和支持，没有任何直接的公关活动动机。在这些活动中，数百人四处走动，同时盯着自己的手机寻找精灵。这一活动在社交媒体上创造了有价值的讨论：大家想要了解到底是什么令人们对该游戏如此着迷。

早期，社交媒体上有很多最终陷入有趣境地的人物照片，以及人们在寻找或试图捕捉精灵宝可梦时遭遇意外的报道。这些报道使精灵宝可梦 Go 不断出现在新闻中。精灵宝可梦 Go 基本不使用付费广告——几乎没有任何电视广告、条幅广告或报纸广告。几乎所有推广都来自游戏发行前在游戏和影响者社区进行的互动。

为了在发行前大肆宣传，精灵宝可梦 Go 采用了创新和非传统的营销战略。它首先通过一款短暂上线的病毒式游戏进行概念测试，这款游戏让用户使用谷歌地图来捕捉精灵宝可梦。然后再发布一个有趣且吸引人的预告片，随后是视频和预告截图以引起人们对游戏的兴趣。接着游戏开发者进行现场测试，并在电子娱乐博览会（Electronic Entertainment Expo）上展示精灵宝可梦 Go。游戏发行后，任天堂仅依靠蜂鸣营销和口碑进行推广。

这一方法非常有效，因为它将营销和推广融入游戏中。它鼓励用户玩乐、分享、享受、创造、探索和社交。将游戏与线下活动相结合，比如利用定位服务步行前往捕捉玩家童年时期最喜欢的角色的虚拟形象，以及通过在线社交平台与活跃的网络社区进行分享，都展示了精灵宝可梦 Go 对不同传播方式的伟大融合。精灵宝可梦 Go 的巨大成功证明了品牌、数字技术和社交媒体对当今精通数字技术的消费者的影响力，因为玩家通过与其他玩家和朋友分享内容而成为内容的共创者，甚至是品牌拥护者。

促销组合

建立良好的顾客关系需要的不仅是开发一个好产品、设定有吸引力的价格以及使目标顾客买得到，企业还必须吸引顾客，并向顾客传达自己的价值主张，而且传播的内容不能顺其自然。所有的沟通都必须经过计划，并融入精心整合的项目中。正如良好的沟通在建立和维持任何一种关系中都很重要，它在企业努力培养可盈利顾客关系的过程中也至关重要。

企业的**整体促销组合（promotion mix）**，也称**营销传播组合（marketing communications mix）**，由广告、销售促进、公共关系、人员销售和直接营销等工具组成，企业使用这些工具来有效传播顾客价值并建立顾客关系。这 5 种促销工具的定义如下：

广告。由特定的赞助商付款，对理念、产品或服务进行的非人员展示和促销形式。

销售促进。鼓励购买或销售产品或服务的短期激励措施。

公共关系。通过积极的宣传，创造优质的企业形象，处理或消除不利的谣言、故事和事件，与企业面对的公众建立良好的关系。

人员销售。企业销售人员为销售和建立顾客关系而进行的人员展示。

直接营销。与精心挑选的目标顾客建立直接联系，以获得即时反馈和培养持久的顾客关系，包括使用直接邮寄、电话、直接回应电视、电子邮件、互联网及其他工具与特定顾客直接沟通。

每一类都包含特定的促销工具，用于与消费者沟通。例如，**广告（advertising）**包括广播、印刷、网络、户外等多种形式，**销售促进（sales promotion）**包括折扣、优惠券、展示和演示，**公共关系（public relations）**包括新闻稿、赞助、特别活动和网页，**人员销售（personal selling）**包括销售演示、贸易展览和激励计划，**直接营销（direct marketing）**包括目录、电子邮件、在线和社交媒体、移动营销等。

产品　　价格　　促销　　渠道

整体营销组合——*产品、价格、促销和渠道必须协调一致，才能达到最佳的传播效果。*

同时，营销传播也超越了这些特定的促销工具。产品的设计、价格、包装的形状和颜色以及销售产品的商店，这些都向顾客传达某些信息。因此，虽然促销组合是企业的主要传播活动，但整体营销组合，即产品、价格、促销和渠道，必须协调一致，才能达到最佳的传播效果。

整合营销传播

在过去的几十年里，营销人员已经掌握了大众营销的精髓：向众多消费者销售高度标准化的产品。在这一过程中，他们开发出了有效的大众媒体传播技术来支持其大众营销战略。大企业通常会在电视、杂志或其他大众媒体广告上投入数百万甚至数十亿美元，通过一条广告就能触达数千万消费者。然而，如今的营销经理面临着新的营销传播现实。也许没有哪个营销领域像营销传播那样发生了如此深刻的变化，为营销传播者创造了既激动人心又充满挑战的时代。

新营销传播模式

几个主要因素正在改变当今营销传播的面貌。首先，消费者正在发生改变。数字时代的消费者信息更灵通、沟通更主动。他们不需要依赖营销人员提供信息，而是利用互联网、社会媒体及其他技术来寻找信息。他们可以很容易地与其他消费者交流品牌相关的信息，甚至是创造自己的品牌信息和体验。

其次，营销战略正在改变。随着大众市场出现分化，营销人员正在改变大众营销战略。越来越多的企业开发有针对性的营销计划，以便在更聚焦的微型市场与消费者建立更密切的关系。

最后，数字技术的进步显著改变了企业和消费者之间的沟通方式。数字时代催生了大量新的信息和沟通工具，从智能手机和平板电脑到互联网上的众多选择（品牌网站、电子邮件、博客、流媒体内容、社交媒体和在线社区、移动互联网、元宇宙、NFT等）。正如大众营销曾引发了大众媒体传播的新浪潮，数字和社交媒体创造了一种更有针对性、更社会化、更吸引人的营销传播模式。

尽管网络电视、杂志、报纸及其他传统大众媒体仍然很重要，但它们的主导地位正在下降。取而代之的是，广告商使用大量专业并具有高度针对性的媒体，以更个性化、更具互动性的内容吸引较小的消费者群体。新媒体包括专业有线电视频道、在线视频和广告、电子邮件和短信、博客、移动目录、优惠券以及一系列迅速发展的社交媒体平台。这些新媒体改变了市场营销的面貌。

一些广告业专家预测，旧的大众媒体传播模式最终将会过时。大众媒体的成本在上升，受众在萎缩，广告越来越杂乱，观众正在通过使用流媒体内容等不含广告的新形式来控制接收的信息。因此，营销人员正在将越来越多的营销预算从传统主流媒体转移到在线、社交和移动媒体上。

越来越多的大型广告商——耐克、宝洁、联合利华等，正在采用"数字优先"的方式来打造自己的品牌。例如，联合利华将其全球营销预算的40%用于数字媒体。此外，一些营销人员现在几乎完全依赖数字和社交媒体。例如，阿迪达斯已经完全放弃了电视广告，只使用数字渠道来吸引年轻消费者，这些消费者主要通过移动设备与该品牌互动。

　　传统的方式会打断消费者并强行向他们灌输大量信息，而在当前的营销传播世界里，新媒体形式使营销人员能够以更吸引人的方式触达更小的消费者群体。例如，消费者如今几乎可以在任何屏幕上观看他们喜欢的节目——电视、平板电脑、智能手机或笔记本电脑。他们可以随时随地观看节目，而且通常没有广告。越来越多的节目、广告和视频只供在线观看。

新营销传播模式——营销人员正在将越来越多的营销预算从传统媒体转移到在线、社交和移动媒体上。如今，阿迪达斯只使用数字渠道来吸引年轻消费者。

　　然而，尽管企业在向数字媒体转变，传统的大众媒体仍然在多数大型营销企业促销预算中占据相当大的比例。因此，大多数营销人员都预见到，传统大众媒体不会彻底崩塌，而是会与在线、移动和社交媒体相结合，以个性化的方式吸引目标消费者群体。最终，无论采用何种传播模式，关键都是要整合这些媒体，以吸引消费者、传达品牌信息、增强消费者品牌体验。

　　随着营销传播环境的变化，营销传播者的角色也在发生变化。如今，许多营销人员将自己视为内容营销经理，而不仅仅是制作和投放电视或平面广告或 Instagram 故事。因此，他们创造、激励和分享品牌信息，并通过付费、自有、免费和共享的沟通渠道与消费者进行交流。这些渠道包括传统媒体和新媒体、受控媒体和非受控媒体。一位广告公司高管指出，这已经不仅仅是广告了："现在，重要的是（传播）环境和渠道，而不仅仅是信息本身。我们要规划消费者的旅程，从与其对话开始，然后消费者才有可能在这个整合的旅程中参与、购买和宣传。"（见营销实践 14.1）。

营销实践 14.1

不要称之为广告：这是内容营销

　　在过去美好的日子里，广告商的工作似乎很简单。当一个品牌需要广告宣传时，每个人都知道这意味着什么。品牌团队和广告公司想出创意策略，制订媒体计划，制作并投放一系列电视广告和杂志、报纸广告，并发布新闻稿来传播消息。但在如今这个数字时代，清晰界定广告活动的框架，并把广告投放在定义明确的媒体上的旧做法已经行不通了。

　　传统广告与新的数字内容之间的界限正迅速变得模糊。为了保持相关性，如今的品牌信息必须是社交的、移动的、互动的、吸引人的、多平台的。一位业内人士表示："今天的媒体格局越来越多样化——有广播、有线电视和流媒体，有在线、平板电脑和智能手机，有视频、富媒体、社交媒体、品牌内容、横幅、应用程序、应用内广告和互动技术产品。"

新的数字格局对广告的定义提出了质疑。"广告到底是什么?"一个充满挑衅性的标题问到。另一个标题则告诫说，随你怎么称呼，但"就是不要称之为广告"。根据许多营销人员的说法，这是内容营销，即创造和传播各种引人注目的内容，吸引消费者，与消费者建立关系，在消费者之间建立关系，使消费者向其他人宣传品牌。为了满足当今数字和社交媒体体系的需求，并维持"始终在线"的消费者对话，品牌需要在传统和数字平台上不断提供新鲜内容。

现在许多广告商和营销人员将自己视为内容营销经理，他们创造、激励、分享和策划营销内容，包括他们自己的内容以及消费者创造的内容。他们没有使用传统的媒体分类，而是在一个新的框架下工作，这个框架决定了如何以及由谁来创建、控制和发布营销内容。新的分类确定了四种主要的媒体类型，分别为：付费媒体、自有媒体、免费媒体和共享媒体（POES）。

付费媒体——由营销人员支付的促销渠道，包括传统媒体（电视、广播、印刷品或户外广告）以及在线和数字媒体（付费搜索广告、网络和社交媒体广告、移动广告或电子邮件营销）。

自有媒体——企业拥有和控制的促销渠道，包括企业网站、企业博客、企业拥有的社交媒体页面、专有品牌社区、销售人员和活动。

免费媒体——公关媒体渠道，如电视、报纸、博客、在线视频网站和其他媒体，这些媒体不由营销人员直接付费或控制，而是根据观众、读者或用户的兴趣而产生内容。

共享媒体——消费者之间共享的媒体，如社交媒体、博客、移动媒体和传统的口碑。

过去，广告商专注于传统的付费（广播和印刷品）或免费（公共关系）媒体。然而如今，内容营销人员已经迅速做出调整，增加了新一代的数字化自有（网站、博客和品牌社区）和共享（在线社交、移动和电子邮件）媒体。过去，成功的付费广告本身就是目的，而现在，营销人员必须开发整合营销内容，利用所有媒体渠道的综合力量。因此，许多电视广告不再仅仅是电视广告，而是你可能在电视屏幕、平板电脑或手机等任何地方看到的"视频内容"。还有一些视频内容看起来很像电视广告，但从未在电视上投放，比如发布在网站或社交媒体上的在线视频。同样，印刷的品牌信息和图片不再只出现在精心制作的杂志广告或产品目录中。这些由各种来源创造的内容可能出现在正式广告、在线品牌页面、移动和社交媒体以及独立博客中。

新的内容营销活动看起来与以前的广告活动大不相同。以 Intuit 为例，它是一家美国商业和金融软件公司，针对小企业、会计师和个人开发和销售财务、会计

PRINCIPLES OF MARKETING 营销的原则（原书第5版）

及报税软件和相关服务。它旗下的品牌 TurboTax、Mint、QuickBooks 已经家喻户晓，但 Intuit 希望将其产品统一放在一个共同的、引人注目的公司品牌下。为此它制定了一个大胆的促销活动。为了在当今复杂的媒体环境中吸引消费者，Intuit 所做的远比传统的电视广告多得多。它创建了一个内容丰富的活动，并将其发布到传统和数字平台上。

最初的活动是将一个四分钟的动画视频分享在 YouTube、Facebook 和 Intuit 的网站上。这段视频是一部皮克斯风格的动画短片，名为《巨人的故事》（*Giant Story*），介绍了一个可爱的巨型机器人，它代表 Intuit 各种产品的强大功能。这部精美的动画讲述了一个未来世界的故事，工程师帕里（Pari）看着自己的朋友皮特（Pete）因拥有和经营自己的花店而背负沉重的经济负担。为了帮助他，帕里发明了 Intuit Giant，它利用 TurboTax、QuickBooks 和 Mint 的力量，帮助皮特减少管理财务所花费的时间，将更多的时间用在业务发展上。

《巨人的故事》广告活动将 QuickBooks、Mint 和 TurboTax 定位为一个生态系统——一套传递 Intuit "助力繁荣" 承诺的小企业必备产品。在 Facebook、Instagram 和 Twitter 上还有大量其他电视广告和视频片段，呈现的是 Intuit 故事的精简版本，鼓励观众在 YouTube 上观看完整的视频。Instagram 上的一则广告宣布："这是一个巨人的故事。"另一则广告则鼓励道："敬请观看，看看 Intuit Giant 能为你做些什么。"

内容营销——随着传统广告和新的数字内容之间的界限迅速变得模糊，营销人员将自己视为内容营销经理，他们创造、激励、分享和策划营销内容，包括他们自己的内容以及消费者创造的内容。

通过巧妙地整合 POES 渠道，Intuit 的《巨人的故事》广告活动产生了惊人的效果。在首次发布的当天，在没有任何付费媒体发布的情况下，这段四分钟的视频就获得了超过 100 万的观看量。仅前三个月这段视频就在 YouTube 上获得了 2200 万次点击，在 Facebook 上还获得了 300 万次点击。最重要的是，在《巨人的故事》广告活动之后，Intuit 的广告记忆度上升了 26%，品牌知名度上升了 17%，品牌好感度上升了 27%。

我们不能再称之为 "广告" 了。如今瞬息万变甚至有些混乱的营销传播环境需要的不仅仅是在定义明确和受控制的媒体空间制作和投放广告，今天的营销传播者必须是营销内容战略家、创造者、连接器和催化剂，他们管理着与消费者之间的品牌对话，并帮助这些对话通过各种渠道传播。这是一个很高的要求，但如今，任何事情都是有可能的！

来源：Kerry Flynn，"Inside Intuit's First Ad Campaign," Digiday，29 May 2018，www. digiday. com；Evelyn Timson，"Understanding Paid, Owned, Earned and Shared Media," Business West，7 February 2018，www. businesswest. co. uk；Randall Rothenberg，"What Is Advertising Anyway?" Adweek，16 September 2013；Gini Dietrich，"Why and How PR Pros Should Adopt the PESO Model," PR Daily，18 January 2020，www. prdaily. com；Kyle O'Brien，"Intuit Promotes Its Suite of Products with Engaging Entrepreneurial Animation," The Drum，8 February 2019，www. thedrum. com；Intuit，"Intuit：A Giant Story," YouTube，1 February 2018，www. youtube. com，accessed October 2019；Intuit，"Intuit：AProsperity Story," You Tube，9 February 2019，www. youtube. com，accessed October2019；and Spencer Cook，"Intuit：Giant Skip," 14 February 2019，www. youtube. com，accessed October 2019.

营销的原则

14.3

整合营销传播的必要性

向更加丰富的媒体和内容方法的转变给营销人员带来了一个问题。今天的消费者受到来自各种渠道的品牌信息的轰炸，但企业往往无法整合不同沟通渠道的信息，可能大众媒体广告说的是一回事，企业的网站、社交媒体页面和帖子、视频或电子邮件说的又是另一回事。

一个问题是，不同的营销内容往往来自企业的不同部门。广告部门或广告代理机构准备广告信息，其他部门或机构创建公共关系信息、销售促进活动以及网络、移动或社交媒体内容。然而，消费者并不像营销人员那样去区分内容来源。对于消费者来说，不同来源的品牌相关内容——无论是电视广告、店内展示、移动应用程序，还是朋友的社交媒体帖子——都会整合在一起形成一条关于品牌或企业的信息。因此，这些不同来源的相互矛盾的内容可能会导致企业形象、品牌定位和顾客关系的混乱。

因此，在线、移动和社交媒体营销的爆炸式增长给企业带来了巨大的机遇和挑战。它为营销人员提供了丰富的新工具，用以了解消费者和与消费者互动。与此同时，它使营销传播变得复杂，甚至是碎片化，企业面临的挑战是如何有组织地将所有工具整合在一起。为此，大多数企业都采用**整合营销传播（integrated marketing communications，IMC）**，通过这种方式，企业谨慎地整合多种沟通渠道，以传递关于组织及其品牌的清晰、一致、令人信服的信息（见图 14-1）。

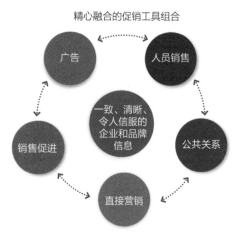

图 14-1　整合营销传播

通常，不同的媒体在吸引、告知和说服消费者方面发挥着不同的作用。例如，一项研究表明，超过三分之二的广告商及其代理所计划的视频广告活动横跨多个观看平台，如传统电视以及数字、移动和社交媒体。这种跨平台活动将电视媒体的核心优势，即广泛的覆盖范围，与数字媒体在目标市场选择、互动和参与方面的卓越性结合在一起。整合营销传播方案必须仔细协调不同的媒体及其作用。

过去，没有一个人或部门负责考虑各种促销工具的传播作用以及协调促销组合。为了促进整合营销传播的实施，一些企业任命一名营销传播总监来负责企业的传播工作。这有助于产生更好的沟通一致性和更深远的销售影响，它将任务赋予一个人，通过不断扩展的跨平台传播活动塑造统一的企业形象。

14.4 开发有效的营销传播

传播过程概述

整合营销传播包括确定目标受众和制订一个协调良好的促销计划，以获得所期望的受众反应。营销传播关注的往往是目标市场的即时知晓、印象或偏好，但这种传播方式过于短视。如今，营销人员开始将传播视为管理消费者长期参与及其与企业和品牌关系的过程。

消费者各不相同，因此需要针对特定的细分市场、利基市场甚至个人设计不同的传播方案。而且，考虑到新的交互式传播技术，企业不仅需要问"我们如何才能吸引消费者"，还要考虑"我们如何让消费者参与进来"。

因此，传播过程应该从审视目标消费者与企业及其品牌的所有潜在联系开始。例如，购买新厨房用具的人可能会与其他人交谈、看电视广告、阅读报纸和杂志上的文章与广告、访问各种网站，并在一个或多个商店挑选用具。营销人员需要评估这些传播体验在购买过程的不同阶段可能产生的影响，这将有助于营销人员更有效地分配企业的传播预算。

为了有效地进行传播，营销人员需要了解传播是如何进行的。传播包含图 14-2 所示的九个要素，其中发送者和接收者是传播中的两个主体，信息和媒体是两个主要的传播工具，另外四个是主要的传播功能——编码、解码、响应和反馈，最后一个要素是系统中的噪声。下面以麦当劳"I'm Lovin' It"社交媒体广告为例，介绍这些要素的定义。

发送者。发送信息的一方——这里是麦当劳。

编码。将思想转化为符号形式的过程——例如，麦当劳的传播机构在广告中加入了能够传递目标信息的文字、声音和插图。

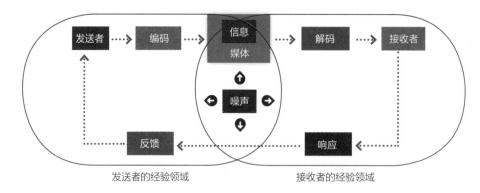

图 14 -2　传播过程要素

信息。发送者传递的一组符号——这里是麦当劳的广告。

媒体。信息从发送者传递到接收者的传播渠道——在这个例子中，麦当劳选择的社交媒体平台。

解码。接收者对发送者所编码的符号赋予含义的过程——消费者看到麦当劳的广告并解读其中的文字和图像。

接收者。接收信息的一方——看到麦当劳广告的顾客。

响应。接收者看到信息后的反应——可能有各种反应，比如消费者更喜欢麦当劳、将来更有可能在麦当劳用餐、哼唱 "I'm Lovin' It" 的广告歌曲，或者什么都不做。

反馈。传递给发送者的接收者的反应的一部分——麦当劳的研究表明，消费者被这一广告打动并记住了广告。接收者甚至可能给麦当劳发邮件或打电话，赞扬或批评其广告或产品。

噪声。传播过程中未预料到的失真或曲解，导致接收者获得的信息与发送者发送的信息不同——例如，消费者在阅读杂志时分心，从而错过了该广告的要点。

为了使信息有效，发送者的编码过程必须与接收者的解码过程相吻合。最好的信息是由接收者熟悉的文字和其他符号组成的。发送者的经验领域与接收者的经验领域重叠越多，信息就可能越有效。然而营销传播者可能并不总是与消费者的经验领域有交集。例如，来自一个社会经济阶层的广告文案撰写人可能会为来自另一个社会经济阶层的消费者（比如富裕的企业主）创作广告。然而，为了有效地传播，营销传播者必须了解消费者的经验领域。

该模型指出了有效传播的几个关键因素。发送者需要知道他们要接触什么样的受众，以及想要得到什么样的响应。他们必须善于对信息进行编码，并在编码时考虑目标受众如何解码，必须通过能够触达目标受众的媒体来发送信息，并建立反馈渠道，以便评估受众对信息的反应。此外，在如今的互动媒体环境下，企业必须准备好"翻转"传播过程——公开接收和响应来自消费者的信息。

PRINCIPLES OF MARKETING　营销的原则（原书第5版）

开发有效营销传播的步骤

现在，我们来看看制订一个有效的整合传播和促销计划所涉及的步骤。营销人员必须完成以下工作：确定目标受众，确定传播目标、设计信息、选择传播渠道和媒体、选择信息来源、收集反馈。

确定目标受众

营销传播者的脑海中首先要有清晰的目标受众。受众可能是潜在消费者、当前用户、做出购买决策的人或影响购买决策的人。受众可以是个人、群体、特殊公众或一般大众。目标受众在很大程度上影响营销传播者决定说什么、怎么说、何时说、在哪里说以及谁去说。

确定传播目标

一旦确定了目标受众，营销人员就必须确定其所期望的响应。当然，在许多情况下，他们寻求的响应是购买，但购买决策只是更广泛的消费者旅程，即消费者对品牌持续体验的总和的一部分。更广泛而言，营销传播者想要帮助消费者建立其与品牌的关系，并引导消费者完成消费者旅程的五个阶段：知晓（我知道产品）、吸引（我喜欢产品）、询问（我想更了解产品并与品牌互动）、行动（我购买产品并与产品相关联）、宣传（我向他人介绍产品）。目标是创造体验，引导消费者从品牌知晓和偏好发展为购买产品和向他人宣传品牌。

看待这一过程的另一种方式是考虑消费者可能处于 6 个**购买者准备阶段（buyer-readiness stages）** 中的任何一个阶段。消费者在进行购买时通常会经历这些阶段，包括知晓、了解、喜欢、偏好、信念和购买（见图 14-3）。

图 14-3　购买者准备阶段

营销传播者的目标消费者可能完全不知道这个产品，或只知道产品的名字，又或者对产品有一点点的了解。因此，营销传播者必须首先建立知晓和了解。例如，韩国乐天（Lotte）在改造其购物中心后，开展了一场促销活动来推广其新外观。它发布广告和新闻稿，以提高知名度。当消费者到达购物中心时会看到入口处的巨幅欢迎海报，收到如何参与促销活动的指导，以及更多购物中心的相关信息。

假设目标消费者已经了解了一个产品，那么他们对这个产品有什么感觉？一旦潜在消费者了解了改造后的购物中心，营销人员就想让他们对购物中心的感觉能向更强烈的阶段转移。这些阶段包括喜欢（对购物中心有好感）、偏好（相比其他购物中心，更喜欢乐天）、信念（认为乐天是最适合自己的购物场所）。购物中心的营销人员使用了多种促销组合工具，创造了积极的感觉和信念。广告帮助建立了品牌的情感联系，新闻发布会和其他公共关系活动强调了购物中心提供的创新购物体验。消费者持续不断地被告知有关购物活动的信息，以便他们可以从购物之旅中获得最大的收益。

推动消费者在消费者旅程中向前迈进——像乐天这样的购物中心通过广告和促销来告知消费者正在进行的购物活动，帮助他们形成对购物中心的良好印象，并说服他们到那里购物是很常见的。

最后，目标市场的一些人可能对产品深信不疑，但还没有下定决心购买。营销传播者必须引导这些目标消费者迈出最后一步。为了帮助犹豫不决的消费者克服障碍，乐天购物中心可以在商场组织特别活动，或在整个商场推出优惠活动，它还可以在自己的网站和社交媒体页面上展示消费者的评价和评论。

当然，单靠营销传播是无法让消费者对购物中心产生好感的，购物中心本身必须为消费者提供卓越价值。事实上，出色的营销传播会加速劣质产品或服务的消亡。潜在消费者对劣质产品或服务了解得越快，就越快意识到其缺陷。因此，良好的营销传播需要"善言之后有善举"。

设计信息

确定了期望的受众反应后，营销传播者就要开始设计有效的信息。在理想情况下，信息应该引起注意、诱发兴趣、激起欲望，并促成购买行动（这被称为 AIDA 模型）。在实践中，很少有信息能让消费者从知晓一路走到购买，但是 AIDA 框架强调了良好的信息所需的特质。

当信息汇聚在一起时，营销传播者必须决定说什么（信息内容）和如何说（信息结构与信息格式）。

信息内容

营销人员必须找到一个能够产生期望反应的诉求或主题。有三种类型的诉求：理性诉求、感性诉求和道德诉求。

理性诉求与受众的自身利益相关，表明产品将带来预期的收益。展示产品质量、经济价值或性能的信息都是理性诉求的例子。因此，Panadol Nasal Clear 在中国香港投放了一系列广告，向消费者介绍这种止痛药，并反复强调该产品是最佳选择。这一系列广告的口号是"即刻治愈流鼻涕"。

感性诉求试图激起受众消极或积极的情绪，从而激发购买。营销传播者可能会使用爱、骄傲、快乐、和谐、幽默等积极的感性诉求。例如，在中国，支持者声称寓意吉祥的信息会吸引更多的关注，并创造出对赞助商的喜爱和信任。著名中国白酒品牌金六福的蒸馏过程与其竞争者并没有什么不同。然而，由于其品牌名称，金六福已经获得了巨大的市场份额。"金六福"这个名字听起来就像"祝你今天有好运"，这对中国消费者来说是一种感性诉求。由于中国人一直对好运有强烈的渴望，金六福满足了他们对"好运酒"的渴望，他们在日常仪式和节日中选择这种酒，希望福气满满。

广告中讲述故事的优秀能力往往能引起人们的情感共鸣。击败了麦当劳的菲律宾本土快餐连锁店快乐蜂（Jollibee）使用了一系列引人入胜的感性广告来提升销售额。

快乐蜂（Jollibee）——尽管快乐蜂是市场领导者，但年轻一代并不总是将快乐蜂视作一个很酷的地方。市场调研显示，尽管年轻人伴随着这一品牌长大，对自己在快乐蜂店里度过的生日派对拥有美好的回忆，但随着年龄的增长，他们变得更加注重形象，并且想要走出自己成长的地方，这些地方大多是以家庭为中心的。

感性诉求——快乐蜂的感性广告建立了与追求浪漫的一代人之间的联系，让他们重新光顾该连锁餐厅。

快乐蜂开始根据真实故事为母亲节、父亲节、圣诞节等特别节日创作广告。为情人节创作的广告尤其感性，有一年，其创作的分别名为"誓言""暗恋"和"约会"的三集视频广告对大多数爱情故事往往苦乐参半的结局进行了不同的诠释。

"暗恋"广告讲述了一个害羞的男孩暗恋同学的故事。他从快乐蜂购买她最喜欢的汉堡，然后把汉堡放在她的储物柜里或者她的椅子上，并在汉堡上贴上一张便利贴，上面写着"早上好"或"微笑"。由于不知道暗恋者的身份，这个女孩爱上了另一位同学，令男孩感到非常失望，他似乎失去了一切。但后来女孩发现了汉堡是谁留下的，问题迎刃而解。这则广告的高潮是一次返校活动，在活动中，已经上了年纪的女孩正在与一位老人聊天，然后她那位已经年老的暗恋者走了过来，拿着一个快乐蜂汉堡和一张写着"对不起"的便利贴，因为他迟到了，他不得不先把孙子们哄上床睡觉。很明显，他们已经结婚了。当他们拥抱时，屏幕上出现了"献给那些没有放弃爱的人"的字样。

这些感性广告吸引了菲律宾人——爱情故事似乎总会以某人的心碎而告终，但事实并非如此。几天之内，这些广告就像病毒一样传播开来，点击量迅速超过了 500 万。作为回应，人们在社交媒体上分享自己的情人节故事。这些广告也开始在 Twitter 上成为热门（#KwentongJollibee），人们开始模仿"暗恋"广告——在汉堡上留下便利贴，为自己的恋人留言，甚至还制作视频，从自身角度为广告赋予不同的意义。

道德诉求涉及受众对什么是"正确"和什么是"恰当"的感觉。道德诉求经常被用来倡导人们支持社会事业，比如更清洁的环境、更友好的种族关系、女性平等权利以及对弱势群体的帮助。例如，高露洁的一项广告运动倡导人们"刷牙时关上水龙头"以节约用水。在一则广告中，一个发展中国家的小男孩头上顶着一个水桶，广告中写道："你在两分钟内浪费的东西，是他们全家一天的所需。"联合利华在印度和印度尼西亚的 Lifebuoy 广告中，展示了孩子们张开手掌，伸出手指，提醒其他孩子每天至少洗手五次，以保持良好的个人卫生。

信息结构

营销人员必须决定如何处理三个信息结构问题。第一个信息结构问题是，应该给出一个明确的结论，还是留给受众想象的空间。研究表明，在很多情况下，与其给出结论，广告商不如提出问题，让消费者得出结论。

第二个信息结构问题是，应该把最有力的论点首先提出来还是留到最后。首先提出这些信息有助于吸引消费者的注意力，但可能会导致虎头蛇尾。

第三个信息结构问题是，是提出单方面的论点（只说明产品的优点），还是提出双方面的论点（宣传产品优点的同时也承认产品的缺点）。通常，单方面的论点在销售演示中更有效，但如果受众拥有丰富的产品知识或听到过相反的说法，又或者产品已经存在负面联想，那么双方面的论点更有效。在这一结论的指导下，亨氏发起了"亨氏番茄酱缓慢却美味"的宣传活动，李斯特林发起了"李斯特林味道不好，但每天仅需使用两次"的宣传活动。显然，双面信息可以提高广告商的可信度，从而使消费者能够抵御竞争者发出的攻击。

信息格式

营销传播者需要设计醒目的信息格式。对于印刷广告，营销传播者需要决定标题、文案、插图和颜色。为了吸引人们的注意，广告商可以使用新奇和对比来设计吸引眼球的图片和标题、独特的格式、消息字体的大小和位置，以及颜色、形状和动态。

如果信息是在电视上展示或通过人员传播，那么这些要素以及肢体语言都必须设计好。演讲者会预先设计好每一个细节——面部表情、手势、着装、姿势以及发型。如果信息是出现在产品或其包装上，那么营销传播者必须注意其质地、气味、颜色、大小和形状。年龄及其他人口统计变量会影响消费者对颜色的感知和反应。因此，在设计有效的营销传播时，营销人员必须仔细考虑颜色及其他细节。

选择传播渠道和媒体

接下来，营销传播者必须选择传播渠道。广义上有两大类传播渠道，即人员传播渠道和非人员传播渠道。

人员传播渠道

在**人员传播渠道（personal communication channel）**中，两个或两个以上的人

直接传播信息。他们可能面对面或者通过电话、信件、电子邮件或在线聊天进行互动。人员传播渠道对营销人员和品牌来说是非常有效的，因为它们允许个人参与和反馈。

一些人员传播渠道由企业直接控制。例如，企业销售人员联系目标消费者。但也有一些关于产品的人员传播是通过企业无法直接控制的方式触达消费者的。这些渠道可能是独立专家——消费者维权人士、在线购买指南等，甚至可能是邻居、朋友、家庭成员和同事。最后一种渠道被称为**口碑影响（word-of-mouth influence）**，在许多产品领域有相当大的影响力。

对于昂贵、高风险或非常显眼的产品来说，人员影响非常重要。无论你多么大声或频繁地告诉消费者产品的"真相"，也很少会有人在了解当前用户的产品评论前就购买高价商品。我们生活在一个缺乏信任的世界，这就是为什么"亲戚或朋友推荐"在几乎所有的购买影响力调查中都名列前茅。一项研究发现，超过90%的消费者信任他们认识的人的推荐，70%的消费者相信网上发布的顾客评论，而他们对广告的信任度则为24%~62%，具体比例取决于媒体。顾客评论也是亚马逊成功提高销售额的一个主要原因。有谁在亚马逊购物时没有根据顾客评论或"购买此商品的顾客也购买了……"来购物呢？这也支持了一项调查的结论——96%的零售商认为评分和评论对增加在线销售是有效的。

企业可以利用人员传播为其服务。例如，他们可以通过向有影响力的人提供有吸引力的条款，或者对他们进行培育，使其能够将产品信息告知他人，来为自己的品牌创造意见领袖，即那些会向其求意见的人。**蜂鸣营销（buzz marketing）**是指培养意见领袖，让他们在其所在群体传播产品或服务的信息。在新加坡，政府机构利用社交媒体上有影响力的人来提高年轻人对国家预算以及节能等社会运动的兴趣。以下是中国利用直播平台上的网红来传播信息的例子。

社交媒体意见领袖——随着直播服务在中国愈发流行，越来越多的中国年轻人渴望成为网红和社交媒体影响者。一位前模特主播，每天花8个小时待在她的智能手机前，记录自己的行为和活动，并与人聊天。她扮演大姐姐的角色，倾听观众的个人问题，给出约会建议。她希望自己变得更红，能拥有大量粉丝，从而能在时尚和化妆品公司的赞助下最终成为社交媒体上

人员传播渠道——口碑是一种人员传播渠道，能够对消费者的知晓、偏好、购买意愿等产生相当大的影响。

有影响力的人。另一位网络主播，北京人张菲菲，会在周末下午带着她的观众游览北京，到咖啡厅和餐厅探店。她的直播账号有大约400万粉丝，影响范围很广。她的收入来自赞助和关于在线游戏、汽车和数字产品的直播活动，以帮助传播这些产品的相关信息。

非人员传播渠道

非人员传播渠道（non-personal communication channels） 是指不需要通过人与人之间的接触或反馈来传递信息的渠道，包括主要媒体、氛围和事件。主要媒体包括印刷媒体（报纸、杂志、邮件）、广播媒体（广播、电视）、展示媒体（广告牌、标志、海报）和在线媒体（电子邮件、网站、在线社交和分享网络）。社交媒体作为一种传播和销售手段很受欢迎，尤其是对于亚洲的小企业而言。氛围是指可以创造或加强消费者购买产品倾向的环境设计。例如，律师事务所和银行的设计旨在传递一种信任感以及消费者可能看重的其他品质。事件是企业为了向目标受众传递信息而安排好的活动。例如，公共关系部门可以安排新闻发布会、大型开幕式、表演和展览、公众参观及其他活动。

非人员传播会直接影响消费者，使用大众媒体往往还可以通过引起更多的人员传播而间接影响消费者。传播首先从电视、杂志和其他大众媒体传向意见领袖，然后再从这些意见领袖流传向更广泛的公众。因此，意见领袖是大众媒体与其受众之间的纽带，将信息传递给较少接触媒体的人。这表明，大众媒体传播者应该直接针对意见领袖，再由意见领袖把信息传递给其他人。

营销人员经常使用非人员传播渠道，通过在广告及其他促销活动中嵌入消费者的认可或口碑证据，来取代或刺激人员传播。

耐克——通过"Choose Go"跑步活动，耐克以"跑步让世界转动"为噱头在中国推出 Epic React 跑鞋。在上海举行的活动中，一个人在 50 米高的巨型旋转球体上跑步。为了创造出这种错觉，耐克在上海使用了球形的都市建筑。顶部 5 米高的隐形屏幕上显示的是正在街对面的跑步机上跑步的人。跑步者的速度与地球的旋转速度一致，使观众看上去就像是跑步者在影响地球旋转。为了增加赛事的明星效应，耐克邀请了当地的一些名人作为跑步者参加活动，包括苏炳添——中国跑得最快的人，曾在两个月内三次打破亚洲短跑纪录。在他们跑步时，"苏炳添让世界转动"的字样显示在旋转的地球上。这一活动引起了大量关注，两个小时内便有超过 200 万人进行了在线观看。

选择信息来源

无论是人员传播还是非人员传播，受众对传播者的看法会影响信息对目标受众的影响力。来源高度可信的消息通常更具说服力。因此，许多食品企业向医生、牙医和其他卫生保健提供者促销产品，以激励这些专业人员向患者推荐它们的产品。营销人员还会聘用名人进行代言，如知名运动员、演员，甚至是卡通人物，来传播他们的信息。

克里斯蒂亚诺·罗纳尔多与 Shopee——在线购物平台 Shopee 在名为 "What Have You Done?" 的广告活动中邀请葡萄牙足球明星克里斯蒂亚诺·罗纳尔多（Cristiano Ronaldo, 简称 C 罗）进行代言。当 Shopee 宣布与 C 罗签约时，人们在社交媒体上表达了自己的期待和兴奋，很多帖子都提到了 C 罗和 Shopee。根据一份社交媒体报告，C 罗的粉丝大部分年龄在 18～35 岁。与其他足球运动员相比，他拥有大量的女性粉丝，大约 22% 的粉丝是女性。在 Shopee 上关于 C 罗的社交媒体帖子中，参与度最高的是 18～35 岁年龄段的人，他们也喜欢在线购物。超过 60% 的参与者来自女性，这意味着女性社交媒体用户对 C 罗的广告活动高度响应，即使她们不一定是足球迷。那么请 C 罗做形象大使对 Shopee 的品牌形象有什么影响呢？一项研究发现，C 罗提升了 Shopee 的企业形象，对

名人代言——对 Shopee 来说，签下足球明星克里斯蒂亚诺·罗纳尔多似乎是非常正确的举动。C 罗的形象吸引了人们的注意，减少了人们之前对 Shopee 的负面看法。

Shopee 的负面情绪从 3.55% 降至 1.90%。此外，社交媒体上关于 Shopee 的讨论被该广告活动主导，与 Shopee 相关的帖子中超过 80% 都是关于该广告活动的。

企业必须仔细挑选名人来代表自己的品牌。选错代言人可能导致品牌形象受损。泰格·伍兹（Tiger Woods）陷入婚姻失败的丑闻后，耐克和泰格豪雅终止了与他的合作。此外，《纸牌屋》男星凯文·史派西（Kevin Spacey）的代言合同也因其陷入丑闻而被取消。如今对于企业而言，品牌选择合适的名人或社交媒体网红来为自己背书比以往任何时候都更重要。

收集反馈

在发布消息或其他品牌内容后，营销传播者必须研究信息对目标受众的影响，包括询问目标受众是否记得信息、见过几次信息、能够回忆起哪些点、对信息的感受如何，以及他们过去和现在对产品和企业的态度。营销传播者还需要衡量因接触信息而导致的行为结果——有多少人购买了产品、与他人讨论了产品或者访问了商店。

对营销传播的反馈可能会建议修改促销计划或者产品本身。例如，伊势丹百货公司通过电视和报纸广告向区域消费者宣传其商店、服务和促销活动。假设反馈调查表明，某地区 80% 的消费者记得看到该商店的广告，并且知道其商品和促销情况，约 60% 的消费者在过去一个月里去过伊势丹的商店，但只有 20% 的消费者对购物体验感到满意。这些结果表明，虽然促销方案提高了消费者知晓度，但伊势丹商店并没有给消费者带来他们想要的满意体验。因此，伊势丹需要在保持其成功传播方案的同时，

改善购物体验。相反，如果研究表明，只有40%的区域消费者知道该商店的商品和促销活动，其中只有30%的消费者最近去过伊势丹购物，但80%的消费者很快就会选择再次前往购物，那么在这种情况下，伊势丹就需要加强其促销方案，以充分利用其创造顾客满意度的能力。

制定总促销预算和组合

我们已经学习了制定和传播信息给目标受众的步骤。那么，企业如何确定总促销预算和主要促销工具的预算分配，以创建促销组合呢？又通过怎样的过程将这些工具融合起来创建整合营销传播呢？现在，我们来讨论这些问题。

制定总促销预算

企业面临的最困难的营销决策之一就是在促销上花多少钱。美国百货巨头约翰·沃纳梅克（John Wanamaker）曾经说过："我知道我在广告上的投资有一半是浪费的，但我不知道是哪一半。我花了200万美元做广告，但我不知道这仅是所需的一半还是所需的两倍。"如今，百事公司每年在广告上的花费超过10亿美元——这笔花费是太少了、刚刚好，还是太多了？考虑到这一领域的相对不确定性，各个行业和企业在促销投入上的巨大差异也就不足为奇了。

制定促销预算——百事公司每年在其众多品牌的促销上花费超过10亿美元，比如目前的百事可乐"热爱全开"活动。但这笔金额是太少了、刚刚好，还是太多了？

企业如何确定促销预算？我们来看看用于确定广告总预算的四种常用方法：量入为出法、销售百分比法、竞争对等法和目标任务法。

量入为出法

一些企业采用**量入为出法（affordable method）**，根据企业能够负担的水平来确定促销预算。小企业经常使用这种方法，原因是它们在广告上的支出不能超过其拥有的资金。它们用总收入扣除运营费用和资本支出，然后将剩余资金的一部分用于广告。

遗憾的是，这种确定预算的方法完全忽略了促销对销售的影响。即使在广告对企业的成功至关重要的情况下，该方法也倾向于把促销放在支出费用优先级排序的最后一项。这意味着年度促销预算充满不确定性，从而为长期市场规划带来了困难。虽然量入为出法可能会导致广告花费超支，但更多情况是造成广告支出不足。

销售百分比法

也有一些企业使用**销售百分比法**（percentage-of-sales method），根据当前或预期销售额的某个百分比确定促销预算，甚至可以根据单位销售价格的某个百分比来确定预算。销售百分比法有其优点，它使用简单，并鼓励管理层考虑促销支出、销售价格和单位利润之间的关系。

尽管有以上优点，销售百分比法却几乎没有什么道理。它错误地将销售视为促销的原因，而不是结果。虽然有研究发现促销支出与品牌实力之间存在正相关关系，但这种关系往往是结果与原因的关系，而不是原因与结果的关系。强势品牌拥有高销量，因此可以承担更大的广告预算。

因此，销售百分比法是基于资金的可获得性而非机会，这可能会阻止为扭转销售下降而增加促销支出。而且，由于预算会随着年销售额的变化而变化，因此很难进行长期规划。最后，该方法除了参照企业过去的行为或竞争者的行为外，不提供任何确定具体百分比的依据。

竞争对等法

还有一些企业使用**竞争对等法**（competitive-parity method），根据竞争对手的促销预算来确定自己的促销预算。它们监测竞争对手的广告，或者从出版物或行业协会获得行业的促销支出估算，并根据行业平均水平确定自己的预算。

有两个论点支持这种方法。第一，竞争对手的预算代表了行业的集体智慧。第二，支出与竞争对手相同的费用有利于防止促销战。然而遗憾的是，这两个论点都是不正确的。没有数据表明竞争对手比企业更清楚自己应该在促销上花多少钱。企业之间的差异很大，每家企业都有独特的促销需求。最后，没有证据表明基于竞争对等法的预算能够防止促销战。

目标任务法

最符合逻辑的预算制定方法是**目标任务法**（objective-and-task method），即企业根据自己想要通过促销实现的目标来制定促销预算。这种预算方法需要：①确定具体的促销目标；②确定实现这些目标所需的任务；③估计执行这些任务所需的成本。这些成本的总和即为总促销预算。

目标任务法的一个优点是，它迫使管理层阐明促销支出和促销结果之间的关系，但它也是最难应用的方法。企业通常很难弄清楚哪些具体任务能实现既定目标。例如，假设三星希望其最新款智能手机在推出 6 个月内获得 95% 的知晓度。为了实现这一目标，三星应该使用哪些具体的广告信息和媒体安排？这些信息和媒体安排要花多少钱？尽管这些问题很难回答，但三星的管理层必须考虑这些问题。

设计整体促销组合

整合营销传播的概念表明，企业必须将促销工具谨慎地整合为协调一致的促销组合，那么企业如何决定使用哪些促销工具的组合呢？同一行业内的企业在促销组合的设计上差异很大。例如，玫琳凯将其大部分促销资金用于人员销售和直接营销，而SK‐II则将大量资金用于消费者广告。

促销工具的特性

每种促销工具都有其独特性和不同的成本，营销人员在设计促销组合时必须了解这些特性。

广告。广告能够以较低的单位曝光成本触达在地理上分散的大量消费者，它还使卖家能够多次重复同一条信息。例如，电视广告可以触达大量受众，更重要的是，一个受欢迎的电视广告的影响可以扩展到网络和社交媒体。

除了触达范围，大规模的广告还介绍了卖家在规模、受欢迎程度、成功等方面的优点。由于广告的公共特性，消费者倾向于认为广告中的产品是合法的。广告也富有表现力，使企业能够通过巧妙地运用视觉、印刷、声音和色彩来使其产品更引人注目。一方面，广告可以建立一个产品的长期形象（如可口可乐的广告）；另一方面，广告可以促进快速销售（如百货商店为其周末特价活动做广告）。

广告也有一些缺点。虽然广告能迅速触达很多人，但它属于非人员传播，不像企业的销售人员那样具有直接的说服力。在很大程度上，广告是与受众的单向沟通，受众并不总是认为它需要关注或回应。此外，广告的成本可能非常高。虽然一些广告形式，如报纸和广播广告，能够以较少的预算完成，但其他形式的广告，如网络电视广告，则需要大量的预算。

人员销售。在购买过程的某些阶段，人员销售是最有效的工具，尤其是在帮助建立消费者的偏好、信念和购买行动方面。它涉及两个或两个以上的人之间的人际互动，在此过程中，每个人都可以观察到其他人的需求和特征，并做出快速调整。人员销售还能培养各种各样的顾客关系，从不带有情感的销售关系到个人友谊。一个优秀的销售人员会把消费者的利益放在心上，并通过解决消费者的问题来建立长期的顾客关系。最后，在人员销售中，消费者通常会觉得有必要倾听和回应，即使回应可能只是一句"不，谢谢"。

然而，这些特性是有代价的。与广告相比，销售团队需要更长期的投入，广告可以选择做与不做，但销售团队的规模和参与度很难改变。人员销售是成本最高的促销手段。

销售促进。销售促进包括多种工具，如优惠券、销售竞赛、抹零折扣、赠品等，这些都具有独特的特点。它们能吸引消费者的注意力，提供强烈的购买动机，还可以使产品的吸引力增强，以扭转低迷的销售情况。销售促进能够引导并鼓励快速反应，广告说的是"购买我们的产品"，而销售促进则敦促"现在就购买"。然而，销售促进的效果往往是短暂的，在建立长期的品牌偏好和顾客关系方面，不如广告或人员销售有效。以下例子介绍了箭牌如何利用促销打进中国市场。

箭牌（Wrigley）——由于难以吸引消费者，尤其是互联网接入有限的三、四线城市的消费者，绿箭薄荷口香糖在中国的销量有所下降。在很多亚洲农村市场，当地人因电脑价格昂贵而无法使用电脑，因此企业需要通过智能手机和短信服务来推广产品。箭牌与微信及星传媒体中国公司（Starcom China）合作，消费者只需扫描薄荷口香糖包装上的条形码，即可解锁免费的数据流量。这一销售促进活动也是微信首次允许用户使用品牌表情符号——消费者在与朋友聊天时可以使用独家的薄荷口香糖微信表情。该活动进行的同时，箭牌还开展了店内及数字媒体促销。活动消息触达2亿多中国消费者——超过30万人前往商店购买薄荷口香糖并使用免费的数据流量。

公共关系。公共关系是非常可信的——新闻故事、特写文章、赞助和事件对读者来说比广告更真实可信。公共关系还可以触达很多回避销售人员和广告的消费者——信息以"新闻"而非销售导向的传播形式传达给消费者。而且，与广告一样，公共关系可以使企业或产品引人注目。营销人员往往不会充分利用公共关系，或者只把它当作"马后炮"。然而，将一个精心策划的公共关系活动与其他促销组合要素结合使用，会非常有效和划算。

直接营销。许多形式的直接营销，如直接邮寄、产品目录、电话、在线、移动和社会媒体营销等，都具有某些共同特征。直接营销更有针对性，通常针对某个特定的消费者或消费者群体。直接营销是即时和个性化的，信息准备得很快（有时甚至是实时的），并且可以为吸引特定的消费者或品牌群体而量身定制。直接营销是互动的，它促进了营销团队和消费者之间的对话，营销团队可以根据消费者的反应修改营销信息。因此，直接营销和数字营销非常适合具有高度针对性的营销工作、创造消费者参与以及建立一对一的消费者关系。特别是在亚洲的农村社区，通过智能手机进行直接营销是触达消费者的有效方式，因为那里的消费者广泛使用手机和社交媒体平台进行沟通。以下是一个相关案例。

印度联合利华（Hindustan Unilever）——很多人认为，亚洲农村地区的消费者将推动下一波消费浪潮。基于这一观点，企业正在利用移动电话来推广自己的产品。事实上，印度联合利华曾经利用未接来电营销来提高印度比哈尔邦和贾坎德邦农村地区的消费者参与度。它还建立了自己的广播频道 Kan Khajura Tesan，听众可以通过拨打电话给该频道来获得由印度联合利华赞助的20分钟免费点播内容，从宝莱坞歌曲到流行的印度语电视节目，应有尽有。这些娱乐选择对农村消费者很有吸引力，因为他们难以接触广播、电视、印刷和数字媒体。该活动使印度联合利华有机会触达消费者并推广力士（Lux）、卫宝（Lifebuoy）等旗下品牌。

直接营销——印度联合利华通过建立一个广播频道并为人们提供免费娱乐内容，直接触达农村市场。

促销组合战略

营销人员可以从两种基本的促销组合战略中进行选择，即推式战略和拉式战略。图 14-4 对比了这两种战略。推式战略和拉式战略对具体促销工具的重视程度不同。**推式战略（push strategy）**是指将产品通过营销渠道推向最终消费者。生产商针对渠道成员进行营销活动（主要是人员销售和贸易促销），鼓励他们持有产品并向最终消费者推销。

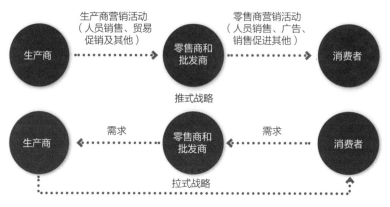

图 14-4　推式战略和拉式战略

采用**拉式战略（pull strategy）**，生产商直接针对最终消费者进行营销活动（主要是广告和消费者促销），以鼓励他们购买产品。如果拉式战略有效，消费者会向渠道成员要求购买该产品，而渠道成员又会向生产商进行购买。因此，在拉式战略中，消费者需求通过渠道"拉动"产品。

一些工业品企业只采用推式战略，而一些直销企业则仅使用拉式战略。然而，大多数大企业将两种战略结合使用。例如，卡夫使用大众媒体广告和消费者促销来拉动产品，并利用庞大的销售队伍和贸易促销沿着渠道向下推动产品。近年来，消费品公司一直在减少促销组合中拉式战略所占的比例，更多地采用推式战略。这表明，它们可能是以牺牲长期品牌资产为代价来推动短期销售的。

虚假声明——企业必须避免做出虚假声明或传播可能具有欺骗性的广告，即使实际上没有人会被它们欺骗。

企业在设计促销组合战略时需要考虑很多因素，包括产品/市场的类型。例如，不同促销工具的重要性在消费者市场和企业市场是不同的。B2C企业通常会将更多的资金投入广告中，其次是销售促进、人员销售，然后是公共关系。相反，B2B企业的营销人员更倾向于使用推式战略，把更多的资金投入人员销售，其次是销售促进、广告和公共关系。

PRINCIPLES OF MARKETING　营销的原则（原书第5版）

整合促销组合

在确定促销预算和促销组合之后，企业必须确保所有的促销组合要素能顺利地整合在一起。促销的各个方面应该共同努力，以传递企业独特的品牌信息和卖点。整合促销组合应从消费者开始，确保在消费者需要的时间、地点和方式进行传播工作。无论是通过广告、人员销售、销售促进、公共关系，还是直接营销，每个接触点的沟通都必须传递一致的营销内容和定位。

为了形成整合促销组合，企业的各个部门必须共同规划传播工作。许多企业甚至在传播规划过程的不同阶段让消费者、供应商及其他利益相关者参与其中。分散或不连贯的促销活动可能导致营销传播效果减弱和定位混乱。相反，整合促销组合可以使企业促销活动的综合效果最大化。

营销的原则

14.7

营销传播中的社会责任

在制定促销组合时，企业必须意识到围绕营销传播的法律和道德问题。大多数营销人员都努力与消费者和经销商进行开诚布公的沟通。尽管如此，滥用的现象仍然可能发生，因此，政策制定者制定了大量的法律法规来管理广告、销售促进、人员销售和直接营销活动。在本节中，我们将讨论有关广告、销售促进和人员销售的问题。

广告和销售促进

根据法律，企业必须避免虚假或欺骗性的广告。广告商不应该做虚假的宣传，比如宣传产品能够治疗某种疾病，但实际上并没有这种疗效。企业还必须避免制作具有欺骗性的广告，即使实际上没有任何人会被欺骗。例如，汽车广告不能宣称每升油能跑 14 公里，除非在正常情况下确实如此。同样，减肥面包也不能仅仅因为它的面包片更薄就标榜自己的卡路里含量更低。

卖家必须避免采用诱导性广告，以虚假宣传来吸引买家。例如，一家大型零售商在广告中声称缝纫机的价格为 179 美元。然而，当消费者试图购买这款机器时，卖家却对其功能轻描淡写，将有缺陷的机器放在展厅中，把机器的性能说得比实际更差，并采取其他措施试图让买家购买更昂贵的机器。这种行为既不道德，也不合法。

除了避免触犯法律，如欺骗性广告或诱导性广告，企业还可以使用广告和其他促销形式来鼓励和促进对社会负责的方案和行动。

人员销售

企业的销售人员必须遵循"公平竞争"的规则。大多数国家都制定了欺骗性销售法案，明确规定了哪些行为是不被允许的。例如，销售人员不可以对消费者撒谎或误导消费者认为购买产品具有某些好处。为了避免诱导销售等行为，销售人员的陈述必须与广告宣传相符。

许多人员销售涉及 B2B 交易。在向企业销售时，销售人员不应向采购代理或其他对采购有影响力的人行贿；不得通过贿赂、商业间谍等手段获取或使用竞争对手的技术和商业秘密；不能通过捏造事实来贬低竞争对手或竞争产品。

目标回顾

本章我们学习了企业如何使用整合营销传播（IMC）来传播顾客价值。现代市场营销所涉及的不仅仅是开发一种好的产品、设定有吸引力的价格并使目标顾客能够买到，从而创造顾客价值。企业还必须清楚而令人信服地向现有和潜在顾客传播这种价值。要做到这一点，企业必须在精心设计和有效实施的整合营销传播战略的指导下，将五种促销组合工具融合使用。

目标 1：定义传播顾客价值的 5 种促销组合工具。

企业的整体促销组合，也称营销传播组合，是广告、人员销售、销售促进、公共关系和直接营销工具的特定组合，企业使用这些工具来传播顾客价值并建立顾客关系。广告是由特定的赞助商付款，对理念、产品或服务进行的非人员展示和促销形式。相比之下，公共关系则侧重于与企业面对的公众建立良好的关系。人员销售是指企业销售人员为销售和建立顾客关系而进行的个人展示。销售促进是企业用于鼓励购买或销售产品或服务的短期激励措施。最后，为了寻求目标个人顾客的即时反应，企业会使用直接营销工具与顾客直接接触，并与顾客建立关系。

目标 2：讨论传播格局的变化和整合营销传播的必要性。

通信技术的爆炸式发展和营销者 – 顾客传播战略的变化对营销传播产生了巨大的影响。广告商如今使用一系列专业化和高度针对性的媒体和内容，包括在线、移动和社交媒体，通过个性化的、互动的信息来触达较小的顾客群体。随着企业采用更加丰富但却更加分散的媒体和促销组合以触达多样化的市场，它们同时也面临着创造一个传播大杂烩的风险。为了防止这种情况，企业开始采用整合营销传播（IMC）。在整合营销传播战略的指导下，企业为各种促销工具和营销内容设计其所发挥的作用以及它们被使用的程度，并仔细协调促销活动和重大活动的时间安排。

目标 3：概述传播过程和开发有效营销传播的步骤。

传播过程涉及九个要素：两个主体（发送者、接收者）、两个传播工具（信息、媒体）、四个传播功能（编码、解码、响应、反馈）和噪声。营销人员必须清楚如何将这些要素组合起来向目标顾客传递价值。

在准备营销传播时，传播者的首要任务是确定目标受众及其特征。接下来，传播者需要确定传播目标及所期望的反应——知晓、了解、喜欢、偏好、信念或购买。然后需要构建一个包含有效内容和逻辑结构的信息，为人员传播和非人员传播选择媒体。传播者必须通过高度可信的信息源来传播信息。最后，传播者需要收集反馈信息：市场中有多少人知晓了产品、试用了产品，以及哪些人在这个过程中感到满意。

目标 4：解释制定促销预算的方法和影响促销组合设计的因素。

企业必须决定在促销上花费多少，最流常用的方法有量入为出法、销售百分比法、竞争对等法和目标任务法。企业必须在主要的促销工具之间分配预算以创建促销组合。企业可以采用推式战略、拉式战略或两者结合使用。组织中各个层级的人员都需要了解关于营销传播的诸多法律和道德问题。企业应该努力、积极地与顾客和经销商进行开放、诚实、愉快的沟通。

营销的原则（原书第5版）

第 15 章　广告和公共关系

目标概览

目标 1　定义广告在促销组合中的作用。

目标 2　描述制定广告方案所涉及的主要决策。

目标 3　明确公共关系在促销组合中的作用。解释企业如何运用公共关系与
公众沟通。

内容导览

在总体分析了整合营销传播（IMC）计划之后，下面我们对具体的营销传播工具进行更深入的研究。本章我们将探讨广告和公共关系。广告是通过付费媒体告知、说服和提醒消费者，从而传播企业或品牌的价值主张。公共关系是与企业公众建立良好的关系，包括消费者、普通公众、媒体、投资者、捐赠者和政府。与所有促销组合工具一样，广告和公共关系必须融入整体的整合营销传播计划中。在第 16 章和第 17 章，我们将讨论其他促销组合工具：人员销售、销售促进以及直接营销。

让我们首先来看看联想是如何理解消费者并精心打造适当的沟通信息的。

联想：与消费者沟通

联想由中科院计算技术研究所的 11 名成员在中国创立，最初的英文名是 Legend，后来更改为 Lenovo，因为联想认为后者更适合在国际扩张时使用。作为国际扩张的一部分，联想收购了 IBM 的个人电脑业务，包括 ThinkPad 笔记本电脑和平板电脑产品线。通过这次收购，联想扩大了进入海外市场的渠道，并成了全球产量最大的电脑制造商之一。

dpa picture alliance/Alamy Stock Phot

联想在全球的成功源于其对消费者的深刻理解，这一点体现在其传播战略和建立可盈利顾客关系的能力上。它的产品设计和工程团队通过世界各地的社交媒体渠道、论坛、博客和粉丝俱乐部听取消费者意见，识别消费者使用时存在的痛点，而且联想并不回避承认自己的错误。

例如，曾有消费者在网上抱怨，键盘底部触控板上的两个实体小红点按钮被移除了。这些按钮对应传统鼠标上的左键和右键，可以替代外接鼠标或触控板。联想意识到自己犯了一个错误并公开承认，不久后便在电脑上重新放置了小红点按钮。

除了听取消费者意见，联想还对其网站访问者的在线行为进行过滤和分析，重点关注购买者和非购买者以及他们在网站主页和特定产品页面上的在线购买行为。研究这些内容使联想可以开发并向适当的消费者传递适当的信息，从而将非购买者转化为购买者。为了开发合适的沟通信息，联想通过热力图将每个细分消费者群体在网页上的行为可视化，从而洞察消费者的数字心理。

"它的产品设计和工程团队通过世界各地的社交媒体渠道、论坛、博客和粉丝俱乐部听取消费者意见。"

　　此外，联想的消费者研究为其传播战略提供了洞察。例如，联想发现购买者被主页横幅所吸引，而非购买者则避开横幅、更喜欢产品图片和视频而非文本，于是便增加了图片和视频相对于文本的比例，以引导潜在消费者并更多地与他们互动。

　　联想发现很多关于个人电脑、平板电脑和其他电子设备的讨论都是在博客和第三方论坛上进行的，于是它开始花更多的时间倾听和理解这些对话并参与讨论。后来，联想决定要在产品宣传方面拥有更多所有权和领导权，因此建立了自己的论坛，并积极邀请消费者分享他们的想法、体验和使用技巧。

　　如此密切地关注消费者需求，并以与消费者相关的方式做出回应，使联想成为一家与消费者保持联系的企业。

广告

总体而言，企业必须做的不仅仅是创造顾客价值，还必须吸引目标顾客，并清楚而令人信服地向他们传递这种价值。在本章中，我们将更深入地研究两种营销传播工具：广告和公共关系。

广告（advertising）已经存在很久了。虽然广告主要是由商业企业使用的，但很多非营利组织、专业人士和社会机构也使用广告向目标公众宣传它们的事业。广告是一种很好的告知和说服方式，例如，广告可以用于在全球销售可口可乐、帮助吸烟者戒烟、教育人们如何更健康地生活、销售虚拟时装等。

在制定广告方案时，营销管理层必须做出四个重要决策（见图 15 - 1）：设定广告目标、确定广告预算、制定广告策略（包括创建广告信息和选择广告媒体）以及评估广告效果。

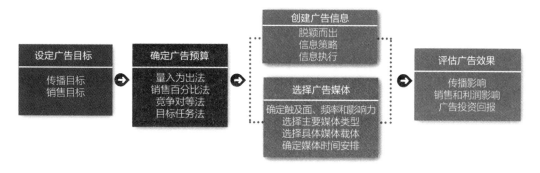

图 15 - 1　主要广告决策

主要广告决策

设定广告目标

制定广告方案的第一步是设定广告目标。广告目标应该基于过去对目标市场、定位和营销组合的决策，这些决策决定了广告在整个营销方案中必须执行的工作。广告的总体目标是通过传播顾客价值来帮助企业建立顾客关系。在这里，我们讨论具体的广告目标。

广告目标（advertising objective）是在特定的时间内与特定的目标受众交流完成的特定传播任务。广告目标可以根据主要目的进行分类：告知性广告、说服性广告或提醒性广告。表 15 - 1 列出了这些具体目标的示例。

表 15-1　可能的广告目标

告知性广告	
– 传播顾客价值	– 说明某一产品的新用途
– 建立品牌和企业形象	– 将价格变化告知市场
– 向市场传播新产品信息	– 描述提供的服务和支持
– 解释产品如何使用	– 纠正错误的印象

说服性广告	
– 建立品牌偏好	– 说服消费者现在购买
– 鼓励消费者转向品牌	– 创造顾客参与
– 改变消费者对产品价值的感知	– 建立品牌社区

提醒性广告	
– 保持顾客关系	– 提醒消费者在何处购买产品
– 提醒消费者可能在不久的将来需要产品	– 让消费者在淡季也能记得品牌

告知性广告主要用于新产品类别的引入期，其目标是建立基本需求。例如，早期大屏幕高清电视生产商首先需要告知消费者，新产品的图像质量得到了改善，而且很方便。随着竞争的加剧，说服性广告变得更加重要。此时，企业的目标是建立选择性需求。例如，高清电视一流行起来，三星就开始试图说服消费者相信其品牌提供的产品最具性价比。这种广告旨在吸引消费者，创造一个品牌社区。

一些说服性广告已经演变成了比较广告（或攻击广告），企业在广告中直接或间接地将自己的品牌与一个或多个其他品牌进行比较。比较广告已经被用于一些产品。例如，三星 Galaxy 手机的广告长期以来一直毫不掩饰地抨击苹果的 iPhone。在美国，一个接一个的广告活动中，三星的广告直接将其手机与苹果手机进行比较，这些广告得意地把 iPhone 用户描绘成对自己手机感到失望，或者暗自羡慕最新款 Galaxy 手机用户的人。另一个例子是百事可乐，该公司长期以来一直使用比较广告，直接针对其竞争对手可口可乐。它在"百事挑战"广告中展示了口味盲测实验，在实验中，消费者更喜欢百事可乐而非可口可乐的味道。

比较广告经常引起争议，这通常就是此类广告的目的。成熟的市场领导者试图将其他品牌排除在消费者的选择之外，挑战者则试图改变现状，使消费者讨论自己的品牌，并将自己置于与领导者平等的地位。尽管如此，广告商还是应该谨慎使用比较广告，因为这类广告通常会引起竞争对手的回应，从而导致一场任何人都无法获胜的广告战。心烦意乱的竞争对手也可能采取更激烈的行动，比如向广告监管委员会投诉。

提醒性广告对处于成熟期的产品很重要，它有助于维持顾客关系，确保消费者会考虑产品。昂贵的可口可乐电视广告的主要目的并不是告知或说服

提醒性信息——绝对（Absolut）是一个成熟的伏特加品牌，消费者已经知道它的存在。绝对伏特加在泰国曼谷的促销活动只是将自己的品牌名字醒目地摆放在暹罗百丽宫的门前，以提醒消费者去喝这种伏特加。

消费者在短期内购买产品，而是建立和维持消费者与可口可乐的品牌关系。绝对伏特加（Absolut Vodka）采用了同样的方法，因为其品牌在最初的大量广告投放后已经深入人心。

广告的目标是推动消费者向购买者准备阶段的下一阶段前进。有些广告是为了促使消费者立即行动，但也有很多广告是为了建立或巩固长期的顾客关系。例如，在耐克的一个电视广告中，知名运动员所说的"只管去做"从未直接要求消费者购买。相反，广告的目标是改变消费者对品牌的看法或感觉。因此，了解消费者的身份对于创建传播目标和信息至关重要（见营销实践15.1）。

营销实践 15.1

卡夫亨氏（Kraft Heinz）：针对中国千禧一代的整合广告活动

在2012年卡夫分拆为两家独立公司之前，卡夫食品（Kraft Foods）旗下的饼干品牌奥利奥已经成功适应了中国市场。奥利奥和其他饼干品牌归属亿滋国际（Mondelez International），卡夫则保留了Velveeta和Oscar等品牌。三年后，卡夫和亨氏合并，但其业务组合中缺少饼干。

吸取奥利奥的教训，卡夫亨氏与其创意机构合作，历经12个月，为新的饼干产品线创建了名称、品牌理念、角色动画和包装。一个新的饼干品牌诞生了。卡夫亨氏针对数十亿美元的中国零食市场推出了"趣族"。

趣族的目标市场是中国的年轻人——千禧一代，他们拥有表达自我和融入社会的双重需要。他们看上去有点不和谐、奇怪，而他们的饮食文化则具有多样性、实验性和冒险性的特征。

因此，趣族要想取得成功，就必须体现这些特征。在多样化方面，趣族提供一系列饼干，包括夹心饼干、华夫饼、黄油曲奇等。该品牌还使人联想到一种实验和冒险的感觉，因为趣族有着独特甚至奇怪的夹心口味。除了常见的巧克力夹心，还有巧克力外皮的奶酪、抹茶和辣椒夹心。

卡夫亨氏还为每种口味的饼干设计了古怪的大眼睛角色，包括极具魅力的Big Cheese、爱冒险的Chilly Billy以及冷酷的抹茶夹心Mat Chakra。

为了打破消费者固有的零食购习惯，促进冲动消费，卡夫亨氏推出了天猫旗舰店，并发起了一项针对千禧一代，整合了视频、网红代言、社交和户外活动的广告活动。

来源：Angela Doland, "Kraft Heinz's New Chocolate Sandwich Cookies Might Seem Familiar," *AdAge*, 25 April 2018, www. adage. com; Taruka Srivastav, "Kraft Heinz Targets Chinese Millennials with a New Biscuit Brand," *The Drum*, 25 April 2018, www. thedrum. com; Marketing Interactive, "Kraft Heinz with JKR to Introduce Quirky New Biscuit Brand JIF JAF," *Marketing Interactive*, 26 April 2018, www. marketing – interactive. com; Kira Bindrim, "Kraft Is Releasing an Oreo Lookalike Tailor – made for Chinese Consumers," *Quartz*, 29 April 2018, www. qz. com; World Bakers, "Kraft Heinz Launches Biscuits Targeting the Chinese Market," *World Bakers*, 2 May 2018, www. worldbakers. com.

确定广告预算

在确定了广告目标后，企业要为每种产品制定**广告预算（advertising budget）**。企业在确定广告预算时，需要考虑一些特定因素。

一个品牌的广告预算通常取决于它所处的产品生命周期阶段。例如，新产品通常需要大量的广告预算来建立知名度并鼓励消费者试用。相比之下，成熟品牌所需的预算通常在销售额中占比较低。此外还应考虑竞争强度，在竞争对手众多、广告杂乱的市场中，品牌必须加大广告力度，才能在市场噪声中脱颖而出。差异化程度是另一个需要考虑的因素，无差异品牌，即那些与同一产品类别中（软饮料、洗衣粉）其他品牌非常相似的品牌，可能需要大量的广告来实现差异化；如果产品与竞争对手差别很大，那么广告可以向消费者指出差别。

确定广告预算并不容易。企业如何知道其广告花费是否适当，或者它是否将支出花在了适当的广告内容和媒体上呢？甚至在总预算内部，特定媒体带来的影响也很难评估。例如，一些品牌在备受瞩目的世界杯比赛期间斥巨资投放广告，尽管它们认为这笔大额投资将带来可观的回报，但很少有人能充分衡量或证明这一点。

基于这些考虑，在经济不景气时，广告是首先被削减的预算项目之一。削减品牌建设广告在短期内不会对销售造成损害，然而长远来看，削减广告支出可能会对品牌形象和市场份额造成长期损害。事实上，当竞争对手减少广告支出时，那些能够保持甚至增加广告支出的企业就能获得竞争优势。

制定广告策略

广告策略（advertising strategy）包括两个主要部分：创建广告信息和选择广告媒体（见图15-2）。过去，企业通常将媒体规划视为信息创造过程的次要环节。创意部门开发广告后，媒体部门选择和购买最佳媒体，以触达理想的目标受众。这通常会引起创意人员和媒体规划人员之间的摩擦。

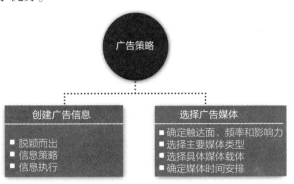

图15-2　制定广告策略

然而，不断飙升的媒体成本，更为集中的目标市场营销战略，以及新的在线、移动和社交媒体的涌现，都大大提高了媒体规划的重要性。决定在广告活动中使用哪种媒体——电视、报纸、杂志、视频、网站、社交媒体、移动设备、电子邮件，有时比广告活动的创意元素更为关键。此外，品牌内容通常是通过品牌与消费者的互动以及消费者之间的互动共同创造的。因此，大多数广告商精心构建信息和信息传递媒体之间紧密且和谐的关系，目标是在各种媒体上创建和管理品牌内容，无论是付费媒体、自有媒体、免费媒体还是共享媒体。

创建广告信息

无论预算有多少，广告只有在引起人们注意并且获得良好传播的情况下才能取得成功。在当下昂贵又混乱的广告环境中，好的广告信息尤为重要。

脱颖而出。杂乱的广告可能会打扰到一些消费者，同时也给广告商带来了大问题。制作和播放广告，尤其是电视广告，成本是非常高的。此外，电视广告被夹在其他广告中，黄金时段每小时有超过 20 分钟的非节目内容，平均每 6 分钟就会插播一次广告。电视和其他广告媒体的这种杂乱，使广告环境对广告商越来越不利。

以往，电视观众是广告商易于获取的对象。但是如今的观众拥有更新、更丰富的信息和娱乐选择——互联网、视频流、社交和移动媒体、平板电脑和智能手机等。越来越多的消费者使用无广告的、基于互联网或无线网络的流媒体来取代有线电视和卫星电视，他们可以很容易跳过、静音或屏蔽自己不想看的电视和数字内容。重要的是，他们会选择不看广告。

因此，广告商再也不能通过传统媒体向消费者强行灌输千篇一律的信息和内容，简单地插播广告不再有效。除非广告提供的内容吸引人、有用或有趣，否则很多消费者会直接忽略或跳过它们。

融合广告与娱乐。为了从杂乱的广告环境中脱颖而出，营销人员如今采用将广告与娱乐进行融合的新方式，以更吸引人的信息触达消费者。这种融合有两种形式：广告娱乐化和品牌整合。

广告娱乐化的目的是将广告和品牌内容打造得非常有趣或有用，使人们想要观看广告。你觉得自己不可能专门去看广告？再想想。例如，元宇宙既是一种娱乐，也可以用于为消费者在线化身的时装做广告。体育俱乐部推出非同质化通证（NFT），出售给想要购买特殊运动时刻的消费者。再例如，泰国的广告以幽默著称，该国的 Smooth-E Babyface 泡沫洗面奶广告用戏剧化的方式讲述了年轻人关于肤色和爱情的带有悬念的有趣故事。如今消费者在 YouTube 上看到一个有趣的广告，然后与朋友分享也是很常见的。

广告商也在创造看起来不太像广告而更像短片或节目的内容形式。一系列品牌信息的出现，包括网络短剧、博客、在线长视频、社交媒体帖子等，如今使广告和其他消费者内容之间的界限变得模糊。在新冠疫情期间，滴露（Dettol）在抖音上发布了一则广告。

滴露（Dettol）——在 2019 年新冠疫情暴发之后，滴露印度公司开展了一项公共卫生运动，告知人们如何安全洗手，并让洗手变得有趣。该公司邀请印度最火的网红，在抖音上发起了#洗手挑战，当时抖音在印度是很受欢迎的社交媒体应用程序（在被禁用之前）。活动视频使用朗朗上口的歌曲，通过其歌词传递相关信息，提供有效洗手的步骤指导：①手掌相互揉搓；②揉搓手指和拇指；③在手掌中揉搓指甲；④揉搓手背。每一个步骤都由一位网红演示。抖音的用户中超过 60% 为 15～25 岁的青少年和年轻人，滴露这一兼具教育和娱乐价值的活动可以吸引这一细分群体。上线五天的时间里，该活动在抖音平台上获得的浏览量达到了 90 亿次，不到一周后又翻了一番，在活动开始三周后达到了 500 亿次。该活动旨在告知人们如何正确洗手，并强调这不仅对保持健康至关重要，而且还很有趣。

营销人员也在尝试新的方法以脱颖而出，吸引消费者。以绝对伏特加为例。在最初进入亚洲市场的时候，它制作了一系列极具创意的广告，投放在其目标受众会使用的媒体上。"绝对新加坡"（Absolut Singapore）广告用干净的瓶子配上白手帕来体现新加坡干净的城市形象；在"绝对曼谷"（Absolut Bangkok）广告中，瓶子的形状是曼谷著名水上市场上的船只；在"绝对北京"（Absolut Beijing）广告中，一位中国古典戏曲演员的鼻子被塑造成伏特加酒瓶的形状。这类创意广告能够脱颖而出，但通常成本高昂。

品牌整合（或品牌化娱乐）是指让品牌成为其他娱乐或内容形式不可分割的一部分。品牌整合最常见的形式是产品植入，即将品牌作为道具嵌入其他节目中，例如电视剧中的角色喝星巴克咖啡。此外，产品植入也可能被写进电影或电视剧的剧本中。以下例子介绍了一个新加坡的旅游宣传活动如何将旅游景点巧妙地融入飞行安全视频中。

新加坡航空与新加坡旅游局——新加坡航空与新加坡旅游局合作创作了一段飞行安全视频，巧妙地将旅游景点"放置"在这段视频中，既提供了娱乐，又提供了安全教育。这段视频展示了一位典型的新加坡女空乘游玩新加坡的著名地标，比如驳船码头、土生文化馆、亨德森波浪桥和滨海湾花园。在每个地方，她都会遇到参与不同活动的各种人物角色。该视频利用视觉双关，在展示旅游景点的同时，创造性地介绍了安全须知。例如，在土生文化馆的一个场景中，一盘土生华人蛋糕被清理干净，一个手提包被放进一个古董木柜里，游客把脚伸进一双传统的华丽土生华人拖鞋中。画外音响起："起飞和降落时，请确保收起您的小桌板……并把鞋子穿好。"这一场景展示了游客可能在博物馆找到的乐趣，同时也向观众说明了安全放置手提包和穿好鞋子的重要性。与大多数航空公司采用的传统方式相比，这段安全视频采用了更加吸引人的方式向乘客有效地呈现安全信息。与此同时，通过在视频中策略性地植入产品，即旅游景点，这段视频也向全球观众展示了新加坡的著名景点。

品牌整合最初使用在电视媒体上，但很快就拓展到电影、电子游戏、百老汇音乐剧甚至流行音乐等娱乐产业的其他领域。例如，《乐高大电影》（The LEGO Movie）相当于一个 100 分钟的乐高积木产品植入。《乐高大电影》上映一年后，乐高集团的销售额增长了 13%。随后的《乐高大电影 2》还为其他品牌提供了产品植入的机会。在电影《壮志凌云：独行侠》（Top Gun：Maverick）中，汤姆·克鲁斯（Tom Cruise）饰演的主角戴着 Orfina 设计的 Porsche Design Chronograph 1 腕表，而其他角色则戴着万国（IWC）手表。

原生广告（native advertising），也称赞助内容（sponsored content），是品牌整合的一种相关形式，是指广告或其他品牌制作的内容看起来就像是网站或媒体上"原生的"。在形式和功能上，品牌内容看起来像周围的其他内容。它可能是网站或《华尔街

产品植入——备受好评的《乐高大电影》实际上是一个 100 分钟的乐高积木产品植入。

日报》上的一篇文章，由广告商付费、撰写并投放，但使用与编辑人员撰写文章相同的格式；它也可能是品牌准备的视频、图片、帖子或页面，整合到抖音、Telegram、YouTube、Instagram、Pinterest 或 Twitter 等社交媒体上，并与这些媒体上原生内容的形式和感觉相匹配，常见的例子包括 Instagram 故事广告、抖音视频、Facebook 故事广告、Twitter 的推广推文等。

原生广告正在成为一种越来越受欢迎的品牌内容形式。广告商可以通过它在品牌和消费者内容之间建立相关联系；它可以绕过广告拦截器，看起来比弹出式广告或横幅广告的侵入性更弱。

通过融合广告与娱乐，广告和内容营销人员如今的目标是使品牌信息成为更广泛的消费者内容和讨论的一部分，而不是对其的干扰或打断。正如智威汤逊（JWT）广告公司所说："我们认为广告不应该打断人们感兴趣的东西，而应该成为人们感兴趣的东西。"然而，广告商必须小心，不要让新的内容形式本身变得过于杂乱。

信息策略。创建有效广告信息的第一步是规划信息策略，即决定要向消费者传播的大概信息是什么。广告的目的是让消费者以某种方式考虑、响应产品或企业，而只有当人们相信自己会从中获益时才会做出响应。因此，制定有效的信息策略首先要确定可以用作广告吸引力的顾客利益。理想情况下，广告信息策略应遵循更广泛的企业定位和顾客价值战略。

信息策略陈述应该简单、直接地概括广告商想要强调的利益和定位点。下一步广告商需要开发出一个令人信服的**创意概念（creative concept）** 或大创意，即以独特而令人难忘的方式实现信息策略。在这个阶段，简单的信息创意变成了伟大的广告活动。通常情况下，广告文案和艺术总监会合作产生很多创意概念，希望其中之一能成为大创意。创意概念可能是视觉形式、文本形式或者两者相结合。

独特诉求——百达翡丽"代代相传"（Generations）广告活动的主题是其手表可以代代相传。

创意概念将指导广告活动选择要强调的具体诉求。广告诉求应该具有三个特征。第一，它们应该是有意义的，能够体现产品对消费者而言的可取或有趣之处。第二，诉求必须是可信的，消费者必须相信产品或服务能够传递企业所承诺的利益。然而，最有意义和可信的利益可能并不是最好的广告诉求。第三，诉求还应该是独特的，它们应该能够表明产品是如何优于竞争品牌的。例如，拥有一块手表最有意义的利益是它能显示准确的时间，但很少有手表广告强调这种好处。相反，基于手表所能提供的独特利益，手表广告商可能会选择各种各样的广告主题。多年来，天美时（Timex）一直是一款价格实惠的手表，"风吹浪打，永不停息"。相比之下，百达翡丽（Patek Philippe）则在广告中强调其持久和作为传家宝的地位。

信息执行。接下来广告商必须将大创意转化为广告执行，吸引目标受众的注意力和兴趣。创意团队必须找到执行信息的最佳方法、风格、语言基调、词语和格式。任何消息都可以通过不同的**执行风格（execution styles）**来呈现，例如以下几种：

- *生活片段*。这种风格展示一个或多个"典型"人物在日常生活中使用产品。例如，宜家的广告内容——从微型网站、Instagram 帖子到印刷广告、电视广告，展示了人们在配有宜家家具及家居用品的房间里的生活。

- *生活方式*。这种风格展示了产品如何适应特定的生活方式。例如，露露乐蒙（Lululemon）的一则广告用正在锻炼的年轻女性来代表积极的生活方式。

- *幻想*。这种风格围绕产品或其用途创造了一种幻想。例如，很多广告都围绕梦想的主题。巧克力味麦芽饮料美禄（Milo）制作的一组名为"像冠军一样成长"的系列广告展示了年轻人喝下这种饮料后渴望成为冠军的情景。

- *心境或形象*。这种风格围绕产品或服务建立一种心境或形象，如美丽、爱或宁静。广告中除了建议，很少提到产品。例如，新加坡航空公司（Singapore Airlines）的广告呈现的是柔和的灯光和精致的机上服务，以及空乘人员细心照顾着轻松愉快的乘客。

- *音乐*。这种风格展示的是真人或卡通人物演唱关于产品的歌曲。例如，历史上最著名的广告之一便是可口可乐围绕"我想教全世界唱歌"这首歌创作的广告。

- *个性标志*。这种风格创建了一个代表产品的角色。这个角色可以是动画的（例如京东狗、旺旺雪饼的蓝色背带裤男孩），也可以是真实的（例如万宝路牛仔、麦当劳叔叔）。

- *技术专长*。这种风格展示了企业在产品制造方面的专长。例如，啤酒广告中展示企业酿造啤酒的过程。

- *科学证据*。这种风格提供调查或科学证据，以表明该品牌比其他品牌更好或更受欢迎。多年来，佳洁士一直使用科学证据来说服消费者，其牙膏在预防蛀牙方面比其他品牌的牙膏更好。

- *证人证言或代言*。这种风格是指由高度可信或受欢迎的人代言产品。代言形式可以是普通人讲述自己对某款产品的喜爱；也可以是名人介绍该产品，比如中国滑雪运动员谷爱凌为蒂芙尼代言；还可以是社交媒体网红评价产品，比如中国的"口红一哥"对不同品牌的口红发表评论。

广告商还必须为广告选择一种语言基调。例如，宝洁总是使用积极的基调，在广告中宣传产品的积极评价。宝洁通常避免幽默，因为幽默可能会使观众的注意力偏离广告信息。相比之下，也有很多广告商采用幽默的形式脱颖而出。

生活方式广告执行——露露乐蒙的这则广告以穿着运动服的年轻女性为主角，诠释了其产品与积极生活方式之间的契合。

广告商还必须在广告中使用易于记忆和引人注意的词语。例如，宝马没有简单地宣称"宝马是一辆制造精良的汽车"，而是使用了更具创意和影响力的措辞——"终极驾驶机器"。

最后，形式元素对广告的影响力和成本都有影响。广告设计中一个很小的改变就可能对其效果产生很大的影响。在印刷广告中，插图是读者首先注意到的东西，所以它必须有足够强的吸引力。其次，标题必须能有效地吸引合适的人去阅读广告文案。最后，文案，即广告中的主要文本，必须简单、有力且令人信服。此外，这三个要素必须有效地协同工作，以呈现顾客价值。

消费者生成内容。利用当今的数字和社交媒体技术，很多企业正在让消费者为其提供营销内容、信息创意，甚至是实际的广告和视频。有时能获得优异的内容，但有时这些内容很容易被遗忘。

重要的是，消费者生成内容可以使消费者成为品牌日常的一部分。例如，泳装和内衣品牌 Aerie 在美国开展了#AerieREAL 活动，作为其中的一部分，Aerie 在其社交媒体上发布了用户提交的内容。与 Aerie 在营销中从不使用修图的承诺一致，该活动邀请用户上传自己未经修图的照片，并加上#AerieREAL 的标签。用户每提交一张照片，Aerie 就向美国饮食失调协会（National Eating Disorders Association）捐赠 1 美元。这种用户生成内容创造了消费者的兴趣和参与，非常自然地展示了 Aerie 强调身体正能量和包容性的品牌定位。

然而，并非所有在消费者生成内容方面的努力都是成功的，业余人士制作的广告和其他内容通常不如专业人士制作的内容精良。但如果做得够好，消费者生成内容可以帮助企业从实际体验过品牌的消费者那里获得新的创意和对品牌的新看法。这类活动可以提高消费者的参与度，让消费者谈论一个品牌及其价值。

选择广告媒体

广告媒体（advertising media）选择的主要步骤如下：①确定触达面、频率和影响力；②选择主要媒体类型；③选择具体媒体载体；④确定媒体时间安排。

确定触达面、频率和影响力。在为广告选择合适的媒体时，广告商必须决定实现广告目标所需的触达面和频率。触达面是指在一定时期内，广告活动在目标市场上能够触达的人数百分比。例如，广告商可能想要在广告活动的前三个月触达70%的目标市场人群。频率是指目标市场上平均每人接触到广告信息的次数。例如，广告商可能希望人均广告曝光频率达到 3 次。

然而，广告商通常想要的并不仅仅是触达一定数量的消费者并让他们以一定的次数接触到广告信息，广告商还必须决定想要的媒体影响力，即信息通过特定媒体曝光的定性价值。例如，同样的信息发布在一家报纸上可能比发布在另一家报纸上可信度更高；对于需要演示的产品，通过直播或电视发布的信息可能比广播上的信息更有影响力，因为社交媒体和电视上的直播有图像、有声音；对于消费者参与设计或提供功能建议的产品，在网站上的宣传效果可能要比直接邮寄更好。

尽管尼尔森公司已经对电视媒体的参与度进行了衡量，但对大多数其他媒体来说，这种衡量仍然很难。现有的媒体衡量标准包括收视率、读者数、听众数、点击率等。然而，参与度存在于消费者的头脑中。衡量有多少人会接触到特定的电视广告、视频或社交媒体帖子已经很难了，更不用说衡量消费者对这些内容的参与度了。此外，作为广义品牌关系的一部分，营销人员需要还了解消费者如何以及在多大程度上能够将广告和品牌理念联系起来。

参与度较高的消费者更有可能对品牌信息采取行动并与他人分享。因此，除了简单地跟踪媒体投放的消费者曝光量，即有多少人看到、听到或读到一个广告，可口可乐还跟踪由此产生的消费者表达，如评论、点赞、上传照片或视频、在社交网络上分享品牌内容等。如今的赋能消费者往往能比企业生成更多关于品牌的信息。

选择主要媒体类型。如表15-2所示，主要的媒体类型包括电视，数字、移动和社交媒体，以及报纸、直接邮寄、杂志、广播和户外广告。每种媒体都有其优点和局限性。媒体规划人员在选择媒体时要考虑很多因素，他们希望选择能够高效地向目标消费者呈现广告信息的媒体。因此，他们需要考虑每种媒体的影响力、信息有效性和成本。

表15-2　主要媒体类型对比

媒体	优点	局限性
电视	大众市场的覆盖面大，曝光的平均成本低，综合图像、声音和动作，能够刺激感官	绝对成本高，干扰多，曝光转瞬即逝，受众选择性较小
数字、移动和社交媒体	具有高度选择性，成本低，即时性，参与度高	潜在影响力小，受众对内容和曝光的控制程度较高
报纸	灵活性，时效性，当地市场的覆盖面大，可信度高	保存时间短，复制品质量低，传阅者少
直接邮寄	受众选择性强，灵活，在同一媒体内没有广告竞争，允许个性化	平均曝光成本相对较高，"垃圾邮件"的形象
杂志	在地理和人口统计特征上选择性强，可信度和声望高，复制品质量高，保存期长，可传阅	广告购买前置时间长，成本高，版面位置无保证
广播	当地接受度高，在地理和人口统计特征上选择性强，成本低	只有声音，曝光转瞬即逝，受众分散
户外广告	灵活，重复曝光率高，低成本，位置选择性高	几乎不能选择受众，创新受限

传统的大众媒体在如今的媒体组合中仍占很大一部分。然而，随着大众媒体成本的上升和受众的萎缩，很多企业增加了数字、移动和社交媒体的使用，这些媒体成本更低、更具有针对性、更吸引消费者。如今的营销人员将付费媒体、自有媒体、免费媒体和共享媒体组合使用，创造并向目标消费者传递吸引人的品牌内容。

除了在线、移动和社交媒体的爆炸式增长，有线电视和卫星电视系统也在蓬勃发展。这些系统可以通过特定的节目主题电视台来触达特定群体，如体育、新闻、艺术、家居、园艺、烹饪、旅游、历史、金融及其他主题。在努力寻找成本更低、更有针对性的触达消费者方式的过程中，广告商还发现了一系列令人眼花缭乱的另类媒体。例如，在夜空中使用无人机来投放广告。如今，无论你去哪里或做什么，都可能会遇到一些新的创意广告形式。

影响媒体选择的一个重要趋势是媒体多任务处理者数量的快速增长，即同时使用多个媒体的人。例如，你可能经常会看到有人手里拿着智能手机看电视，给朋友发短信，在搜索引擎上搜索产品信息。千禧一代和 X 世代消费者会在看电视的同时进行平均三种额外的媒体活动，包括在线浏览、发短信和阅读电子邮件。虽然其中一些任务处理与看电视有关，比如查找相关的产品和节目信息，但大多数多任务处理所涉及的任务与正在观看的节目或广告无关。营销人员在选择他们使用的媒体类型时，需要考虑这种媒体互动。

选择具体媒体载体。接下来媒体规划人员必须选择最佳的媒体载体，即每个媒体大类中的特定媒体。例如，电视媒体载体包括星空传媒，杂志媒体载体包括《时代周刊》、《每周电视指南》和《大都市》（*Cosmopolitan*），在线和移动媒体载体包括 Instagram、抖音、Facebook、YouTube 和微博。还有一些专业社交媒体平台，比如小红书，它们同时也是电子商务网站，目标消费者是喜欢生活方式分享的 Z 世代。

媒体规划者必须计算某一媒体载体触达每千人的成本。例如，如果在《福布斯》美国版上刊登一整页四色广告的费用为 16.5 万美元，而《福布斯》的读者人数为 150 万，那么广告触达每千人的成本约为 110 美元。在《彭博商业周刊》上刊登同样的广告可能只需花费 11.56 万美元，但只能触达 90 万人，因此广告触达每千人的成本约为 128 美元。媒体规划者根据每千人成本的高低对杂志进行排名，并倾向于选择触达每千人目标消费者的成本较低的杂志。

媒体规划者还必须考虑为不同媒体制作广告的成本。报纸广告的制作成本可能很低，而华丽的电视广告的制作成本可能很高。很多在线和社交媒体广告的制作成本很低，但在制作网络或移动视频以及广告系列时，成本可能会攀升。

在选择特定的媒体载体时，媒体规划者必须平衡媒体成本和几个媒体效果因素之间的关系。首先，媒体规划者应该评估媒体载体的受众质量。例如，对于婴儿配方粉广告来说，家庭杂志的曝光价值较高，而《时代周刊》的曝光价值较低。其次，媒体规划者应该考虑受众参与度。例如，《时尚》的读者通常比《新闻周刊》的读者更关注广告。最后，媒体规划者应该评估媒体载体的编辑质量。例如，《香港经济日报》和

《南华早报》要比《太阳报》更可信、更有声望。

　　确定媒体时间安排。广告商还必须决定如何安排全年的广告。如果某种产品的销售旺季是 12 月，销售淡季是 3 月，那么企业可以根据季节来调整广告，也可以分季节安排广告，或者在全年进行无差异的广告安排。大多数企业采用季节性广告。例如，适合作为礼物的产品会在圣诞节、复活节、情人节和中国新年等重大节日前进行大量的广告宣传。有了在线和社交媒体，广告商可以创建实时响应相关活动的广告。营销实践 15.2 讨论了奥利奥如何在美国超级碗赛事期间响应当时的活动。

　　广告商必须为广告选择一个时间安排。连续式安排是指在特定的时期内均匀地安排广告；脉冲式安排是指在特定时期内不均匀地安排广告。因此，52 个广告可以安排在全年的每个星期播放一次，也可以在几个时间段集中播出。脉冲式安排背后的理念是在短时间内做大量广告，以建立知晓度并延续到下一个广告时段。喜欢脉冲式安排的人认为，它可以达到与均匀安排广告相同的效果，但成本要低得多。然而，一些媒体规划者认为，尽管脉冲式安排能实现最大的知晓度，但它牺牲了广告传播的深度。

营销实践 15.2

实时营销：实时吸引消费者

　　这是一个营销人员吸引消费者的经典案例。2013 年，在美国最大的橄榄球比赛——第 47 届超级碗期间发生了一件有趣的事情。在比赛期间，体育场内的灯光突然熄灭，71000 名现场观众和 1.06 亿电视观众焦急地等待着，为解决停电问题并恢复供电，工程师们紧张工作了整整 34 分钟。虽然停电对体育场的管理层来说是一场灾难，对球员和球迷来说也很气恼，但有营销人员将其视为一个机会。电力中断后不久，巧克力饼干制造商奥利奥在推特上发布了一条简单的信息："停电？没问题，你仍然可以在黑暗中浸泡（饼干）。"

　　这条现在很著名的推文，是在几分钟之内进行构思并被公司同意发布的，当时引起了大量关注。一个小时内，这条"在黑暗中浸泡"的信息被转发了将近 16000 次，在 Facebook 上获得了超过 2 万个赞，产生了数千万次的积极曝光。在接下来的几天里，奥利奥收获了大量媒体报道，被誉为"赢得停电碗的品牌"。对于一个饼干制造商的一次性玩笑来说，这些结果令人印象相当深刻。

　　奥利奥成功的超级碗俏皮话引发了实时营销的激增。各种各样的品牌都试图通过及时的推文、视频、博客和社交媒体帖子，将营销内容与现实世界的事件和热门话题结合起来，创造自己的"奥利奥时刻"。然而，六年过去了，虽然这种自发的一次性营销变得司空见惯，但却几乎没有能引发大量兴趣或回应的营销。在当今杂乱的营销内容环境中，即使是著名的奥利奥"在黑暗中浸泡"创意，也很有可能被忽视。

实时营销——奥利奥现在著名的"你仍然可以在黑暗中浸泡"推文引发了实时营销的激增。然而今天，实时营销的成功需要精心策划、建立权益的活动以及持续不断的消费者即时参与，使品牌成为消费者实时对话真正的组成部分。

今天的实时营销比以往任何时候都要更多，但随着品牌掌握了数字和社交媒体的奥秘，与消费者进行实时互动已经成了日复一日、永无止境、持续不断的过程。如今，实时营销的成功需要精心策划、建立权益的活动以及持续不断的消费者即时参与，使品牌成为消费者实时对话真正的组成部分。一位数字营销战略专家表示："这是一场持久战，而非昙花一现。"

虽然实时营销可能获得巨大成功，但它仍然只是围绕特定重大事件而产生的营销瞬间。这种事件很少发生，而且一旦事件结束，实时营销的魔力很快就会消失。因此，要想持续取得成功，实时营销必须成为一个精心构思的更广泛战略的一部分，使品牌持续成为消费者社交分享的一部分。那位数字战略专家表示："（实时）作战室已经让位于营地。实时营销需要成为全年的固定战略。"

以温迪汉堡（Wendy's）为例。这家汉堡连锁店以其在 Twitter 上挑衅竞争者及其他博主的尖锐言论而闻名，其 300 多万 Twitter 粉丝对此感到非常开心。这家连锁店宣称："我们的 Twitter 就像我们做的汉堡一样：比任何人对快餐连锁店的期望都要好。"一位 Twitter 用户问道："温迪汉堡的一个巨无霸多少钱？"温迪汉堡回答说："你的尊严。"一位汉堡王的粉丝发推文说："嘿，温迪汉堡，如果愿意，你们可以用我的混音带来烤汉堡。"温迪汉堡回应说："我们更想保持食物的新鲜和热度。"Planter's 的花生先生（Mr. Peanut）在"全民烘烤日"（National Roast Day）发布推文"好吧温迪，烤这个坚果！"以促使温迪回应，温迪汉堡很快就半开玩笑地回应道："祝贺你成为混合坚果中最差的部分。"这种实时互动让温迪汉堡的粉丝们不断回来看是否有更新。一位分析师称："2013 年，营销人员想成为奥利奥，现在他们想成为温迪汉堡。人们发推文@温迪汉堡，然后每个人都屏息以待，看温迪汉堡会如何回应。"

像温迪汉堡一样，大多数品牌——无论耐克还是星巴克，现在都努力利用实时营销的力量来吸引消费者。有些品牌做得很好，有些品牌则仍在学习。如果处理得当，实时营销可以将品牌与消费者生活中正在发生的、重要的事情联系起来，并使对话继续下去。那位战略专家表示："过去，实时营销只是内容。但现在，内容能够触发对话，并帮助品牌与消费者建立关系。"

来源：Diana Bradley, "The Thrill Is Gone from Real – Time Marketing," *PRWeek*, March 1 2019, www. prweek. com; Mick Jacobs, "20 Savage Tweets That Prove Wendy's Twitter Is the Best Twitter," *Ranker*, n. d. , www. ranker. com, accessed April 2019; Tanya Dua, "You Can Still Dunk in the Dark, but You Don't Need a War Room," *Digiday*, February 4 2016, http://digiday.com.

评估广告效果

评估广告效果和**广告投资回报**（returns on advertising investment）已经成为大多数企业关注的重要问题，尤其是在严峻的经济环境中。很多企业的高层管理人员都在向营销经理发问："我们怎么才能知道在广告上花多少钱合适？我们从广告投资中获得了多少回报？"

因此，广告商应该定期评估广告的两种效果：传播效果以及销售和利润效果。衡量广告或广告活动的传播效果有助于确定广告和媒体是否很好地传播了广告信息。单个广告可以在投放之前或之后进行测试。在广告投放之前，广告商可以向消费者展示广告，询问他们对广告的喜爱程度，并测量由此产生的信息记忆程度或态度变化。广告投放之后，广告商可以衡量广告对消费者回忆或产品知晓、参与、知识和偏好的影响。广告投放之前和之后的评估也可以针对整个广告和内容活动。

广告商已经非常善于衡量其广告和广告活动的传播效果。然而，广告和其他内容的销售和利润效果往往很难衡量。例如，如果某个广告活动使品牌知晓度提高了20%，品牌偏好度提高了10%，那么它产生了多少销售额和利润呢？这更难估计。除了广告之外，销售和利润还受许多其他因素的影响，比如产品特征、价格、可获得性等。

衡量广告的销售和利润效果的一种方式是将过去的销售和利润与过去的广告支出进行比较，另一种方式是实验法。例如，为了测试不同广告支出水平的效果，可口可乐公司可以在不同的市场上采用不同的广告支出水平，然后衡量由此导致的销售和利润水平的差异。企业还可以设计更复杂的实验，将其他变量包括在内，比如广告或媒体使用的差异。

然而，由于影响广告效果的因素很多，其中有些是可控的，有些是不可控的，因此对广告进行预测试和衡量广告支出的收益仍然做不到精确。评估内容和广告效果时，管理人员经常在定量分析的同时还要依赖自己的判断。在当今追求内容的数字时代尤为如此，因为大量广告和其他内容都是实时制作和投放的。因此，在投放传统的大预算媒体广告之前，企业往往会仔细进行预测试，但通常不会对数字营销内容进行测试。

广告的其他考虑因素

在制定广告策略和方案时，企业必须解决另外两个问题：第一，企业如何组织其广告职能，即由谁来执行哪些广告任务？第二，企业如何调整其广告策略和方案以适应国际市场的复杂性？

广告的组织安排

不同企业在广告的组织安排方面有不同的方式。在小企业，广告可能由销售部门的人员来处理，而大企业则设有广告部门，负责制定广告预算，与广告代理机构合作，并处理其他广告代理机构不负责的事项。大多数大企业都聘用外部广告代理机构，因为它们具有一定的优势。

广告代理机构（advertising agency） 是如何运作的呢？它们雇用能比企业的员工更好完成广告任务的专业人士，能从外部角度出发解决企业的问题，还拥有与不同消费者和情况打交道的丰富经验。因此，即使是拥有强大广告部门的企业如今也会聘请广告代理机构。

国际广告决策

国际广告商面临着很多国内广告商所未遇到的复杂情况，最基本的问题在于全球广告应该在多大程度上适应不同国家市场的独特特征。一些大型广告商试图使用高度标准化的全球广告来支持其全球品牌，比如在曼谷和在台北使用同样的广告。

随着网络营销和社交媒体分享的日益流行，对全球品牌广告标准化的需求更加强烈。消费者可以通过互联网和社交媒体轻松跨越国界，使得广告商很难以一种可控、有序的方式推出适应当地情况的不同广告活动。因此，至少大多数全球消费品牌都已经统一了自己的国际数字网站。例如，可口可乐在世界各地的网站社交媒体站点保持一致，无论是澳大利亚、阿根廷、法国、罗马尼亚还是俄罗斯，所有网站都配有熟悉的可乐红、标志性的可乐瓶形状、可口可乐的主题音乐以及相似的主题。

标准化有很多好处，比如广告成本更低、全球广告协调性更高以及全球品牌形象更一致等。但它也有缺点，最重要的是，它忽略了一个事实，即不同国家市场在文化、人口统计特征和经济状况方面存在巨大差异。因此，大多数国际广告商采用"全球化思维、本土化行动"。他们制定全球广告策略，使全球广告工作更加高效和一致。然后，他们调整广告方案，使其更符合当地市场消费者的需求和期望。例如，可口可乐的"分享可乐"活动使用当地的名称和短语，以便消费者更好地识别品牌。

本土化广告——在"共享一杯可乐，连接你我他"的全球主题下，可口可乐根据当地需求对营销策略进行了调整，比如新加坡的瓶子和罐子上印有"帅哥"（英俊的年轻人）、"阿姨"（尊敬的女士）、"Bae"（亲切的称呼）等当地用语。

全球广告商还面临几个特殊的问题。例如，广告媒体的成本和可获得性因国家而异。不同国家对广告的监管程度也各不相同，很多国家有详尽的法律制度来限制企业在广告上的支出、所使用的媒体、广告诉求的性质以及其他方面。这些限制通常要求广告商在不同的国家调整自己的广告。

例如，在印度或伊斯兰国家，不能做酒精产品的广告。因此，营销人员必须找到其他方法，让消费者记住自己的酒精品牌。在很多国家，比如挪威和瑞典，儿童电视节目禁止插播食品广告。保险起见，麦当劳在瑞典的广告中宣称自己是一个家庭餐厅。比较广告在美国和加拿大是可接受甚至常见的，但在英国却很少见，在日本被认为是不可接受的，在印度和巴西则是违法的。中国禁止在未经许可的情况下向消费者发送广告邮件，并且所有发送的广告邮件都必须以"广告"为标题。中国对电视和广播广告也有严格的审查制度，例如，"最好"

一词是被禁止使用的，"违反社会风俗"或以"不恰当的方式"展示女性的广告也是被禁止的。广告业在中国受到很多限制。麦当劳曾经因为在广告中展示消费者乞求打折的场景而违反了文化规范，不得不公开道歉以避免严厉的政府制裁。类似地，可口可乐的印度子公司曾被迫中止提供去好莱坞旅游等奖品的促销活动，因为这被认为是在鼓励消费者为了"赌博"而购买，从而违反了印度现有的贸易政策。

因此，尽管广告商可以制定全球策略来指导整体的广告工作，但必须要对具体的广告方案进行调整，使其符合当地的文化、习俗、媒体特征和相关法规。

公共关系

还有一个主要的大众促销工具是**公共关系**（public relations，PR），即通过获得积极的公众关注，建立良好的企业形象，处理或消除对企业不利的传言、故事和事件，从而与企业的各种公众建立良好的关系。公共关系部门履行的职能如下：

新闻关系。在新闻媒体上创建和发布有新闻价值的信息，以吸引公众对个人、产品或服务的关注。

产品宣传。宣传特定产品。

公共事务。建立和维护与国家或当地社区的关系。

游说。建立和维护与立法者和政府官员的关系，以影响立法和法规。

投资者关系。维护与股东和其他财务利益相关者的关系。

拓展。发展与捐赠者或非营利组织成员之间的关系，以获得财务或志愿者方面的支持。

公共关系可以用于推广产品、人员、地点、创意、活动、组织甚至国家。企业利用公共关系与消费者、投资者、媒体及其社区建立良好的关系，国家利用公共关系来吸引更多的游客、外国投资和国际支持，行业协会利用公共关系来重建人们对鸡蛋、苹果、牛奶和土豆等日渐衰落的商品的兴趣。例如，强生公司（Johnson & Johnson）巧妙地运用公共关系，挽救了濒临危机的泰诺（Tylenol）。但是，糟糕的公共关系可能会为竞争者打开大门，如以下例子所示：

美极（Maggi）方便面——印度食品安全监管机构在例行质量检测中发现，在印度北方邦，雀巢旗舰产品美极方便面样品中含有大量的味精和铅。随后雀巢被要求召回其美极方便面，但雀巢拒绝，反而发表了一份新闻声明，宣称其没有在产品中添加味精，并且做了独立检测进行验证。雀巢解释称，味精可能来自方便面中的洋葱粉、面粉和花生蛋白。在很多人看来，这一回应相当牵强。而随后在印度其他邦进行的检测也显示出不同的结果，一些检测证明该方便面产品没问题，另一些检测则支持最初的结论。超过 400 个印度的电视频道对这一争议事件进行了报道，因为美极方便面是深受儿童欢迎的品牌，而父母们非常看重食品安全。由于人们对不同的

公共关系——当雀巢的美极方便面被印度政府发现含有大量的铅和味精时,该产品陷入了危机。很多人都认为其公共关系团队没有很好地处理这场危机。

检测结果感到困惑,并且对食品科学知识缺乏了解,因此引发了公共媒体的争论。这场美极危机被社交媒体放大,新闻报道发布后的四天内就产生了超过 44 万条在线讨论。雀巢被认为在与公众互动方面做得不够。很多人认为雀巢对批评视而不见,并将其行为解读为默认自己的错误。为了维持消费者信心,雀巢最终对产品进行了召回,并销毁了 3.7 万多吨美极方便面,损失超过 5 亿美元。美极危机使市场向 ITC 的 Yippee 和日清的 Top Ramen 等竞争者敞开了大门,也让 Patanjali 等激进企业得以凭借更便宜的产品进入该领域。禁令解除后,雀巢美极品牌推出了接受法院强制测试的新产品。

公共关系的作用和影响

公共关系能够对公众意识产生极大的影响,而且成本比广告低得多。使用公共关系时,企业无须为媒体上的空间或时间付费,只需要向开发和传播信息以及管理活动的员工支付报酬。如果企业开发了一个有趣的故事或活动,多家不同的媒体可能进行报道,效果相当于花费数百万美元所做的广告,而且它还比广告的可信度更高。

公共关系的结果有时非常惊人。苹果在发布 iPad 时几乎没有做任何广告,但却做了大量的公关支持工作。在 iPad 发布的前几个月,苹果公司就提前分发 iPad 以获得早期评论,为线下和线上媒体提供了很多趣闻,还让粉丝们提前在线预览 iPad 应用程序,为这款产品制造了热烈的讨论氛围。

以下例子介绍了白酒企业水井坊如何利用公共关系,以很低的预算将一款白酒产品的推出转变为一个全国性活动。

成都水井坊——水井坊位于成都重要的历史和文化遗址,是中国最古老的酿酒厂。与茅台等其他知名白酒厂不同,水井坊的成功得益于其对公共关系的巧妙运用,这使它成为白酒市场上的知名品牌。水井坊成立于 2000 年,在翻新成都市锦江区的老酒厂时,发现了一个拥有 600 年历史的地下白酒酿酒厂。在被政府正式列为文物保护古迹前,水井坊就向公众宣布了这一发现,并发布了该遗址的相关信息。它号称是"中国第一个白酒厂"和白酒行业的"活文物",这极大地刺激了公众的购买欲望。水井坊明白,要保持竞争优势,不能只是说说而已。该企业联系了各级政府部门,使该遗址成为:

- 省、市重点文物保护单位；
- 五大国家重点保护历史文化遗址之一；
- 十大考古发现之一。

在国内，水井坊被中国食品工业协会评为"中国历史文化名酒"和"中国第一白酒酿造基地"。在国际上，水井坊遗址被上海大世界吉尼斯纪录列为中国"最古老的酿酒厂遗址"。水井坊利用公共关系将考古发现转化为了品牌宣传。

尽管公共关系具有潜在的优势，但它有时会被描述为营销的"继子"，因为它的使用往往受到限制而且比较分散。公关人员忙于处理与各种公众的关系，包括股东、员工、立法者和新闻界，导致支持产品营销目标的公共关系方案被忽视了。营销管理者和公共关系执行者的想法并不总是一样的。很多公共关系执行者认为自己的工作就是简单的沟通。相比之下，营销管理者往往对广告和公共关系如何影响品牌建设、销售和利润以及顾客关系更感兴趣。

不过这种情况正在改变。尽管公共关系仍然只占很多企业整体营销预算的一小部分，但它正日益成为一种强大的品牌建设工具，尤其是在数字时代，广告与公共关系之间的界限变得越来越模糊。例如，品牌网站、博客、品牌视频、社交媒体活动到底是广告还是公共关系？这些都是营销内容。此外，随着免费和共享数字内容的迅速增长，公共关系在品牌内容管理方面会发挥更大的作用。

与其他部门相比，公共关系主要负责创造相关的营销内容，以吸引消费者，而不是将信息推送出去。一位专家表示："知道在哪里可以获得影响力和对话，是公共关系的常用手段。公关专家是组织中的故事大师。一句话概括，他们创造内容。"因此，公共关系应该在整合营销传播方案中与广告携手合作，以帮助推动顾客参与和建立顾客关系。

主要公共关系工具

公共关系有几种工具，其中一种主要工具是新闻。公共关系专家挖掘或创造与企业及其产品或人员相关的正面新闻。有时新闻故事是自然发生的，有时公关人员可以举办能创造新闻的事件或活动。另一种常见的公共关系工具是特殊事件，包括旨在吸引目标受众的新闻发布会、演讲、品牌巡演和赞助活动等。

公共关系人员还会准备书面资料，以触达和影响目标市场。这些资料包括年度报告、宣传册、文章、公司通讯和杂志。在线视频等视听资料正越来越多地被用作传播工具。企业形象资料可以帮助创建公众能立即辨认的企业形象。商标、文具、宣传册、标志、商业标牌、名片、建筑、制服、企业的轿车和卡车都可以成为营销工具，只要它们具有吸引力、与众不同并且易于记忆。最后，企业可以通过为公共服务活动贡献资金和时间来提高公众的好感度。

网络和社交媒体也是重要的公关渠道。网站、博客以及社交媒体，比如 YouTube、Facebook、Instagram、Telegram 和抖音，为企业提供了触达和吸引公众的新途径。讲故事和参与是公共关系的核心优势，使用在线、移动和社交媒体能够很好地发挥这一优势。

目标回顾

企业要做的不仅仅是制造好的产品，还必须告知消费者产品能给其带来的利益，并谨慎地在消费者心目中定位产品。要做到这一点，企业必须精通广告和公共关系。

目标 1：定义广告在促销组合中的作用。

广告，即使用卖方付费的媒体对产品或组织进行告知性、说服性和提醒性宣传，是传播营销人员为消费者创造价值的重要工具。广告有多种形式和用途。虽然广告主要被商业企业使用，但很多非营利组织、专业人士和社会机构也使用广告，向各种目标公众宣传自己的事业。

目标 2：描述制定广告方案所涉及的主要决策。

广告上对广告目标、预算、信息、媒体以及结果评估进行决策。广告商应该设定明确的目标、任务和时间安排，确定目的是告知、说服还是提醒消费者。广告的目标是推动消费者向购买者准备阶段的下一个阶段移动。有些广告是为了促使人们立即采取购买，但是如今的很多广告侧重于建立和加强长期的顾客关系。重要的是，广告预算取决于很多因素，包括产品所处的产品生命周期阶段、竞争强度和产品差异化。

广告策略包括两大要素：创建广告信息和选择广告媒体。消息决策要求规划一个消息策略并有效地执行。在如今成本高昂且杂乱的广告环境中，好的广告信息尤为重要。为了获得消费者注意力，如今的广告信息必须更有规划、更有想象力、更具娱乐性、对消费者更有价值。事实上，很多营销人员都在采用广告与娱乐融合的新方式。媒体决策包括确定触达面、频率和影响力，选择主要的媒体类型，选择媒体载体，确定媒体时间安排。信息和媒体决策必须密切协调，以获得最佳的广告效果。

最后，广告商要在广告投放之前、期间和之后评估传播和销售效果。对大多数企业来说，广告的贡献度已经成为一个热点问题。高层管理人员越来越多地在问："我们的广告投资得到了什么回报？我们如何知道我们花的钱是否合适？"其他重要的广告问题包括广告的组织安排和处理国际广告的复杂性。

目标 3：明确公共关系在促销组合中的作用。解释企业如何运用公共关系与公众沟通。

公共关系，即获得积极的公众关注和建立良好的企业形象，是使用最少的主要促销工具，尽管它在建立消费者知晓度和塑造偏好方面有很大的潜力。公共关系可以用于宣传产品、人员、地点、创意、活动、组织甚至国家。企业利用公共关系与消费者、投资者、媒体及其社区建立良好的关系。公共关系能够以比广告低得多的成本对公众知晓产生极大的影响，并且有时结果惊人。虽然公共关系只占大多数企业整体营销预算的一小部分，但它在品牌建设方面扮演着重要角色。在数字时代，广告和公共关系之间的界限正变得越来越模糊。

　　企业通过设定公共关系目标、选择公共关系信息和工具、实施公共关系计划和评估公共关系结果来与公众进行沟通。为了实现这些目标，公共关系专业人员会使用一些工具，比如新闻、演讲和特殊事件等。他们还会准备书面、视听和企业形象资料，并为公共服务活动贡献金钱和时间。网站、博客和社交网络为企业触达更多消费者提供了新途径，因此互联网也成了越来越重要的公关渠道。

第 16 章　人员销售和销售促进

目标概览

目标 1　讨论企业销售人员在创造顾客价值和建立顾客关系中的作用。

目标 2　识别并解释销售队伍管理的 6 个主要步骤。

目标 3　讨论人员销售过程，区分交易导向营销和关系营销。

目标 4　解释销售促进活动是如何制定和实施的。

内容导览

在前两章中，你已经学习了通过整合营销传播（IMC）来传递顾客价值以及促销组合的两个要素——广告和公共关系。在本章中，我们将探讨整合营销传播的另外两个要素——人员销售和销售促进。人员销售是整合营销传播的人际工具，销售人员与顾客及潜在顾客互动、建立关系并实现销售。销售促进包括鼓励顾客购买产品或服务的短期激励措施。请注意，尽管本章将人员销售和销售促进作为独立的工具来介绍，但它们必须与促销组合的其他要素整合起来使用。

当有人提到"销售人员"时，你的脑海中会出现什么形象？也许你会想到咄咄逼人的零售售货员。请再想想。如今，对大多数企业来说，人员销售在建立可盈利的顾客关系方面起着重要作用。以下例子介绍了领先的容器制造商特百惠（Tupperware），该公司在新冠疫情期间利用亚洲的社交网络关系在线销售产品。

特百惠：在印度的社交销售

领先的厨具和容器制造商特百惠采取利用社交网络的商业模式。

franky242/Alamy Stock Photo

特百惠于 1946 年在美国成立，以通过直接营销吸引顾客而闻名，1996 年开始在印度运营。目前，该公司已经建立了一个由超过 100 万直销商组成的网络，在印度拥有约 7 万名直销商。传统的直接营销依赖于线下聚会，人们定期聚在一起，分享家庭新闻、最新食谱和邻里八卦。

新冠疫情暴发后，特百惠印度公司通过互联网、社交媒体和电子专卖店开展了社交销售。社交销售是指通过个人社交网络在电子商务社区或其他在线渠道销售产品。作为最大的购买群体，千禧一代的生活方式从根本上改变了零售商的互动方式。特百惠印度公司终于自 2020 年开始应用现代化营销渠道，为其直接销售代表设计了如何通过 Facebook、Instagram、WhatsApp、视频会议平台（如 Zoom）和专卖网店进行销售的培训内容。

在线社交销售并非传统线下会面的替代品，而是一种扩展，为了解和服务顾客提供了更多方式。特百惠印度公司努力在使用技术和面对面接触之间保持平衡。现在，家庭销售代表可以随时随地触达顾客，顾客可以方便地通过特百惠印度公司的社交媒体渠道获取丰富的信息。电子商店可以展示所有产品，社交媒体渠道则可以提供食谱和视频演示，并在其中突出众多产品功能。然而，顾客在数字渠道的购买过程中也可能遇到麻烦，因此特百惠印度公司对所有销售渠道进行整合，通过不同渠道为顾客提供顺畅的搜索、评价、订购和退货流程。

"特百惠印度公司对所有销售渠道进行整合。"

在印度市场，从线下直销转向线上销售也面临挑战。印度的线上顾客更看重折扣而非质量和便利性，因此特百惠印度公司通过进行类似的产品促销活动，努力确保线上和线下价格相同。还有一个挑战是，并非所有直销商都能适应通过网络平台进行社交销售，因此特百惠为卖家制作吸引顾客的视频的定制化培训。在经济低迷时期，直销代表是线上产品销售最强大的媒介。特百惠印度公司的战略通过卖家在线上和线下的个人网络发挥了理想的效果，销售额恢复了 70% 以上。凭借积极主动的社交销售，特百惠强化了其在印度家居用品市场的地位。

人员销售

在本章中，我们将探讨另外两个营销传播工具：人员销售和销售促进。人员销售是指与顾客和潜在顾客进行人际互动，以实现销售和维持顾客关系。销售促进包括鼓励顾客购买、经销商支持以及销售团队努力的短期激励措施。

罗伯特·路易斯·史蒂文森（Robert Louis Stevenson）曾经说过："每个人都靠卖东西为生。"全世界的企业都使用销售人员向企业和顾客销售产品和服务，但销售团队也存在于很多其他类型的组织中。例如，大学通过招募人员来吸引新生，教堂通过会员协会来吸引新会员，博物馆和艺术组织通过资金筹集人联系捐赠者并筹集资金，甚至政府也使用销售团队，比如区域经济发展委员会雇客户经理来吸引潜在投资者。在本章的第一部分，我们将探讨人员销售在组织中的作用、销售人员管理决策和人员销售过程。

人员销售的性质

人员销售（personal selling）是世界上最古老的职业之一。从事销售职业的人员有很多称谓，比如销售人员、销售代表、地区经理、顾客主管、销售顾问、销售工程师、代理商和顾客开发代表等。

人们对于销售人员有许多刻板印象，其中一些是负面的。销售人员常被描述为独行客，在自己的销售区域奔波，试图把产品强行卖给毫无戒心甚至不太情愿的顾客。但是，现代销售人员与这些不幸的刻板印象相去甚远。如今，大多数销售人员都是受过良好教育、训练有素的专业人士，他们致力于建立和维护长期的顾客关系。他们倾听顾客的意见，评估顾客的需求，并利用企业的力量来解决顾客的问题。

甲骨文（Oracle）NetSuite——甲骨文 NetSuite 是亚洲领先的云软件提供商，其软件的基础许可使用费约为每月 999 美元，每个用户每月还需额外支付 99 美元访问费用。在亚洲国家做生意需要的不仅仅是热情的笑容。NetSuite 使其企业客户能够在一个软件产品和云端看到自己的费用、库存、顾客和管理过程。来自批发商、零售商或制造业客户的单笔大订单金额可能高达数百万美元。NetSuite 的销售人员带领着一个庞大的专家团队，包括销售和服务技术人员、金融分析师、规划师和工程师，他们致力于寻找满足企业客户需求的方法。在主要的亚洲市场（如新加坡和中国香港），NetSuite 努力设计定制化应用程序，使客户能够将离线操作转移到云端。

从客户的角度来看，购买软件总是涉及购买组织各个层级的众多决策者，以及各种影响购买的因素。从第一次销售演示算起，销售过程非常漫长，直到客户敲定交易，销售人员的工作也没有结束。持续跟踪至关重要，比如销售人员需要确定产品已经安装好并且运行正常。随着时间的推移，只有与客户建立合作关系，才有可能将其留住。

销售人员（salesperson）一词涵盖了广泛的职位。销售人员很可能是一个接单员，比如站在百货商店柜台后面的售货员；销售人员还可能是订单获取者，他们需要为家用电器、工业设备、飞机、保险、信息技术服务等产品和服务进行创造性销售和关系建立。本章我们关注的是更具创造性的销售方式，以及建立和管理有效销售团队的过程。

销售团队的作用

人员销售是促销组合中的人际工具。广告主要是与目标消费群体进行单向的、非人员的沟通，人员销售则是销售人员和顾客之间的双向人际沟通——无论是面对面、通过电话、通过视频或网络会议，还是通过其他方式。在比较复杂的销售情况下，人员销售可能比广告更有效。销售人员可以通过调查详细了解顾客的问题，然后调整营销方案以满足每位顾客不同的需求。人员销售的作用因企业而异。有些企业根本没有销售人员，例如只通过网络、目录、制造商代表、销售代理或者经纪人进行销售的企业。然而在大多数企业中，销售人员都具有重要作用。在 IBM、华为、NEC 等向其他企业销售产品和服务的企业中，销售人员直接与顾客打交道；而在宝洁、索尼、三星、耐克等消费品企业中，销售人员则是在幕后发挥着重要作用，他们与批发商和零售商合作，以获得对方的支持并帮助对方更有效地销售企业产品。在通过在线平台销售产品的企业中，例如淘宝、Lazada 和 Shopee，它们分别是中国、马来西亚和新加坡最大的电子商务平台之一，销售人员常常通过在线实时聊天或直播来解决顾客的问题。

连接企业与顾客

销售团队是企业与其顾客之间的重要纽带。在很多情况下，销售人员同时服务卖家和买家。在顾客面前，他们代表企业。销售人员寻找和开发新顾客，并与其沟通有关企业产品和服务的信息。销售人员通过接触顾客、展示产品、反驳反对意见、就价格和条款进行谈判、达成交易来销售产品。此外，销售人员还提供顾客服务并进行市场调研和情报收集工作。

在企业面前，销售人员又代表顾客，在企业内部充当顾客利益的"捍卫者"并管理买卖双方的关系。销售人员将顾客对企业产品和行为的想法反馈给能够处理这些问题的人。他们了解顾客的需求，与其他营销人员和非营销人员合作，以开发更大的顾客价值。

对于许多顾客来说，销售人员就是企业，是他们所看到的唯一有形的企业形象。因此，顾客可能会对销售人员忠诚。销售人员拥有的忠诚甚至比销售人员建立顾客关系的能力更加重要。顾客与销售人员之间的牢固关系将转化为顾客与企业及其产品之间的牢固关系。顾客与销售人员之间的关系糟糕也将导致糟糕的企业和产品关系。

营销的原则

16.2

协调营销与销售

在理想情况下，销售团队与其他营销职能部门，比如营销策划人员、品牌经理、营销内容经理、研究人员等，应该紧密合作，共同为顾客创造价值。然而遗憾的是，一些企业仍然将销售和营销视为单独的职能。当这种情况发生时，独立的销售和营销团队可能无法和睦相处。在出现问题时，营销人员会指责销售人员对战略执行不力，同时销售团队会指责营销人员不了解顾客的真实情况。双方都没有充分重视对方的贡献，如果不加以修复，营销和销售团队之间的脱节可能会损害顾客关系和企业业绩。

企业可以采取一些措施来帮助营销和销售功能更紧密地结合在一起。在最基本的层面上，它可以通过安排联席会议以及明确沟通渠道来增加两个群体之间的沟通；它可以为销售人员和营销人员创造合作的机会；品牌经理和研究人员可以旁听销售电话或销售计划会议，而销售人员则可以旁听营销计划会议，分享自己拥有的第一手顾客知识。

企业还可以为销售和营销团队制定共同的目标和奖励制度，或者任命营销 – 销售联络员，即与销售团队一起工作的营销人员，帮助协调营销和销售团队的计划和努力。最后，企业可以任命一位高级营销主管来监督营销和销售。这样便可以帮助营销和销售团队树立创造顾客价值的共同目标。

营销的原则

16.3

管理销售团队

我们将**销售团队管理**（**sales force management**）定义为对销售团队的活动进行分析、计划、实施和控制。它包括设计销售团队的战略和结构，以及对企业的销售人员进行招聘、筛选、培训、发放报酬、监督和激励、评估。主要的销售团队管理如图 16 – 1所示，我们将在接下来的部分逐一讨论。

图 16 –1　销售团队管理的主要步骤

设计销售团队的战略和结构

营销经理面临着以下几个关于销售团队战略和结构设计的问题：如何设计销售人员及其任务的结构？销售团队的规模应该有多大？销售人员应该单独销售还是与企业其他人员合作销售？他们应该现场销售、通过电话销售还是在线销售？

PRINCIPLES OF MARKETING　营销的原则（原书第5版）

销售团队结构

企业可以根据产品线来划分销售职责。如果企业在多个区域只向一个行业的顾客销售一条产品线，那么结构设计就很简单，可以采用区域销售团队结构。但是如果企业向很多类型的顾客销售多种产品，那么它可能需要产品销售团队结构、顾客销售团队结构或是这两者的组合。

区域销售团队结构。 在区域销售团队结构（territorial sales force structure）中，每个销售人员被指派到一个特定的地理区域，向该区域内的所有顾客销售企业的全部产品或服务。这种结构明确定义了每个销售人员的工作和固定职责，也激发了销售人员建立本地顾客关系的欲望，从而提高了销售业绩。由于每个销售人员都在一个有限的地理区域内活动，所以差旅费用相对较低。

区域销售团队结构通常需要层层设置销售经理。每个销售代表向地区经理汇报，地区经理再向大区经理汇报，大区经理再向销售总监汇报。

产品销售团队结构。 销售人员必须了解他们销售的产品，尤其是在产品种类繁多且复杂的情况下。这一要求以及产品管理的日益发展，促使很多企业采用**产品销售团队结构（product sales force structure）**，按照产品线对销售人员进行分配。例如，东芝、三星、海尔的电视和冰箱产品线可能会有不同的销售团队。

然而，如果一个大顾客购买许多不同的企业产品，产品销售团队结构可能会导致一些问题。多个销售人员可能会在同一天拜访同一个顾客，这意味着他们走同样的路，等待见同一个顾客的采购代理。企业必须对这些额外的成本和更好地了解与关注每种产品所带来的好处进行比较。

顾客销售团队结构。 越来越多的企业使用**顾客（或市场）销售团队结构** [customer (or market) sales force structure]，按照顾客或行业来组织销售团队。对于不同的行业、现有顾客和新顾客、大顾客和普通顾客，企业可能会组建单独的销售团队。

围绕顾客来组织销售团队可以帮助企业更好地以顾客为中心，并与重要的顾客建立更密切的关系。以 IBM 为例：

顾客销售团队结构——IBM 从产品销售团队结构转变为顾客销售团队结构，促使其近年来实现了业绩的戏剧性回升。

IBM——IBM 从产品销售团队结构转变为顾客销售团队结构。在转变之前，代表 IBM 不同软件、硬件和服务部门的销售人员可能会拜访同一个大客户，导致一片混乱。这些大客户想要看到"同一张面孔"，同一个人解决所有的产品和服务问题。销售团队重组之后，每个大客户只需面对一个单独的 IBM "客户经理"，由他管理一个 IBM 团队，包括产品代表、系统工程师、顾问及其他人员，他们与客户一起工作。

客户经理将成为客户所在行业的专家，拥有与客户之间的业务关系。与同一个 IBM 员工进行互动提供了客户参与的机会，有利于深化与客户之间的长期关系。盖洛普的调查结果显示，在顾客参与度和满意度方面得分较高的 B2B 企业，其收入通常比其他企业高出 50%。这种对客户的高度关注被广泛认为是 IBM 自 2017 年以来实现业绩戏剧般回升的主要原因。

复合式销售团队结构。当一家企业在不同的地理区域向不同类型的顾客销售各种各样的产品时，它通常会综合使用几种销售团队结构。销售人员可以根据顾客 - 区域、产品 - 区域、产品 - 顾客，或者区域 - 产品 - 顾客来进行划分。例如，宝洁按照顾客（沃尔玛、家乐福和其他大客户各自有不同的销售团队）和区域（地区代表、地区经理、大区经理等）对其销售人员进行划分。没有一种结构适合所有的企业和情况。每个企业都应该选择一种最能满足其顾客需求并符合其整体营销战略的销售团队结构。

销售团队规模

企业一旦确定了销售团队结构，就应该考虑销售团队规模。销售团队可能从几个销售人员到数万人不等。销售人员是企业最具生产力也是最昂贵的资产之一，增加销售人员的数量将同时增加销量和成本。

许多企业使用某种形式的工作量法来确定销售团队规模。采用这种方法，企业首先要根据规模、顾客状态或与维护顾客所需的工作量相关的其他因素对顾客进行分类，然后确定对每一类顾客完成目标拜访次数所需要的销售人员数量。

企业可能按照以下方式计算：假设企业有 1000 个 A 类顾客和 2000 个 B 类顾客，A 类顾客每年需要拜访 36 次，B 类顾客每年需要拜访 12 次。在这种情况下，销售团队的工作量（每年必须完成的拜访次数）为 60000，即（1000 × 36）+（2000 × 12）= 36000 + 24000 = 60000。假设企业的销售人员平均每人每年可以拜访顾客 1000 次，则企业需要 60 名销售人员（60000 ÷ 1000）。

有关销售团队战略和结构的其他问题

销售管理层还必须决定参与销售工作的人员，以及不同销售和销售支持人员的合作方式。

外勤和内勤销售团队。企业可能有外勤销售人员（outside sales force），或称现场销售人员（field sales force），内勤销售人员（inside sales force），或两者兼而有之。外勤销售人员到现场拜访顾客，内勤销售人员在办公室通过电话、互联网或接待顾客来开展业务。

一些内勤销售人员会为外勤销售人员提供支持，使他们有更多的时间向大顾客销售产品和寻找新的潜在顾客。例如，技术销售支持人员提供技术信息并回答顾客问题；销售助理为外勤销售人员提供行政支持，他们提前打电话确认预约、跟进产品交付情况并在外勤销售人员不在场时回答顾客的问题。

PRINCIPLES OF MARKETING 营销的原则（原书第5版）

还有一些内勤销售人员不仅仅提供支持。电话销售和网络销售人员通过电话和互联网来寻找新的销售机会，挖掘潜在顾客，或直接完成销售和服务顾客。电话销售和网络销售可以有效且以较低成本向小型、难以触达的顾客进行销售。例如，根据产品和顾客的复杂程度，一个电话销售人员每天可以联系 20 ~ 33 个决策者，而一个外勤销售人员平均每天只能联系 4 个顾客。B2B 现场销售电话的平均成本为 600 美元甚至更多，而常规的电话销售或网络销售的平均成本仅为 20 ~ 30 美元。

如今，领先的企业甚至用使用人工智能（AI）聊天机器人来进行日常工作。基于人工智能和机器学习的人工智能聊天机器人已经广泛应用于餐厅、酒店及金融企业。这些人工智能聊天机器人经常用于协助顾客预订、服务供应和售后服务。一项研究发现，聊天机器人的表现要优于没有经验的销售人员，如果在未来将它们应用于具有标准计算机程序的结构化呼叫中心，企业就可以缩减销售团队规模并节省大量成本。

除了节省成本以外，在数字、移动和社交媒体的环境下，与曾经所需的高成本面对面联系相比，顾客更乐于通过电话和网络进行联系。很多顾客更喜欢通过网络收集信息，他们经常使用电话、在线会议和社交媒体互动来与卖家交流并完成交易。然而，由于人际关系在社交驱动的文化非常重要，面对面的销售互动对于完成销售以及建立和维护顾客关系仍然必不可少。事实上，对关系的实践意味着建立一个与顾客保持联系的庞大销售团队。关系指的是建立个性化社交网络以促进交易的文化，它是中国社会基本结构的一部分，涉及感情、人情和信任。例如，肯德基设有一个处理政府关系和公共事务的部门，聘请中国高级管理人员利用他们的关系来建立政府关系网络，使其在中国的运营更加顺畅。

内勤销售团队——电话销售人员通过电话来寻找新的销售机会，挖掘潜在顾客，或直接完成销售和服务顾客。

团队销售。随着产品变得越来越复杂，顾客群体越来越大、需求越来越多，单独一位销售人员已经无法处理大顾客的所有需求。因此，大多数企业使用**团队销售**（**team selling**）来服务大型、复杂的顾客。销售团队可以发现单个销售人员无法发现的问题、解决方案和销售机会。这样的团队可能包括企业各个领域或各个层次的专家，包括销售、营销、技术和支持服务、研发、工程、运营、财务等。在团队销售的情况下，销售人员从"独奏者"转变为"乐队成员"。

通常，向团队销售的转变反映了顾客采购部门的变化趋势。随着越来越多的企业开始使用或有意使用跨职能采购团队，卖家也开始雇销售团队向采购团队进行更有效的销售。例如，宝洁将其销售代表组织成顾客业务开发（CBD）团队，每个顾客业务开发团队服务于宝洁的一个主要顾客。该团队由一名顾客业务开发经理、几个顾客经理（每个人负责一个特定的宝洁产品类别）以及营销战略、运营、信息系统、物流和财务部门的专家组成。然而，团队销售也存在一些缺陷。例如，销售团队可能会让习惯于只与一名销售人员合作的顾客感到困惑或不知所措，习惯于独揽顾客的销售人员可能很难学会在团队中工作并信任其他成员。最后，评估个人对团队销售工作的贡献很困难，因此可能会产生一些棘手的薪酬问题。

招聘和筛选销售人员

任何销售团队运作成功的核心都是招聘和筛选优秀的销售人员。一个普通销售人员和一个顶级销售人员在业绩上可能存在天壤之别。在一个典型的销售团队中，排名前30%的销售人员可能带来60%的销售额。因此，谨慎挑选销售人员可以大大提高整体销售团队的业绩。除了销售业绩上的差异，选聘不力还会导致很高的人员流动率，从而产生巨额成本。当一个销售人员离职时，重新寻找和培训一个新销售人员的成本，加上销售损失的成本，可能是非常高昂的。此外，一个包含很多新人的销售团队效率会降低，人员流动还会破坏重要的顾客关系。

是什么让优秀的销售人员与众不同？为了发现顶级销售人员的特征，知名民调机构盖洛普（Gallup）旗下的盖洛普咨询公司（Gallup Consulting）采访了数十万名销售人员。结果显示，最优秀的销售人员具备四种关键才能：内在动力、自律的工作风格、达成销售的能力以及最为重要的——与顾客建立关系的能力。

顶级销售人员受内在动力的驱使。"不同的东西驱动不同的人——自豪感、幸福、金钱以及你能说出的一切东西，"一位专家表示，"但所有伟大的销售人员都有一个共同点：追求卓越的不懈动力。"有些销售人员受金钱、渴望认同或竞争和获胜的满足感所驱使，还有一些销售人员则是想要提供服务和建立关系。最优秀的销售人员总是受这些激励因素中的一些所驱使。

无论动力是什么，销售人员还必须拥有自律的工作风格。如果销售人员没有条理、不专注、不努力工作，就无法满足顾客日益增长的需求。优秀的销售人员坚持制订详细、条理清晰的计划，然后及时、自律地执行。

如果销售人员不能达成销售，那么任何技能都是没有意义的。怎样才能成为一个伟大的销售达成者呢？其中一个方面是不屈不挠的毅力。一位销售培训师表示："伟大的销售达成者就像优秀的运动员，他们不惧失败，不达目的绝不放弃。"伟大的销售达成者还要有高度的自信，相信自己在做正确的事情。

在当今的关系营销环境中，也许最重要的是，顶级销售人员是顾客问题解决者和顾客关系建立者，他们本能地理解顾客需求。与销售经理交谈，他们会这样描述顶级销售人员：有同理心、有耐心、有同情心、积极响应、善于倾听、诚实。优秀的销售人员将自己置于购买者的位置，从顾客的角度看待问题，他们不仅希望被人喜欢，更希望为顾客增加价值。

在招聘时，企业应该分析销售人员的工作和最成功的销售人员的特点，从而确定企业所处行业中一个成功的销售人员需要具备哪些特征。然后，企业必须招聘合适的销售人员，人力资源部门通过现有销售人员推荐新人，也可以通过职业介绍机构、发布分类广告、搜索网络、大学就业服务来寻找求职者。还有一种方式是从其他企业吸引顶尖的销售人员，经验丰富的销售人员需要的培训较少，并且可以立即产生效益。

招聘可能会吸引很多申请者，企业必须从中选出最好的。筛选的程序多种多样，可能是一次非正式会面，也可能是冗长的测试和面试。很多企业会对申请者进行正式的测试，这种测试通常会考察申请者的销售能力、分析和组织能力、个性特征及其他特征，但是测试成绩只提供了包括个性特征、推荐信、工作经历和面试官反应在内的一部分信息。

培训销售人员

新的销售人员可能会花几个星期、几个月甚至一年以上的时间接受培训。在亚洲，跨国企业的销售培训要比本土企业的销售培训时间更长。此外，一些企业通过研讨会、销售会议和互联网在销售人员的整个职业生涯中提供持续的销售培训。本章开篇的案例就是一个很好的例子。

培训项目有多个目的。首先，销售人员需要了解顾客，并知道如何与他们建立关系。因此，培训项目必须教会销售人员了解不同类型的顾客及其需求、购买动机和购买习惯。培训项目还必须教会销售人员如何有效地销售，以及销售过程中的基本知识。销售人员也需要了解和认识企业、产品和竞争对手。因此，一个有效的培训项目应该帮助他们了解企业的目标、组织、主要产品和市场以及主要竞争对手的战略。

销售培训——一些企业通过研讨会、销售会议和互联网在销售人员的整个职业生涯中提供持续的销售培训。

如今，许多企业都在销售培训项目中加入了数字化的在线学习方式。在线培训包括简单的基于文本和视频的产品培训和基于互联网的销售练习，这些练习可以通过对真实销售情境的复杂模拟来培养销售技巧。

在线培训可以减少差旅和其他培训成本，也更少占用销售人员的销售时间。它还能为销售人员提供按需培训，让他们根据自己的需要随时随地接受或多或少的培训。大多数在线学习是基于互联网的，很多企业现在也通过移动数字设备提供按需培训。

向销售人员发放报酬

为了吸引优秀的销售人员，企业必须制定一个有吸引力的薪酬方案。薪酬由以下四部分组成：固定金额、变动金额、费用报销和附加福利。固定金额通常是工资，是销售人员获得的稳定收入。变动金额可能是基于销售业绩的佣金或奖金，是对销售人员付出的努力和取得的成功给予的奖励。

管理层必须决定对于每一个销售职位来说，什么样的薪酬结构最合理。固定金额和变动金额的不同组合可以产生四种基本的薪酬方案：纯工资制、纯佣金制、工资加奖金制和工资加佣金制。一项关于销售人员薪酬方案的研究表明，70%的受访企业采用基本工资和激励薪资的结合。平均来说，薪酬方案由大约60%的工资和40%的激励薪资构成。

销售人员的薪酬方案不仅可以激励销售人员，还直接影响他们的行为。薪酬方案应该引导销售人员朝着与总体营销目标相一致的方向努力。例如，如果企业的战略是快速增长并获得市场份额，薪酬方案就应该包含更高比例的佣金并加上新顾客开发奖金，以鼓励销售人员提高销售业绩和开发新顾客。相反，如果企业的目标是从现有顾客身上获得最大化的利润，那么薪酬方案应该包含较高的基本工资，再加上对现有顾客的销售额或提升顾客满意度的额外激励。

事实上，越来越多的企业正在放弃高比例佣金方案，因为这种方案可能会使销售人员更关注短期业务。它们担心销售人员在努力达成交易时过于咄咄逼人，从而破坏顾客关系。相反，企业正在设计奖励销售人员建立顾客关系并为每个顾客提供长期价值的薪酬方案。

监督和激励销售人员

新的销售人员需要的不仅仅是销售区域划分、薪酬方案和培训，他们还需要监督和激励。监督的目标是帮助销售人员"聪明地工作"，以正确的方式做正确的事情；激励的目的是鼓励销售人员努力工作，精力充沛地为达成销售团队的目标而努力。如果销售人员工作聪明而努力，他们就能充分发挥自己的潜力，既为了自己的利益，也为了企业的利益。

监督销售人员

企业对销售人员的监督程度各不相同。很多企业帮助销售人员确定目标顾客并制定拜访规范，有的企业可能还会规定销售人员应该花费多少时间来挖掘新顾客以及时间管理方面的其他优先事项。一个工具是周、月度或年度拜访计划，它规划了销售人员应该拜访哪些现有和潜在顾客，以及要开展哪些活动。另一个工具是时间－责任分析法。除了花在销售上的时间之外，销售人员还要出差、等待、休息和处理一些行政琐事。

图16-2显示了销售人员如何分配时间。平均而言，主动销售的时间仅占总工作时间的37%！企业总是在寻找节省时间的方法——简

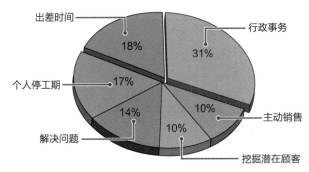

图16-2　销售人员如何分配时间

来源：Proudfoot Consulting. Data used with permission.

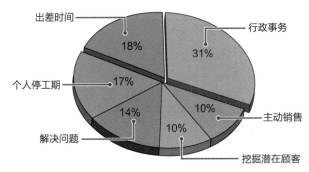

PRINCIPLES OF MARKETING　营销的原则（原书第5版）

化记录流程，寻找更好的销售拜访和路线计划，提供更多、更好的顾客信息，使用电话、电子邮件或视频会议替代出差等。

很多企业已经采用了销售团队自动化系统，即计算机化、数字化的销售操作，使销售人员可以随时随地更有效地工作。企业现在基本上都为销售人员配备了新一代的技术设备，比如笔记本电脑、智能手机、无线网络连接、网络摄像头、顾客联络和关系管理软件等。有了这些科技设备，销售人员可以更高效地了解现有和潜在顾客、分析和预测销售、安排销售拜访、做演示、准备销售和费用报告以及管理顾客关系。销售团队自动化带来了更好的时间管理、更好的顾客服务、更低的销售成本以及更高的销售业绩。

销售团队自动化——很多销售团队都采用了高科技，为销售人员配备了智能手机、无线网络连接、视频会议、顾客联络和关系管理软件等各种设备，这些都有助于销售人员更高效地工作。

激励销售人员

销售人员通常需要特别的激励才能做到最好。管理层可以通过组织氛围、销售配额和积极的激励措施来提高销售团队的士气和绩效。组织氛围是指销售人员对于良好的业绩机会、价值和奖励的感受。将销售人员视为有价值的贡献者并给予其晋升机会的企业，其销售人员的业绩会更高，员工流动率也会更低。

很多企业通过**销售配额（sales quota）**来激励销售人员，这些标准规定了销售人员应该销售企业的哪些产品以及最低的销售数量。薪酬通常与销售人员完成销售配额的情况挂钩。企业还会运用各种正向激励措施来提高销售人员的努力程度。销售会议为销售人员提供了打破常规的社交场合，有机会与企业高层见面和交谈，表达自己的感受并对更大的群体产生认同感。企业还可以通过举办销售竞赛来激发销售人员超乎寻常的销售表现。其他激励措施还包括荣誉、奖品和现金奖励、旅行和利润分享计划。

大多数企业根据销售人员带来的收入为其发放薪酬，但也有少数企业把销售人员当作一种投资组合，根据不同销售人员的业绩水平来调整薪酬类型。例如，如图 16-3 所示，销售落后者，即销售额少于他人的销售人员，需要企业给予更多的指导和压力（胡萝卜加大棒）；占大多数的核心业绩人员销售额处于平均水平，受到企业的关注最少，可以通过适当的激励措施（如销售竞赛）来激励他们；销售明星业绩最好，销售额最高，但由于天花板效应，他们可能缺乏动力，因此可以用更高的销售目标和提成来激励他们。

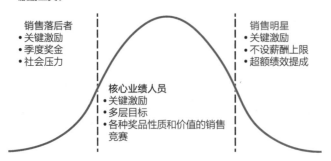

在一个典型的销售团队中，绝大多数成员是核心业绩人员，还有一小群销售明星，以及一群销售落后者。处于曲线任何位置的成员都有提高业绩的可能，但明智的销售主管会针对不同业绩的成员使用不同的激励工具。

销售落后者
• 关键激励
• 季度奖金
• 社会压力

销售明星
• 关键激励
• 不设薪酬上限
• 超额绩效提成

核心业绩人员
• 关键激励
• 多层目标
• 各种奖品性质和价值的销售竞赛

图 16-3　业绩曲线：核心业绩人员、销售明星和销售落后者

来源：Thomas Steenburgh, Michael Ahearne, "Motivating Salespeople: What Really Works," *Harvard Business Review* 90 (7 - 8), 2012, pp. 3 - 7.

评估销售人员

到目前为止，我们已经讨论了管理层如何向销售人员传达他们应该做什么，以及如何对他们进行激励。这个过程需要良好的反馈，即定期获得关于销售人员的信息，从而对他们进行评估。

管理层可以通过几种方式获得关于销售人员的信息。最重要的来源是销售报告，包括每周或每月的工作计划以及更长期的区域营销计划。销售人员也可以在拜访报告中列出他们完成的活动，并上交费用报告，报销部分或全部金额。企业还可以监控销售人员所负责区域的销售和利润情况。企业还可以通过个人观察、顾客调研以及与其他销售人员的交谈获得信息。

使用各种销售人员报告及其他信息，管理层可以评估销售人员"制订和执行工作计划"的能力。正式的评估要求管理层制定和传达判断绩效的明确标准，同时也为销售人员提供建设性的反馈，激励他们更加努力。

在更广泛的层面上，管理层应该对销售团队的整体表现进行评估。销售团队是否完成了顾客关系、销售和利润等各方面的目标？是否与市场营销及企业的其他部门合作良好？销售成本是否与业绩相符？和其他营销活动一样，企业需要衡量销售投资回报。

社交销售：在线、移动和社交媒体工具

发展最快的销售趋势是**社交销售（social selling）** 的爆炸式增长，即使用在线、移动和社交媒体来吸引顾客、建立更牢固的顾客关系、提高销售业绩。在数字和社交媒体时代，数字销售技术为联系和吸引顾客创造了令人兴奋的新途径。一些分析师甚至预测互联网意味着人员销售的终结，因为销售人员最终将被网站、在线社交媒体、移动应用程序、视频和会议技术、人工智能销售助理及所有能直接接触顾客的工具所取代。如果使用得当，在线和社交媒体技术不会淘汰销售人员，它们反而会让销售人员

更加高产和高效。新冠疫情使 B2B 销售格局从传统的互动转变为了各种数字平台和社交媒体上的远程销售（参见营销实践 16.1）

营销实践 16.1

在这个数字化和社交媒体时代，
亚洲 B2B 销售人员如何应对新冠疫情？

2020 年初暴发的全球新冠疫情对亚洲经济产生了深刻的影响，威胁了企业的生存。如今，人们沟通方式的革命性变化正在影响着商业的方方面面，销售也不例外。随着亚洲国家越来越依赖移动技术，而技术正在彻底改变销售行业。根据最近的一项调查，由于 B2B 购买者不得不与他人保持物理距离，越来越多的亚洲企业通过数字平台进行销售，以应对危机。短视频是亚洲企业的首选广告媒介。

个人网络和线下会议提供了向亚洲 B2B 购买者进行销售的好机会，但由于新冠疫情，企业很难采用线下沟通方式。因此，传统上依赖线下互动和关系进行销售的亚洲销售人员不得不在疫情期间改变开展业务的方式。很多亚洲公司已经将80% 以上的营销预算重新分配给创建社交媒体内容、举办数字会议，或将销售代理转变为内部销售人员并为其提供更多实时的电子营销培训。根据德勤（Deloitte）发布的《亚太地区商务报告》（*Asia-Pacific Commerce Report*），客户购买中的数字份额每增加 5%，企业的收入就会增加 3%。

作为移动优先市场，亚洲在短视频应用方面全球领先。亚洲购买者想要自助服务工具，以帮助其通过实时聊天做生意、通过短视频研究供应商、通过移动应用程序下订单等。在亚洲，96% 的 B2B 销售是远程进行的，即通过视频会议和社交媒体。中国和印度的 B2B 远程销售规模最大。

亚洲的销售人员是如何应对新冠疫情危机的呢？他们应用了重新聚焦、更换工具和重新定位等工具。重新聚焦要求卖家了解其买家如何处理危机，并做出相应调整。在一个不确定的环境中，亚洲销售人员必须重新分析买家最看重什么。他们无法再通过强大的实体网络开展线下业务；相反，他们越来越多地依赖在线社交网络。亚洲的一些买家需要削减成本，因此销售人员不得不修改之前的订单，并制订应急销售计划。数字互动能够比面对面互动更有效地扩展外部联系。亚洲的销售人员也可以重新安排他们的销售活动，专注于长期业务，以留住那些处境艰难的买家；他们也可以通过现有的人际网络寻找销售机会，瞄准新的买家。

更换工具是指重新考虑能够帮助获取和留住顾客的沟通工具。在新冠疫情期间，即使是过去在线下开展业务的亚洲现场销售人员，也不得不通过视频、实时聊天、社交媒体等方式进行远程工作，以避免与买家接触。由于智能手机在亚洲地区比其他地区更普遍，因此对于现有亚洲买家或拥有足够产品知识的非亚洲买家来说，数字互动更加有效。亚洲销售人员不仅要拥有产品的专业知识，还需要创作有价值或有趣的视频或其他内容来吸引新买家。直播在中国等亚洲国家是最受欢迎的工具之一。

重新定位是指优先考虑买家的决策过程，以确保在交易过程中实现顺畅体验，并提升顾客亲密度。亚洲销售人员必须随时准备在购买者决策过程之前、期间和之后抓住销售机会。亚洲销售人员首先要发展关系和人际网络，然后再开展业务。例如，在顾客做出购买决策之前，销售人员会利用个人关系对关键顾客获得更多的了解；当顾客搜索信息时，销售人员可以展示丰富的在线信息，并在顾客遇到困难时提供帮助。在下订单和产品定制阶段，销售人员可以在顾客需要时提供人员帮助。一旦交易结束，亚洲销售人员就会努力发展与顾客的关系网络，并寻求更多交易。

事实上，为了应对新冠疫情，一些科技公司（例如 SAP 和 IBM）正在将其亚洲顾客转移到数字平台上。IBM 超过一半的销售人员是千禧一代，他们更有可能采用新技术来协助销售。IBM 在亚洲的销售人员采用实时聊天、视频和在线协助来为顾客提供实时帮助。对于一些云产品，IBM 向其亚洲顾客提供三个月的免费试用，以便先与他们建立联系。然后，销售人员在免费演示期间为顾客提供帮助和指导，并通过电话或在线聊天寻求促进交易的机会。它还利用电子商务直播来通知中国顾客，并寻求新的顾客。

数字化转型——由于 B2B 买家必须在物理上保持距离以避免感染，为应对新冠疫情，企业销售严重依赖数字平台。

此外，IBM 还为其亚洲顾客创建免费、高质量的在线课程、网络研讨会和行业实践项目，其平台为潜在和现有顾客提供软件行业的知识。虽然这种方式帮助 IBM 吸引了新的潜在顾客，并推动其经历了产品发现和产品评估的多个初始阶段，但这并不能取代亚洲的销售人员，它只是提高了销售人员服务顾客的触达面和有效性，人际网络在亚洲企业仍然很重要。

在新冠疫情之后，利用数字平台和社交媒体进行 B2B 销售可能会成为亚洲的新常态。在购前阶段，当顾客在网站和社交媒体上搜索信息时，销售人员可以寻求销售机会。卖家不需要向顾客提供基本信息或产品教育，但他们可以提供解决方案和新的洞察来吸引亚洲顾客。企业需要能够发现顾客需求、解决顾客问题、建立顾客关系的销售人员，而技术的应用可以使紧急采购过程更加有效。

来源：Andris A. Zoltners, P. K. Sinha, and Sally E. Lorimer, "4 Things Sales Organizations Must Do to Adapt to the Crisis," *Harvard Business Review*, 13 April 2020, hbr. org, accessed August 2020; Gong Zhe, "Online B2B Sales: What's Big Tech Doing during the COVID - 19 Pandemic?," CGTN, 22 June 2020, news. cgtn. com, accessed August 2020; Liz Harrison, Ryan Gavin, Candace Lun Plotkin, and Jennifer Stanley, "ThePivot: Accelerated Migration to Remote and Digital," *McKinsey*, 12 August 2020, www. mckinsey. com, accessed August 2020; "4 B2B Marketing Trends in Asia for 2019," *CallBox*, www. callbox. com. sg, accessed August 2020.

新的数字化科技为销售人员提供了识别和了解潜在顾客、吸引顾客、创造顾客价值，完成销售以及培养顾客关系的强大工具。社交销售技术可以为销售团队带来巨大的组织效益。它们帮助销售人员节约宝贵的时间、节省差旅费用，并为销售人员提供销售和服务顾客的新工具。社交销售并没有真正改变销售的基本原理，销售人员始终承担着触达顾客和管理顾客关系的主要责任。现在，这部分工作更多通过数字化实现。然而，在线和社交媒体正在戏剧性地改变顾客的购买过程，因此它们也在改变销售流程。在当今的数字世界里，许多顾客不再像以前那样依赖销售人员提供的信息和帮助。相反，更多的是他们自己完成购买过程，尤其是在早期阶段。他们越来越多地利用在线和社交媒体资源来分析自己的问题，研究解决方案，从同事那里获得建议，并在与销售人员交谈之前对购买选项进行排名。一项针对企业购买者的研究发现，92%的买家会在网上搜索，平均而言，买家在联系供应商之前已经完成了近60%的购买过程。

因此，相比过去只能从销售代表那里获得宣传册、定价和产品建议的时代，今天的顾客对销售过程的控制要多得多。顾客现在可以浏览企业网站、博客和 YouTube 视频来识别和选定卖家。他们可以在领英、Google +、Twitter 或 Facebook 等社交媒体上与其他买家交流、分享经验、确定解决方案，以及评估他们正在考虑的产品。因此，当销售人员进入购买过程时，顾客对企业产品的了解往往和销售人员一样多。一位分析师表示："这不仅仅是因为买家在没有你的情况下就开始了销售过程，他们常常在与销售人员进行接触之前就完成了大部分购买过程。"此时他们对销售人员业务的了解远远超过了销售人员对顾客业务的了解。"

为了应对这种新的数字购买环境，卖家正在围绕新的顾客购买流程重新调整销售流程。卖家"到顾客所在的地方去"——社交媒体、网络论坛、在线社区、博客等，以便更早地吸引顾客。它们不仅要在顾客购买的地点和时间吸引顾客，还要在顾客了解并评估自己所要购买产品的地点和时间吸引顾客。例如，在一些亚洲国家，直播电商和短视频等社交媒体类型越来越流行。卖家创造有趣的内容来吸引顾客，并将自己的产品植入视频中。例如，携程旅行网利用直播电商来销售产品。

销售人员现在经常使用数字工具来监控顾客的社交媒体交流，以发现趋势，识别潜在顾客，了解顾客想买什么、他们对供应商的看法，以及如何达成销售。销售人员从在线数据库和领英等社交网站上生成潜在顾客名单。当潜在顾客访问他们的网站和社交媒体页面时，他们还会创建顾客与销售团队的实时聊天对话。他们使用 WebEx、Zoom、GoToMeeting 或 TelePresence 等网络会议工具与顾客实时讨论产品和服务。他们在自己的 YouTube、微信账户和 Facebook 页面上提供视频和其他信息。销售人员利用自己的社交网络将顾客添加为好友，分享信息，并推动顾客购买。

携程——新冠疫情暴发后，中国在线旅行服务机构携程开始采用一种利用直播电子商务的商业模式。携程主要为世界各地的顾客提供酒店预订、机票和跟团游等服务。它在全球拥有44300多名员工和4亿会员，但受新冠疫情影响收入锐减。为了应对疫情带来的挑战，携程董事会主席梁建章开始销售高品质的酒店和其他旅游产品，以帮助其平台上的企业度过艰难时期。由于旅行受到限制，这些产品主要是可以在几个月内消费的大折扣预售交易。直播的目标是以最优惠的价格为顾客提供最好的产品，并刺激携程上服务供应商的复苏，每周三直播一小时。截至2020年7月底，直播销售额增长了40倍，达到11亿元人民币（1.58亿美元），一半以上的预售服务是通过直播销售的。到2020年7月底，梁建章的直播吸引了约6000万观众，其中超过60%的人至少购买了一次。

直播——新冠疫情对携程而言是巨大的威胁，但它采用了直播电商的形式进行应对。

在新冠疫情的背景下，销售人员不会线下拜访顾客，而是通过实时聊天、短视频或社交媒体来获得业务。如今的销售人员正在增加对社交媒体的使用，以便在整个购买过程中吸引顾客。近期一项针对B2B营销人员的调查发现，他们削减了传统媒体和活动支出，而68%的人正在加大对社交媒体的投资，从专有的在线顾客社区到网络研讨会、社交媒体和移动应用程序。以三星为例：

三星——三星以各种数字和社交媒体战略为其销售团队工作的补充，这些战略可以提供信息并吸引企业顾客，在销售人员与企业顾客之间建立联系，并促进顾客购买和建立顾客关系。例如，三星通过创建高质量的本地化内容，通过视频剪辑、现场活动报道、网络研讨会、实时聊天和实时顾客支持为B2B顾客提供有效的解决方案和详细的技术信息，从而吸引顾客。销售人员使用当地流行的移动应用程序和平台，比如Facebook、Twitter、抖音、微信、Instagram和YouTube，来提升品牌知名度。三星还使用专业的社交媒体监测来识别关键影响者，然后激励他们参与品牌和产品促销。

最终，社交销售技术能够帮助销售人员提高效率、成本效益和生产力。这些技术能够帮助销售人员去做优秀销售人员一直在做的事情，即通过解决顾客的问题来建立顾客关系，但是做得更好、更快，成本更低。

然而，社交销售也有一些缺点。首先，这样的系统可能会威胁到低技术的销售人员或顾客。更重要的是，有些东西是无法通过互联网来呈现或传授的，这些东西需要人际互动。出于这些原因，一些高科技专家建议销售主管使用在线和社交媒体技术来发现机会、提供信息、维系顾客关系，并进行初步的顾客销售演示，但在快要达成一笔大交易的时候，还是采用传统的面对面会议。

PRINCIPLES OF MARKETING 营销的原则（原书第5版）

人员销售过程

我们现在从设计和管理销售团队转向实际的人员销售过程。**销售过程（selling process）**包括销售人员必须掌握的几个步骤，这些步骤的主要目标是开发新顾客并从他们那里获得订单。不过，大多数销售人员将大部分时间花在维系现有顾客和建立长期顾客关系上。我们将在下一节讨论人员销售过程中关于关系的内容。

销售过程的步骤

如图 16-4 所示，销售过程包括七个步骤：寻找和甄别潜在顾客、事先调查、接洽顾客、展示与演示、处理异议、达成交易、跟进。

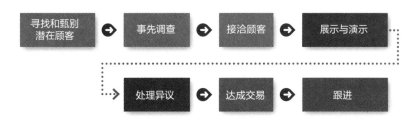

图 16-4　有效销售的主要步骤

寻找和甄别潜在顾客

销售过程的第一步是**寻找潜在顾客（prospecting）**。接洽合适的潜在顾客是销售成功的关键。销售人员不想拜访所有潜在顾客，他们想要拜访那些最有可能欣赏和回应企业价值主张的顾客——那些企业可以很好地为之服务并从中获利的顾客。

销售人员通常要接洽很多潜在顾客才能获得一些收益。尽管企业提供一些销售线索，但销售人员需要具备自主寻找潜在顾客的技能。推荐是最好的资源，销售人员可以请求现有顾客进行推荐，并积累其他推荐来源，如供应商、经销商、非竞争销售人员和银行家。他们还可以在目录或互联网上搜索潜在顾客，并通过电话和电子邮件来进行追踪。再或者，他们也可以不经预约直接到办公室拜访顾客，这种行为被称为"意外拜访"。

销售人员还需要知道如何甄别潜在顾客，即如何识别好的顾客并剔除不好的顾客。销售人员可以通过考察潜在顾客的财务能力、业务量、特殊需求、地理位置以及发展可能性来进行甄别。

事先调查

在拜访潜在顾客之前，销售人员应该尽可能多地了解组织（它需要什么以及谁参与购买）及其采购人员（他们的特点和采购风格）。这个步骤被称为**事先调查**（**preapproach**）。销售人员可以参考标准的行业和在线资源，向熟人及其他人了解企业。销售人员应该确定拜访目标，这个目标可能是为了甄别潜在顾客、收集信息或者立刻达成销售。销售人员还必须确定接洽顾客的最佳方式，是人员拜访、打电话还是写信。他们应该仔细考虑接洽顾客的最佳时间，因为很多潜在顾客在某些时间会非常忙碌。最后，销售人员应该考虑针对该顾客的整体销售策略。

接洽顾客

在**接洽顾客**（**approach**）阶段，销售人员应该知道如何约见和问候顾客，以及如何使双方的关系有一个良好的开始。这一步的内容涉及销售人员的外表、开场白以及后续讨论。开场白应该表达从一开始就建立良好关系的愿望。开场白之后可能是一些有助于销售人员了解顾客需求的关键问题，也可以对产品进行展示或提供样品，以吸引潜在顾客的注意和激发好奇心。在销售过程的所有阶段，倾听顾客的意见都是至关重要的。

展示与演示

在销售过程的**展示与演示**（**presentation**）阶段，销售人员向顾客讲述"产品故事"，展示企业产品如何解决顾客的问题。问题解决型的销售方法比强力推销或讨好型的销售方法更符合当今关系营销的关注点。一位销售顾问建议"停止销售，开始提供帮助"。展示与演示的目标应该是向顾客展示企业的产品和服务将如何满足顾客的需求。如今的顾客想要的是答案，而不是微笑；他们要的是结果，而不是其他花哨的东西。此外，顾客想要的不仅仅是产品，在如今的经济环境下，他们比以往任何时候都更想知道这些产品将如何为他们的业务增加价值。他们希望销售人员能够倾听他们的担忧，了解他们的需求，并提供合适的产品和服务。

但在销售人员向顾客展示解决方案之前，他们必须首先开发出要展示的解决方案。提出解决方案需要销售人员具备良好的倾听和解决问题的技能。顾客最不喜欢的销售人员特质包括咄咄逼人、迟到、欺骗、毫无准备、毫无条理以及夸夸其谈。他们最看重的特质包括善于倾听、富有同理心、诚实、可靠、一丝不苟和坚持到底。伟大的销售人员不仅知道如何销售，更重要的是，他们知道如何倾听并建立牢固的顾客关系。一位专家说："你有两只耳朵和一张嘴，因此要少说多听。"另一位专家说："一切始于倾听。如今我们有如此多的倾听方式，这多么不可思议啊。"

最后，销售人员还必须设计他们的演示方法。良好的人际沟通技巧对于有效的销售演示而言非常重要。然而，如今丰富的媒体类型和嘈杂的沟通环境给销售演示人员带来了很多新的挑战。如今信息过载的顾客需要更丰富的演示体验。在演示过程中，演示者面临着手机、短信和移动互联网设备对顾客的多重干扰。销售人员必须以更吸引人、更令人信服的方式传递信息。

因此，今天的销售人员正在采用先进的演示技术，向一个或几个顾客进行完整的多媒体演示。古老的挂图已经被复杂的演示软件、在线演示技术、交互式白板、掌上电脑和投影仪所取代。

处理异议

顾客几乎总是在演示或被要求订购时提出异议。这些问题可能是逻辑上的，也可能是心理上的，而且顾客经常不直接提出异议。在**处理异议（handling objections）**的过程中，销售人员应该采用积极的方法，找出隐藏的异议，请顾客清晰地表达意见，将异议看作提供更多信息的机会，并将这些异议转化为购买的理由。每个销售人员都应该接受关于处理异议的培训。

达成交易

在处理了潜在顾客的异议之后，销售人员就要试图**达成交易（closing）**。有些销售人员根本没有机会去达成交易，或者没有妥善处理。他们可能缺乏信心、对于要求订单感到内疚，或者没有意识到达成交易的最佳时机。销售人员应该知道如何识别顾客可以达成交易的信号，包括肢体动作、评论和问题。例如，顾客可能会采用前倾坐姿并点头表示赞同，或者询问价格和信贷条款等。

销售人员可以使用几种达成交易的技巧。他们可以请求顾客订购、回顾协议要点、帮顾客填写订单、询问顾客需要哪个型号，或者告诉顾客如果不立即订购将会蒙受损失。销售人员可能会向顾客提供特殊的交易理由，比如更低的价格或免费赠品。

跟进

如果销售人员想要确保顾客满意和重复购买，那么销售过程的最后一步——**跟进（follow-up）**就是必不可少的，交易一旦达成，销售人员应该立即确定交货时间、采购条款和其他事项等所有细节。销售人员应该在收到初始订单后安排一次跟进拜访，以确保产品正确安装，并为顾客提供合适的指导和服务。这种拜访可以揭示存在的问题，确保顾客相信销售人员关心他们，并减少顾客完成购买后可能产生的顾虑。

人员销售与顾客关系管理

我们刚刚描述的销售过程步骤是以交易为导向的，旨在帮助销售人员与顾客达成特定的交易。但在大多数情况下，企业不仅仅是寻求销售，它瞄准的是其想要赢得并留住的主要顾客。企业希望表明自己有能力在互惠互利的关系中为顾客长期服务。销售人员通常在建立和管理可盈利的顾客关系方面起着重要作用。

因此，必须在建立和管理可盈利的顾客关系的语境下理解销售过程。此外，越来越多的顾客在与卖家接触之前就已经经历了购买过程的早期阶段，因此销售人员必须调整自己的销售过程以适应新的采购过程。这意味着在关系的基础上吸引顾客，而不是在交易的基础上。

成功的销售组织意识到，赢得和维系顾客所需的不仅仅是制造好的产品和指导销售人员完成大量销售。如果企业只是希望达成销售并获得短期业务，它可以简单地通过降低价格至竞争对手的水平或比竞争对手更低来做到这一点。相反，大多数企业希望其销售人员实践价值销售，即展示和传递卓越的顾客价值，并获得对顾客和企业而言都很公平的回报。价值销售要求销售人员倾听顾客、了解顾客的需求、协调整个企业的努力以创造基于顾客价值的持久关系。

营销的原则

16.5

销售促进

人员销售和广告通常与另一种促销工具，即销售促进紧密联系。**销售促进（sales promotion）** 是指鼓励购买或销售某种产品或服务的短期激励措施。广告提供了购买产品或服务的理由，销售促进则提供了立即购买的理由。

销售促进的例子随处可见。香港《星期日》报纸上刊登的一篇 20 页的百思买独立插页提供了几百条圣诞节优惠信息，一家家具店的插页提供优惠价格和 60 个月的无息分期付款；在购物中心，商店里到处都是季节性促销的标志，一家商店承诺，顾客每消费 100 港币，就能得到 100 港币店内代金券外加 4 折优惠；购买一台新的三星平板电脑，可以免费升级内存；一家五金连锁店如果同意在当地报纸上刊登毛巾架及相关工具的广告，就可以在购入这些产品时获得 10% 的折扣。销售促进包括各种各样的促销工具，旨在激发更早或更强烈的市场反应。

销售促进的快速发展

大多数组织（都会使用销售促进工具。包括生产商、分销商、零售商和非营利组织）它们的目标是最终购买者（消费者促进）、零售商和批发商（贸易促进）、企业顾客（商业促进）和销售人员（销售人员促进）。如今，在普通消费品企业，销售促进支出占全部营销支出的 60%。

销售促进——优惠券等短期激励措施鼓励购买或销售某种产品或服务。

有几个因素促进了销售促进的快速增长，特别是在消费者市场。第一，在企业内部，产品经理面临着提升当前销售额的压力，而促销被视为一种有效的短期销售工具。第二，外部竞争加剧，竞争品牌之间的差异化减弱，竞争对手越来越多地利用销售促进来帮助产品实现差异化。第三，由于成本上升、媒体杂乱和法律限制，广告的效率下降。第四，消费者变得更加交易导向，越来越大的零售商向生产商要求更低的价格。在当前的经济形势下，消费者想要更低的价格和更好的交易。销售促进可以帮助企业吸引更加节俭的消费者。

越来越多地使用销售促进导致了促销过度，类似于广告过度。消费者对促销的反应变得越来越麻木，削弱了销售促进激发立即购买的能力。生产商们正在寻找从促销过度中脱颖而出的方法，比如提供更大价值的优惠券、创造更引人注目的购买点展示或者通过互联网、手机等数字媒体开展促销。

在制定销售促进方案时，企业必须先设定销售促进的目标，然后选择实现这些目标的最佳工具。

销售促进的目标

销售促进的目标千差万别。卖家可以利用消费者促销来促进短期顾客购买或增强长期顾客关系。贸易促销的目标包括促进零售商持有新产品和增加库存、提前购买或宣传企业的产品并给它们更多的货架空间。销售人员促销的目标包括为现有产品或新产品获得更多的销售人员支持，或者激励销售人员开发新顾客。

销售促进通常和广告、人员销售或其他促销组合工具一起使用。对于消费者促销必须进行广告宣传，它可以增加广告的刺激和吸引力。贸易促销和销售人员促销支持企业的人员销售过程。

总体而言，销售促进不应该只创造短期的销售或暂时的品牌转换，而应该帮助企业巩固产品的地位，建立长期的顾客关系。如果设计得当，每一个促销工具都有可能同时建立短期的刺激和长期的消费者关系。越来越多的营销人员开始避免使用快速见效、只针对价格的销售促进，而是倾向于旨在建立品牌资产的销售促进。

例子包括近年来如雨后春笋般涌现的所有"频率营销计划"和忠诚俱乐部。大多数酒店、超市和航空公司都提供频繁顾客/购买者/乘客计划，为经常光顾的顾客提供奖励。例如，中国大连的友谊商城有一个针对富裕顾客的忠诚计划。会员拥有一张 VIP 多功能智能卡，持卡人可以享受商店的所有商品的特别折扣；智能卡内嵌有 RFID 系统，只要持卡人走进商店，系统就可以识别他们。通过这个系统，销售人员能够在每位会员进入商店时及时收到通知，然后迅速做好接触他们的准备。

主要的销售促进工具

有很多工具可以用来实现销售促进的目标。下面主要讨论消费者促销、贸易促销和商业促销工具。

消费者促销工具

主要的**消费者促销工具（consumer promotion tools）**包括：

- 样品
- 优惠券
- 返现
- 特价包装
- 赠品
- 广告礼品
- 销售点展示与演示
- 竞赛、抽奖和游戏
- 团购

样品是产品的试用装。派送样品是推出新产品或为现有产品创造新卖点的最有效但也最昂贵的方式。有些样品是免费的，有些企业会收取少量的费用以抵消成本。样品可以送上门、邮寄、在商店内分发、附在其他产品或广告上。有时，样品被组合成样品包，用于促销其他产品和服务。样品是一种强有力的促销工具。例如，宝洁公司经常向潜在消费者赠送样品，它在中国农村市场的路演成功地吸引了试用过样品的消费者转而购买宝洁的产品。另一个例子是京东的免费试用。免费试用专区有数千种产品，从电子产品（如笔记本电脑和手机）到日常生活用品（如化妆品和服装），在产品测试阶段试用产品样品的顾客需要撰写至少 300 字的使用报告，并将其发布在网上，为潜在顾客提供信息。

样品——样品是推出新产品或为现有产品创造新买点的最有效但也最昂贵的方式。

优惠券是购买者购买特定产品时节省费用的凭证。优惠券可以促进新品牌的早期试用，或刺激成熟品牌的销售。然而，由于优惠券发放过度，对其的使用率近年来一直在下降。因此，大多数消费品企业都在减少优惠券的发放，并更加谨慎地对待目标顾客。

营销人员也在开发新的途径来发放优惠券，比如超市货架分派员、销售点电子优惠券打印机、在线和移动优惠券程序。数字化优惠券是增长最快的优惠券种类，可以针对个体进行个性化定制，这是纸质优惠券无法做到的。企业愈发将手机视为优惠券、优惠活动和其他营销信息的主要发布地。

返现（或返利）类似于优惠券，不同之处在于返现中的"降价"发生在购买之后，而不是在零售店购买时。消费者将"购买证明"寄给生产商，然后生产商通过邮件退还部分购买费用。

特价包装（也称为小额优惠）为消费者提供低于日常价格的产品。生产商直接在标签或包装上标明下降后的价格。特价包装可以是以折扣价出售的单个包装（如两件产品付一件的钱），或者是两个相关产品组合在一起（如牙刷和牙膏）。特价包装在刺激短期销售方面非常有效，甚至比优惠券还要有效。

赠品是指免费或低价提供的产品，以激励顾客购买产品。赠品的使用范围很广，包括儿童玩具、电话卡和 DVD 等。赠品可以放在包装内、包装外或者直接邮寄给顾客。麦当劳在其开心乐园餐中提供 Hello Kitty 玩具等各种各样的赠品，为了得到这些赠品，很多亚洲顾客彻夜排队，或者大量涌入麦当劳的在线微型网站。

广告礼品，也称推广产品，是指印有广告商名称、标志或信息，通常被当作礼物赠送给消费者的有用物品。典型的广告礼品包括 T 恤及其他服装、钢笔、咖啡杯、日历、钥匙扣、鼠标垫、火柴、手提袋、冷却机、高尔夫球和帽子等。这种促销方法非常有效。

销售点（POP）促销是指在商品销售现场进行的展示和演示。想想你最近一次去当地的惠康、7 - Eleven 或全家便利店的情境。你很有可能看到过货架过道展示、促销标志、"货架讲解员"或者提供免费品尝特色食品的演示员。不幸的是，很多零售商不喜欢处理每年从生产商处收到的各种展示、标志和海报。为此，生产商开始提供更好的销售点展示材料、帮助零售商安装，并将其与电视、印刷品或在线信息结合在一起。

竞赛、抽奖和游戏让消费者有机会通过运气或额外的努力来赢得现金、旅行或商品等（参见营销实践 16.2）。竞赛要求消费者提交一份参赛作品，比如简单的诗歌、猜测的谜底或活动建议，由评审团选出获胜者。抽奖活动要求消费者提供其姓名用于抽奖。游戏是让消费者每次购买后参与，比如猜数字或猜字母，猜对即可赢得奖品。销售竞赛鼓励经销商或销售人员更加努力，表现最好的人获得奖励。例如，大型服装零售商 Forever 21 在线下和线上都发起了促销游戏，以吸引顾客持续购买。

团购是指对于超过一定数量的购买者，以大幅降低的价格提供产品和服务。例如，2018 年中国团购市场的消费者规模为 3.32 亿，到 2020 年达到约 4.47 亿。拼多多是这种商业模式的后起之秀，它于 2015 年在中国推出，月活跃用户约为 10 亿，2019 年实现零售额 1 万亿美元。拼多多仅在平台运营，其有效销售策略之一是，定价甚至低于成本，但要求消费者与朋友分享产品，进行团购。

最后，营销人员可以通过**事件营销（event marketing）**，或称为**事件赞助（event sponsorships）**，来推广自己的品牌。他们可以创建自己的营销活动，也可以作为他人创建的活动的独家赞助商或联合赞助商之一。事件可以是品牌巡演、节日、聚会、马拉松、音乐会或其他赞助的聚会。事件营销涉及范围很大，而且它可能是发展最快的促销领域，尤其是在经济萧条时期。

营销实践 16.2

腾讯微信的游戏化

一种移动广告

移动电话的技术应用一直在快速发展。例如，游戏化是一种允许顾客玩游戏或参与带有游戏设计元素的活动的技术，将游戏设计元素，比如得分、游戏规则、竞争或与他人合作，应用于营销战略中，被视为吸引顾客的一种强大工具。品牌持续对游戏化进行研究和投资，目的是提升顾客的参与度和体验感，并吸引顾客下意识地购买。

企业背景和微信小程序

微信不仅仅是一个社交媒体平台，它是一款几乎触及日常生活方方面面的生活方式应用。2011 年 1 月 21 日，腾讯推出微信；2012 年 4 月，微信进入国际市场，目前在全球拥有超过 11.1 亿用户。微信中可以嵌入大量企业公众号和小程序，不需要用户安装额外的应用程序，为其节省了存储空间。此外，微信用户可以在微信小游戏或其他企业的小程序中玩游戏。微信游戏化技术的应用为企业促销活动带来了更多的乐趣，从而提高了用户的参与度。

对小程序和第三方子应用程序的开发，为用户带来了全新的体验。2019 年，微信小程序上的总交易额超过 8000 亿元人民币（1151.1 亿美元），自 2017 年首次上线以来每年以 160% 的速度增长。

微信小程序中的游戏化

小程序中的一站式购物使企业能够更容易灵活地投放营销广告，并通过游戏化形成闭环。视频游戏、礼物赠送、抽奖和竞赛等功能可以帮助企业实现游戏化营销战略，提高用户参与度，还可以拓展新的营销和销售渠道。微信小程序利用微信庞大的用户群，帮助品牌积累品牌参与的数字资产，并最终将这些用户更高效地转化为商业价值。

例如，一些国际企业使用微信小程序，通过游戏化营销战略吸引了大量消费者。2019 年初，加拿大化妆品公司魅可（MAC）与中国非常流行的电子游戏《王者荣耀》联合推出了限量版子弹头口红，魅可还在电子游戏中与女团"火箭少女 101"中的五名成员进行合作。为了扩大影响范围和触达潜在目标顾客，魅可为这一活动创建了一个小程序。点击微信朋友圈中的魅可广告，用户会进入小程序活动页面，然后用户可以在活动页面玩游戏并赢得优惠券，这些优惠券会将用户链接到化妆品的产品展示和销售页面。这一活动有利于魅可的推广，为其吸引更多用户。

通过其他工具应用游戏化战略

游戏化战略不仅仅是为了激励玩家购买，还包括以建立忠诚顾客关系为目的的带有游戏设计元素的活动。例如，星巴克的忠诚计划采用了一种竞争机制：顾客参与和购买得越多，获得的积分就越多、奖励就越大。同样，圣罗兰美妆（YSL Cosmetics）在妇女节组织了一场三位明星舞蹈比赛的直播，并为观众设计了赢取活动大奖的游戏规则。

来源：Tina Chou, "Gamify, the Foundations of Gamified Marketing," Gamify, 3 March 2020, www. gamify. com, accessed August 2020; Lizhi Hua, "How Social Network Marketing Can Be Applied to Face with the Challenge of Gamification," Sohu, 3 May 2019, www. sohu. com, accessed August 2020; "Nine YSL Limited Edition for Free," Sohu, 3 March 2020, www. sohu. com, accessed August 2020.

事件营销的成本比昂贵的电视广告成本更低。在事件营销方面，体育赛事独树一帜。

日产（Nissan）——日产是欧洲冠军联赛的大赞助商，它认为赞助这一赛事不仅可以触达欧洲市场，还可以开发在德国、英国、意大利等国家的粉丝群体。除了足球赛事，日产还赞助了奥运会和残奥会，使销售额增长了 8%，品牌价值提升了 5%。

贸易促销工具

生产商直接用于零售商和批发商的促销费用（78%）比用于最终消费者的促销费用（22%）多得多。**贸易促销工具（trade promotion tools）** 可以说服经销商持有一个品牌、为它提供货架空间、进行广告推广和向消费者推销。如今的货架空间非常稀缺，因此生产商不得不经常向零售商和批发商提供折扣、折让、回购担保或免费商品，以使自己的产品能够摆上货架，并一直在货架上。

生产商可以使用几种贸易促进工具，其中很多用于消费者促销的工具也适用于贸易促进，比如竞赛、赠品和展示。或者生产商可以在某段时间内为中间商购买的每箱产品提供一个直接的折扣（也称价格折扣）。生产商还可能提供折让（通常是固定金额），作为对零售商同意以某种方式展示生产商产品的奖励。例如，广告折让用于补偿零售商为产品做广告的费用，展示折让补偿零售商为产品进行特别展示的费用。

生产商可能会向购买一定数量或特定口味、型号产品的经销商赠送免费商品。生产商可能会向经销商或其销售人员提供"推销"产品的"推销费"，可能是现金，也可能是礼物。生产商还可以向零售商免费赠送带有生产商名称的特别广告礼品，比如钢笔、铅笔、日历、火柴、便签本和码尺等。

商业促销工具

企业每年花费数十亿美元向商业顾客进行促销。**商业促销工具（business promotion tools）** 用于产生业务线索、刺激购买，回馈顾客和激励销售人员。商业促销的很多工具与消费者促销和贸易促销相同，因此在这里我们关注两种额外的商业促销工具：会议和贸易展览、销售竞赛。

很多企业和行业协会通过组织会议和贸易展览来推广产品。企业在贸易展览上向商业顾客展示自己的产品。供应商可以获得很多好处，比如发现新的销售线索、接触顾客、介绍新产品、结识新顾客、向现有顾客销售更多产品，以及通过出版物和视听资料培育顾客的机会。贸易展览还可以帮助企业触达很多销售人员无法触达的潜在顾客。

有些贸易展览规模很大。中国香港贸易发展局（HKJDC）每年在香港举办约30个世界级的国际贸易展览会，平均吸引约40万名专业人士。考虑到新冠疫情，香港贸易发展局将线下展览会改为线上展览会，为全球企业提供更多商业交易机会。

有些企业，比如宝洁，可能会在路演中使用多个销售促进工具，从而对目标受众产生巨大影响。

销售竞赛是一种激励销售人员或经销商在一定时期内提高销售业绩的竞赛。销售竞赛激励和表彰优秀的企业员工，他们可以获得旅行奖励、现金奖励或其他礼物。一些企业会根据员工的表现为其提供积分，积分可以兑换各种各样的奖品。当销售竞赛与可衡量、可实现的销售目标（如发现新顾客、激活老顾客或提高顾客营利性）联系在一起时，其效果最佳。

制定销售促进方案

除了选择要使用的促销类型外，营销人员在制定完整的促销方案时还需要做出其他决策。首先，营销人员必须决定激励的规模。如果想要促销取得成功，最低限度的激励是必不可少的，更高的激励会产生更大的销售反应。营销人员还必须设定参与条件，可以向所有人提供激励，也可以只向特定群体提供激励。

营销人员必须决定如何推广和分发促销计划。例如，一份 2 美元的优惠券可以附在包装内，在商店里、通过互联网或在广告中发放。每种分销方式都涉及不同水平的触达面和成本。营销人员越来越多地将多种媒体形式融入一个整体的营销活动中。促销的持续时间也很重要。如果促销期太短，很多潜在顾客（在此期间可能不会购买）将会错过；如果促销持续时间过长，它就失去了刺激"立即行动"的效力。

评估也很重要。许多企业没有评估其销售促进方案，还有些企业只是进行表面的评估工作。营销人员应该衡量其销售促进投资的回报，就像衡量其他营销活动的回报一样。最常用的评估方法是比较促销前、促销期间和促销后的销售情况。营销人员应该提出以下几个问题：促销吸引了新顾客还是促进现有顾客进行了更多的购买？我们能留住新顾客并维持新增的购买量吗？促销带来的长期顾客关系和销售收益是否能证明其成本的合理性？

显然，销售促进在整个促销组合中扮演着重要角色。为了更好地运用销售促进，营销人员必须确定销售促进目标、选择最好的工具、设计销售促进方案、实施方案并评估结果。此外，销售促进必须与整合营销传播方案中的其他促销组合要素协调一致。

目标回顾

本章是关于营销组合的四章中的第三章，涵盖了最后一个要素——促销。前两章讨论了整合营销传播以及广告和公共关系。本章探讨了人员销售和促销。人员销售是传播组合中的人际关系工具，销售促进是为了鼓励购买或销售某种产品或服务而采取的短期激励措施。

目标 1：讨论企业销售人员在创造顾客价值和建立顾客关系中的作用。

大多数企业都有销售人员，许多企业在营销组合中赋予他们重要的角色。对于销售工业品的企业来说，企业的销售人员直接与顾客打交道。通常，销售人员是顾客与企业之间唯一的直接接触，因此可能被顾客视为代表企业。相比之下，对于通过中间商进行销售的消费品企业而言，消费者通常不会遇到销售人员，甚至不知道他们。销售人员在幕后工作，与批发商和零售商打交道，以获得他们的支持，并帮助他们更有效地销售企业的产品。

作为促销组合的一个要素，销售人员在实现某些营销目标和开展诸如勘探、沟通、销售和服务、信息搜集等方面非常有效。但随着企业更加市场导向，以顾客为中心的销售团队能同时产生顾客满意度和企业利润。销售团队在发展和管理可盈利的顾客关系方面起着关键作用。

目标2：识别并解释销售队伍管理的6个主要步骤。

高昂的销售人员成本需要有效的销售管理过程，包括六个步骤：设计销售团队的战略和结构、招聘和筛选销售人员、培训销售人员、向销售人员发放报酬、监督和激励销售人员、评估销售人员。

在设计销售团队时，销售管理层必须解决各种问题，包括哪种类型的销售团队结构最有效（区域、产品、顾客或复合）、销售团队的规模，谁将参与销售工作，以及不同销售和销售支持人员的合作方式（内勤或外勤销售团队以及团队销售）。

为了降低招聘错误员工带来的高成本，必须仔细地招聘和筛选销售人员。在招聘销售人员时，企业应该分析销售人员的工作和最成功的销售人员的特点，从而确定企业所处行业中一个成功的销售人员需要具备哪些特征。然后，企业可以通过现有销售人员推荐、职业介绍机构、分类广告、互联网、大学招聘/就业中心来寻找求职者。在筛选的过程中，程序多种多样，可能是一次非正式会面，也可能是冗长的测试和面试。

筛选过程完成后，培训计划不仅要让新的销售人员熟悉销售的艺术，还要使他们熟悉企业的历史、产品、政策以及市场和竞争对手的特点。

销售人员的薪酬制度有助于奖励、激励和指导销售人员。在向销售人员发放薪酬方面，企业试图制订一个有吸引力的计划，并根据销售工作的类型和所需要的技能，提供与现行水平相匹配的薪酬。除了薪酬以外，所有的销售人员都需要接受监督，许多人需要不断的鼓励，因为他们在工作中需要做出许多决定并面对许多挫折。企业必须定期评估他们的表现，以帮助他们更好地完成工作。在评估销售人员时，企业依赖于通过销售报告、个人观察、顾客来信和投诉、顾客调研以及与其他销售人员的交谈收集到的信息。

目标3：讨论人员销售过程，区分交易导向营销和关系营销。

销售过程包括七个步骤：寻找和甄别潜在顾客、事先调查、接洽顾客、展示与演示、处理异议、达成交易、跟进。这些步骤帮助营销人员完成特定的销售，因此是交易导向的。然而，企业与顾客的交易应该以关系营销的更大概念为指导。企业的销售团队应该帮助协调整个企业的努力，在卓越的顾客价值和满意度的基础上，与关键顾客建立可盈利的长期关系。

目标4：解释销售促进活动是如何制定和实施的。

销售促进活动要求企业制定销售促进目标（一般来说，销售促进应该是为了建立消费者关系）、选择工具、制定和实施销售促进方案，包括使用消费者促进工具（优惠券、返现、赠品和销售点促销、竞赛、抽奖和事件）、贸易促进工具（折扣、折让、免费商品、推广资金）和商业促进工具（会议、贸易展览、销售竞赛）。它还涉及确定激励的规模、参与的条件、如何推广和分发促销方案以及促销时间的长度等事项。在这个过程完成后，企业必须评估其销售促进的结果。

第 17 章 直接营销、网络营销、社交媒体营销和移动营销

目标概览

目标 1 定义直接营销和数字营销，并讨论其快速增长以及对顾客和企业的好处。

目标 2 识别和讨论直接营销和数字营销的主要形式。

目标 3 解释企业如何使用各种线上营销战略来应对互联网和数字时代。

目标 4 讨论企业如何使用社交媒体和移动营销来吸引消费者和创建品牌社区。

目标 5 识别和讨论传统的直接营销形式，概述关于直接营销的公共政策和道德问题。

内容导览

在前面三章中，你已经学习了通过整合营销传播（IMC）传递顾客价值，以及营销传播组合的四个具体要素——广告、公共关系、人员销售和销售促进。在本章中，我们将探讨直接营销及其增长最快的形式：数字营销（在线营销、社交媒体营销和移动营销）。直接营销不仅仅是一种传播工具。从很多方面而言，它已经成为一种全面的营销方法——将传播和分销渠道合二为一。直接营销必须与促销组合的其他要素相结合。

我们首先来看看阿里巴巴的"新零售"战略。

阿里巴巴：新零售

阿里巴巴并不满足于在电子商务的成功，现在正努力整合其线上和线下业务。这一过程始于 2014 年，当时亚马逊做出了一个大胆的举动，花费近 7 亿美元收购了百货连锁店和购物中心运营商银泰商业集团的股份，实现了实体百货商店的数字化。作为回应，阿里巴巴收购了拥有 1600 家门店的电子产品零售商苏宁 20% 的股份，以及中国最大的超市运营商高鑫零售 36% 的股份。阿里巴巴还建立了自己的实体连锁超市盒马鲜生。

与亚马逊以 137 亿美元在美国收购全食超市（Whole Foods Market）的理由一样，阿里巴巴也认为，在传统零售领域站稳脚跟是未来的增长之路。马云将这种战略称为"新零售"，意将大部分尚未实现在线销售的零售场景现代化。

这意味着重新定义整个常规零售工作流程，包括营销方法、定价模型、库存管理、采购及供应链管理。

Xinhua/Alamy Stock Photo

马云认为，技术可以在几个领域协助零售。他看好智慧快闪店。新零售商店可以策划针对品牌和产品的消费者体验。顾客必须先出示支付宝的支付码，扫描后才能进入商店。支付宝使用面部识别技术来追踪顾客，如果顾客对一件商品微笑或上网搜索该商品，他们就会收到折扣奖励。在无线射频识别（RFID）和增强现实（AR）技术的帮助下，顾客还可以虚拟"试穿"服装和"试用"化妆品。

例如，欧莱雅中国在它的一些快闪店配置了阿里巴巴的增强现实技术，顾客可以通过数字屏幕或"魔镜"虚拟试戴太阳镜、试用化妆品和试穿服装。如果顾客喜欢产品，可以使用支付宝扫描屏幕上的二维码进行购买。店内还有一个 AR 展示区，顾客可以扫描产品图像访问相应的商品列表并获得天猫优惠券。

"马云还认为，零售是一种娱乐形式。"

除了欧莱雅，阿里巴巴还与维多利亚的秘密以及星巴克合作，顾客可以在虚拟地图上查看不同的门店和菜单。在上海的星巴克烘焙工坊，顾客可以使用智能手机上的 AR 功能在商店内进行扫描，获得关于咖啡厅、咖啡萃取方法和烘焙过程的详细信息。

为了深化全渠道部署，阿里巴巴推出了零售通，社区便利店和小商铺可以通过零售通实现业务数字化。零售通系统能够实现定制化生产、无缝整合线上线下购物、基于大数据和算法精准预测需求等，可以帮助实体零售店主推测顾客的人口统计信息和购买行为，然后预测并向顾客推荐其在该店最需要的产品。零售通系统可以用于商品销售、库存管理和物流管理。

杭州的社区杂货店维军超市是使用阿里巴巴零售通系统的小企业之一，它的报告显示，自开始使用零售通系统以来，其销售额增长了45%，顾客流量增长了26%。青岛啤酒也与零售通达成协议，旨在强化其在中国数百万小商铺中的地位。

马云还认为，零售是一种娱乐形式。

购物是一种社交活动，尤其是对于熟悉移动设备的中国年轻电商消费者而言，他们希望在购物的同时进行娱乐。因此，阿里巴巴旗下的电子商务平台淘宝和天猫与时尚品牌达成了协议：在线上时装秀期间，观众不仅可以观看，他们还可以通过点击购买链接来购买自己看到的服装。如果顾客在电视上看时装秀，他们也可以通过"摇一摇"手机进入产品页面。此外，顾客还可以进入虚拟试衣间，在上传照片并录入身高和体重信息后，就可以看到自己穿上所选服装的样子。

马云认为应该利用顾客进行影响者营销。他看到越来越多的品牌会奖励那些在网上发布买家秀和参与广告活动的顾客。阿里巴巴还在双十一促销期间将顾客推广为影响者。顾客在一家快闪店购物后，店员会为其提供专业的化妆服务，并拍照上传至社交媒体。

直接营销和数字营销

许多营销和促销工具都是在大众营销的背景下开发的，大众营销是指通过中间商向市场分发标准化信息和产品。然而，如今随着营销目标市场的范围日益狭窄，很多企业开始采用直接营销，直接营销作为主要的营销方法或对其他方法的补充。企业也在采用直接营销中增长最快的形式——数字营销，利用在线、社交媒体和移动营销渠道。

直接营销和数字营销（direct and digital marketing） 是指直接与精心选定的目标顾客及顾客社区联系，以获得即时响应并建立持久的顾客关系。企业使用直接营销来定制产品和内容，以满足狭窄细分市场或个人顾客的需求和兴趣，通过这种方式创建顾客参与、品牌社区和销售。

例如，亚马逊直接与其网站上的顾客互动，帮助他们在线发现并购买几乎所有的东西，顾客只需点击鼠标。

直接营销新模式

早期的直接营销人员，如目录公司、直接邮寄企业和电话营销人员，主要通过邮件和电话收集顾客姓名并销售商品。然而，随着如今在线使用和购买的激增，以及数字技术（从智能手机、平板电脑及其他数字设备到大量的在线社交和移动媒体）的快速发展，直接营销已经发生了巨大的转变。

在前面的章节中，我们将直接营销当作不包含中间商的直接分销渠道进行了讨论，我们还将直接营销作为促销组合的要素之一（即一种与消费者直接沟通的方式）进行了讨论。事实上，直接营销不仅包括这两项内容。

大多数企业仍然只将直接营销当作营销产品和信息的补充渠道或媒体。例如，雷克萨斯主要通过大众媒体广告和优质的经销商网络进行营销，但它也把直接营销当作这些渠道的补充。雷克萨斯的直接营销包括直接向潜在顾客邮寄资料和通过网站（www. lexus. com）向顾客提供各种车型、竞争对比、融资和经销商位置的相关信息。同样，一些百货商店既通过商店货架销售大部分商品也通过直接邮寄和在线目录的方式进行销售。

然而，对于如今的许多企业来说，直接营销和数字营销不仅仅是补充渠道或广告媒体，它们已经构成了一个完整的商业模式。有些企业将这种直接模式用作唯一的营销方法。亚马逊、Expedia、网飞、Shopee等在线巨头已经围绕直接营销和数字营销成功建立了面向市场的整体营销战略。

直接营销新模式——在线旅游企业 Expedia Group 已经围绕直接营销和数字营销成功建立了面向市场的整体战略。它旗下的 Travelocity.com 和著名的 Roaming Gnome 让顾客可以轻松实现"明智地漫游"。

Expedia——Expedia 是一个庞大的在线旅游业务集团，包括 Expedia、Travelocity、Hotels. com、Hotwire、trivago、Orbitz 和 HomeAway 等品牌。在新冠疫情之前，该公司 2018 年的总收入为 112 亿美元，通过 200 多个旅游预订网站和 150 多个移动网站开展业务。其旗下的 Travelocity 是最早让顾客无须通过旅行社或经纪人就能找到并预订旅行安排的在线旅游公司之一。在全球陷入新冠疫情的情况下，Travelocity 及其著名的 Roaming Gnome 帮助顾客"明智地漫游"，使其旅行体验简单而难忘。

直接营销和数字营销模式也为较新、较小的品牌提供了机会。近年来出现了一大批仅在线经营的创业企业，即所谓的**直接面向消费者（DTC）品牌**［**direct-to-consumer（DTC）brands**］，这些品牌通过在线和移动渠道直接向消费者销售和发货，避免了与成熟、传统品牌的直接竞争。DTC 品牌的一个成功案例是销售剃须刀和剃须产品的 Dollar Shave Club。通过消除中间商，DTC 企业可以削减成本、降低价格、提供更大便利、与消费者建立直接关系、提供更个性化的产品。有趣的是，就在传统卖家增加数字渠道的同时，一些 DTC 品牌也在增加传统渠道。

直接营销和数字营销的快速增长

直接营销和数字营销是增长最快的营销形式。随着直接营销继续向数字化转变，数字化直接营销在营销支出和销售中所占的份额正在飙升。

Z 世代是天生的在线用户。一项针对澳大利亚、中国、印度尼西亚、日本、韩国和泰国这六个亚太国家的研究表明，Z 世代消费者依赖社交媒体，但在如何参与社交媒体方面考虑得很周到；他们在品牌选择方面受到视频内容的影响很大。在整个亚太地区，三分之一的 Z 世代每天使用手机的时间超过 6 小时。在印度尼西亚，Z 世代平均每天使用手机 8.5 个小时。亚洲的 Z 世代深受其在 YouTube 和抖音等视频媒体平台上看到的内容的影响。越来越多以 Z 世代为目标市场的营销人员正在制作内容丰富、有趣、鼓舞人心的品牌视频，并通过叙事来构建自己的社交媒体营销能力、吸引消费者以及提高分享和购买的可能性。

直接营销和数字营销对买方和卖方的好处

对于买方来说，直接营销和数字营销非常方便、简单、私密（见图 17-1）。它们让买方可以随时随地看到几乎所有的商品种类、丰富的产品和购买信息。例如，

PRINCIPLES OF MARKETING 营销的原则（原书第 5 版）

Lazada. com 和 Shopee. com 在其网站和移动应用程序上提供的信息远超大多数消费者的消化能力，包括限时优惠、畅销产品列表、大量产品描述、产品评论以及基于消费者过去搜索和购买的推荐等。

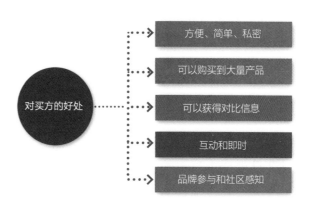

图 17-1 直接营销和数字营销对买方的好处

通过直接营销，买方可以通过自己的手机、卖方的网站或移动应用程序与卖方互动，从而精准地创建自己想要的信息、产品或服务的配置，在现场订购，并在几天甚至几小时内收到订购的产品。对于有需要的消费者来说，通过在线、移动和社交媒体进行的数字营销提供了一种品牌参与和社区感知——一个与品牌其他粉丝分享品牌信息和体验的地方。

对于卖方来说，直接营销提供了一种低成本、高效和快速触达目标市场的方式。如今的直接营销人员可以针对小群体或个人顾客。由于直接营销具有一对一的特性，企业可以通过电话或在线方式与顾客互动，更了解顾客需求，并根据特定顾客的喜好来定制产品和服务。反过来，顾客也可以提出问题，并自愿进行反馈。

直接营销和数字营销也为卖方提供了更大的灵活性（见图 17-2）。它们允许营销人员对价格和销售方案进行持续调整，或创造即时、及时和个性化的互动和报价。特别是在今天的数字环境中，直接营销为实时营销提供了机会，将品牌与顾客生活中的重要时刻和热门事件联系起来。直接营销和数字营销是一个强大的工具，可以推动顾客完成购买过程，或者建立持续的顾客参与、社区和个性化关系。

数字营销如今还包括元宇宙和非同质化代币（NFT）。元宇宙已经开始被企业接受，巴黎世家（Balenciaga）、古驰（Gucci）、路易威登（Louis Vuitton）等奢侈品牌已经开始进行元宇宙营销，即以相同的价格在虚拟世界中销售与现实世界相似的有形和无形产品。古驰设有一家元宇宙商店，人们可以在那里为自己的虚拟形象购买时尚配饰，从而获得更丰富的虚拟体验。新加坡第一家专营数字奢侈品的商店 Republiqe 为顾客提供数字化服装，其细节与实体服装相似。奢侈品旅游零售商 DFS 利用元宇宙虚拟偶像 Reddi 和 Vila 推出农历新年促销活动，并认为这一潮流

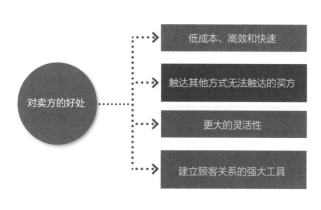

图 17-2 直接营销和数字营销对卖方的好处

可以取悦并满足精通数字技术的顾客。NFT 也开始流行起来，2022 年澳大利亚网球公开赛期间，球迷通过购买 NFT 可以拥有一个特殊的体育时刻，甚至是赛事用球。日本和韩国流行文化的粉丝可以在中国香港的平台 KLKTN 上购买和交易他们喜欢的艺术家的 NFT。

营销的原则 17.2 直接营销和数字营销的形式

如图 17-3 所示，直接营销和数字营销的主要形式包括面对面销售、直接邮寄营销、目录营销、电话营销、直接响应电视营销、购物亭营销等传统工具，以及社交媒体营销、移动营销、在线营销等数字工具。在这里，我们探讨直接营销中增长最快的新形式——**数字和社交媒体营销**（digital and social media marketing）工具。

数字和社交媒体营销	建立直接的顾客参与和社区	传统的直接营销
在线营销（网站、在线广告、电子邮件、在线视频、博客）社交媒体营销移动营销		面对面销售直接邮寄营销目录营销电话营销直接响应电视营销购物亭营销

图 17-3　直接营销和数字营销的主要形式

营销的原则 17.3 数字时代的营销

如今，人们几乎可以随时随地与信息、品牌以及彼此进行数字化联系。在物联网时代，似乎所有事物和每一个人都将很快通过数字化的方式彼此联系起来。数字时代从根本上改变了消费者关于便利、速度、价格、产品信息、服务和品牌互动的观念。因此，它为营销人员提供了一种创造顾客价值、吸引顾客和建立顾客关系的全新方式。

数字的使用和影响继续稳步提升。在世界范围内，超过 55% 的人口可以上网，三分之一人口可以使用移动互联网。社交媒体在东亚和北美的渗透率最高，达到 70%，东南亚的渗透率则为 61%。

然而，亚洲的社交媒体格局与西方不同。取代 Facebook 和 Twitter 的是 LINE 和微博等本土平台。鉴于亚洲幅员辽阔、文化多样，每个国家都采用不同的策略。随着消费者越来越多地参与全渠道购物，他们越来越善于将在线、移动和实体店购物结合起来，而在其购买中数字渠道所占的比例越来越大。

PRINCIPLES OF MARKETING 营销的原则（原书第 5 版）

为了触达这个蓬勃发展的市场，大多数企业如今都进行在线营销。有些企业只在网上运营，包括亚马逊、Lazada 和 expedia.com 等电子零售商（它们通过互联网直接向最终消费者销售产品和服务）、搜索引擎和门户网站（比如谷歌）、交易网站（eBay、Carousell）、内容网站（《南华早报》）、在线社交媒体（微信、LINE、抖音、Telegram、Instagram、YouTube）、元宇宙、非同质化通证（NFT）等各类企业。

如今，很难找到一家企业没有大量在线业务。即使是传统上在线下运营的企业，现在也建立了自己的在线销售、营销和品牌社区渠道。传统的实体店零售商也在扩大在线销售的比例。很多企业都在进行**全渠道零售（omni-channel retailing）**，一些企业的在线业务已经与只在线上经营的竞争对手一样成功了。

在线营销

在线营销（online marketing）是指企业通过互联网使用企业网站、在线广告、电子邮件、在线视频、博客等进行营销。在线营销还包括社交媒体和移动营销，它们必须与其他形式的数字营销相协调。

网站和品牌网络社区

对于大多数企业来说，在线营销的第一步是创建一个网站。网站的目的和内容各不相同，有些网站主要是**营销网站（marketing web sites）**，旨在吸引顾客，推动他们直接购买或产生其他营销效果。以下是韩国在线零售领域的现状：

在线商城——韩国的主要零售商在提高实体店服务水平的同时，还开设了在线商城，以应对线上商店的竞争。

韩国零售商——随着虚拟市场的发展，乐天、新世界、现代百货正准备迎接激烈的在线竞争。Interpark 和 Gmarket 这类具有成本效益且灵活的在线供应商正在威胁传统大型零售商的主导地位。为了应对这一威胁，乐天将品牌与 140 多家门店网络进行了整合，完善了配送体系，重新调整了服务结构，并建立了线下业务的线上链接。它的高端在线商城以高端品牌为特色，提供定制化的顾客服务。它还与线下商店一起举办大规模的促销活动。其"智能挑选"服务使顾客

可以在线上订购，并在百货商店提货，这为顾客节省了运费，也使退换货更加容易。在新世界易买得（E-Mart）线上商城，如果顾客上午 10 点以后下单，企业会在第二天准备好水果并立即发货。现代百货还与其他企业合作，以提高库存管理效率。

相比之下，**品牌社区网站（branded community web sites）**所做的不仅仅是销售产品，它们的主要目的是展示能吸引顾客并创建顾客品牌社区的品牌内容。这些网站通

常提供丰富多样的品牌信息、视频、博客和活动，建立更加密切的顾客关系，并在品牌和顾客之间产生互动。例如，在丝芙兰（Sephora）的 Beauty Talk 网站上，访问者可以与其他人互动、发现产品、发布照片和链接、向其他会员咨询建议等。Shein 有一个购物者社区，人们在上面展示自己购买的衣服。

创建网站是一回事，让人们访问网站是另一回事。为了吸引访问者，企业会通过线下印刷和广播广告以及其他网站上的广告和链接来积极推广自己的网站。今天的网络用户很快就会抛弃那些不够好的网站，保持持久关系的关键是创造足够吸引人和有价值的内容，从而使用户访问网站、在网站停留并重复访问网站。

网站至少应该易于使用并具有视觉吸引力，但网站最终必须是有用的。提到在线浏览和购物，大多数人更看重内容和功能而非风格和噱头。例如，帮宝适的网站（Pampers. com）不是很华丽，但却有大量访问者。它可以使用户快速有效地找到所有其需要的婴儿护理信息。因此，有效的网站应该包含详细和有用的信息、帮助用户查找和评估其感兴趣内容的交互式工具、其他相关网站的链接、随时更新的促销活动以及增添兴奋感的娱乐功能。

在线广告

随着消费者在互联网上花费的时间越来越多，企业正在将更多的营销资金转移到**在线广告（online advertising）**上，以建立品牌销售或吸引访问者浏览其网站、移动和社交媒体渠道。在线广告已经成为一种主要的促销媒介，其主要形式是展示广告和搜索广告。展示广告和搜索广告占企业数字营销预算的比例最大。

在线展示广告可能出现在互联网用户屏幕上的任何地方，通常与用户正在浏览的信息相关。在线展示广告在吸引和保持消费者注意力方面取

品牌社区网站——丝芙兰的网站不仅销售产品，它还使用各种信息来吸引顾客参与品牌社区，建立更紧密的顾客关系。

得了长足的进步。今天的富媒体广告融合了动画、视频、声音和交互功能。例如，当你在电脑或手机上浏览与运动相关的内容时，一个亮橙色的佳得乐 G 系列横幅可能会出现在你的屏幕上，点击横幅，你最喜欢的足球运动员会冲出横幅，该展示广告表现的是一些著名的体育明星在比赛前饮用佳得乐为自己的身体补充能量。这个充满动感的广告只有几秒钟，但却产生了重大影响。

在线广告最主要的形式是搜索广告（或上下文广告）。在搜索广告中，基于文本和图像的广告及链接会出现在谷歌等搜索引擎搜索结果的顶部或侧面。例如，在谷歌上搜索"液晶电视"，在搜索结果的顶部和侧面，你会看到来自 10 个或更多广告商不显眼的广告，包括三星、LG、索尼等，以及你应该购买它们的理由。广告商从搜索网站购买搜索条件或关键词，当消费者点击进入其网站时就要向搜索网站付费。

电子邮件

电子邮件营销（email marketing） 仍然是一个重要且不断增长的数字营销工具。一位观察人士称："社交媒体是热门的新事物，但电子邮件仍是王者。"

如果使用得当，电子邮件可以成为最终的直接营销媒介。大多数蓝筹股企业的营销人员经常使用电子邮件营销，并取得了巨大的成功。电子邮件使营销人员可以发送具有高度针对性、个性化和可以建立关系的信息。今天的电子邮件完全不同于过去那种古板的纯文本信息，而是丰富多彩的、吸引人的、个性化的和交互式的。

BeautyMNL——这个来自菲律宾的品牌利用了电子邮件的优势，来了解用户的行为和偏好。它每天向数千名菲律宾注册用户发送电子邮件，使其了解新产品和补货情况。BeautyMNL令每封邮件都不相同，这样用户就不会因每天收到的信息而感到困扰。此外，BeautyMNL知道赢得用户的关键是价格，它明白价格是其目标市场的最大痛点。因此，通过电子邮件进行销售的成功率很高。

然而，越来越多地使用电子邮件营销也有不好的一面。**垃圾邮件（spam）**，即未经消费者许可、不受欢迎的商业电子邮件信息的爆炸式增长充斥着电子邮箱，很多消费者对此感到愤怒和沮丧。一家调查公司的数据显示，垃圾邮件已经占全球电子邮件发送总量的70%。电子邮件营销人员正在为消费者增加价值和冒犯消费者之间游走。

为了解决这些问题，大多数营销人员采取了基于许可的电子邮件营销方式，即只向同意接收的消费者发送电子邮件营销信息。很多企业使用可配置的电子邮件系统，让消费者选择他们想要接收的信息。针对同意接收电子邮件的消费者，亚马逊根据他们表达的偏好和以前的购买行为，向其发送数量有限的"我们认为你想知道"的信息，实际上很少有消费者拒绝接收，而且很多消费者喜欢这样的促销信息。亚马逊因此获得了更高的回头率，并避免了因发送消费者不想要的电子邮件而疏远消费者。

在线视频

在线营销的另一种形式是在品牌网站或YouTube、Facebook等社交媒体平台上发布数字视频内容。有些视频是为网络和社交媒体制作的，包括"如何"类的教学视频、公共关系视频、品牌推广及与品牌相关的娱乐视频。有些视频是企业为电视和其他媒体制作的广告，在广告活动之前或之后发布在网上以扩大其触达面和影响力。

好的在线视频可以吸引数以百万计的消费者。在线视频的受众正在激增。营销人员希望自己的视频可以像病毒一样传播。**病毒式营销（viral marketing）** 是口碑营销的数字版本，包括制作具有很强感染力的视频、广告和其他营销内容，消费者会寻找这些信息或将它们转发给自己的朋友。由于是消费者发现并传递信息或促销，所以病毒式营销的成本非常低。而且当视频或其他信息来自朋友时，接收者更有可能进行查看或阅读。

除了推广产品以外，品牌还经常使用视频来吸引消费者，从而提升品牌的讨论度，创造积极的品牌联想。以下是佳得乐视频营销活动的例子。

佳得乐（Gatorade）——在得知放弃运动的青少年少女比同龄的男孩多 50% 之后，佳得乐制作了一个名为"Versus"的六集系列视频。视频时长 21 分钟，由高中女子曲棍球运动员主演，旨在"引发一场关于女孩继续运动的重要性的坦率讨论"。佳得乐的一名营销人员说，"我们想找到一些能鼓励热爱运动的女孩保持动力的东西。"该系列视频与佳得乐"挥洒汗水的姐妹"（Sisters in Sweat）活动同时推出，这一活动是关于塞雷娜·威廉姆斯（Serena Williams）等职业运动员，以及其他体育对其产生过积极影响的著名女性的。专题片"Versus"系列视频迅速获得了超过 100 万的点击量，创造了女孩参与体育运动信心指数的两位数增长，同时也为佳得乐带来了积极的品牌联想。另一位佳得乐营销人员表示："我们知道自己的东西很特别、很感人、很发人深省。"

尽管有很多成功的病毒式营销案例，但需要注意的是，营销人员通常很难控制他们的病毒信息流向何处。他们可以在网上散播内容，但除非信息本身能够引起消费者的共鸣，否则这种做法并没有什么用。

博客和其他在线论坛

品牌还通过各种吸引特定兴趣群体的数字论坛进行在线营销。博客（blogs），或网络日志，是人们和企业发布其想法及其他内容的在线日志，通常涉及非常细小的主题。

很多企业都有自己的品牌博客，可以触达用户社区。例如，网飞团队的成员在网飞的博客上谈论网飞的最新功能，分享充分体验网飞的技巧，并收集订阅用户的反馈。Oh My Disney 博客是迪士尼粉丝体验"迪士尼小测验、怀旧、新闻和其他迪士尼魔法的官方胜地"。星巴克的 1912 Pike 博客以星巴克第一家店的地址命名，是一个"咖啡教育博客"，为咖啡爱好者和星巴克品牌粉丝提供有趣的咖啡相关文章、行业新闻，以及食谱和操作指南。

企业博客——Oh My Disney 博客是迪士尼粉丝体验"迪士尼小测验、怀旧、新闻和其他迪士尼魔法的官方胜地"。

作为一种营销工具，博客有一些优势。它为企业提供了一种新颖的、原创的、个性化的且成本低廉的方式融入互联网和社交媒体上的消费者交流。然而，博客圈杂乱且难以控制。虽然企业有时可以通过博客与消费者建立有意义的关系，但博客仍然在很大程度上是消费者所控制的媒介。无论消费者是否积极参与博客，企业都应该监控和倾听他们的意见。营销人员可以利用从在线消费者交流中所获得的洞察来改进他们的营销方案。

PRINCIPLES OF MARKETING 营销的原则（原书第 5 版）

社交媒体和移动营销

社交媒体营销

互联网的使用和数字技术及设备的激增，催生了一系列令人眼花缭乱的在线**社交媒体（social media）**和数字社区。无数独立和商业社交网络的兴起，为消费者提供了在线聚集、社交、交流观点和信息的平台。如今，几乎每个人都在领英上交友，在Twitter上登录，在YouTube上观看当天的热门视频，在社交剪贴簿网站Pinterest上发布图片，或者在Instagram上分享照片。当然，有消费者的地方就会有营销人员，大多数营销人员都在利用巨大的社交媒体浪潮。

使用社交媒体

营销人员可以通过两种方式参与社交媒体：使用已有的社交媒体或建立自己的社交媒体。使用已有的社交媒体似乎是最简单的。因此，大多数品牌（无论大小）都在大量社交媒体网站上开设了店铺。在可口可乐、耐克等品牌的网站上，你会发现它们的Facebook、Instagram、Twitter、YouTube或其他社交媒体页面链接。这些社交媒体可以创造价值巨大的品牌社区。例如，可口可乐在Facebook上拥有超过1亿的粉丝。在亚洲，除了这些社交媒体平台，品牌还经常使用微信、LINE和Kakaotalk等即时通信应用程序进行营销传播。营销实践17.1讨论了亚洲的社交媒体营销。

一些主要社交网络的规模是巨大的，尤其是在新冠疫情期间，消费者更频繁地使用社交媒体，品牌也利用它们来触达目标市场。尽管这些大型社交媒体网络占据了大部分头条新闻，但也出现了无数利基社交媒体应用程序。利基在线社交网络迎合了志趣相投的小群体的需求，使其成为营销人员针对特定兴趣群体进行营销的理想工具。针对每一个兴趣、爱好或群体，比如想要重返工作岗位的母亲、热心读者、狂热的自然爱好者等，都至少有一个社交媒体网络。例如，香奈儿（Chanel）利用社交媒体，通过数字广告触达特定的目标群体：

香奈儿（Chanel）——奢侈时尚品牌香奈儿（Chanel）一直认为，中国消费者会自动将奢侈品牌与国际化内容联系在一起。例如，奢侈品牌的广告经常出现在美剧的播放中。然而，中国科技巨头腾讯的分析显示，与国际化内容相比，本地节目更能有效地吸引每个地方最大比例的特定目标受众。例如，中国本土电视剧《芈月传》在主要城市吸引了41%的目标受众。有了这一关键发现，香奈儿改变了策略，以更好地适应中国市场。它与腾讯的社交媒体平台微信合作，利用智能选择，通过数字广告瞄准特定的受众和地点，实现了超过了61%的受众集中度，是通过传统广告所能获得集中度的两倍。通过使用这种数据分析，香奈儿在多个渠道重组和扩展其营销活动。从基于地理位置对节目和内容的分析中所获得的洞察帮助香奈儿开发了更成功的营销活动。

社交媒体营销的优势和挑战

使用社交媒体既有优势，也有挑战。从有利的方面来看，社交媒体是定向的、个性化的，它们允许营销人员创建并与顾客及顾客社区分享定制化的品牌内容。社交媒体的互动性使其成为参与顾客交流和倾听顾客反馈的理想工具。社交媒体具有即时性，可以随时随地为顾客提供关于品牌事件和活动的及时、相关的营销内容。社交媒体使用的快速增长促进了实时营销的增长，使营销人员能够围绕正在发生的情况和事件创建并加入顾客的交流。营销人员现在可以观察趋势，并创建相匹配的内容。

社交媒体的成本效益非常高。虽然创建和管理社交媒体内容的成本很高，但很多社交媒体平台都是免费的，或者使用起来很便宜。因此，与电视或印刷品等昂贵的传统媒体相比，社交媒体的投资回报往往更高。对于一些小企业和品牌而言，它们负担不起大额预算营销活动的高昂成本，而低成本的社交媒体则是它们容易接触到的营销媒介。

社交媒体的最大优势也许就在于其参与度和社交分享能力。社交媒体尤其适合创建顾客参与和社区，即让顾客参与品牌活动，并与其他顾客互动。与其他渠道相比，社交媒体更能让顾客参与塑造和分享品牌内容及体验。以潘多拉为例：

潘多拉（Pandora）——高端时装珠宝连锁店潘多拉利用多个在线和社交媒体平台提升自己在亚洲的影响力。它通过在中国的社交媒体平台新浪微博上开展营销活动打进中国市场。对社交媒体评论的情绪分析显示，潘多拉的品牌认知和在线情绪都是正向的。在一次母亲节活动中，它推出了具有永恒设计和卓越品质的新产品，其广告语是"致敬母爱的多样性"。该活动在多个亚洲国家开展，包括菲律宾的 Spot、日本的 Elle 和中国的新浪等平台，收获了很高的参与度和好评度。一位日本顾客分享了一家潘多拉门店的照片并评论道："我昨天去了银座新开的潘多拉门店……它看起来非常漂亮和时尚。我觉得它很可爱。"另一位中国顾客分享了她戴着手镯的照片并评论道："潘多拉手镯上的小蜜蜂太诱人了。我觉得母亲节的丝带设计也很好！我现在该怎么选？"评论的结尾是一个活泼的表情符号。

营销实践 17.1

社交媒体营销在亚洲

社交媒体无处不在，尤其是在亚洲。在东亚、东南亚和南亚，社交媒体的渗透率分别为 70%、61% 和 24%，各大品牌都在制订社交媒体计划，以触达其顾客。以下是一些有助于品牌在亚洲取得成功的洞察：

1. 大数据的重要性

品牌正在利用通过跨渠道社交聆听获得的大数据和高级分析来了解消费者行为，并洞察消费者情绪。由于亚洲是一个多元文化的混合体，这些洞察有助于品牌针对每种文化定制营销活动和营销策略，以提供更个性化的品牌体验。

PRINCIPLES OF MARKETING 营销的原则（原书第5版）

大数据的一个优势在于它可以用于识别跨越多个渠道的发展趋势，这在中国等广泛使用全渠道营销策略的国家尤其有用。新加坡华侨银行（OCBC Bank）通过分析来了解顾客的银行业务需求，成为市场上首家推出 FRANK "存钱罐"、360账户等创新银行服务的银行，这些服务会奖励那些进行更多网上银行交易的顾客。

其他从分析中获得的有趣洞察还包括：

- 中国消费者乐于接受社交平台上的品牌直接沟通，因此开设一家直营在线商店可能会对企业业务产生积极影响。
- 日本消费者使用社交网络进行日常搜索，而不是通过谷歌或雅虎。
- 印度尼西亚消费者每天上网的时间达到近 9 个小时，其中花在社交媒体上的时间为 3.5 小时，他们已经在使用 Instagram Stories 和 Facebook Messenger 的 My Day 功能。
- 菲律宾人是世界上最重度的互联网和手机用户。视频营销，尤其是那些带有暖心故事或幽默内容的视频，对菲律宾人的营销效果非常好。
- 泰国的千禧一代和 Z 世代相信网红是真诚和诚实的，因此信任网红推荐的品牌。

2. 通过聊天机器人提供顾客服务

在亚洲，即时通信应用程序被广泛用于营销传播。在西方，即时通信应用程序的主要功能是个人信息交流；而在亚洲，品牌利用它们来获取顾客。在很多情况下，这些本地应用程序具有浏览器功能，成为聊天应用程序。因此，亚洲很多热门社交应用程序都是信息传递平台也就不足为奇了。

亚洲顾客正变得越来越精通科技，他们对产品的期望也越来越高。因此品牌开始使用聊天机器人解答顾客问题，以吸引和满足顾客。如果针对受众进行适当的个性化设计，聊天机器人就可以提升顾客服务水平、提高品牌知名度和品牌偏好，如下面的例子所示：

家乐（Knorr）——在泰国，联合利华旗下的调味料品牌家乐想要鼓励妈妈们在家做饭，使用其调味块做出美味的家常菜。它使用即时通信平台 LINE 进行营销，因为它是泰国最受欢迎的社交媒体平台。由于泰国妈妈们已经在使用 LINE 来交流食谱，因此家乐更进一步，开发了一个名为"阿姨"的聊天机器人，为寻找优质家庭食谱的妈妈们提供个性化服务。"阿姨"成功将 LINE 上的讨论转化为销售，上线三个月内，食谱的浏览量超过 160 万次，家乐调味块的消售量增加了 50%。

3. 即时通信应用程序成为生活方式品牌

即时通信应用程序已经发展成生活方式品牌。腾讯的微信在中国用户中很受欢迎，被视为品牌"必备"，一些品牌甚至在开发专门的独立应用程序之前用它来测试新产品。

亚洲流行的其他即时通信平台还包括印度尼西亚、日本、韩国和泰国的 LINE 以及韩国的 KakaoTalk。这两个平台都整合了新闻推送、漫画贴纸、游戏甚至电子钱包等功能，用户可以在这些平台上与品牌互动。因此，这些应用程序具有很强的用户黏性，为品牌提供了触达稳定用户群体的途径。

4. 关键意见领袖的影响力

社交媒体网红在亚洲很受欢迎。与名人不同，消费者认为网红对品牌的态度更可靠、更可信、更诚实。与名人代言一样，对关键意见领袖（KOL）的选择至关重要，因此企业需要选择与其想表达的信息和品牌相匹配的关键意见领袖。以下是一些例子：

肯德基——肯德基在印度推出新款"肉霸堡"时，与印度一些热门美食博主合作。肯德基推出了一项营销活动，这些博主上传名为"秘密汉堡"的简单帖子，并让粉丝猜测汉堡的名字。这些美食博主也被邀请品尝和评论新款肉霸堡。

娇韵诗（Clarins）——在一次母亲节活动中，娇韵诗想要推动更多的社交讨论与社交参与，因此它利用护肤博主 Chloe 和 Mii 等微型意见领袖来提升其用户参与度。

5. 移动电话接入

亚洲的社交媒体几乎总是以移动设备为先，虽然这为品牌提供了在任何地方与人们建立联系的机会，但在亚洲的一些地区，尤其是农村地区，数据连接仍然普遍缓慢。此外，很多消费者使用移动网络时都是预付费，尤其是在印度和菲律宾，这意味着对消费者来说，移动数据以及移动互联网接入的成本非常高。因此，虽然高清视频可以提供很好的顾客体验，但对很多消费者来说，视频流可能太慢或太贵。对于这样的市场，内容需要更简单，也许还要更静态，以传递即时价值。

社交媒体营销——鉴于社交媒体在亚洲的高度普及，营销人员正在使用大数据分析和社交媒体营销，以有效地触达消费者。

社交媒体营销也带来了挑战。例如，社交网络在很大程度上是消费者控制的。企业使用社交媒体的目的是让品牌成为消费者交流和生活的一部分。然而，营销人员不能简单地将其方式强加到消费者的数字互动中，他们需要获得参与消费者互动的权利。营销人员必须通过开发稳定的、吸引人的内容流，成为在线体验中具有价值的一部分，而不是强行侵入消费者的在线互动。

此外，由于消费者对社交媒体内容有很大的控制权，所以即使是看起来最没有争议的社交媒体活动也可能适得其反。消费者可能会抱怨，并使用社交媒体传播负面口碑。让我们来看看麦当劳在新加坡的遭遇：

麦当劳——新加坡麦当劳曾推出一项特别活动：通过 McDelivery 购买 Night 套餐，即可获得限量版睡衣。这一活动旨在增加夜间的外卖销售。只要下午 6 点后通过 McDelivery 应用程序订购快乐分享盒（包括六块麦乐鸡和四块麦香鸡翅），即可获得这款麦当劳主题睡衣。顾客可以选择一套均码的男款或女款睡衣，如果在点餐时输入促销码，他们还将免费获得一个眼罩，上面印有"梦见薯条"（Dreaming of Fries）。这一促销活动非常成功，巨大的访问量甚至使其外卖应用程序和网站陷入崩溃，而这也导致了顾客在社交媒体上表达他们的不满。一些人评论说，麦当劳应该为流量激增做好准备；另一些人则表示质疑，认为麦当劳应该坦白承认这些商品缺货，而不是说平台崩了。这款限量版睡衣的需求非常旺盛，甚至催生了一个二级市场，上面的睡衣售价是建议零售价的两倍多，而且还不含炸鸡套餐。

这是一个明确的信息。有了社交媒体，"你就进入了消费者的后院。这是他们的地盘。"一位社交营销人员警告说。另一位说："社交媒体是一个高压锅，无数人会接受你的想法，但他们也会试图打破这些想法，找出其中的不足之处。"

整合社交媒体营销

使用社交媒体可能非常简单，比如在品牌的微博或 Instagram 页面上发布信息和促销活动，或者在 YouTube 或抖音上用视频或图片制造品牌话题。然而，大多数大企业都在努力设计全方位的社交媒体方案，以融合并支持品牌营销战略和战术的其他要素。成功使用社交媒体的企业往往会整合不同的媒体，创建与品牌相关的社交分享、顾客参与和顾客社区，而不仅仅是零散的努力以及追求点赞和分享。

管理一个品牌的社交媒体是一项艰巨的任务。例如，星巴克是世界上最成功的社交媒体营销企业之一，其核心社交媒体团队通过 5 个不同社交平台上的 87 个账户与其粉丝互动。仅星冰乐在 Facebook、Twitter 和 Instagram 上就拥有 1400 多万粉丝。管理和整合所有社交媒体内容具有挑战性，但就结果而言是值得投资的。数千万粉丝甚至都不用踏进星巴克的门店，就可以与星巴克进行数字化互动，他们也确实这么做了。一项研究发现，星巴克在 Facebook 和 Instagram 上的顾客参与度是与其最接近的竞争对手 Dunkin' 的 17 倍。

整合社交媒体营销——星巴克通过 Facebook、Instagram 和 Twitter 等不同的社交平台与数百万消费者建立联系。

星巴克的社交媒体不仅创造了在线参与和互动社区，还吸引了顾客光顾其门店。例如，星巴克在几年前的第一次大型社交媒体推广活动中，为早晨购买饮料的顾客提供一份免费点心，吸引了一百万人参加。在 "Tweet-a-Coffee" 促销活动中，顾客可以在 Tweeter 上发帖时加上#tweetacoffee 和朋友的名字，就可以为朋友送上一张价值 5 美元的礼品卡。

在短短一个月的时间内，星巴克活动的销售额就达到了 18 万美元。星巴克推出独角兽星冰乐（一种限时销售的饮品，旋转时会改变颜色）时，其完美的制作吸引了 Instagram 用户的注意，仅一周他们就在 Instagram 上发布了大约 18 万张这种饮料的照片。尽管这种饮品限时销售一周，但很多星巴克门店很快就销售一空。星巴克全球数字营销主管表示，社交媒体"不仅仅是吸引人、讲故事和建立联系，它可以对业务产生实质性影响"。

移动营销

移动营销（mobile marketing）的特点是通过移动设备向消费者传递营销信息、促销活动和其他营销内容。在购买和关系建立的过程中，营销人员随时随地使用移动营销来吸引消费者。移动设备的广泛应用和移动网络流量的激增使移动营销成为每个品牌必须要做的工作。

随着智能手机和平板电脑的普及，移动设备在亚洲的渗透率正在上升。印度的渗透率为 55%，三分之二的印度尼西亚人拥有手机，而在菲律宾则有 80% 的人拥有智能手机或移动电话。

大多数人都喜欢自己的手机，并且严重依赖它们。根据一项研究，在拥有智能手机、平板电脑、电脑和电视的消费者中，近 90% 的人会在所有屏幕中首选手机。新加坡人每天花在电子产品上的时间超过 12 个小时。对于很多消费者来说，手机正迅速成为他们的"第一屏"，在离开家之后，手机就是他们唯一的屏幕。

对于消费者来说，智能手机或平板电脑可以成为方便的购物伴侣。它们可以提供即时的产品信息、价格对比、其他消费者的建议和评论、即时优惠以及快捷方便的购买途径。一份报告显示，64% 的印度尼西亚人使用智能手机或平板电脑进行线上购物。

手机提供了一个包括移动广告、优惠券、文本信息、应用程序和移动网站等工具的丰富平台，使消费者可以在购买过程中更深度地参与。尤其是对于新兴经济体而言，手机是触达消费者的平台，移动广告支出正在飙升。几乎每一家企业，从耐克、麦当劳、宝洁到当地超市，都将移动营销整合到自己的直接营销方案中。

企业可以使用移动营销来刺激即时购买，使购物更加容易，品牌体验更加丰富。在消费者表达兴趣或最有可能做出购买选择的时候，营销人员通过移动营销为他们提供信息、激励和选择（参见营销实践 17.2）。今天的富媒体移动广告能产生巨大的参与度和影响力。大多数企业都有自己的移动在线网站，还有些企业拥有实用或有趣的移动应用程序，吸引消费者与品牌互动并帮助消费者购物。

然而，与其他形式的直接营销一样，企业必须负责任地使用移动营销，否则就有可能激怒已经厌倦了广告的消费者。大多数人不希望频繁地被广告打断，所以营销人员必须明智地利用移动设备来吸引消费者，关键是要提供真正有用的信息和服务，让消费者愿意参与其中。因此，很多企业仅向选择接收的消费者推送移动广告。

总之，数字直接营销，即在线、社交媒体和移动营销，既提供了巨大的机会也带

PRINCIPLES OF MARKETING 营销的原则（原书第 5 版）

来了很多挑战。它最坚定的支持者设想，互联网和数字营销有一天将取代杂志、报纸甚至商店，成为信息、参与和购买的渠道。然而，大多数营销人员持有更现实的观点。对于大多数企业而言，数字、移动和社交媒体营销仍是触达市场的重要手段，它们将与其他营销手段共同组成一个完整的整合营销组合。

营销实践 17.2

移动营销：随时随地吸引顾客

只需拥有一部智能手机或其他智能设备，你就可以随时随地学习、工作或购买几乎任何东西。例如，由 Waze 社区成员定期更新的谷歌 Waze 应用程序，不仅能帮助你导航，还能实时精确地显示交通拥堵、事故、测速摄像和汽油价格。

资生堂的 Optune 作为一项定制护肤服务，可以对你的皮肤状况进行分析，然后为你提供最适合你的五种护肤产品组合。此前，欧莱雅已经推出了 ModiFace，使消费者可以通过增强现实技术看到自己涂上不同腮红和眼影后的样子。

这是一个移动营销的世界。今天的智能手机和其他智能设备正在改变人们的生活方式，成为人们沟通、获取信息和进行娱乐时不可或缺的枢纽。它们还彻底改变了人们的购物和购买方式，为营销人员提供了新机会，使其能够以更有效、更令人满意的方式吸引顾客。

营销人员正在对移动连接和使用的巨大增长做出响应。移动应用市场已经出现了爆发式增长。十年前，苹果应用商店有 500 个应用程序。2022 年，苹果应用商店拥有近 200 万个应用程序；安卓的 Google Play 商店拥有超过 340 万个应用程序。移动营销已成为当今新的营销前沿，尤其是对那些想要吸引年轻顾客的品牌而言。由于移动设备是个人的、时刻存在和始终开机的，因此它们是获得顾客对个性化、时效性产品的快速响应的理想媒介。

可能会让一些人感到惊讶的是，中国在 2020 年约有 7.65 亿用户使用移动支付，比 2018 年的 5.83 亿用户增长了 31%。即使是线下购物，他们也更喜欢使用移动钱包。截至 2020 年，约 47% 的移动用户使用移动钱包和数字钱包；中国互联网用户中约有 78.6% 进行网络购物，2019 年这一比例则为 74.8%。

移动钱包支付已经非常普遍，中国的在线支付平台甚至已经将业务扩展至了境外。已有 40 多个国家和地区可以使用支付宝和微信支付，一些中国企业还在亚洲国家和地区推出了当地的移动钱包。

另一个移动钱包高使用率的例子是印度尼西亚。它不仅拥有世界第四多的人口，还拥有良好的互联网连接。印度尼西亚有超过 8800 万互联网用户，3.26 亿移动互联网用户和 9000 万社交媒体活跃用户。在印度尼西亚的二线城市，使用智能手机订购商品比穿过城镇前往商场和购物中心更方便。很多印度尼西亚人甚至不

移动营销——越来越多的亚洲消费者在购物时使用移动应用程序。

使用电脑或笔记本电脑，大多数电子商务都是在手机上完成的，这使印度尼西亚成为一个移动优先的市场。

成功的移动营销不仅仅是给人们发送优惠券和购买链接，它必须提高品牌参与度，创造一种"丝滑"的购买体验。在主流思维仍然偏好现金交易的经济体中，购买体验可能没那么好。

在犯罪率较低的日本，现金仍然是主要的支付方式。日本政府希望能够普及移动支付并促进消费。使用移动支付时，由于顾客看不到现金离开自己的钱包，因此可能会关注购买带来的满足感，从而花更多的钱。因此，移动支付可能是打破日本人因通缩压力而产生的推迟消费心理的一种方式。日本电子商务公司乐天（Rakuten）推出了二维码移动支付系统，另一个日本二维码支付系统 PayPay 兼容了支付宝，以鼓励中国游客在日本市场消费。然而，这些支付提供商收取约3%的手续费，导致小型零售商不愿采用移动支付。

来源："China's Mobile-payment Users Reach 583m in 2018," Xinhua News, 3 March 2019, www. chinadaily. com. cn, https://en. wikipedia. org/wiki/App_Store_(iOS); Sam Costello, Avinash Sharma, "Top Google Play Store Statisticsin 2022 You Must Know," 16 June 2022, https:// appinventiv. com/blog/, accessed June 2022; "Mobile App DownloadStats," buildfire. com/app-statistics/, accessed June 2022; "Shiseido'sBeauty App Promises Perfect Skin-at 10,000Yen a Month," The Business Times, 3 July 2019, p. 17; Mark Abernethy, "New Routeto Marketsthrough E-commerce," Financial Review, 17 June 2019, www. afr. com, accessedSeptember 2019; "China's Mobile Payment Industry 2020-Mobile Payment Transactionsin China Forecastto Reach RMB 777. 5 trillion in 2020, Surging by 31. 8% on Annualized Basis," www. globenewswire. com, 28 May2020; www. statista. com, accessed September 2020.

传统的直接营销形式

传统的直接营销形式主要包括面对面（或人员）销售、直接邮寄营销、目录营销、电话营销、直接响应电视营销和购物亭营销。前面的章节已经深入探讨了人员销售，这里我们将研究传统直接营销的其他形式。

直接邮寄营销

直接邮寄营销（direct-mail marketing）是指向特定地址的人发送产品报价、通知、提醒或其他内容。直接邮寄营销人员根据精心选择的邮寄名单，每年寄出数百万份邮件。

直接邮寄营销非常适合直接的、一对一的沟通。它可以实现对目标市场的高度选择性，更加个性化、灵活，并且结果容易测量。虽然直接邮寄营销的每千人触达成本高于电视或杂志等大众媒体，但它能更好地触达潜在顾客。事实证明，直接邮寄营销在推广图书、音乐、保险、礼品、服装、美食和工业品等产品方面非常成功。

随着营销人员转向使用新的数字营销形式，比如电子邮件、在线、社交媒体和移动营销，对传统直接邮寄营销的使用可能会减少，但一些营销人员仍然在大量使用直接邮寄营销。与数字形式相比，直接邮寄营销有一些明显的优势。它为人们提供了一些可以持有和保存的有形东西，并且可以被用来发放样品。一位分析师表示："邮寄让人感觉真实"，它"建立了一种与顾客的情感连接，这是数字形式无法做到的。顾客通过一种完全不同于（数字）体验的方式拥有、查看和参与"。相比之下，电子邮件和其他数字形式很容易被忽略、过滤掉或丢弃。一位直接营销人员表示，如今垃圾邮件过滤器和广告拦截器过滤掉了电子邮件广告和移动广告，"有时你不得不去贴几张邮票"。

传统直接邮寄可以成为更广泛、更综合的营销活动的有效组成部分。例如，一家企业可能严重依赖电视广告来建立广泛的顾客知晓和定位，但它也可以大量使用比较好的传统直接邮寄来从杂乱的广告中突出重围。

如果给不感兴趣的人邮寄，邮件可能会被视为垃圾邮件。出于这个原因，聪明的营销人员会精心挑选直接邮寄的目标顾客，以免浪费自己的金钱和收件人的时间。他们设计了基于顾客许可的方案，只向那些想要接收邮件的人邮寄。

目录营销

技术的进步以及向个性化、一对一营销的转变，已经使**目录营销**（catalog marketing）发生了巨大的变化。

随着互联网和数字营销的发展，各种类型的在线编目员不断出现，大多数印刷编目员也已经在营销组合中增加了基于互联网的目录和移动目录购物应用程序。

数字目录与印刷目录相比有很多优点。它们节约了生产、印刷和邮寄成本；印刷目录版面空间有限，而在线目录几乎可以展示无限数量的商品；数字目录还能提供实时的产品更

印刷目录——印刷目录，比如这张来自宜家的目录，仍然是目录营销的主要媒介。

新，产品和功能可以根据需要添加或删除，价格也可以随时调整；最后，数字目录还可以添加互动娱乐和促销功能，如游戏、竞赛、每日特价等。

然而，数字目录也面临着挑战。印刷目录具有侵入性，能引起消费者的注意，而数字目录则是被动的，必须进行营销才能引起消费者的注意。相比印刷目录，通过互联网目录来吸引消费者要困难得多。因此，即使是在线销售的编目员也不可能放弃他们的印刷目录。

除了能够促进即时销售以外，纸质目录还能与消费者建立情感连接。翻阅真实的目录页在某种程度上使消费者具有参与感，这是数字图像无法做到的。例如，尽管宜家使用了高科技的数字产品目录，但如果宜家停止向消费者邮寄六十多年来一直在生产的年度印刷产品目录，可能会惹恼很多消费者。

电话营销

电话营销（telemarketing）通过电话直接向消费者和企业销售。营销人员使用外呼电话直接向消费者和企业销售，免费呼入电话则用于接收来自电视、印刷广告、直接邮寄或目录营销的订单。

设计合理、目标明确的电话营销有很多好处，包括购物便利、更多的产品和服务信息。然而，未经许可的电话营销的激增已经惹恼了消费者。新加坡等市场已经建立了"谢绝来电"登记等法律制度。

电话营销仍然是非营利组织的主要筹款工具，尽管电话营销人员正在转向直接邮寄、直接响应电视、实时聊天技术、吸引顾客来电的抽奖活动等其他方式来获取新顾客和销售。

直接响应电视营销

直接响应电视营销［direct-response television（DRTV）marketing］主要有两种形式：直接响应电视广告和互动电视广告。直接响应电视广告是指直接营销商播放 60 秒或 120 秒的电视广告，对产品进行有说服力的描述，并向顾客提供免费拨打的订购电话号码或订购网站。它还包括宣传单一产品的 30 分钟或更长时间的广告节目，被称为专题广告片。

直接响应电视营销的另一种形式是互动电视，观众可以与电视节目和广告进行互动。消费者可以使用电视遥控器、手机或其他设备从电视广告中获取更多信息或直接进行购买。例如，拥有三星某些型号智能电视的观众可以使用遥控器直接与时尚零售商 H&M 的广告进行互动，通过广告播放时弹出的小菜单，观众可以获取产品信息、将信息发送到另一台设备上或者直接购买。

购物亭营销

随着消费者对数字技术越来越熟悉，很多企业开始在商店、机场和其他地方放置信息和购物机器——"购物亭"（与销售实际产品的自动售货机相对应）。购物亭随处可见，从自助服务酒店、航空公司的自助值机设备到商店内的订购亭，你都可以订购商店里没有库存的商品。

商店内的照相亭可以让顾客从记忆棒、手机和其他数字存储设备上传输照片，对它们进行编辑，并制作出高质量的彩色印刷品。在一些希尔顿酒店，顾客可以通过大堂的购物亭查看预订、取房间钥匙、查看到达前的信息、办理入住和退房，甚至对某几家航空公司的航班可以更换座位和打印登机牌。新加坡航空公司在新加坡樟宜机场设有自动办理登机手续的登机亭。

直接营销和数字营销中的公共政策问题

尽管在线营销仍有很大前景，但一些直接营销人员使用的激进甚至阴暗的策略可能会困扰或伤害消费者。从简单的惹恼消费者的过度行为，到对消费者的不公平对待，甚至是赤裸裸的欺骗和欺诈，都属于不当的营销行为。直接营销行业也面临着越来越多的关于侵犯隐私的担忧，在线营销人员必须处理好互联网和移动安全问题。

惹恼消费者、不公平、欺骗和欺诈

过度的直接营销会惹恼或冒犯消费者。我们不希望收件箱里充斥着不需要的垃圾邮件，也不想手机里堆满不必要的短信和展示广告。

除了惹恼消费者之外，一些直接营销人员还被指责不公平地利用购买者的冲动或不成熟进行营销。受到指控最多的是针对电视迷购物者的电视购物频道和冗长的专题广告片，它们的特点是有能说会道的主持人、精心设计的产品展示、大幅降价的声明、"售完即止"的时间限制以及无与伦比的购买便利性，这些都点燃了禁不住诱惑的买家的热情。更糟糕的是，所谓的热心商人会设计并撰写旨在误导买家的文案。

近年来，投资诈骗或虚假的慈善募捐等欺诈行为也在成倍增加。互联网诈骗，包括盗取身份信息和金融诈骗，已经成为一个严重的问题。

互联网诈骗的一种常见形式是网络钓鱼，它是一种盗取用户身份信息的行为，通过欺骗性的电子邮件和欺诈性的网站来迷惑用户泄露个人信息。很多用户还担心在线安全和数字安全。他们担心肆无忌惮的窃听者会监视其在线交易和社交媒体帖子、窃取个人信息、截获信用卡和借记卡账号以及移动钱包的详细信息。

对互联网营销的另一个担忧是易受伤害或未经授权的群体访问网络。尽管很多社交媒体平台不允许13岁以下的儿童注册个人信息，但所有社交媒体平台都有大量未成年用户。年轻的社交媒体用户尤其容易受到身份信息盗取行为、个人信息泄露、负面经历及其他网络危险的伤害。

消费者隐私

侵犯隐私可能是目前直接营销行业面临的最棘手的公共政策问题。消费者通常受益于数据库营销——他们能接触到更多与其兴趣相匹配的产品。然而很多批评人士担心，营销人员可能对消费者的生活了解得太多，然后利用这些信息占消费者的便宜。批评人士认为，在某种程度上，企业对数据库的广泛使用侵犯了消费者的隐私。

在"大数据"盛行的今天，似乎每次消费者在社交媒体上发布内容、访问网站、

申请信用卡或通过电话、互联网订购产品时，他们的名字就会进入某个企业不断扩展的数据库。利用先进的计算机技术，直接营销人员可以使用这些数据库缩小销售目标对象的范围。在线隐私引起了人们的特别关注，大多数在线营销人员非常擅长收集和分析详细的消费者信息。

一些消费者和政策制定者担心，这些现成可用的消费者信息可能会被滥用。例如，他们会问，网络卖家是否应该被允许在消费者访问其网站时植入浏览器记录，并使用追踪信息来定向投放广告和其他营销活动？应该允许信用卡企业向接受其信用卡的商家提供全球数百万持卡人的信息吗？

需要采取行动

为了遏制过度的直接营销，政府机构正在调查"谢绝来电"和"谢绝邮件"的名单。新加坡政府正在考虑建立一个"谢绝来电"登记处，消费者可以在此登记选择拒收电话营销的电话和短信。

所有这些都需要营销人员在立法者介入之前采取强有力的行动，防止隐私滥用和安全问题。非营利性的自治组织可以与企业赞助商合作，审核企业的隐私和安全措施，帮助消费者安全地浏览网页。直接营销行业还可以通过鼓励企业遵守消费者隐私规则来解决公共政策问题，例如当任何个人信息被出租、出售或交换给他人时通知消费者，尊重消费者选择退出不再同意接收信息或将其联系信息转给其他营销人员的要求，并将不希望收到邮件、电话或电子邮件的消费者从名单中删除。

直接营销人员知道，如果不加以管理，这种滥用直接营销的行为将导致越来越负面的消费者态度、更低的响应率以及对更多限制性立法的呼吁。大多数直接营销人员想要的和消费者一样：希望自己真诚和精心设计的营销方案只针对那些欣赏和回应他们的消费者。

目标回顾

本章是介绍营销组合最后一个要素——促销的四章中的最后一章。前几章讨论了整合营销传播、广告、公共关系、人员销售和销售促进，本章探讨了直接营销和数字营销的新兴领域，包括在线、社交媒体和移动营销。

目标 1：定义直接营销和数字营销，并讨论其快速增长以及对顾客和企业的好处。

直接营销和数字营销是指直接与精心选定的目标个人消费者及顾客社区联系，以获得即时响应并建立持久的顾客关系。企业使用直接营销来定制产品和内容，以满足狭窄细分市场或个人购买者的需求和兴趣，通过这种方式创建顾客参与、品牌社区和销售。今天，由于互联网使用和购买的激增，以及数字技术（从智能手机、平板电脑及其他数字设备到大量的在线、社交和移动媒体）的快速发展，直接营销经历了戏剧性的转变。

对于买方来说，直接营销和数字营销非常方便、简单、私密。它们让买方可以随时随地购买几乎全部的商品种类、丰富的产品和信息。直接营销也具有即时性和互动

PRINCIPLES OF MARKETING 营销的原则（原书第5版）

性，允许消费者精准地创建自己想要的信息、产品或服务的配置，然后在现场进行订购。最后，对于有需要的消费者来说，通过在线、移动和社交媒体进行的数字营销提供了一种品牌参与和社区感知——一个与品牌其他粉丝分享品牌信息和体验的地方。对于卖方来说，直接营销和数字营销是建立顾客参与以及密切、个性化、互动的顾客关系的有力工具。它们还提供了更大的灵活性，允许营销人员对价格和销售方案进行持续调整，或创造即时、及时和个性化的互动和报价。

目标 2：识别和讨论直接营销和数字营销的主要形式。

直接营销和数字营销的主要形式包括传统的直接营销方式和数字营销方式。传统的直接营销方式包括面对面的人员销售、直接邮寄营销、目录营销、电话营销、直接响应电视营销和购物亭营销。在大多数企业的直接营销活动中，这些传统工具仍然被大量使用，而且非常重要。数字直接营销工具包括在线营销（网站、在线广告和促销、电子邮件、在线视频及博客）、社交媒体营销和移动营销。本章首先讨论了快速增长的数字直接营销工具，然后考察了传统工具。

目标 3：解释企业如何使用各种线上营销战略来应对互联网和数字时代。

数字时代从根本上改变了消费者关于便利、速度、价格、产品信息、服务和品牌互动的观念。因此，它为营销人员提供了一种创造顾客价值、吸引顾客和建立顾客关系的全新方式。如今，互联网影响着总销售额中很大的一部分——包括在线交易以及在实体店完成但源自在线调研的销售。为了触达这个蓬勃发展的市场，大多数企业都大力进行在线营销。

在线营销形式包括企业网站、在线广告和促销、电子邮件营销、在线视频以及博客。营销还包括社交媒体和移动营销，但由于它们的特殊特征，我们将在单独的章节中讨论这些快速增长的数字营销方法。对于大多数企业来说，进行在线营销的第一步是创建一个网站。一个网站成功的关键在于创造足够的价值和参与，让消费者访问网站、在网站停留并重复访问网站。

在线广告已经成为一种主要的促销媒介。在线广告的主要形式包括展示广告和搜索广告。电子邮件营销也是数字营销的重要形式，如果使用得当，电子邮件可以帮营销人员发送具有高度针对性、个性化和可以建立关系的信息。还有一种重要的在线营销形式是在品牌网站或社交媒体上发布数字视频内容，营销人员希望他们的一些视频能像病毒一样传播开来，吸引数千万消费者。最后，企业使用博客作为触达顾客社区的有效手段，它们可以创建自己的博客，也可以在现有的博客上做广告。

目标 4：讨论企业如何使用社交媒体和移动营销来吸引消费者和创建品牌社区。

无数独立和商业社交媒体的兴起，为消费者提供了在线聚集、社交、交流观点和信息的平台。大多数营销人员都在利用巨大的社交媒体浪潮。品牌可以使用已有的社交媒体，也可以建立自己的社交媒体。使用已有的社交媒体似乎是最简单的。因此，大多数品牌（无论大小）都在大量社交媒体网站上开设了店铺。一些主要社交网络的规模是巨大的，其他的利基社交媒体迎合了志趣相投的小群体的需求。除了这些独立的社交媒体，很多企业还创建了自己的在线品牌社区。大多数企业都在整合各种不同的媒体，以创建与品牌相关的社交分享、顾客参与和顾客社区，而不仅仅是零散的努力以及追求点赞和分享。

使用社交媒体既有优势，也有挑战。从有利的方面来看，社交媒体是定向的、个性化的、互动的、即时的、及时的且具有成本效益。也许最大的优势在于其参与度和社交分享能力，使其成为创建顾客社区的理想工具。从不利的方面来看，社交媒体被认为是"消费者的后院"，其内容可能很难控制。

移动营销的特点是通过移动设备向消费者传递营销信息、促销活动和其他营销内容。在购买和关系建立的过程中，营销人员随时随地使用移动营销来吸引消费者。移动设备的广泛应用和移动网络流量的激增使移动营销成为每个品牌必须要做的工作。如今几乎所有企业都已经将移动营销整合进自己的直接营销方案中。很多企业创建了自己的移动网站，还有些企业创建了实用或有趣的移动应用程序，吸引消费者与品牌互动并帮助消费者购物。

目标5：识别和讨论传统的直接营销形式，概述关于直接营销的公共政策和道德问题。

尽管快速发展的数字营销工具占据了最近的大多数头条新闻，但传统的直接营销工具仍然十分活跃，并且被大量使用。传统直接营销的主要形式包括面对面（或人员）销售、直接邮寄营销、目录营销、电话营销、直接响应电视营销和购物亭营销。

在直接邮寄营销中，企业向特定地址的人发送产品报价、通知、提醒或其他沟通内容。一些营销人员依靠目录营销，即通过向选定的消费者邮寄、在店内提供或在线提供产品目录进行销售。电话营销是指使用电话直接向消费者销售。直接响应电视营销是指通过电视广告对产品进行有说服力的描述，并为消费者提供免费拨打的订购电话号码或在线订购网站的链接。购物亭是直接营销人员放置在商店、机场、酒店和其他地点的信息和订购机器。

直接营销人员及其消费者通常享受互惠互利的关系。然而，直接营销有时也会呈现出阴暗的一面。少数直接营销人员使用的激进甚至阴暗的策略可能会困扰或伤害消费者，使整个行业蒙上一层阴影。从简单的惹恼消费者的过度行为，到对消费者的不公平对待，甚至是赤裸裸的欺骗和欺诈，都属于不当的营销行为。直接营销行业也面临着越来越多关于侵犯隐私和互联网安全的担忧，这些担忧要求营销人员和公共政策制定者采取强有力的行动，遏制直接营销的滥用。大多数直接营销人员想要的和消费者一样：希望自己真诚和精心设计的营销方案只针对那些欣赏和回应他们的消费者。

营销的原则
（原书第5版）

PRINCIPLES OF MARKETING

第四部分

营销扩展：营销和营销过程

PRINCIPLES OF MARKETING

营销的原则（原书第5版）

第18章　创造竞争优势

目标概览

目标 1　讨论通过竞争者分析了解竞争对手和顾客的必要性。

目标 2　解释基于为顾客创造价值的竞争性营销战略的基本原理。

目标 3　说明在成为真正以市场为中心的组织时，平衡顾客和竞争者导向的必要性。

内容导览

在前面的章节中，你已经探索了市场营销的基础知识。在本章中，我们将所有的营销基础知识整合在一起。在开发可盈利的顾客关系时，了解顾客是重要的第一步，但这还不够。为了获得竞争优势，企业必须利用对顾客的理解来设计产品，提供比竞争对手更多的价值，以赢得顾客。在本章中，我们首先关注竞争对手分析，即企业识别和分析竞争对手的过程。然后，我们研究竞争营销战略，即企业对自己的定位，以获得最大的竞争优势。

首先，我们来看看蚂蚁金服的例子。这家中国金融科技公司凭借一系列产品击败了传统金融机构，触达6亿多中国顾客。它在竞争中有什么优势？

蚂蚁金服：没有小规模

在不到六年的时间里，蚂蚁金服成为世界上最大的金融机构之一。截至2019年，其估值为1500亿美元，比高盛（990亿美元）高出50%。

Ascannio/Alamy Stock Photo

蚂蚁金服是一家中国金融科技公司，是阿里巴巴的子公司。它成立于2014年，负责运营阿里巴巴的在线支付服务支付宝。它的起点没有什么特别之处，但却以指数级速度增长，现在为超过6亿顾客提供服务。

蚂蚁金服是如何发展到这么大规模的？一些人认为，在一个巨大的市场——中国运营，为其提供了规模化的空间，从而有机会呈指数级增长。但这并不能解释为何早于蚂蚁金服成立的银行，在同样巨大的市场运营，却没有蚂蚁金服表现得那么出色。

蚂蚁金服拥有几项竞争优势，使其有别于传统银行。它将支付用作为高利润金融服务获取顾客的引擎。简而言之，作为一家开创性的金融科技公司，它能够利用人工智能和机器学习的优势，并将其用于业务扩展。

蚂蚁金服投资的技术已经实现了一些颠覆行业的创新。

其中一项创新是"智能顾客服务"系统，该系统使用深度学习技术，在回答顾客问题时与顾客进行持续对话。在顾客满意度方面，它甚至比人类表现得更好。另一项创新是使阿里巴巴的顾客使用语音识别进行交易的系统，比如购买机票和预订酒店，从而使旅行预订方便快捷。

"简而言之，作为一家开创性的金融科技公司，它能够利用人工智能和机器学习的优势，并将其用于业务扩展。"

除了这些创新服务，蚂蚁金服还利用分析来发现创造更多收入的机会。例如，它发现喜欢穿紧身牛仔裤的年轻女孩比其他女孩更换手机屏幕更频繁。基于这些数据，蚂蚁金服开始向这一人口统计细分市场销售手机屏幕保险。

与美国不同，中国没有正式的信用体系。蚂蚁金服把这变成了自己的优势。它的人工智能和机器学习功能帮助它跟踪和分析个人消费习惯、支付历史和其他信息，从而开发了信用等级评分，然后它在发放消费信贷、确定贷款利率甚至是决定支付宝优惠时用这个评分来评估信用。

这些创新帮助蚂蚁金服在其目标群体千禧一代和Z世代的日常生活中扎根。至少使用蚂蚁金服三种金融服务的顾客比例在2019年增长至80%，使用五种金融服务的重度顾客占其顾客总数的40%。这表明，顾客在短时间内变得更加信任蚂蚁金服，使其占据了自己钱包中更大的份额。

蚂蚁金服并不满足于仅占领中国市场，它正在把自己的模式输出到整个亚洲。它在印度进行投资，包括投资与支付宝类似的印度Paytm。

竞争者分析

今天的企业面临着比以往任何时候都更加激烈的竞争。在前面的章节中，我们提出，要想在当今竞争激烈的市场中取得成功，企业必须从"产品和销售"的理念转变为"顾客和营销"的理念。思科系统（Cisco Systems）前首席执行官约翰·钱伯斯（John Chambers）说得很好："让顾客成为企业文化的中心。"

本章将讨论企业如何超越竞争对手赢得、留住和发展顾客。要想在当今的市场中取胜，企业在面对竞争时不仅要善于管理产品，还要善于管理顾客关系。了解顾客是至关重要的，但这还不够。建立可盈利的顾客关系和获得**竞争优势（competitive advantage）**需要向目标顾客提供比竞争对手更高的价值和满意度。

在本章中，我们将研究竞争性营销战略，即企业如何分析竞争对手，并制定成功的、基于价值的战略来建立和维持可盈利的顾客关系。第一步是**竞争者分析（competitor analysis）**，即识别、评估和选择关键竞争者的过程。第二步是制定**竞争性营销战略（competitive marketing strategies）**，找到比竞争者更有力的定位，并获得最大的竞争优势。

为了制定有效的营销战略，企业需要了解竞争者，在营销战略、产品、价格、渠道和促销方面与竞争者进行持续比较。通过这种方式，企业就能够发现潜在的竞争优势和劣势。如图18-1所示，竞争者分析包括识别和评估竞争者，以及选择要攻击或回避的竞争者。

图18-1　竞争者分析的步骤

识别竞争者

在狭义的层面上，一家企业可以将其竞争者定义为以类似价格向相同顾客提供类似产品和服务的其他企业。例如，百事可乐可能会将可口可乐视为主要竞争者，但不会将酷儿（Qoo）或虎牌啤酒（Tiger Beer）视为竞争者；网飞可能会将迪士尼＋视为主要竞争者，但不会将有线电视网络视为竞争者。

实际上企业面临的竞争者要广泛得多。企业可以将竞争者定义为生产相同产品或相同类别产品的所有企业。因此，香格里拉酒店将其他酒店都视为自己的竞争者。从更广泛的意义来讲，竞争者可能包括提供相同服务功能产品的所有企业。从这个角度来讲，香格里拉酒店不仅要与其他酒店竞争，还要与所有为疲惫的旅行者提供房间的人竞争，比如豪华的 AirBnB 住宿。最后，在更广泛的层面上，竞争者可能包括所有从相同顾客手中赚取收入的企业。因此，香格里拉酒店要与各类旅游和休闲服务商竞争，包括游轮、避暑别墅、海外度假等。

企业必须避免"竞争者近视症"。一家企业的潜在竞争者很有可能比现有竞争者更致命。例如，柯达并没有输给富士等制造胶卷的竞争者，而是输给了根本不使用胶卷的数码相机制造商。

竞争者近视症——击败柯达的不是制造胶卷的竞争者，而是它没有及时重视的根本不使用胶卷的数码摄影和照相机制造商。

柯达（Kodak）——一个多世纪以来，人们依靠柯达的产品来帮助他们捕捉"柯达时刻"——分享和记录重要的个人和家庭事件。好莱坞电影业是围绕柯达技术发展起来的。然而如今，柯达破产了。柯达成了市场营销和竞争者近视症的牺牲品——只关注狭小范围内的现有产品和竞争者，而没有关注潜在的顾客需求和新兴市场动态。击败柯达的不是制造胶卷的竞争者，而是它没有及时重视的根本不使用胶卷的数码摄影和照相机制造商。一直以来，柯达坚持生产最好的胶卷，但在一个数字化的世界里，顾客不再需要胶卷，在很多情况下甚至不需要相机，有智能手机就可以了。柯达在向数码化转型的过程中，仍固守传统产品，最终落后于竞争者。

企业可以从行业角度识别竞争者（见图 18-2）。企业可以认为自己处于石油行业、制药行业或饮料行业，如果想成为该行业的有效"参与者"，它就必须了解该行业的竞争模式。企业还可以从市场角度来识别竞争者，将其定义为试图满足相同顾客需求或与相同顾客群体建立关系的企业。

识别竞争者的角度

行业角度
■ 哪些企业与你同处一个行业？

例：
百事可乐的竞争者是可口可乐、七喜、艾德熊乐啤露（A&W Root Beer）以及其他碳酸饮料生产商

市场角度
■ 哪些企业与你一样满足相同的顾客需求？

例：
百事可乐的竞争者是所有满足顾客解渴需求的饮料——瓶装水、果汁、冰茶及其他饮料

图 18-2 识别竞争者的角度

从行业的角度来看，谷歌曾经将其竞争者定义为其他搜索引擎提供商。如今，谷歌以更广阔的视角来服务在线市场需求，并提供进入数字世界的移动通道。在这种市场定义下，谷歌与苹果、三星、微软甚至亚马逊和 Facebook 等曾经不太可能是竞争者的企业展开竞争。总的来说，竞争的市场概念使企业能够看到更广泛的实际竞争者和潜在竞争者。

评估竞争者

在确定主要的竞争者之后，营销管理层会问：竞争者的目标是什么，即它们在市场上追求的是什么？每个竞争者的战略是什么？各个竞争者的优势与劣势是什么？它们对企业可能采取的行动会有什么反应？

确定竞争者的目标

每个竞争者都有一个目标组合，企业想要了解竞争者对其当前盈利能力、市场份额增长、现金流、技术领先地位、服务领先地位和其他目标的相对重视程度。了解竞争者的目标组合可以揭示竞争者是否对其现状感到满意，及其可能如何应对不同的竞争行为。例如，一家追求低成本领先的企业对竞争对手降低制造成本方面的突破会有更强烈的反应，而对同一竞争者广告增长的反应就不会那么强烈。

企业还必须监控竞争者在不同细分市场的目标。如果企业发现竞争者找到了一个新的细分市场，这对该企业来说可能是一个机会。如果企业发现竞争者计划在该企业目前服务的细分市场采取新的行动，它就需要提前预警，并做好准备。

识别竞争者的战略

一家企业的战略与另一家企业的战略越相似，这两家企业之间的竞争就越激烈。在大多数行业中，可以根据不同的战略将竞争者划分为不同的集团。

战略集团（strategic group）是指在一个特定的目标市场中采取相同或相似战略的行业内的一组企业。例如，在电视机行业，三星和 LG 属于同一个战略集团，这两家企业都生产全系列的电视设备，并提供良好的服务。相比之下，先锋属于不同的战略集团，它生产较少种类的高品质家电产品，并且价格高昂。

企业可以通过识别战略集团获得一些重要的洞察。例如，如果一家企业进入了一个战略集团，该集团的成员将成为其主要竞争者。因此，如果企业进入第一个集团与三星和 LG 竞争，就需要比这些竞争者更具战略优势才能取得成功。

虽然在同一个战略集团内的企业之间竞争最为激烈，但集团之间也存在竞争。首先，一些战略集团可能会吸引相同的顾客细分群体。例如，无论采取何种战略，所有电视机制造商都紧跟公寓和住宅建筑商细分市场。其次，顾客可能看不出不同战略集团提供的产品有多大差别——他们可能看不出三星和 LG 在质量上的差别。最后，一个战略集团的成员可能会扩展到新的战略细分市场。

企业在识别行业内的战略集团时需要从各个方面进行审视，它必须了解每个竞争者如何向其顾客传递价值，需要了解每个竞争者的产品质量、功能、产品组合、顾客服务、定价策略、分销覆盖率、销售团队策略以及广告和促销计划，还必须了解每个竞争者的研发、制造、采购、财务和其他战略。

评估竞争者的优势与劣势

营销人员需要仔细评估每个竞争者的优势与劣势，以回答这个关键问题：我们的竞争者能够做什么？企业的第一步是收集过去几年里每个竞争者的目标、战略和业绩表现数据，其中一些信息很难获得。例如，B2B营销人员发现很难估计竞争者的市场份额，因为它们不像消费品公司那样能获得聚合数据服务。

企业通常通过二手数据、个人经验和口碑来了解竞争者的优势与劣势，它们也可以对顾客、供应商和经销商进行一手数据市场调研。或者，企业还可以将自己作为**标杆管理（benchmarking）**，将产品和流程与竞争者或其他行业的领先企业进行比较，从而发现提高质量和业绩的方法。标杆管理已经成为提高企业竞争力的有力工具。

估计竞争者的反应

接下来，企业想要知道：我们的竞争者会怎么做？竞争者的目标、战略、优势与劣势可以解释其可能采取的行动，也能够暗示竞争者对企业降价、增加促销或推出新产品等举措的反应。此外，每个竞争者都有某种经营理念、内部文化和指导信念，了解竞争者的心态有助于营销经理预测竞争者如何行动或反应。

竞争反应——宝洁在洗涤剂市场上的稳固地位源于其为保护自己的市场而进行的激烈斗争。

每个竞争者的反应都不同。有些企业不会对竞争者的举动做出迅速或强烈的反应，它们可能觉得自己的顾客非常忠诚，在关注竞争者举动方面很迟缓，或者缺乏应对的资金。有些竞争者仅对特定类型的行动有反应，对其他类型的行动则没有反应。还有一些竞争者对任何行动都会迅速而强烈地做出反应。例如，宝洁不会轻易让一种新的洗涤剂进入市场，许多企业都避免与宝洁直接竞争，而是寻找更容易攻击的对象，因为它们知道宝洁一旦受到挑战就会做出激烈的反应。

在一些行业中，竞争者相对和谐相处，而在另一些行业中则充满了持续的竞争。了解主要竞争者的反应，可以为企业提供如何有效攻击竞争者或更好地捍卫企业当前地位的线索。

选择要攻击或回避的竞争者

企业在做目标顾客、分销渠道和营销组合策略方面的事先决策时，通常已经确定了主要的竞争者。然后，管理层必须决定与哪些竞争者展开最激烈的竞争。

战略优势点——为了获得竞争优势，企业必须找到能比竞争者更好满足顾客需求的利基市场。

强竞争者或弱竞争者

企业可以专注于几类竞争者中的一类。大多数企业更愿意与实力较弱的竞争者竞争，因为这需要更少的资源和时间。但在这个过程中，企业可能收获甚微。企业也可以与强大的竞争者竞争，以提高自身能力。强大的竞争者也有一些弱点，战胜它们往往会给企业带来更大的回报。

顾客价值分析（customer value analysis）是评估竞争者优势与劣势的一个有用工具。顾客价值分析的目的是确定目标顾客所看重的利益，并了解顾客如何评价不同竞争者提供的相对价值。在进行顾客价值分析时，企业首先要识别顾客看重的主要属性，以及顾客对这些属性的重视程度。其次，企业要评估自己和竞争者在价值属性方面的表现。

获得竞争优势的关键是抓住每一个顾客细分群体，并研究企业产品与其主要竞争者之间的区别。企业需要找到"战略优势点"，即它能以竞争者无法企及的方式满足顾客需求的地方。如果企业的产品在所有重要属性上都超过了竞争者，向顾客传递了更大价值，那么企业可以收取更高价格和获得更多利润，或者收取相同价格和获得更多市场份额。但是如果企业在某些重要属性上的表现比其主要竞争者差，那么它必须进行投资以加强这些属性，或者寻找其他可以领先于竞争者的重要属性。

"好"或"坏"的竞争者

企业可以从竞争者处获益。竞争者可能会分担市场和产品开发成本，并促进新技术合法化。它们可能服务于吸引力较小的细分市场，或者导致更大的产品差异化。最后，竞争者还可能有助于增加总需求。

例如，你可能会认为，让世界主要汽车制造商全力转向纯电动汽车，会给电动汽车先驱特斯拉带来麻烦。以大众为例，该公司计划在 2028 年前推出 70 款新电动车型，并使旗下大众、奥迪、保时捷、宾利、斯柯达

好的竞争——大众等主要竞争对手在电动汽车产量上的增加，不仅没有给电动汽车先驱特斯拉带来麻烦，反而为该公司创造了更大的市场。

等品牌的电动汽车销量达到 2800 万辆。中国电动汽车市场上有蔚来、小鹏、理想汽车等众多品牌。由于各大汽车品牌都在这一细分市场进行大规模投资，特斯拉将不得不对其汽车进行持续创新和改进，以更好地应对竞争。不过，特斯拉对更加激烈的竞争表示欢迎，拥有更多竞争者有助于特斯拉推动电动汽车成为主流，从而提高市场对其

车型的需求。一位分析师表示："你需要达到一定的规模，才能让人们接受你所做的事情。"另一位分析师则说："高处不胜寒。投资电动汽车的企业越多，市场环境就越好。"

然而，一家企业不会认为所有竞争者都是有益的。一个行业通常既包含好的竞争者也包含坏的竞争者。好的竞争者遵守行业规则，坏的竞争者则会违反规则。坏的竞争者试图购买市场份额，而不是赢得市场份额，它们冒着巨大风险，按自己的规则行事。例如，很多航空公司将廉价航空公司视为坏的竞争者。一些廉价航空公司不在舒适性、服务、便利设施、准点率等标准行业指标上竞争，而是严守最低价格，即使这意味着牺牲服务和附加服务。对这些廉价航空公司来说，大幅降价是有意义的，它们能从中获利。但这种失控的定价令竞争者头疼，因为竞争者无法在匹配其低票价的同时赚得可观利润。

寻找无竞争的市场

许多企业并不与老牌竞争者展开正面竞争，而是在无竞争的市场中寻找未被占据的市场位置，它们试图创造没有直接竞争者的产品和服务。该战略被称为"蓝海战略"，其目标是让竞争变得无关紧要。

企业为了追求利润增长而展开正面竞争，争夺竞争优势、市场份额和差异化。然而，在当今过度拥挤的行业中，正面竞争的结果是竞争者为了争夺不断缩减的利润而进行惨烈的竞争，形成了血腥的"红海"。尽管大多数企业都在这种红海中竞争，但这种战略在未来不可能为企业创造利润增长。未来的领先企业是那些创造无人竞争的"蓝海"市场，而非与竞争者对抗的企业。这种被称为"价值创新"的战略举措，为企业及其购买者创造了巨大的价值飞跃，产生了全新的需求，并使竞争者过时。通过创造和占领蓝海，企业可以在很大程度上将竞争者淘汰出局。Grab 和 Gojek 等拼车应用程序依靠按需交通和跟踪服务将出租车淘汰出局。Grab 更进一步，成了一款超级应用程序。以下是一个关于竞争优势的例子——使用电子钱包而非现金。

电子钱包支付——在亚洲很多地区，通过智能手机进行的电子钱包支付越来越普及。在中国，最大的电子钱包是支付宝，其次是微信支付——微信应用程序的一部分。从菜市场到现代购物商场，支付宝和微信支付在中国所有在线和移动支付中占 80% 以上。智能手机支付不仅方便了消费者，也为零售商店提供了便利。越来越多的中国商店已经不再接受现金支付。从中国零售商的角度来看，现金支付的问题之一是假币，而电子钱包支付解决了这个问题。不接受现金意味着不需要再保管现金并在每个工作日结束后将现金存入银行——这节省了成本。在印度有 Paytm Wallet，印度铁路和优步（Uber）已经将其作为一种支付选项，它还可以用于支付教育费用、地铁充值、电费、煤气费和水费。其在线网站提供电影、活动、游乐园门票以及机票预订服务。在新加坡，随着消费者可以在手机上扫描的二维码的推出，对 PayNow 和 PayLah！的使用也在增加。对消费者来说，只需扫描就可以付款而不必随身携带现金有很多好处，尤其是在人们越来越担心使用现金会接触到细菌的情况下。

设计竞争情报系统

我们已经描述了企业需要了解的关于竞争者的主要信息类型。企业必须收集、解释、分发和使用这些信息。收集竞争情报在金钱和时间上的成本都很高，企业必须设计具有成本效益的竞争情报系统。

竞争情报系统首先要识别重要类型的竞争信息和这些信息的最佳来源。然后，这个系统要持续不断地从相关领域（销售人员、渠道、供应商、市场调研公司、行业协会、网站）和公开数据（政府出版物、演讲和文章）中收集信息。接下来，该系统要检验信息的信度和效度，解释信息，并以适当的方式组织信息。最后，该系统将关键信息发送给相关决策者，并就管理人员对竞争者信息的查询做出响应。

有了这个系统，企业管理人员可以通过电话、电子邮件、公告、简报和报告等形式及时接收关于竞争者的信息。此外，当管理者需要解读竞争者突然采取的行动，或想了解竞争者的劣势和优势，或需要知道竞争者将对企业计划的行动如何反应时，他们都可以查询该系统。

营销的原则

18.2

竞争战略

在识别并评估了主要的竞争者之后，企业现在必须设计广泛的竞争性营销战略，这些战略能够帮助企业通过卓越的顾客价值获得竞争优势。那么，企业可以使用哪些广泛的营销战略呢？对于特定的企业、部门或产品而言，哪一种营销战略是最好的？

确定营销战略的方法

没有一种战略适合所有企业，每个企业都必须根据自己在行业中的地位、目标、机会和资源来确定最合适的战略。甚至在企业内部，不同的业务或产品也可能需要不同的战略。强生对其处于稳定的消费者市场中的领先品牌（如邦迪、李斯特林或强生婴儿产品）采用一种营销战略，而对其高科技医疗保健业务和产品（如 Monocryl 手术缝合线、NeuFlex 指关节植入物）则采取另一种不同的营销战略。

企业进行战略规划的过程也各不相同。很多大企业制定了正式的竞争性营销战略，并严格执行。然而，有一些企业制定非正式的战略，执行也不太严格。红牛和蚂蚁金服等企业通过打破许多营销战略的"规则"而取得了成功。这些企业没有设置大型的营销部门，没有花费巨额资金进行市场调研，没有制定详细的竞争战略，也没有在广告上投入巨资。相反，它们只是匆匆勾勒出战略，利用有限的资源，贴近顾客，并针对顾客需求创造更令人满意的解决方案。它们组建购买者俱乐部，利用口碑营销，专注于赢得顾客忠诚。并非所有企业的营销都必须追随宝洁这样的营销巨头的脚步。

事实上，营销战略的制定和实践通常要经历三个阶段：创业营销、正式营销和内部创业营销。

- *创业营销*。大多数企业都是由充满智慧的人创办的，他们看到机会，粗略地构建灵活的战略，挨家挨户营销以获得关注。
- *正式营销*。当小企业取得成功时，将不可避免地转向更加正式的营销。它们制定正式的营销战略并严格执行。
- *内部创业营销*。很多大型且成熟的企业会困在正式营销中。它们仔细研究市场调研报告，并努力调整自己的竞争战略和计划。这些企业有时会失去最初的营销创造力和激情，它们需要在企业内部鼓励更多的主动性和"内部企业家精神"——促使大型企业中的员工更有企业家精神，重拾最初使其成功的精神和行动。例如，谷歌的创新休假项目鼓励其所有的工程师和开发人员使用20%的时间开发"酷且古怪"的新产品创意，谷歌新闻、Gmail、谷歌地图、AdSense等热门产品只是由此产生的创意中的一小部分。Facebook定期举办"黑客马拉松"活动，鼓励其内部团队产生并展示内部创业想法，该公司历史上最重要的创新之一——"点赞"按钮就是源自一次黑客马拉松活动。

内部创业营销——谷歌鼓励员工开发创意，谷歌地图就是由此产生的创意之一。

最重要的是，有很多方法可以用来制定有效和有竞争力的营销战略。正式营销和创造性之间始终存在矛盾。制定正式营销的战略比较容易，在本书中占据绝大部分。然而，我们也看到了很多企业是如何通过具有创造性和激情的营销战略在市场上建立和维持成功的。考虑到这一点，我们现在来看看企业可以使用的广泛的竞争性营销战略。

基本的竞争战略

迈克尔·波特（Michael Porter）提出了企业可以遵循的四种基本的竞争性定位战略——三种获胜战略和一种失败战略。三种获胜战略是：

- *成本领先战略*。企业努力实现最低的生产和分销成本，低成本使其价格低于竞争者，并赢得较大的市场份额。戴尔和Grab是这一战略的领先实践者。
- *差异化战略*。企业专注于创造一个高度差异化的产品线和营销方案，使其成为行业中的分类领导者。只要价格不太高，大多数顾客都想拥有这个品牌。三星电子和耐克分别在消费电子产品和运动服饰领域采用这种战略。
- *集中化战略*。企业集中服务于少数细分市场，而不是追求服务于整个市场。例如，中国电子巨头海尔在进入美国市场时，就选择聚焦于有兴趣购买小型冰箱的大学生群体，而不是与通用电气或惠而浦竞争整个市场。

企业如果遵循上述任何一种清晰的战略，都可能发展得很好，将战略执行得最好的企业将获得最大的利润。但如果企业没有采取清晰的战略，而是走中间路线，就会表现得很差。假日酒店遇到了经营困难，就是因为它既没有最低的成本，也没有提供最高的感知价值，也没有为特定细分市场提供最好的服务。中间路线者试图在所有战略要点上做好，但最终却在任何战略上都没做好。

迈克尔·特里西（Michael Treacy）和弗雷德·威尔斯玛（Fred Wiersema）提出了新的竞争性营销战略分类。他们认为，企业通过向顾客传递卓越的价值来获得领导地位。为了传递卓越的顾客价值，企业可以采用以下三种战略中的一种，即所谓的"价值准则"：

- *卓越运营*。企业在价格和便利性方面提供行业领先的卓越价值。它的要求是降低成本，并创建一个精简且高效的价值传递系统。它为那些想要可靠的、高质量的产品或服务，同时又希望产品或服务容易获得和物有所值的顾客提供服务。沃尔玛和联邦快递就是采用这种战略的例子。营销实践 18.1 讨论了京东如何通过无人机服务在中国实现卓越运营。
- *亲近顾客*。企业通过精准的市场细分和定制化的产品或服务来满足目标顾客的确切需求，从而提供卓越的价值。它专注于通过与顾客的密切关系和对顾客的深入了解来满足顾客的独特需求。它建立详细的顾客数据库，用于市场细分和选择目标市场，并授权其营销人员快速响应顾客需求。亲近顾客型企业为那些愿意为满足个人需求而额外付费的顾客提供服务，它们会想尽办法建立长期的顾客忠诚和获取顾客终身价值，例如雷克萨斯和亚马逊。
- *产品领先*。企业通过提供源源不断的前沿产品或服务来提供卓越的价值，其目标是淘汰自己和竞争者的产品。产品领先企业愿意接受新想法，坚持不懈地追求新的解决方案，并努力将新产品快速推向市场。它们为那些想要最先进的产品和服务、不在意价格或便利性的顾客服务。以下是苹果公司作为产品领先者的例子。

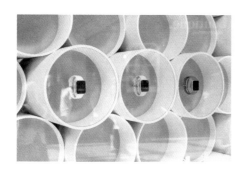

产品领先——从 iPhone 到 iPad 到 Apple Watch 再到 AirPods，苹果公司超越消费者的想象，推出了一系列消费者甚至没有意识到自己想要的前沿产品，诠释了其产品领先性。

苹果（Apple）——从一开始，苹果就推出了一款又一款尖端产品。这一切都始于时尚又实惠的苹果 Macintosh 电脑，有史以来第一台拥有图形用户界面和鼠标的个人电脑。随后苹果主导了一场革命，iPod、iTunes、iPhone 和 iPad 等开创性的苹果产品都创造了前所未有的全新品类。最近，最新款的 iPhone 再次让消费者惊叹不已，苹果的无线耳机 AirPods 已经成为全球消费者必备的设备，苹果手表也越来越受欢迎。在苹果，创新不只是表面的。例如，苹果设计了自己的精密处理器芯片，专门针对其操作系统、显示器、摄像头和应用程序进行了优化。苹果的产品领先源于其对消费者需求的理解，然后创造出领先的产品让消费者走在人前。很多科技企业生产的产品只是占用消费者的空间和工作。相比之下，苹果在激发消费者想象力和创造消费者想要的"生活真美好"产品（往往在消费者还没意识到自己需要之前）方面具有天赋。这种产品领先让消费者对苹果产生了好感，反过来也在多年来为苹果带来了惊人的销量和利润，使其能够与创新领域的全明星企业微软和亚马逊竞争全球最有价值企业的头衔。

营销实践 18.1

京东：无人机配送带来竞争优势

京东是仅次于亚马逊和 Alphabet 的全球第三大科技企业，总部位于北京，拥有超过 3 亿的活跃顾客账户。

京东常被誉为中国的亚马逊，因为它与亚马逊一样，是高科技和人工智能配送系统方面的领先企业之一。京东在中国拥有超过 250 个仓库和 7000 个取货点。但与亚马逊不同的是，亚马逊在美国的电子商务市场已经饱和，因此必须通过进入娱乐等新领域来进行扩张，而京东仍然有足够的空间来扩大业务，尤其是在中国的农村地区。中国拥有世界上最多的互联网用户和最大的电子商务市场，但仍然有上亿中国人尚非互联网用户。

京东已经在北京、江苏、贵州和四川使用无人机，现在正将目光对准陕西和湖南的乡村腹地。水果和农产品通常需要依靠卡车在崎岖的地形运输，要花几个小时甚至几天才能到达最终目的地，这往往会导致货物变质。京东希望帮助当地农民分销容易腐烂的水果、蔬菜和肉类，而不必担心这些产品在穿越崎岖的农村道路时变质。京东意识到了将货物运输到人口稀少地区的局限性，例如在崎岖的地形进行运输很困难且成本高昂。

有解决方案吗？有，超大型、重型运输无人机。京东使用的是自动的三引擎垂直起飞无人机，可以运送超过 1 吨（或 907 公斤）的货物，最多行驶 300 公里。陕西省政府已经批准京东在一个半径 300 公里的范围内运营数百条低空无人机航线。

京东认为，无人机配送降低了成本，提高了其在线购物服务的效率。

但重型无人机带来了问题，它们需要更稳定但也更昂贵的操作机器和更大的着陆地点。轻量的无人机在一个院子里就能放下包裹，让顾客轻松取回家，而重量较大的包裹则必须先被送至仓库，再由货车运送。

2020 年的全球新冠疫情使京东在运送服务竞争中占据了上风。京东的表现超过了其竞争者阿里巴巴和拼多多，专家认为原因在于其卓越的物流。京东拥有自己的库存、仓库和内部物流网络。

在 2020 年 3 月，京东的单次送货成本达到了历史最低水平，因为它收到的订单越多，能够达到的生产效率就越高。虽然激增的订单量导致很多物流中心无法处理，但这也使京东能够享受规模经济。在疫情期间，京东甚至增加了直接从农场采购的新鲜农产品配送服务，还扩大了医疗用品的种类，以满足顾客需求的不断变化。

产品领先——京东认为，无人机配送提高了在线购物服务的效率，在农村地区具有巨大潜力。

京东将目光放得很远。在征服国内省级市场后，其下一步是开发跨省无人机空中配送并向全球市场渗透。京东从印度尼西亚和泰国开始向东南亚扩张，面临的竞争很少。

展望未来，京东正准备在自己的主场挑战亚马逊。它将目光投向了美国西海岸，那里有一个庞大的华人社区。京东可能会与长期合作伙伴沃尔玛合作以获得物流支持，它希望建立一个当日送达的物流中心。

来源：Jiayang Fan, "How E-commerce Is Transforming Rural China," The New Yorker, 23 July 2018；Echo Huang, "A Chinese E-commerce Giant Is Planning to Deliver a Ton of Stuff-Literally-by Drone," www. qz. com, 23 May 2017；"China's JD Prepares to Take On Amazon on Its Home Turf," www. bloomberg. com, 27 January 2018；Stephanie D'Adamo, "Look Out Amazon：JD. com Offers ＄15 mil to Enhance Drone Tech," 18 September 2017；Jeffrey Linand P. W. Singer, "In China, an E-commerce Giant Builds the World's Biggest Delivery Drone," www. popsci. com, 24 May 2017；Emma Cosgrove, "JD. com Delivery Costs Reach'All-TimeLow'with Pandemic Volume Growth," Supply Chain Dive, www. supplychaindive. com, 18 May 2020；"JD. com Wins Outover Rivalsduring Pandemic," WARC, www. warc. com, 27 May 2020.

有些企业同时追求多种价值准则。例如，联邦快递在卓越运营和亲近顾客方面都表现出色。然而，这样的企业很罕见，很少有企业能够在多个准则上做到最好。如果一家企业试图在所有价值准则方面都做得很好，那么它往往什么都做不好。

因此，大多数优秀的企业聚焦并擅长单一的价值准则，同时在其他两个价值准则方面达到行业标准。这些企业围绕其所选择的价值准则设计整体价值传递网络。例如，沃尔玛明白亲近顾客和产品领先很重要，相比于其他折扣店，沃尔玛提供良好的顾客服务和丰富的产品种类。不过，与追求亲近顾客的高端零售商相比，沃尔玛有意提供较少的顾客服务和产品种类。沃尔玛专注于卓越运营，聚焦降低成本、精简从订购到交付的流程，以方便顾客以最低的价格购买到合适的产品。

将竞争战略按照价值准则进行分类很有吸引力，它将营销战略定义为全力追求向顾客传递卓越的价值，每一种价值准则都定义了建立持久顾客关系的具体方法。

竞争定位

在任何时间点，在特定目标市场上竞争的企业，其目标和资源都是不同的。有些企业规模很大，另一些企业规模很小；有些企业资源充足，另一些企业资金紧张；有些企业很成熟，另一些企业刚成立；有些企业追求市场份额的快速增长，另一些企业追求长期利润。此外，企业在目标市场上采取的竞争定位也不同。

现在我们根据企业在目标市场中扮演的角色——领导者、挑战者、追随者或利基者——来研究竞争战略。假设一个行业包含图 18-3 所示的企业：**市场领导者**（**market leader**）占据大约40%的市场份额，是拥有最大市场份额的企业；**市场挑战者**（**market challengers**）占据30%的市场份额，是在努力增加市场份额的亚军企业；**市场跟随者**（**market followers**）占据20%的市场份额，是想要保持自己的市场份额又不想惹麻烦的亚军企业；**市场利基者**（**market nichers**）占据剩余10%的市场份额，这些企业服务于被其他企业忽视的小的细分市场。

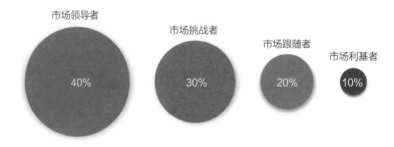

图18-3　竞争性市场定位和角色

表18-1 展示了市场领导者、市场挑战者、市场跟随者和市场利基者所使用的具体战略。但是请记住，这些分类通常不是针对整个企业，而仅是针对企业在特定行业中的定位。联想、宝洁、现代等大企业在某些市场可能是市场领导者，而在另一些市场则是市场利基者。例如，宝洁在洗衣粉、洗发水等很多细分市场中都是市场领导者，但在香皂和纸巾细分市场分别挑战联合利华和金佰利的领导地位。此外，宝洁在一些国家是市场领导者，但在印度是印度联合利华公司的挑战者。这些企业通常根据各自的竞争情况，针对不同的业务单元或产品采用不同的战略。

表18-1　市场领导者、市场挑战者、市场跟随者和市场利基者所使用的战略

市场领导者战略	市场挑战者战略	市场跟随者战略	市场利基者战略
■ 扩大总市场 ■ 保护市场份额 ■ 扩大市场份额	■ 全面的正面攻击 ■ 间接攻击	■ 紧紧跟随 ■ 保持距离跟随	■ 专注于顾客、市场、质量-价格或服务 ■ 同时关注多个维度

PRINCIPLES OF MARKETING　营销的原则（原书第5版）

市场领导者战略

大多数行业都有公认的市场领导者。市场领导者拥有最大的市场份额，而且通常在价格变动、新产品推出、分销覆盖率和促销支出等方面领先于其他企业。竞争者将市场领导者看作要进行挑战、模仿或回避的企业。一些著名的市场领导者包括丰田（汽车）、网飞（视频流媒体）、淘宝（在线零售）、抖音（短视频社交媒体）、麦当劳（快餐）、阿迪达斯（运动鞋）、谷歌（互联网搜索服务）等。

市场领导者必须时刻保持警惕，其他企业正在不断挑战它的优势或试图利用它的劣势。市场领导者很容易错过市场中的关键机会，然后跌至第二或第三名。一项产品创新的出现可能会损坏市场领导者的地位（比如苹果开发了 iPod，取代了索尼便携音频设备 Walkman 的市场领导地位）。市场领导者可能会变得傲慢或自满，并误判竞争（比如诺基亚低估了苹果的 iPhone）。又或者，相对于更新、更时髦的竞争者，市场领导者可能会显得老派（比如 Abercrombie & Fitch 在 Zara 和 H&M 等时尚或低成本品牌面前失去了优势）。

为了保持领先地位，市场领导者企业可以采取以下三种行动：

- 找到扩大总需求的方法。
- 通过有效的防御和进攻行动来保护目前的市场份额。
- 即使市场规模保持不变，也可以设法进一步扩大市场份额。

扩大总需求

当整体市场扩大时，市场领导者企业通常获利最多。如果驾驶者购买更多的混合动力汽车，而丰田销售的混合动力汽车所占的市场份额最大，那么它将获得最大的收益。如果丰田能让更多的驾驶者相信混合动力汽车更经济、更环保，它将比竞争者获益更多。

市场领导者可以通过开发新的用户和产品用途，以及增加其产品的使用率来扩大市场。它们通常可以在很多地方找到新用户或未被开发的细分市场。例如，资生堂（Shiseido）可以说服那些不使用护肤品的女性试用护肤品，从而在现有市场中找到新的护肤品用户；也可以推出男士护肤品，从而在新的人口统计细分市场中找到用户；或者还可以在其他国家销售护肤品，从而向新的地理细分市场扩张。

营销人员可以通过发现和推广产品的新用途来扩大市场。例如，擅长发现新用途使 WD-40公司成了众多家庭真正不可或缺的必需品之一。几年前，为发现产品的独特用途，WD-40 进行了消费者调查，并在公司网站上发布了 2000 多

新用户——资生堂开拓了一个新的市场——男士护肤品。

创造更多使用量——金宝汤通过在其网站上推出新食谱来鼓励亚洲用户更多地制作汤和其他产品。

条优秀提议。一些消费者提出了简单实用的用途，比如防止椅子发出吱吱声、清理贴在一起的乐高积木、清除任何地方的蜡笔痕迹等。也有一些消费者报告了不寻常的应用，比如一个人用 WD-40 擦亮他的玻璃眼，还有一个人用它来移除假肢。有一次，一个裸体的盗窃嫌疑人把自己塞进了咖啡馆的通风口，消防部门用大剂量的WD-40把他救了出来。还有一次，一个人用 WD-40 击退了一只愤怒的野生动物。正如该公司总结的那样："生活中你只需要两样东西：管道胶带和 WD-40。如果一个东西不应该移动但却动了，就用胶带；如果一个东西应该移动但却不动，就用 WD-40。"

最后，市场领导者可以说服人们更频繁地使用或者每次使用更多自己的产品，从而鼓励消费者提高产品使用量。例如，金宝汤通过投放包含新食谱的广告，鼓励中国香港人和新加坡人经常喝汤和品尝金宝汤的其他产品。该企业网站上的"金宝汤厨房"板块允许访问者搜索或交流食谱。

保护市场份额

在努力扩大总市场规模的同时，市场领导者企业还必须保护其现有业务免遭竞争者攻击。苹果必须时刻警惕三星，网飞必须警惕迪士尼＋，奔驰必须警惕宝马，麦当劳必须警惕汉堡王。

市场领导者能采取什么措施来保护自己的市场地位呢？首先，它必须避免或者修正那些会为竞争者提供机会的弱点，必须始终履行其价值承诺，价格必须与顾客对品牌的感知价值保持一致，必须坚持不懈地维持与高价值顾客之间的牢固关系。市场领导者应该"堵住漏洞"，以防竞争者进入自己的地盘。

但是，最好的防守其实是有效的进攻，而对竞争者最好的回应是持续创新。市场领导者决不能满足于现状，而是应该在新产品、顾客服务、分销效果和成本削减等方面引领行业。市场领导者必须不断强化竞争效果和顾客价值。

扩大市场份额

市场领导者也可以通过进一步增加市场份额来实现增长。研究表明，平均而言，盈利能力会随着市场份额的增加而上升。基于这些发现，很多企业都寻求扩大市场份额以提高盈利能力。例如，曾经非常成功的品牌通用电气，想要在每个市场上成为第一名或第二名，否则就退出该市场。通用电气剥离了电脑、空调、小家电和电视业务，因为它无法在这些行业获得领导者地位。

然而，一些研究发现，在很多行业中都存在至少一家高利润的大企业、几家盈利且更聚焦的企业，以及大量盈利表现较差的中型企业。企业在其所服务市场中的盈利似乎会随着其相对于竞争者的市场份额的增加而提高。例如，雷克萨斯在整个汽车市场中仅占很小的市场份额，但它的利润很高，因为它是豪华性能汽车细分市场中的领先品牌之一。雷克萨斯在其所服务的市场中能获得如此高的市场份额，是因为它做了对的事情，比如生产高质量的产品、创造良好的服务体验以及建立密切的顾客关系。

　　然而，企业绝不能认为市场份额的增加会使盈利自动增加，这在很大程度上取决于企业获得更多市场份额的战略。有很多市场份额高但盈利低的企业，也有很多市场份额低但盈利高的企业。获取更高市场份额的成本可能远远超过回报，只有当单位成本随着市场份额的增加而下降，或者当企业提供优质产品并收取高于提供优质产品所花费的成本的溢价时，更高的市场份额才会产生更高的利润。

市场挑战者战略

　　有些在行业中排名第二、第三或位次更低的企业规模相当大，比如本田、好来、佳能和百事。这些亚军企业可以采取以下两种竞争战略：挑战市场领导者和其他竞争者，积极争取更多的市场份额（市场挑战者）；或者与竞争者合作而不去惹麻烦（市场跟随者）。

　　市场挑战者必须先确定其战略目标和要挑战的竞争者。市场挑战者可以攻击市场领导者，这是一种高风险高收益的战略。市场挑战者的目标可能是夺取市场领导地位，施乐通过开发更好的复印流程取代了3M在复印机市场的领导者地位，后来佳能通过推出台式复印机抢占了施乐的一大块市场。或者，市场挑战者的目标也可能仅仅是夺取更多的市场份额。

　　虽然看起来市场领导者最有优势，但市场挑战者通常拥有一些战略家所说的"后发优势"。市场挑战者观察市场领导者成功的原因并对自身加以改进。亚洲企业通常都是遵循这条道路，在竞争中取得成功的。丰田和本田等日本汽车制造商研究并改进了其美国竞争者的设计，从而夺取了它们手中的市场份额。起亚、现代等韩国汽车制造商凭借比日本、美国、德国竞争者更好的设计，获得了大量的市场。

　　或者，市场挑战者可以避开市场领导者，转而挑战与自己规模相当的企业或更小的本地和区域性企业。这些小企业可能资金不足，不能很好地为顾客服务。市场挑战者必须谨慎地选择对手，并且制定一个明确和可实现的目标。

　　市场挑战者如何才能有效地攻击所选择的竞争者并实现其战略目标呢？有以下几种战略可供选择：

- *正面攻击*。市场挑战者可能会发起一次全面的正面攻击，与竞争者的产品、广告、价格和分销相匹配。它攻击竞争者的优势，而非劣势，结果取决于谁的实力和耐力更强。百事可乐用这种方式挑战可口可乐。如果市场挑战者拥有的资源比竞争者少，那么正面攻击就没有什么意义。
- *间接攻击*。市场挑战者可以针对竞争者的弱点或市场空白进行间接攻击，而不是

市场挑战者战略——当红牛进入美国市场时，它没有直接攻击市场领导者可口可乐和百事可乐，而是采用了间接的、非常规的营销方法。

正面挑战。例如，当红牛进入美国软饮料市场时，它通过在非传统分销点销售高价的利基产品，间接地挑战可口可乐和百事可乐。一开始，它通过一些市场领导者不考虑的非传统渠道进行销售，比如夜店和酒吧，在那里年轻人饮用大量的咖啡因，彻夜狂欢。一旦建立了核心的顾客群体，该品牌就向更传统的渠道网点扩展。红牛还采用了一系列游击营销策略，而非市场领导者使用的高成本传统媒体。这种间接的方法奏效了，红牛在能量饮料市场占据了大约40%的市场份额。

市场跟随者战略

并非所有的亚军企业都想挑战市场领导者。市场领导者从不会轻视市场挑战者。如果市场挑战者的吸引力是更低的价格、更好的服务或附加的产品功能，那么市场领导者可以迅速匹配这些来化解攻击。在争夺顾客的全面斗争中，市场领导者可能有更持久的耐力。因此，很多企业更愿意跟随而不是挑战市场领导者。

市场跟随者可以获得很多优势。市场领导者往往会承担开发新产品和市场、扩大分销以及培育市场的巨额费用。相比之下，市场跟随者与市场挑战者一样，可以学习市场领导者的经验，可以复制或改进市场领导者的产品和方案，通常投资要少得多。尽管市场跟随者可能不会超越市场领导者，但它同样有利可图。

跟随并不等同于被动或复制。市场跟随者必须知道如何留住现有顾客，以及在新顾客中赢得合理的市场份额。它必须找到适当的平衡，既要紧跟市场领导者以赢得顾客，又要与市场领导者保持足够的距离以避免受到报复。每一个市场跟随者都试图为其目标市场带来独特的优势，比如地理位置、服务、融资等。市场跟随者通常是市场挑战者攻击的目标，因此，市场跟随者必须保持低生产成本和价格，或者高产品质量和服务。当新市场开放时，它还必须进入新市场。

市场利基者战略

几乎每个行业都有专门服务于利基市场的企业，这些企业不追求整个市场，甚至不追求大的细分市场，它们的目标是细分市场。市场利基者通常是资源有限的小企业，但大企业中的小部门也可以采取利基战略。在整个市场中份额较小的企业可以通过明智的利基战略获得巨大的成功和利润，正如以下菲律宾的例子所示。

快乐蜂（Jollibee）——快乐蜂是麦当劳在菲律宾的主要竞争者。就全球市场份额而言，快乐蜂与美国巨头相比相形见绌，但在它的利基市场菲律宾，快乐蜂集中有限的资源，通过满足当地消费者独特的口味而获得了 75% 的汉堡市场份额。快乐蜂提供甜、辣汉堡，调味鸡肉和甜酱意大利面，还配有米饭或面条，而非炸薯条。它的吉祥物"快乐蜜蜂"（Jolly Bee）是菲律宾人轻松愉快、日常快乐精神的缩影。此外，快乐蜂员工的笑容比麦当劳员工的笑容更加灿烂。

市场利基者——快乐蜂是菲律宾汉堡市场的王者。快乐蜂汉堡类似于"菲律宾母亲会在家里做的东西"。

为什么利基市场有利可图？主要原因是市场利基者非常了解目标顾客群体，它们能比其他随意向该利基市场销售的企业更好地满足顾客需求。因此，市场利基者可以基于附加价值收取大大高于成本的价格。大众营销者能获得高销量，而市场利基者则能获得高利润。

市场利基者试图找到一个或多个安全且可盈利的细分市场。一个理想的利基市场应具有增长潜力，并且足够大、可以盈利，它是一个企业可以有效服务的市场。也许最重要的是，主要竞争者对这个利基市场不感兴趣。随着利基市场的发展及其吸引力的增强，企业可以建立技能和顾客信誉来抵御主要竞争者。

市场利基者战略的关键是专业化。市场利基者可以专注于几个市场、顾客、产品或营销组合。例如，市场利基者可以专门为某一种类型的最终用户服务，就像一家律师事务所专门服务于刑事、民事或商业法律市场。市场利基者可以专门为特定规模的顾客群体提供服务，很多市场利基者专门服务于被大企业忽视的中小型顾客。

一些市场利基者专注于一个或几个特定的顾客，将自己的全部产品卖给一家企业；还有一些市场利基者服务于特定的地理市场，仅在世界上某个特定地点、地区或区域销售。例如，Vegemite 主要向澳大利亚的消费者进行销售。"质量－价格"市场利基者在低端或高端市场中经营。例如，Manolo Blahnik 专门经营高品质、高价的女鞋。市场利基者提供其他企业不提供的服务。

市场利基者战略存在一些重大风险。例如，利基市场可能会萎缩，或者增长到吸引较大竞争者的程度。这也是为什么很多企业实行多重市场利基者战略，通过开发两个或更多的利基市场，企业能够增加生存机会，甚至有些大企业也喜欢多重市场利基者战略，而不是服务于整个市场。以下是一个例子。

沃尔弗林集团（Wolverine World Wide）——鞋类制造商沃尔弗林集团经营十几个生活方式品牌，包括童鞋、休闲鞋、运动鞋、工作鞋等。例如，其旗下历史悠久的品牌喜健步（Stride Rite）以耐用的儿童鞋为特色，索康尼（Saucony）生产跑鞋，Keds 为女性消费者生产休闲运动鞋和皮鞋，而暇步士（Hush Puppies）则提供舒适的休闲鞋、靴子和凉鞋。相比之下，贝特斯（Bates）和卡特彼勒（CAT）两个品牌则以建筑、警察和军事市场为目标，生产耐用的工作鞋。总之，各个独立的利基品牌结合在一起，共同使沃尔弗林成为一家"无论从字面上还是从象征意义上，都能让全世界站在它脚下"的鞋类企业。

平衡顾客和竞争者导向

无论一家企业是市场领导者、市场挑战者、市场跟随者还是市场利基者，它都必须密切关注竞争者，并找到定位最有效的竞争性营销战略，还必须不断调整自身战略以适应快速变化的竞争环境。现在的问题是：企业是否花费了过多的时间和精力去跟踪竞争者，从而损害了顾客导向？答案是肯定的！一家企业可能变得过于以竞争者为中心，从而忽视了更重要的关注点——维持可盈利的顾客关系。

竞争者导向型企业（competitor-centered company）将大部分时间用于跟踪竞争者的动向和市场份额，并试图找到应对策略。这种方法有利有弊。从积极的方面看，企业建立了竞争导向，关注自身定位的弱点并寻找竞争者的弱点。从消极的方面看，企业变得过于被动，它不是实施自己的顾客关系战略，而是根据竞争者的行动来决定自己的行动。因此，它最终可能只是简单地匹配或扩展行业实践，而不是寻求创新方式来为顾客创造更多价值。

相比之下，**顾客导向型企业（customer-centered company）**在设计战略时更关注顾客的发展。显然，顾客导向型企业在识别新机会和制定长期战略方面处于更有利的地位。通过观察顾客需求的变化，企业可以决定需要重点服务的顾客群体和新出现的需求，然后集中资源为目标顾客传递卓越的价值。在实践中，今天的企业必须是**市场导向型企业（market-centered company）**，同时关注顾客和竞争者，一定不能因为关注竞争者而忽视了对顾客的关注。

图 18-4 展示了企业可能拥有的四种导向。第一，企业可能以产品为导向，很少关注顾客或竞争者。第二，它们可能以顾客为导向，关注顾客。在第三种

	顾客导向	
竞争者导向	**否**	**是**
否	产品导向	顾客导向
是	竞争者导向	市场导向

图 18-4 企业导向演变

导向中，当企业开始关注竞争者时，它们成为竞争者导向。然而，今天的企业必须是市场导向，平衡对顾客和竞争者的关注，而不能只关注竞争者，试图以当前的业务模式击败它们，企业需要关注顾客，找到创新的方法，通过比竞争者传递更多的价值来建立可盈利的顾客关系。

目标回顾

今天的公司面临着有史以来最激烈的竞争。了解顾客是建立牢固顾客关系重要的第一步，但这还不够。为了获得竞争优势，企业必须利用对顾客的了解来设计产品和服务，向同样的顾客传递比竞争者更多的价值。本章考察了企业如何分析竞争者并设计有效的竞争性营销战略。

目标 1：讨论通过竞争者分析了解竞争对手和顾客的必要性。

为了制定有效的营销战略，企业必须考虑竞争者和顾客。建立可盈利的顾客关系需要比竞争者更好地满足目标顾客的需求。企业必须持续分析竞争者，并制定能够有效应对竞争者以及获得最大可能竞争优势的竞争性营销战略。

竞争者分析首先是根据行业和市场分析来识别企业的主要竞争者，然后收集关于竞争者目标、战略、优势与劣势以及反应的信息。有了这些信息，企业就可以选择攻击或回避的竞争者。企业必须持续收集、解释和分发竞争情报。企业营销经理应该能够获得任何影响其决策的竞争者的全面、可靠的信息。

目标 2：解释基于为顾客创造价值的竞争性营销战略的基本原理。

哪种竞争性营销战略最合理取决于企业所处的行业，以及它是市场领导者、市场挑战者、市场跟随者还是市场利基者。市场领导者必须采取扩大总市场、保护市场份额和扩大市场份额的战略。市场挑战者是指试图通过供给市场领导者来扩大市场份额的亚军企业或行业中较小的企业。市场挑战者从多种直接或间接的攻击战略中进行选择。

市场跟随者是选择不惹麻烦的亚军企业，通常是因为害怕自己得不偿失。但市场跟随者并非没有战略，它们试图利用自己的特殊技能来获得市场增长。一些市场跟随者获得的回报率比其行业中的市场领导者还要高。市场利基者是指不太可能引起大企业注意的小企业。市场利基者通常会成为某些最终用途、顾客规模、特定人口统计顾客、地理区域或服务方面的专家。

目标 3：说明在成为真正以市场为中心的组织时，平衡顾客和竞争者导向的必要性。

在当今的市场中，竞争导向非常重要，但企业不应过度关注竞争者。与现有的竞争者相比，企业更有可能受到新出现的顾客需求和新竞争者的伤害。以市场为导向，平衡考虑顾客和竞争者的企业，才是在真正实践市场导向。

PRINCIPLES OF MARKETING

营销的原则（原书第5版）

第 19 章　全球营销

目标概览

目标 1　讨论国际贸易体系以及经济、政治 – 法律和文化环境如何影响企业
的国际营销决策。

目标 2　描述进入国际市场的三种主要方式。

目标 3　解释企业如何调整营销战略和组合，以适应国际市场。

目标 4　识别国际营销组织的三种主要形式。

内容导览

你现在已经学习了关于企业如何构建有竞争力的市场战略，从而创造顾客价值并维持顾客关系的基本知识。在本章中，我们把这些基本知识延伸到全球营销中。我们在之前的每一章节都讨论过全球化的问题，事实上很难找到完全不涉及全球化问题的营销领域。但本章我们要着重讨论企业在全球营销其品牌时会遇到的特殊问题。通信、交通以及其他技术的进步将世界变小了。如今，大大小小的企业都会面临国际营销问题。在本章中，我们将讨论营销人员在国际化的过程中需要做出的六个重要决策。

首先，让我们来看看法国化妆品和美妆巨头欧莱雅的例子。欧莱雅及其品牌在经营范围和吸引力上确实是全球性的。该公司在国际上获得的卓越成就源自其实现了全球化与本地化的平衡，对欧莱雅的知名品牌进行了调整和差异化，以满足本地需求，同时又能融入全球市场以优化其全球影响力。这种全球–本地平衡构成了该企业的基础，其使命是通过让"每个人美丽"来实现"所有人美丽"。

欧莱雅："所有人美丽，每个人美丽。"

一家法国企业如何在澳大利亚成功营销一款以法国品牌命名的美国版韩国美容产品？问问欧莱雅吧，这家公司每年在150个国家销售价值超过300亿美元的化妆品、护发产品、护肤品和香水，使其成为全球最大的化妆品销售商。欧莱雅通过了解如何在特定的当地市场辨别不同文化的差异并对其产生吸引力，从而在全球销售自己的品牌。然后，

TY Lim/Shutterstock

它在标准化其品牌以提升全球影响力和适应当地需求之间找到了最佳平衡。

欧莱雅是一家全球性的企业，其办事处遍布世界各地，一半以上的销售来自欧洲和北美以外的市场。欧莱雅的34个著名品牌源自不同文化，包括法国［巴黎欧莱雅（L'Oreal Paris）、卡尼尔（Garnier）和兰蔻（Lancome）］、美国［美宝莲（Maybelline）科颜氏（Kiehl's）、SoftSheen-Carson、拉夫劳伦（Ralph Lauren）、衰败城市（Urban Decay）、科莱丽（Clarisonic）和列德肯（Redken）］、意大利［乔治·阿玛尼（Giorgio Armani）］和日本［植村秀（Shu Uemura）］。凭借这些知名品牌，欧莱雅在化妆品、皮肤护理和染发领域无可匹敌，在护发领域仅次于宝洁。

欧莱雅的全球化管理始于一群拥有高度多元文化的经理人。该公司以在多种文化中

拥有丰富经验的经理人建立全球品牌团队而闻名。来自于全球的欧莱雅管理人员为其品牌带来了不同的文化视角，他们有德国人、美国人、中国人，甚至有同时具有多种文化背景的人。正如在东南亚推出男士护肤品系列的团队中的一位印度－美国裔法国经理所解释的那样："我无法以单一方式思考问题。我有很多不同语言的参考资料，比如英语、印地语和法语。我阅读三种不同语言的书，接触不同国家的人，吃不同国家的食物，等等。"

一位法国－爱尔兰裔柬埔寨护肤经理发现，欧洲的面霜要么倾向于"着色"（被认为是化妆品），要么倾向于"提升"（被认为是护肤品）。然而，在亚洲，很多面霜结合了这两种特性。认识到亚洲的美容潮流在欧洲越来越受欢迎，该经理及其团队为法国市场开发了一种着色提升面霜，该产品非常成功。

欧莱雅的愿景是普及美——为全世界提供美。但普遍并不意味着一致。相反，欧莱雅公司表示："在欧莱雅，我们相信，不存在单一而独特的美丽模式，美应该具有无限的多样性，随着时代、文化、历史和个人而变化。"因此，为了实现"所有人美丽"，欧莱雅寻求为"每个人提供美丽"。

"欧莱雅使用细致的洞察在本地市场为品牌创造产品和定位。"

为此，欧莱雅深入研究了美对世界各地消费者的意义。它在研发上的投入超过了所有主要竞争者，煞费苦心地研究特定地区特有的美容和个人护理行为。欧莱雅在世界各地建立了研发中心，并正在完善一种被称为"地理化妆品"的本地化观察方法。这种方法的灵感来自于从家庭访问和在配备高科技设备的"浴室实验室"进行的观察中获得的洞察。欧莱雅的研究揭示了关于地域美容和卫生习惯以及影响其产品使用的当地条件和限制的精确信息，比如湿度和温度。欧莱雅利用这些详细的洞察在当地市场创造产品和为品牌定位。

欧莱雅驻中国的一位高管表示："美容越来越不能一刀切，你必须为不同的需求提供答案。"例如，目前有260多名科学家在欧莱雅上海研究中心工作，为中国人量身定制口红、中草药洗面奶、黄瓜味爽肤水等产品。

了解当地顾客行为的细节有助于欧莱雅响应特定的市场需求，同时也让企业通过整合全球文化的品牌来实现全球规模。例如，Elséve Total Reparação 是一个护发品牌，最初由欧莱雅在里约热内卢的实验室开发，旨在解决巴西女性描述的具体头发问题。在巴西，由于气候潮湿、暴露在阳光下、频繁洗头等，超过一半的女性留着又长、又干、又暗的头发。Elséve Total Reparação 在巴西市场立刻获得了成功，欧莱雅迅速将其推广到其他南美和拉丁美洲市场。然后，它追踪了全球其他在气候特征和护发流程方面与巴西相似的地区。随后，欧莱雅在欧洲、印度和东南亚市场推出了 Elséve Total Repair，受到消费者的热烈欢迎。

这种改良经常出现在多个欧莱雅品牌上，让我们回到开篇提到的在澳大利亚以法国品牌销售的韩国美容产品。遮瑕霜（BB 霜）最初由韩国欧莱雅皮肤科医生开发，用于舒缓皮肤和遮盖轻微的瑕疵。它迅速成了一个广受欢迎的韩国品牌。然而，欧莱雅在全球范围内运用其对肤色、治疗和化妆的深入了解，成功开发出了一款适合美国市场条件和肤色的新一代 BB 霜（BB 代表"美容膏"），并以纽约美宝莲品牌推出。然后，欧莱雅以卡尼尔品牌在欧洲推出了另一个本地版本，并在包括澳大利亚在内的其他市场推出。

欧莱雅不仅在全球范围内调整其产品配方，它还调整其品牌定位和市场营销，以满足国际需求和期望。例如，1995 年，该公司收购了古板的美国化妆品生产商美宝莲。为了重振品牌并使其全球化，该公司将美宝莲的总部从田纳西州搬到了纽约市，并在标签上增加了"纽约"这一元素。由此产生的具有都市感和街头感的纽约形象，很好地匹配了其日常工作化妆品的中等价格定位，在全球获得了认可。美宝莲很快就在西欧同类产品中获得了 20% 的市场份额。年轻的城市定位在亚洲也很受欢迎，很少有亚洲女性意识到时尚的"纽约"美宝莲品牌属于法国化妆品巨头欧莱雅。

欧莱雅之后又推出了 Color&Co（一个直接面向消费者的品牌，旨在为居家染发的消费者提供独特的头发颜色）。消费者体验始于该品牌的网站，消费者将在那里参与一个测试，并与专业染发师进行实时视频咨询。色彩师根据每个消费者的头发类型、种族、自然底色、偏好及其他因素创建个性化的配方，以创造完美的发色。几天后，消费者将收到一个 Color&Co 色彩盒，其中包括定制化配方、个性化说明和操作视频。展望未来，Color&Co 为欧莱雅开辟了一个终极技术平台，可以用于为其世界各地的产品提供个性化的美容解决方案。

因此，欧莱雅及其品牌真正实现了全球化，占据了全球化妆品市场近 30% 的份额。欧莱雅在国际上的巨大成功，来自其实现的全球 – 本地平衡，对品牌进行调整和差异化以适应本地市场，同时优化其在全球市场的影响力。欧莱雅是少数几个同时实现了本地品牌响应和全球品牌整合的企业之一。欧莱雅首席执行官表示："我们尊重全球消费者之间的差异。我们有全球品牌，但我们需要使其适应本地（甚至是个人）需求。"

当今的全球营销

过去，很多大企业很少关注国际贸易，因为它们的国内市场很大、很安全。管理人员不需要学习其他语言，不需要应对不断变化的汇率，不需要面对政治和法律不确定性，也不需要调整产品以适应不同的顾客需求和期望。如今，情况已经有所不同。从可口可乐、耐克到谷歌和淘宝，各种各样的组织都已经走向全球。

今天，随着通信、运输和资金流动的发展，世界正在迅速变小。在一个国家开发的产品，比如美国的麦当劳汉堡和奈飞视频流媒体服务、日本的寿司、西班牙的飒拉服装、德国的宝马、韩国的三星设备、中国的抖音短视频平台等，在其他国家同样被热情接受。一个德国学生带着一个意大利包去日本餐厅见一个英国朋友，之后回到家，喝着青岛啤酒，一边听着韩国男团的歌曲，一边查看世界各地朋友在领英上发的帖子，这件事一点也不奇怪。

国际贸易蓬勃发展。很多企业在国际营销方面一直很成功；现在，可口可乐、麦当劳、星巴克、飒拉、H&M、高露洁、卡特彼勒及很多企业已经把全世界变成了自己的市场。在亚洲，阿里巴巴、LG、三星、索尼、腾讯、丰田和小米等品牌已经家喻户晓。然而，随着全球贸易的增长，竞争也在加剧。国外企业正在积极地向新的国际市场扩张，国内市场也不再充满机会。很少有行业能避免国外企业的竞争。如果企业迟迟不采取国际化措施，它们就有可能被排除在中国、印度、印度尼西亚、环太平洋地区、东欧、南美、非洲、俄罗斯等不断增长的市场之外。留在国内以追求安全的企业可能不仅会失去进入其他市场的机会，还有失去国内市场的风险。从未考虑过国外竞争者的国内企业会突然发现这些竞争者就在自己的后院。

讽刺的是，尽管现在企业国际化的需求比过去更大，但其中涉及的风险也更大。走向全球的企业可能需要应对高度不稳定的政府和汇率、保护性的政府政策和法规以及贸易壁垒。例如，中国的短视频移动平台抖音被迫与美国企业合作才能继续在美国经营。腐败也是一个日益严重的问题，一些国家的官员往往不把生意交给出价最高的人，而是交给行贿最多的人。新冠疫情加剧了国际关系的紧张，因此，为了保护当地产业，贸易壁垒可能会增加，国际贸易可能会受到限制。

全球公司（global firm）是指通过在一个以上的国家经营来获得营销、生产、研发和财务优势，这些优势是仅在国内经营的竞争者无法获得的。一家全球公司将世界视为一个市场，尽量减少国界的限制并发展"跨国"品牌。它尽其所能在各个地方筹集资金、采购材料和部件、生产和营销产品。例如，奥的斯电梯向200多个国家销售产品，它从法国获得电梯门系统，从西班牙获得小型齿轮部件，从德国获得电子产品，从日本获得特殊电机驱动器。该公司在美洲、欧洲和亚洲设有制造工厂，并在美国、奥地利、巴西、中国、捷克共和国、法国、德国、印度、意大利、日本、韩国和西班牙设有工程和测试中心。

这并不意味着每个企业都必须要在一个以上的国家经营才能成功，企业也可以实践全球细分市场。然而，随着世界变小，在全球行业中经营的企业，无论大小，都必须评估并确定其在世界市场中的地位。

面对快速的全球化，企业必须回答一些基本问题：我们应该在国内、经济区域和全球建立什么市场定位？谁是我们的全球竞争者，它们的战略和资源是什么？我们应该在哪里生产或采购产品？我们应该与世界各地的其他企业建立什么战略联盟？

如图 19-1 所示，一家企业在国际营销中必须做出六大决策。我们将在本章详细讨论每个决策。

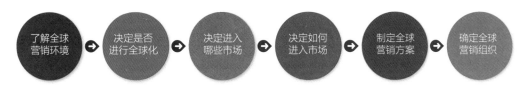

图 19-1　主要国际营销决策

全球营销环境要素

在决定是否进行国际化经营之前，企业必须了解全球营销环境，这种环境既可能创造新的机会，也可能产生新的问题。

国际贸易体系

放眼海外的企业必须从了解国际贸易体系开始。在向另一个国家销售时，企业可能面临国家间贸易的限制。国外政府可能征收关税，即对某些进口产品征收的税款，旨在增加收入或保护国内企业。关税常常用来迫使其他国家采取贸易优惠行为。

政府可能会设置配额，即限制某些品类产品的进口数量。配额的目的是保存外汇以及保护当地的产业和就业。企业还可能面临外汇管制，即限制外汇数额和对其他货币的汇率。

企业可能面临非关税贸易壁垒，例如对其投标的偏见、限制性产品标准或东道国的过度监管或执法。例如，印度因设置非关税壁垒以保护印度小商铺为主的零售商而臭名昭著，这些零售商控制了印度零售业的绝大部分。这个国家有电子商务限制，禁止亚马逊或沃尔玛旗下的 Flipkart 等外资在线企业直接向消费者销售自己的产品。对于亚马逊而言，这涉及亚马逊的 Echo、Kindle 和 Fire 电视设备等产品，以及越来越多的私有品牌产品，从电池、服装到家居用品。根据新规定，亚马逊和 Flipkart 只能作为平

非关税贸易壁垒——对外资在线企业的新限制给亚马逊在印度庞大的电子商务市场发展带来了重大阻碍。

台连接独立的买家和卖家。新规定还禁止这些平台与主要卖家达成独家交易并提供大额折扣。这些法规旨在保护印度本地商店和在线零售商免受大型外资企业在库存和定价方面权力的影响，这给亚马逊和沃尔玛带来了重大阻碍，两家公司都在印度庞大的电子商务市场投入了巨资以发展业务。

与此同时，某些力量促进了国家之间的贸易，比如世界贸易组织和各种区域自由贸易协定。

世界贸易组织

《关税及贸易总协定》（关贸总协定）旨在通过降低关税和其他国际贸易壁垒来促进世界贸易。自 1947 年协定签署以来，成员已经举行了八轮关税及贸易总协定（GATT）谈判，以重新评估贸易壁垒，并为国际贸易制定新的规则。前七轮谈判将全球产品的平均关税从 45% 降至 5%。

最近完成的谈判被称为乌拉圭回合，历时七年，于 1994 年完成。它促进了全球贸易的长期增长，并将世界剩余的商品关税降低了 30%。协议还扩大了关税及贸易总协定的范围，覆盖了农业和广泛的服务领域，甚至还加强了对版权、专利、商标和其他知识产权的国际保护。

区域自由贸易区

一些国家建立了自由贸易区或**经济共同体（economic communities）**。这些组织是为了在国际贸易管理中实现共同目标而组成的国家联盟。其中一个例子是欧洲联盟（欧盟），旨在通过降低成员国之间产品、服务、金融和劳动力自由流动的壁垒，以及制定与非成员国的贸易政策，来创建一个单一的欧洲市场。

《北美自由贸易协定》（NAFTA）在美国、墨西哥和加拿大之间建立了自由贸易区。该协议创建了一个拥有 4.78 亿人口的单一市场，每年生产和消费价值 20 万亿美元的商品和服务。《北美自由贸易协定》消除了这三个国家之间的贸易壁垒和投资限制，使贸易得以蓬勃发展。

《跨太平洋伙伴关系协定》（TPP）承诺在以下环太平洋国家之间降低贸易壁垒，增加经济合作：澳大利亚、文莱、加拿大、智利、日本、马来西亚、墨西哥、新西兰、秘鲁、新加坡和越南。同样，东南亚国家联盟（东盟）是一个由东南亚 10 个国家组成的区域政府间组织，旨在促进政府间合作，并促进其成员国和亚洲其他国家在经济、政治、安全、军事、教育和社会文化方面的一体化。

每个国家都有其独特特点，必须加以理解。一个国家对不同产品和服务方面的状况及其作为国外企业的市场吸引力取决于其经济、政治－法律和文化环境。

经济环境

国际营销人员必须研究每个国家的经济。有两个经济因素反映了一国的市场吸引力：该国的产业结构和收入分配。一国的产业结构决定了其产品和服务需求、收入水平和就业水平。产业结构类型如下：

- *自给自足经济*。在自给自足经济中，绝大多数人从事简单的农业。他们消耗了大部分的产出，剩余的则用来换取简单的商品和服务。自给自足经济提供的市场机会很少。
- *工业经济*。工业经济是制成品、服务和投资基金的主要出口国。它们相互进行货物贸易，并向其他类型的经济体出口原材料和半成品。这些工业国家的各种生产制造活动及其庞大的中产阶级使它们成为各种商品的丰富市场，例如美国、日本和挪威。
- *新兴经济体（工业化经济体）*。在新兴经济体中，制造业的快速增长促进了整体经济的快速增长，例如金砖四国——巴西、俄罗斯、印度和中国。随着制造业的增长，一个国家需要进口更多纺织原料、钢铁和重型机械，而对成品纺织品、纸制品和汽车的进口则更少。工业化通常会造就一个新的富裕的上层阶级和一个规模虽小但不断增长的中产阶级，两者都需要新型的进口商品。

第二个经济因素是国家的收入分配。工业化国家可能有低收入、中等收入和高收入家庭。例如，新加坡有些家庭收入很低，但这并不普遍。相比之下，自给自足经济的国家可能主要由家庭收入非常低的家庭组成。还有一些国家可能只有收入非常低或非常高的家庭。然而，即便是贫穷的国家或新兴经济体也可能成为对各种商品具有吸引力的市场。如今，从汽车到电脑再到糖果，各行各业的企业都越来越多地瞄准新兴经济体中的中低收入消费者，一些企业甚至瞄准了一个新的细分市场——所谓的"经济金字塔底层"，即由世界上最贫穷的消费者组成的巨大的未开发市场（见营销实践 19.1）。

营销实践 19.1

国际营销：瞄准经济金字塔底层

很多企业都意识到了一个令人震惊的统计数字，在这个星球上的 77 亿多人口中，有 30 多亿人每天的生活费不到 2.5 美元。被称为"金字塔底层"的世界贫困人口表面上看并不是一个有前景的市场。然而，尽管收入微薄，这一消费者群体的购买力却高达每年 5 万亿美元。此外，这个巨大的细分市场在很大程度上尚未被开发，被称为"空白"市场，消费者的需求仍未得到满足，因此提供了商业机会。世界上的贫困人口往往很少或根本无法获得更富裕的消费者认为理所当然的最基本的产品和服务。企业越来越多地向金字塔底部寻找新的增长机会。但是，一家企业如何向贫困线以下收入水平的消费者进行有利可图的销售呢？

首先，产品的价格必须合理——远低于在成熟经济体销售的价格。许多企业仅仅通过提供更小的包装、小袋版本或当前产品的低技术版本，使其产品价格更实惠。例如，在尼日利亚，宝洁的吉列剃须刀售价为 23 美分，一袋碧浪洗涤剂的售价约为 10 美分，10 片帮宝适安睡裤的售价为 2.3 美元。

在这样的空白市场，经济实惠的一次性小包装产品对消费者来说很重要，因为这允许低收入消费者购买少量的产品，否则他们将无法获得类似的产品。每年有数十亿一次性小包装产品被出售。联合利华在印度率先为每天购买必需品的低收入消费者提供这种低成本、一次性的小包装产品。

在菲律宾，只有一半的菲律宾人定期购买香体剂。标准包装尺寸对农村消费者来说太贵了。为了降低价格，联合利华首先以小棒的形式销售舒耐（Rexona）的小包装版本。但即使是每支 35 美分的价格，许多农村消费者也负担不起。随后，联合利华开发了一款一次性包装的香体霜，每包售价为 10 美分。这款产品很受欢迎，小店铺开始销售这种产品。最终，舒耐香体霜超越滚珠香体露成了最畅销的产品。在舒耐的推动下，香体剂在菲律宾的渗透率翻了一番，达到 60%。

即使是在分销方面，企业也在进行调整，以触达农村消费者。在菲律宾，约 95% 的零售店是小型夫妻店，一些商店销售多达 200 种不同的商品。然而，分销到这些夫妻店可能是复杂和昂贵的。因此，联合利华调整了其分销战略，招募了一些较大的商店或超市作为分销商。这些超市的所有者在购买联合利华的产品时可以获得折扣，并将这些产品出售给较小的商店，使其能够获得更多的联合利华品牌产品。超市还会举办类似狂欢节的活动，包括产品展示、赠品、游戏和娱乐。联合利华每年组织大约 500 次这样的活动，在此期间将重点品牌的销售额提高 30%~80%。使用子分销商使联合利华在菲律宾农村地区的覆盖率扩大了一倍，同时降低了成本。该公司还在盂加拉国、印度和巴基斯坦采用直接分销模式，以触达农村人口。

另一个例子是帮宝适。在尼日利亚，每年约有 600 万婴儿出生。该国惊人的出生率为宝洁的畅销品牌帮宝适创造了一个巨大的、尚未开发的市场。然而，典型的尼日利亚父母每月在所有家庭采购上仅花费约 5000 奈拉（约 30 美元）。宝洁的任务是让这些父母能够负担得起帮宝适，并让他们相信使用有限支出的一部分购买帮宝适是值得的。为了在尼日利亚这样的市场保持低廉的成本和价格，宝洁发明了一种功能较少的吸水性纸尿裤。虽然便宜了很多，但纸尿裤的功能仍然非常好。宝洁的一位研发经理说，在创造这种物美价廉的新产品时，"愉悦，但不要稀释"。也就是说，纸尿裤需要价格低廉，但它也必须做到其他廉价纸尿裤所做不到的——让婴儿保持舒适和干燥 12 小时。

即使有了合适的纸尿裤和合适的价格，在尼日利亚销售帮宝适也是一个挑战。在西方，婴儿通常一天要更换很多次一次性纸尿裤。然而，在尼日利亚，大多数婴儿使用布尿布。为了使尼日利亚人更加接受和负担得起帮宝适，宝洁将其纸尿裤作为每日一件的商品进行营销。根据它的广告，"一片帮宝适等于一个干燥的夜晚"。这一宣传告诉父母，让婴儿在晚上保持干燥有助于他们获得良好的睡眠，从而帮助他们成长。这一信息触及了尼日利亚人的深层情感，这种情感是宝洁的研究人员发掘出来的，即他们的孩子应该拥有比他们更好的生活。因此，由于价格实惠，产品满足了顾客需求，以及相关的定位，帮宝适的销售暴涨，帮宝适成了纸尿裤的代名词。尽管最近出现了许多竞争产品，宝洁的帮宝适在该国仍然是主导品牌。

向世界上的穷人销售——联合利华等很多企业在菲律宾的小店铺出售价格低廉的一次性小包装产品，以触达农村人口。

正如宝洁所了解到的，在大多数情况下，向金字塔底层的人群销售需要的远不止是开发一次性包装和便宜的定价。这需要广泛的创新，以创造较低价格的新产品和分销方式，使穷人的钱花得更值。例如，许多年前，Dufil Prima Foods 为尼日利亚市场开发了 Indomie 方便面。这种方便面以单份包装出售，售价不到 20 美分，可以和鸡蛋一起煮，几分钟就能烹制出一顿完整的营养餐。对于生活在极端贫困中的大量人口而言，Indomie 方便面是完美的。但 Dufil 更进一步，建立了一个创新的"街头"分销网络。Dufil 不在传统的超市销售，而是开发了一个由小型卡车、摩托车和三轮车组成的网络，将产品投放到小型市场和公立学校等非正式渠道。在十年内，Indomie 方便面成了尼日利亚最受欢迎的家庭品牌。

金字塔底部的市场为那些能够以合适的价格开发合适产品的企业提供了巨大的、未开发的机会。宝洁和联合利华等公司正积极采取行动，以抓住这些机会。这些公司制定了在亚洲和非洲的发展中经济体获得新顾客的崇高目标，但要想成功赢得这些发展中市场，仅仅推出现有产品的廉价版本是不够的。企业必须在产品、定价、分销和传播战略上进行创新，以迎合经济曲线上的每个消费者。

来源：Deepa Prahalad，"The New Fortune at the Bottom of the Pyramid，"*strategy + business*，2 January 2019，www. strategy-business. com，accessed October 2019；Vijay Mahajan，"How Unilever Reaches Rural Consumers in Emerging Markets，"*Harvard Business Review*，14 December 2016，www. hbr. org，accessed October 2019；Matthew Eyring，Mark W. Johnson，and Hari Nair，"New Business Modelsin Emerging Markets，" Harvard Business Review，January/February2011，pp. 89-95；Daniellele Clus-Rossouw，"Baby Diapersin Nigeria，"*Nonwovens Industry*，5 January 2018，www. nonwovensindustry. com，accessed October 2019；and "The State of Consumption Today，"*Worldwatch Institute*，www. worldwatch. org，accessed October 2019.

政治－法律环境

各国的政治－法律环境存在很大差异。在考虑是否在某个国家做生意时，企业应考虑该国的政府官僚作风、政治稳定性、货币监管政策及其对国际并购的态度等因素。

一些国家对国外企业非常宽容，另一些国家则不那么好客。例如，印度往往对国外企业实施进口配额、货币限制和其他限制，这使得在印度经营成为一项挑战。相比之下，新加坡、泰国和越南等邻近的亚洲国家则向国外投资者示好，并为它们提供激励措施和有利的经营条件。政治稳定也是一个问题。

企业还必须考虑一个国家的货币监管。卖家希望以有价值的货币来赚取利润。理想情况下，买方可以用卖方的货币或其他世界货币付款。如果做不到这一点，卖家可能会接受一种被冻结的货币——被买方政府限制出境的货币，只要卖方能够在该国购买自己需要的其他商品，或者可以在其他地方出售该货币以换取自己所需的货币。除了货币限制，汇率波动也会给卖方带来高风险。

大多数国际贸易涉及现金交易。然而，许多国家的硬通货太少，无法支付从其他国家购买物品的费用。因此，它们可能会用其他物品而不是现金支付。易货涉及货物或服务的直接交换。例如，韩国大宇汽车公司（Daewoo Motor Company）与中国达成易货交易，用 5000 辆汽车换取机器零件和玉米等农产品。一家匈牙利公司与中国北方工业公司达成易货交易，用啤酒交换纺织物。印度尼西亚为了购买俄罗斯的飞机，与俄罗斯签订了一项价值 11.4 亿美元的易货协议，为俄罗斯提供棕榈油、咖啡、橡胶和茶叶等商品，价格至少为飞机价值的一半。

文化环境

每个国家都有独特的规范和禁忌。在设计全球营销战略时，企业必须了解当地文化如何影响其世界市场的消费者。反过来，它们还必须了解自己的战略如何影响当地文化。

文化对营销战略的影响

在设计营销计划之前，企业必须了解不同国家的消费者思考和使用特定产品的方式，经常会有惊喜。例如，一个法国男性平均使用的化妆品和美容用品几乎是法国女性的两倍；德国人和法国人比意大利人更爱吃包装好的、有品牌的意大利面；大约 49% 的中国人在上班的路上吃东西；大多数美国女性在睡觉前会散开头发和卸妆，而 15% 的中国女性在睡觉前会给头发做造型，11% 会在睡觉前化妆。

忽视文化规范和差异的企业可能会犯一些代价高昂、令人尴尬的错误。以下是两个例子。

文化失礼——忽视文化差异会导致尴尬的错误。

耐克和汉堡王——耐克播放了一则勒布朗·詹姆斯（LeBron James）碾压许多受尊敬的中国文化名人的广告，这是典型的文化失礼，无意中冒犯了中国官方。中国官方认为，这则广告违反了广告法，并暂停播放这一花费数百万美元进行制作的广告。尴尬的耐克随后发布了正式道歉声明。

同样，汉堡王也犯过类似错误。它在西班牙的店内广告中，将印度教女神拉克希米放在火腿三明治上，并配有"神圣的小吃"的标题，遭到了世界各地文化和宗教团体的反对。汉堡王随后道歉并撤下了广告。

商业规范和行为因国而异。以下是一些例子：

- 美国的高管喜欢直接切入业务主题，进行快速而艰难的面对面谈判。然而，日本和其他亚洲商人往往觉得这种行为是一种冒犯，他们更喜欢从礼貌的谈话开始，很少在面对面的交谈中说不。
- 亚洲人在排队或谈生意时，往往会离得很近。亚洲企业高管通常会走得更近，而美国和澳大利亚的高管通常会后退。双方都可能被对方的行为冒犯。
- 与西方同行不同，中国企业高管喜欢在商务会议前举行欢迎宴会，尤其是对重要的海外访客。他们认为这会为下次会议的讨论创造"良好"的气氛。

同样，了解文化细微差异的企业在国际上定位产品时可以利用其优势。很多年前，一些印度人和亚洲人用木炭清洁牙齿。为了利用这种习俗，高露洁推出了一种含有超微粒木炭的牙膏，声称这种牙膏有利于清洁牙齿。唐恩都乐在中国的甜甜圈上添加猪肉松和海藻，在黎巴嫩销售芒果巧克力甜甜圈。

惠而浦（Whirlpool）——在印度的一则惠而浦电视广告中，一位母亲陷入了白日梦：她的小女儿打扮成白雪公主参加选美比赛，在舞台上跳舞。她飘逸的长袍洁白无瑕，跳舞的其他选手的服装颜色则有些黯淡。白雪公主毫无意外地赢得了蓝丝带。母亲在笑声中醒来，骄傲地看着她的惠而浦白色魔法洗衣机。

这则电视广告是惠而浦对印度消费者心理长达 14 个月的研究成果。惠而浦了解到，印度的家庭主妇们很看重个人卫生和整洁，她们将这与白色联系在一起。问题是，白色的衣服在用当地的水进行机洗后会变色。除了针对印度人的纯净偏好而打造的广告，惠而浦还定制设计了特别适合清洗白色面料的洗衣机。在印度快速增长的全自动洗衣机市场，惠而浦现在是领先品牌。

第19章 全球营销

因此，了解文化传统、偏好和行为不仅可以帮助企业避免尴尬的错误，还可以帮助其利用好跨文化的机会（见营销实践19.2）。

营销战略对文化的影响

当营销人员担心文化对其全球营销战略的影响，也有人会担心营销战略对全球文化的影响。例如，社会批评家认为，麦当劳、可口可乐、星巴克、耐克、谷歌、迪士尼、Facebook 等大型美国跨国公司不仅在使自己的品牌全球化，还在使世界文化美国化。还有一个例子是，在中国，大多数人在星巴克进入市场之前从不喝咖啡。现在，中国消费者涌向星巴克是因为它是令人垂涎的生活方式的象征。对不同文化同质化的担忧有时会导致对美国全球化的强烈反抗。麦当劳等知名美国品牌在一些国际市场上成了抵制和抗议的目标，特别是在反美情绪高涨的时候。

美国化——社会评论家声称，美国大型跨国公司不仅在"全球化"自己的品牌，还在"美国化"世界文化。图中，我们看到星巴克在土耳其的门店里挤满了亚洲游客。

亚洲品牌也在国际上取得了成功。大多数孩子都知道凯蒂猫、精灵宝可梦或者任天堂游戏中的角色。世界各地的消费者都使用三星智能手机，驾驶雷克萨斯或丰田普锐斯汽车，在LG 电视上收看节目。

从根本上来说，文化交流和全球化是双向的：国际品牌影响同时也在被影响。以日本的肯德基为例，当肯德基推出限量版的热量炸弹（Double Down）三明治时，粉丝们排起了长队购买，甚至睡在肯德基外的人行道上。这个限时供应产品在日本大获成功，因为日本人喜欢限量产品。肯德基自此在日本成为出色的文化机构。

营销对文化的影响——肯德基已经成为日本的圣诞餐饮传统之一，标志性的桑德斯上校打扮成圣诞老人站在门店门口。

肯德基——当肯德基首次进入日本时，日本人对快餐和连锁经营的概念感到不舒服。他们认为快餐是人工且不健康的。为了建立信任，肯德基日本公司制作了描述桑德斯上校创立肯德基最真实版本的广告。广告以典型的美国南方母亲为主角，突出了肯德基的理念——美国南方人的好客、美国的传统和真正的家常菜。在广告中，桑德斯上校的母亲用 11 种秘密的草本植物和香料制作肯德基鸡肉并喂给她的孙子吃。广告中良好的家庭烹饪场景，将肯德基定位为一个健康的贵族食品提供商。这则广告非常成功，最终使日本人对美国炸鸡赞不绝口。

同样，肯德基的圣诞节传统也成了日本的传统。其"圣诞来肯德基"的广告活动使吃肯德基炸鸡成为日本最

PRINCIPLES OF MARKETING 营销的原则（原书第5版）

受欢迎的节日传统之一。肯德基的每家门店都摆放着一尊真人大小的桑德斯上校雕像，身着传统的带有皮草装饰的红色西装，头戴圣诞老人帽。日本顾客提前一个月就开始预订特别的圣诞大餐——一桶配有酒和蛋糕的炸鸡，售价大约为 40 美元。每年约有 360 万户日本家庭在肯德基吃圣诞大餐，没有提前预订的人可能不得不在店外排起长队，或者就吃不到梦寐以求的肯德基鸡肉了。平安夜是肯德基在日本最成功的促销日，而十二月份的销售额是其他月份的 10 倍。

营销实践 19.2

龟甲万：向世界介绍酱油

作为世界领先的酱油生产商，龟甲万希望实现自己的承诺——一心一意通过味道让世界充满食物的乐趣。

龟甲万的名字来源于两个词——kikko，意思是"乌龟壳"；man，意思是"一万只"。在日本，乌龟是稳定进步和长寿的传统象征——适合一个古老的食品品牌。它的标志是一个六边形，代表龟壳上的图案。

龟甲万于 17 世纪在日本江户河畔的野田市成立，从此便占领了日本本土市场。然而，它希望不仅仅被当作一种搭配日本食物的酱料。它通过提供咸、甜、酸、苦和鲜味的平衡组合，采用全球战略寻求海外扩张。为此，龟甲万已经开发了 300 多种口味，以补充和提高不同类型食品的味道。

了解文化口味——龟甲万是世界领先的酱油生产商，无论是亚洲还是非亚洲食物，酱油都可以增强其口味。这家日本公司已经进入了美国市场和德国、法国、荷兰等欧洲市场。

龟甲万在全球的发展始于 1957 年，当时它通过在旧金山建立销售公司进入北美市场。其"使肉更美味"（Delicious on Meat）战略向美国人推广使用酱油的食谱。大约 60 年过去后，一半的美国家庭在日常烹饪中使用酱油。具体而言，龟甲万酱油作为一种腌泡汁很受欢迎，在明火烹饪时，用酱油浸泡过的肉，尤其是鱼肉，会产生一种刺激食欲的香气。

龟甲万进入欧洲的方式有些不同。它首先在餐厅推广龟甲万酱油。例如，在德国，人们通过铁板烧餐厅知道了可以使用酱油进行烹饪，并体验了酱油的味道和香气。在东欧，它的营销也是教育性的，教人们如何在菜肴中使用酱料。其广告宣传口号是"鸡肉 + k"，其中"+ k"代表龟甲万，从而传达可以在鸡肉菜肴中添加酱油的信息。

在澳大利亚，烹饪是人们共同的爱好，龟甲万在网站上分享了需要酱油的食谱，并采访了在烹饪中使用酱油的厨师。这是为了让非亚洲人熟悉如何使用酱油来提升食物味道。

除了将酱油用于普通菜肴之外，龟甲万还开发了酱油的新用途。例如，龟甲万创造了酱油冰淇淋，在香草冰淇淋中加入酱油以及一点焦糖来提升味道。

龟甲万的全球发展仍然强劲，它已经制定了"2030年全球愿景"，目标是积极努力创造新的价值。它旨在使龟甲万酱油成为真正的全球调味品，并为世界各地的人们创造新的美味体验。

决定是否进行全球化

并非所有企业都需要冒险进入国际市场才能生存。大多数当地企业只需要在当地市场做好营销工作。在国内运营更容易也更安全。管理者不需要学习另一个国家的语言和法律。他们不必应对不稳定的汇率，不必面对政治和法律的不确定性，也不必重新设计产品以满足不同的顾客期望。然而，在全球行业中运营的企业，其在特定市场的战略定位会受到其整体全球定位的强烈影响，因此必须在区域和全球层面进行竞争才能取得成功。

很多因素都可能吸引企业进入国际舞台。全球竞争者可能会通过提供更好的产品或更低的价格来攻击企业的国内市场，该企业可能想在本国市场反击这些竞争者，以保住资源；或者，该企业的国内市场可能停滞或萎缩，国外市场可能带来更高的销售和利润机会；又或者，该企业的顾客可能长期在进行海外扩张，需要国际服务；再或者，很可能只是国际市场提供了更好的增长机会。例如，可口可乐强调国际增长，以抵消美国软饮料销售停滞或下滑带来的影响。

在走出国门之前，企业必须权衡若干风险，并回答许多有关其全球运营能力的问题。该企业是否了解其他国家消费者的偏好和购买行为？它能提供具有竞争力和吸引力的产品吗？它能适应其他国家的商业文化并有效地应对国外消费者吗？企业的管理者是否具备必要的国际经验？管理层是否考虑过其他国家的法规和政治环境的影响？由于进入国际市场比较困难，大多数企业在某种情况或事件迫使其进入全球舞台之前不会采取行动。有人——国内出口商、国外进口商或国外政府，可能会要求企业向国外销售产品。或者，该企业可能背负着产能过剩的负担，需要为其产品寻找更多的市场。

决定进入哪些市场

在走出国门之前，企业应该先确定其国际营销目标和政策。它应该决定它想要的海外销售额。大多数企业在走出国门后都是小企业。一些企业计划保持小规模经营，认为国际销售只是其业务的一小部分。其他企业则有更大的计划，认为国际业务与国内业务同等重要，甚至更重要。

企业还需要选择进入多少个国家。企业必须小心，不要过于分散，或过早在太多国家开展业务，以免超出自身能力范围。接下来，企业需要决定进入哪些类型的国家。一个国家的吸引力取决于产品、地理因素、收入和人口、政治、气候及其他因素。卖方可能更喜欢某些特定的国家或地区。近年来，出现了一些新的主要市场，既提供了大量机会，也带来了严峻的挑战。

在列出可能的国际市场后，企业必须逐个进行仔细评估。它必须考虑很多因素。以奈飞进军印度为例。

奈飞（Netflix）——奈飞进军印度的决定似乎无须思考。这个视频流媒体巨头在欧洲、南美及其他全球市场的表现很好，实现了其流媒体总收入的一半以上。随着美国市场趋于饱和，奈飞一直在寻求国际市场的增长。印度市场具有巨大潜力，人口有 14 亿，是美国人口的四倍多，是欧洲人口的几乎两倍。作为世界第二大互联网市场，印度的在线视频市场有望大幅增长。然而，当奈飞考虑向印度等新市场扩张时，它不得不提出一些重要问题。它能否有效地与当地企业竞争？它能否掌握印度消费者在文化和购买方面的差异？它能否克服这个国家在环境和监管方面的障碍？它能克服令人生畏的基础设施问题吗？

进入新市场——鉴于印度浓厚的电影文化，进军印度对奈飞来说是正确的决定。尽管如此，这仍然是一个庞大而复杂的工程。

当奈飞进入印度时，它面临着许多挑战。印度市场有很多强大的竞争者，其中包括亚马逊 Prime Video 和印度数字和移动娱乐平台 Hotstar（隶属于迪士尼印度）。此外，还有很多本地在线流媒体服务。Hotstar 有 1.5 亿月活用户，占印度本地点播流媒体服务市场的 70%。相比之下，奈飞只拥有不到 100 万的印度订阅用户。

奈飞也面临定价方面的挑战。作为高价服务商，该企业最便宜的月订阅费用约为 500 卢比（约合 8 美元），大约是 Hotstar 或当地有线电视订阅费的两倍，令很多印度低收入家庭望而却步。随后奈飞试行了一个每月 4 美元的手机服务方案。

内容也是一个主要考虑因素。奈飞拥有庞大的国际电影和节目库存，但其中大部分内容都是英文的，而本地消费者更喜欢看印度语或泰米尔语的内容。因此，奈飞正在投入大量资金，开发由本地制片人制作的奈飞印度原创内容。这使其在印度的用户数量大幅增加，优秀且与本地相关的奈飞内容是收取高价的关键。因此，奈飞进入印度的决定是一个庞大而复杂的工程。然而，尽管面临挑战，奈飞的首席执行官雷德·哈斯汀斯（Reed Hastings）仍预测，公司的下一个 1 亿顾客将来自印度。

可能的全球市场应根据几个因素进行排名，包括市场规模、市场增长、经营成本、竞争优势和风险水平。企业的目标是利用表 19-1 所示的指标来确定每个市场的潜力。然后，营销人员必须决定哪个市场能提供最大的长期投资回报。

表 19-1　市场潜力指标

人口特征	社会文化因素
教育 人口规模和增长 人口年龄构成	消费者的生活方式、信仰和价值观 业务规范和方法 文化和社会规范 语言
地理特征	**政治和法律因素**
气候 国家大小 人口密度——城市、农村 运输结构与市场 接近性	国家重点 政治稳定 政府对全球贸易的态度 政府官僚机构 货币和贸易规则
经济因素	
GDP 规模与增长 收入分配 工业基础设施 自然资源 财务与人力资源	

决定如何进入市场

一旦一家企业决定在国外销售，它就必须确定最佳的进入方式。它的选择包括出口、合资经营和直接投资。图 19-2 显示了三种市场进入战略，以及每种战略提供的选项。如图所示，每一个成功的战略都涉及更多的承诺和风险，但同时也拥有更多的控制和潜在利润。

图 19-2　三种市场进入战略

出口

进入国外市场最简单的方法是**出口**（exporting）。企业可能会不时被动地出口其剩余产品，或者积极承诺向特定市场出口。无论哪种情况，企业都在本国生产所有产品。对于出口市场的产品，它可能会调整也可能不会调整。出口涉及的企业产品线、组织、投资或使命的改变最小。

企业通常从间接出口开始，通过独立的国际营销中介开展工作。间接出口涉及的投资较少，因为企业不需要海外营销组织或网络，风险也比较小。国际营销中介为双方提供专业知识和服务，这也意味着卖方不太容易犯错。

卖方最终可能会转向直接出口，自己处理出口业务。这一战略的投资和风险比较大，但潜在回报也比较大。企业可以通过多种方式进行直接出口。企业可以设立国内出口部门开展出口业务，建立一个海外销售分支机构，负责销售、分销，甚至促销活动。海外销售分支机构在国外市场上给予卖方更多的业务和控制能力，并且经常充当企业在当地的展示中心和顾客服务中心。企业还可以将国内销售人员派驻国外寻找业务。最后，企业可以通过购买和持有货物的国外分销商进行出口，也可以通过代表企业销售货物的国外代理商进行出口。

合资经营

进入国外市场的第二种方法是**合资经营**（joint venturing）——与国外企业合作生产或销售产品或服务。合资经营不同于出口，企业与东道国伙伴一起在国外销售或营销。它不同于直接投资，因为企业是与国外的某个企业建立合作。合资经营有四种类型：许可、合同制造、管理承包和共同所有权。

许可

许可（licensing）是制造商进入国际市场的一种简单方式。企业与国外市场的被许可方签订协议，通过收取费用或版税，授权被许可方使用企业的制造流程、商标、专利、商业秘密或其他有价值的项

国际许可——东京迪士尼乐园由迪士尼公司授权的东方土地公司（一家日本开发公司）拥有和经营。

目。因此，企业进入市场的风险很小，被许可方也无须从头开始，即可获得生产专业知识或知名产品或名称。

在日本，百威啤酒来自麒麟啤酒厂，味滋康（Mizkan）生产 Sunkist 柠檬汁、饮料和甜点。东京迪士尼乐园由迪士尼公司授权的东方土地公司（Oriental Land Company）拥有和经营。这份为期 45 年的许可为迪士尼提供了许可费以及一定比例的门票、食品和商品销售额分成。

然而，许可具有潜在的缺点。企业对被许可方的控制比对其自身业务的控制要低。此外，如果被许可方非常成功，而企业放弃了这些利润，在合同到期时，企业可能会发现它创造了一个竞争对手。

合同制造

还有一种选择是**合同制造（contract manufacturing）**，即企业与国外市场的制造商签订合同，生产产品或提供服务。例如，宝洁通过与印度的 9 个合同工厂合作，向印度的 6.5 亿消费者提供服务。合同制造的缺点是减少了对制造过程的控制，以及可能损失生产部分的潜在利润。其好处包括起步更快，风险更小，有机会与当地制造商建立伙伴关系，或稍后收购当地制造商。

管理承包

在**管理承包（management contracting）**下，国内企业向提供资金的国外企业提供管理相关的专业知识。国内企业出口的是管理服务而不是产品。希尔顿利用这种安排管理世界各地的酒店。

管理承包是一种进入国外市场的低风险方法，从一开始就能产生收入。如果承包企业日后可以购买被承包企业的股份，这种安排就更有吸引力了。然而，如果企业能够更好地利用其稀缺的管理人才，或者能够通过承担整个项目来获得更大的利润，这种安排就是不明智的。管理承包也会阻碍企业在一段特定时间内建立自己的业务。

共同所有权——沃尔玛与印度领先的在线市场 Flipkart 的共同所有权，帮助沃尔玛避开了印度严格的国外投资限制。

共同所有权

共同所有权（joint ownership）企业是指一家企业与国外投资者联合创建当地企业，共同拥有所有权和控制权。企业可以购买当地企业的股份，或者双方可以组成新的企业。出于经济或政治原因，可能需要共同所有权。企业可能缺乏财力、物力或管理资源来单独承担风险。或者，国外政府可以要求共同所有权作为进入该国市场的条件。香港迪士尼乐园和上海迪士尼乐园都是迪士尼和上海申迪集团联合组成的合资企业。迪士尼拥有上海迪士尼乐园 43% 的股份，上海申迪集团拥有 57% 的股份。

通常，企业之间组建共同所有权企业是为了发挥其互补优势并开发全球营销机会。例如，沃尔玛持有印度领先的在线市场 Flipkart 81% 的股份，从而帮助这家美国零售商避开了印度严格的国外投资限制。这一安排还让沃尔玛在印度的市场份额和在线零售专长方面领先于亚马逊。反过来，Flipkart 得益于沃尔玛雄厚的资金和分销经验。

共同所有权也有一些缺点。合伙人可能在投资、营销或其他政策上存在分歧。例如，虽然很多美国企业喜欢将收益再投资以实现增长，但本土企业往往更喜欢将这些收益取出；美国企业强调市场营销，本土投资者可能关注销售。

直接投资

企业对国外市场进行最大程度参与的方式是**直接投资（direct investment）**——在国外建立组装或制造设施。例如，福特已经在包括中国、印度和泰国在内的几个亚洲国家进行了超过 40 亿美元的直接投资。它拥有一个 10 亿美元的先进制造和工程工厂，生产汽车以满足印度和其他亚洲市场的需求。同样，本田和丰田也在北美进行了大量的直接投资。在美国销售的本田和讴歌车型中，约 90% 是在北美生产的。

如果一个企业有丰富的出口经验，而且国外市场足够大，国外的生产设施就会提供许多优势。企业可能会以更廉价的劳动力或原材料、外国政府的投资激励和节省运费的形式降低成本。企业还可能因在东道国创造就业机会而获得良好的形象。一般而言，企业与地方政府、顾客、供应商和分销商建立持续的关系，可以使其产品更好地适应当地市场。最后，企业保持对投资的完全控制，因此可以制定符合其长期国际目标的制造和营销政策。

直接投资的主要缺点是企业面临许多风险，比如货币限制或贬值、市场行情下跌或政府更迭。在某些情况下，如果企业想在东道国开展业务，它别无选择，只能接受这些风险。

制定全球营销方案

在一个或多个国外市场经营的企业必须决定，如何调整其营销战略和方案以适应当地的情况。一个极端是全球企业使用**标准化全球营销（standardized global marketing）**，在世界范围内使用相同的营销方法和营销组合。另一个极端是**适应性全球营销（adapted global marketing）**。在这种情况下，生产商根据每个目标市场调整其营销组合要素，承担更多成本，但希望获得更大的市场份额和回报。

近年来，人们对于市场营销战略和方案应该是适应性的还是标准化的，一直争论不休。一方面，一些全球营销人员认为，技术正在使世界变得更小，世界各地消费者的需求正变得越来越相似。这为"全球品牌"和标准化全球营销铺平了道路。全球品牌和标准化反过来可以带来更大的品牌力量，并通过规模经济降低成本。另一方面，市场营销观念认为，如果针对每个目标顾客群体的独特需求量身定制，营销方案会更加有效。如果这一观念适用于一个国家，它就应该也适用于国际市场。尽管全球趋同，不同国家的消费者仍然具有不同的文化背景。他们在需求和欲望、消费能力、产品偏好和购物模式方面存在很大差异。由于这些差异难以改变，大多数营销人员调整他们的产品、价格、渠道和促销以适应每个国家的消费者需求。

重要的是，全球标准化不是一个非黑即白的命题，而是一个程度的问题。大多数国际营销人员建议，企业应该放眼全球，立足当地。它们应该在标准化和适应性之间寻求平衡，利用全球品牌认知度，但同时调整其营销、产品和运营以适应特定市场。考虑斯堪的纳维亚家具和家庭用品零售商宜家的例子：

宜家——宜家在超过 52 个国家成功运营着超过 420 家门店，吸引着拥有不同目的、语言和文化的消费者。宜家遵循高度标准化的国际运营模式，旨在以普通人负担得起的低价打造优质、实用的家具。无论你在世界上哪个宜家门店购物，你看到的都是巨大的商店、熟悉的蓝黄标志、大量当代斯堪的纳维亚风格的家具以及负担得起的价格。同时，宜家精心调整其商品种类、门店运营和市场营销，以满足全球不同市场顾客的独特需求。该公司定期调整其全球产品设计和种类，以满足当地消费者的不同需求和品位。

适应性全球营销——宜家调整其产品、促销和定位以适应不同文化。在中国，它允许消费者在家具上停留和享受，这种行为在世界其他地方可能被认为是不恰当的。

适应性是宜家在中国成功的关键。例如，宜家的中文意思是"舒适的家"，这个概念被每年光顾宜家 20 家中国门店的数百万消费者所接受。一位观察家说："消费者会来参加家庭郊游，跳进展示床、午睡、摆姿势拍照，然后花几个小时享受空调和免费的汽水续杯。"虽然宜家提供相同的产品范围，但它对门店布局、商品介绍、家庭解决方案和价格进行调整以适应不同的地区。例如，由于很多中国公寓都有阳台，因此宜家门店在推荐的布局和家具中也包括阳台的展示部分。但阳台空间的使用因地区而异，在中国北方，阳台是用来储存食物的；在中国南方，阳台兼作洗衣区。宜家展厅反映了这种地区差异和需求。

当宜家首次进入中国时，其概念对中国消费者来说是陌生的。他们不明白宜家的家具如何能够改善自己的家。因此，宜家发布了店内指导和建议。店里的一个招牌上有一对年长的夫妇，他们的孩子最近搬出去上大学。

PRINCIPLES OF MARKETING 营销的原则（原书第5版）

这对夫妇讨论了宜家如何帮助他们将儿子的卧室改造成供他们使用的新空间。宜家还播放电视广告，展示用宜家商品布置之前和之后的居住区差异。宜家发现，中国人往往在客厅上花费最多，他们在款待客人时"炫耀"客厅，中国人的客厅通常也有餐桌。因此，客厅商品和餐桌用品在宜家门店占据明显位置，宜家还销售电饭煲和筷子。

宜家也根据中国消费者的需求对产品进行了调整。当它首次在中国大陆运营时，它出售的床比标准大小的床短。然而，对于中国大陆人来说，床太短了。因此，宜家转为销售标准床。中国人喜欢硬床垫，因此宜家在中国主要销售硬床垫。在一个星期六下午，中国宜家门店的展示床和其他家具被各个年龄段的消费者占据，他们懒洋洋地躺着，甚至睡得很熟。虽然这在美国或其他西方市场可能被视为不受欢迎的闲逛，但中国的宜家管理者却鼓励这种行为，理由是熟悉这家门店可能会使消费者日后来购物。

虽然宜家的产品目录是其在大多数市场使用的主要营销工具，但在中国并不突出，因为宜家意识到该目录为竞争对手提供了模仿其产品并以更低价格销售的机会。相反，宜家使用中国社交媒体和微博上的广告来吸引中国的城市消费人群。

宜家在中国最大的调整之一是定位。宜家在欧洲的定位是以几乎人人都负担得起的低廉价格提供优质时尚的家具，但中国人口总体收入较低且当地家具价格便宜，因此在中国，宜家的价格对很多人来说没有吸引力。为了降低价格，宜家不得不增加对本地材料的采购。在全球范围内，宜家30%的产品销售来自中国，中国约65%的销售来自本地采购。本地制造也意味着可以在中国节省高额的进口税。凭借其降低成本方面的专长，宜家在过去10年里将中国的价格降低了50%以上。例如，经典的 Klippan 沙发售价为160美元，是之前的三分之一。因此，宜家在中国的价值主张变成了一个面向中产阶层的优质、西式、有抱负的品牌。

总的来说，本地品牌仍然在消费者购买中占绝大部分。大多数消费者，无论他们住在哪里，都过着当地的生活。因此，全球品牌必须吸引当地消费者，尊重文化，甚至成为文化的一部分。

产品

企业可以使用五种战略调整产品和营销传播以适应全球市场（见图19-3）。我们首先讨论三种产品战略，然后讨论一种营销传播战略。

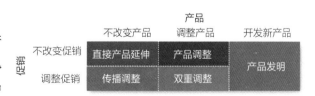

图19-3 调整产品和营销传播的五种战略

直接产品延伸（straight product extension） 是指在国外市场销售产品而不作任何改变。最高管理层告诉其营销人员："使用原有产品，并为其找到顾客。"然而，第一步应该要弄清国外消费者是否使用这种产品，以及他们更喜欢哪种形式。

直接产品延伸在某些情况下是成功的，而在另一些情况下则是灾难性的。苹果iPad和吉列剃须刀在世界各地以基本相同的形式成功销售，而一些企业则在对产品进行了一些修改后取得了成功。飞利浦在日本缩小了咖啡机的尺寸以适应较小的日本厨房，缩小了剃须刀以适应日本人较小的手掌，此后才开始盈利。同样，松下在中国将冰箱宽度减小了15%，以适应较小的中国厨房，此后其销售量在一年内增长了10倍。然而，如果产品不能满足国外消费者的需求，从长远来看成本会很高。

产品调整（product adaptation） 是指改变产品以满足当地的条件或需求。例如，沙宣（Vidal Sassoon）洗发水在全世界只使用一种香味，但其香味的浓度则因地区而异：在日本较淡，因为日本消费者更喜欢比较淡的香味；而在欧洲则较浓，因为欧洲消费者更喜欢浓烈的香味。嘉宝（Gerber）提供的日本婴儿食品可能会让一些西方消费者感到反胃——当地最受欢迎的食品包括比目鱼和菠菜炖肉、鳕鱼子意大利面、茼蒿砂锅菜和白萝卜沙丁鱼酱。亚马逊的虚拟语音助手Alexa在美国说着温柔而精确的美式英语，但它在其他市场必须进行调整，以便更好地掌握每一种全球文化。以印度的Alexa为例。

亚马逊的Alexa——Alexa在印度推出之前，语言学家、演讲科学家和开发人员团队为她进行了一次明显的本地化改造。在印度，Alexa说印度英语——一种印地语和英语的混合语言，带有明显的印度口音。"她知道独立日是8月15日，不是7月4日，她祝愿听众排灯节快乐和新年大吉大利！"一位商业记者说，"她还把起居室称为'客厅'，而且可以在你的购物清单上加入孜然、姜黄和面粉。"Alexa的许多"技能"涵盖了印度人的各种爱好，另一位记者指出，"为板球爱好者加油助威，朗诵赞歌咒……每日星座运势、宝莱坞小测验、印度长笛音乐，甚至是根据已故名厨TarlaDalal的食谱进行的烹饪指导。"掌握印度英语至关重要，虽然很多印度人既懂英语又懂印地语，但他们对听起来像自己的Alexa感到更舒服。在亚马逊向印度大城市之外的地区扩张时，让Alexa了解印度英语和当地亚文化的细微差别尤为重要。更多的农村印度人只讲印地语或其他

产品调整——亚马逊对其虚拟语音助手Alexa进行了仔细调整，以适应每一种新的全球文化。在印度，Alexa说印度英语——一种印地语和英语的混合语言，带有明显的印度口音。

当地语言，而较低的识字率意味着很多人更喜欢语音控制而不是打字。正如亚马逊的印度管理者所指出的，要想在印度取得成功，Alexa必须尽可能地印度化。

产品发明（product invention） 是指创造新的东西以满足特定国家消费者的需求。随着市场的全球化，各个企业——从家电制造商、汽车制造商到糖果和软饮料生产商，都必须开发新产品以满足发展中国家低收入消费者的需求。例如，中国家电制造商海尔为非洲、印度及其他新兴市场的农村用户开发了更"坚固"的洗衣机。海尔发现，农民会使用洗衣机清洗蔬菜和衣服，而轻型洗衣机经常会被泥浆堵塞。

促销

企业可以采用与国内市场相同的传播战略，也可以根据当地市场的不同情况对其加以改变。以广告信息为例，一些全球性企业在世界各地使用标准化的广告主题。例如，可口可乐围绕其"品位感觉"（Taste the Feeling）的主题在全球使用统一的广告。当然，即使在高度标准化的传播活动中，也可能需要做出一些调整来适应语言和文化差异。可口可乐的"品位感觉"广告在世界各地看上去都类似，但在不同的全球市场会有所调整，突出当地的消费者、语言、名人和事件。

全球性企业经常遇到语言障碍，可能引起轻微的尴尬，也可能导致彻底的失败。看似无伤大雅的品牌名称和广告口号在翻译成其他语言时可能会带有意想不到或隐藏的含义。例如，肯德基的口号"Finger lickin' good"（吮指美味）的中文含义是"吃掉你的手指"。

营销人员必须警惕此类错误，在特定全球市场对品牌名称和广告信息本地化时要格外小心。在中国等重要但拥有不同文化背景的市场，是否能找到合适的传播名称决定了品牌的成功或失败。理想情况下，中文名称应该听起来与原本的名称相似，同时又能以有意义或象征性的词语传达品牌的好处。以下是一些例子。

在中国命名品牌——耐克的中文品牌名称很不错，它不仅在中文发音上听起来与原名称一致，其"持久和坚持"的意义还有力地体现了全球耐克品牌"只管去做"（JUST DO IT）的精髓。同样，宝洁子品牌汰渍的中文名称意为"去污"，是强力洗涤剂的完美代号。可口可乐的中文名称可追溯到 1928 年，它不仅听起来很像英文名字，而且相应的中文也传达了口中的快乐，这与可口可乐目前"品位感觉"的定位相似。中国人耳熟能详，同时又传达了品牌精髓的品牌还包括：乐事（快乐的事）、锐步（迅速迈步）、高露洁（展露超级洁净）、赛百味（超越 100 种味道）。

品牌名称传播——使用一个听起来像原名称并传达有意义的品牌好处的当地名称是让消费者记住并喜欢这个品牌的有效方式。可口可乐在中文里的字面意思是"非常美味，非常快乐"。

当涉及普通话字符与品牌商标或标志的视觉关联时，在中国打造品牌会更加复杂。以猫途鹰（Trip Advisor）及其为人熟知的猫头鹰标志为例。当这家领先的旅游网站进入中国市场时，它使用了"到到"这一品牌名称，认为这个吸引人的名字体现了该品牌的核心。但中国游客无法理解这个口号，因此猫途鹰聘请了一家品牌机构为其重新命名中文品牌。经过详尽的研究，团队创造了"猫头鹰"这一品牌名称。该名称更有趣，也更加与猫途鹰的品牌属性保持一致。该公司又将"头"字改为"途"字，这两个字的发音很接近，给新名称加入了双关语，既捕捉了猫途鹰标志性的猫头鹰视觉形象，又体现了该品牌与旅游规划的联系。

为了方便发音、回忆以及形成积极的品牌认知，一些品牌选择使用与原品牌名称发音不同的中文名称。例如，露华浓的中文发音听起来不像 Revlon，该中文名借鉴自一首著名的唐代浪漫诗歌，意思是"春风拂槛露华浓"。

一些企业没有使用全球标准化广告，而是采用传播调整战略，改变广告信息以适应当地市场。以下例子介绍了玩具企业如何对玩具在儿童发展中的作用进行调整。

玩具——在美国和大多数西方国家，父母认为游戏有益于孩子的发展和创造力。然而，中国父母往往对游戏持负面看法，认为游戏是对学习和发展无益的干扰。因此，虽然中国人口几乎是美国的五倍，但中国父母在玩具上的支出不到美国父母的一半。为了克服这一挑战，玩具制造商调整了它们在中国的传播战略，强调游戏如何通过提升儿童的知识、技能和创造力来帮助他们在生活中获得成功。例如，乐高分享了一篇微信文章，介绍了一位硅谷工程师用乐高积木教儿子数学技能；绘儿乐（Crayola）在一则广告中使用了一个虚拟儿童艺术画廊，展示儿童如何成长，"创造的不仅是艺术，还有思想、产品和科学进步"；美泰（Mattel）通过广告展示如何通过风火轮学习物理；美泰为芭比娃娃制作的一段亚洲视频，基于该品牌"你可以做任何事"的主题，通过展示与芭比娃娃一起玩如何让女孩更自信、更有创造力、更有情商，反驳了中国人关于游戏是浪费时间的刻板印象。

调整广告信息——为了反驳中国人对游戏的消极刻板印象，美泰创作了一个广告，展示与芭比娃娃一起玩耍如何让女孩们变得更自信、更有创造力、更有情商。

即使是在世界各地使用标准化广告主题的宣传，也需要进行调整以强化其在当地市场的效果。以下例子介绍了旨在宣扬真正的美的著名广告活动。

多芬（Dove）——在西方市场，多芬影响深远的"真正的美"广告活动使用穿着内衣的普通女性形象。然而，在比较保守的中东，广告活动被修改为只露出面纱后面的女性脸部。在中国，这一广告活动被修改为强调可能造成"剩女"现象的性别比例不平衡问题。在一系列广告中，广告信息集中在中国对女性的审美标准上，这与多芬的广告活动主题如出一辙，即旨在解决人们对美的焦虑。在这些广告中，怀孕的肚子上画着未出生女孩的问题，其中一个问题："如果你知道我会长成一个塌鼻子的女孩，你还会欢迎我吗？"另一个问题："如果你知道我会长到 140 斤（70 公斤），我还会是你的宝宝吗？"最后一个问题："我很快就会来到这个世界。但是如果我长大后只有 A 罩杯，你会取笑我吗？"

企业也需要在国际市场上调整其媒体策略，因为各国媒体的可用性各不相同。美国的电视广告法规很少，而欧洲的电视广告时间则非常有限。例如，法国禁止零售商在电视上做广告，瑞典禁止针对儿童的电视广告。移动广告在亚洲比在美国的接受度更广泛。印度有近 300 家报纸，但由于纸张短缺，广告商必须提前六个月左右进行预订。

价格

企业在设定国际价格时面临许多问题。例如，百得（Black & Decker）如何在全球范围内为其电动工具定价？它可以在全世界设定一个统一的价格，但这一价格在贫穷的国家太高了，在富裕的国家又过低。它可以向每个国家的消费者收取其负担得起的费用，但这一战略忽略了各国实际成本的差异。最后，该企业还可以在任何地方使用标准的成本加价，但这种方法可能会使百得退出成本较高的国家市场。

无论企业如何为产品定价，它们在国外同类产品的价格可能会高于国内。例如，在美国售价为 799 美元的苹果 11 iPad Pro 在新加坡和英国的售价更高。为什么？苹果面临着价格上涨的问题。它必须将运输成本、关税、进口商利润、批发商利润和零售商利润加到生产价格中。根据这些附加成本，一个产品可能需要在另一个国家以 2 ~ 5 倍的价格销售才能获得同样的利润。

为了克服这个问题，当销售给新兴市场不太富裕的消费者时，许多企业会生产更简单或更小版本的产品，并以较低的价格销售。例如，为了

国际定价——为了与新兴经济体的低端竞争者竞争，三星开发了低价的 Galaxy J 系列，该系列采用 Galaxy 的名称和款式，但几乎没有高端功能。

与印度尼西亚、印度、巴基斯坦和其他新兴经济体的低端企业竞争，三星开发了低价的 Galaxy J 系列。J 系列产品的售价在 150 美元以下，使用 Galaxy 的名称和款式，但几

乎没有高端功能。或者，企业可以通过在当地生产产品来降低价格。例如，摩托罗拉和小米在印度生产的手机服务于印度市场，在当地生产手机使它们能够避免高进口关税，从而以降低价格的方式将减少的制造成本让渡给顾客。目前，这两个品牌占印度智能手机销量的50%。

经济和技术力量也影响全球定价。例如，新冠疫情扰乱了制造业，导致供应短缺，进而导致价格上涨。互联网使全球价格差异更加显而易见，当企业通过互联网销售产品时，消费者可以看到不同国家的产品价格，甚至可以直接从产品价格最低的地区或经销商处进行订购。这将迫使企业采取标准化的国际定价。

分销渠道

一家国际企业以**整体渠道观念（whole-channel view）**看待将产品分销给最终消费者的问题。图19-4显示了连接卖家和最终消费者的三个主要环节。第一个环节是国际卖家，负责监督渠道，是渠道本身的一部分。第二个环节是国家之间的渠道，将产品运往国外市场的边境。第三个环节是国家内部的渠道，将产品从国外进口点运送给最终消费者。整体渠道观念考虑了整个全球供应链

图19-4　国际营销的整体渠道观念

和营销渠道。为了更好地参与国际竞争，企业必须有效地设计和管理整个全球价值传递网络。

在一些市场，分销系统是复杂、充满竞争且难以渗透的。印度、印度尼西亚和菲律宾存在上百万个由家庭零售商经营的小商店或在公开市场上销售产品的情况。很多西方企业发现印度的分销系统很难掌控，大型折扣商店、百货商店和超级市场零售商只渗透了印度巨大市场的一小部分，大多数人在名为吉拉那（kirana）的街坊小店购物，这些商店由店主经营，很受欢迎，因为它们提供个性化服务和赊购。此外，西方大型零售商难以应对印度复杂的政府法规和糟糕的基础设施。

麦乐送——在亚洲和非洲的大城市，拥挤的街道和高昂的房价使免下车服务无法实现，大批麦当劳的摩托车送货员将巨无霸和薯条分发给订购的顾客。

发展中国家的分销系统可能比较分散、效率低下或完全缺乏。例如，中国的农村市场高度分散，由很多不同的子市场组成，每个市场都有独特的亚文化。此外，由于分销系统不健全，大多数企业只能从中国庞大人口中的一小部分——富裕城市的消费者那里获利。中国的分销系统如此分散，以至于包装、捆扎、装载、卸载、分类、再装载以及运输货物的物流成本在中国GDP中占很大一部分——远远高于大多数其他国家。

有时，当地条件可能会极大地影响企业在全

球市场分销产品的方式。例如，在巴西的低收入居民区，消费者进入超市的机会有限，因此雀巢雇了一大批个体销售人员，他们开着冷藏车，挨家挨户推销雀巢产品。在亚洲和非洲的大城市，拥挤的街道和高昂的房价使免下车服务无法实现，因此麦当劳和肯德基等快餐店提供送货服务，这已成为一个收入的重要来源。大批摩托车送货员穿着五颜六色的制服，将巨无霸和肯德基鸡块分发给订购的顾客。

国际营销人员面临很多渠道选择。在各个市场之间和市场内部设计高效和有效的渠道系统是一个挑战。

营销的原则

19.7

确定全球营销组织

企业可以通过至少三种不同的方式管理其国际营销活动。大多数企业首先组建一个出口部门，然后创建一个国际部门，最后组成一个全球性组织。

企业通常只需将货物运往国外就可以进入国际市场。如果它的国际销售扩大，企业会组建一个出口部门，由销售经理和几个助手组成。随着销售的增长，出口部门可以扩大到涉及各种营销服务，以便它能够在其他国家积极地开展业务。如果企业发展为合资经营或直接投资，出口部门将不再能满足需求。

许多企业涉足多个国际市场和项目。企业可以向第一个国家出口，向第二个国家发放经营许可，在第三个国家进行合资经营，在第四个国家拥有子公司。母公司迟早会设立国际部门或子公司来处理所有的国际业务。

国际部门的组织方式多种多样。一个国际部门的企业员工包括营销、制造、研究、财务、规划和人事专家。它计划并向各种运营单位提供服务，这些运营单位可以以三种方式之中的一种来进行组织：它们可以是地理组织，国家经理负责管理各自国家的销售人员、销售分支机构、分销商和被许可方；或者，它们可以是世界产品小组，每个小组负责不同产品线的全球销售；最后，它们也可以是国际子公司，每个子公司对自己的销售和利润负责。

许多企业已经超越了国际部门阶段，成为真正的全球性组织。例如，如前所述，尽管欧莱雅创立于法国，但它已经不再有明确的国内市场，它也没有国内总部工作人员。相反，它围绕广泛了解多种文化的管理人员建立全球品牌团队，并为其品牌带来不同的文化视角。

全球性组织并不认为自己是在国外销售的国内营销者，而是全球营销者。企业最高管理层及其员工规划全球范围内的生产设施、营销政策、资金流动和物流系统。全球运营单位直接向组织的首席执行官或执行委员会报告，而不是向国际部门的负责人报告。高管们接受的培训不再局限于国内或国际业务，而是涉及全球业务。全球企业从许多国家招聘管理人员，在成本最低的地方购买零部件和供应品，并在预期回报最高的地方进行投资。

如今，如果大型企业想要参与竞争，就必须全球化。随着国外企业成功渗透国内市场，企业必须更积极地进军国外市场。企业必须从将其国际业务视为次要业务转向将整个世界视为单一、无国界的市场。

目标回顾

无论规模大小，如今的企业再也不能只关注国内市场。许多行业都是全球性的，在全球范围内运营的企业成本更低、品牌认知度更高。与此同时，由于汇率变动、政府不稳定、保护主义关税和贸易壁垒以及其他因素，全球营销存在风险。鉴于国际营销的潜在收益和风险，企业需要以一个系统化的方式来做出全球营销决策。

目标1：讨论国际贸易体系以及经济、政治－法律和文化环境如何影响企业的国际营销决策。

企业必须了解全球营销环境，尤其是国际贸易体系。它必须评估每个国外市场的经济、政治－法律和文化特征。然后，企业必须决定是否走向国际化，并考虑潜在的风险和收益。它必须决定想要达到的国际销售量，想要进入多少个国家，以及想要进入哪些特定市场。这些决策需要权衡可能的回报与风险水平。

目标2：描述进入国际市场的三种主要方式。

企业必须决定如何进入每个选定的市场，无论是通过出口、合资经营还是直接投资。许多企业一开始是出口商，后来转为合资经营，最后对国外市场进行直接投资。采用出口模式的企业通过国际营销中介（间接出口）或企业自己的部门、分支机构、销售代表或代理商（直接出口）向国外市场发送和销售产品。进行合资经营的企业通过与国外企业联合生产或销售产品或服务进入国外市场。采用许可经营模式的企业通过与外国市场的被许可方签订合同进入国外市场，授予被许可方使用制造工艺、商标、专利、商业秘密或其他有价值项目的权利，收取费用或版税。

目标3：解释企业如何调整营销战略和组合，以适应国际市场。

企业还必须决定应该为每个国外市场在多大程度上调整其产品、促销、价格和渠道。一些企业在全球范围内使用标准化全球营销；另外一些企业则采用适应性全球营销，即调整营销战略，为每个目标市场重构营销组合，承担更多成本，但希望获得更大的市场份额和回报。然而，全球标准化并不是一个非黑即白的命题，而是一个程度的问题。大多数国际营销人员建议，企业应该"放眼全球，立足本地"——他们应该在全球标准化战略和本地适应性营销组合策略之间寻求平衡。

目标4：识别国际营销组织的三种主要形式。

企业必须建立有效的国际营销组织。大多数企业最初只设立出口部门，然后出口部门逐步发展为国际部门，少数企业会成为全球性组织，全球营销规划和管理由高级管理人员负责。全球性组织将整个世界视为单一、无国界的市场。

PRINCIPLES OF MARKETING 营销的原则（原书第5版）

PRINCIPLES OF MARKETING

营销的原则（原书第5版）

第 20 章　可持续营销：
社会责任与道德

目标概览

目标 1　定义可持续营销并讨论其重要性。

目标 2　识别对市场营销的主要社会批评。

目标 3　定义消费者保护主义和环保主义，并解释它们如何影响营销战略。

目标 4　描述可持续营销的原则。

目标 5　解释道德在营销中的作用。

内容导览

在最后一章，我们将探讨可持续营销，以及通过对社会和环境负责的营销行为满足消费者、企业和社会现在和将来的需求。我们将从定义可持续营销开始，然后看看人们对营销的一些常见批评，因为这会影响促进可持续营销的消费者行动和公共行动。最后，我们来看看企业如何受益于积极追求对社会负责和道德的行为，从而不仅为个人消费者带来价值，也为整个社会带来价值。

首先，让我们回顾一下企业社会责任（CSR）的概念。以印度最大的企业集团之一塔塔集团（Tata Group）为例，它由90多家企业组成，涵盖10个业务领域，包括工程、材料、信息技术、通信、汽车、化工、能源、资本、酒店和咨询服务。该集团坚信，它可以通过做好事获得成功。以下是它的故事。

塔塔集团的可持续发展之路

Natarajan Chandrasekaran 2017 年接任主席职位，负责掌管塔塔集团——印度最大的企业集团之一。塔塔集团拥有 722281 名员工，2019 年的收入达到 1130 亿美元。塔塔集团在 100 多个国家开展业务，旗下 90 多家企业向 150 个国家出口产品和服务。

KristofferTripplaar/ Alamy Stock Photo

为了维持长期业务，塔塔集团将社会、自然环境和道德准则考虑在内。塔塔的一些核心原则推动其履行企业社会责任，例如将可持续性与业务联系起来、重点帮助弱势群体、寻求志愿服务机会、激励员工参与企业社会责任项目以及遵从自下而上的规则。通过遵守这些准则，塔塔与外部社区建立了强大的社会关系，提升了自己的声誉，并促进了与忠诚员工和合作伙伴的关系。

塔塔在教育和社会事业上投入了大量资金。例如，塔塔咨询服务公司宣布向卡内基梅隆大学捐款 3500 万美元，旨在为第四次工业革命推广先进技术。该公司还向康奈尔大学和哈佛商学院捐赠了超过 1 亿美元，用于学术研究和建筑施工。此外，2020 年塔塔有限公司（Tata Sons）与塔塔信托一起为抗击新冠疫情捐款约 2.03 亿美元。

"自成立以来，塔塔一直努力确保所有员工都有一个安全健康的工作环境。"

此外，塔塔还投入时间和精力帮助当地团体，尽管这项工作给塔塔带来了巨大的金钱成本。在塔塔，被爱可能比盈利更重要。塔塔钢铁公司（Tata Steel）是詹谢普尔（印度东北部城市）最大的就业岗位创造者，虽然它只雇了该市庞大人口中的 32364 名员工，但该公司为詹谢普尔提供了印度所有城市中最全面的社会服务。例如，该公司在员工培训和技能发展方面的支出超过 2048 万美元。塔塔钢铁公司每年还向供水、学校、垃圾清理、公园、医院甚至捕捉凶猛野象等项目捐款约 4000 万美元，用于建设和谐社区。

自成立以来，塔塔一直努力确保所有员工都有一个安全健康的工作环境。事实上，该集团早于大多数西方企业为工人提供儿童保育和养老金等福利。此外，该集团旗下的许多企业为基层扶贫项目提供资金，这些项目看上去与其核心业务没有太大关系。塔塔还以诚实著称，它没有重大的商业和政治丑闻——这点很不容易，尤其是在腐败现象并不罕见的印度。

塔塔集团致力于通过采用低碳商业实践来减少温室气体排放。它对其 200 多名首席执行官和 800 名拥护者进行了培训，从而在世界各地实施气候行动。塔塔钢铁是全球第五大钢铁公司，旨在为全球钢铁行业的碳排放设定标准。塔塔钢铁在研发方面投入了大量资金，发明了将碳排放量降低约 20% 的新技术。塔塔化工（Tata Chemicals）聚焦减少温室气体排放和有效利用淡水。该公司将建立一个大型碳减排工厂，以捕获和利用排放气体。塔塔资本（Tata Capital）已经成立合资公司，研究碳减排技术和可再生能源项目方面的机会。它还为其他公司的清洁技术相关项目提供资金和咨询服务。

塔塔的企业社会责任（CSR）举措聚焦于提高社区和员工的生活质量，并提高集团的运营效率。2019 年，仅塔塔汽车（Tata Motors）的企业社会责任工作就影响了超过 83 万印度人。近年来，在支持研究、教育和社会工作的企业社会责任实践方面，塔塔始终是排名前十的企业。塔塔集团确实通过平衡股东、员工和社会的利益实现了繁荣发展。

负责任的营销人员会发现消费者想要什么，通过为买家创造有价值的产品和服务获得价值回报。市场营销观念是一种强调顾客价值和互惠互利的哲学，它通过一只看不见的手来引领经济，以满足数百万消费者大量且不断变化的需求。然而，并非所有的营销人员都遵循市场营销观念。一些企业使用可疑的营销手段，一些精心策划的营销行为可能在当前或未来对社会造成伤害。负责任的营销人员必须考虑他们的行为从长远来看是否可持续。

本章探讨可持续营销以及营销实践的社会和环境影响。首先，我们讨论以下问题：什么是可持续营销？它为什么重要？

可持续营销

　　可持续营销（**sustainable marketing**）要求企业采取对社会和环境负责的行为，在满足消费者和企业当前需求的同时，保持或提高后代满足其需求的能力。图 20 - 1 比较了可持续营销与我们在前面章节中讨论的其他营销概念。

　　市场营销观念认为，确定目标消费者群体的当前需求和欲望，并比竞争者更有效和高效地满足这些需求和欲望，组织才能蓬勃发展。它聚焦于通过为消费者提供他们想要的东西来满足企业短期的销售、增长和利润需求。然而，满足消费者的即时需求和欲望并不总是能最好地满足消费者或企业的未来利益。

图 20 - 1　可持续营销

　　例如，麦当劳早期决定销售美味但高脂肪、高盐的快餐，立刻为企业创造了利润。然而，批评者声称，麦当劳和其他快餐连锁店助长了长期的肥胖流行，损害了消费者的健康，加重了医疗系统的负担。因此，许多消费者开始寻找更健康的饮食选择，导致快餐业销售下滑。除了道德行为和社会福利问题，麦当劳还因其全球业务对环境造成的巨大影响而受到批评，包括浪费的包装、产生的固体垃圾、店内的低效能源使用等。因此，无论从消费者利益还是从企业利益方面来看，麦当劳最初的战略都是不可持续的。图 20 - 1 中的社会营销观念考虑了消费者的未来福利，战略规划观念考虑企业的未来需求，而可持续营销观念则要考虑两者。

　　十多年来，麦当劳一直以更可持续的行动回应批评，例如，将其菜单多样化，在亚洲和其他市场加入沙拉、水果、烤鸡、低脂牛奶和其他健康食品。该公司还赞助重大教育活动，帮助消费者更好地理解平衡、积极的生活方式。它公布了一份"承诺提供更好的营养选择"清单，并与更健康一代联盟（Alliance for a Healthier Generation）合作，改进开心乐园餐，使用更简单、更健康的食材，提供更平衡的膳食。麦当劳还指出，其美国菜单上 80% 的食物所含热量低于 400 卡路里。

　　麦当劳的可持续战略还涉及环境问题。它呼吁食品供应的可持续性，减少包装并采用环境可持续性包装，再利用和回收，采用更负责任的门店设计。例如，麦当劳在亚洲市场（如日本、新加坡和中国）开设了聚焦绿色包装和废物管理的绿色餐厅。绿色餐厅包括节能和节水系统；使用绿色包装，提倡尽可能少用（例如不使用吸管）；用可回收材料代替塑料包装（例如，使用可回收杯子而不是塑料和泡沫杯）；"为您而做"（Made-For-You）系统中的废物管理——一种新的厨房管理方法，包括在接到食物订单后再准备食材等。

此外，麦当劳于 2021 年 2 月在试销市场（瑞典和丹麦）推出了植物基汉堡 McPlant。一旦 McPlant 在欧洲站稳脚跟，它将在亚洲国家推出。McPlant 由大米、豌豆蛋白、奶酪和各种蔬菜制成，与传统汉堡的口感和味道相似。McPlant 是纯素食品，比肉汉堡更健康、更可持续。因此，麦当劳为可持续盈利的未来做好了准备。

真正可持续的营销需要一个运行顺畅的营销系统，其中消费者、企业、政策制定者及其他人共同努力，确保营销行动是对社会负责和道德的。营销实践 20.1 介绍了中国为减少食物浪费而发起的"光盘行动"。

营销实践 20.1

中国的可持续消费："光盘行动"

为了减少食物浪费，中国开展了一项"光盘行动"。新冠疫情、中国南方的洪水等因素导致了粮食生产和供应危机。每年有 16 亿吨食物被浪费，浪费的食物排放出 33 亿吨温室气体，这种食物浪费在全球导致了价值 7500 亿美元的损失。中国人民非常好客，渴望与客人分享食物，点餐量经常超过所需。因此，中国人平均每餐浪费 93 克食物（约占每餐食物量的 11.7%）。停止食物浪费是全世界面临的重要问题。2020 年不是中国第一次发起这样的运动，此前中国政府曾多次提倡节约食物和光盘行动。

餐厅的行动

"光盘行动"可能会减少餐厅的利润。例如，该运动呼吁减少点餐量，这可能威胁到餐厅的生意。尽管如此，各个餐厅仍然积极参与这项运动。一些餐厅张贴标语（例如"光盘""节约食物"）提醒顾客不要浪费食物。服务员也接受培训，提醒顾客不要点太多菜。除了这种明确的提醒，餐厅还向顾客提供更小份的菜品，使其有机会在不浪费任何食物的情况下尝试更多菜品。一些自助餐厅甚至会对浪费太多食物的顾客进行罚款。餐厅的盘子也变得更小，这样它们就只能容纳比较小的菜量。

公众及消费者的行动

中国的消费者和公众都积极参与"光盘行动"。各种数字媒体纷纷教育学生（从幼儿园到大学）要用心吃饭。中国消费者，特别是更年轻的一代人，正在改变他们的饮食习惯，从奢侈用餐变为极简用餐。他们现在只点有限数量的菜品，并把剩菜打包回家，这种做法在以前会被认为是丢面子的。

中国政府发起了一项"光盘行动"，以减少食物浪费。

数字平台的行动

在线平台也加入了这项"光盘行动"。现场直播的大胃王比赛或其他吃播被批评浪费食物，这些内容涉及人们靠暴饮暴食来吸引观众。例如，博主浪胃仙向大约4000万粉丝播出了自己几分钟内吃掉10包方便面的视频——这种行为可能引发粉丝效仿类似的浪费行为。主要社交媒体平台对此类内容进行监控，并向提倡暴饮暴食的博主发出警告。

此外，还有一个名为"光盘打卡"的应用程序，鼓励用户将自己吃完的空盘照片发布到微信内嵌的小程序上。该应用程序对空盘进行识别，并对上传此类照片的用户给予积分奖励，积分可以用于兑换送给农村地区儿童的礼物和餐食。该项目于2017年启动，目前已拥有111万用户，用户共上传了507万张空盘照片，节约了1.93吨食品，共向慈善机构捐款36.2万笔。

社会的行动计划

各种社会组织都积极参与了这项运动。例如，武汉的餐饮协会劝说餐厅向顾客提供数量有限的菜品。此外，上海政府有严格的规定，鼓励市民节约食物，实际上市民可能会因违反规定而受到惩罚。

来源：Qi Wang, "China Launches Clean Plate Campaign 2.0 as Xi Calls for Endto Food Wastage," Global Times, 13 August 2020, www. globaltimes. cn, accessed September 2020; " China Launches'Clean Plate' Campaign against Food Waste," BBC, 13 August 2020, www. bbc. com, accessed September 2020;"Win Gifts forClearing Your Plate with This WeChat Mini Program," that's, 26 August 2020,www. thatsmags. com,accessed September 2020.

不幸的是，营销系统并不总是运行顺畅。接下来的章节将探讨几个可持续性问题：对市场营销最常见的社会批评是什么？公民个人采取了哪些行动来遏制营销弊端？立法者和政府机构采取了哪些行动来促进可持续营销？开明的企业采取了哪些行动来开展对社会负责和道德的营销，从而为个人消费者和整个社会创造可持续价值？

营销的原则

20.2

对市场营销的社会批评

市场营销受到了很多批评，其中有些批评是有道理的，但很多批评并无道理。社会批评家声称，某些营销行为伤害了个体消费者、整个社会以及其他企业。

营销对个体消费者的影响

消费者对营销系统在多大程度上符合自己的利益有很多担忧。他们可能对营销实践持有矛盾甚至略微负面的态度。消费者权益倡导者、政府机构和其他批评者指责营销通过高价格、欺骗行为、高压销售、劣质或不安全的产品、对弱势消费者提供低质服务等方式伤害消费者（见图20-2）。这种被质疑的做法是不可持续的，也无法保护消费者或企业的长期福利。

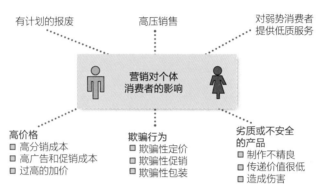

图 20-2　营销对个体消费者的影响

高价格

许多批评者声称，营销系统使价格高于更"合理"系统下的价格。他们指出了三个因素——高分销成本、高广告和促销成本以及过高的加价。

长期存在的批评是，渠道中间商的定价高于其服务价值。批评者认为，中间商太多、中间商效率低下或者中间商提供不必要或重复的服务，导致分销成本太高，从而使消费者以更高的价格为这些过高的成本买单。中间商如何回应这些指责？他们认为，中间商分担了制造商或消费者要完成的工作。加价反映了消费者想要的服务——更多的便利、更大的商店、更多的品种、更多的服务、更长的营业时间、退货特权等。事实上，中间商坚持认为，在零售竞争激烈的地方，利润率实际上相当低。如果一些中间商收取过高的价格，竞争者就会增加并以低价格提供服务。低价商店和其他折扣商店对竞争者施加压力，迫使它们高效经营并压低价格。

营销还被职责推高价格，为大量的广告和销售促进提供资金。例如，一个被大力推广的品牌，其售价远远高于一个几乎完全相同的商店品牌产品。批评者称，包装和促销带来的附加价值大多是心理上的，而非功能性的。营销人员回应说，虽然广告增加了产品成本，但它也通过告知潜在买家一个品牌的可用性和优点来增加价值。名牌产品可能价格更高，但品牌为购买者提供了质量一致的保证。消费者通常可以以较低的价格购买具有名牌产品功能性的平替产品，但他们想要并且愿意花更多的钱购买那些能够提供心理价值的产品——那些能让人们感到富有、有吸引力或者特别的产品。

希望建立长期的顾客关系并获得重复业务。因此，他们断言大多数加价是无意的。

如果营销者有意占消费者便宜，消费者应该向消费者保护协会报告。营销人员指出，消费者往往不了解高加价的原因。例如，药品加价包括购买、促销和分销现有药品的成本，以及研制和测试新药的高昂研发成本。正如制药公司葛兰素史克（GlaxoSmithKline）在广告中指出的那样："今天的药物为明天的奇迹提供资金。"

批评者还指责一些企业对产品进行过高的加价。以制药行业为例，一粒生产成本只有 0.05 美元的药，可能会以 2 美元的价格卖给消费者。他们还强调，殡仪馆的定价策略利用了亲属失去亲人的迷茫情绪，汽车维修和其他服务的收费也过于高昂。营销人员则回应称，大多数企业试图公平地对待消费者。

欺骗行为

营销人员有时被指责采取欺骗行为，导致消费者相信他们会获得比实际更多的价值。欺骗行为可分为三类：欺骗性定价、欺骗性促销和欺骗性包装。欺骗性定价包括虚假宣传"工厂价"或"批发"价，或从虚假的高零售价格大幅降价。欺骗性促销包括歪曲产品的特性或效果，或诱导消费者去商店购买没有库存的便宜货。欺骗性包装包括使用微妙的设计、误导性的标签或模糊的术语来夸大包装内容。

欺骗性定价和促销在数字平台上很常见。在节日期间，一些平台通过改变产品价格进行欺骗性促销。一些卖家在节日前上调价格，然后显示一个低于上调后价格的促销价格，从而说服不知情的消费者购买产品。

最棘手的问题是界定什么是"欺骗性"。例如，一个广告商声称其口香糖会"震撼你的世界"，这并不是字面上的意思。实际上，广告商可能会声称这种描述有一点"虚张声势"——对效果的善意夸张。广告中吹嘘和诱人的形象是不可避免的，甚至可能是可取的："如果拒绝吹嘘，几乎没有哪家企业不会破产，因为没有人会购买纯粹的功能……更糟糕的是，它否认……人们真实的需求和价值观。如果没有扭曲、修饰和精心设计，生活将是单调、乏味、痛苦而且是最糟糕的。"

也有人认为，吹嘘和诱人的形象可能会以微妙的方式伤害消费者。例如，万事达信用卡曾推出一系列广告，描绘了消费者不顾成本地实现其无价梦想的画面。同样，Visa 邀请消费者"享受生活的机遇"。这两个广告都表明，信用卡可以使这一切发生。但一些批评人士称，信用卡公司的这种形象助长了"先花后付"的态度，导致许多消费者过度使用信用卡。

营销人员认为，大多数企业都会避免欺骗行为，因为从长远来看，这种做法会损害它们的业务。可盈利的顾客关系建立在价值和信任的基础上。如果消费者没有得到他们所期望的，他们会很容易转向更可靠的产品。此外，消费者通常会保护自己免受欺骗。大多数消费者能够意识到营销人员的销售意图，在购买时非常谨慎，有时甚至不相信完全真实的产品声明。

高压销售

销售人员有时被指责进行高压销售，说服人们购买他们从未想过要购买的商品。人们常说，保险、分时设施和二手车是卖的，而不是买的。销售人员接受培训，使用流畅、狡猾的销售技巧来吸引购买。他们努力销售，因为销售竞赛承诺向那些卖得最多的人发大奖。

在大多数情况下，营销人员从高压销售中获益甚微。这种策略可能会在一次性销售的情况下获得短期收益，但大多数销售涉及与有价值的顾客建立长期关系，高压销售或欺骗性销售会严重损害这种关系。例如，想象一下宝洁的顾客经理试图向屈臣氏的买家施压，或者联想的销售人员试图恐吓通用电气的信息技术经理，这根本行不通。

劣质、有害或不安全的产品

有人批评设计低劣的产品质量或功能。第一种抱怨是产品和服务有太多时候做得不好。第二种抱怨涉及产品安全，产品安全问题源于多种原因，包括企业漠不关心、产品复杂性增加以及质量控制不良。第三种抱怨是许多产品几乎无益，甚至可能有害。

以软饮料行业为例。多年来，业界批评人士一直将肥胖及其他健康问题归咎于高糖、高热量软饮料的大量供应。他们指责那些贪婪的饮料营销人员，认为其利用弱势消费者牟利。尽管近年来一些发达国家的软饮料消费有所下降，饮料企业正在寻求向新兴市场扩张。根据公共利益科学中心（Center for Science in the Public Interest，CSPI）题为"碳酸化世界"的报告，2016 年，中国、印度和墨西哥等新兴市场占全球软饮料消费的一半以上，而如今近 70% 的软饮料是在

有害产品——软饮料行业在新兴市场推广有害产品是不负责任的行为，还是只是为了满足消费者需求，让他们自己做出消费选择？

这些市场上销售的。CSPI 指责饮料企业的行为很像烟草行业，在已经难以为公民提供医疗保健的国家销售其有害产品。马来西亚、印度和泰国等亚洲国家正在对含糖软饮料征税，新加坡成为第一个禁止高糖饮料广告以抑制需求的国家。

在新兴市场，软饮料行业积极向消息不灵通或粗心的消费者营销饮品，是对社会不负责任吗？或者仅仅是满足了消费者的需求，提供令其愉悦的产品，让他们自己做出消费选择？控制公众的口味是这个行业的职责吗？与许多社会责任问题一样，人们在判断对与错上可能有不同的意见。一些分析家批评这个行业，另一些分析家则认为责任在于消费者，毕竟没有人是被迫购买和饮用任何产品的。

大多数制造商都想要生产高质量的产品。毕竟，企业处理产品质量和安全问题的方式可能损害或提升其声誉。销售劣质或不安全产品的企业可能会与消费者群体和监管机构发生破坏性冲突。不安全的产品可能导致产品责任诉讼和巨额赔偿。更根本的是，对产品不满的消费者可能未来不会再购买，并劝说其他消费者也这样做。伴随着社交媒体和在线评论的广泛使用，劣质产品的口碑可能会像野火一样蔓延开来。质量失误不符合可持续营销的观念。今天的营销人员知道，良好的质量能够确保消费者满意，从而创造可持续的顾客关系。

供应商、政府、公众、社交媒体和消费者都有责任确保产品安全。政府应制定法规强制安全生产；供应商的首要责任是确保安全产品的供应；公众和社交媒体应监测和报告不安全产品，以遏制不道德的生产；消费者需要获取最新的信息，以确保正确使用产品和避免受伤。

有计划的报废

批评者声称，一些企业实行有计划的报废，导致其产品在确实需要更换之前就过时了。他们指责一些生产商使用容易损坏、磨损、生锈或腐烂的材料和零部件来生产产品。如果产品本身的损耗不够快，企业就会利用"认知过时"——不断改变消费者可接受的风格概念，来鼓励更多更早的购买。这也被称为过度消费。一个明显的例子是快时尚行业，其服装流行趋势不断变化，创造了浪费的、一次性服装文化。一位设计师哀叹道："太多的服装最终会被丢进垃圾场。这些服装被认为不再符合审美了，一季结束后就被丢弃，但其实它们还能穿很多年。"

还有一些企业被指责策划一系列新产品，使旧款产品显得过时，将消费者变成"不断置换者"。这种情况在电子产品行业经常发生。如果你和大多数人一样，那么你可能有一个抽屉，里面装满了曾经热门的小电器——从手机、相机到 iPod 和闪存驱动器，现在它们都变成了"化石"。如今，似乎任何一样东西在一两年之后就都过时了。

智能手机企业每隔几年就会推出新版本的设备。旧手机无法更新或被有计划地报废。产品有计划报废是指使硬件设备更快地过时，需要支付很高成本才能继续使用，有时甚至更有可能发生故障。一些智能手机企业（如苹果和三星）因有计划的报废而被罚款。例如，亚洲市场的老款 iPhone 用户被鼓励安装最新的 iOS 系统，这导致他们的设备运行速度变慢，有时还会突然关机。显然，这些消费者在安装更新版本的 iOS 系统之前并没有获得足够的信息。苹果承认让一些手机的速度变慢，但表示这样做是为了延长电池已经老化的设备寿命。然而，更新的软件不会延长旧手机的寿命或改进应用程序的功能；相反，它被用来敦促使用旧手机的消费者更换新机型。

营销人员声称，消费者喜欢款式的改变，他们对旧产品感到厌倦，想要一个时尚的新外观。又或者消费者想要最新的高科技创新，即使旧的款式依然可以使用。没有人被强迫购买新产品，如果喜欢新产品的人太少，它就会失败。大多数企业不会设计那些会迅速坏掉的产品，因为它们不想让消费者流失到其他品牌。但企业会持续对产品进行改进，以满足或超越消费者的期望。

有计划的报废很大程度上是自由社会中竞争和技术力量的作用结果，这些力量迫使商品和服务不断改进。如果三星生产的 Galaxy 手机或平板电脑能一直使用 10 年，那么几乎不会有消费者想要拥有，因为消费者渴望最新的技术创新。因此，有计划的报废并不一定是品牌强加给消费者的，这也是消费者的需求。

对弱势消费者提供低质服务

营销系统还被指责对弱势消费者提供低质服务。例如，批评者声称，城市中贫困的人往往不得不在销售劣质商品且价格更高的小商店购物。在亚洲一些发展中国家，公共设施服务（例如公共汽车、铁路和地铁系统）并不总是能为残疾人提供便利，这也是一个问题。

营销对整个社会的影响

营销系统被指责为社会增加了一些"罪恶"（见图 20 – 3）。

虚假欲望和过度物质主义

文化污染 .... 社会产品过少

图 20 –3　营销对整个社会的影响

虚假欲望和过度物质主义

批评者声称，营销系统使人们过于重视物质财富。评价人的标准是看他们拥有什么，而非他们是什么样的人。诸如"贪婪是好的""购物吧，直到筋疲力尽"等流行语反映了人们对财富和财产的追求。随着亚洲经济的发展，新出现的富裕和好面子的消费者可能尤其容易被强调物质获取和占有的营销活动影响。

批评者并不认为这种对物质的兴趣是人的自然心理状态，相反，他们认为这是市场营销所创造的虚假欲望。企业通过大众媒体来展示物质主义的美好生活模式，从而激发人们对商品的欲望。因此，市场营销创造的虚假欲望使行业获利，而非使消费者受益。

这些批评夸大了企业创造需求的能力。人们对广告和其他营销工具有很强的抵御能力。此外，营销人员在满足现有需求方面往往比努力创造新需求更有效。进一步而言，人们在进行重要的购买时常常会从多种来源搜寻信息。即使是能够影响小额购物的广告信息，也只有在产品确实传递了商家所承诺的顾客价值时，才能促使消费者重复购买。新产品的高失败率表明企业并不能控制需求。

从更深的层次上而言，人们的需求和价值观不仅受到营销人员的影响，还受到家庭、同龄群体、宗教和文化背景以及教育的影响。如果消费者是高度物质主义的，那么他们的价值观可能源于基本的社会化过程，这种社会化过程对消费者的影响要大于企业和大众媒体所产生的影响。

社会产品过少

企业被指控以牺牲公共物品为代价过度销售私人物品。随着私人物品的增加，它们需要更多的公共服务，而这些公共服务往往是缺失的。例如，汽车保有量的增加（私人物品）需要更多的高速公路、交通管制、停车位和警察服务（公共物品）。私人物品的过度销售进一步导致了"社会成本"。对于汽车来说，社会成本包括交通拥堵、空气污染、燃料短缺以及车祸造成的伤亡。

平衡私人和公共物品——为了应对交通拥堵，新加坡设置了一个电子道路收费系统，可以自动从安装在所有汽车里的读卡器上的预付卡中扣除通行费。

必须要恢复私人物品和公共物品之间的平衡。第一种选择是让生产商承担其运营的全部社会成本。政府可以要求汽车制造商生产具有更多安全功能、更高效的发动机和更好的污染控制系统的汽车。这些汽车制造商可能会提高价格以弥补额外的成本，如果买家发现汽车价格太高，这些汽车的生产商就会消失，需求将转移到能够支撑私人和社会成本总和的生产商身上。

第二种选择是让消费者支付社会成本。例如，世界上许多城市开始征收"拥堵费"以减少交通拥堵。为了疏通街道，新加坡设置了一个电子道路收费系统，可以自动从安装在所有汽车里的读卡器上的预付卡中扣除通行费，高峰时段和城市中心地区的通行费最高。未来的汽车购买者还需要竞标购车资格——购买新车并驾驶 10 年的权利。

文化污染

批评者指责营销系统造成了文化污染。人们经常受到营销和广告的冲击。广告打断了严肃的节目，杂志上满是广告，广告牌破坏了美丽的风景，垃圾邮件堆满了收件箱，用户的手机和笔记本电脑上不停弹出广告。这些滋扰不断地用包含物质主义、性、权力或地位的信息荼毒人们的思想。

营销人员希望其广告能够触达目标受众，而不是成为"商业噪声"。但是，通过大众传播渠道，一些广告必然会触达那些对产品不感兴趣的人，从而使他们对广告感到厌烦。购买自己喜欢的杂志或者选择接收电子邮件、社交媒体或移动营销宣传的人很少抱怨广告，因为这些广告涉及他们感兴趣的产品。

由于广告的存在，许多电视和广播频道以及在线和社交媒体网站都是免费的。许多人认为，断断续续出现的广告是为获得这些好处而付出的小小代价。今天的消费者也有其他选择。例如，他们可以快进跳过电视广告，或者在许多有线或卫星频道避开广告。因此，为了吸引消费者的注意力，广告商必须使其广告具有娱乐性并能够传递信息。

营销对其他企业的影响

批评者声称，一家企业的营销行为可能会损害其他企业并减少竞争。其中涉及三个问题：收购竞争对手、创造进入壁垒以及不公平竞争的营销行为。

- 批评者声称，当企业通过收购竞争对手而不是开发自己的新产品进行扩张时，被收购企业就会受到损害，竞争会减少。在过去的几十年里，大量的收购和快速的行业整合引起了人们的担忧，即充满活力的年轻竞争者将被吸收，竞争将会减

营销的原则（原书第 5 版）

少。在许多行业——零售、娱乐、金融服务、公用事业、交通、汽车、电信和医疗保健，主要竞争者的数量正在减少。

并购是一件复杂的事情。并购有时对社会有利，收购方可以获得规模经济，从而降低成本和价格。管理良好的企业可以接管管理不善的企业，并提高其效率。此前竞争力不强的企业在收购后可能会变得更有竞争力。例如，中国汽车制造商吉利从福特手中收购了沃尔沃。尽管沃尔沃有着出色的安全性和可靠性记录，但它一直没有盈利。吉利希望扭转这一局面。但收购也可能是有害的，因为受到一些政府的密切监管。

■ 批评者还指责一些营销行为阻碍了新企业进入一个行业。大型营销企业可以利用专利和大量促销支出，以及与供应商或经销商联合，以阻止或赶走竞争对手。有些进入壁垒是大规模经营的经济优势导致的自然结果。

■ 一些企业使用不公平竞争的营销行为，目的是伤害或摧毁其他企业。它们可能会设定低于成本的价格，威胁要切断与供应商的业务，或阻止人们购买竞争对手的产品。各国的法律都致力于防止这种掠夺性竞争。然而，要证明企业的意图或行为确实具有掠夺性是很困难的。

沃尔玛被指责在选定的市场区域实施掠夺性定价，将较小的零售商挤出市场。然而，虽然批评者认为沃尔玛的行为是掠夺性的，但也有人质疑，这是高效率企业和低效率企业之间的不公平竞争或良性竞争。这种现象在平台企业中很普遍，它们会利用掠夺性的低价挤走竞争者，然后在获得垄断地位后提高价格。

营销的原则

20.3

促进可持续营销的消费者行动

可持续营销要求企业和消费者采取负责任的行动。由于一些人认为商业是很多经济和社会弊病的根源，所以出现了一些旨在保持商业秩序的草根运动，其中两大主要运动是消费者保护主义和环保主义。

消费者保护主义

消费者保护主义（consumerism） 是公民和政府机构组织的一场运动，目的是改善买方相对于卖方的权利和权力。传统的卖方权利包括：

■ 在不危及个人健康或安全的前提下，以任何规格和款式推出任何产品；如果产品有害，应包含适当的警告和控制。

■ 在不存在对买方歧视的前提下，对产品收取任何价格。

■ 在不构成不正当竞争的情况下，花费任何金额来推广产品。

■ 使用任何产品信息，只要在内容或执行上没有误导或欺骗。

■ 使用购买激励计划，只要这些计划没有不公平或误导。

传统的买方权利包括：

■ 不购买卖方出售的产品。
■ 期望产品安全。
■ 期望产品与其声明一致。

比较这些权利，许多人发现权利的平衡倾向于卖方。诚然，买方可以拒绝购买产品。但批评者认为，在面对老练的卖家时，买家缺乏信息、教育和保护，无法做出明智的决定。消费者权益倡导者呼吁增加以下消费者权利：

■ 充分了解产品的重要方面。
■ 有权受到保护，不受有问题的产品和营销行为的影响。
■ 以提高"生活质量"为目的影响产品和营销行为。
■ 以能够造福后代的方式消费。

每一项提议中的权利都导致了消费者保护主义者提出更具体的建议。例如，知情权包括有权了解一项贷款的真实利息（贷款真相）、一件品牌产品的实际单位成本（单位定价）、产品成分（成分标签）、食品的营养价值（营养标签）、产品新鲜度（生产日期）和产品的真正利益（广告真相）。与消费者保护有关的建议包括在商业欺诈案件中加强消费者的权利，要求提高产品安全性，保护信息隐私，并赋予政府机构更多权力。与人们的生活质量相关的建议包括控制某些产品和包装的成分，减少广告"噪声"，以及选举消费者代表进入企业董事会以保护消费者利益等。

可持续营销是消费者以及企业和政府共同关注的问题。消费者不仅有权利也有责任保护自己，而不是依赖他人去做。认为自己进行了一笔糟糕交易的消费者有几种选择，包括联系企业或媒体、联系当地消费者机构、向法院诉诸赔偿。消费者应该做出明智的消费决策，选择负责任的企业，避开不负责任的企业。从不负责任的消费转向可持续消费的最终权力在消费者手中。

环保主义

消费者保护主义者考虑的是营销系统是否有效地服务于消费者的需求，而环保主义者关心的是营销对环境的影响，以及满足消费者需求所带来的成本。**环保主义**（**environmentalism**）是由关心环境的公民、企业和政府机构组织的旨在保护和改善人们生活环境的运动。

环保主义者并不反对营销和消费，他们只是希望人们和组织更加关心环境。他们声称，营销系统的目标不应该是最大化消费、消费者选择或消费者满意度，而应该是最大化生活质量。"生活质量"不仅指消费品和服务的数量与质量，还包括环境质量。环保主义者希望生产者和消费者的决策都考虑环境成本。

企业现在承担了更多保护环境的责任。它们正在从抗议转向预防，从监管转向责任。许多企业正在采取**环境可持续性**（**environmental sustainability**）政策。简而言之，环境可持续性就是在创造利润的同时保护地球。可持续性是一个至关重要但又很困难的社会目标。营销实践 20.2 介绍了悦榕庄的可持续旅游。

一些企业为了回应消费者对环境问题的担忧，只采取了必要措施来规避监管，或让环保主义者保持沉默。然而，更开明的企业正在采取行动，不是因为有人强迫它们这样做，也不是为了获取短期利润，而是因为这样做是正确的——对企业和地球的未来都是如此。

图 20-4 显示了一个矩阵，企业可以用它来衡量其在环境可持续性方面的进展。在最基本的层次上，企业可以实施污染预防。这不仅仅涉及污染控制——在废物产生后对其进行清理。污染预防是指在废物产生之前消除或减少废物。强调预防的企业通过"绿色营销"计划开发更安全的生态产品、可回收和可生物降解的包装、更好的污染控制和更节能的运作。

	现在：环保	未来：超越环保
内部	**污染预防** 在废物产生前消除或减少	**新清洁技术** 开发新的环保技术和技能
外部	**产品管理** 在整个产品生命周期减少环境影响	**可持续发展愿景** 创建未来可持续发展的战略框架

图 20-4　环境可持续性组合

来源：Stuart L. Hart, "Innovation, Creative Destruction, and Sustainability," *Research Technology Management*, September - October 2005, pp. 21 - 27.

例如，韩国政府鼓励公民使用"绿色信用卡"购买环保产品，并采用绿色生活方式，比如乘坐公共交通工具等。消费者可以获得积分，这些积分可以兑换现金，也可以用来抵水电费。

企业可以实行产品管理，在降低成本的同时，在整个产品生命周期内最大限度地减少生产污染和所有环境影响。许多企业正在采用环境设计（Design for Environment，DFE），这包括前瞻性地设计易于回收、再利用或再循环的产品。环境设计不仅有助于维护环境，而且可以为企业带来高额利润。

营销实践 20.2

悦榕庄：扎根于可持续旅游

悦榕庄（Banyan Tree）由前记者何光平（Kwon Ping Ho）及其妻子张齐娥（Claire Chiang）于 1994 年创立，从最初的默默无名成长为酒店业中备受尊敬的品牌，是世界各地旅行者的至爱。

悦榕庄度假村一开始是在泰国度假胜地普吉岛上一片废弃的土地上建造起来的，后来那里发现了重污染的锡矿。从如此不可思议的开端，到经过大规模的清理，一个极具环保意识的豪华海滩度假村诞生了。此后，悦榕庄开设了一系列连锁水疗中心和酒店，遍布世界各地，从繁华的上海市中心一直到墨西哥海岸。

如今，悦榕庄在23个国家经营47个度假村、酒店和豪华水疗中心，拥有超过971854名忠实会员。该集团正在寻求进一步扩张，尤其关注美洲和中国的新市场。可持续发展是一项核心价值；该集团努力成为一个对社会负责的组织，为多个利益相关方创造价值。悦榕庄采取各种措施践行可持续发展。

减少废物

悦榕庄关注气候变化，注重减少浪费，努力创建绿色社区。2019年，4184名悦榕庄项目参与者种植了22351棵树。该集团采用相关技术，以能够提高资源使用效率，减少浪费、能源使用和温室气体排放。

该集团在资源利用以及减少废物和污染方面设定了很高的基准。2019年，每间客房的能源使用量下降了7%，温室气体排放量下降了1.3%。由于有新酒店开业，用水量增加了3.3%，但用水效率有所提高。此外，由于新酒店投入运营，垃圾填埋量增加了39.6%，但该年度没有产生任何有害垃圾。

悦榕庄是一个注重环保的奢侈酒店品牌。

良好治理

悦榕庄鼓励顾客为每间客房每晚额外捐赠2美元——2001~2009年的捐款总额达到了5122962美元。悦榕庄还邀请单个酒店和员工捐款，这些捐款总额高达12216389美元。所募集的资金并非用于提升顾客服务或员工奖金，而是用于促进绿色社区和环境保护。

在新冠疫情期间实现食品可持续性

根据一项消费者调查，75%的顾客在经历了新冠疫情的影响后将食物列为健康生活最重要的因素。因此，悦榕庄为顾客提供有机和安全的产品。悦榕庄选择拥有可持续认证的供应商，确保在每家酒店提供清洁的海鲜。它们与有机农场和可持续厨房之间的伙伴关系使顾客能够获得高质量的吃住。利用创新技术和有机成分，悦榕庄实现了可持续的价值链。

提升员工技能，从而加强生态保护

任何服务业的发展都依赖于持续创造能够传递品牌承诺的体验。员工需要技术方面的技能来完成工作——良好的招聘和培训程序可以解决这个问题。重要的是，员工必须了解品牌的意图，并将其转化为自己每天的行为和决策。这需要能够使品牌具有生命力的强大文化，以及令员工对品牌和工作产生主人翁意识的授权。

悦榕庄企业社会责任（CSR）举措的一个关键方面涉及创建愉快的工作环境，以及教育和培训员工，使其拥有必要的专业技能。悦榕庄拥有管理和水疗学院，

PRINCIPLES OF MARKETING 营销的原则（原书第5版）

为员工提供各种培训项目。每个员工每个月要接受约 5 小时的培训；2019 年，85% 的员工对公司感到满意。

社区贡献

悦榕庄为当地社区成员提供教育和学习机会，还向 12 ~ 18 岁的儿童提供辅导和奖学金，以提高他们的技能。2019 年，悦榕庄的员工和顾客共捐赠了 30119 美元，用于支持中国、印度尼西亚、泰国及其他国家 8314 名学生的教育。

来源：Megha Paul, "How Banyan Tree Is Championing Sustainable Future through Food amidst COVID–19," *Travel Daily Media*, 29 July 2020, www. traveldailymedia. com, accessed September 2020; Banyan Tree, "Sustainability Report 2019," *Banyan Tree*, 10 December 2019, www. investor. banyantree. com, accessed December 2020.

三星采取了以公平的市场价值回收和再利用顾客 IT 设备的做法。截至 2020 年，三星共回收了 80 亿磅电子垃圾，并将于 2030 年前在全球范围内回收 150 亿磅电子垃圾，但只有不到 20% 的垃圾将被再利用。三星必须参与到这样的循环经济中。因此，它为报废设备开发了一个解决方案，即向顾客返还现金。数据安全是 IT 设备的一个主要问题，因此在回收电子设备之前，三星会销毁数据。该公司在减少环境和数据风险方面所做的卓越努力为其在全球范围内赢得了良好的声誉。

今天绿化活动的重点在于改善企业已经采取的环境保护措施。图 20.4 所示的"超越环保"活动展望未来。首先，在内部，企业可以计划实施新的清洁技术。许多在可持续发展方面取得良好进展的组织仍然受到现有技术的限制。为了制定完全可持续的战略，它们需要开发创新的新技术。以松下为例。

为了追求环保，松下正在亚洲建立生态创意工厂。

松下（Panasonic）——电子巨头松下的目标是成为行业内最好的绿色创新企业。松下的 2050 年环境愿景制定于 2017 年，旨在通过能源创造和高效利用的方式为社会做出贡献。松下已经开发出使用氢能并减少整体能源使用的环保技术，以促进能源节约。松下定义了一些有助于减轻环境影响的战略性绿色产品（例如，节水或可回收产品）。2019 年，绿色产品占松下总销售额的 25%。

成熟市场的消费者关心能源效率。松下专注于提供有助于构建绿色社会的综合解决方案。其环保产品使用传感器来检测房间条件，并通过调整输出来自动优化性能，使其更节能、更节水、更耐用。松下还将在亚洲建立生态创意工厂。这些工厂将在不牺牲质量的情况下，遵守该公司在回收水、化学品和废物方面严格的内部生产规定。松下已经在印度尼西亚、新加坡、马来西亚和泰国建立了四家这样的工厂。

企业可以制定可持续发展愿景，作为未来的指南。愿景可以包括企业的产品和服务、流程和政策必须如何发展，以及为了实现这一目标必须开发哪些新技术。这种可持续发展愿景为污染控制、产品管理和环境技术提供了一个框架。

如今，大多数企业都专注于图 20 - 4 所示矩阵的左上象限，在污染预防方面的投入最多。一些具有前瞻性的企业也实行产品管理，并正在开发新的环保技术。很少有企业有明确的可持续发展愿景。然而，在环境可持续性组合中只强调一个或几个象限是目光短浅的。只投资于矩阵的上半部分，会让一家企业在今天处于有利地位，但会让它在未来很脆弱。相反，过于强调下半部分意味着企业拥有良好的环境愿景，但缺乏实施所需的技能。因此，企业应该努力发展环境可持续性的所有四个方面。

施耐德电气就是这样做的。在过去的几年里，它被评为世界上最可持续发展的企业之一。

施耐德电气（Schneider Electric）——施耐德电气是能源管理和自动化领域的领先企业，在中国、新加坡和印度等 100 多个国家经营，拥有多个对其运营的环境影响进行管理的项目。许多亚洲国家致力于减少碳排放以应对全球气候挑战，施耐德电气整合全球资源（例如智能技术和战略产品）帮助顾客实现碳中和。

施耐德电气在印度尼西亚的工厂被誉为第四次工业革命的基石。智能技术、传感器、基准和预测管理被用于帮助员工操作、使用和维修机器。这些工厂减少了44%的能源使用，将按时交货率提高了 40%。截至 2019 年底，55.2% 的销售额来自绿色溢价（Green Premium）项目。该项目符合政府的绿色生产法规，为环境做出了贡献。

环保主义给全球营销人员带来了一些特殊的挑战。随着国际贸易壁垒的降低和全球市场的扩大，环境问题对国际贸易的影响越来越大。然而，各国的环境政策仍有很大差异。丹麦、德国、日本、美国等国家已经制定了环境政策，公众的期望也很高。但中国、印度、巴西和俄罗斯等其他主要国家在制定此类政策方面仍处于早期阶段。此外，激励一个国家的消费者的环境因素可能对另一个国家的消费者没有影响。例如，PVC 软饮料瓶不能在瑞士或德国使用，但它们在法国更受青睐，因为法国对其有常规的回收过程。因此，国际企业发现其难以在全球范围内制定出标准的环保措施。相反，它们正在制定总体政策，然后再将这些政策转化为符合当地法规和期望的定制方案。

PRINCIPLES OF MARKETING 营销的原则（原书第 5 版）

规范市场营销的公共行动

公民对营销实践的关注通常会引起公众的注意和立法提案。因此，新法案可能通过，接下来的任务是将这些法律翻译成营销高管理解的语言，以便他们在竞争关系、产品、定价、促销和分销渠道方面做出适当的决策。图 20 – 5 说明了营销管理人员可能面临的法律问题。

图 20 –5 主要营销管理人员可能面临的法律问题

实现可持续营销的商业行为

最初，许多企业反对消费者保护主义、环保主义和其他可持续营销元素。它们发现这些批评要么不公平，要么不重要。但现在，许多企业已经开始接受新的消费者权利。它们承认消费者获得信息和受保护的权利。许多企业积极响应消费者保护主义和环保主义，将其作为创造更大顾客价值和加强顾客关系的方式。

可持续营销原则

在可持续营销观念下，企业的营销战略应该支持营销系统的长期表现。它应该遵循五个可持续营销原则：顾客导向营销、顾客价值营销、创新营销、使命感营销和社会营销（见图 20 –6）。

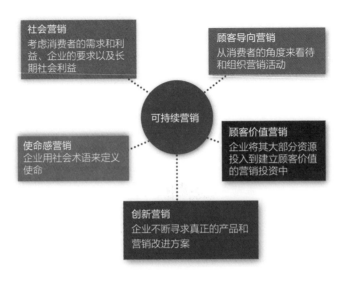

图 20-6 可持续营销原则

顾客导向营销

根据顾客导向营销（**consumer-oriented marketing**）的原则，企业应该从顾客的角度来看待和组织营销活动。它应该努力感知、服务并满足特定顾客群体的需求。我们讨论过的所有优秀企业都有一个共同点：全心全意为精心挑选的顾客提供卓越的价值。只有通过顾客的眼睛看世界，企业才能建立持久和可盈利的顾客关系。例如，著名的日本饮料公司三得利（Suntory）开发了促进顾客健康、防止脂肪吸收和高血压的产品。

顾客价值营销

根据顾客价值营销（**customer-value marketing**）的原则，企业应将其大部分资源投入建立顾客价值的营销投资中。营销人员做的许多事情——一次性促销、化妆品包装变更、直接响应广告等，可能会在短期内增加销售，但增加的价值低于产品质量、功能或便利性的实际改进。明智的营销需要通过不断提高顾客从企业提供的产品中获得的价值来建立长期的顾客忠诚和顾客关系。通过为顾客创造价值，企业可以从顾客那里获得价值回报。

例如，化妆品小样是以低价出售的美妆产品的小版本，用于吸引年轻顾客；它们为需求不同的顾客创造价值。在经济衰退时期，顾客花在美容产品上的钱更少，小样尤其受欢迎。大约 66% 的年轻人（18～34 岁）品牌忠诚度很低，喜欢尝试不同的产品。奢侈化妆品牌的小样以顾客为导向，让年轻顾客能够在不花太多钱的情况下尝试各种产品。小样帮助顾客在做出最终决策之前减少浪费。这种商业模式也抑制了过度消费。然而，出售小样的趋势也产生了大量废物和碳排放。

创新营销

创新营销（**innovative marketing**）的原则要求企业不断寻求真正的产品和营销改

进方案。如果一家企业忽视了新的、更好的经营方式，最终会将顾客拱手让给其他支持创新的企业。韩国美容产品是创新营销的优秀范例。

韩国美容产品——韩国美容是全球皮肤护理领域的领导者，其市场规模预计到2024年将达到2000亿美元，占全球美妆行业的四分之一。韩国美容在研发方面进行了大量投资，拥有比其他任何国家都要更多的护肤专利。甚至美国和欧洲的美妆品牌都使用韩国的研发药剂师和工厂来开发自己的产品。韩国美容表明，清洁和可持续的皮肤护理将在未来占主导地位，取代会产生空气污染和温室效应的传统皮肤护理产品生产。展望未来，美妆产品应该是天然和有机的，而不是化学品的堆砌。

韩国美容产品还使用环保包装材料。3D打印和大数据最终可用于为每个顾客设计个性化包装。韩国美容产品可以根据顾客的个人社交媒体和购买数据进行定制。如果韩国美容企业应用大数据来设计个性化产品，这对于全球美妆行业而言将是巨大的成功。

使命感营销

使命感营销（sense-of-mission marketing）是指企业用广泛的社会术语而非狭隘的产品术语来定义自己的使命。当企业定义了自己的社会使命时，员工对自己的工作感觉更好，也会有清晰的方向感。具有社会使命的品牌可以最好地为品牌和消费者的长期利益服务。例如，多芬（Dove）想做的不仅仅是销售其美容产品，它的使命是发现"真正的美"，帮助女性按照自己的方式快乐生活。

多芬（Dove）——这一切都始于联合利华的一项研究。该研究发现，在接受调查的来自10个国家的3300名女性中，只有2%的人认为自己长得漂亮。联合利华的结论是：是时候重新定义美了。因此，该企业启动了"多芬自信养成计划"（Dove Self-Esteem Project），旨在增强年轻女孩的自信心，并帮助她们充分发挥潜能。作为该计划的一部分，625000名教师组织研讨会并在网上发布关于提升自信的内容。198个国家的约1940万年轻女性从该计划中受益。

多芬还在全球发起了"真正的美"宣传活动，广告中展示了各类女性（不只是女演员或模特）坦率且自信的形象，还带有让消费者思考他们对美的看法的标题。随后对亚洲女性进行了一项研究。新加坡、中国香港和日本的女性似乎对自己的身材最不满意。尽管亚洲女性认为尊严、自信、善良和智慧比性感和年轻更重要，但她们仍然觉得美丽的标准难以企及。

多芬在新加坡发起了多芬自信基金，作为"帮助女性按照自己的方式快乐生活"这一更大使命的一部分。

亚洲女性迫于压力要融入同龄人，担心自己与众不同。多芬在亚洲发起的一项宣传活动鼓励亚洲女性尝试各种发型，自信地拥抱自己的美丽。多芬制作了短视频并将其分享在社交媒体平台上，从而挑战人们只接受黑直头发的刻板印象。这次活动使许多亚洲女孩意识到她们可以自由尝试不同的头发颜色和风格来突出自己的个性。

多芬还发现，在新加坡，84%的少女希望能改变自己的外表，约60%的人因长相或体重而感到自卑，只有7%的日本女孩对自己的外表感到满意——这远远低于世界平均水平。由于自信水平低，这些女孩逃学、避开社交场合、躲进卧室。这促使多芬在新加坡和日本的医疗机构发起了多芬自信基金，其中一个项目名为"身体对话"，在学校里举办教育研讨会，帮助青少年理解和处理他们对自己外表的感觉。该项目还帮助学校获得有关饮食失调的书籍和资源。

一些企业用广泛的社会术语定义它们的企业使命，包括产品、经济和社会使命。例如，三星电子的使命是"创造卓越的产品和服务，从而更好地为全球社会做出贡献"。从一开始，三星就支持一系列社会和环境事业。其可持续发展举措包括生产绿色产品和包装、回收利用（例如，以旧换新）以及减少温室气体排放的有效制造工艺。2020年三星实现了100%的可持续纸包装，并计划到2030年使用50万吨再生塑料，收集750万吨电子垃圾。然而，在价值和利润之间取得平衡并不容易。为了未来的可持续经营，三星电子还必须在社会和环境事业上投入大量资金。

还有一个例子是联合利华在印度的努力。2019年，联合利华发起了一项面向160万人的洗手计划，显著减少了印度的婴儿疾病。联合利华更新了其运营方式，与2018年相比，2019年的温室气体排放量减少了14%，节约了9800亿升水。该公司还致力于通过减少工作场所的不公平以及管理组织中的性别不平衡来改善员工的生计。

这些事实给企业家上了惨痛一课，其结果是出现了新一代的激进企业家——他们不仅是痛恨资本主义的大胸襟社会活动家，还是对事业充满激情的商业经理和企业建设者。

社会营销

根据**社会营销（societal marketing）**的原则，企业通过考虑消费者的需求和利益、企业的要求以及长期社会利益来做出营销决策。企业意识到忽视消费者和长期社会利益是对消费者和社会的伤害。警觉的企业将社会问题视为机遇。例如，东南亚领先的日常超级应用Grab发起了"Grab for Good"倡议，计划到2025年让300万亚洲人具备数字素养，并培训2万名学生加入劳动力大军。

以社会为导向的营销人员设计的产品不仅令人愉悦而且有益，如图20-7所示。产品可以根据即时顾客满意度和长期顾客利益进行分类。**缺陷产品（deficient products）**，比如口感差、疗效低的药物，既没有立竿见影的效果，也没有长期利益。

愉悦产品（pleasing products）能带来很高的即时满意度，但从长远来看可能会伤害顾客，例如香烟和垃圾食品。**有益产品**（salutary products）吸引力低，但从长远来看可能有利于消费者，例如安全带和安全气囊。**理想产品**（desirable products）提供高即时满意度和高长期效益，如 LED 灯泡，提供良好照明的同时耐用和节能。丰田的混合动力普锐斯既安静又省油。

图 20 -7　产品的社会化分类

企业应该努力把它们的产品变成理想产品。愉悦产品的挑战在于，它们卖得很好，但最终可能会伤害顾客。因此，产品机会是在不降低产品愉悦属性的情况下增加长期利益。有益产品需要一些令人愉悦的品质，以便顾客更想拥有它们。

可持续营销的绿色（GREEN）框架

可持续营销的绿色（GREEN）框架是基于分配给社会、消费者和企业的价值，作为理解可持续实践的一种手段。"G"代表各利益相关者的全球价值变化；"R"表示减少浪费的负责任行为，从而创造企业和环境之间的和谐；"E"代表所有利益相关者为后代所采取的公平合理的绿色行为；第二个"E"表示道德营销实践——为消费者、社会和环境做正确的事；"N"代表消费者长期福祉所必需的生活质量。

社会营销——节能灯泡不仅能通过良好的照明带来即时顾客满意，还能通过节约能源和成本提供长期顾客利益。

营销的原则

20.5

营销道德

有良心的营销人员面临着许多道德困境，通常不存在最好的行动方案。因为并不是所有的管理者都具有良好的道德敏感性，企业需要制定企业营销道德政策——组织中每个人都必须遵守的广泛准则。这些政策应该涵盖经销商关系、广告标准、顾客服务、定价、产品开发和一般道德标准。

即便是最好的指导方针也不能解决营销人员面临的所有道德状况。表 20 - 1 列出了营销人员在职业生涯中可能遇到的一些困难的道德状况。如果营销人员在这些情况下选择立即产生销售行为，那么他们的行为很可能被描述为不道德甚至是非法的。如果他们拒绝采取任何行动，他们可能会成为效率低下的营销经理，并因道德紧张而感到不快。管理者需要一套原则，帮助他们弄清每一种情况的道德含义，并凭良心做出决策。

表 20-1　营销中的道德困境

1. 你在一家烟草公司工作。 最近几年的公共政策讨论让你毫不怀疑吸烟与癌症密切相关。 虽然贵公司目前在开展一项"如果你不吸烟，就不要开始"的宣传活动，但你相信其他公司的宣传会鼓励不吸烟的年轻人（到了法律允许的年龄）开始吸烟。 你会怎么做？

2. 你们的研发部门对产品进行了小改动。 并非真正的"全新改进"，但你知道在包装和广告中加上这条标语会增加销量。 你会怎么做？

3. 你被要求在产品线中添加一个精简版本，从而吸引顾客进入商店。 广告中的产品不是很好，但只要顾客来到商店，销售人员就能够说服他们购买价格更高的产品。 你被要求对精简版产品开绿灯。 你会怎么做？

4. 你正在考虑聘用一名刚从竞争者公司离职的产品经理，她非常乐意告诉你竞争者明年的所有计划。 你会怎么做？

5. 某个重要区域的最佳经销商最近遇到了一些家庭问题，导致他的销售额下滑。 看起来他需要一段时间去解决家庭问题。 与此同时，你的销售额正在下降。 在法律上，基于业绩原因，你可以终止雇佣该经销商并找人取代他。 你会怎么做？

6. 你有机会赢得一个对你和你的公司都意义重大的客户，采购代理暗示一份"礼物"会影响他们的决定。 你的助手建议送一台高清电视机给采购代理。 你会怎么做？

7. 你听说竞争者的某个新产品功能会提高销量，竞争者计划在年度贸易展览的私人经销商会议上展示这一功能。 你可以派出一个卧底参加这次会议了解新功能。 你会怎么做？

8. 你必须从代理商描述的三个广告活动中选择一个：①软广告，真实、直截了当；②使用带有性的情感诉求并夸大了产品的好处；③有些嘈杂、有些令人恼火的广告，但一定会引起观众注意。 前测显示三个广告活动效果的排序如下：③、②、①，你会怎么做？

9. 你正在为销售员招聘面试一位能干的女性申请者，她比你面试过的那位男性更胜任。 然而，你知道你的一些重要客户更喜欢和男性打交道，如果你雇她，你会失去一些客户。 你会怎么做？

但是，在道德和社会责任问题上，应该用什么原则来指导企业和营销经理呢？ 一种观点认为，这些问题是由自由市场和法律制度决定的，企业及其管理人员不需要承担道德判断的责任。因此，企业可以问心无愧地做任何市场和法律制度允许的事情。

还有一种观点认为不应该把责任推给制度，而是要放在企业和管理者的手中。这种观点认为企业偶尔应该有"社会良知"。无论"制度允许什么"，企业和管理者在进行企业决策时都必须采用高标准的道德规范。

每个企业和营销经理都必须制定出一套对社会负责和道德的原则。在社会营销观念下，每个管理者都必须超越法律的范畴，制定基于个人诚信、企业良知和长期消费者福利的标准。以开放和直率的方式处理道德和社会责任问题，有助于企业建立以诚信为本的牢靠的顾客关系。许多企业将消费者纳入日常社会责任过程，以汽车制造商日产为例。

日产（Nissan）——当出现导致制动液泄漏的制动缺陷时，日产被迫召回 40 万辆汽车。尽管这是个威胁，但日产没有犹豫或隐瞒这一事件，而是直面后果。顾客可以将有缺陷的汽车送到日产的经销商处进行免费维修。其迅速而果断的反应帮助他们保持了顾客对日产品牌的信心。即使在危机时期，品牌也可以与顾客积极沟通，培养信任和忠诚的关系。

与环保主义一样，道德问题也给国际营销人员带来了特殊的挑战。不同国家的商业标准和惯例差别很大。问题是，一家企业是否必须降低其道德标准，才能在标准较低的国家有效竞争？理想情况下，企业应该遵循一套通用的全球标准。

恒康金融集团（John Hancock Life Insurance Company）——恒康金融集团是来自加拿大的领先金融服务公司，在东南亚运营得很成功。尽管亚洲盛行贿赂，且当地人警告说这里的规则与西方国家不同，但恒康在商业运营中严格遵守其核心原则。恒康主席斯蒂芬·布朗（Stephen Brown）表示："我们告诉员工，我们在这些国家的道德标准、程序和政策与我们在美国的相同，我们也确实是这样做的。我们只是觉得回报之类的事情是错误的，如果我们必须以这种方式做生意，我们宁愿不做生意。"恒康的员工对这些一贯的道德准则感到满意。

许多行业和专业协会提出了道德规范，一些企业也正在建立自己的规范。企业还在开发一些项目，向管理人员传授重要的道德问题，并帮助他们做出适当的应对。企业举办道德研讨会，并设立道德委员会。一些大企业甚至还任命了高级道德官员来倡导道德问题，并帮助员工解决其面临的道德问题。

谷歌就是一个很好的例子。通过谷歌官方行为准则，该公司将其著名的"不作恶"（Don't be evil）座右铭付诸实践。谷歌员工必须通过坚持尽可能高的商业道德行为标准来赢得用户的信任。谷歌为用户提供无偏见的信息访问，关注他们的需求，并为他们提供最好的产品和服务。谷歌强调做正确的事情——遵守法律、正直行事、尊重他人。谷歌要求所有员工为实践准则精神承担个人责任，并鼓励其他员工也这样做。它敦促雇员报告违规行为。如果员工违反道德规范，就会受到惩罚。

尽管如此，书面准则和道德项目并不能确保道德行为。道德和社会责任需要全企业的承诺，它们必须是整个企业文化的组成部分。

可持续企业

市场营销的基础就是相信满足顾客需求的企业会蓬勃发展。那些没有这样做，或有意无意地伤害顾客、其他人或子孙后代的企业将会衰落。可持续企业通过对社会、环境和道德负责的行动为顾客创造价值。

可持续营销不仅仅要关注当今顾客的需求，还要关心明天的顾客，确保让企业、股东、员工以及他们所生活的世界更好。可持续营销提供了一个环境，在其中企业可以通过为顾客创造价值来获取价值回报，从而建立可盈利的顾客关系，无论是现在还是未来。

目标回顾

在本章中，我们讨论了可持续营销的许多重要概念，这些概念与营销对个人消费者、其他企业和整个社会的广泛影响相关。可持续营销采取需要对社会、环境和道德负责的行动，不仅为当前的消费者和企业带来价值，也为子孙后代和社会带来价值。可持续企业负责任地为消费者持续创造价值，并从消费者那里获得价值回报。

目标1：定义可持续营销并讨论其重要性。

可持续营销要求满足消费者和企业的当前需求，同时保持或提高后代满足其需求的能力。市场营销的概念指出，企业通过满足消费者的日常需求而蓬勃发展，而可持续营销则需要对社会和环境负责任的行动，以满足消费者和企业当前与未来的需求。真正的可持续营销需要一个运行顺畅的营销系统，其中消费者、企业、政策制定者和其他人共同努力，以确保负责任的营销行为。

目标2：识别对市场营销的主要社会批评。

在对个人消费者福利的影响方面，营销因高价格、欺骗行为、高压销售、劣质、有害或不安全的产品、有计划的报废以及对弱势消费者提供低质服务而受到批评。在对社会的影响方面，营销因创造虚假欲望和过度物质主义、社会产品过少以及文化污染而受到批评。批评者还谴责营销对其他企业的影响——通过收购、创造进入障碍以及不公平的竞争营销行为，损害了竞争者，减少了竞争。其中一些担忧是有道理的，有些则不然。

目标3：定义消费者保护主义和环保主义，并解释它们如何影响营销战略。

对营销系统的担忧导致了公民运动。消费者保护主义是一种有组织的社会运动，旨在加强买方相对于卖方的权利和权力。警觉的营销人员认为这是一个机会，可以更好地服务消费者，通过为消费者提供更多信息、教育和保护，能够更好地为消费者服务。环保主义是一项有组织的社会运动，旨在通过营销实践尽量减少对环境和人们生活质量造成的伤害。现代环保主义的第一波浪潮是由环保团体及关心环境的消费者推动的；第二波浪潮是由联邦政府推动的，联邦政府通过了针对影响环境的工业行为的法律法规。前两波环保主义浪潮正在合并为第三波更强大的浪潮，在这次浪潮中，企业正在承担起不损害环境的责任。企业正在采取环境可持续性政策——制定既有助于维护环境又能为企业创造利润的战略。消费者保护主义和环保主义都是可持续营销的重要组成部分。

目标4：描述可持续营销的原则。

许多企业最初抵制这些社会运动和法律，但如今大多数企业都认识到，积极的消费者信息、教育和保护是必要的。在可持续营销观念下，企业的营销战略应支持营销系统的最佳长期表现。它应该遵循五个可持续营销原则：顾客导向营销、顾客价值营销、创新营销、使命感营销和社会营销。

目标5：解释道德在营销中的作用。

越来越多的企业提供企业政策和指导方针，以帮助其管理人员处理营销道德问题。当然，即使最好的准则也无法完全解决个人和企业必须做出的所有艰难的道德决定。有一些原则可供营销人员选择。一种原则认为，应该由自由市场和法律制度来决定这些问题。另一种更开明的原则认为，不应把责任推给制度，而应把责任交给企业和管理人员。每个企业和营销经理都必须制定出一套对社会负责和道德的原则。在可持续营销观念下，管理者必须超越法律的范畴，制定基于个人诚信、企业良知和长期消费者福利的标准。

术语表

第1章

[1] 市场营销（marketing）：企业吸引顾客、建立牢固的顾客关系以及为顾客创造价值，并因此从顾客处获取价值回报的过程。

[2] 需要（needs）：感到缺乏的状态。

[3] 欲望（wants）：由文化与个性塑造的人类需要形式。

[4] 需求（demands）：有购买力支撑的人类欲望。

[5] 市场提供物（market offering）：提供给市场以满足顾客某种需要或欲望的产品、服务、信息或体验的结合体。

[6] 营销近视症（marketing myopia）：错误地将更多注意力放在具体产品上，而不是这些产品带给顾客的利益和体验上。

[7] 交换（exchange）：通过提供某物作为回报，从他人处获得所需之物的行为。

[8] 市场（market）：产品或服务现有和潜在购买者的集合。

[9] 营销管理（marketing management）：选择目标市场并与之建立可盈利关系的艺术和科学。

[10] 生产观念（production concept）：认为消费者偏好容易买到且价格低廉的产品，因此组织应该致力于提升生产和分销效率。

[11] 产品观念（product concept）：认为消费者偏好质量、性能和创新功能最佳的产品，因此组织应致力于持续不断地改进产品。

[12] 推销观念（selling concept）：认为除非企业进行大力推销和促销，否则消费者不会购买足量的产品。

[13] 市场营销观念（marketing concept）：认为组织目标能否实现取决于其对目标市场需要和欲望的了解，以及能否比竞争对手更令顾客满意。

[14] 社会营销观念（societal marketing concept）：认为企业在进行营销决策时应同时考虑消费者的需要、企业的需要、消费者的长远利益和社会的长远利益。

[15] 顾客感知价值（customer-perceived value）：与竞争者相比，顾客对某市场提供物的总收益与总成本之差所做的评估。

[16] 顾客满意度（customer satisfaction）：产品的感知性能与购买者预期的对比。

[17] 消费者生成营销（consumer-generated marketing）：由消费者自己创造的品牌交流——包括受品牌邀请和自发的——消费者在自己及他人的品牌体验形成过程中扮演更重要的角色。

[18] 伙伴关系管理（partner relationship management）：与企业其他部门及企业外部的伙伴紧密合作，共同为顾客创造更大价值。

[19] 顾客终身价值（customer lifetime value）：顾客在一生中的全部消费价值。

[20] 顾客份额（share of customer）：企业产品在顾客此类消费中所占的比重。

[21] 顾客资产（customer equity）：企业所有顾客的终身价值总和。

[22] 数字和社交媒体营销（digital and social media marketing）：使用各种社交媒体营销方法来吸引商业顾客，并随时随地管理客户关系。

第2章

[1] 战略规划（strategic planning）：在组织目标

和能力与不断变化的市场机会之间建立与保持战略契合的过程。

[2] 使命陈述（mission statement）：关于组织目标的陈述——它想在更大的环境中实现什么。

[3] 业务组合（business portfolio）：企业业务和产品的集合。

[4] 业务组合分析（portfolio analysis）：管理层对企业的各项产品和业务进行评估的过程。

[5] 增长-份额矩阵（growth-share matrix）：根据市场增长率和相对市场份额来评估企业战略业务单元的一种业务组合分析方法。根据这一方法，战略业务单元被划分为明星、现金牛、问号和瘦狗四类。

[6] 产品/市场扩张方格（product/market expansion grid）：通过市场渗透、市场开发、产品开发或多元化来识别企业增长机会的业务组合规划工具。

[7] 市场渗透（market penetration）：在不改变产品的情况下，通过提升现有产品在现有细分市场上的销量来实现企业增长的战略。

[8] 市场开发（market development）：通过为现有产品识别和开发新的细分市场来实现企业增长的战略。

[9] 产品开发（product development）：将产品概念转化为实物产品，以确保产品创意能够转化为可行的产品。

[10] 多元化（diversification）：通过在企业现有产品和市场之外创建或购买新业务来实现企业增长的战略。

[11] 精简（downsizing）：通过淘汰不盈利或不再适合企业整体战略的产品或业务单元来缩减业务组合。

[12] 价值链（value chain）：参与设计、生产、营销、传递和支持企业产品等价值创造活动的一系列部门。

[13] 价值传递网络（value delivery network）：由企业、供应商、分销商和最终消费者组成的网络，他们相互"合作"，以提升整个系统的表现。

[14] 营销战略（marketing strategy）：企业希望

通过怎样的营销逻辑来实现营销目标。

[15] 市场细分（market segmentation）：将一个市场划分为不同的购买者群体，这些群体具有不同的需求、特征或行为，因而可能需要不同的产品或营销组合。

[16] 细分市场（market segment）：对特定营销活动产生相似反应的消费者群体。

[17] 目标市场选择（market targeting）：评估每个细分市场的吸引力并选择进入一个或多个细分市场的过程。

[18] 市场定位（positioning）：使一种产品相对于竞争产品在目标消费者心目中占据清晰、独特和吸引人的位置。

[19] 营销组合（marketing mix）：一套可控的策略性营销工具，包括产品、价格、渠道、促销，企业在目标市场使用这些营销工具来获得其想得到的反馈。

[20] SWOT 分析（SWOT analysis）：对企业优势（S）、劣势（W）、机会（O）、威胁（T）的整体评估。

[21] 营销执行（marketing implementation）：将营销计划转化为营销行动以实现战略营销目标的过程。

[22] 营销控制（marketing control）：对营销战略和计划的结果进行评估，并采取纠正措施以确保实现目标的过程。

[23] 营销投资回报率（营销 ROI）（marketing return on investment（marketing ROI））：营销投资的净收益除以营销投资的成本。

第 3 章

[1] 营销环境（marketing environment）：影响营销管理者与目标顾客建立和维持牢固关系的能力的外部参与者和力量。

[2] 微观环境（microenvironment）：与企业关系密切、能够影响其服务顾客能力的参与者：企业、供应商、营销中介、顾客、竞争者和公众。

[3] 宏观环境（macroenvironment）：影响微观环境的更大的社会力量：人口、经济、自

然、技术、政治和文化力量。

[4] 营销中介（marketing intermediaries）：帮助企业促销、销售以及向最终购买者分销产品的企业，包括经销商、实体分销商、营销服务机构和金融中介机构。

[5] 公众（public）：任何对组织实现其目标的能力有现实或潜在的兴趣或影响的群体。

[6] 人口统计学（demography）：研究人口规模、密度、地理位置、年龄、性别、种族、职业及其他统计变量的学科。

[7] 婴儿潮一代（baby boomers）：出生于第二次世界大战后至 20 世纪 60 年代初的人。

[8] X 一代（generation X）：出生于 1965～1976 年的一代人。

[9] 千禧一代（或 Y 世代）（millennials（or generation Y））：婴儿潮一代的孩子，出生于 1977～2000 年。

[10] 经济环境（economic environment）：影响消费者收入和支出模式的因素。

[11] 自然环境（natural environment）：营销人员使用的或受营销活动影响的自然资源。

[12] 环境可持续性（environmental sustainability）：制定既能维持环境又能为企业创造利润的战略的管理方法。

[13] 技术环境（technological environment）：创造新技术、新产品和市场机会的力量。

[14] 政治环境（political environment）：影响或限制特定社会中各种组织和个人的法律、政府机构和压力集团。

[15] 文化环境（cultural environment）：影响社会基本价值观、认知、偏好和行为的制度及力量。

第 4 章

[1] 大数据（big data）：当今复杂的信息生成、收集、存储和分析技术所产生的庞大而复杂的数据集。

[2] 顾客洞察（customer insights）：从营销信息中获得的对顾客和市场的全新理解，这些理解是创造顾客价值和关系的基础。

[3] 营销信息系统（marketing information system，MIS）：专门负责评估信息需求、开发所需信息并帮助决策制定者使用这些信息来生成和验证可操作的顾客和市场洞察的人员和程序。

[4] 内部数据库（internal databases）：从企业网络内的数据来源获得的顾客和市场信息的电子化集合。

[5] 营销情报（marketing intelligence）：对市场营销环境中关于竞争对手和发展动态的公开信息进行的系统收集和分析。

[6] 营销调研（marketing research）：系统地设计、收集、分析和报告组织所面临的特定营销情况的相关数据。

[7] 探索性调研（exploratory research）：以收集有助于确定问题和提出假设的初步信息为目标的营销调研。

[8] 描述性调研（descriptive research）：以更好地描述营销问题为目标的营销调研，比如产品的市场潜力或消费者的人口统计信息和态度。

[9] 因果调研（causal research）：以检验关于因果关系的假设为目标的营销调研。

[10] 二手数据（secondary data）：出于其他目的收集的、已经存在的信息。

[11] 原始数据（primary data）：出于当前特定目的而收集的信息。

[12] 观察法（observational research）：通过观察相关人员、行为和情况来搜集原始数据。

[13] 人类学研究（ethnographic research）：观察法的一种，是指派遣训练有素的观察员在自然情况下观察消费者并与之互动。

[14] 调查法（survey research）：通过询问人们关于其认知、态度、偏好或购买行为的问题来收集原始数据。

[15] 实验法（experimental research）：通过选取匹配的实验组，给予它们不同的操控，控制不相关因素，然后检验不同组之间的反应差异。

[16] 焦点小组访谈（focus group interviewing）：受访者组成小组，在一个受过培训的主持

人的引领下，在几个小时的时间里对产品、服务或组织进行讨论。主持人"专注于"小组讨论中的重要问题。

[17] **在线营销调研（online marketing research）**：通过网络调查、在线焦点小组访谈、实验、在线专家小组等方式收集原始数据。

[18] **在线焦点小组（online focus groups）**：将一小组人在线聚集起来，让其在一个训练有素的主持人的引导下，对产品、服务或组织进行讨论，以获得有关消费者态度和行为的定性洞察。

[19] **行为定向（behavioral targeting）**：使用在线数据来定位广告并投放给特定的消费者。

[20] **样本（sample）**：营销调研所选择的人口的一部分，用来代表全部人口。

[21] **顾客关系管理（customer relationship management，CRM）**：管理个体消费者的具体信息和客户"接触点"，以最大化顾客忠诚。通过创造卓越的顾客价值和满意度来建立和维持可盈利的顾客关系的整个过程。

[22] **营销分析（marketing analytics）**：营销人员利用分析工具、技术和程序，从大数据中识别具有意义的规律，从而获得顾客洞察并衡量营销绩效。

[23] **人工智能（artificial intelligence，AI）**：机器以类似于人类的方式思考和学习，但具有更强的分析能力。

第5章

[1] **消费者购买行为（consumer buyer behavior）** 最终消费者的购买行为，即个人和家庭出于个人消费目的而购买商品和服务的购买行为。

[2] **消费者市场（consumer market）**：出于个人消费目的而购买商品和服务的所有个人和家庭。

[3] **文化（culture）**：社会成员从家庭或其他重要机构中学习形成的一系列基本的价值观、观念、需求和行为。

[4] **亚文化（subculture）**：基于共同的生活经历和情境而具有共同价值体系的人群。

[5] **整体营销战略（total market strategy）**：在主流营销中整合相关主题和跨文化视角，强调亚文化细分市场中消费者的相似性，而非差异性。

[6] **社会阶层（social class）**：相对稳定且有序的社会分层，其成员拥有相似的价值观、兴趣和行为。

[7] **参照群体（reference group）**：该群体是一个人形成态度或行为的直接或间接的比较或参考点。

[8] **意见领袖（opinion leader）**：身处参照群体，由于其特殊技能、知识、个性或其他特征而能够对他人施加社会影响的人。

[9] **口碑影响（word-of-mouth influence）**：信任的朋友、家人及其他消费者的个人言论与推荐对购买行为所产生的影响。

[10] **影响力营销（influencer marketing）**：招募已有的影响者或创建新的影响者来传播企业品牌的信息。

[11] **在线社交网络（online social networks）**：人们在里面进行社交或交流信息和意见的在线社区。

[12] **生活方式（lifestyle）**：一个人的生活模式，通过其活动、兴趣和观点表现出来。

[13] **个性（personality）**：使一个人对其所处的环境产生相对稳定和持久的反应的独特心理特征。

[14] **品牌个性（brand personality）**：可以赋予特定品牌的人类特征的组合。

[15] **动机（或驱动力）（motive, or drive）**：一种足够迫切、能够促使人们寻求满足的需要。

[16] **感知（perception）**：人们为了对世界形成有意义的图像而选择、组织和解释信息的过程。

[17] **学习（learning）**：由经验引起的个人行为的改变。

[18] **信念（belief）**：一个人对某些事物所持的描述性想法。

[19] **态度（attitude）**：一个人对某个事物或观念

PRINCIPLES OF MARKETING 营销的原则（原书第5版）

所持的相对一致的评价、感受和倾向。

[20] **复杂的购买行为（complex buying behavior）**：当消费者的参与程度很高，并感知到品牌间存在较大差异时的消费者购买行为。

[21] **减少失调的购买行为（dissonance-reducing buying behavior）**：当消费者参与程度较高，但感知到品牌间的差异很小时的购买行为。

[22] **习惯性购买行为（habitual buying behavior）**：消费者参与度低且品牌间差异较小的情况下发生的消费者购买行为。

[23] **寻求多样性的购买行为（variety-seeking buying behavior）**：在消费者参与度很低但感知到品牌间差异较大的情况下，消费者会产生寻求多样性的购买行为。

[24] **需求识别（need recognition）**：消费者意识到一个问题或需要。

[25] **信息搜集（information search）**：消费者可能只是更加关注相关信息，也可能会进行积极的信息搜集。

[26] **备选方案评估（alternative evaluation）**：消费者使用信息评估选择品牌。

[27] **购买决策（purchase decision）**：消费者针对购买哪个品牌进行决策。

[28] **购后行为（postpurchase behavior）**：购买决策过程的一个阶段，在这个阶段，消费者在购买后根据自己是否满意采取进一步行动。

[29] **认知失调（cognitive dissonance）**：由购后的冲突所引起的不适感。

[30] **消费者旅程（customer journey）**：消费者对于一个品牌全部的持续体验。

[31] **新产品（new product）**：被一些潜在顾客认为是新的产品、服务或创意。

[32] **采用过程（adoption process）**：个体从第一次了解创新产品到最终采用的心理过程。

第6章

[1] **商业购买者行为（business buyer behavior）**：购买产品和服务用于生产其产品和服务，再将这些产品和服务销售、租赁或供应给他人的组织购买行为。

[2] **商业购买过程（business buying process）**：商业购买者首先决定其组织需要购买哪些产品和服务，然后在备选供应商和品牌中寻找、评估并做出选择。

[3] **衍生需求（derived demand）**：商业市场的需求最终来源于对消费品的需求。

[4] **供应商发展（supplier development）**：系统地建立供应商伙伴网络，以确保其在制造自己的产品或转售给他人时所使用的产品和材料得到适当和可靠的供应。

[5] **直接重购（straight rebuy）**：在这种商业购买情况下，购买者在不做任何修正的情况下对某些商品进行常规的重复订购。

[6] **修正重购（modified rebuy）**：在这种商业购买情况下，购买者想要修改产品规格、价格、条款或供应商。

[7] **新购（new-task situation）**：新购发生在企业首次购买产品或服务的时候。

[8] **系统销售（或解决方案销售）（systems selling, or solutions selling）**：从同一个供应商处购买打包的解决方案，从而避免了在复杂购买情况下所涉及的所有单独决策。

[9] **采购中心（buying center）**：所有参与购买决策制定过程的个人和单位。

[10] **使用者（users）**：使用产品或服务的组织成员。

[11] **影响者（influencers）**：帮助定义产品规格，也会为评估备选方案提供信息。

[12] **购买者（buyers）**：组织的采购中心中进行实际购买的人。

[13] **决策者（deciders）**：组织的采购中心中，有正式或非正式的权力来选择或批准最终供应商的人。

[14] **信息传递者（gatekeepers）**：组织的采购中心中，控制传递给其他人信息的人。

[15] **问题识别（problem recognition）**：企业中有人意识到某个问题或需求可以通过购买特定的产品或服务来得到满足。

[16] **一般需求描述（general need description）**：

企业描述所需产品的特征和数量。

[17] **产品规格（product specification）**：购买组织确定并说明所需产品的最佳技术特性。

[18] **供应商搜寻（supplier search）**：购买者试图找到最好的供应商。

[19] **方案征集（proposal solicitation）**：购买者邀请符合条件的供应商提交方案。

[20] **供应商选择（supplier selection）**：购买者审核方案并从中选出一个或多个供应商。

[21] **订购程序说明（order-routine specification）**：购买者拟定与选定供应商之间的最终订单，列出技术规格、所需数量、预计交货时间、退货政策和担保等条款。

[22] **绩效评价（performance review）**：购买者评估供应商绩效，并决定继续、变更或者放弃原有安排。

[23] **电子采购（e-procurement）**：买方通过和卖方之间的电子连接进行采购，通常在线进行。

[24] **公共机构市场（institutional market）**：学校、医院、养老院、监狱以及其他为受照顾人群提供产品和服务的机构。

[25] **政府市场（government market）**：政府机构为履行政府的主要职能而购买或租用产品和服务。

第7章

[1] **差异化（differentiation）**：提供差异化的产品，以创造卓越的顾客价值。

[2] **地理细分（geographic segmentation）**：将市场划分为不同的地理单元，如国家、地区、省、市、县以及社区等。

[3] **超本地化社交营销（hyperlocal social marketing）**：利用数字和社交媒体，针对当地社区的消费者进行基于地理位置的营销。

[4] **人口统计细分（demographic segmentation）**：将市场划分为不同的购买者群体，这些群体具有不同的需求、特征或行为，因而可能需要不同的营销战略或组合。

[5] **年龄和生命周期细分（age and life-cycle segmentation）**：为将市场划分为不同年龄和生命周期阶段的群组。

[6] **性别细分（gender segmentation）**：根据性别将市场划分为不同的细分市场。

[7] **收入细分（income segmentation）**：将市场划分为不同的收入群体。

[8] **心理细分（psychographic segmentation）**：根据社会阶层、生活方式或个性特征，将市场划分为不同的群体。

[9] **行为细分（behavioral segmentation）**：根据消费者的使用时机、利益偏好、使用状况、使用率、忠诚度，将市场划分为不同的群体。

[10] **时机细分（occasion segmentation）**：根据消费者产生购买意图的时机、实际购买的时机或使用产品的时机，对消费者进行分组。

[11] **利益细分（benefit segmentation）**：根据消费者从产品中寻求的不同利益，对消费者进行细分。

[12] **跨市场细分（intermarket/cross-market segmentation）**：将位于不同国家但具有相似需求和购买行为的消费者被划分为同一个细分市场。

[13] **目标市场（target market）**：企业决定为之服务的、具有相同需求或特征的购买者群体。

[14] **无差异（大众）营销（undifferentiated, or mass marketing）**：企业决定忽略细分市场的差异，仅推出一种产品来服务整个市场的市场覆盖战略。

[15] **差异化（细分）营销（differentiated, or segmented marketing）**：企业决定同时为几个细分市场服务，并为每个细分市场设计不同的产品的市场覆盖战略。

[16] **集中（或利基）营销（concentrated, or niche marketing）**：企业追求一个或少数几个较小细分市场或利基市场中大份额的市场覆盖战略。

[17] **微观营销（micromarketing）**：根据特定个人和地区的需求定制产品和营销方案。包

PRINCIPLES OF MARKETING　营销的原则（原书第5版）

括本地化营销和个别化营销。

[18] **本地化营销（local marketing）**：根据本地顾客群体（城市、社区甚至是特定商店）的需要和需求量身定制品牌和营销。

[19] **个别化营销（individual marketing）**：根据个人顾客的需求和偏好来定制产品和营销方案。

[20] **产品定位（product position）**：消费者根据重要属性对产品进行定义的方式，即产品相对于竞争产品在消费者心目中的位置。

[21] **竞争优势（competitive advantage）**：通过提供更低的价格或通过提供更多的利益来匹配更高的价格，从而为消费者提供更大的价值来获得超越 竞争者的优势。

[22] **价值主张（value proposition）**：品牌的全面定位——品牌差异化和定位的利益矩阵。

[23] **定位陈述（positioning statement）**：总结企业和品牌的定位的陈述——它遵循以下形式：对于（目标市场和需求）而言，我们（品牌）是（概念），即（差异点）。

第8章

[1] **产品（product）**：任何可以提供给市场，引起注意、购买、使用或消费，能够满足某种欲望或需要的东西。

[2] **服务（service）**：任何为出售而提供的活动、利益或满足感，本质上是无形的，不产生任何所有权。

[3] **消费品（consumer product）**：最终消费者为个人消费而购买的产品和服务。

[4] **便利品（convenience product）**：消费者经常、即时购买的消费品和服务，并且在购买时很少进行比较，也不怎么花费精力。

[5] **选购品（shopping product）**：消费者在选择和购买的过程中会仔细比较它们的适用性、质量、价格和款式的消费品。

[6] **特购品（specialty product）**：具有独特特征或品牌标识的消费品和服务，有相当一部分购买者愿意为购买特购品付出特别的努力。

[7] **非渴求品（unsought product）**：消费者不知道或者知道但通常不会考虑购买的消费品。

[8] **工业品（industrial product）**：个人或组织用于进一步加工或用于商业经营而购买的产品。

[9] **社会营销（social marketing）**：将商业营销理念和工具应用于旨在影响个人行为的项目中，以提升个人和社会福祉。

[10] **产品质量（product quality）**：能够满足潜在顾客需要的产品特征。

[11] **品牌（brand）**：用于识别一个或一组卖家的产品或服务，并将其与竞争者的产品或服务区分开来的一个名称、术语、标志、符号、设计或这些内容的组合。

[12] **包装（packaging）**：为产品设计和生产容器或包装材料。

[13] **产品线（product line）**：一组密切相关的产品，它们以相似的方式发挥作用，销售给相同的顾客群体，通过相同类型的销售点进行营销，或是价格在给定的范围内。

[14] **产品组合（product mix, or product portfolio）**：由特定卖家销售的所有产品线和产品项目组成。

[15] **服务的无形性（service intangibility）**：服务在购买之前无法被看见、尝到、摸到、听到或闻到。

[16] **服务的不可分性（service inseparability）**：服务的生产和消费同时发生，且不能与其提供者分离。

[17] **服务的易变性（service variability）**：服务的质量取决于由谁提供服务，以及何时、何地、如何提供。

[18] **服务的易逝性（service perishability）**：服务不能被存储以备日后出售或使用。

[19] **服务–利润链（service-profit chain）**：连接服务企业的利润与员工和顾客满意度的链条。

[20] **内部营销（internal marketing）**：引导和激励其接触顾客的员工以及服务支持人员通过团队协作来使顾客满意。

[21] **互动营销（interactive marketing）**：服务质量在很大程度上取决于服务接触过程中买卖双方互动的质量。

[22] **品牌资产（brand equity）**：知晓品牌名称对顾客的产品及营销反应所产生的积极的差异化影响。

[23] **自有品牌（或商店品牌）（private brand, or store brand）**：由产品或服务的经销商创造和拥有的品牌。

[24] **联合品牌（co-branding）**：将两家不同企业的已有品牌用于同一产品。

[25] **产品线延伸（line extension）**：将现有品牌名称扩展到现有产品类别的新形式、颜色、大小、成分或口味。

[26] **品牌延伸（brand extension）**：将现有品牌名称扩展到新产品类别中。

第9章

[1] **新产品开发（new product development）**：企业开发的原创产品、产品改进、产品改良以及新品牌。

[2] **创意产生（idea generation）**：系统地搜寻新产品创意。

[3] **众包（crowdsourcing）**：邀请广泛人群——顾客、员工、独立科学家和研究人员甚至公众，参与新产品的创新过程。

[4] **创意筛选（idea screening）**：尽快发现好的创意，同时淘汰糟糕的创意。

[5] **产品概念（product concept）**：用有意义的消费者术语详细阐述产品创意。

[6] **概念测试（concept testing）**：在目标消费者中测试新产品概念，以确定这些概念是否具有强大的消费者吸引力。

[7] **营销战略开发（marketing strategy development）**：根据产品概念为新产品设计一个初步的营销战略。

[8] **商业分析（business analysis）**：对新产品的销量、成本和利润预测进行重新审视，以确定它们是否与企业目标相符。

[9] **产品开发（product development）**：通过向现有细分市场提供改进产品或新产品来实现企业增长的战略。

[10] **市场测试（test marketing）**：产品和营销计划在真实的市场环境中进行测试的新产品开发阶段。

[11] **商业化（commercialization）**：将新产品推向市场。

[12] **以顾客为中心的新产品开发（customer-centered new product development）**：致力于寻找解决顾客问题的新方法，创造令顾客更加满意的体验的新产品开发。

[13] **基于团队的新产品开发（team-based new product development）**：企业各部门通过跨职能团队紧密合作，产品开发过程的各步骤齐头并进，得以节省时间并提高效率的新产品开发。

[14] **产品生命周期（product life cycle，PLC）**：产品在其整个生命中的销售额和利润曲线，包括五个不同的阶段：产品开发期、引入期、成长期、成熟期、衰退期。

[15] **风格（style）**：基本和独特的表达方式。

[16] **流行（fashion）**：当前在某一特定领域风靡的风格。

[17] **时尚（fad）**：销售额异常高涨的短暂时期，消费者的狂热使产品或品牌迅速流行。

[18] **引入期（introduction stage）**：新产品首次推出的产品生命周期阶段。

[19] **成长期（growth stage）**：产品销售额开始快速攀升的产品生命周期阶段。

[20] **成熟期（maturity stage）**：产品的销售额在达到某一点后会增长放缓的产品生命周期阶段。

[21] **衰退期（decline stage）**：产品销售额逐渐减少的产品生命周期阶段。

第10章

[1] **价格（price）**：对产品或服务收取的货币数量，是顾客为了拥有或使用某种产品或服务而放弃的所有价值之和。

[2] **基于顾客价值定价（customer value-based pricing）**：基于顾客对价值的感知而非卖方的成本进行定价。

[3] **产品价值定价（good-value pricing）**：以合

理的价格提供优质产品和优质服务的恰当组合。

[4] 附加价值定价（value-added pricing）：附加了增值功能和服务来对其产品进行差异化，从而支持更高的定价。

[5] 基于成本定价（cost-based pricing）：在产品生产、分销和销售等成本的基础上加上企业所投入和承担风险的合理回报来设定价格。

[6] 固定成本（或间接费用）（fixed costs, or overhead）：不随产量或销量水平变化的成本。

[7] 变动成本（variable costs）：随生产水平变化而变化的成本。

[8] 总成本（total costs）：在一定的产出水平上固定成本和变动成本之和。

[9] 经验曲线（或学习曲线）（experience curve, or learning curve）：平均成本随着生产经验的积累而下降。

[10] 成本加成定价（或标准利润定价）（cost-plus pricing, or markup pricing）：在产品成本的基础上加上标准利润。

[11] 盈亏平衡定价（或目标利润定价）（break-even pricing, or target return pricing）：根据生产和销售产品的成本设定价格以实现盈亏平衡或实现目标利润。

[12] 基于竞争定价（competition-based pricing）：根据竞争者的战略、成本、价格和市场供应来定价。

[13] 目标成本法（target costing）：从一个理想销售价格出发，然后设定目标成本，以确保满足目标价格。

[14] 需求曲线（demand curve）：描述在给定时期内不同价格水平下的需求量的曲线。

[15] 价格弹性（price elasticity）：需求对价格变化的敏感程度。

第11章

[1] 市场撇脂定价（或价格撇脂）（market-skimming pricing, or price skimming）：为新产品设定高价格，从愿意支付高价格的细分市场逐层攫取最大收益；企业的销售额虽少，但利润更高。

[2] 市场渗透定价（market-penetration pricing）：为新产品设定一个较低的初始价格，以吸引大量的消费者，赢得很高的市场份额。

[3] 产品线定价（product line pricing）：根据不同产品之间的成本差异、消费者对不同功能的评价以及竞争者的价格，决定一条产品线中不同产品之间的价格差异。

[4] 可选产品定价（optional-product pricing）：与主产品同时销售的可选产品或配套产品的定价。

[5] 附属产品定价（captive-product pricing）：为必须与主产品一起使用的产品定价，比如剃须刀片盒。

[6] 副产品定价（by-product pricing）：为副产品定价，从而帮助抵消处理它们的成本，同时使主产品的价格更具竞争力。

[7] 产品捆绑定价（product bundle pricing）：将几种产品组合在一起，并以较低的价格销售捆绑产品。

[8] 折扣（discount）：对及时付款的消费者提供的一种价格优惠。

[9] 折让（allowance）：对基础价格的一种减免。

[10] 分段定价（segmented pricing）：以两种或两种以上价格销售产品或服务，尽管价格差异并非基于成本差异。

[11] 心理定价（psychological pricing）：一种考虑价格的心理影响而不仅仅是经济因素的定价方法；价格暗示了产品的某些特征。

[12] 参考价格（reference prices）：消费者在看到某一特定产品时，其心中的价格。

[13] 促销定价（promotional pricing）：暂时将产品的价格调整到标价以下，有时甚至低于成本，以激发购买热情和紧迫感。

[14] 地理定价（geographical pricing）：针对一个国家或世界不同地区的顾客设定价格。

[15] FOB 原产地定价（FOB-origin pricing）：将货物免费交给承运人，由消费者支付从工厂到目的地的运输费用的地理定价战略。

[16] 统一运输定价（uniform-delivered pricing）：

企业向所有消费者收取相同的价格加上运输费用，无论他们在什么位置的地理定价战略。

[17] 区域定价（zone pricing）：企业把市场划分为两个或多个区域，同一个区域内的所有消费者都支付相同的单一总价；地理位置越远的区域，支付的价格越高的地理定价战略。

[18] 基点定价（basing-point pricing）：卖方选择一个给定的城市作为"基点"，并向所有消费者收取从该城市到消费者所在地运费的地理定价战略。

[19] 免运费定价（freight-absorption pricing）：卖家承担全部或部分实际运费，以获得期望业务的地理定价战略。

[20] 动态定价（dynamic pricing）：不断调整价格，以迎合消费者和购买情境下的特点和需求。

[21] 个性化定价（personalized pricing）：实时调整价格以迎合消费者的购买情境、位置和购买行为。

第12章

[1] 营销渠道（分销渠道）（marketing channel, or distribution channel）：一组帮助将产品或服务提供给消费者或企业顾客使用或消费的相互依赖的组织。

[2] 渠道层级（channel level）：在将产品及其所有权向最终消费者推进的过程中承担一些工作的中间商层级。

[3] 直销渠道（direct marketing channel）：没有中间层级的营销渠道。

[4] 间接营销渠道（indirect marketing channel）：包含一个或多个中间商的渠道。

[5] 渠道冲突（channel conflict）：渠道成员对目标、角色和报酬的分歧——谁应该做什么以及得到什么报酬。

[6] 传统分销渠道（conventional distribution channel）：由一个或多个独立的生产商、批发商和零售商组成的渠道，每个成员都分别

寻求自身利润的最大化。

[7] 垂直营销系统（vertical marketing system, VMS）：生产者、批发商和零售商构成一个统一的系统。某个渠道成员拥有其他渠道成员，或者与其他成员签订合同，或者拥有很大权力使其他成员必须与其合作。

[8] 公司型垂直营销系统（corporate VMS）：将连续的生产和分销阶段整合在单一所有权下的垂直营销系统。

[9] 合同型垂直营销系统（contractual VMS）：由不同生产和分销层级中的独立企业组成的垂直营销系统，这些企业通过合同联合起来。

[10] 特许经营组织（franchise organization）：一个被称为特许经营者的渠道成员将生产-分销过程中的几个阶段连接起来的合同型垂直营销系统。

[11] 管理型垂直营销系统（administered VMS）：通过一个渠道成员的规模和权力来协调生产和分销连续阶段的垂直营销系统。

[12] 水平营销系统（horizontal marketing system）：同一层级的两家或两家以上企业联合起来共同开发一个新的市场机会。

[13] 多渠道分销系统（multichannel distribution system）：一个企业建立两个或两个以上的营销渠道来接触一个或多个消费者细分市场的分销系统。

[14] 脱媒（disintermediation）：产品或服务生产商绕过中间商，或者由全新类型的渠道中间商取代传统渠道中间商。

[15] 营销渠道设计（marketing channel design）：通过分析顾客需求、设定渠道目标、识别主要渠道方案、评估主要渠道方案来设计有效的营销渠道。

[16] 密集分销（intensive distribution）：在尽可能多的销售点储存产品。

[17] 独家分销（exclusive distribution）：只授予数量有限的经销商在其经销区域内独家分销企业产品的权利。

[18] 选择分销（selective distribution）：使用不止一个但不是全部的愿意销售企业产品的

中间商。

[19] 营销物流（或实体分销）（marketing logistics, or physical distribution）：计划、实施和控制原材料、最终产品和相关信息从原产地到消费地点的实物流动，从而满足顾客的需求并获得利润。

[20] 供应链管理（supply chain management）：管理原材料、最终产品以及供应商、企业、经销商、最终消费者之间的相关信息在上游和下游之间的增值流动。

[21] 配送中心（distribution center）：大型、高度自动化的仓库，旨在接收来自不同工厂和供应商的产品，接受订单并有效地完成它们，然后尽快将产品交付给顾客。

[22] 复合运输（multimodal transportation）：将两种或更多的运输方式结合起来。

[23] 整合物流管理（integrated logistics management）：强调公司内部和所有营销渠道组织之间的团队合作的物流概念，以最大限度地提高整个分销系统的绩效。

[24] 第三方物流提供商［third-party logistics (3PL) provider］：一个独立的物流提供商，执行将客户产品推向市场所需的任何或全部功能。

第13章

[1] 零售（retailing）：直接向最终消费者销售产品或服务以供个人而非商业使用的所有活动。

[2] 零售商（retailer）：销售主要来自零售的企业。

[3] 购物者营销（shopper marketing）：在整个营销过程中将接近销售点的购物者转变为购买者，无论是在店内、在线或是移动购物的过程中。

[4] 全渠道零售（omni-channel retailing）：创造一种整合店内、在线和移动购物的跨渠道体验。

[5] 专卖店（specialty store）：产品线狭窄，但品种繁多的零售商店。

[6] 百货商店（department store）：经营多种产品线的零售组织，每条产品线都作为一个独立的部门运作，由专业采购员或采购员管理。

[7] 超级市场（supermarket）：一种大型、低成本、低利润、大批量的自助商店，销售各种各样的杂货和家居产品。

[8] 便利店（convenience store）：只出售有限种类的、周转较快的便利品的小型商店。

[9] 超级商店（superstore）：提供种类繁多的日常食品、非食品和服务，比普通超市大得多。

[10] 品类杀手（category killer）：拥有特定产品线中种类丰富的产品品种，雇知识渊博的员工为消费者提供服务的大型专卖店。

[11] 服务零售商（service retailer）：其产品线实际上是一种服务的零售商。例如酒店、航空公司、银行和大学。

[12] 折扣店（discount store）：销售低价格、低利润、大批量的标准商品的零售店。

[13] 廉价零售商（off-price retailer）：以低于常规批发价的价格购入商品，并以低于零售价的价格卖给消费者的零售商。

[14] 独立廉价零售商（independent off-price retailer）：由企业家拥有和经营，或是大型零售公司分支机构的廉价零售商。

[15] 工厂直销店（factory outlet）：由生产商拥有和经营的廉价零售商，通常销售生产商剩余、停产或非标准的商品。

[16] 仓储俱乐部（warehouse club）：向支付年费的会员出售精选品牌的食品、电器、服装及其他多种商品的折扣零售商。

[17] 企业连锁（corporate chains）：两个或两个以上的销售店由同一个所有者拥有和控制。

[18] 特许经营（franchise）：生产商、批发商或服务组织（特许人）与独立商人（特许经营人）之间的契约联盟，后者购买特许经营体系中一个或多个单位的所有权和经营权。

[19] 购物中心（shopping center）：零售业务规划、开发、拥有和管理的一组单元。

[20] 批发（wholesaling）：向用于转售或商业用途的购买者 销售商品和服务的所有活动。

[21] 批发商（wholesaler）：主要从事批发活动的企业。

[22] 批发销售商（merchant wholesaler）：对其经营的商品拥有所有权的独立企业。

[23] 经纪人（broker）：不拥有货物的所有权，职能是把买卖双方撮合在一起，协助谈判的批发商。

[24] 代理商（agent）：相对固定代表买方或卖方的批发商，只履行少数职能，不拥有货物的所有权。

[25] 生产商的销售分支机构和办事处（manufacturers, sales branches and offices）：由卖方或买方自己而非通过独立的批发商进行批发。

第 14 章

[1] 整体促销组合（营销传播组合）（promotion mix, or marketing communications mix）：由广告、销售促进、公共关系、人员销售和直接营销等工具组成，企业使用这些工具来有效传播顾客价值并建立顾客关系。

[2] 广告（advertising）：由特定的赞助商付款，对理念、产品或服务进行的非人员展示和促销形式。

[3] 销售促进（sales promotion）：鼓励购买或销售产品或服务的短期激励措施。

[4] 公共关系（public relations，PR）：通过获得有利的宣传，树立良好的企业形象，处理或阻止不利的谣言、故事和事件，与企业的各种公众建立良好的关系。

[5] 人员销售（personal selling）：企业销售人员为实现销售和建立顾客关系而进行的人员展示。

[6] 直接营销（direct marketing）：直接接触目标顾客和顾客社区，以获得即时响应并建立持久的顾客关系。

[7] 整合营销传播（integrated marketing communications，IMC）：谨慎地整合多种沟通渠道，以传递关于组织及其产品的清晰、一致、令人信服的信息。

[8] 购买者准备阶段（buyer-readiness stages）：消费者在进行购买时通常会经历这些阶段，包括知晓、了解、喜欢、偏好、信念和购买。

[9] 人员传播渠道（personal communication channel）：两个或两个以上的人直接传播信息，包括面对面或通过电话、信件、电子邮件、在线聊天。

[10] 蜂鸣营销（buzz marketing）：培养意见领袖，让他们在其所在社区向他人传播产品或服务的相关信息。

[11] 非人员传播渠道（non-personal communication channels）：不需要通过人与人之间的接触或反馈来传递信息的渠道，包括主要媒体、氛围和事件。

[12] 量入为出法（affordable method）：根据企业能够负担的水平来确定促销预算。

[13] 销售百分比法（percentage-of-sales method）：根据当前或预期销售额的某个百分比确定促销预算，或根据单位销售价格的某个百分比来确定预算。

[14] 竞争对等法（competitive-parity method）：根据竞争对手的促销预算来确定自己的促销预算。

[15] 目标任务法（objective-and-task method）：根据① 确定具体的促销目标；② 确定实现这些目标所需的任务；③ 估计执行这些任务所需的成本来制定促销预算。这些成本的总和即为总促销预算。

[16] 推式战略（push strategy）：将产品通过营销渠道推向最终消费者的促销战略。生产商针对渠道成员促销产品，鼓励他们持有产品并向最终消费者推销。

[17] 拉式战略（pull strategy）：生产商直接针对最终消费者进行营销活动的促销战略。如果拉式战略有效，消费者会向渠道成员要求购买该产品，而渠道成员又会向生产商进行购买。

第 15 章

[1] 广告目标（advertising objective）：在特定的时间内与特定的目标受众交流完成的特定传播任务。

[2] 广告预算（advertising budget）：分配给产品或企业广告方案的资金和其他资源。

[3] 广告策略（advertising strategy）：企业实现其广告目标的策略。包括两个主要部分：创建广告信息和选择广告媒体。

[4] 原生广告（native advertising）：广告或其他品牌制作的内容看起来就像是网站或媒体上"原生的"。

[5] 创意概念（creative concept）：以独特而令人难忘的方式实现信息策略的令人信服的"大创意"。

[6] 执行风格（execution style）：执行信息的方法、风格、语言基调、词语和格式。

[7] 广告媒体（advertising media）：将广告信息传递给目标受众的载体。

[8] 广告投资回报（return on advertising investment）：广告投资的净收益除以广告投资的成本。

[9] 广告代理机构（advertising agency）：协助企业计划、准备、实施和评估其全部或部分广告方案的营销服务公司。

第 16 章

[1] 销售人员（salesperson）：通过以下一项或多项活动在顾客面前代表企业的个人：寻找商业机会、沟通、销售、服务、收集信息和建立关系。

[2] 销售团队管理（sales force management）：对销售团队的活动进行分析、计划、实施和控制。

[3] 区域销售团队结构（territorial sales force structure）：每个销售人员被指派到一个特定的地理区域，在该区域销售企业全部产品或服务的销售团队组织。

[4] 产品销售团队结构（product sales force structure）：销售人员只专门销售企业产品或产品线一部分的销售团队组织。

[5] 顾客（或市场）销售团队结构［customer (or market) sales force structure］：销售人员专门向特定的顾客或行业销售产品的销售团队组织。

[6] 外勤销售人员（或现场销售人员）（outside sales force, or field sales force）：到现场拜访顾客的销售人员。

[7] 内勤销售人员（inside sales force）：在办公室通过电话、互联网或接待顾客来开展业务的销售人员。

[8] 团队销售（team selling）：使用来自销售、营销、工程、财务、技术支持甚至高层管理人员的团队来服务大型、复杂的客户。

[9] 销售配额（sales quota）：规定了销售人员应该销售多少产品，以及对企业不同产品应该销售多少的标准。

[10] 社交销售（social selling）：使用在线、移动和社交媒体来吸引顾客、建立更牢固的顾客关系、提高销售业绩。

[11] 销售过程（selling process）：销售人员在销售时遵循的步骤，包括寻找和甄别潜在顾客、事先调查、接洽顾客、展示与演示、处理异议、达成交易、跟进。

[12] 寻找潜在顾客（prospecting）：通过销售人员或企业识别合适的潜在顾客的行为。

[13] 事先调查（preapproach）：销售人员在进行销售拜访之前尽可能多地了解潜在顾客。

[14] 接洽顾客（approach）：销售人员首次与顾客见面。

[15] 展示与演示（presentation）：销售人员向顾客讲述"产品故事"，强调顾客利益的销售过程步骤。

[16] 处理异议（handling objections）：销售人员寻找并解决顾客对购买的任何反对意见。

[17] 达成交易（closing）：销售人员请求顾客订购。

[18] 跟进（follow-up）：销售人员跟进销售，以确保顾客满意和重复购买。

[19] 消费者促销工具（consumer promotion

tools）：用于推动短期顾客购买或加强长期顾客关系的销售促进工具。

[20] 事件营销（事件赞助）（event marketing, or eventsponsorships）：创建品牌营销活动，或作为他人创建的活动的独家赞助商或联合赞助商之一。

[21] 贸易促销工具（trade promotion tools）：用于说服经销商持有一个品牌、为它提供货架空间、进行广告推广和向消费者推销的销售促进工具。

[22] 商业促销工具（business promotion tools）：用于产生业务线索、刺激购买、回馈顾客和激励销售人员的促销工具。

第 17 章

[1] 直接面向消费者品牌［direct-to-consumer (DTC) brands］：避免与成熟、传统品牌的直接竞争，通过在线和移动渠道直接向消费者销售和发货的品牌。

[2] 数字和社交媒体营销（digital and social media marketing）：使用数字营销工具，如网站、社交媒体、移动广告和应用程序等，通过电子设备，随时随地吸引消费者。

[3] 在线营销（online marketing）：通过互联网使用企业网站、在线广告、电子邮件、在线视频、博客等进行营销。

[4] 营销网站（marketing website）：吸引顾客，推动他们直接购买或产生其他营销效果的网站。

[5] 品牌社区网站（branded community website）：吸引顾客，使其更接近直接购买或其他营销结果的网站。

[6] 在线广告（online advertising）：消费者在线浏览时出现的广告，包括展示广告、搜索广告和在线展示广告。

[7] 电子邮件营销（Email marketing）：通过电子邮件发送高度针对性、高度个性化、关系建立的营销信息。

[8] 垃圾邮件（spam）：未经消费者许可、不受欢迎的商业电子邮件信息。

[9] 病毒式营销（viral marketing）：口碑营销的数字版本，包括制作具有很强感染力的视频、广告和其他营销内容，消费者会寻找这些信息或将它们转发给自己的朋友。

[10] 社交媒体（social media）：独立和商业的在线社交网络，人们在上面聚集以进行社交和分享信息、观点、图片、视频及其他内容。

[11] 移动营销（mobile marketing）：通过移动设备向消费者传递营销信息、促销活动和其他营销内容。

[12] 直接邮寄营销（direct-mail marketing）：向特定地址的人发送产品报价、通知、提醒或其他内容的直接营销。

[13] 目录营销（catalog marketing）：通过印刷、视频或数字目录进行直接营销，这些目录会邮寄给选定顾客、在商店中提供或在线上展示。

[14] 电话营销（telemarketing）：通过电话直接向消费者和企业销售。

[15] 直接响应电视营销［direct-response television (DRTV) marketing］：通过电视进行的直接营销，包括直接响应电视广告（或专题广告片）和互动电视（iTV）广告。

第 18 章

[1] 竞争者分析（competitor analysis）：这一过程包括识别主要竞争者，评估它们的目标、战略、优势和劣势以及反应模式，选择要攻击或回避的竞争者。

[2] 竞争性营销战略（competitive marketing strategies）：使企业在与竞争者的竞争中处于强势地位，并使企业获得最大可能竞争优势的战略。

[3] 战略集团（strategic group）：采取相同或相似战略的 行业内的一组企业。

[4] 标杆管理（benchmarking）：将企业的产品和工艺与竞争者或其他行业的领先企业进行比较，以找到提高质量和表现的方法。

[5] 顾客价值分析（customer value analysis）：

用于确定目标顾客所看重的利益，以及顾客如何评价不同竞争者提供的相对价值所进行的分析。

[6] **市场领导者（market leader）**：行业中拥有最大市场份额的企业。

[7] **市场挑战者（market challenger）**：行业中努力增加市场份额的亚军企业。

[8] **市场跟随者（market follower）**：想要保持自己在行业中的市场份额又不想惹麻烦的亚军企业。

[9] **市场利基者（market nicher）**：行业中服务于被其他企业忽视的小细分市场的企业。

[10] **竞争者导向型企业（competitor-centered company）**：根据竞争者的行动和反应来决定自己行动的企业。

[11] **顾客导向型企业（customer-centered company）**：在设计营销战略时更多关注顾客的发展以及为目标顾客传递卓越的价值。

[12] **市场导向型企业（market-centered company）**：在设计营销战略时同时关注顾客和竞争者的企业。

第 19 章

[1] **全球公司（global firm）**：通过在一个以上的国家经营来获得研发、生产、营销和财务优势的企业，这些优势是仅在国内经营的竞争者无法获得的。

[2] **经济共同体（economic community）**：为了在国际贸易管理中实现共同目标而组成的国家联盟。

[3] **出口（exporting）**：通过销售在本国生产的产品进入国外市场，通常不会对产品进行调整。

[4] **合资经营（joint venturing）**：通过与国外企业合作生产或销售产品或服务进入国外市场。

[5] **许可（licensing）**：企业通过与国外市场的被许可方签订协议进入国外市场的一种方式。

[6] **合同制造（contract manufacturing）**：企业与国外市场的制造商签订合同，生产产品或提供服务的合资经营。

[7] **管理承包（management contracting）**：国内企业向提供资金的国外企业提供管理专业知识的合资经营。

[8] **共同所有权（joint ownership）**：一家企业与国外市场的投资者联合创建当地企业，共同拥有所有权和控制权的合资经营。

[9] **直接投资（direct investment）**：通过在国外建立组装或制造设施进入国外市场。

[10] **标准化全球营销（standardized global marketing）**：在世界范围内使用相同的营销战略和营销组合的一种国际营销战略。

[11] **适应性全球营销（adapted global marketing）**：根据每个目标市场调整营销战略和组合要素，承担更多成本，但希望获得更大的市场份额和回报。

[12] **直接产品延伸（straight product extension）**：在国外市场销售产品而不作任何改变。

[13] **产品调整（product adaptation）**：改变产品以满足当地的条件或需求。

[14] **产品发明（product invention）**：为国外市场创造新的产品或服务。

[15] **整体渠道观念（whole-channel view）**：设计国际渠道时考虑整体全球供应链和营销渠道，形成有效的全球价值传递网络。

第 20 章

[1] **可持续营销（sustainable marketing）**：对社会和环境负责的营销，在满足消费者和企业当前需求的同时，保持或提高后代满足其需求的能力。

[2] **消费者保护主义（consumerism）**：公民和政府机构组织的一场运动，目的是改善买方相对于卖方的权利和权力。

[3] **环保主义（environmentalism）**：由关心环境的公民和政府机构组织的旨在保护和改善人们生活环境的运动。

[4] **顾客导向营销（consumer-oriented marketing）**：认为企业应该从顾客的角度来看待和

组织营销活动的可持续营销原则。

[5] **顾客价值营销（customer-value marketing）**：认为企业应将其大部分资源投入建立顾客价值的营销投资中的可持续营销原则。

[6] **创新营销（innovative marketing）**：要求企业不断寻求真正的产品和营销改进方案的可持续营销原则。

[7] **使命感营销（sense-of-mission marketing）**：认为企业应该用广泛的社会术语而非狭隘的产品术语来定义自己的使命的可持续营销原则。

[8] **社会营销（societal marketing）**：认为企业通过考虑消费者的需求、企业的要求、消费者的长期利益以及社会的长期利益来做出营销决策的可持续营销原则。

[9] **缺陷产品（deficient products）**：既没有立竿见影的效果、也没有长期利益的产品。

[10] **愉悦产品（pleasing products）**：能带来很高的即时满意度、但从长远来看可能会伤害顾客的产品。

[11] **有益产品（salutary products）**：吸引力低、但从长远来看可能有利于消费者的产品。

[12] **理想产品（desirable products）**：提供高即时满意度和高长期效益的产品。